JN495600

17th Edition

An Introduction to Civil Code

신민법입문

박영사

머 리 말

[이 책의 출간배경] 민법은 현재의 우리 법률 중 가장 방대한 것이다. 그리고 그 이론적인 깊이는 비교적 오래 공부한 저자조차도 가늠하기 어려울 정도이다. 그런데 이제까지 민법학자들은 주로 깊은 이론을 탐구하는 데 관심을 가져 왔고, 그러다 보니 민법에 쉽게 접근하여 그 내용을 살펴볼 수 있는 책이 없었다. 그리하여 법학을 전공하는 학생들은 민법의 개괄적인 내용을 알지 못한 채 처음부터 자세하게 씌어진 교과서로 공부할 수밖에 없었다. 저자는 대학에서 강의를 하면서 학생들의 그러한 모습을 볼 때마다 마음이 아팠다. 그런가 하면 민법에 관심이 있는 일반인이 볼 수 있는 민법책이 없다는 얘기도 들려왔다. 저자는 거기에도 책임이 있는 것처럼 마음이 무거웠다. 그래서 나중에 사정이 허락하면 이들을 위하여 쉽고도 알찬 민법 입문서를 만들어 보리라 마음먹었다. 이런 상황에서 지난봄에 박영사에서 바로 그러한 책의 출판을 기획하여 저자에게 민법 분야의 집필을 부탁하였다. 저자는 기쁜 마음으로 집필하기로 하였다. 그 뒤 8월부터 집필을 시작하여 11월 초에 원고를 완성하였다.

[이 책의 특징] 이 책의 특징은 다음과 같다.

(1) 이 책은 우선 민법의 중요개념과 기본원리를 철저하게 이해하고 기억할 수 있도록 하였다.

(2) 그리고 그러한 이해 위에서 민법의 전반적인 내용을 쉽게 알 수 있도록 정리해 두었다.

(3) 이들을 위한 방법으로 이 책은 독자들이 민법의 기본개념과 어려운

내용을 자연스럽게 이해하고 기억하게 하기 위하여 되도록 많은 예를 들어 구체적으로 설명하였다.

(4) 어려운 용어 사용은 가능한 한 줄이되, 민법의 이해와 정확성을 위하여 필수적으로 사용하여야 하는 용어는 피하지 않고 오히려 극복하게 하였다.

(5) 이 책은 민법의 결과만을 상식적인 차원에서 알려주려는 것이 아니고, 일반인도 볼 수 있도록 만들어진, 그야말로 쉬운 민법의 초보 전공서이다.

[**이 책의 예상 독자들**] 저자는 이 책의 독자로 다음과 같은 사람들을 생각하였다.

(1) 민법 공부를 처음 시작하는 사람. 대학의 법학과에 입학한 사람, 법학전문대학원(로스쿨)에 입학한 비법학사(非法學士), 법학과는 아니지만 국가고시나 다른 이유로 법학을 공부하려는 사람 등이 이에 해당한다.

(2) 민법에 관심이 있는 일반인.

(3) 이미 민법을 공부하기 시작했지만, 민법을 처음부터 다시 체계적으로 공부해 보고 싶은 사람.

(4) 장차 법학전문대학원(로스쿨)의 입학을 염두에 둔 사람. 이들은 미리 민법의 기본개념과 원리를 익히고, 민법의 개괄적인 내용을 통하여 법 논리에 익숙해질 필요가 있다. 민법은 모든 법의 기초이기 때문에도 그렇다.

[**민법의 심화학습**] 이 책은 나무를 보기 전에 전체 숲의 모습을 보게 하려는 데 주된 목적이 있다. 이 책으로 전체적인 윤곽과 중요개념을 충분히 익히고 나서 좀 더 깊은 내용, 즉 숲 속의 나무와 나무의 속 모양까지 알고 싶으면, 저자의 "신민법강의"(박영사)와 "신민법사례연습"(박영사)을 읽을 수 있을 것이다.

[**도움을 주신 분들**] 이 책을 펴내는 데에는 많은 분들의 도움이 있었다. 우선 저자의 대학원 제자들인 김계순 법학박사, 김병선 조교수, 한은주 법학석사, 김소희 법학석사, 이돈영 법학석사, 형수경 법학석사(책임) 등이 도와

주었다. 이들 모두에게 감사드린다. 그리고 박영사의 안종만 회장을 비롯하여 조성호 부장, 김선민 부장, 최준규 대리에게도 감사의 말씀을 드린다.

[**마무리 말**] 저자가 대학에서 전임교수로서 강의한 지가 올해로 만 25년이 되었다. 그 동안 저자는 깊이 있는 논문과 책을 적지 않게 썼다. 그렇지만 법학에 처음 입문하는 사람이나 일반인들을 위해서는 변변한 책을 쓴 적이 없었다. 그런데 이 책을 펴냄으로써 저자가 이들과 사회에 대하여도 뭔가 의미 있는 일을 한 것 같아 뿌듯하다. 아무쪼록 저자의 충정과 노력이 민법에 입문하려는 모든 분들에게 조금이라도 도움이 되었으면 하는 마음 간절하다.

2009. 1

송 덕 수 씀

일러두기

- 이 책에서 민법을 인용할 때에는 법의 이름을 적지 않고 「○조 ○항」과 같이 숫자로만 표시하였다.

- 이 책에서 좀 더 자세한 내용을 보게 할 때에는, 저자의 「신민법강의」(박영사)나 낱권 교과서들인 「민법총칙」, 「물권법」, 「채권법총론」, 「채권법각론」, 「친족상속법」의 해당부분을 적어 놓았는데, 그럴 경우 그 책들은 각각 강의, 민총, 물권, 채총, 채각, 친상이라고 줄여서 표현하였다.

- 이 책에서는 제목의 오른쪽에 [1], [2], [3] 등의 일련번호를 붙이고, 책의 다른 부분을 지시하거나 사항색인을 만들 때에는 이 일련번호를 이용하였다.

- 이 책에서 자주 등장하는 다음의 법률은 약어(略語)를 사용하여 표현하였다. 약어에 해당하는 법률의 정식 명칭은 다음과 같다.

  ▷ 가등기담보법 → 가등기담보 등에 관한 법률
  ▷ 가소 → 가사소송법
  ▷ 가족 → 가족관계의 등록 등에 관한 법률
  ▷ 보증인보호법 → 보증인보호를 위한 특별법
  ▷ 부동산실명법 → 부동산 실권리자 명의 등기에 관한 법률
  ▷ 부등법 → 부동산등기법
  ▷ 부등규칙 → 부동산등기규칙
  ▷ 입목법 → 입목에 관한 법률
  ▷ 채무자회생법 → 채무자회생 및 파산에 관한 법률

- 판결 인용은 양을 줄이기 위하여 다음과 같은 방식으로 하였다.
  (예) 대법원 1971. 4. 10. 선고 71다399 판결 → 대판 1971. 4. 10, 71다399

차 례

제1장 민법총칙

제 3 장 채권법총론

제5장 친족상속법

제1장 민법총칙

제1절 서　론

Ⅰ. 민법(民法)이란 무엇인가? [1]

1. 두 가지 의미의 민법

「민법」이 무엇인지는 두 가지 측면에서 파악할 수 있다. 그 하나는 형식적인 것이고, 다른 하나는 실질적인 것이다. 그리고 이들 방법에 의하여 파악된 민법을 각각 「형식적 의미의 민법」(형식적 민법), 「실질적 의미의 민법」(실질적 민법)이라고 한다.

2. 형식적 민법

민법을 형식적으로 이해하면, 「민법」이라는 이름을 가진 법률을 가리킨다. 즉 1958년 2월 22일에 공포되어 1960년 1월 1일부터 시행된 법률 제471호가 형식적 민법이다. 형식적 민법은 실질적 민법과 구별하기 위하여 「민법전」(民法典)이라고 표현되기도 한다. 민법전은 그 마지막 규정이 제1118조(제정될 당시에는 제1111조)인, 현존하는 우리 법률 중 가장 방대한 것이다.

3. 실질적 민법 [2]

민법은 실질적으로, 즉 전체의 법(법질서) 안에서 민법이 차지하고 있는 지위를 밝히는 방법으로 이해될 수 있다. 이와 같이 민법을 실질적으로 이해하면, 그것은 「사법(私法)의 일부로서 사법관계를 규율하는 원칙적인 법」(사법의 일반법 즉 일반사법)이라고 할 수 있다. 이에 의하면 민법은 우선 법의 일부이고, 그 가운데 사법이며, 사법 중에서도 일반법이다.

(1) **민법은 법의 일부이다.**

사람은 혼자서 살 수 없으며, 가족·사회·국가에 소속되어 공동생활을 하고 있다. 그런데 공동생활에서 질서가 유지되려면 일정한 규칙에 따라서 행동하여야 한다. 공동생활에서 지켜야 할 규칙은 규범이라고도 하는데, 그러한 사회규범에는 법·도덕·관습·종교 등 여러 가지가 있다. 이들 가운데 법은 국가 권력에 의하여 그 실현이 강제되는 점에서 다른 사회규범과 구별된다. 여기서 법을 「강제성으로 무장된 사회규범」이라고 한다.

이러한 법은 하나의 법률을 가리키는 것이 아니고, 헌법을 정점으로 하여 어느 정도 체계를 이루고 있는 여러 개의 규범들 전체(법률·명령·관습법 등)를 의미한다. 그 때문에 법을 법체계라고도 한다. 그리고 규범의 체계를 질서라고 하므로, 법은 법질서라고도 한다. 결국 법·법체계·법질서는 모두 같은 뜻이라고 할 수 있다.

민법은 이러한 법질서(법)의 일부인 것이다.

(2) **민법은 사법(私法)이다.**

일반적으로 법은 크게 공법과 사법으로 나누어진다. 이렇게 법을 공법과 사법으로 나누는 경우에 민법은 사법에 해당한다.

1) **공법과 사법의 구별** 공법과 사법을 어떻게 구별할 것인가를 보기 전에, 공법과 사법을 꼭 구별하여야 하는지에 관하여 살펴보기로 한다. ① 사람의 생활관계에는 여러 가지가 있다. 가령 범죄를 저지른 사람을 처벌하거나, 식당영업을 하려고 하는 사람에게 영업허가를 내주는 것, 혹은 소득을 많이 올린 사람에게 세금을 부과하는 경우가 있는가 하면, 어떤 사람이 자신의 토지를 다른 사람에게 팔거나 다른 사람과 혼인을 하거나 유언을 하는 경우도 있다. 이들 가운데 뒤의 세 경우에 있어서는 당사자들이 자신이 원하는 대로 그들의 관계를 결정할 수 있다. 즉 토지를 파는 경우에는,

파는 사람(매도인)과 사는 사람(매수인)이 모두 원할 때에만, 그리고 그들이 원하는 값으로만 팔게 되는 것이며, 국가나 다른 사람은 그것에 간섭을 할 수 없다. 이러한 원리를 가리켜 「사적 자치」(私的 自治)라고 한다(뒤의 [10] (2) 참조). 그런데 이와 같은 「사적 자치」는 앞의 세 경우에는 인정되지 않는다. 두 그룹에 있어서 적용되는 원리가 다른 것이다. 법을 공법 · 사법으로 나눈다면, 「사적 자치」가 적용되지 않는 앞의 그룹은 공법이 적용되고, 뒤의 그룹은 사법이 적용된다. 이처럼 공법과 사법은 그것을 지배하는 법원리가 다르기 때문에 구별되어야 한다. ② 나아가 우리의 현재의 재판 제도상 행정사건과 민사사건은 관할하는 법원이 같지 않다. 행정사건에 관한 소(訴)인 행정소송은 행정법원에 제기하여야 하나(행정소송법 9조 · 38조 · 40조 · 46조 참조), 민사사건에 관한 소인 민사소송은 지방법원에 제기한다(민사소송법 2조 참조). 여기서 행정사건과 민사사건을 구별하여야 하는데, 그러기 위하여서는 먼저 공법과 사법이 나누어져 있어야 한다.

그러면 공법과 사법은 어떤 표준에 의하여 구별할 것인가? 공법과 사법을 구별하는 방법에 관하여는 논란이 많으나(강의, A-3 참조), 불평등관계(권력 · 복종관계)를 규율하는 법이 공법이고, 평등 · 대등관계를 규율하는 법이 사법이라고 하는 학설(이른바 성질설)이 타당하다고 생각한다.

[참고]
공법 · 사법을 어떤 방법으로 구별하든 헌법 · 행정법 · 형법 · 형사소송법 · 민사소송법 · 세법 · 국제법이 공법이고, 민법 · 상법이 사법이라는 데 대하여는 다툼이 없다. 공법과 사법의 구별은 그 밖의 조그만 법률들에 있어서 문제되는 것이다.

2) **사법의 내용** 사법의 적용을 받는 생활관계 즉 사법관계에는 재산관계와 가족관계(신분관계)가 있다. 그리고 재산관계의 전형적인 것으로는 소유권 · 저당권 등의 물권관계와 매매 · 임대차와 같은 채권관계가 있다. 그 외에 어떤 사람이 사망한 경우에 그의 재산이 상속인에게 승계되는 상속관계도 재산관계에 해당한다고 할 것이다(가족관계라고 하는 견해도 있다). 한편 가족관계는 약혼 · 혼인 · 친자관계 · 입양 · 후견 · 부양 등의 관계이다.

이와 같은 사법관계의 분류에 따라 사법도 재산관계를 규율하는 재산법과 가족관계를 규율하는 가족법(신분법)으로 나누어지고, 재산법에는 물권법·채권법·상속법이 있게 된다.

(3) 민법은 일반법(一般法)이다.

법은 일반법과 특별법으로 나누어진다. 일반법은 사람·사항·장소 등에 특별한 제한이 없이 일반적으로 적용되는 법이고, 특별법은 일정한 사람·사항·장소에 관하여만 적용되는 법이다. 법을 일반법·특별법으로 구별하는 이유는 동일한 사항에 대하여서는 특별법이 일반법에 우선하여 적용되기 때문이다(특별법 우선의 원칙). 예를 들면 주택의 소유자가 그의 주택을 다른 사람에게 임대한 경우에는, 민법의 임대차에 관한 규정(618조 이하)과 주택임대차보호법이 모두 적용될 수 있으나, 특별법인 후자가 민법에 앞서서 적용되고, 거기에 규정이 없는 사항에 대하여는 민법이 보충적으로 적용된다(그런데 이러한 민사특별법은 일반사법인 실질적 민법에 속함을 주의할 것).

사법을 일반법과 특별법으로 나눈다면, 민법은 일반법(일반사법)이다.

일반사법인 민법에 대하여 많은 특별사법(特別私法)이 있다. 그 가운데 가장 중요한 것이 상법이다. 상법은 상기업(商企業)에 관한 특별사법이다. 그리고 상법과 같은 특별사법을 제외한 일반사법이 실질적 민법이다.

[실체법과 절차법]

법 가운데에는 직접 권리·의무에 관하여 정하는 것이 있는가 하면, 권리·의무를 실현하는 절차를 정하는 것도 있다. 앞의 것이 실체법이고, 뒤의 것이 절차법이다. 실체법과 절차법은 체계상 별개의 것으로 나누어져 있지만, 서로 밀접한 관계에 있다. 실체법이 정하는 내용이 지켜지지 않는 때에는, 절차법에 의하여 실현되기 때문이다. 이와 같이 법을 실체법과 절차법으로 나눈다면, 민법은 실체법에 속한다. 그에 비하여 민사에 관한 절차법으로 민사소송법·민사집행법·가사소송법 등이 있다. 이 두 법의 관계를 예를 들어 살펴보기로 한다. 만약 A가 B를 일부러 때려서 다치게 한 경우에 누구에게 어떤 권리가 생기는가는 실체법인 민법이 규정하고 있다. 그에 의하면 A는 B에 대하여 신체침해라고 하는 불법행위를 한 것으로 되고, 그 결과 B는 A에 대하여 손해배상청구권이라는 권리를 가지게 된다(750조). 그런데 이때 A가 B에게 손해배상을 해 주지 않으면, B는 민사소송법에 의하여 A를 상대로 소를 제기하여 판결을 얻고, 나아가 그 판결을 바탕으로 민사집행법에 따라 A의 재산을 경매에 부쳐 그로부터 배상을 받게 된다.

4. 두 민법 사이의 관계 [3]

실질적 민법과 형식적 민법은 일치하지 않는다. 형식적 민법 즉 민법전은 그 모두가 실질적 민법인 것은 아니며, 공법적인 규정들도 담고 있다. 법인 이사 등의 벌칙에 관한 제97조, 채권의 강제집행 방법에 관한 제389조가 그 예이다. 그런가 하면 실질적 민법에는 민법전 외에 민법의 부속법령, 민사특별법령, 공법 내의 규정 등도 있다. 또한 민사에 관한 관습법은 불문법이지만 실질적 민법에 속한다.

이처럼 두 민법은 일치하지 않지만, 둘은 아주 밀접한 관계에 있다. 민법전이 실질적 민법의 중심을 이루고 있기 때문이다. 민법전은 — 극소수의 공법적 규정을 제외하면 — 가장 핵심적인 실질적 민법인 것이다.

Ⅱ. 민법의 법원(法源) [4]

1. 서 설

(1) 법원의 뜻과 종류

우리는 앞에서 사법관계에 적용되는 원칙적인 법(일반사법)이 실질적 민법임을 보았다. 그런데 실질적 민법에 관한 그러한 개념정의는 매우 추상적이어서 어떤 것이 그에 해당하는지를 구체적으로 알려주지 못한다. 여기서 실질적 민법이 구체적으로 어떤 모습으로 존재하는지를 살펴볼 필요가 있다. 그것이 민법의 법원의 문제이다.

법원에는 성문법과 불문법이 있다. 성문법은 문자로 표시되고 일정한 형식과 절차에 따라서 제정되는 법이며, 제정법이라고도 한다. 그리고 성문법이 아닌 법이 불문법이다. 각 나라는 성문법과 불문법 가운데 어느 것을 제1차적인 법원으로 인정하느냐에 따라 성문법주의 국가와 불문법주의 국가로 나누어진다.

[성문법(成文法)과 실정법(實定法)]

책이나 언론 보도 등에서, 가령 A가 건축허가를 받지 않고 별장을 지은 것은 실정법 위반이라고 하는 것과 같이, 실정법이라는 말을 쓰는 경우가 자주 있다. 이러한 실정법은 성문법과 어떤 관계에 있는가? 실정법은 사회에서 실증적으로(실제로) 파악되는 법이며, 그것은 자연법(시간과 장소를 초월하여 영원히 존재한다고 생각되는 이상적인 법)과 대비된다. 따라서 실정법은 현재 법으로서 존재하는 것 전부를 가리키는 것이며, 우리가 말하는 넓은 의미의 법이 모두 실정법이다. 그 결과 성문법뿐만 아니라 관습법과 같은 불문법도 실정법에 포함되게 된다. 실정법은 성문법을 포함하는 넓은 개념인 것이다.

(2) 법원에 관한 민법규정

민법은 제 1 조에서 「민사(民事)에 관하여 법률에 규정이 없으면 관습법에 의하고 관습법이 없으면 조리에 의한다」고 규정하고 있다. 여기서 법률을 최우선 순위의 법원으로 정하고 있는 것은 우리나라가 민사에 관하여 성문법주의를 취하고 있음을 보여준다. 그리고 이 규정에서 「법률」은 헌법이 정하는 절차에 따라 제정·공포되는 형식적 의미의 법률만을 가리키는 것이 아니고, 모든 성문법을 뜻한다고 하여야 한다. 그렇지 않으면 불문법이 성문법인 명령·규칙 등에 우선하게 될 것이기 때문이다. 판례도 위임명령이면서 대통령령인 구 가정의례준칙(이는 1989. 8. 31.에 폐지되고 건전가정의례준칙으로 대체됨)과 관습법 사이의 우열이 문제된 사안에서 관습법은 제정법에 대하여 보충적 성격을 가진다고 하여 같은 태도를 취하고 있다(대판 1983. 6. 14, 80다3231).

한편 제 1 조는 법원으로 법률(성문법), 관습법, 조리의 세 가지만을 그 순위와 함께 규정하고 있다. 그런데 규정이 없는 판례에 대하여도 그것이 법원인지가 논의되고 있다. 아래에서 법원을 성문법과 불문법으로 나누어 살펴보기로 한다.

2. 성문민법(成文民法) [5]

제 1 조의 규정상 우리나라에서는 성문법이 제 1 차적인 법원이 된다. 성문법에는 법률·명령·대법원규칙·조약·자치법 등이 있다.

(1) 법 률

여기의 법률은 형식적 의미의 법률이다. 법률에는 민법전과 그 이외의 법률이 있다.

민법전은 민법의 법원 중에서 가장 중요한 것이다. 다만 민법전 가운데 실질적 민법이 아닌 규정도 약간 포함되어 있음은 앞에서 언급하였다([3] 참조).

민법전 이외에도 민법의 법원이 되는 법률이 많이 있다. ① 우선 민법전을 보충하거나 수정하기 위하여 제정된 특별 민법법규가 있다. 이자제한법, 주택임대차보호법, 「가등기담보 등에 관한 법률」, 「보증인 보호를 위한 특별법」, 신원보증법, 「약관의 규제에 관한 법률」, 자동차손해배상보장법이 그 중요한 예이다. ② 그리고 공법에 속하는 법규, 예를 들면 농지법, 특허법, 저작권법, 「국토의 계획 및 이용에 관한 법률」 중의 일부 규정도 민법의 법원이 된다. ③ 나아가 민법전에 규정되어 있는 실체적인 민법법규를 구체화하기 위한 절차를 규정한 민법 부속법률도 민법의 중요한 법원이다. 부동산등기법, 「가족관계의 등록 등에 관한 법률」이 그 예이다.

(2) 명 령

명령은 국회가 아닌 국가기관이 일정한 절차를 거쳐서 제정하는 법규이다. 명령에는 법률에 의하여 위임된 사항을 정하는 위임명령(예: 「민법 제312조의 2 단서의 시행에 관한 규정」)과 법률의 규정을 집행하기 위하여 필요한 세칙을 정하는 집행명령(예: 주택임대차보호법 시행령)이 있으며, 제정권자에 의하여 대통령령·총리령·부령으로 나누어진다. 이러한 명령도 민사에 관하여 규정하고 있으면 민법의 법원이 된다.

(3) 대법원규칙

대법원은 법률에 저촉되지 않는 범위 안에서 소송에 관한 절차, 법원(法院)의 내부 규율과 사무처리에 관한 규칙을 제정할 수 있는데(헌법 108조), 이에 따라 대법원이 제정한 규칙도 민사에 관한 것은 민법의 법원이 된다. 부동산등기규칙, 공탁규칙, 「공탁금의 이자에 관한 규칙」이 그 예이다.

(4) 조 약

헌법에 의하여 체결·공포된 조약과 일반적으로 승인된 국제법규는 국내법과 같은 효력을 가지므로(헌법 6조 1항), 조약으로서 민사에 관한 것은 민법의 법원이 된다.

(5) 자치법(自治法)

지방자치단체가 법령의 범위 안에서 그 사무에 관하여 제정한 「조례」(지방의회의 의결을 거침)와 지방자치단체의 장이 법령 또는 조례가 위임한 범위 안에서 그 권한에 속하는 사무에 관하여 제정한 「규칙」도 민사에 관한 것은 민법의 법원이 된다. 조례의 예로는 「서울특별시 수도조례」, 「서울특별시 하수도 사용조례」, 「서울특별시 도시 및 주거환경 정비조례」, 「서울특별시 주택 중개보수 등에 관한 조례」를 들 수 있고, 규칙의 예로는 「서울특별시 수도조례 시행규칙」, 「서울특별시 하수도 사용조례 시행규칙」, 「서울특별시 도시 및 주거환경 정비조례 시행규칙」이 있다. 다만, 이러한 자치법규는 법령에 우선하지 못하며, 적용범위가 지역적으로도 제한된다.

3. 불문민법(不文民法) [6]

(1) 관습법

관습법이란 사회생활에서 스스로 발생하는 관행(관습)이 법이라고까지 인식되어 대다수인에 의하여 지켜질 정도가 된 것을 말한다. 그러므로 관습법이 성립하려면 ① 관행, 즉 어떤 사항에 관하여 사람들이 되풀이하여 행위하는 상태가 존재하여야 하고, ② 그 관행이 법규범이라고 의식될 정도에 이르러야 한다(법적 확신의 취득). 그리고 판례는 위 ②가 인정되려면 헌법을 최상위 규범으로 하는 전체의 법질서에 반하지 않을 것을 요구한다(대판(전원) 2005. 7. 21, 2002다1178). 그러면서 종중 구성원의 자격을 성년 남자로만 제한하는 종래의 관습법의 효력을 부정하였다.

관습법의 예를 들어본다. A 소유의 토지에 B가 A의 승낙을 얻어 B의 아버지의 묘를 설치한 경우에는, B는 관습법상 그 묘가 있는 토지를 사용할 수 있는 권리를 취득하게 된다. 그 결과 A는 B에게 묘지를 옮겨가라고 청구하지 못한다. 관습법상 인정되는 B의 이 권리를 분묘기지권이라고 한다(자세한 사항은 [194] 2 참조).

관습법은 민법규정상 당연히 민법의 법원이 된다(1조 참조). 그런데 민법은 관습법에 대하여 성문법이 없는 부분에 관하여서만 보충적으로 효력을 인정하고 있을 뿐이다(판례도 같음. 대판 1983. 6. 14, 80다3231; 대판(전원) 2005. 7. 21, 2002다1178). 이에 대하여 일부 학자는 관습법이 성문법을 변경할 수 있다고 한다(강의, A-12 참조). 한편 상관습법(商慣習法)은 상법전에 대하여는 보충적 효력을 가지지만 민법전에는 우선한다(상법 1조 참조).

▣ 상법 제 1 조[상사적용법규] 상사에 관하여 본법에 규정이 없으면 상관습법에 의하고 상관습법이 없으면 민법의 규정에 의한다.

(2) 조리(條理)

조리는 사물의 본질적 법칙 또는 사물의 도리를 가리킨다. 이는 일정한 내용을 가진 것이 아니고 법질서 전체에 비추어 가장 적절하다고 생각될 경우에 쓰는 말이다. 제 1 조는 재판할 수 있는 법원이 전혀 없는 경우에 조리에 따라서 재판하여야 함을 규정하고 있다. 여기서 조리가 법원인지 문제된다. 이를 검토해 본다. 민법 제 1 조가 조리를 재판의 준칙으로 인정한 것은 어떤 사항에 관하여 법이 없을 경우에 법관이 자의적으로 재판할 수 없도록 하기 위한 것이며, 조리를 법원이라고 보기 때문이 아니다. 결국 조리는 법원이 아니라고 하여야 한다(반대 견해 있음. 민총 [15] 참조).

[종중에 관한 판례]

「종중이란 공동선조의 분묘수호와 제사 및 종원 상호간의 친목 등을 목적으로 하여 구성되는 자연발생적인 종족집단이므로, 종중의 이러한 목적과 본질에 비추어볼 때 <u>공동선조의 성과 본을 같이하는 후손은 성별의 구별 없이 성년이 되면 당연히 그 구성원이 된다고 보는 것이 조리에 합당하다</u>」(대판(전원) 2005. 7. 21, 2002다1178).

(3) 판례(判例)

판례는 법원의 재판(판결 · 결정)을 통하여 형성된 규범을 가리킨다. 그리고 판례를 법이라고 하면 판례법이라고 부를 수 있을 것이다.

[판결과 판례]

예를 들어 판결과 판례의 차이를 살펴보기로 한다. A는 B회사로부터 아파트 한 채를 분양받았다. A가 분양받은 그 아파트 뒷편 야산에는 대규모의 공동묘지가 조성되어 있었다. 그런데 A는 그러한 사실을 전혀 알지 못하였다. 뒤늦게 이를 안 A는 B회사에게 기망행위에 의한 불법행위를 이유로 손해배상을 청구하는 소를 제기하였다. 이에 대하여 법원이 판결에서 먼저 일반적이고 추상적인 이론(법리)으로 「부동산 거래에 있어 거래 상대방이 일정한 사정에 관한 고지를 받았더라면 그 거래를 하지 않았을 것임이 경험칙상 명백한 경우에는 신의성실의 원칙상 사전에 상대방에게 그와 같은 사정을 고지할 의무가 있으며, 그와 같은 고지의무의 대상이 되는 것은 직접적인 법령의 규정뿐 아니라 널리 계약상, 관습상 또는 조리상의 일반원칙에 의하여도 인정될 수 있」다고 하고, 이어서 그 이론을 구체적인 사안에 적용하여 B는 A에게 손해배상을 하라는 판결을 하였다(대판 2007. 6. 1, 2005다5812 · 5829 · 5836). 이 경우에 손해배상을 명하는 구체적인 재판이 판결이고, 그로부터 추론된, 그 판결의 앞부분에서 정리해둔 추상적인 법리가 판례이다.

판례는 영미법계 국가에서는 중요한 법원이다. 그러나 우리나라와 같은 대륙법계(프랑스 · 독일 · 스위스 등 유럽 대륙법의 계통) 국가에서는 법관은 헌법과 법률에 의하여 재판할 의무가 있을 뿐(헌법 103조 참조), 기존의 판례에 당연히 구속되어야 하는 것이 아니다. 결국 판례는 법원이 아니다(다른 견해 있음. 민총 [16] 참조).

판례는 법원이 아니어서 법률적 구속력은 없지만, 상급법원 특히 대법원의 판례는 사실상의 구속력을 가진다. 그것은 ① 법원조직법이 법의 안정을 위하여 판례 변경에 신중을 기하도록 하고 있고(동법 7조 1항), ② 하급법원도 판례와 다른 판단을 하면 그것이 상급법원에서 깨뜨려질 것이어서 그 스스로 판례에 따르게 되기 때문이다. 그 결과로 판례는 실제에 있어서는 「살아 있는 법」으로 기능하게 된다.

Ⅲ. 민법전(民法典)의 연혁과 구성 [7]

1. 민법전의 연혁

(1) 민법전 제정 전

우리나라는 조선시대까지만 하여도 민법에 관한 한 불문법국가였다. 우리나라에서 여러 가지 법전이 편찬되기도 하였으나, 그 내용은 대부분 공법이었고, 사법규정은 단편적으로 흩어져 있었을 뿐이다.

조선후기에 이르러 정부의 주도로 민법전을 편찬하려고 하였으나, 그 계획도 성공하지 못하였다. 그러다가 1910년 한국을 식민지로 만든 일본은 「조선에 시행할 법령에 관한 건」이라는 긴급칙령을 발포하여, 우리나라에 시행할 법령은 조선총독의 명령(제령이라고 함)으로 제정할 수 있도록 하였다. 그 후 1912년 3월 18일 제령(制令) 제 7 호 「조선민사령」을 제정하였으며, 그에 의하여 일본의 민법전과 각종 특별법 등이 우리나라에 「의용」(依用. 다른 나라의 법을 그대로 적용함)되게 되었다. 이때 우리나라에 의용된 일본민법을 의용민법이라고 한다(일부 문헌은 구민법이라고 함).

1945년 우리나라는 일본으로부터 해방되었으나 다시 미국의 군정 하에 들어갔다. 그리고 의용민법이 적용되던 상황은 그때에도 변함이 없었다. 우리 민법전은 정부가 수립된 후에 비로소 제정될 수 있었다.

(2) 민법전의 제정과 개정

1948년 정부가 수립된 후 정부는 민법전 편찬사업에 착수하여 법전편찬위원회로 하여금 민법전을 기초하게 하였다. 그 후 1953년 민법초안이 완성되었고, 이 초안은 1954년 정부제출법률안으로 국회에 제출되었다. 이 법률안은 국회에서 심의·수정을 받은 뒤 통과되었다. 그리고 1958년 2월 22일 법률 제471호로 공포되었으며, 1960년 1월 1일부터 시행에 들어갔다. 이것이 우리의 현행 민법전이다.

우리 민법은 근본적으로 일본민법을 바탕으로 하여 제정되었다. 일본민법과 다른 점은 프랑스민법에서 유래한 제도를 많이 없애고 그것 대신에 독일민법이나 스위스민법상의 제도를 많이 넣은 것이다(여기에 만주민법이 크게 참고되었다). 다만, 친족법과 상속법은 일본법이나 다른 근대민법의 영향이 적으며, 거기에는 우리의 전통적인 윤리관이 많이 반영되어 있다.

민법은 제정된 뒤 모두 서른 다섯 차례 개정되었다(2024. 9. 28. 기준). 그러나 총칙편 · 물권편 · 채권편이 개정된 것은 적고(1984년, 2001년, 2011년, 2013년, 2015년, 2016년, 2020년, 2022년에 약간 개정됨), 친족편과 상속편은 크게 바뀌었다. 특히 1990년의 제7차 개정에서는 호주상속을 호주승계로 이름을 바꾸어 친족편으로 옮기는 등 친족 · 상속편의 개혁적인 개정이 있었고, 2005년의 제12차 개정에서는 호주제도의 폐지, 동성동본 불혼제도 폐지, 친양자제도의 신설과 같은 큰 폭의 개정이 있었다. 한편 법무부는 2009년부터 민법 중 재산법을 전면적 · 단계적으로 개정하는 작업을 벌였고, 그 결실로서 현재까지 성년후견제 개정(2011년), 보증규정 개정 및 여행계약규정의 신설(2015년) 등이 이루어졌다. 그리고 2023년 6월부터 다시 법무부에 민법 전면 개정을 위한 민법개정위원회가 구성되어 활동하고 있어서 앞으로 재산법도 크게 바뀔 가능성이 있다.

2. 민법전의 구성과 민법규정의 효력상 분류 [8]

(1) 민법전의 구성

우리 민법전은 모두 5편으로 이루어져 있다. 제1편 총칙, 제2편 물권, 제3편 채권, 제4편 친족, 제5편 상속이 그것이다. 이러한 구성방법을 독일식(판덱텐식)이라고 하는데, 이 방법의 특징은 논리적 · 추상적이고, 무엇보다도 총칙을 두고 있다는 데 있다. 제1편 총칙은 민법 전체에 적용되는 일반적인 규정을 모은 것이다.

이 총칙은 무슨 이유로 둔 것인가? 예를 들어보자. 만 18세인 A는 B로부터 돈을 빌리면서 자신의 특정한 토지에 저당권을 설정하려고 한다(물권 문제). 그리고 그의 주택을 C에게 팔려고 한다(채권 문제). 또한 만 21세인 D(여)와 혼인하려고 한다(친족법 문제). 만약 민법의 입법자가 이들 모든 경우에 A가 혼자서 그러한 행위를 한 때에는 A쪽에서 자기가 미성년자라는 이유로 그 행위들을 취소하여 무효로 만들 수 있도록 하고 싶다면, 그 입법의 방법으로 두 가지를 생각할 수 있다. 하나는 그 행위 각각에 대하여 취소할 수 있다고 규정하는 것이고, 다른 하나는 그것을 한 번만 규정하되, 그것을 모든 경우에 공통적으로 적용하는 방식으로 하는 것이다. 후자가 바로 「총칙」의 형식으로 규정하는 것이다(5조 참조). 이와 같이 총칙은 물권편·채권편·친족편·상속편에 공통적으로 적용되는 규정을 민법전의 앞에 모아둔 것이다. 따라서 그 규정들은 민법 전체에 공통적으로 적용된다. 다만, 우리 민법의 총칙편은 대부분 재산법만을 생각해서 만들어진 것이어서 그러한 규정은 가족법에는 적용되지 않는다고 하여야 한다. 즉 가족법에 총칙규정과 다른 특별규정이 두어져 있는 경우가 자주 있으나(위의 예와 관련하여서는 808조 1항·816조 1호 참조), 특별규정이 충분한 정도로 두어져 있지 않으므로, 가족법상의 행위에는 특별규정이 없더라도 원칙적으로 적용되지 않는다고 하여야 한다. 한편 총칙 규정은 일반화·추상화된 것이고 구체적이지 않아서 의미 파악이 어려운 문제가 있다.

(2) 민법규정의 효력상 분류

공법과 달리 사법인 민법에 있어서는 그 규정 모두가 당사자의 의사를 무시하고 강제적으로 적용되는 것은 아니다. 민법규정 가운데에는 당사자의 의사로 적용을 배제할 수 없는 규정이 있는가 하면, 당사자의 의사로 적용을 배제할 수 있는 규정도 있다. 앞의 것을 강행규정(강행법규)이라고 하고, 뒤의 것을 임의규정(임의법규)이라고 한다. 예를 들어본다. A는 그의 주택을 B에게 팔기로 하는 계약을 체결하였다. 그러면서 A·B는 그 주택에 A가 모르는 흠이 있어도 B가 A에게 책임을 묻지 않기로 약정하였다. 그런데 주택에는 흠이 있었다. 이러한 경우에 제580조에 의하면 B는 일정한 요건 하에 A에게 책임을 물을 수 있다. 그러나 그 규정은 임의규정이기 때문에, A·B 사이의 약정에 의하여 그 규정의 적용은 배제되고, 따라서 A는 책임을 지지 않게 된다(584조도 참조).

민법에 이처럼 임의규정이 있는 이유는 사적 자치의 원칙([10] (2) 참조)의 결과이다. 그러므로 사적 자치가 넓게 인정되는 영역에서는 임의규정도 많게 된다. 계약법이 대표적인 예이다.

강행규정·임의규정의 구별에 대하여는 후에 설명한다([60] 2 참조).

주의할 것은, 민법의 어느 규정이 임의규정이어서 당사자가 다르게 약정하지 않은 때에만 적용된다고 하여, 그 규정이 별로 의미가 없다고 여겨서는 안 된다는 점이다. 민법의 여러 규정은 매우 상세한 사항에 관한 것이고, 일반적으로 사람들은 그러한 사항에 대하여는 특별한 약정을 하지 않기 때문이다. 앞의 예처럼 실제로 A의 책임을 면하게 하는 일은 실제에서는 거의 없다. 따라서 그러한 때에는 제580조가 — 마치 강행규정처럼 — 적용되게 된다.

Ⅳ. 민법의 기본원리 [9]

1. 개 관

우리 민법전은 19세기에 성립한 근대민법전(프랑스민법·독일민법·스위스민법·일본민법)을 모범으로 하여 만들어졌다. 그런데 근대민법은 개인주의·자유주의라는 당시의 시대적 흐름에 따라 모든 개인은 태어날 때부터 완전히 자유이고 서로 평등하다고 하는 자유인격의 원칙(인격절대주의)(인격에 관하여는 [107] 2 참조)을 기본으로 하여, 이를 사유재산제도 내지 자본주의 경제조직에 실현시키기 위하여 사유재산권 존중의 원칙, 사적 자치의 원칙, 과실책임의 원칙의 세 원칙을 인정하였다. 이 세 원칙을 근대민법의 3대원리라고 한다.

이러한 근대민법의 3대원리는 19세기에는 제약이 그다지 많지 않았다. 그것들에 대한 제약은 대체로 당사자가 누구이든 법질서가 도저히 허용할 수 없는 경우에 가하여졌다. 당시의 법이론은 개인에게 자유경쟁의 상태에서 경쟁을 하게 하면 서로 주고받는 것 사이의 조절이 적절하게 이루어질 것으로 보았기 때문이다. 그러나 그러한 생각이 옳지 않았음이 곧 드러났다. 실제에 있어서는 경제력의 큰 차이로 말미암아 상상했던 바와 같은 결과가 나타나지 않았던 것이다. 예를 들면 생산수단을 소유하고 있는 기업은 재산이 없는 노동자와 고용계약을 체결하는 경우에 기업이 원하는 내용으로 계약을 체결하였다. 주택의 소유자와 주택을 빌리는 임차인의 관계도 비슷하였다. 그리하여 20세기에 들어와서는 이러한 문제점을 해결하기 위하여 근대민법의 3대원리에 대하여 보다 많은 제약이 가해져야 한다고 주장되었고, 그러한 내용의 입법(특히 노동법·경제법)이 행하여지기도 하였다. 이처럼 20세기에는 당사자들이 경제력에 있어서 차이를 보이는 경우에 경제적으로 우월한 자의 자유만을 제한하는 등의 새로운 모습의 제약도 가해지게 되었다. 이러한 3대원리의 제약원리를 사회적 조정의 원칙이라고 할 수 있을 것이다.

근대민법전을 바탕으로 한 우리 민법에 있어서는 당연히 근대민법의 3대원리도 그 기본원리가 되고 있다. 그리고 우리 민법전은 사회적 조정의 원칙 또한 기본원리로 삼으면서 19세기에 성립한 프랑스민법·독일민법에 비하여 그것을 더욱 강화하고 있다.

2. 3대원리 [10]

(1) 사유재산권 존중의 원칙

사유재산권 존중의 원칙은 각 개인의 사유재산권에 대한 절대적 지배를 인정하고, 국가나 다른 개인은 이에 간섭하거나 제한을 가하지 않는다는 원칙이다. 사유재산권 가운데 가장 대표적인 것이 소유권이기 때문에, 이 원칙은 소유권 절대의 원칙이라고도 한다. 이 원칙이 인정되고 있어서, 가령 소유자는 그가 소유하는 물건을 누구의 간섭도 받지 않고 사용·수익(收益)·처분할 수 있다(211조 참조).

(2) 사적 자치(私的 自治)의 원칙

사적 자치의 원칙은 개인이 법질서의 한계 내에서 자기의 의사에 기하여 법률관계([11] 참조)를 형성할 수 있다는 원칙이다. 이 원칙은 3대원리 가운데에서도 가장 핵심적인 것이다. 사적 자치의 내용으로는 계약의 자유, 단체(법인 등) 결성의 자유, 유언의 자유, 권리행사의 자유 등이 있다. 이러한 사적 자치의 원칙이 인정되고 있어서, 사람은 그가 원하는 바에 따라서 물건을 사고 팔 수도 있고, 법인을 설립하거나 유언을 할 수도 있다. 사적 자치의 원칙은 채권법, 특히 계약법에서 두드러지게 작용한다.

(3) 과실책임의 원칙

과실책임의 원칙은 개인이 다른 사람에게 가한 손해에 대하여는 그 행위가 위법할 뿐만 아니라 고의 또는 과실에 기한 경우에만 책임을 진다는 원칙이다. 이 원칙이 인정되고 있어서, 어떤 자가 채무불이행이나 불법행위를 하여 다른 사람에게 손해를 발생시켰을지라도, 그가 주의를 충분히 하였으면(그리하여 과실도 없었으면) 손해배상을 할 필요가 없게 된다.

[민법상의 책임요건으로서의 고의와 과실]
과실책임의 원칙상 민법(사법)에 있어서 책임이 발생하려면 행위자에게 고의 또는 과실이 있어야 한다. 고의는 자기의 행위로부터 일정한 결과가 발생할 것을 인식하면서도 그 행위를 하는 것이고, 과실은 자기의 행위로부터 일정한 결과가 생길 것을 인식했어야 함에도 불구하고 부주의로 말미암아 인식하지 못하는 것이다. 고의와 과실은 이처럼 구별되지만 — 형법에서와 달리 — 민법에서는 책임의 발생 및 범위 면에서 둘은 차이가 없는 것이 원칙이다. 그리하여 민법규정에서는 고의라는 표현을 쓰지 않고 과실만으로 표현하는 것이 보통이다(예 : 385조 2항, 396조, 427조 1항, 661조, 806조 1항, 1018조 단서). 그때에는 고의는 과실에 포함되는 것으로 해석된다.

▣ 제396조[과실상계] 채무불이행에 관하여 채권자에게 과실이 있는 때에는 법원은 손해배상의 책임 및 그 금액을 정함에 이를 참작하여야 한다.

▣ 제806조[약혼해제와 손해배상청구권] ① 약혼을 해제한 때에는 당사자 일방은 과실있는 상대방에 대하여 이로 인한 손해의 배상을 청구할 수 있다.

3. 사회적 조정의 원칙

사회적 조정의 원칙은 사적 자치를 비롯한 3대원리를 일반적으로(양 당사자에 대하여) 또는 내부적으로(우월한 일방 당사자에 대하여만) 제약하는 원리이다. 그 구체적인 예로는 신의칙(2조 1항), 권리남용 금지(2조 2항), 사회질서(103조), 폭리행위 금지(104조), 제607조 · 제608조, 임대차에 있어서 강행규정(652조 참조),

제761조(정당방위 · 긴급피난), 유류분제도(1112조 이하) 등을 들 수 있다. 이 원칙은 오늘날에는 민법에서보다 특별법 제정시에 더욱 강하게 인정되고 있다. 근로기준법을 비롯한 노동법, 이자제한법, 「보증인 보호를 위한 특별법」, 주택임대차보호법, 「가등기담보 등에 관한 법률」, 「약관의 규제에 관한 법률」, 「할부거래에 관한 법률」, 「방문판매 등에 관한 법률」이 그 예이다. 이들 특별법은 노동법을 제외하고는 모두 실질적 민법에 해당하는 것으로서, 민법전에 포함되어야 마땅한 것이다.

▣ 제2조[신의성실] ① 권리의 행사와 의무의 이행은 신의에 좇아 성실히 하여야 한다.
② 권리는 남용하지 못한다.

▣ 제103조[반사회질서의 법률행위] 선량한 풍속 기타 사회질서에 위반한 사항을 내용으로 하는 법률행위는 무효로 한다.

제2절 권리(權利)

Ⅰ. 법률관계 [11]

1. 의 의

사람의 사회생활은 모두 법의 적용(규율)을 받는가? 예를 들어 A가 그의 친구 B와 커피 전문점에서 만나기로 하였는데, B가 단지 귀찮다는 이유로 아무 연락도 없이 약속시간에 나오지 않아 A는 불필요하게 시간과 금전을 낭비하게 되었다. A는 B에게 손해배상을 청구할 수 있는가? X교회에 다니고 있는 C는 매주 일요일에 교회에 와서 기도를 하고 또 교회에서 제공한 각종 편의를 보고 있으면서 헌금은 전혀 하지 않고 있다. X교회측은 C에게 헌금을 요구할 수 있는가? 만약 이들 관계가 법의 적용을 받는 것이라면, A의 B에 대한 손해배상청구와 X교회측의 C에 대한 헌금 요구가 인정될 수도 있다.

법은 사람의 모든 생활에 적용되는 것은 아니다. 강제력을 동원하여 일정한 결과를 실현하는 것이 적절한 때에만 적용된다. 그렇지 않은 때에는 법이 적용되지 않고, 관습·도덕·종교와 같은 다른 사회규범이 적용된다. 그리하여 사람의 사회생활관계 가운데에는 법이 적용되는, 즉 법에 의하여 규율되는 것이 있는가 하면, 법에 의하여 규율되지 않는 것도 있다. 앞의 것, 즉 「법에 의하여 규율되는 생활관계」를 법률관계라고 한다. 법률관계는 역사적으로 보면 시대가 발전할수록 그 범위가 넓어져 왔고, 그리하여 오늘날에는 대부분의 생활관계가 법률관계이기는 하나, 그 모두가 법률관계인 것은 아니다.

처음에 예를 든 두 경우는 모두 법률관계가 아니다. 따라서 그 경우에는 법에 의한 효과가 인정되지 않는다. 다만, B는 약속을 지키지 않는다는 이유로, C는 헌금을 하지 않는다는 이유로, 다른 사회규범인 관습이나 종교에 비추어 비난을 받을 여지는 있다.

2. 호의관계(好意關係)와의 구별 [12]

법률관계가 아닌 생활관계(비법률관계)의 대표적인 예로 호의관계가 있다. 호의관계는 법적인 의무가 없음에도 불구하고 호의로 어떤 행위를 해주기로 하는 생활관계이다. 친구의 산책에 동행해 주기로 한 경우, 어린 아이를 그의 부모가 외출하는 동안 대가를 받지 않고 돌보아 주기로 한 경우, 저녁 식사에 초대한 경우, 자기 차에 아는 사람을 무료로 태워준 경우(호의동승)가 그 예이다. 이러한 호의관계는 법의 규율을 받지 않기 때문에 약속을 위반하여도 법적 제재를 받지 않는다. 그러나 호의관계가 때로 법률관계로 비화되는 수도 있다. 가령 이웃집 어린 아이를 돌보아 주기로 해놓고 전혀 돌보지 않아 그 아이가 위험한 물건을 가지고 놀다가 다친 경우, 호의동승에 있어서 운전자의 과실로 동승자가 다친 경우에는, 아이를 돌보아 주기로 한 사람이나 운전자는 책임을 질 수 있게 된다(자세한 내용은 강의, D-477 참조).

3. 법률제도와의 구별

법률관계는 법률제도와 구별하여야 한다. 법률제도는 법에 의하여 규율되고 있는(즉 법이 만들어낸) 조직 내지 설비로서 추상적인 것이다. 그에 비하여 법률관계는 그러한 법률제도가 특정한 사람 등에 의하여 구체화된 경우이다. 예를 들면 「매매」에 관하여 논의하면서 당사자를 예정하지 않고서 하는 경우는 법률제도의 문제이며, A · B라는 특정인이 물건을 사고파는 경우라면 법률관계의 문제이다.

4. 법률관계의 내용 [13]

법률관계는 사람의 생활관계의 일종이므로, 궁극적으로는 사람과 사람의 관계, 즉 법에 의하여 구속되는 자와 법에 의하여 보호되는 자의 관계로 나타난다. 여기서 앞의 사람의 지위를 의무라고 하고, 뒤의 사람의 지위를 권리라고 한다면, 결국 법률관계는 권리·의무관계라고도 할 수 있다. 그 결과 법률관계의 주된 내용은 권리·의무이다. 예를 들면 A가 B에게 그의 집을 팔기로 한 경우에는 A와 B 사이에 매매라는 법률관계가 성립하며, 그에 기하여 매수인 B는 집의 소유권이전청구권·점유이전청구권(인도청구권)을 가지고 매도인 A는 이에 대응하는 의무를 부담하게 된다.

법률관계는 권리의 면에서 파악할 수도 있고, 의무의 면에서 파악할 수도 있다. 그런데 민법은 원칙적으로 권리 위주로 규율하고 있다. 그러나 의무의 측면에서 규율하는 것도 적지 않다. 가령 A로부터 금전을 빌린 B가 금전을 갚기로 한 날짜가 되었음에도 불구하고 갚지 않는 경우에 제390조는 A가 B에게 「손해배상을 청구할 수 있다」고 하는데 이는 전자의 예이고, C가 고의로 D를 때려서 다치게 한 경우에 제750조는 C가 D에게 「손해를 배상할 책임이 있다」고 규정하는데 이는 후자의 예이다.

Ⅱ. 권리와 의무의 의의 [14]

1. 권리의 의의

(1) 권리는 일정한 이익을 누리게 하기 위하여 법이 인정하는 힘이다(권리법력설 : 權利法力說).

(2) 권리와 구별하여야 하는 개념으로 권한, 권능, 권리반사 내지 반사적 효과(이익)가 있다.

1) 권한은 그것을 가진 자가 행위를 하면 그 행위의 효과가 일정한 다른 사람에게 발생하도록 하는 법률상의 지위를 가리키는 것으로서, 그것은 일정한 이익을 누리게 하기 위하여 법이 인정하는 힘인 권리와 다르다. 대

리인의 대리권, 법인 이사의 대표권이 권한에 해당한다. 대리권을 가지고 구체적으로 설명하면 다음과 같다. 집을 소유하고 있는 A는 B에게 그의 집을 팔아달라고 위임하면서 그 집을 팔 수 있는 대리권을 수여하였다. 그러자 B는 그의 대리권에 기하여 A의 이름으로 C에게 A의 집을 팔기로 하는 계약을 체결하였다. 이 경우 B가 C와 체결한 매매계약의 효과는 직접 A와 C 사이에 생기게 된다. 그것은 B가 그러한 효과를 발생시킬 수 있는 대리권이라는 「권한」을 가지고 있기 때문이다.

2) 권능은 권리의 내용을 이루는 각각의 법률상의 힘을 가리킨다. 가령 소유권이라는 권리에 대하여 그 내용인 사용권·수익권·처분권은 권능에 해당한다. 어떤 권리가 하나의 권능으로 이루어져 있는 경우에는, 권리와 권능이 같게 된다.

3) 권리반사 또는 반사적 효과는 법률이 특정인 또는 일반인에게 일정한 행위(작위·부작위)를 명함에 의하여 다른 자가 누리는 이익을 말한다. 예를 들면 채무를 부담하고 있던 A가 채권자 B에게 이미 변제를 하였는데 그 사실을 알면서 다시 변제한 경우에 A는 뒤에 변제한 것의 반환을 청구할 수 없고(742조 참조), B가 수령한 것의 소유권을 취득하게 되는데, 이때 B가 소유권을 취득하는 것은 권리가 아니고 반사적 이익에 지나지 않는다.

2. 의무의 의의 [15]

의무는 법률상의 구속이다. 그리하여 의무자는 그의 의사와 관계없이 의무를 이행하여야 한다. 의무의 모습에 관하여는 채권법에서 자세히 설명한다([243] 참조).

권리와 의무는 서로 대응하여 존재하는 것이 보통이다. A가 B로부터 금전을 빌린 경우에, B는 A에 대하여 금전채권을 가지고, 동시에 A는 B에게 금전채무를 부담하는 것이 그 예이다. 그러나 언제나 그러한 것은 아니다. 권리만 있고 의무는 없는 경우가 있는가 하면(예: 취소권 등의 형성권의 경우), 의무만 있고 권리는 없는 경우도 있다(예: 50조의 등기의무, 86조의 신고의무).

본래의 의무와 구별하여야 할 것으로 간접의무(책무)가 있다. 간접의무란 그것을 부담하는 자가 반드시 이행하여야 하는 것은 아니지만 그가 그것을 이행하지 않으면 유리한 법적 지위의 상실과 같은 불이익을 입게 되는 의무를 말한다. 예를 들면 A가 그의 물건을 B에게 증여한 경우에는, 그 물건에 흠(하자)이 있다고 하더라도, A는 이를 B에게 반드시 고지(告知)하여야 하는 것은 아니다. 그러나 A가 그 흠을 알고 B에게 고지하지 않은 때에는, A는 B에게 그 흠에 대하여 책임을 져야 한다(559조 1항). 이러한 경우에 있어서 흠의 고지의무는 간접의무에 해당한다.

간접의무의 다른 예 : 제528조에 규정된 승낙연착의 통지의무, 제612조에 규정된 사용대주(使用貸主)의 흠의 고지의무

Ⅲ. 권리(사권)의 종류 [16]

1. 내용에 의한 분류

사권(私權)은 그 내용이 되는 사회적인 생활이익을 표준으로 하여 재산권 · 인격권 · 가족권(신분권) · 사원권으로 나눌 수 있다. 이는 권리에 관한 가장 기본적인 분류이다.

(1) 재산권

재산권은 경제적 가치가 있는 이익을 누리는 것을 목적으로 하는 권리이다(정확한 정의는 강의, A-33 참조). 재산권에 속하는 것으로는 다음의 것이 있다.

1) 물 권 물권은 권리자가 물건 기타의 객체를 직접 지배해서 이익을 얻는 배타적 권리이다. 이 권리는 권리자가 객체에 직접 지배력을 발휘하는 것이며, 권리를 실현시키기 위하여 다른 사람의 협력을 필요로 하지 않는다. 물권은 법률 또는 관습법에 의하여서만 창설될 수 있는데(185조 참조), 우리 민법전이 인정하고 있는 물권으로는 점유권 · 소유권 · 지상권 · 지역권 · 전세권 · 유치권 · 질권 · 저당권의 8가지가 있고, 관습법상의 물권으로 판례에 의하여 확인된 것으로는 분묘기지권 · 관습법상의 법정지상권이 있다. 이들의 자세한 내용은 이 책 제 2 장 물권법에서 설명한다.

2) 채 권 채권은 특정인(채권자)이 다른 특정인(채무자)에 대하여 일정한 이행행위(이를 보통 급부라 함)를 요구할 수 있는 권리이다. 매매계약에 있어서 매수인의 소유권이전채권과 매도인의 대금지급채권, 불법행위에 있어서 피해자의 손해배상채권이 그 예이다. 채권은 채무자의 협력, 즉 이행행위가 있어야 실현되는 점에서 객체를 직접 지배하는 물권과 다르다. 채권에 대하여는 이 책 제3장 채권법총론, 제4장 채권법각론에서 설명한다.

3) 지식재산권(知識財産權) 이는 발명·저작 등의 정신적·지능적 창조물을 독점적으로 이용하는 것을 내용으로 하는 권리이다. 특허권·실용신안권·디자인권(구 의장권)·상표권·저작권 등이 이에 속한다.

[지식재산권이라는 명칭]

지식재산권은 종래에는 지적 재산권(또는 무체재산권·지적 소유권)이라고 하였다. 그런데 얼마 전에 제정·시행된 「지식재산 기본법」(2011. 5. 19. 제정, 2011. 7. 20. 시행)이 지적 재산권이라는 명칭을 모두 지식재산권으로 변경하였다. 그래서 이제부터는 지적 재산권이라는 용어 대신 지식재산권이라는 용어를 사용하기로 한다.

4) 상속권 상속권은 상속이 개시된 뒤에 상속인이 가지는 권리이다. 사람이 사망하면 그(이를 피상속인이라 함)의 재산이 모두 그와 일정한 친족관계에 있는 자(예: 그의 자녀·배우자)에게 한꺼번에 승계되는데, 뒤의 자가 상속인이고, 그가 가지는 권리가 상속권이다.

(2) 인격권 [17]

인격권은 그것이 속하는 주체와 분리할 수 없이 결합되어 있는 인격적 이익(예: 생명·신체·명예)을 누리는 것을 내용으로 하는 권리이다. 생명·신체·명예·신용·정조·성명·초상·창작·사생활 등에 대한 권리가 그에 해당한다.

(3) 가족권(친족권·신분권)

가족권 또는 친족권은 부모와 자녀 사이, 배우자 사이, 형제자매 사이와 같은 친족관계에 있어서의 일정한 지위에 따르는 이익을 누리는 것을 내용으로 하는 권리이다. 예를 들면 미성년의 자녀에 대하여 그의 부모가 가지는 친권, 법적 보호가 필요한 제한능력자(친권자가 있는 미성년자는 제외)의 후견인이 가지는 권리, 배우자가 다른 배우자에 대하여 가지는 권리, 일정한 친족 사이에 부양을 청구할 수 있는 권리가 그에 속한다.

(4) **사원권**(社員權)

사원권은 단체의 구성원 즉 사원(이는 회사원의 의미가 아니며, 주주가 그 예임)이 그 구성원이라는 지위에서 단체에 대하여 가지는 권리를 통틀어 일컫는 말이다. 사단법인의 사원이 가지는 권리, 주식회사의 주주가 가지는 권리가 그 예이다. 사원권은 따로 분리되지 않으면, 재산권에 속한다.

2. 작용(효력)에 의한 분류 [18]

권리는 그것을 행사하는 경우에 어떻게 작용하는가, 즉 어떤 효력이 생기는가에 따라 지배권 · 청구권 · 형성권 · 항변권으로 나누어진다.

(1) **지배권**(支配權)

지배권은 다른 사람의 행위를 개입시키지 않고서 일정한 객체에 대하여 직접 지배력을 발휘할 수 있는 권리이다. 물권이 가장 전형적인 지배권이다. 그리하여 가령 소유권자는 다른 사람의 도움을 받지 않고 그의 소유물을 사용 · 수익할 수 있다. 지배권에 해당하는 권리로 지식재산권 · 인격권 · 친권 · 후견권 등도 있다.

(2) **청구권**(請求權)

청구권은 특정인이 다른 특정인에 대하여 일정한 행위(작위 또는 부작위)를 요구할 수 있는 권리이다. 주택의 매수인이 매도인에 대하여 주택의 소유권이전을 청구할 수 있는 권리, 금전을 빌려준 사람이 빌린 사람에 대하여 금전의 지급을 청구할 수 있는 권리가 그 예이다. 이러한 청구권에 있어서는 지배권에서와 달리 권리자가 권리의 객체(앞의 예의 경우에는 주택 · 금전)를 직접 지배할 수 없으며, 그는 단지 의무자에 대하여 일정한 행위(앞의 예의 경우에는 주택의 소유권이전행위, 금전의 지급행위)를 청구할 수 있을 뿐이다.

청구권은 물권 · 채권과 같은 기초적인 권리의 효력으로서 발생하며, 그 대표적인 것은 채권에 기초하여 발생하는 채권적 청구권이다. 앞의 예들이 그에 해당한다. 그러나 청구권은 채권 외에 물권 · 지식재산권 · 상속권 · 가족권으로부터도 생길 수 있다. 물권적 청구권 · 상속회복청구권 · 부부의 동거청구권이 그 예이다.

[주의할 점]
특히 채권법의 영역에서 청구권이라는 용어가 채권과 같은 뜻으로 자주 쓰이고 있다. 예를 들면, 소유권이전채권 · 금전지급채권 대신에 소유권이전청구권 · 금전지급청구권이라고 하는 것이다. 한편 청구권이라고 불리지만 실질에 있어서는 뒤에 설명하는 형성권이라고 해석되는 경우도 있다. 지상권자의 지료증감청구권(286조), 임대차 당사자의 차임증감청구권(628조) 등이 그에 속한다.

(3) 형성권(形成權) [19]

A는 토지 소유자 B에게 B의 그 토지가 국가에 의하여 강제로 수용될 것이라고 속여 B로부터 그 토지를 헐값에 매수하였다. 그러한 경우에 B는 A와 맺은 매매계약을 취소할 수 있는데(110조 1항), B가 매매계약을 취소하면 그 계약은 처음부터 무효였던 것으로 된다. 즉 B의 일방적인 취소에 의하여 계약이 무효로 되는 것이다.

이와 같이 권리자의 일방적인 의사표시에 의하여 법률관계를 발생 · 변경 또는 소멸시키는 권리가 형성권이다. 그런데 형성권 가운데에는 위의 경우와 다르게 권리자가 권리를 재판상 행사하여야 하고, 따라서 법원의 판결이 있어야 비로소 효과가 발생하는 것이 있다. 때로 이와 같이 법원의 판결까지 요구하는 이유는 그 권리의 행사가 제 3 자에게도 영향을 미치기 때문이다.

권리자의 의사표시만 있으면 효과가 발생하는 형성권의 예로는 법률행위([31] 이하 참조)의 동의권(5조 · 13조 1항) · 취소권(140조 이하) · 계약 해제권(543조)이 있고, 법원의 판결이 있어야 효과가 발생하는 것의 예로는 채권자취소권(406조) · 재판상 이혼권(840조) · 친생부인권(846조)이 있다.

(4) 항변권(抗辯權)

항변권은 상대방이 청구권을 행사해 온 경우에 그 청구권의 작용을 저지할 수 있는 권리이다. 즉 상대방의 청구권을 인정하면서 그 작용만을 일시적으로(연기적 항변권) 또는 영구적으로(영구적 항변권) 저지하는 권리이다. 그러므로 청구권의 성립을 부정하거나 소멸을 주장하는 것은 항변권이 아니다(이는 「이의」라고 함).

항변권의 예를 들어본다. A는 그의 토지를 B에게 3,000만원에 팔기로 하는 내용의 매매계약을 체결하였다. 그러면서 그로부터 1개월 후에 A는 토지의 소유권이전등기 서류를 B에게 넘겨주면서 대금을 전부 받기로 약속하였다. 1개월이 지난 뒤 A는 등기서류를 준비하지 않은 채 B에게 대금을 지급하라고 하였다. 그러한 경우에 B는 A에게 토지에 대한 등기서류를 넘겨줄 때까지는 대금을 지급하지 않겠다고 항변할 수 있다. 이때 B는 A의 대금지급청구권이라는 채권을 인정하면서, 그 작용을 등기서류 교부시까지만 저지하는 것이다. 이러한 B의 권리는 「쌍무계약의 당사자가 가지는 동시이행의 항변권」(536조)이다. 이 동시이행의 항변권과 「보증인의 최고·검색의 항변권」(437조)은 청구권의 행사를 일시적으로 저지할 수 있는 연기적 항변권에 속한다. 그런가 하면 상속인이 가지는 한정승인의 항변권(1028조)은 청구권의 작용을 영구적으로 저지할 수 있는 영구적 항변권에 해당한다.

3. 그 밖의 분류 [20]

(1) 절대권·상대권

권리에는 그것에 복종하는 의무자가 있게 된다. 권리는 이러한 의무자의 범위를 표준으로 하여 절대권·상대권으로 나눌 수 있다. 그 경우 절대권은 모든 자에게 주장할 수 있는 권리이고, 상대권은 특정인에 대하여서만 주장할 수 있는 권리이다. 물권·지식재산권·친권·후견권 등의 지배권은 절대권에 해당하고, 채권 등의 청구권은 상대권에 해당한다.

(2) 일신전속권(一身專屬權)·비전속권(非專屬權)

권리는 그것과 그 주체가 어느 정도 밀접한가에 따라 일신전속권과 비전속권으로 나누어진다. 일신전속권은 권리의 성질상 타인에게 귀속할 수 없는 것, 즉 양도나 상속 등으로 다른 사람에게 이전할 수 없는 권리이고, 비전속권은 양도나 상속이 가능한 권리이다. 가족권·인격권은 대부분 일신전속권이고, 재산권은 대체로 비전속권이다. 그리하여 생명·신체에 대한 권리, 친권 등은 권리자가 그것을 다른 사람에게 이전해 줄 수 없고 또 권리자가 사망하더라도 그의 상속인에게 상속되지도 않는다. 그것은 권리자 외에 다른 사람에게는 귀속할 수 없는 일신전속권이기 때문이다. 그에 비하여 소유권·금전채권과 같은 비전속권은 다른 사람에게 양도할 수도 있고, 또 권리자가 사망하면 당연히 상속인에게 승계된다.

(3) 주된 권리·종된 권리

권리 가운데에는 하나의 권리가 다른 권리를 전제로 하여 존재하는 경우가 있다. 이때 전제가 되는 권리가 주된 권리이고, 그것에 종속되는 권리가 종된 권리이다. 예를 들어본다. A가 B에게 금전 100만원을 1년간 매달 1퍼센트의 이자를 받기로 하고 빌려준 경우에 A는 B에 대하여 1년 후에 100만원의 금전을 청구할 권리(원본채권)와 1년 동안 매달 만원의 이자를 청구할 권리(이자채권)를 가지게 된다. 이때 뒤의 채권은 앞의 채권을 전제로 하여 성립하며, 따라서 원본채권과 이자채권은 주된 권리·종된 권리의 관계에 있다.

Ⅳ. 권리의 행사와 의무의 이행 [21]

1. 권리행사의 의의와 방법

권리의 행사란 권리의 내용을 구체적으로 실현하는 과정이다.

권리행사의 방법은 권리의 종류에 따라 다르다. ① 지배권은 객체를 지배해서 사실상 이익을 누리는 모습으로 행사되는 것이 보통이다. 소유자가 소유물을 소비하거나 다른 사람에게 파는 것이 그 예이다. ② 청구권은 특정인에 대하여 일정한 행위를 요구하거나 그에 따른 결과를 받는 방법으로 행사된다. 금전채권자가 금전의 지급을 청구하고 지급된 금전을 받는 것이 그 예이다. ③ 형성권은 권리자가 일방적인 의사표시를 함으로써 행사된다.

예를 들면 상대방에게 속아서 토지를 헐값으로 판 사람은 상대방에게 계약을 취소한다는 의사표시를 하는 방법으로 취소권을 행사한다(110조 참조). 형성권 가운데 법원에 소를 제기하는 방법으로 행사하여야 하는 것도 있음은 앞에서 설명하였다([19] (3) 참조). ④ 항변권은 청구권자가 이행청구를 할 때 그것을 거절하는 방식으로 행사된다([19] (4)의 예 참조).

2. 권리행사의 한계 [22]

(1) 서 설

민법은 제 2 조 제 1 항에서 「권리의 행사와 의무의 이행은 신의에 좇아 성실히 하여야 한다」고 하고, 그 제 2 항에서 「권리는 남용하지 못한다」고 규정하고 있다. 이들은 권리행사(의무이행 포함)의 한계를 명문으로 규정하고 있다. 그 가운데 앞의 것이 신의성실의 원칙(신의칙)이고, 뒤의 것이 권리남용 금지의 원칙이다.

(2) 신의성실의 원칙

1) 신의성실의 원칙(신의칙)에 있어서 신의성실이란 상대방의 믿음(신뢰)을 헛되이 하지 않도록 성의를 가지고 행동하는 것을 말한다. 신의와 성실은 본래 도덕적 또는 윤리적 평가개념인데 이것이 법적 개념으로 도입된 것이다.

2) 신의칙의 법적 성격을 살펴본다.

① 신의칙은 사회적 조정의 원칙([10] 참조)의 일부로서 사적 자치 등 3대 원리의 지나친 폐해를 예외적으로 제한하는 제약원리이다. ② 신의칙을 규정한 제 2 조 제 1 항은 일반적인 민법규정들과 달리 구체적인 요건이 규정되어 있지 않다. 이러한 법률규정을 일반조항 또는 백지규정이라고 하는데, 일반조항의 내용은 실제의 재판에 의하여 형성되어 간다. ③ 제 2 조 제 1 항은 신의칙을 권리행사와 의무이행에 관하여 적용되도록 규정하고 있다. 그러나 권리와 의무는 사법관계 자체라고 할 것이므로, 그 규정은 모든 사법관계에 일반적으로 적용된다고 하여야 한다. 즉 채권관계뿐만 아니라 물권

관계·가족관계·상속관계에도 적용된다. 그뿐만 아니라 그 규정은 민법 외에 상법과 같은 특별사법과 공법에도 널리 적용된다. ④ 신의칙과 권리남용금지의 원칙의 관계에 관하여 다수설과 판례는 권리행사가 신의칙에 반하는 경우에는 권리남용이 된다는 입장에 있다(민총 [49] 참조).

3) 신의칙이 구체화된 원칙으로 논의되는 것이 있다. 사정변경의 원칙과 실효(失效)의 원칙이 그것이다. 예를 들어 이들 원칙을 설명하기로 한다.

① A는 X회사의 이사직을 맡고 있었던 관계로 이사의 지위에서 X회사가 B은행으로부터 대출을 받을 때 X회사의 그 채무를 연대보증하였다. 그 후 A는 X회사의 이사직을 사임하였다. 이러한 경우에 A가 계속하여 X회사의 연대보증인으로 되는 것은 타당하다고 할 수 없으며, 따라서 A는 B와의 연대보증계약으로부터 벗어날 수 있어야 한다. 그렇다면 A는 B와의 계약을 해지(계약을 장래에 향하여 무효로 하는 행위)할 수 있게 된다.

이와 같이 「계약(법률행위)의 기초가 된 사정(위의 예에서는 회사의 이사라는 사정)이 후에 당사자가 예견하지 못했고 또 예견할 수도 없게 중대한 변경을 받게 되어, 처음의 효과를 그대로 유지하는 것이 부당한 경우에, 계약의 내용을 개조하거나 계약을 해제(계약을 소급적으로 무효로 하는 행위)·해지할 수 있다는 원칙」이 사정변경의 원칙이다. 민법에는 이 원칙에 입각한 규정이 많이 있다(예 : 286조·628조). 그런데 이를 일반적으로 인정하는 규정은 두고 있지 않다. 그럼에도 불구하고 통설과 판례(대판 2007. 3. 29, 2004다31302; 대판 2017. 6. 8, 2016다249557 등)는 신의칙의 파생적 원칙으로 이 원칙을 인정하고 있다.

② D는 사용자 E로부터 해고된 근로자이다. 그러한 D는 E가 제공한 퇴직금을 받으면서 이의를 제기하거나 조건을 제시하지 않았다. 그런데 그로부터 여러 해가 지난 뒤에 해고무효의 소를 제기하였다. D의 소제기는 정당한가? 이에 대하여 판례는, 그러한 경우에는 D가 해고의 효력을 인정한 것이고, 그로부터 상당한 기간이 지났기 때문에 E로서는 이제는 D가 권리를 행사하지 않을 것으로 믿을 만한 정당한 기대를 가지게 된 다음에 뒤늦게 해고의 무효를 주장하는 것이므로, 그 소제기는 신의칙에 위배되어 허용될 수 없다고 한다(대판 1993. 12. 28, 92다34858 등).

이와 같이 「권리자가 그의 권리를 오랫동안 행사하지 않았기 때문에 상대방이 이제는 더 이상 권리의 행사가 없으리라고 믿은 경우에 그 후에 하는 권리행사가 허용되지 않는다는 원칙」을 실효의 원칙이라고 한다. 우리의 학설과 판례는 실효의 원칙을 인정하고 있다(강의, A-49 참조).

(3) 권리남용 금지의 원칙 [23]

권리남용 금지의 원칙이란 권리행사가 신의칙에 반하는 경우에는 권리남용이 되어 정당한 권리의 행사로서 인정되지 않는다는 원칙이다. 예를 들면 특허권 침해소송을 심리하는 법원의 심리결과 그 특허에 무효사유가 있음이 분명한 때에 그 특허권에 기초하여 손해배상을 청구하는 것은 권리남용에 해당하여 허용되지 않는다(대판 2004. 10. 28, 2000다69194 참조). 권리남용 금지의 원칙도 신의칙의 하부원칙이라고 보아야 한다. 권리행사가 남용으로 인정되면 권리행사의 효과가 발생하지 않는다. 그리하여 위의 예에서 손해배상을 청구하면 법원은 그 청구를 기각하게 된다.

3. 의무의 이행 [24]

의무의 이행이란 의무자가 의무의 내용을 실현하는 행위를 하는 것을 말한다. 그것은 의무의 내용에 따라 작위행위일 수도 있고 부작위행위일 수도 있다. 예를 들면 금전채무에 있어서는 금전지급행위가, 다른 집의 전망을 위하여 건축을 하지 않기로 한 채무자는 건축을 하지 않는 부작위행위가 의무이행이다.

의무의 이행은 의무를 발생시킨 계약 또는 법률규정에 맞게 하여야 한다. 그뿐만 아니라 신의에 좇아 성실하게 하여야 한다(2조 1항). 그러므로 채무자가 밤 12시에 채권자를 깨워서 채무액을 지급하거나 수억원의 채무를 모두 10원짜리 동전으로 바꾸어 지급하여서는 안 된다.

제 3 절 법률행위(法律行爲)

제 1 관 권리변동의 일반이론

Ⅰ. 서 설 [25]

이제 곧 우리는 — 실제 사회에서는 사용하고 있지 않지만 — 민법에서는 가장 중요한 개념인 「법률행위」를 만나게 된다. 그런데 법률행위는 권리를 변동시키는 원인들 중의 하나이기 때문에, 그것의 의미를 보다 잘 파악하려면 먼저 권리변동에 관한 일반적인 이론을 살펴보아야 한다. 그리고 그럼에 있어서는 매우 중요한 법률의 전문용어도 적지 않게 접하게 된다. 법률요건, 법률효과, 법률사실 등이 그 예이다. 여러분들은 그러한 전문용어를 회피하여서는 안 되며, 그 의미를 제대로 익히고 정확하게 사용할 수 있도록 노력하여야 한다.

권리의 변동이란 무엇인가? 제 2 절에서 우리는 권리가 무엇이고, 그 종류는 어떤 것이 있으며, 그것이 어떻게 행사되는가에 관하여 보았다. 그런데 이러한 권리는 세상에 존재하지 않던 것이 새로 생겨나기도 하고(발생), 존재하던 것이 없어지기도 하며(소멸), 존재하면서 그 내용 등이 바뀌기도 한다(변경). 이는 법률관계의 발생·소멸·변경에 따른 것이다. 법률관계가 곧 권리관계이기 때문이다([13] 참조). 어쨌든 권리는 발생·변경·소멸하는데, 이것들을 통틀어서 권리의 변동이라고 한다.

이러한 법률관계의 변동 내지 권리의 변동은 아무런 원인도 없이 생기는 것은 아니다. 그것은 일정한 원인이 있는 경우에 그 결과로서 발생한다. 이 법률관계(권리) 변동의 원인이 되는 것을 「법률요건」이라고 하고, 그 결과로서 생기는 법률관계(권리) 변동을 「법률효과」라고 한다. 예를 들어본다. A는 B에게 그가 가진 그림 한 점을 100만원에 사라고 하였고, B는 그러겠다고 하였다. 이 경우에는 A와 B 사이에 그림의 매매계약이 성립한다. 그리고 이 매매계약의 결과로 B는 A에 대하여 그림의 소유권이전청구권을 가지게 되고, A는 B에 대하여 대금 100만원의 지급청구권을 가지게 된다(568조 참조). 이러한 예에서 B와 A에게 채권이 발생하게 되는 것이 법률효과이고, 그 법률효과 발생의 원인이 된 매매계약이 법률요건이다. 다른 예를 보면, C가 고의로 D를 때려 다치게 한 경우에는, C는 D에 대하여 불법행위를 한 것이 되고(750조 참조), 그 결과로 D는 C에 대하여 손해배상청구권을 가지게 된다. 이때 C의 불법행위가 법률요건이고, D의 손해배상청구권의 발생이 법률효과이다.

Ⅱ. 권리변동(법률효과)의 모습 [26]

권리변동에는 권리의 발생 · 변경 · 소멸의 세 가지가 있다. 이들 중 권리의 발생 · 소멸은 권리가 귀속하는 자(권리의 주체)의 입장에서 보면 권리의 취득 · 상실에 해당한다.

1. 권리의 발생(취득)

권리의 발생은 권리의 주체의 입장에서 보면 권리의 취득인데, 권리의 취득에는 원시취득(原始取得)과 승계취득(承繼取得)이 있다.

(1) 원시취득(절대적 발생)

A가 그의 토지 위에 건물을 짓는 경우에, 그는 건물이 완성된 시점에

건물의 소유권이라는, 세상에 없던 권리를 새로이 취득하게 된다. 그리고 B가 산에서 뛰놀던 야생의 토끼를 잡았다면, 그는 토끼의 소유권을 취득한다(무주물 선점. 252조 참조). 이와 같이 타인의 권리를 바탕으로 하지 않고 세상에 없던 권리를 처음으로 취득하는 것을 「원시취득」이라고 한다.

(2) **승계취득**(상대적 발생)

C는 시계소유자인 D로부터 시계를 매수하여 대금을 모두 치르고 시계를 넘겨받았다. 그리고 토지·건물을 소유하고 있던 E는 그의 유족으로 F만을 남겨두고 사망하였다. 이들 경우에 C와 F는 각각 D와 E가 가지고 있던 시계소유권과 토지·건물의 소유권을 그대로 승계하게 되며, 새로운 권리를 취득하는 것이 아니다. 이처럼 타인의 권리를 바탕으로 하여 권리를 취득하는 것을 「승계취득」이라고 한다. 승계취득은 다시 이전적 승계와 설정적 승계로 나누어진다.

이전적 승계는 구 권리자의 권리가 동일성을 가지면서 신 권리자에게 이전되는 경우이다. 이것이 본래의 의미의 승계취득이다. 앞에서 든 두 예는 모두 이전적 승계에 해당한다. 이전적 승계에는 각각의 권리가 각각의 취득원인에 의하여 승계되는 「특정승계」와 하나의 취득원인에 의하여 여러 개의 권리가 한꺼번에 승계되는 「포괄승계」가 있다. 위의 첫번째 예는 특정승계에 관한 것이고(원인 : 매매), 두 번째 예는 포괄승계에 관한 것이다(원인 : 상속).

설정적 승계는 구 권리자의 권리는 그대로 있으면서 신 권리자가 그 권리 위에 제한적인 내용의 권리를 새로이 취득하는 것이다. G의 토지 위에 H에게 저당권을 설정해 주는 경우가 그에 해당한다.

2. 권리의 소멸(상실) [27]

권리의 소멸은 권리의 주체의 입장에서 보면 권리를 상실하는 것이다. 권리의 소멸에는 절대적 소멸(상실)과 상대적 소멸(상실)이 있다. 절대적 소멸은 권리 자체가 사회에서 없어져 버리는 것이며, 책이 불타서 책의 소유권이 소멸하는 것, 채무가 변제되어 채권이 소멸하는 것이 그 예이다. 그에 비하여 상대적 소멸은 권리가 없어지는 것이 아니고 그 주체가 변경되는 경우이다. 이는 다른 면에서 보면 승계취득 중 이전적 승계이다.

3. 권리의 변경

권리의 변경은 권리가 동일성을 그대로 유지하면서 주체·내용 또는 작용(효력)에 있어서 변화가 있는 것이다. 매매계약에 의하여 소유권이 이전되는 경우(주체의 변경), 물건의 소유권이전채무가 채무불이행이 되어 손해배상채권으로 변하는 것(390조 참조)(내용의 변경), 같은 토지 위에 두 개의 저당권이 존재하고 있었는데 선순위의 저당권이 소멸하여 후순위의 저당권의 순위가 올라가는 것(작용의 변경)이 그 예이다.

Ⅲ. 권리변동의 원인 [28]

1. 법률요건(法律要件)

앞에서 법률요건은 「법률관계(권리) 변동의 원인이 되는 것」이라고 하였다([25] 참조). 그런데 이것은 법률요건의 개념정의라기보다는 법률요건이 가지는 기능을 설명한 것이다. 법률요건을 정확하게 개념정의하면 「법률효과의 발생에 적합한 법적 상태」라고 할 수 있다(자세한 점은 민총 [64] 참조). 이러한 법률요건은 — 뒤에 보는 — 「법률사실」로 구성되고, 계약이라는 법률요건에 있어서는 법률사실의 결합까지도 필요하게 된다.

법률요건에는 법률행위·준법률행위·불법행위·부당이득·사무관리 등 여러 가지가 있으며, 그 가운데에서 법률행위가 가장 중요하다.

2. 법률사실(法律事實) [29]

(1) 의 의

법률요건을 구성하는 개개의 사실이 「법률사실」이다. 이러한 법률사실은 단독으로 또는 다른 법률사실(들)과 합해져서 법률요건을 이루게 된다. 예를 들면, 유언·취소·해제는 의사표시라는 하나의 법률사실이 곧바로 법률요건으로 된 것이고, 매매 · 임대차 등의 계약은 청약이라는 의사표시와 승낙이라는 의사표시(두 개의 법률사실)가 결합하여 하나의 법률요건으로 된 것이다.

(2) 주요한 법률사실

법률사실들 가운데 중요한 것들을 설명하기로 한다(법률사실 전체에 관하여는 강의, A-62 · 63 이하 참조).

1) **의사표시**(意思表示) A는 B에게 그의 강아지를 10만원에 사라고 하였다. B는 A에게 그렇게 하겠다고 하였다. C는 D의 협박에 못 이겨 그의 토지를 D에게 판 뒤에 그 계약을 취소한다고 하였다(110조 1항 참조). 이들 경우에 A는 10만원을 받고 그의 강아지의 소유권을 넘겨주겠다고 한 것이고, B는 10만원을 주고 강아지의 소유권을 취득하겠다는 것이며, C는 그가 D와 맺은 계약을 처음부터 무효였던 것으로 만들겠다(141조 참조)는 사법적(私法的)인 의사를 표명한 것이다. 이러한 A · B · C의 의사표명과 같이, 「법률효과(법률관계 내지 권리의 변동)의 발생에 향하여진 사적(私的)인 의사표명」을 「의사표시」라고 한다. 위의 예에서 A · B · C의 의사표시는 각각 청약 · 승낙 · 취소이다. 이와 같은 의사표시는 법률요건 가운데 가장 중요한 법률행위의 필수불가결한 요소가 되는 법률사실이다. 즉 법률행위는 의사표시로 이루어지며(다른 법률사실이 추가되는 경우도 있음), 의사표시가 없는 법률행위는 있을 수 없다.

2) **준법률행위**(準法律行爲) 준법률행위는 의사표시와 함께 적법행위에 속하는 법률사실이며, 그것은 의사의 통지 · 관념의 통지 · 감정의 표시 · 사실행위로 나누어진다.

의사의 통지는 자기의 의사를 타인에게 통지하는 행위이다. 그런데 여기의 의사는 직접 법률효과에 향하여져 있는 것이 아닌 점에서 의사표시와 다르다. 예를 들어본다. 미성년자 A로부터 그의 가옥을 매수한 B는 A측에 그 계약을 취소하지 않을 것인지 확답을 하라고 촉구할 수 있는데(이를 민법개정 전에는 최고(催告)라고 하였음. 15조 참조), 이러한 확답촉구는 의사의 통지에 해당한다. 의사의 통지에 대하여는 — 모든 준법률행위에 관하여 그렇듯이 — 행위자의 의사를 묻지 않고 민법이 독자적인 평가에 의하여 법률효과를 부여하고 있다.

관념의 통지는 어떤 사실(특히 과거 또는 장래의 사실)을 알리는 행위이며, 사실의 통지라고도 한다. 사원총회 소집의 통지(71조)가 그 예이다.

감정의 표시는 감정을 표시하는 행위이다. 예를 들면 배우자가 간통을 한 경우에 다른 배우자가 사후에 이를 용서하면 그의 이혼청구권은 소멸하게 되는데(841조), 여기의 용서는 감정의 표시에 해당한다.

사실행위는 법률이 행위자의 의사와 관계없이 법률효과를 부여하는 사실적 결과에 향하여진 행위이다. 사실행위는 외부적 결과의 발생만 있으면 법률이 일정한 효과를 부여하는 순수 사실행위와, 그 밖에 어떤 의식과정이 따를 것이 요구되는 혼합 사실행위로 나누어진다. 어떤 사람의 주소의 설정(18조), 매장물의 발견(254조)은 전자의 예이고, 점유의 취득과 상실(192조)은 후자의 예이다.

3) **위법행위(違法行爲)** 법률사실 가운데에는 법률이 가치가 없는 것으로 평가하여 허용하지 않는 행위도 있다. 그것이 위법행위이다. 위법행위의 경우에는 법질서가 행위자에게 불이익을 부과한다. 민법상의 위법행위에는 채무불이행(390조)과 불법행위(750조)가 있다. 이 두 경우에는 채무자와 불법행위자는 손해배상의무를 지게 된다.

4) **사건(事件)** 사건은 사람의 정신작용에 기초하지 않는 법률사실이다. 사람의 출생과 사망, 시간의 경과, 물건의 자연적인 발생과 소멸이 그 예이다.

Ⅳ. 법률요건으로서의 법률행위의 중요성 [30]

앞에서 언급한 바와 같이, 법률요건에 여러 가지가 있지만 그 중에 가장 중요한 것이 법률행위이다. 그 이유는 당사자가 원하는 대로 법률효과가 발생하는 법률요건은 오직 법률행위밖에 없기 때문이다. 법률행위가 아닌 법률요건의 경우에는 당사자의 의사와는 관계없이 법질서에 의하여 일정한 법률효과가 주어진다. 예를 들면 A·B 사이에 A의 강아지를 B가 10만원에 사기로 하는 계약이 성립하였다면(매매라는 법률행위), 「A·B가 원하는 대로」 A는 B에 대하여 10만원의 지급청구권을 취득하고 B는 A에 대하여 강아지의 소유권이전청구권을 취득하게 된다. 그에 비하여 C가 D를 때려 다치게 하여 D가 치료비를 포함하여 500만원의 손해를 입었다면(신체침해라는 불법행위), C가 손해배상으로 100만원만 지급하고 싶다고 하여도 그것이 허용되지는 않는다. 민법상 C는 D의 손해 전부를 배상하여야 하는 것이다.

이와 같이 법률행위만이 당사자가 원하는 대로 법률효과를 생기게 하기 때문에, 사적 자치가 기본원리로 되어 있는 우리 민법에 있어서 법률행위가 가장 중요한 법률요건이 되는 것이다. 사적 자치는 바로 법률행위에 의하여 법의 세계에서 실현되게 된다.

위에서, 법률행위의 경우에는 당사자가 원하는 대로의 효과가 발생한다고 하였는데, 그것은 구체적으로 어떤 의미인가? 법률행위는 언제나 하나 또는 둘 이상의 의사표시가 있게 되는데, 그와 같은 법률행위에 의하여 발생하는 법률효과는 바로 그 법률행위의 구성요소인 의사표시에 의하여 당사자가 — 단독으로(단독행위의 경우) 또는 일치하여(계약의 경우) — 의욕한 것으로 표시된 바와 같은 효과이다. 앞에서 든 A·B 사이의 강아지의 매매계약에서는 A와 B의 청약과 승낙이라는 의사표시의 일치에 의하여 의욕된 효과가 발생하는 것이다. 여기서 법률행위의 핵심이 의사표시에 있음을 알 수 있다.

제 2 관 법률행위의 기초이론

Ⅰ. 법률행위의 의의 및 성질 [31]

1. 법률행위 개념은 어떠한 목적으로 만들어졌는가?

우리의 실제 사회에서 법률행위라는 개념은 전혀 사용되지 않는다. 그럼에도 불구하고 그것은 민법에서는 가장 중요한 기본개념으로 되어 있다. 이러한 법률행위 개념은 누가 무슨 목적으로 만들었는가?

예를 들어본다. A는 B의 협박에 못이겨 그의 토지를 B에게 팔기로 하는 매매계약을 체결하였다(매매). C는 D의 협박을 받고 그의 기계를 D에게 사용대가를 받기로 하면서 빌려주었다(임대차). E는 F의 협박이 무서워 그의 시계를 F의 골동품과 바꾸기로 하였다(교환). 그리고 G는 H의 협박에 견디다 못해 그의 건물의 소유권을 포기하였다(소유권 포기). 이들의 경우에 A·C·E·G는 모두 상대방 또는 다른 사람의 「협박에 의하여」 매매·임대차·교환이라는 계약을 체결하거나 그의 소유권을 포기하였다.

만약 이와 같이 어떤 자가 「협박에 의하여」 행위를 한 경우 전부에 대하여 법률이 동일한 효과(가령 취소할 수 있도록 하는 것)를 규정하려고 한다면, 그 입법방법으로 두 가지를 생각할 수 있다. 하나는 그 각각의 행위에 대하여 동일한 내용의 규정을 따로따로 두는 것이고, 다른 하나는 공통적인 규정을 한번만 두고 그것을 모든 행위에 적용되도록 하는 것이다. 이들 가운데 앞의 방법에 의하면 법률의 양이 무척 늘어나게 되고 매우 복잡하게 될 것이다. 그에 비하여 뒤의 방법에 의하면 법률이 간단해지면서 일목요연하게 정리된 모습을 보여줄 것이다. 여기서 후자를 택하고 싶어질 수 있다. 그런데 그때에는 각각의 행위(위의 예에서는 매매·임대차·교환·소유권 포기) 모두를 가리키는 개념이 필요하게 된다. 그러한 개념이 없으면 매 규정마다 다시 각각의 행위를 열거하여야 하는 번거로움이 따르기 때문이다. 그 점은 법학이론에서 설명할 때에도 마찬가지이다. 그런 연유에서, 18·19세기에 독일 학자들에 의하여 당사자가 의사표시에 의하여 행하는 모든 행위를 아우르는 개념으로 만들어진 것이 「법률행위」이다. 그리고 그 개념이 우리 민법에도 그대로 들어오게 되었다.

법률행위 개념에 의하여 그에 관한 공통적인 원리가 법률상 간단하게 규정될 수 있고, 또 그 규정으로 모든 경우를 통일적으로 규율할 수 있게 된다. 예를 들면 다른 사람의 협박이 무서워 매매·임대차·교환·소유권 포기를 한 경우에 행위자로 하여금 그 행위를 취소하여 무효로 만들 수 있도록 하는 것이 적절하다고 판단되는 때에는, 일반적으로 「협박에 의하여 행하여진 법률행위는 취소할 수 있다」는 간단한 규정(구체적으로는 110조 1항 참조) 하나만을 둠으로써, 협박을 받아 법률행위를 한 모든 경우를 규율할 수 있게 되는 것이다. 그리하여 매매·임대차 등에 대하여 따로따로 규정하지 않고도, 그러한 때는 물론이고 그 외의 경우까지도 해결할 수 있게 된다.

2. 법률행위의 의의 [32]

그러면 과연 법률행위는 어떻게 정의되는가? 법률행위는 「의사표시를 불가결의 요소로 하고 의사표시의 내용대로 법률효과가 발생하는 것을 법질서가 승인한 사법상(私法上)의 법률요건」이라고 할 수 있다.

이것이 법률행위의 정확한 개념정의이나, 그것을 기억하기 어렵다면 「의사표시를 불가결의 요소로 하는 사법상의 법률요건」이라는 것이라도 기억하여야 한다.

3. 법률행위의 성질 [33]

(1) 사법상의 법률요건

법률행위는 법률요건이다. 따라서 법률행위가 있으면 그로 인하여 법률효과(권리변동)가 발생하게 된다. 그리고 법률행위는 「사법상의」 법률요건인 점에서 행정법적인 의사표시(예: 영업허가·면허취소)를 요소로 하는 법률요건과 구별된다.

(2) 추상화 개념

법률행위는 구체적인 행위 유형 모두를 총괄하기 위한 목적으로 발견된 개념이다. 법률행위라는 행위 자체는 존재하지 않으며, 존재하는 것은 오직 매매계약·채권양도·소유권 양도·약혼·혼인·유언 등과 같은 구체적인 행위 유형만이다. 법률행위는 이러한 행위 유형을 추상화한 개념인 것이다.

(3) 의사표시와의 관계

법률행위는 의사표시를 필수불가결한 요소로 한다. 그리하여 의사표시가 없는 법률행위는 있을 수가 없다. 그리고 대부분의 법률행위는 의사표시만으로 성립한다. 그런데 그 의사표시는 하나일 수도 있고(예 : 취소 · 해제 · 유언), 청약 · 승낙과 같은 복수의 것일 수도 있다(예 : 매매 · 임대차). 후자의 경우에는 각각의 의사표시는 법률행위를 성립시키는 구성부분에 불과하며, 양자는 결코 같은 것이 아니다. 그 경우에는 법률관계의 변동은 각각의 의사표시에 의해서가 아니고, 그것들이 결합한 것인 계약에 의하여 일어난다.

한편 법률행위 가운데에는 의사표시 외에 다른 법률사실(사실행위 등)이 더 필요한 경우도 있다. 예를 들면 계약금계약이 성립하려면 실제로 계약금이 지급되어야 하고(565조 참조), 혼인이 성립하려면 혼인신고가 있어야 한다(812조 참조). 그러나 이러한 경우에도 의사표시는 반드시 있어야 한다. 그 외에 다른 사실이 더 추가되는 것이다.

의사표시는 법률행위의 본질적인 구성요소로서 법률행위의 핵심이다. 그 결과 의사표시의 흠(무효 · 취소사유)은 곧바로 법률행위의 흠으로 된다.

(4) 의사표시의 내용에 따른 법률효과의 발생

법률행위가 있으면 행위자가 의욕한 것으로 표시된 바와 같이, 즉 의사표시의 내용대로 법률효과가 발생한다([30] 참조). 이 점에서 법률행위는 다른 법률요건(예 : 부당이득 · 불법행위)과 차이가 있다. 법률행위 이외의 법률요건의 경우에는 법률효과가 당사자의 의사와는 관계없이 법질서에 의하여 주어진다.

Ⅱ. 법률행위의 구성요소로서의 의사표시 [34]

1. 의사표시의 의의

의사표시의 구체적인 예와 그 의의에 관하여는 앞에서 설명하였다([29] (2) 참조). 여기서는 의사표시의 의의만을 다시 한번 기술하기로 한다. 의사표시는 「법률효과의 발생에 향하여진 사적인 의사표명」이다.

2. 의사표시의 구성요소 [35]

(1) 서 설

일반적으로 문헌에서는 의사표시를 여러 부분으로 분해한 뒤 그 각각이 의사표시를 구성하는 요소인가에 대하여 논하고 있다. 만약 어떤 특정한 사항이 요소라고 하면, 그 사항이 없는 의사표시는 존재할 수 없게 된다. 근래 학자들이 논의하고 있는 사항은 네 가지이다. 행위의사, 표시의사, 효과의사, 표시행위가 그것이다. 그러나 이 문제는 그러한 사항이 없는 비정상적인 경우에는 어떻게 해결하여야 하는가의 관점에서 논하는 것이 바람직하며, 요소의 관점에서 논할 것이 아니다.

정상적인 의사표시의 예를 들어 위에서 든 개념의 의미를 살펴보기로 한다. A는 그가 소유하고 있는 그림 한 점을 B에게 980만원에 팔려고 생각하였다. 그래서 A는 B에게 그 그림을 980만원에 팔테니 그 값에 사라는 내용의 편지를 보냈다. 이 경우에 A는 B에게 하나의 의사표시(청약)를 하였다. 여기서 A는 그가 행위를 한다는 것을 의식하고 있다. 이와 같이 의사표시자가 행위를 한다는 의식을 행위의사라고 한다. 그리고 A는 편지를 보냄에 있어서 자신이 법적으로 의미있는 행위를 한다고 의식하고 있다. 이러한 의식이 표시의사(표시의식)이다. 한편 이 예에서 A는 그가 980만원을 받고 그림의 소유권을 넘겨주겠다고 생각하고 있는데, 그러한 A의 생각은 법률효과(소유권이전채무 · 대금지급청구권)에 향하여진 것이다. 이처럼 어떤 구체적인 법률효과에 향하여진 의사가 효과의사이다. 이것은 진의라고도 한다. 끝으로 A가 B에게 편지를 보낸 것은 A가 그의 효과의사를 외부에서 알 수 있도록 표명한 행위로서 표시행위에 해당한다.

[주의할 점]

여러분은 이 책이나 다른 민법책에서 「행위」라는 용어를 자주 접하게 될 것이다. 그런데 그 의미가 항상 동일하지 않음을 주의하여야 한다. 그 가운데에는 법률행위를 가리킬 때도 있으나, 사실적인 행위나 행동을 의미할 때도 있다. 이러한 일이 생기는 이유는, 「행위」라는 용어가 독일의 것을 번역한 것인데, 독일에서는 각기 다르게 표현된 여러 가지(Geschäft, Handlung, Akt)가 우리나라에서는 모두 「행위」 한 가지로 번역되기 때문이다. 그 점은 행위란 말이 붙은 복합어에 있어서도 마찬가지이다. 예를 들면 대리행위의 경우의 행위는 법률행위(Rechtsgeschäft)의 의미이나, 불법행위·행위의사 등에 있어서는 그것은 행동의 뜻을 지니고 있는 용어이다(Handlung).

(2) 행위의사가 없는 경우

행위의사가 없는 경우에는 의사표시의 존재가 인정되지 않는다. 가령 C가 잠꼬대로 D에게 100만원을 주겠다고 한 경우, 여러 사람이 E에게 도장을 쥐어준 뒤 억지로 손을 끌어다가 계약서에 도장을 찍도록 한 경우가 그 예이다.

(3) 표시의사가 없는 경우 [36]

F가 근무하는 회사에서 이재민돕기 성금을 2만원씩 낼 사람의 서명을 받는 서면과 그 주의 토요일에 등산을 할 사람을 조사하는 서면이 회람으로 돌고 있었다. F는 뒤의 것인 줄 알고 앞의 것에 그의 소속과 성명을 기재하였다. 다른 예를 들어본다. G는 길을 가던 중에 건너편에 있는 친구를 발견하고 손을 들어 인사하였다. 그런데 그 친구는 보지 못하였고, 택시를 부른 줄 알고 택시운전자 H가 택시를 세웠다. 이러한 경우에 F와 G는 그가 행위를 하고 있다는 점은 의식하고 있다. 그런데 그의 행위가 법적으로 의미가 있는 행위라는 것은 의식하지 못하고 있다. 표시의사가 없는 것이다. 그렇지만 법적으로 의미가 있는 행위(이재민돕기 성금을 내겠다는 표시, 택시를 잡는 행위)는 하였다. 표시의사가 없이 한 F·G의 행위는 유효한가? 여기에 관하여 민법에는 아무런 규정도 없다. 그리하여 해석으로 결정하여야 한다. 이러한 경우는 바로 뒤에 보는 효과의사가 없는 경우와 대단히 유사하므로, 그에 관한 규정 즉 제109조를 적용하는 것이 바람직하다.

(4) 효과의사가 없는 경우

위 첫 부분의 예에서 만약 A가 그의 그림을 980만원에 팔겠다고 편지를 쓰려고 하였으나, 잘못하여 890만원에 팔겠다고 썼다고 하자. 이 경우에

A는 그가 법적으로 의미있는 행위를 하고 있다는 의식(표시의사)은 가지고 있다. 그러나 그가 실제로 보낸 편지, 즉 890만원에 팔겠다는 내용의 효과의사는 없다. 이와 같이 효과의사가 없는 경우에 대하여 민법은 명문의 규정을 두고 있다. 제107조 내지 제109조가 그것이다. 민법은 이들 규정에서 일정한 경우에는 효과의사가 없음에도 불구하고 일단 표시된 대로 효력을 발생시키고 있다. 위에서 든 그림매매의 예의 경우에는 A의 착오가 존재하는 것이 되어([69] 이하 참조), 제109조가 적용되며, 그 결과 A의 청약은 일단 유효하되 취소될 수 있다.

(5) 표시행위(표시)

표시행위는 여러 가지 방식으로 할 수 있다. 말로 할 수도 있고, 편지를 쓸 수도 있으며, 머리를 끄덕이는 것과 같이 동작으로 할 수도 있다. 이러한 표시행위가 없을 경우 의사표시가 존재할 수 없음은 물론이다.

Ⅲ. 법률행위의 요건 [37]

1. 서 설

법률행위가 그 법률효과를 발생하려면 여러 가지의 요건을 갖추어야 한다. 그런데 이론적으로는 법률행위가 먼저 성립하고 그 뒤에 비로소 유효·무효가 문제되기 때문에, 법률행위의 요건은 성립요건과 효력요건(유효요건)으로 나누어진다.

2. 성립요건

성립요건은 법률행위의 존재가 인정되기 위하여 필요한 최소한의 외형적·형식적인 요건이다. 성립요건에는 모든 법률행위에 공통하는 일반적 성립요건과, 개별적인 법률행위에 대하여 특별히 요구되는 특별 성립요건이 있다.

일반적 성립요건은 모든 법률행위에 대하여 요구되는 성립요건이다. 따라서 법률행위가 어떤 것이든 이 요건을 갖추지 못하면 법률행위는 성립하지 않게 된다. 「법률행위의 성립에 필요한 의사표시(단독행위의 경우) 또는 의사표시의 일치 즉 합의(계약의 경우)」가 법률행위의 일반적 성립요건이다. 예를 들면 유언이라는 법률행위(이는 단독행위에 해당함)는 유언자의 의사표시가, 매매라는 법률행위(이는 계약에 해당함)는 매매당사자(매도인·매수인)의 청약과 승낙이라는 의사표시의 일치(합의)가 그 성립요건이다.

특별 성립요건은 개별적인 법률행위에 대하여 추가적으로 더 요구되는 성립요건이다. 특별 성립요건이 요구되는 법률행위의 경우에는, 위에서 설명한 일반적 성립요건뿐만 아니라 특별 성립요건도 갖추어야 하며, 후자를 갖추지 못하면 법률행위가 성립하지 않게 된다. 예를 들면 혼인이라는 법률행위가 성립하려면 일정한 방식의 신고(혼인신고)가 필요하게 되는데(812조 참조), 그 신고는 특별 성립요건에 해당한다.

3. 효력요건(유효요건) [38]

효력요건은 이미 성립한 법률행위가 효력을 발생하는 데 필요한 요건이며, 이것에도 역시 일반적인 것과 특별한 것이 있다.

일반적 효력요건은 모든 법률행위에 공통적으로 요구되는 효력요건이며, 여기에는 다음의 여러 가지가 있다. ① 당사자에게 의사능력과 행위능력이 있어야 한다(의사능력·행위능력에 관하여는 [48]·[49] 참조). 의사능력이 없는 자의 법률행위는 무효이고, 행위능력이 제한되는 자가 단독으로 한 법률행위는 원칙적으로 취소할 수 있다([48]·[50] 이하 참조). ② 법률행위의 목적(법률행위에 의하여 달성하고자 하는 법률효과)이 확정할 수 있어야 하고, 실현 가능하여야 하며, 적법하여야 하고, 사회적 타당성을 지니고 있어야 한다. 법률행위의 목적이 확정될 수도 없거나, 처음부터 실현이 불가능하거나(원시적 불능), 강행법규에 반하거나, 또는 선량한 풍속 기타 사회질서에 위반된 때에는 그 법률행위는 무효이다([57] 이하 참조). ③ 의사표시에 관하여 의사(내심적 효과의사)와 표시(표시행위의 의미)가 일치하고, 사기·강박에 의한 의사표시가 아니어야 한다. 의사와 표시가 일치하지 않는 경우에는 무효이거나(비진의표시의 예외적인 경우, 허위표시) 취소될 수 있고(착오), 사기 · 강박에 의한 의사표시의 경우에는 법률행위가 취소될 수 있다([65] 이하 참조).

특별 효력요건은 일정한 법률행위에 특유한 효력요건이다. 이러한 요건이 요구되고 있는 법률행위의 경우에는, 위에서 설명한 일반적 효력요건 외에 이 요건도 갖추어야 효력이 발생하게 된다. 특별 효력요건의 예를 들어 본다. A는 자신이 B의 대리인이라고 하면서 B의 토지를 C에게 팔기로 하는 내용의 계약을 C와 체결하였다. 그런데 B는 A에게 대리권을 수여한 적이 없다. 이 경우에 A가 C와 체결한 매매계약은 B에게 효력이 생기지 않는다(130조 참조). 그 계약이 B에게 효력이 생기려면 A에게 대리권이 있어야 한다. 대리권의 존재는 대리행위라는 법률행위의 특별 효력요건이기 때문이다. 그리고 미성년자의 법률행위에 있어서 법정대리인의 동의, 유언에 있어서 유언자의 사망, 정지조건부 법률행위([97] 2 참조)에 있어서 조건의 성취 등도 특별 효력요건에 해당한다.

이 책은 이 절 제 3 관 이하에서 법률행위의 효력요건 각각에 대하여 자세히 설명한다.

Ⅳ. 법률행위의 종류 [39]

법률행위는 여러 가지 표준에 의하여 그 종류를 나눌 수 있다. 아래에서는 가장 기본적인 분류 몇 가지를 살펴보기로 한다.

1. 단독행위(單獨行爲) · 계약(契約) · 합동행위(合同行爲)

법률행위는 그것의 요소인 의사표시의 수와 모습에 따라 단독행위 · 계약 · 합동행위로 나누어진다.

(1) 단독행위

단독행위는 하나의 의사표시에 의하여 성립하는 법률행위이다. 단독행위는 상대방이 있느냐에 따라 상대방 있는 단독행위와 상대방 없는 단독행위로 세분된다. 미성년자의 법률행위에 있어서 법정대리인의 동의, 취소할 수 있는 법률행위의 취소나 추인(취소권의 포기), 계약의 해제는 전자의 예이고, 유언·소유권 포기는 후자의 예이다.

(2) 계 약

계약의 의의는 넓은 의미의 것과 좁은 의미의 것의 두 가지가 있다. 넓은 의미에서 계약이라고 하면, 「둘 이상의 서로 대립하는 의사표시의 일치에 의하여 성립하는 법률행위」를 말한다. 이는 반드시 여러 개의 의사표시가 필요하다는 점에서 단독행위와 다르고, 그 여러 개의 의사표시의 방향이 평행적·구심적(求心的)이 아니고, 대립적·교환적인 점(A의 B에 대한 청약과 B의 A에 대한 승낙을 생각해 보라)에서 합동행위와 차이가 있다. 넓은 의미의 계약에는 채권의 발생을 목적으로 하는 채권계약, 물권의 변동을 목적으로 하는 물권계약, 물권 이외의 재산권의 변동을 목적으로 하는 준물권계약, 혼인·입양과 같은 가족법상의 계약이 모두 포함된다. 그에 비하여 좁은 의미의 계약은 채권계약, 즉 채권의 발생을 목적으로 하는 계약만을 가리킨다. 이러한 채권계약과 구별하기 위하여 다른 계약의 경우에는 합의라고 표현하기도 한다. 소유권이전의 합의(물권계약), 혼인의 합의(가족법상의 계약)가 그 예이다.

[계약의 성립]

민법은 넓은 의미의 계약의 성립에 관하여는 일반적인 규정을 두고 있지 않다. 단지 채권계약에 대하여만 채권법 중 계약법(527조 이하)에서 규율하고 있을 뿐이다. 그에 관하여 자세한 점은 제4장 채권법각론에서 설명하게 될 것이다([311] 이하 참조). 그러나 계약의 성립 이론이 법률행위의 논의를 위하여 필요하기 때문에 그 이론 가운데 필요한 최소한도의 것을 여기서 간략히 기술하기로 한다.

보통의 계약은 계약당사자의 의사표시의 일치 즉 합의(合意)가 있으면 성립한다. 이러한 계약을 낙성계약(諾成契約)이라고 한다. 여기서 의사표시의 일치 즉 합의는 당사자의 의사(진의)의 일치가 아니고 표시의 일치이다. 좀 더 정확하게 말하면, 의사표시의 해석에 의하여 확정되는 표시행위들의 의미가 일치하는 것이다. 이러한 의사표시의 일치가 없는 경우에는 이른바 불합의(不合意)가 되어, 설사 당사자가 합의가 있다고 믿고 있더라도 계약은 성립하지 않는다. 그리고 계약이 성립하지 않으면 계약의 유효·무효는 아예 문제가 되지 않는다. 법률행위의 유효한 성립을 전제로 하는 취소(가령 착오의 경우)도 마찬가지이다.

계약을 성립시키는 합의는 보통 청약과 승낙에 의하여 행하여진다. 그런데 민법은 그 외에 의사실현(532조)과 교차청약(533조)에 의하여서도 계약이 성립할 수 있음을 규정하고 있다(그에 대한 자세한 내용은 [314] 참조).

(3) 합동행위

합동행위는 평행적·구심적으로 방향을 같이하는 둘 이상의 의사표시의 일치로 성립하는 법률행위이다. 사단법인의 설립행위가 그 전형적인 예이다. 즉 A·B·C가 민법상의 사단법인을 설립하려고 할 때 그들의 복수의 의사표시는 서로 마주보고 있지 않고 법인설립이라는 같은 쪽을 향하고 있다. 따라서 그들의 의사표시의 일치에 의하여 성립하는 사단법인 설립행위는 합동행위인 것이다.

2. 요식행위(要式行爲)·불요식행위(不要式行爲) [40]

법률행위는 그것이 일정한 방식에 따라서 행하여져야 하느냐 여부에 의하여 요식행위와 불요식행위로 나누어진다. 요식행위는 일정한 방식에 따라서 하여야만 효력이 인정되는 법률행위이고, 불요식행위는 방식에 구속되지 않고 자유롭게 행하여질 수 있는 법률행위이다. 우리 법상 법률행위는 원칙적으로 불요식행위이나, 유언(1060조)·혼인(812조) 같이 일정한 방식이 요구되는 것도 있다. 즉 유언은 법이 정한 5가지의 방식에 따라서 하지 않으면 무효이고, 혼인은 「가족관계의 등록 등에 관한 법률」에 정한 바에 의하여 신고하여야 비로소 성립하게 된다.

3. 채권행위(債權行爲)·물권행위(物權行爲)·준물권행위(準物權行爲) [41]

(1) 법률행위는 그것에 의하여 발생하는 법률효과에 따라 채권행위·물권행위·준물권행위로 나누어진다.

(2) 채권행위는 채권을 발생시키는 법률행위이다. 증여·매매·임대차가 그 예이다. 채권행위가 있으면 채권자는 채무자에 대하여 일정한 행위(이

를 급부라고 함)를 청구할 수 있는 권리만 가질 뿐, 존재하는 권리가 직접 변동되지는 않는다. 그리하여 채권행위에 있어서는 채무자의 이행의 문제가 남아있게 된다. 예를 들어본다. A는 그의 토지를 5,000만원을 받고 B에게 팔기로 하는 내용의 계약을 B와 체결하였다. 이 경우 A·B 사이에 체결된 매매계약은 채권행위이다. 그 결과 A는 5,000만원의 대금지급청구권, B는 토지의 소유권이전청구권이라는 채권을 가지게 된다. 그리고 이 계약만으로 토지의 소유권이 B에게 넘어가지는 않는다. 한편 이 예에서 A는 B에게 토지소유권 이전채무를 부담하고 있으므로 후에 소유권이전행위(급부)를 하여야 하고, B는 A에게 대금지급채무를 부담하고 있으므로 후에 대금지급행위(급부)를 하여야 하며, 따라서 이행의 문제가 남아있게 되는 것이다.

물권행위는 물권의 변동을 목적으로 하는 의사표시(물권적 의사표시)를 요소로 하여 성립하는 법률행위이다. 소유권이전행위·저당권설정행위가 그 예이다. 물권행위는 채권행위와 달리 직접 물권을 변동시키고 이행의 문제를 남기지 않는다. 다만, 법률이 물권행위 외에 등기·인도와 같은 다른 요건을 더 갖추어야 물권변동이 일어나도록 규정할 수는 있으며, 그때에는 물론 물권행위 외에 그 다른 요건도 갖추어야 한다. 우리 민법은 그러한 입장에 있다(186조·188조 참조).

준물권행위는 물권 이외의 권리를 종국적으로 변동시키고 이행이라는 문제를 남기지 않는 법률행위이다. 채권양도·지식재산권 양도가 그 예이다. 가령 A가 B에 대하여 가지고 있는 채권을 C에게 양도하게 되면(채권양도), 채권은 C에게 이전되며, 뒤에 따로 이전행위를 할 필요가 없다.

(3) 채권행위·물권행위·준물권행위의 구별은 법률행위의 효과에 의한 구별이기 때문에 단독행위·계약 등의 분류와는 차원이 다르다. 따라서 채권행위·물권행위·준물권행위에는 단독행위인 것도 있고 계약인 것도 있다. 예를 들면 매매계약은 계약인 채권행위이고, 유증(유언에 의하여 재산을 무상으로 주는 행위)은 단독행위인 채권행위이다. 그리고 소유권이전의 합의는 계약인 물권행위이고, 소유권의 포기는 단독행위인 물권행위이다.

[처분행위]

일부 문헌은 법률행위를 채권행위 · 물권행위 · 준물권행위로 나누는 것 대신에(또는 그것과 별도로) 의무를 발생시키는 행위인 의무부담행위(부담행위)와 권리를 이전 · 변경 · 소멸시키는 처분행위로 나누고 있다. 그러면서 채권행위는 모두 의무부담행위이고, 처분행위에는 물권행위 · 준물권행위를 포함하여 여러 가지가 있다고 한다. 그런데 본래 처분행위는 관리행위([81] 참조)와 대비되는 개념이고, 또 처분행위에는 물권행위 · 준물권행위와 같이 권리를 이전 · 변경 · 소멸시키는 법률적 처분행위뿐만 아니라 재산을 멸실 · 훼손하는 행위인 사실적 처분행위도 있기 때문에 위와 같은 분류는 적절하지 않으며, 처분행위의 개념을 명확히 알면 충분하다.

법률적 처분행위가 유효하려면 처분 당시에 처분행위자에게 처분권이 있어야 한다.

Ⅴ. 법률행위의 해석 [42]

1. 법률행위 해석의 의의

법률행위의 해석이란 법률행위의 내용을 확정하는 것이다. 그런데 법률행위는 의사표시를 불가결의 요소로 하기 때문에, 법률행위의 해석은 결국은 의사표시의 해석이 된다. 사람의 의사표시가 명확한 것 같아도 실제로는 불명확한 경우가 많으며, 따라서 그것의 해석이 필요하게 된다. 법률행위의 내용을 확정하는 이러한 해석은 법률행위에 대하여 어떤 판단(예 : 불합의 · 착오 등의 존재)을 하기 위한 전제가 된다.

예를 들어본다. A는 B에게 그가 소유하고 있는 그림을 980만원에 팔려고 생각하였다. 그런데 잘못하여 편지에 890만원에 판다고 한 뒤, 그 편지를 B에게 보냈다. 그러자 그 편지를 받은 B는 A의 제안에 따르겠다는 답장을 A에게 보냈다. 이 경우에 A와 B 사이에 매매계약이 성립하는지를 판단하려면, 해석에 의하여 A와 B의 의사표시의 의미를 확정한 다음 그것들을 비교하여 서로 일치하는지를 살펴보아야 한다. 그 결과 일치하면 합의가 인정되어 계약이 성립한다고 하게 되나, 일치하지 않으면 계약이 성립하지 않는다고 하게 된다. 결국 계약의 성립 여부를 판단하려면 먼저 A · B의 의사표시의 해석이 필요하게 되는 것이다.

2. 법률행위 해석의 방법 [43]

(1) 개 관

법률행위의 해석은 법률행위를 구성하는 의사표시가 상대방이 있는 것인가 없는 것인가에 따라 달리 행하여져야 한다. 왜냐하면 상대방 없는 의사표시에 있어서는 보호하여야 할 상대방이 없어서 상대방 있는 의사표시에 비하여 표의자의 의사가 더욱 존중되어야 하기 때문이다. 아래에서는 보통의 의사표시인 상대방 있는 것을 중심으로 하여 해석의 방법을 살펴보기로 한다.

동일한 법률행위에 있어서 해석은 기본적으로 법률행위(의사표시)의 의미를 밝히는 해석과 법률행위에서 규율되지 않은 부분, 즉 틈이 있는 경우에 그것을 보충하는 해석으로 나누어진다. 예를 들어 갑이 그의 건물을 을에게 기간을 정하지 않고 임대차해 준 경우에, 을이 갑에게 「내가 좀 더 싼 건물을 발견하여서 우리는 다음 달 말에 헤어져야 한다」는 내용의 편지를 보냈다고 하자. 이때 을의 편지의 의미는 외관상 분명하지 않다. 그러나 이를 해석하면 을의 편지는 그들의 임대차를 다음 달 말에 종료시킨다는 내용의 의사표시(해지라는 의사표시임. 635조 참조)임을 확정할 수 있게 된다. 이것이 「밝히는 해석」(단순한 해석이라고도 함)이다. 다른 예로서, 상가건물을 소유하고 있는 병이 그 건물의 세 층을 정에게 임대하면서 정이 조명광고를 위하여 건물의 외벽을 사용할 권리가 있는지에 관하여 약정하지 않은 경우에는, 그 문제는 해석에 의하여 보충되어야 한다. 그것이 「보충적 해석」이다. 「밝히는 해석」과 「보충적 해석」 가운데 앞의 것이 먼저 시작되어야 한다. 왜냐하면 보충적인 해석은 「밝히는 해석」의 결과 드러나는 틈을 전제로 하기 때문이다. 한편 — 상대방 있는 의사표시의 — 「밝히는 해석」은 다시 자연적 해석과 규범적 해석으로 세분되며, 그 가운데에서 자연적 해석이 먼저 행하여지고, 그 방법으로 확정될 수 없는 경우에 규범적 해석이 행하여진다.

[상대방 있는 의사표시의 해석 방법]

- 밝히는 해석
  - 자연적 해석
  - 규범적 해석
- 보충적 해석

(2) 자연적 해석 [44]

어느 지역의 312번지와 313번지를 소유하고 있는 A는 그 중 312번지를 B에게 팔려고 생각하고 B를 데리고 가서 그 토지를 보여 주었다. 그런데 A는 그 토지가 313번지인 것으로 착각을 일으키고 B에게도 그렇게 말하여 둘은 313번지에 관하여 매매계약서를 작성하였다. 이 경우에 A·B 사이에 매매계약이 성립하는가? 성립한다면 어느 토지에 관하여 성립하는가?

이 예에서 A·B는 모두 일치하여 312번지를 매매 목적물로 생각하였다. 그런데 계약서에는 313번지라고 기재하였다. 이러한 경우처럼 어떤 일정한 표시에 관하여 당사자가 사실상 일치하여 이해한 경우에는, 그 의미대로 효력을 인정하여야 하는데, 이를 자연적 해석이라고 한다. 따라서 위의 예에서는 계약서의 문구에도 불구하고 312번지에 관하여 계약이 성립한다. 자연적 해석은 로마 상속법에서 인정되었던 「그릇된 표시는 해가 되지 않는다」(falsa demonstratio non nocet)는 법리가 발전한 것이다. 그 때문에 그릇된 표시(falsa demonstratio) 법리라고 할 수도 있다.

이러한 자연적 해석은 오늘날 학설이 널리 받아들이고 있고, 판례도 예전에 당사자가 지번 등에 착오를 일으킨 경우에 관하여 자연적 해석의 결과를 인정하였으며(대판 1993. 10. 26, 93다2629·2636; 대판 1996. 8. 20, 96다19581·19598), 최근에는 자연적 해석을 추상적인 법리로 명확하게 판시하였다(대판 2017. 2. 15, 2014다19776).

(3) 규범적 해석 [45]

자연적 해석이 행하여질 수 없는 경우에는 규범적 해석이 행하여진다. 규범적 해석은 상대방(의사표시의 수령자)의 이해가능성(수령자시계: 受領者視界)에 의하여 행하여져야 한다. 구체적으로는 「여러 사정 하에서 적절한 주의를 베푼 경우에 상대방이 이해했어야 하는 표시행위의 의미를 탐구하여야 한다」. 상대방이 실제로 어떻게 이해하였는가는 중요하지 않다. 상대방이 합리적인 자라면 제반사정 하에서 표시행위를 어떻게 이해했어야 하느냐가 결정적이다. 판례도 같은 견지에 있다(대판 2017. 2. 15, 2014다19776).

앞에서 든 그림의 예를 다시 보도록 하자. A가 그의 그림을 980만원에 팔려고 하였는데 편지를 쓰면서 잘못하여 890만원에 판다고 한 경우에, A의 그 의사표시(청약)는 B의 시각에서 해석된다. 그리고 모든 사정 하에서 B가 적절한 주의를 베푼 경우에 그것을 어떻게 이해했어야 하는지를 탐구하여야 한다. B가 실제로 어떻게 생각했는가는 중요하지 않다. 그 결과 만약 평소에 A가 B에게 980만원이 아니면 절대로 팔지 않을 것이고 그 값에 청약하리라고 여러 차례 말한 바 있다면 B는 편지에도 불구하고 980만원으로 이해했어야 한다. 그러나 그러한 특별한 사정이 없다면 편지에 쓰인 대로(890만원으로) 이해했어야 한다고 보게 될 것이다.

법률행위 내지 의사표시의 의미가 제반사정 즉 표시행위에 따르는 모든 사정(당사자가 주고받은 말이나 글 등)에 의하여 확정될 수 없는 경우에는, 법률의 임의규정에 의한 확정을 생각할 수 있다. 그러나 민법은 제106조에서 임의규정과 다른 관습이 있는 경우에 당사자의 의사가 명확하지 않은 때에는 그 관습에 의한다고 하고 있어서, 임의규정에 앞서서 관습에 의하여 확정하게 된다. 그런데 관습·임의규정도 없으면 마지막으로는 신의칙에 의하여 확정하여야 할 것이다.

■ 제106조[사실인 관습] 법령 중의 선량한 풍속 기타 사회질서에 관계없는 규정과 다른 관습이 있는 경우에 당사자의 의사가 명확하지 아니한 때에는 그 관습에 의한다.

[처분문서의 개념과 그것의 해석에 관한 하나의 대법원판결]

민사소송법상 증거(증거방법)에는 증인·감정인·당사자 본인이라는 인증(人證)과 문서·검증물·그 밖의 증거라는 물증(物證)이 있다. 그리고 물증에 속하는 문서에는 처분문서(處分文書)와 보고문서가 있다. 이 중에 처분문서는 증명하고자 하는 법률적 행위(처분)가 그 문서 자체에 의하여 이루어진 경우의 문서를 가리키며, 법원의 재판서, 사법상(私法上)의 의사표시가 포함된 법률행위서(계약서·약정서·각서·차용증서·합의서·유언서 등), 어음·수표 등의 유가증권이 그 예이다. 그에 비하여 보고문서는 작성자가 보고 느끼고 판단한 바를 기재한 문서이며, 상업장부·가족관계증명서·진단서·편지·일기가 그에 해당한다.

처분문서의 해석은 민사소송에서 대단히 중요한데, 대법원은 그에 관하여 판단을 한 적이 여러 번 있다. 아래에서 그러한 대법원판결 가운데 하나를 인용하기로 한다.

「처분문서는 그 진정 성립이 인정되면 특별한 사정이 없는 한 그 처분문서에 기재되어 있는 문언의 내용에 따라 당사자의 의사표시가 있었던 것으로 객관적으로 해석하여야 하고, 당사자 사이에 계약의 해석을 둘러싸고 이견이 있어 처분문서에 나타난 당사자의 의사해석이 문제되는 경우에는 문언의 내용, 그와 같은 약정이 이루어진 동기와 경위, 약정에 의하여 달성하려는 목적, 당사자의 진정한 의사 등을 종합적으로 고찰하여 논리와 경험칙에 따라 합리적으로 해석하여야 한다.」(대판 2001. 2. 27, 99다23574)

(4) 보충적 해석 [46]

보충적 해석은 틈 있는 법률행위의 보충을 가리킨다. 이는 자연적 해석 또는 규범적 해석에 의하여 법률행위의 성립이 인정된 후에 비로소 문제된다. 그리고 법률행위에서 규율되지 않은 틈이 있는 경우에 행하여진다.

보충적 해석이 필요한 틈이 존재하는 때에는, 우선 임의규정이 그 틈을 채우려고 할 것이다. 그러나 앞에서 언급한 제106조가 여기에도 적용되므로, 임의규정과 다른 관습이 있으면 임의규정에 앞서서 관습에 의하여 채워진다. 그리고 관습이 없으면 임의규정에 의하여 보충된다. 그런데 임의규정도 없으면 마지막으로 본래의 의미의 보충적 해석이 행하여진다. 그 방법은 제반사정 하에서 신의성실에 의하여 판단할 때 가장 적당한 결과가 탐구되어야 한다.

제3관 행위능력

Ⅰ. 서 설 [47]

민법은 행위능력을 자연인에 관한 규정(제1편 제2장) 안에서 규율하고 있다. 그러나 행위능력은 법률행위 자체의 문제(일반적 효력요건)이다. 따라서 그것은 이 부분에서 설명되는 것이 바람직하다.

행위능력 문제는 사람(자연인)뿐만 아니라 법인에 관하여도 생각할 수 있다. 그러나 법인에서는 구체적인 행위를 실제로는 이사와 같은 법인의 대표기관이 하기 때문에 행위능력이 크게 문제되지 않는다. 그러므로 여기서는 자연인의 행위능력만 다루기로 한다.

Ⅱ. 행위능력 일반론 [48]

1. 의사능력

행위능력을 설명하려면 먼저 의사능력에 관하여 살펴보아야 한다.

사람이 자신의 법률행위에 의하여 권리를 취득하거나 의무를 부담할 수 있으려면 일정한 지적 수준에 이르고 있어야 한다. 적어도 자신의 행위가 어떤 의미를 가지고 있는지를 알고 있어야 한다. 왜냐하면 민법이 기본원리로 삼고 있는 사적 자치의 원칙상 개인은 자기의 「의사」에 기하여서만 법률관계를 형성할 수 있는데, 자신의 행위가 어떤 의미를 가지고 있는지조차 모르는 경우라면 결코 그의 「의사」에 기한 것이라고 할 수 없기 때문이다. 여기서 「자기의 행위의 의미나 결과를 합리적으로 예견할 수 있는 정신적 능력 내지 지능」을 의사능력이라고 한다.

의사능력이 있는지 여부는 구체적인 행위에 대하여 개별적으로 판단되며, 그것을 판정하는 객관적인 기준은 없다. 그리하여 동일한 행위에 대하여 어떤 자는 의사능력이 있는데 같은 나이인 다른 자는 의사능력이 없을 수도 있고(가령 지적 발육이 늦은 자), 또 동일한 자라도 어떤 행위에 대하여는 의사능력이 있는데(가령 장난감의 구입) 다른 행위에 대하여는 의사능력이 없을 수도 있다(가령 주식의 매입).

의사능력이 없는 자의 법률행위는 무효이다. 여기에 관하여는 민법에 명문의 규정은 없으나, 당연한 것으로 인정된다. 그리하여 어떤 자가 만취한 상태에서 술집 여종업원에게 그의 토지를 증여하겠다고 한 경우, 정신질환자가 제정신이 아닌 상태에서 상속포기각서에 도장을 찍은 경우, 2세인 아이가 그의 부모가 끼워준 금반지를 다른 사람에게 준 경우에는, 그 행위들은 모두 무효이다.

2. 행위능력의 의의 [49]

방금 본 바와 같이, 의사능력이 없는 자의 법률행위는 무효이다. 그런데 의사능력이 없이 법률행위를 한 자는, 그가 보호받으려면 법률행위 당시에 의사능력이 없었음을 증명하여야 한다. 그러나 그것은 여간 어려운 일이 아니다. 그런가 하면 그러한 증명이 된 경우에는, 이제 그것을 알 수 없었던 상대방이나 제 3 자가 예측하지 못한 손해를 입게 된다. 여기서 민법은 일정한 획일적 기준을 정하여, 이 기준을 갖추는 때에는 의사능력이 없었던 것으로 다루어 그 자가 단독으로 한 행위를 취소할 수 있도록 하고 있다. 19세의 나이를 기준으로 정하여 19세가 되지 않은 자가 혼자서 한 법률행위를 일률적으로 취소할 수 있도록 하는 것이 그 예이다(4조 · 5조 참조). 이와 같이 객관적 · 획일적 기준에 의하여 의사능력을 객관적으로 획일화한 제도가 행위능력제도 또는 제한능력자제도이다(민총 [99]도 참조). 그리고 여기에서 제한능력자에 해당하지 않을 만한 자격을 행위능력이라고 한다. 따라서 행위능력은 「단독으로 완전하고 유효하게 법률행위를 할 수 있는 지위 또는 자격」이다.

행위능력제도 내지 제한능력자제도는 법률행위에만 관련되는 것이다. 불법행위에 있어서는 개별적 · 구체적으로 책임능력 유무를 살피게 된다. 책임능력에 관하여는 불법행위에서 설명한다([387] 참조).

3. 민법상의 제한능력자

2011. 3. 7.에 개정된 민법은 넓은 의미에서 행위능력이 제한되는 자(보호가 필요한 자), 즉 제한능력자로 미성년자(4조)·피성년후견인(9조)·피한정후견인(12조)·피특정후견인(14조의 2)의 네 가지를 규정하고 있다. 그런데 피특정후견인은 행위능력상 전혀 제약을 받지 않는다. 그리고 피한정후견인은 원칙적으로는 행위능력을 가지며, 가정법원이 피한정후견인이 한정후견인의 동의를 받아야 하는 행위의 범위를 정하는 경우에만(13조 참조) 행위능력을 제한받게 된다. 결국 개정된 민법상 행위능력이 제한되는 좁은 의미의 제한능력자로는 미성년자·피성년후견인·피한정후견인(예외적인 경우)의 셋이 있게 된다. 그리고 보호를 받아야 하는, 그리하여 법정후견을 받는 넓은 의미의 제한능력자에는 위의 좁은 의미의 제한능력자 외에 피특정후견인도 있게 된다.

[참고]
2011. 3. 7.에 민법이 개정되기 전에는 민법상의 무능력자로 미성년자(4조)·한정치산자(개정 전 민법 9조)·금치산자(개정 전 민법 12조)의 셋이 있었다. 그런데 이들 가운데 한정치산자·금치산자 제도에 관하여는 비판이 많이 제기되었다. 그 제도들은 사회적으로 낙인을 찍는 효과가 강할 뿐만 아니라 실제로 보호가 필요한 사람들에게 효율적으로 도움을 주지 못하고, 그리하여 제도 자체의 이용을 꺼리게 된다는 것이다. 이러한 비판을 받아들여 2011. 3. 7.에 금치산·한정치산제도와 후견제도를 크게 손질하였다. 그러면서 한정치산자·금치산자라는 용어가 사회적으로 부정적인 이미지가 있다고 하여 그것 대신 피한정후견인·피성년후견인이라고 수정하였다. 이것이 이른바 성년후견제 민법개정이다. 이렇게 개정된 민법은 2013. 7. 1.부터 시행되었다.

Ⅲ. 미성년자(未成年者) [50]

1. 성년기(成年期)

우리 민법상 19세로 성년에 이르게 된다(4조. 2011. 3. 7.에 개정됨). 여기의 19

세는 만 나이를 가리킨다. 따라서 만 19세가 되지 않은 자가 미성년자이다.

민법은 미성년 규정을 완화하는 제도로 혼인에 의한 성년의제제도를 두고 있다(826조의 2). 그리하여 미성년자는 혼인을 하면(남녀 모두 만 18세 이상이어야 혼인할 수 있음) 성년자로 의제(간주)된다.

[추정(推定)과 간주(看做)]

민법에서 자주 쓰이는 전문용어 중 추정과 간주(의제)라는 것이 있다. 그 가운데 추정은 반대의 증거가 제출되면 규정(추정규정)의 적용을 면할 수 있는 것이고(예 : 30조), 간주는 반대의 증거가 제출되더라도 규정(간주규정)의 적용을 면할 수 없는 것이다(예 : 28조 · 115조). 우리 민법은 간주규정을 「…(으)로 본다」고 표현하고 있다.

2. 미성년자의 행위능력

미성년자는 제한능력자로서 원칙적으로 단독으로 법률행위를 하지 못한다. 미성년자가 법률행위를 하려면 법정대리인의 동의를 얻어야 한다(5조 1항). 만약 미성년자가 법정대리인의 동의 없이 법률행위를 한 경우에는, 미성년자나 법정대리인이 그 행위를 취소할 수 있다(5조 2항 · 140조). 예를 들면 18세인 A가 자신이 소유하고 있는 가옥을 혼자서 B에게 팔기로 하는 계약을 체결한 때에는, A나 A의 부모(친권자)는 그 계약을 취소할 수 있다. 그리고 법률행위가 취소되면 취소된 법률행위는 처음부터(소급하여) 무효였던 것으로 된다(141조). 취소된 후의 구체적인 효과에 관하여는 후에 설명한다([94] 3 참조).

[취소(取消)와 관련하여 주의할 점]

민법에서 취소라는 용어가 여러 곳에서 사용되고 있다. 그 경우들은 크게 ① 법률행위의 취소, ② 법원선고의 취소, ③ 행정처분의 취소로 나누어지고, 법률행위의 취소는 다시 ㉠ 제한능력 · 착오 · 사기 · 강박을 이유로 한 재산행위의 취소, ㉡ 사해행위 취소(406조) · 영업허락의 취소(8조)처럼 흠이 없는 완전히 유효한 재산행위의 취소, ㉢ 혼인 · 이혼 · 입양 등 가족법상의 행위의 취소로 세분된다.

이들 가운데 취소가 있으면 제141조에 의하여 법률행위가 소급해서 당연히 무효로 되는 것은 ①㉠의 취소, 즉 원칙적인 취소에 있어서만이다. 나머지의 경우에 대하여는 효력에 관한 특별규정이 있는 때가 많고, 그것이 없어도 제도의 취지 등을 고려하여 소급효를 인정할 것인지를 결정하여야 한다. 특히 실종선고와 같은 법원선고의 취소는 법률행위의 취소가 아니며, 따라서 소급효가 당연히 인정되는 것이 아니다.

예외적으로 다음에 열거하는 행위 등은 미성년자가 법정대리인의 동의 없이 단독으로 유효하게 할 수 있다. 물론 그때 의사능력은 가지고 있어야 한다.

① 단순히 권리만을 얻거나(예 : 부담이 없는 증여를 받는 행위) 의무만을 면하는 행위(5조 1항 단서).

② 법정대리인이 범위를 정하여 처분한 재산의 처분행위(6조).

③ 영업이 허락된 미성년자의 그 영업에 관한 행위(8조 1항).

④ 미성년자가 타인의 대리인으로서 한 행위(117조).

⑤ 17세 이상의 미성년자가 한 유언행위(1061조 · 1062조).

3. 법정대리인 [51]

미성년자의 법정대리인은 제 1 차로 미성년자의 친권자(부모)가 되고(911조), 친권자가 없거나 친권자가 법률행위의 대리권과 재산관리권을 행사할 수 없는 경우에는 제 2 차로 미성년후견인이 법정대리인으로 된다(928조). 누가 미성년후견인으로 되는지는 제931조 · 제932조에 규정되어 있다(자세한 사항은 [452] (2) 참조).

미성년자의 법정대리인은 미성년자가 법률행위를 하는 데 동의를 할 권리, 즉 동의권이 있고(5조 1항), 미성년자를 대리하여 재산상의 법률행위를 할 권한인 대리권이 있으며(920조 · 949조), 미성년자가 동의 없이 한 법률행위를 취소할 수 있는 권리가 있다(5조 2항 · 140조). 예를 들면 가옥 소유자인 미성년자 A가 B에게 그 가옥을 파는 계약을 체결하는 경우에 A의 부모가 그것에 동의하면, A가 체결한 계약은 유효하며 취소할 수 없게 된다. 그리고 이 예에서 A의 부모는 A를 대리하여 B와 직접 매매계약을 체결할 수도 있다. 그런가 하면 만약 A가 혼자서 매매계약을 체결한 경우에는, 부모가 그 계약을 취소할 수 있다(미성년자도 취소할 수 있음).

Ⅳ. 피성년후견인 [52]

(1) 피성년후견인은 질병·장애·노령(老齡. 나이가 많음)·그 밖의 사유로 인한 정신적 제약으로 사무를 처리할 능력이 지속적으로 결여된 사람으로서 일정한 자의 청구에 의하여 가정법원으로부터 성년후견개시의 심판을 받은 자이다(9조 1항). 성년후견개시의 심판을 청구할 수 있는 자는 본인·배우자·4촌 이내의 친족·미성년후견인·미성년후견감독인·한정후견인·한정후견감독인·특정후견인·특정후견감독인·검사 또는 지방자치단체의 장이다(9조 1항). 그리고 가정법원이 성년후견개시의 심판을 할 때에는 본인의 의사를 고려하여야 한다(9조 2항).

(2) 피성년후견인은 가정법원이 다르게 정하지 않는 한 원칙적으로 유효하게 법률행위를 할 수 없으며, 그의 법률행위는 원칙적으로 취소할 수 있다(10조 1항). 즉 법정대리인인 성년후견인의 동의를 얻지 않고 한 행위뿐만 아니라 동의를 얻고서 한 행위도 취소할 수 있다.

그런데 이 원칙에는 재산행위에 관하여 두 가지 예외가 있다. 하나는 가정법원이 취소할 수 없는 피성년후견인의 법률행위의 범위를 정한 경우이다(10조 2항). 이와 같이 취소할 수 없는 범위를 정한 경우에는, 그 범위에서는 피성년후견인의 법률행위라도 취소할 수 없다. 다른 하나는 일용품의 구입 등 일상생활에서 필요하고 그 대가가 과도하지 않은 법률행위는 취소할 수 없다(10조 4항). 이러한 거래는 신중한 고려가 요구되지 않고 또 피성년후견인에게 크게 불이익이 생기지도 않으므로, 피성년후견인의 거래의 자유와 일반 거래의 안전을 보호하기 위하여 취소할 수 없도록 한 것이다.

그리고 피성년후견인은 약혼(802조)·혼인(808조 2항) 등의 친족법상의 행위는 성년후견인의 동의를 얻어서 스스로 할 수 있으며, 17세가 되었으면 의사능력이 회복된 때에 단독으로 유언을 할 수 있다(1061조-1063조).

(3) 피성년후견인에게는 보호자로 성년후견인을 두어야 한다(929조). 성

년후견인은 성년후견개시의 심판을 할 때에는 가정법원이 직권으로 선임한다(936조 1항). 이러한 성년후견인은 피성년후견인의 법정대리인이 된다(938조 1항). 성년후견인은 원칙적으로 동의권은 없고(10조 1항 참조), 대리권만 가진다(949조). 그러나 예외적으로 일정한 친족법상의 행위에 관하여는 동의권도 가진다. 그 외에 취소권도 있다(10조 1항 · 140조).

(4) 성년후견개시의 원인이 소멸된 경우에는, 가정법원은 본인 · 배우자 · 4촌 이내의 친족 · 성년후견인 · 성년후견감독인 · 검사 또는 지방자치단체의 장의 청구에 의하여 성년후견종료의 심판을 한다(11조). 성년후견종료의 심판이 있으면 피성년후견인은 행위능력을 회복한다. 그 시기는 심판이 내려진 때부터 장래에 향하여서이고 과거에 소급하지 않는다.

Ⅴ. 피한정후견인 [53]

(1) 피한정후견인은 질병 · 장애 · 노령 · 그 밖의 사유로 인한 정신적 제약으로 사무를 처리할 능력이 부족한 사람으로서 일정한 자의 청구에 의하여 가정법원으로부터 한정후견개시의 심판을 받은 자이다(12조 1항). 한정후견개시 심판의 청구권자는 본인 · 배우자 · 4촌 이내의 친족 · 미성년후견인 · 미성년후견감독인 · 성년후견인 · 성년후견감독인 · 특정후견인 · 특정후견감독인 · 검사 또는 지방자치단체의 장이다(12조 1항). 가정법원이 한정후견개시의 심판을 할 때에도 본인의 의사를 고려하여야 한다(12조 2항 · 9조 2항).

[반대해석(反對解釋) · 유추해석(類推解釋)과 준용(準用)]

법을 해석하는 기술(技術)에 여러 가지가 있다. 그 가운데 「반대해석」은 규정되지 않은 사항에 대하여 규정된 것과 반대의 결과를 인정하는 해석이다. 가령 제184조 제1항은 「소멸시효의 이익은 미리 포기하지 못한다」라고 규정하고 있는데, 그것을 반대해석하면 「시효이익은 소멸시효가 완성된 후에는 포기할 수 있다」고 해석된다. 그리고 「유추해석」은 규정이 없는 유사한 사항에 대하여 규정된 것과 같은 결과를 인정하는 해석이다. 법인 아닌 사단에 법인에 관한 규정의 결과를 인정하는 것이 그 예이다.

「유추」와 비슷한 법률용어로 「준용」이 있다. 준용은 입법을 할 때 쓰는 기술적인 방법의 하나로서, 법규를 제정할 때 법규를 간결하게 할 목적으로 다른 유사한 법규를 유추적용하도록 규정하는 것이다. 예를 들어본다. 민법 제12조 제 2 항은 「한정후견개시의 경우에 제 9 조 제 2 항을 준용한다」고 규정한다(복잡한 규정을 간결하게 한 예로 제959조의 3 · 제959조의 5도 참조). 이러한 방법으로 입법을 함으로써 피한정후견인에 관하여 복잡하게 규정을 두지 않고도 같은 결과를 달성하게 되는 것이다. 그리고 이 제12조 제 2 항의 준용규정이 있어서 가정법원이 한정후견개시의 심판을 할 때에도 본인의 의사를 고려하여야 한다.

「유추」와 「준용」이 이같이 서로 다른데, 책들에서는 두 용어를 섞어 쓰는 일이 많다. 특히 「유추적용하여야 한다」고 표현하여야 할 곳에 「준용하여야 한다」고 하는 일이 자주 있다. 그러한 경우에는 반드시 용어를 바꾸어야 할 필요는 없지만 그 의미는 정확히 알고 있어야 한다.

(2) 피한정후견인은 원칙적으로 유효하게 법률행위를 할 수 있다. 즉 피한정후견인은 원칙적으로 행위능력을 가진다. 다만, 가정법원이 피한정후견인으로 하여금 한정후견인의 동의를 받아야 할 행위의 범위를 정할 수 있으며(13조 1항. 이것을 동의권의 유보 또는 동의유보라고 함), 그 경우에 한정후견인의 동의가 필요한 법률행위를 피한정후견인이 한정후견인의 동의 없이 하였을 때에는 그 법률행위는 취소할 수 있다(13조 4항 본문). 한편 일용품의 구입 등 일상생활에 필요하고 그 대가가 과도하지 않은 법률행위는 취소할 수 없다(13조 4항 단서).

(3) 피한정후견인에게는 보호자로 한정후견인을 두어야 한다(959조의 2). 한정후견인은 한정후견개시의 심판을 할 때에는 가정법원이 직권으로 선임한다(959조의 3 1항).

한정후견인이 당연히 피한정후견인의 법정대리인으로 되는 것은 아니다. 가정법원은 한정후견인에게 대리권을 수여하는 심판을 할 수 있고(959조의 4 1항), 그러한 심판이 있는 경우에만 — 그것도 가정법원이 법정대리권의 범위를 정한 때에는 그 범위에서 — 법정대리권을 가진다(959조의 4 2항 · 938조 4항).

한정후견인은 원칙적으로 법률행위의 동의권 · 취소권이 없다. 그러나 동의가 유보된 경우에는 동의권과 취소권을 가진다. 그리고 대리권도 원칙적으로 없으며, 대리권을 수여하는 심판이 있는 경우에만 대리권을 가진다.

(4) 한정후견개시의 원인이 소멸된 경우에는, 가정법원은 본인·배우자·4촌 이내의 친족·한정후견인·한정후견감독인·검사 또는 지방자치단체의 장의 청구에 의하여 한정후견종료의 심판을 한다(14조). 한정후견종료의 심판이 있으면 피한정후견인은 행위능력을 제한받고 있었더라도 행위능력을 회복한다. 그 시기는 심판이 내려진 때부터 장래에 향해서이다.

Ⅵ. 피특정후견인 [53-1]

(1) 피특정후견인은 질병·장애·노령·그 밖의 사유로 인한 정신적 제약으로 일시적 후원 또는 특정한 사무에 관한 후원이 필요한 사람으로서 일정한 자의 청구에 의하여 가정법원으로부터 특정후견의 심판을 받은 자이다(14조의 2 1항). 특정후견 심판의 청구권자는 본인·배우자·4촌 이내의 친족·미성년후견인·미성년후견감독인·검사 또는 지방자치단체의 장이다(14조의 2 1항). 피특정후견인은 1회적·특정적으로 보호를 받는 점에서 지속적·포괄적으로 보호를 받는 피성년후견인·피한정후견인과 차이가 있다. 이 특정후견제도는 과거에는 없던 새로운 것이다.

특정후견은 본인의 의사에 반하여 할 수 없다(14조의 2 2항). 그리고 가정법원이 특정후견의 심판을 하는 경우에는 특정후견의 기간 또는 사무의 범위를 정하여야 한다(14조의 2 3항).

(2) 특정후견의 심판이 있어도 피특정후견인은 행위능력에 전혀 영향을 받지 않는다. 그리고 특정한 법률행위를 위하여 특정후견인이 선임되고(특정후견인의 선임은 필수적이 아님. 959조의 9 1항 참조) 법정대리권이 부여된 경우에도 그 법률행위에 관하여 피특정후견인의 행위능력은 제한되지 않는다. 따라서 그러한 행위를 특정후견인의 동의 없이 직접 할 수도 있다.

Ⅶ. 제한능력자의 상대방의 보호 [54]

1. 서 설

제한능력자의 법률행위는 취소할 수 있고(예외 있음), 또 그 취소권은 제한능력자 쪽만 가지고 있다. 따라서 제한능력자와 거래한 상대방은 전적으로 제한능력자 쪽의 의사에 좌우되는 불안정한 상태에 놓이게 된다. 여기서 민법은 제한능력자의 보호로 인하여 희생되는 상대방을 위하여 다음과 같은 몇 가지 제도를 두고 있다.

2. 상대방의 확답촉구권(구 최고권) [55]

제한능력자의 상대방은 제한능력자 쪽에 대하여 취소할 수 있는 행위를 추인(追認. 취소권의 포기)할 것인지의 여부에 관하여 확답하라고 촉구할 수 있다(15조). 이는 과거에 최고(催告)라고 하던 것을 쉬운 용어인 확답촉구로 개정한 것이다.

이러한 확답촉구는 의사를 표명하는 점에서 의사표시와 비슷하나, 그에 대한 효과가 촉구자의 의사와는 관계없이 법률에 의하여 주어진다는 점에서 의사표시와 다르며, 그 성질은 준법률행위의 하나인 의사의 통지에 해당한다.

제한능력자의 상대방이 확답촉구권을 행사하려면, 취소할 수 있는 행위를 지적하고, 1개월 이상의 유예기간을 정하여, 추인하겠는지 여부에 관하여 확답을 요구하여야 한다(15조 1항).

상대방의 확답촉구를 받은 자가 유예기간 내에 추인 또는 취소의 확답을 하면 그에 따른 효과가 발생하여 법률행위는 취소할 수 없는 것으로 확정되거나(추인의 경우) 소급하여 무효로 된다(취소의 경우). 그러나 이것은 추인 또는 취소라는 의사표시(법률행위)의 효과이며 확답촉구의 효과는 아니다. 확답촉구의 효과는 유예기간 내에 확답이 없는 경우에 발생한다. 민법이 정하고 있는 확답촉구의 효과는 다음과 같다. ① 제한능력자가 능력자로 된 후에 확답촉구를 받고 유예기간 내에 확답을 발송하지 않으면 그 행위를 추인한 것으로 본다(15조 1항). ② 제한능력자가 아직 능력자로 되지 못하여 그 법정대리인이 확답촉구를 받은 경우는 둘로 나누어진다. 먼저 법정대리인이 특별한 절차를 밟지 않고 단독으로 추인할 수 있는 경우에 확답이 없으면 추인한 것으로 보고(15조 2항), 법정대리인이 특별한 절차를 밟아야 하는 경우에 확답이 없으면 취소한 것으로 본다(15조 3항). 여기서 특별한 절차가 필요한 행위라는 것은 법정대리인인 후견인이 미성년자나 피한정후견인의 중요한 법률행위(950조 1항에 열거된 행위. [454] 3) 참조)에 관하여 추인하는 경우이다. 이때에는 후견감독인이 있으면 그의 동의를 받아야 한다(950조 1항 · 959조의 6). 예를 들어 미성년자 A가 단독으로 그의 가옥을 B에게 판 경우에(950조 1항 4호 참조), B가 A의 미성년후견인인 C에게 매매계약을 추인하겠는지 확답하라고 하였다고 하자. 이때 C가 매매계약을 추인하려면 후견감독인이 있으면 그의 동의를 받아서 하여야 하며, 만약 그러한 절차를 밟아 확답을 발송하지 않으면 A · B 사이의 계약은 취소된 것으로 의제(간주)된다.

3. 상대방의 철회권(撤回權) · 거절권(拒絕權)

이들 권리는 상대방 자신이 법률행위의 효력발생을 원하지 않는 경우에 유용하게 행사할 수 있는 것이다. 그 가운데 철회권은 계약에 관한 것이고, 거절권은 단독행위에 관한 것이다.

(1) 철회권

상대방이 제한능력자와 계약을 체결한 경우에, 상대방은 제한능력자 쪽에서 추인을 할 때까지는 그의 의사표시를 철회할 수 있다(16조 1항 본문). 가령 미성년자 A로부터 가옥을 매수한 B는 A 쪽에서 추인을 하기 전에는 그의 의사표시를 철회하여 계약을 무효로 만들 수 있다. 그러나 계약 당시에 A가 미성년자라는 사실을 B가 알았을 때에는 철회할 수 없다(16조 1항 단서).

(2) 거절권

제한능력자가 단독행위를 한 경우에는, 상대방은 제한능력자 쪽에서 추인을 할 때까지는 이를 거절할 수 있다(16조 2항). 예를 들면 갑이 피한정후견인 을에 대하여 금전채권을 가지고 있고 또 채무를 부담하고 있는데, 을이 갑에게 자신의 채권과 갑의 채권을 상계(대등액에서 소멸시키는 단독행위. 492조 참조)한 경우에는, 갑은 을의 상계를 거절할 수 있으며, 갑의 거절이 있으면 상계는 무효로 된다.

4. 제한능력자의 취소권의 배제 [56]

제한능력자가 속임수를 써서 자기를 능력자로 믿게 하였거나 미성년자나 피한정후견인이 속임수를 써서 법정대리인의 동의가 있는 것으로 믿게 한 경우에는, 제한능력자 쪽의 취소권은 박탈된다(17조). 예를 들면 18세의 자가 자신이 21세인 것처럼 가족관계증명서(또는 기본증명서)를 위조하거나 또는 피한정후견인이 한정후견인의 동의서를 위조한 뒤 그것을 제시하여 매매계약을 체결하였다면, 그 미성년자나 피한정후견인(및 그의 법정대리인)은 매매계약을 취소하지 못한다. 따라서 그 계약은 완전히 유효하게 된다.

제 4 관 법률행위의 목적

Ⅰ. 서 설 [57]

법률행위의 목적이란 법률행위의 당사자가 법률행위에 의하여 달성하려고 하는 법률효과이며, 법률행위의 내용이라고도 한다. 예를 들면 A가 B에게 Y시계를 10만원에 팔기로 하는 매매계약(채권행위)을 체결한 경우에, 매매계약(법률행위)의 목적은 B가 A에 대하여 가지는 Y시계의 소유권이전청구권의 발생과 A가 B에 대하여 가지는 10만원의 대금지급청구권의 발생이다. 그리고 A가 B와 Y시계의 소유권이전의 합의(물권행위)를 한 경우에는, A로부터 B로의 소유권이전이 그 행위의 목적이다. 이러한 법률행위의 목적 내지 내용은 법률행위의 요소가 되는 의사표시(하나, 또는 둘 이상의 의사표시의 일치)에 의하여 정하여진다.

법률행위의 목적은 법률행위의 목적물(객체)과는 구별하여야 한다. 전자는 법률행위에 의하여 달성하려고 하는 법률효과 그 자체인 데 비하여, 후자는 그 법률효과의 대상을 가리킨다. 앞의 예에서 Y시계가 곧 법률행위의 목적물이다.

법률행위가 유효하려면 법률행위의 목적이 다음의 네 가지 요건을 갖추어야 한다.

Ⅱ. 목적의 확정성(確定性) [58]

법률행위의 목적은 확정되어 있거나 확정될 수 있어야 한다. 목적이 확정되어 있지도 않고 또 확정할 수도 없는 법률행위는 무효이다. 그러한 법률행위는 국가가 그 실현을 도와줄 수가 없기 때문이다. 예를 들면 A와 B 사이에 A가 B에게 토지를 사준다는 내용의 계약을 체결한 경우에, 어디에 있는 어떤 가치의 토지를 사준다는 의미인지 확정할 수 없으면, 그 계약은 설사 계약서가 작성되어 있을지라도 효력이 생기지 않는다.

앞에서 설명한 바와 같이, 법률행위의 목적을 확정하는 작업이 법률행위의 해석이다([42] 참조).

Ⅲ. 목적의 실현가능성(實現可能性) [59]

1. 의 의

법률행위의 목적은 실현이 가능하여야 한다. 목적의 실현이 불가능(불능)한 법률행위는 무효이다. 그런데 법률행위를 무효로 만드는 것은 불능(不能) 전체가 아니고 — 후술하는 — 원시적 불능만이다.

법률행위의 목적이 실현될 수 있는지 여부, 즉 불능(불가능)인지 여부는 물리적으로 판단하는 것이 아니고, 사회통념에 의하여 결정된다. 그 결과 물리적으로는 실현될 수 있어도 사회통념상 실현될 수 없는 것은 불능에 해당한다. 예를 들면 태평양 바다에 빠뜨린 보석 1개를 찾아주기로 하는 계약이 그렇다. 그리고 불능은 확정적이어야 하며, 일시적으로는 불능이더라도 가능하게 될 가능성이 있는 것은 불능이 아니다.

2. 불능의 분류

불능은 여러 가지 표준에 의하여 종류를 나눌 수 있으나, 여기서는 두 가지의 분류만 보기로 한다.

(1) 원시적 불능(原始的 不能)·후발적 불능(後發的 不能)

이는 어느 시점에서 발생한 불능인가에 따른 구별로서 매우 중요한 분류이다.

원시적 불능은 법률행위의 성립 당시에 이미 불능인 것이고, 후발적 불능은 법률행위의 성립 당시에는 불능이 아니었으나 그 이후에 불능으로 된 것이다. 예를 들면 가옥의 매매계약에 있어서 매매계약 체결 전날에 가옥이 불타버린 경우는 원시적 불능이고, 계약이 체결된 후 이행이 있기 전에 가옥이 불탄 경우는 후발적 불능이다. 앞에서 언급한 바와 같이, 이들 가운데 법률행위를 무효로 만드는 것은 원시적 불능에 한정된다.

(2) 전부불능(全部不能)·일부불능(一部不能)

이는 어떤 범위에서 불능이 발생하였는가에 따른 구별이다.

전부불능은 법률행위의 목적의 전부가 불능인 경우이고, 일부불능은 일부분만이 불능인 경우이다. 예를 들어 A가 특정한 비단 100필을 B에게 팔기로 매매계약을 체결하였는데, 그 전부가 불타버린 것은 전부불능이고, 그 중 10필이 불타버렸으면 일부불능이다.

원시적 불능이 전부불능인 때에는 법률행위는 전부가 무효이다(535조가 이를 전제로 함). 그런데 원시적 일부불능인 때에는 어떻게 되는가? 그때 불능인 부분은 당연히 무효이다. 문제는 불능이 아닌 부분도 무효로 되는가이다. 거기에는 제137조가 정하는 일부무효의 법리가 적용된다. 그리하여 원칙적으로 법률행위의 전부가 무효로 되나, 그 무효부분이 없더라도 법률행위를 하였으리라고 인정될 때에는 나머지 부분만은 유효하다. 위의 비단매매의 예에서는, 만약 B가 비단이 꼭 100필이 있어야 하고 90필만 있는 것은 필요하지 않다면 매매가 전부 무효로 될 것이나, 비단을 구하기 어려워 90필이라도 구하려고 하는 경우라면 나머지 90필의 부분에서는 유효하게 된다.

▣ 제137조[법률행위의 일부무효] 법률행위의 일부분이 무효인 때에는 그 전부를 무효로 한다. 그러나 그 무효부분이 없더라도 법률행위를 하였을 것이라고 인정될 때에는 나머지 부분은 무효가 되지 아니한다.

Ⅳ. 목적의 적법성(適法性) [60]

1. 서 설

법률행위가 유효하려면 그 목적이 적법하여야 한다. 다시 말하면 목적이 강행법규(그 가운데 효력규정)에 어긋나지 않아야 한다. 만약 이에 위반하는 경우에는 법률행위는 무효이다(105조 참조).

2. 강행법규

법률규정은 사법상의 법률효과에 의하여 강행법규(강행규정)와 임의법규(임의규정)로 나누어진다. 이 가운데 강행법규는 당사자의 의사에 의하여 배제 또는 변경될 수 없는 규정이고, 임의법규는 당사자의 의사에 의하여 배제 또는 변경될 수 있는 규정이다. 민법에서는 강행법규는 「법령 중의 선량한 풍속 기타 사회질서에 관계있는 규정」으로, 임의법규는 「법령 중의 선량한 풍속 기타 사회질서에 관계없는 규정」으로 표현되어 있다(105조 · 106조 참조).

▣ 제105조[임의규정] 법률행위의 당사자가 법령 중의 선량한 풍속 기타 사회질서에 관계없는 규정과 다른 의사를 표시한 때에는 그 의사에 의한다.

법률 자체에서 어떤 규정이 강행규정이라고 명시적으로 규정하는 경우도 있다. 그러나 보통은 그렇지 않다. 그때에는 해석에 의하여 강행법규인지 여부를 결정하여야 한다. 그런데 강행법규인지를 결정하는 일반적인 원칙은 없으며, 구체적인 규정에 대하여 그 규정의 종류 · 성질 · 입법목적 등을 고

[법률규정의 분류]

- 법률규정
  - 강행법규
    - 단속규정
    - 효력규정 — 위반시 법률행위가 무효로 됨
  - 임의법규

려하여 판정하는 수밖에 없다. 일반적으로 말하면 민법전 중 물권편·친족편·상속편의 규정들은 대부분 강행규정이나, 채권편 특히 계약법의 규정에는 임의규정이 많다.

강행법규에는 효력규정과 단속규정(금지규정)이 있다. 그 중에 효력규정은 그에 위반하면 사법상(私法上)의 효과가 부정되는 것이고, 단속규정은 국가가 일정한 행위를 단속할 목적으로 그것을 금지하거나 제한하는 데 지나지 않기 때문에 그에 위반하여도 벌칙의 적용이 있을 뿐이고 행위 자체의 사법상의 효과에는 영향이 없는 것이다. 이 둘은 해당규정의 입법취지에 의하여 구별되어야 한다. 즉 법규의 입법취지가 단순히 일정한 행위를 하는 것을 금지하려는 것인지, 아니면 법규가 정하는 내용의 실현을 완전히 금지하려는 것인지에 따라, 전자에 해당하면 단속규정이라고 하고, 후자에 해당하면 효력규정이라고 하여야 한다. 예를 들어본다. 무허가 음식점의 영업행위 또는 음식물 판매행위(식품위생법 37조·94조 3호), 신고 없이 숙박업을 하는 행위(공중위생관리법 3조·20조) 등을 금지하는 규정은 행정법규 가운데 특히 경찰법규로서 단속규정이어서 그러한 행위는 무효가 아니다. 그리고 중간생략등기를 금지하는 규정(「부동산등기 특별조치법」 2조 2항)도 마찬가지이다. 그러나 광업권의 대차(광업법 8조·11조), 관할청의 허가 없이 행한 학교법인의 기본재산 처분(사립학교법 28조 1항)은 효력규정을 위반한 것으로서 무효이다.

3. 탈법행위(脫法行爲) [61]

법률행위가 강행법규 가운데 효력규정에 위반하는 모습에는 직접적 위반과 간접적 위반이 있다. 이 중에 후자의 경우를 탈법행위라고 한다. 탈법행위란 직접 효력규정(강행법규)에 위반하지는 않으나 강행법규가 금지하고 있는 것을 회피수단에 의하여 실질적으로 달성하고 있는 행위를 말한다. 예를 들면 금전의 대여자가 법령이 정한 최고 이자율의 제한을 회피하기 위하여 일부금액을 수수료로 받기로 한 경우에 그렇다(이자제한법 4조 참조). 이러한 탈법행위는 직접 강행법규에 위반하는 것은 아니지만 법규의 정신에 반하고 법규가 금지하고 있는 결과의 발생을 목적으로 하기 때문에 무효이다.

Ⅴ. 목적의 사회적 타당성(社會的 妥當性) [62]

1. 서 설

법률행위가 유효하려면 사회적 타당성이 있어야 한다. 민법은 이를 제103조에서 「선량한 풍속 기타 사회질서에 위반한 사항을 내용으로 하는 법률행위는 무효로 한다」라고 규정하고 있다. 그 결과 법률행위는 그것이 설사 개별적인 강행법규에 위반하지 않을지라도 경우에 따라서 사회적 타당성이 없다는 이유로 무효로 될 수 있다. 여기의 「선량한 풍속 기타 사회질서」는 강행법규와 더불어 사적 자치의 한계를 이루고 있다.

2. 사회질서(社會秩序)의 의의

제103조에서 「선량한 풍속」은 모든 국민에게 지킬 것이 요구되는 최소한도의 도덕률을 말한다. 그리고 「사회질서」는 국가·사회의 공공의 질서이다. 즉 사회질서는 질서유지를 위하여 국민이 지켜야 할 일반규범을 의미한다. 그 결과 선량한 풍속은 당연히 사회질서에 포함되게 된다. 제103조는 이러한 취지에서 선량한 풍속을 사회질서의 일종으로 규정하고 있는 것이다.

3. 사회질서 위반행위의 예 [63]

제103조는 제2조와 더불어 대표적인 일반조항이다. 이러한 일반조항의 구체적인 내용은 법원의 재판을 통하여 축적되어 간다. 아래에서는 종래의 판례에 나타난 사안을 중심으로 하여 사회질서 위반행위(이를 「불법한 행위」라고도 함)의 예를 몇 가지 들어보기로 한다(자세한 내용은 강의, A-125 이하 참조).

① 부동산의 매도인의 배임행위에 적극 가담하여 이루어진 토지의 2중매매(대판 1969. 11. 25, 66다1565 등).

이를 구체적으로 설명한다. 토지 소유자 A는 B에게 그의 토지를 5,000만원에 팔기로 하는 계약을 체결하였다. 그 후 C가 A에게 와서 그 토지를 자신에게 팔라고 하면서 그래도 아무런 문제가 없다고 하였다. 그리하여 A는 그 토지를 C에게 다시 팔고(2중매매) 등기까지 해 주었다. 이러한 경우에 A와 C 사이의 매매는 사회질서에 위반되어 무효이다.

② 처 있는 남자가 다른 여자와 첩관계를 유지하기로 하는 약정(대판 1967. 10. 6, 67다1134).

③ 윤락행위 및 그것을 유인・강요하는 행위(대판 2004. 9. 3, 2004다27488・27495).

④ 도박계약. 그러나 법률이 허용하는 각종의 복권은 반사회성이 없다.

⑤ 형사사건에서의 성공보수약정(대판(전원) 2015. 7. 23, 2015다200111).

4. 동기의 불법

법률행위의 동기란 법률행위를 하게 된 이유이다. 이 동기는 법률행위의 내용을 이루지 않으며 법률행위 밖에 머물러 있다. 문제는 법률행위에 있어서 이러한 동기만이 사회질서에 반하는 경우에도 언제나 법률행위가 무효로 되는가이다. 예를 들어 살인을 하기 위하여 칼을 사거나 도박을 하기 위하여 금전을 빌리는 경우에는, 칼의 매매계약과 금전의 소비대차계약은 모두 그 자체가 사회질서에 반하지는 않으며, 그러한 계약을 맺게 된 동기만이 사회질서에 반한다. 그러한 때에도 그 계약들이 무효로 되는지가 문제되는 것이다.

여기에 관하여는 논란이 있으나(강의, A-123 참조), 그 법률행위의 상대방이 어떤 이유로든 행위자의 불법한 동기를 알고 있었던 경우에는 법률행위가 무효로 되고, 그 이외의 경우에는 유효하다고 하여야 한다. 판례도 유사한 입장에 있다(대판 1984. 12. 11, 84다카1402 등).

5. 사회질서 위반의 효과 [64]

법률행위가 사회질서에 반하는 경우에는, 그 법률행위는 무효이다(103조). 그런데 그 법률행위가 채권행위이고 그 행위에 기하여 이미 이행까지 된 때에는, 이행한 것의 반환을 청구할 수 있는가? 예를 들어본다. 배우자 있는 남자인 A는 B(여자)를 만나 불륜관계를 맺기로 하고 그 대가로 X토지를 증여하기로 하였다. 그 후 A는 X토지를 B 앞으로 소유권이전등기까지 해 주었다. 이 경우에 A·B 사이의 X토지 증여계약은 사회질서에 반하여 무효이다. 그리고 그 무효인 계약에 기하여 X토지의 소유권을 넘겨준 것이다. 이 때 B에게 이전된 소유권은 일종의 부당이득이다(741조 참조). 그런데 부당이득과 관련하여서는 특칙으로 불법원인급여에 관한 제746조가 두어져 있다. 그 결과 부당이득이 불법원인급여에 해당하면 그 규정에 의하여 반환청구가 금지된다. 그러므로 어떤 경우에 불법원인급여로 되는지가 관건이다. 일반적으로 판례는 사회질서 위반행위에 기하여 이행한 것은 불법원인급여라고 한다. 그러나 제746조의 「불법」은 사회질서 가운데 「선량한 풍속」을 위반한 경우만을 가리킨다고 해석하여야 한다. 위의 예에서 B의 소유권은 어떤 견해에 따르든 불법원인급여로 되어 반환청구를 할 수 없다(자세한 내용은 채각 [237] 참조).

6. 불공정한 법률행위(폭리행위)

민법은 제104조에서 어떤 자의 궁박(窮迫)·경솔·무경험을 이용하여 현저하게 공정을 잃은 법률행위를 무효라고 규정하고 있다. 이를 불공정한 법률행위 또는 폭리행위라고 한다. 예를 들면 아들의 긴급한 수술비를 마련하지 못한 자로부터 토지를 시가의 반도 안 되는 가격으로 매수한 경우가 그렇다. 불공정한 법률행위는 사회질서 위반행위의 일종이라고 보아야 한다.

제5관 흠 있는 의사표시

Ⅰ. 개 관 [65]

법률행위가 유효하려면 그것의 구성요소인 의사표시에 흠이 없어야 한다. 만약 의사표시에 흠이 있는 때에는 법률행위가 무효로 되거나 취소될 수 있다. 민법은 의사표시에 흠이 있는 경우 4가지를 제107조 내지 제110조에서 규정하고 있다.

Ⅱ. 진의(眞意) 아닌 의사표시 [66]

1. 의 의

진의 아닌 의사표시란 표시행위의 의미가 표의자(表意者. 의사표시자)의 진의와 다르다는 것, 즉 의사와 표시의 불일치를 표의자 스스로 알면서 하는 의사표시를 말한다. 이는 비진의표시(非眞意表示)라고도 한다. 비진의표시는 표시와 다른 진의를 마음속(심리 : 心裡)에 남겨 두었다는 의미에서 심리유보(心裡留保)라고도 한다. 예를 들면 어떤 자가 그의 여자친구를 감탄시키기 위하여 마음에는 없으면서 그 식당에는 없을 줄 알고 값비싼 희귀요리를 주문한 경우, 회사 직원이 상사의 꾸지람을 듣고 그 상사를 당황하게 할 생각으로 실제로는 원하지 않으면서 사직원을 제출한 경우에 그렇다.

비진의표시는 의사와 표시의 불일치를 표의자가 의식하고 있다는 점에서 뒤에 설명하는 허위표시와 같다. 그러나 진의와 다른 표시를 표의자가 단독으로 하고 상대방이 있는 의사표시의 경우에도 그와 서로 짜고(통정 : 通情) 하는 일이 없는 점에서 허위표시와 다르다.

2. 효 과

비진의표시는 원칙적으로 표시된 대로 효력을 발생한다(107조 1항 본문). 민법은 거래의 안전과 표시를 신뢰한 상대방을 보호하기 위하여 이와 같이 규정하고 있다.

그러나 상대방이 표의자의 진의가 아님을 알았거나 알 수 있었을 경우에는, 비진의표시는 무효이다(107조 1항 단서). 여기서 「알 수 있었을 경우」라 함은 과실로 인하여 알지 못한 경우를 가리킨다.

비진의표시가 예외적으로 무효로 되는 경우에, 그 무효는 선의(善意)의 제3자에게 대항하지 못한다(107조 2항).

[선의 · 악의, 제3자, '대항하지 못한다'의 의미]

법률에서 일반적으로 선의(善意) · 악의(惡意)라고 하면 그것들은 각각 어떤 사정을 알지 못하는 것 · 어떤 사정을 알고 있는 것을 가리키며, 타인을 해칠 의도의 유무와는 전혀 무관하다. 따라서 타인을 해칠 의도를 가지고 있는 사람이라도 문제되는 사정을 모르고 있으면 선의의 자로 된다.

다음에, 일반적으로 제3자라고 하면 당사자와 그의 포괄승계인(예 : 상속인 · 합병회사. [26] 참조) 이외의 자 모두를 가리킨다. 그런데 그 범위가 더 제한되는 경우가 많다. 제107조 제2항, 제108조 제2항, 제109조 제2항, 제548조 제1항 단서의 제3자가 그 예이다.

한편 일반적으로 「대항하지 못한다」라고 하면 법률행위의 당사자가 제3자에 대하여 법률행위의 효력(유효 · 무효)을 주장하지 못하지만, 제3자가 그 효력을 인정하는 것은 무방하다는 것을 의미한다.

여기의 「선의」는 의사표시가 비진의표시임을 알지 못하는 것이다. 그리고 「제3자」는 비진의표시의 당사자와 그의 포괄승계인 이외의 자 가운데에서 비진의표시를 기초로 하여 새로운 이해관계를 맺은 자만을 의미한다(그 구체적인 예는 허위표시에 관한 [68]을 참조). 이는 일반적인 제3자 중에 범위를 더 제한한 것이다. 또 여기서 「대항하지 못한다」는 것은 비진의표시가 무효인 경우에 그 당사자가 선의의 제3자에게 의사표시가 무효라고 주장하지는 못하지만, 선의의 제3자가 무효를 인정하는 것은 무방하다는 뜻이다. 제107조

제 2 항의 결과 비진의표시가 선의의 제 3 자에 대하여는 표시된 대로 효력이 생기게 된다. 다만, 선의의 제 3 자가 비진의표시의 무효를 인정(주장)하는 것은 상관없다. 그때에는 의사표시는 모든 자에 대하여 무효로 된다.

Ⅲ. 허위표시(虛僞表示) [67]

1. 의 의

허위표시는 상대방과 서로 짜고 하는(통정하여서 하는) 허위의 의사표시이다. 즉 표의자가 거짓의 의사표시를 하면서 그에 대하여 상대방과 합의를 하고 있는 경우이다. 예를 들면 C에 대하여 채무를 부담하고 있는 A가 채권자 C의 강제집행을 피하기 위하여 그의 누나 B와 상의하여 자신의 X토지를 B에게 판 것처럼 꾸미고 B 앞으로 소유권이전등기까지 해 둔 경우에, A·B 사이의 매매계약은 허위표시에 의한 것이다. 허위표시를 요소로 하는 법률행위(위의 예에서의 매매계약)를 가리켜 가장행위(假裝行爲)라고 한다(위의 예에서는 가장매매).

2. 허위표시와 구별하여야 하는 행위

(1) 그릇된 표시

의사표시의 자연적 해석에 있어서 당사자의 일치하는 이해와 다르게 표시된 것을 「그릇된 표시」(falsa demonstratio)라고 한다([44] 참조). 그러한 그릇된 표시의 경우에는 표시의 의미가 당사자의 일치하는 이해대로 확정되므로 의사와 표시는 일치한다. 따라서 그것은 허위표시가 아니다.

(2) 신탁행위(信託行爲)

어떤 경제적 목적을 달성하기 위하여 상대방에게 그 목적 달성에 필요한 정도를 넘는 권리를 이전하면서 상대방으로 하여금 그 이전받은 권리를 당사자가 달성하려고 하는 경제적 목적의 범위 안에서만 행사하게 하는 행위가 신탁행위이다. 예를 들어본다. 공장을 운영하고 있는 A는 B에게 생산자금으로 쓸 5,000만원을 빌려달라고 하였다. 그러자 B는 담보제공을 요구하였고, A가 담보로 제공할 물건으로는 생산원료밖에 없었다. 그리하여 A는 그 원료를 담보로 제공하겠다고 하였다. 이때 민법의 전형적인 담보제공방법을 이용하게 되면, A가 그 원료에 질권을 설정해 주어야 한다. 그런데 질권이 설정되려면 목적물(이 예에서는 원료)을 인도하여야 하기 때문에(330조 참조), 생산자금이 쓸모없게 된다. 그리하여 A는 B에게 채권담보를 위하여 그 원료의 「소유권」을 이전해 주었다. 이 경우에는 「채권담보」라는 경제적 목적을 달성하기 위하여 목적 달성에 필요한 정도(이는 질권으로 충분함)를 넘는 권리 즉 「소유권」을 이전하였다. 그러면서 그 소유권을 담보목적의 범위 안에서만 행사하도록 한다. 이러한 행위가 신탁행위이다(위의 예는 동산의 양도담보. [224]·[225] 참조).

신탁행위에 있어서는 비록 목적을 넘는 범위에서 권리를 이전하지만 권리를 이전하려는 진의가 있기 때문에 허위표시가 아니고, 따라서 유효하다.

(3) 허수아비행위

갑은 자신이 외부에 노출되는 것을 꺼려 을을 내세워 을로 하여금 병으로부터 토지를 매수하게 하였다. 이러한 경우에 배후조종자 갑에 의하여 표면에 내세워진 자 을을 허수아비라고 하고, 을이 병과 한 법률행위를 허수아비행위라고 한다. 허수아비행위는 원칙적으로 가장행위가 아니다. 왜냐하면 법률효과의 발생이 진정으로 의욕되었기 때문이다.

(4) 은닉행위(隱匿行爲)

A는 그의 토지를 B에게 증여하면서 세금을 줄일 목적으로 매매계약서를 작성하였다. C는 D와 매매계약을 체결하면서 역시 세금을 줄이기 위하여 매매대금을 실제보다 낮게 기재하였다. 이와 같이 법률행위를 함에 있어서 당사자가 가장된 외형행위에 의하여 진정으로 의욕한 다른 행위를 숨기는 경우가 있다. 그러한 경우에 숨겨진 행위를 은닉행위라고 한다. 은닉행위의 경우에 그것을 감추는 외형상의 행위는 가장행위(허위표시)이다. 그러나 은닉행위 자체는 가장행위가 아니다. 따라서 그것은 유효하다.

3. 효 과 [68]

허위표시는 무효이다(108조 1항). 그러나 이 무효는 선의의 제 3 자에게 대항하지 못한다(108조 2항). 이를 당사자 사이의 관계와 제 3 자에 대한 관계로 나누어 자세히 설명하기로 한다.

허위표시는 당사자 사이에서는 언제나 무효이다. 따라서 가령 A가 채권자의 강제집행을 피하기 위하여 B에게 자신의 X토지를 판 것처럼 매매계약서를 허위로 작성한 경우, A는 X토지의 소유권을 이전해 줄 필요가 없다. 그리고 이미 소유권이전등기를 하여 소유권을 이전해 주었으면 그것은 부당이득(741조 참조)이기 때문에 B는 A에게 반환하여야 한다(등기 말소).

허위표시(가장행위)는 원칙적으로 제 3 자에 대하여도 무효이다. 다만, 선의의 제 3 자에 대하여는 예외가 인정된다. 즉 허위표시가 무효임을 선의의 제 3 자에게 대항하지 못하는 것이다(108조 2항). 여기서 「선의」란 의사표시가 허위표시임을 알지 못하는 것이다. 그리고 「제 3 자」는 허위표시의 당사자와 그의 포괄승계인(예 : 상속인 · 합병회사) 이외의 자 가운데에서 허위표시 행위를 기초로 새로운 이해관계를 맺은 자이다. 선의의 제 3 자의 예를 들어본다. 위의 사례에서 B가 X토지가 자신의 이름으로 등기되어 있는 것을 기화로 이를 모르는 C에게 그 토지를 팔고 등기까지 넘겨준 경우에는, A는 C에게 A · B 사이의 매매가 가장매매로서 무효라고 주장하지 못한다. 그 결과 C는 X토지의 소유권을 취득하게 된다. 이때 A는 B에게 불법행위(750조) 등을 이유로 책임을 물을 수 있을 뿐이다. 그러나 C가 무효를 인정하는 것은 무방하다. 그때에 C는 X토지의 소유권을 취득하는 대신 B에게 그가 지급한 대금의 반환을 청구하게 될 것이다(부당이득).

Ⅳ. 착오(錯誤) [69]

1. 의 의

> [예 Ⅰ] A는 B의 X토지 주변에 새로 도로가 건설될 것이라는 뜬소문을 믿고 B로부터 X토지를 시세보다 비싸게 매수하였다.
> [예 Ⅱ] 갑은 그의 Y그림을 B에게 980만원에 팔려고 생각하였는데 편지로 청약을 하면서 잘못 써서 890만원에 판다고 하였다.

이 두 예 가운데 [예 Ⅰ]의 경우에는 A의 의사(X토지의 표시한 대금으로의 매수)와 표시된 내용은 일치한다. 즉 의사와 표시의 불일치가 없다. 그런데 [예 Ⅱ]의 경우에는 갑의 의사(980만원에 판다는 것)와 표시된 내용(890만원에 판다는 것)은 일치하지 않는다. 의사와 표시가 불일치하는 것이다. 그러나 두 경우 모두에서 표의자의 관념이 실제와 일치하지 않는다. [예 Ⅰ]에서는 표시된 내용에서는 아니지만 그런 표시를 한 이유(동기)에서 실제와 달랐고, [예 Ⅱ]에서는 표시된 내용에서 실제와 달랐다.

착오의 의의에는 두 가지가 있다. 위의 두 예를 모두 포괄하여 전체의 것을 가리키는 넓은 의미의 것이 있는가 하면, [예 Ⅱ]의 경우만을 가리키는 좁은 의미의 것도 있다. 이를 정리하면, 넓은 의미의 착오는 「표의자의 관념과 실제의 무의식적인 불일치」이고, 좁은 의미의 착오는 「의사(내심적 효과의사)와 표시(표시행위의 의미)의 무의식적인 불일치」이다. 좁은 의미의 착오는 법률행위의 내용에 착오가 있는 것이며, 그것은 전체의(넓은 의미의) 착오 가운데 이른바 동기의 착오를 제외한 나머지의 것이다.

2. 착오의 유형 [70]

착오는 하나의 의사표시가 형성되기 시작할 때부터 상대방에게 도달하기까지의 과정 가운데 어느 단계에서 발생하였는가에 의하여 유형을 나눌 수 있으며, 그 구체적인 모습은 다음의 표와 같다.

의사표시의 과정	의사의 형성	표시부호의 결정	표시부호의 표명	표시의 운반	상대방의 인식
발생하는 착오	동기의 착오	의미(내용)의 착오	표시행위의 착오	전달의 착오	상대방의 착오

동기의 착오는 의사를 형성하는 데 있어서의 착오이다. 위의 [예 Ⅰ]이 그에 해당한다.

의미의 착오는 의사를 표시하기 위한 부호를 결정하는 데 있어서의 착오이다. 이는 표의자가 표시부호의 의미를 잘못 생각한 경우이다. 예를 들면 X라는 이름의 개를 Y라고 생각하고 Y를 매도한다고 표시하는 경우가 그렇다.

표시행위의 착오는 표의자가 표시부호를 표명함에 있어서 착오가 있는 경우이다. 위의 [예 Ⅱ]가 그에 해당한다.

전달의 착오(표시기관의 착오)는 의사표시를 전달하는 자가 표의자의 의사와 다른 표시를 전달한 경우이다. 예를 들면 A가 사자(使者) B를 시켜 C에게 가서 쌀 100포대를 주문한다고 하라고 하였는데, B가 C에게 1,000포대를 주문한다고 말한 때가 그렇다.

상대방의 착오는 올바르게 표명되고 전달된 의사표시를 상대방이 잘못 이해한 경우이다. 그런데 제109조는 표의자 자신의 착오만을 문제삼기 때문에, 이 착오는 제109조의 적용대상이 아니다.

3. 착오가 고려되기 위한 요건 [71]

제109조 제 1 항에 의하면 착오가 고려되기 위해서는 ① 법률행위의 내용에 착오가 있어야 하고, ② 그 중요부분에 착오가 있어야 한다. 그리고 ③ 표의자에게 중대한 과실이 없어야 한다.

(1) 「법률행위의 내용」의 착오

위의 착오의 유형들 가운데 의미의 착오, 표시행위의 착오, 전달의 착오는 모두 법률행위의 내용의 착오에 해당한다.

그에 비하여 동기의 착오는 그렇지 않다. 동기는 법률행위의 내용(법률효과)이 아니기 때문이다. 따라서 동기의 착오는 비록 동기가 표시되어 상대방이 알고 있다고 할지라도 제109조에 의하여서는 고려되지 않는다고 하여야 한다. 다만, 동기의 착오를 상대방이 알고 신의칙에 반하여 악용한 경우에는, 상대방이 이행을 요구할 수 없다고 하여야 한다. 그것은 권리남용이라고 보아야 하기 때문이다. 그런데 판례는 동기를 의사표시의 내용으로 삼을 것을 상대방에게 표시하면 동기의 착오도 고려된다고 한다(강의, A-150 참조).

(2) 중요부분의 착오

착오가 고려되기 위하여서는 법률행위의 내용의 중요부분에 착오가 존재하여야 한다. 그러려면 먼저 착오가 주관적으로 현저하여야 한다. 즉 착오자가 착오가 없었다면 표시를 하지 않았을 것이라거나 그런 내용으로 하지 않았을 것이어야 한다. 또한 착오가 객관적으로도 현저하여야 한다. 그리하여 보통인도 착오자의 입장이었다면 그러한 의사표시를 하지 않았을 것이라고 인정되어야 한다.

(3) 표의자에게 중과실(重過失)이 없을 것

착오가 표의자의 중대한 과실로 인하여 발생한 때에는 다른 요건이 갖추어져 있어도 고려되지 못한다(109조 1항 단서). 여기서 중대한 과실(중과실)이란 표의자의 직업, 행위의 종류, 목적 등에 비추어 보통인이 베풀어야 할 주의를 현저하게 게을리하는 것을 말한다.

[과실(過失)의 종류] [72]

과실은 부주의(不注意)의 정도에 의하여 경과실(輕過失)과 중과실(重過失)로 나누어진다. 경과실은 다소라도 주의를 게을리한 경우이고, 중과실은 현저하게 주의를 게을리한 경우이다. 민사책임에서는 과실만 있으면 충분하므로, 일반적으로 민법에서 과실이라고 하면 경과실을 의미한다. 중과실을 요하는 경우에는 특별히 「중대한 과실」이라고 표현한다(예 : 109조 1항 단서).

과실은 다른 한편으로 어떠한 종류의 주의의무를 게을리했는가에 따라 추상적 과실과 구체적 과실로 나누어진다. 추상적 과실은 그 사람이 속하는 사회적 지위, 종사하는 직업 등에서 보통 일반적으로 요구되는 정도의 주의, 즉 구체적인 사람에 의한 개인의 능력 차이가 인정되지 않고 일반적으로 평균인에게 요구되는 주의를 게을리한 것이다. 이 경우의 주의를 「선량한 관리자의 주의」 또는 「선관주의」(善管注意)라고 한다(374조 참조). 그에 비하여 구체적인 과실은 행위자 자신의 주의능력을 기준으로 하여 그 주의를 게을리한 것이다(예 : 695조 · 922조 · 1022조). 따라서 구체적인 과실의 주의에서는 개인의 능력 차이가 인정된다. 그런데 민법상의 주의는 선관주의가 원칙이고, 그리하여 과실도 추상적 과실이 원칙이다. 민법은 구체적 과실의 경우에는 「자기 재산과 동일한 주의」 등의 특별한 표현을 쓰고 있다.

추상적 과실은 추상적 경과실과 추상적 중과실로 나누어진다. 이 가운데 추상적 경과실이 민법상의 원칙임은 물론이다. 따라서 선관주의를 다소라도 게을리하면 책임이 발생하게 된다. 이론상으로는 구체적 과실도 구체적 경과실과 구체적 중과실로 나눌 수 있으나, 구체적 중과실을 규정하는 명문규정은 없다. 따라서 구체적 과실은 언제나 경과실, 즉 구체적 경과실을 의미한다.

4. 고려되는 착오의 효과

착오가 고려되기 위한 요건이 모두 갖추어진 경우에는 착오자는 법률행위를 취소할 수 있다(109조 1항). 그리고 법률행위가 취소되면, 그 법률행위는 처음부터 무효였던 것으로 된다(141조 본문). 한편 착오에 의한 취소는 선의의 제 3 자에게 대항하지 못한다(109조 2항).

Ⅴ. 사기(詐欺) · 강박(强迫)에 의한 의사표시 [73]

1. 의 의

의사표시가 타인의 부당한 간섭으로 말미암아 방해된 상태에서 자유롭지 못하게 행하여지는 경우가 있다. 타인의 사기 또는 강박에 의하여 행하여진 의사표시가 그렇다.

사기에 의한 의사표시는 타인(상대방 외에 제 3 자도 포함)의 고의적인 기망행위로 인하여 착오에 빠져서 한 의사표시이다. 예를 들면 X토지를 소유하고 있는 A가 B로부터 그 토지 옆에 화장장이 설치될 것이라고 하는 거짓말을 듣고 그 말에 속아 X토지를 B에게 헐값으로 판 경우, 백화점측이 의복에 가격표시를 하면서 정상가격을 마치 50% 할인된 가격인 것처럼 표시하여 고객이 싸다고 믿고 의복을 산 경우(이른바 백화점의 변칙세일 사건. 대판 1993. 8. 13, 92다52665 등 참조)가 그에 해당한다.

강박에 의한 의사표시는 표의자가 타인(상대방 외에 제3자도 포함)의 강박행위(해악을 가하겠다고 위협하여 공포심을 일으키게 하는 행위)로 인하여 공포심에 사로잡혀서 한 의사표시이다. 갑이 을에게 자신에게 을의 Y토지를 팔지 않으면 가족을 해치겠다고 위협하여 을이 무서워서 Y토지를 갑에게 판 경우가 그 예이다.

2. 효 과

(1) 취소가능성

사기 또는 강박에 의한 의사표시는 취소할 수 있다(110조 1항). 다만, 민법은 상대방 있는 의사표시에 관하여 「제3자」가 사기나 강박을 행한 경우에 관하여는 취소를 제한하고 있다(110조 2항). 그 결과 의사표시가 상대방 있는 것인가 상대방 없는 것인가에 따라 취소할 수 있는 경우가 같지 않게 된다.

상대방 없는 의사표시에는 제110조 제2항이 적용되지 않고 제1항만 적용된다. 따라서 상대방 없는 의사표시는 누가 사기 또는 강박을 행하였는가, 그리고 누가 사기나 강박의 사실 등을 인식하였는가를 묻지 않고 취소할 수 있다.

상대방 있는 의사표시가 「상대방」의 사기나 강박에 의하여 행하여진 경우에는 — 제110조 제1항이 적용되므로 — 언제든지 취소할 수 있다. 그에 비하여 상대방 있는 의사표시가 「제3자」의 사기나 강박에 의하여 행하여진 경우에는 상대방이 그 사실을 알았거나 알 수 있었을 경우에 한하여 그 의사표시를 취소할 수 있다(110조 2항). 예를 들면 A가 C의 협박에 못이겨 B에게 자신의 토지를 판 경우에는, A는 상대방인 B가 C의 협박사실을 알았거나 알 수 있었을 때에만 매매계약을 취소할 수 있으며, 다른 때에는 취소하지 못한다.

(2) 취소의 효과

취소가 있으면 법률행위는 처음부터 무효였던 것으로 된다(141조). 그리고 그 취소는 선의의 제 3 자에게 대항하지 못한다(110조 3항). 예를 들면 A가 B에게 속아 그의 X토지를 B에게 헐값에 팔고 등기까지 해 주었고, 그 후 B가 그 토지를 다시 아무 사정도 모르는(선의의) C에게 팔고 등기까지 해 주었다고 하자. 이 경우에 A는 사기에 의한 의사표시임을 이유로 B와 맺은 계약을 취소할 수 있다. 그러나 A는 계약의 취소를 가지고 C에게 주장하지 못한다. 그 결과 C는 X토지의 소유권을 취득하게 된다. 이때 A는 B에게 불법행위를 이유로 손해배상을 청구하거나 부당이득을 이유로 지급한 대금의 반환을 청구할 수밖에 없다.

제 6 관 의사표시의 효력발생

Ⅰ. 서 설 [74]

의사표시 가운데 상대방 없는 의사표시(예 : 소유권의 포기)는 원칙적으로 표시행위가 완료되는 때에 효력을 발생하며, 특별한 문제가 없다. 그러나 상대방 있는 의사표시는 상대방에게 알리는 것을 목적으로 하기 때문에 상대방 없는 의사표시와 똑같이 다룰 수 없다. 아래에서 상대방 있는 의사표시의 특수한 문제들을 살펴본다.

Ⅱ. 의사표시의 효력발생시기(도달주의의 원칙) [75]

A가 B에게 편지로 청약(상대방 있는 의사표시임)을 하는 경우에 그 청약이 상대방에게 전달되는 과정을 보면, 먼저 A가 편지를 작성하고(표백 : 表白), 이어서 편지를 우체통에 투입하고(발신 : 發信), 편지가 B에게 배달된 뒤(도달 : 到

達), 끝으로 B가 이를 읽고 이해하게 된다(요지 : 了知). 이들 여러 단계 가운데 어느 때에 그 청약의 효력이 발생하는지가 문제된다. 여기에 관하여 민법은 의사표시가 상대방에게 도달한 때에 효력이 생긴다고 규정하고 있다(111조 1항). 이것이 도달주의의 원칙이다. 그러나 일정한 경우에는 예외적으로 발송된 때 효력이 생기는 것으로 정하고 있다(발신주의. 예 : 531조, 상법 363조).

도달주의의 원칙은 대화자 사이에 의사표시를 하는 때에도 적용된다. 다만, 대화자의 경우(멀리 떨어져 있는 자인 격지자라도 전화로 하는 경우는 대화자이다)에는 의사표시의 발송과 도달이 거의 동시에 이루어지기 때문에 문제가 생길 여지는 적다.

한편 의사표시가 도달하고 있는 한 의사표시를 발송한 후 사망하거나 제한능력자가 되어도 의사표시의 효력에는 아무런 영향을 미치지 않는다(111조 2항).

Ⅲ. 의사표시의 공시송달(公示送達) [76]

상대방 있는 의사표시에 있어서 상대방이 누구인지를 과실없이 알 수 없는 경우(예 : 상대방이 사망하였는데 그 상속인이 누구인지 알 수 없는 경우)나 상대방이 어디에 있는지(소재)를 알 수 없는 경우가 있다. 그러한 때에는 민사소송법의 공시송달의 규정에 의하여 송달할 수 있다(113조). 민사소송법(195조)과 민사소송규칙(54조)에 따르면 공시송달은 법원사무관 등이 송달할 서류를 보관하고, 그 사유를 법원 게시판에 게시하거나 관보·공보 또는 신문에 게재하거나 전자통신매체를 이용하여 공시(公示)하는 방법으로 한다.

Ⅳ. 의사표시의 수령능력 [77]

가령 의사표시의 상대방이 젖먹이 어린 아이일 경우 그에게 의사표시가 도달하였다고 하여 성인에게 의사표시를 한 경우와 똑같이 효력이 발생한다고 하여서는 안 될 것이다. 그리하여 민법은, 의사표시의 상대방이 의사표시를 받은 때에 제한능력자인 경우에는, 표의자가 그 의사표시로써 그 제한능력자에게 대항할 수 없도록 하고 있다(112조 본문). 그러나 상대방이 제한능력자이더라도 그의 법정대리인이 의사표시의 도달을 안 후에는 대항할 수 있다(112조 단서).

제 7 관 법률행위의 대리(代理)

Ⅰ. 서 설 [78]

1. 대리제도의 의의 및 사회적 작용

(1) 의 의

대리란 타인(대리인)이 본인의 이름으로 법률행위(의사표시)를 하거나 또는 의사표시를 받음(수령)으로써 그 법률효과가 직접 본인에게 생기는 제도이다. 예를 들어 A(본인)가 B(대리인)에게 A의 토지를 팔도록 한 경우에, 그에 기하여 B가 C와 그 토지의 매매계약을 체결하였다고 하자. 이 경우 매매계약은 B와 C가 체결하였지만 그 효과는 직접 A와 C 사이에 생기게 된다. 그리하여 A가 C에 대하여 토지의 소유권이전채무를 지고, C가 A에 대하여 대금지급채무를 지게 된다. 이처럼 대리의 경우에는, 보통의 법률행위에서와 달리, 법률행위의 효과가 행위자 이외의 자에게 발생하는 예외적인 모습을 보인다.

(2) 사회적 작용

예를 들어 디자이너 갑이 디자인한 핸드백이 세계인으로부터 인기를 얻어 주문이 폭주하고 있다고 할 때, 갑이 세계 각지에서 직접 핸드백의 주문을 받거나 판매할 수는 없다. 이러한 경우에 갑은 다른 사람을 대리인으로 정하여 주문을 받고 또 판매를 하게 할 수 있다. 그렇게 되면 갑의 활동범위(사적 자치의 범위)는 크게 늘어나게 된다. 이와 같이 대리는 사적 자치를 확장하는 기능이 있다. 이러한 대리의 기능은 임의대리([79] 3 (1) 참조)에서 특히 크게 작용한다.

젖먹이 어린 아이 을에게 그의 할아버지가 주식을 증여하려고 한다. 이 때 을은 스스로 계약을 체결할 수가 없다. 그러면 어떻게 하여야 하는가? 이러한 경우(제한능력자의 경우)에는 을의 부모가 을을 대리하여 증여계약을 체결하게 된다. 이때는 대리가 사적 자치를 보충하는 기능을 한다. 이 기능은 무엇보다도 법정대리([79] 3 (1) 참조)에서 크게 작용한다. 위의 예가 그에 해당한다.

2. 대리가 인정되는 범위 [79]

대리는 법률행위 즉 의사표시를 하거나(능동대리) 의사표시를 받는 것(수동대리)에 관하여만 인정되며, 사실행위(예 : 선점 · 습득 · 부부의 동거)나 불법행위(예 : 폭행 · 재산파괴)에는 인정되지 않는다. 그리고 법률행위라고 할지라도 혼인 · 협의이혼 · 유언 등과 같이 본인 스스로의 의사결정이 절대적으로 필요한 법률행위(대리에 친하지 않은 행위)에는 대리가 허용되지 않는다. 그러한 행위는 친족법상의 행위와 상속법상의 행위에 많다.

3. 대리의 종류

(1) 임의대리(任意代理) · 법정대리(法定代理)

대리권이 본인의 의사에 기초하여 주어지는 것이 임의대리이고, 대리권이 법률의 규정에 기초하여 주어지는 것이 법정대리이다. A가 B에게 집을 팔아달라고 하여 B가 A의 집을 타인에게 파는 경우는 임의대리의 예이고, 15세인 갑의 부모가 갑의 법정대리인으로서 갑의 주택을 파는 경우는 법정대리의 예이다.

(2) 능동대리(能動代理) · 수동대리(受動代理)

본인을 위하여 제3자에게 의사표시를 하는 대리가 능동대리(적극대리)이고, 본인을 위하여 제3자의 의사표시를 받는(수령하는) 대리가 수동대리(소극

대리)이다.

(3) 유권대리(有權代理)·무권대리(無權代理)

대리인으로서 행동하는 자에게 대리권이 있는 경우가 유권대리이고, 대리권이 없는 경우가 무권대리이다.

4. 대리에 있어서의 3면관계

대리관계는 본인-대리인 사이의 관계(대리권), 대리인-상대방 사이의 관계(대리행위), 상대방-본인 사이의 관계(법률효과)의 3가지로 이루어져 있다.

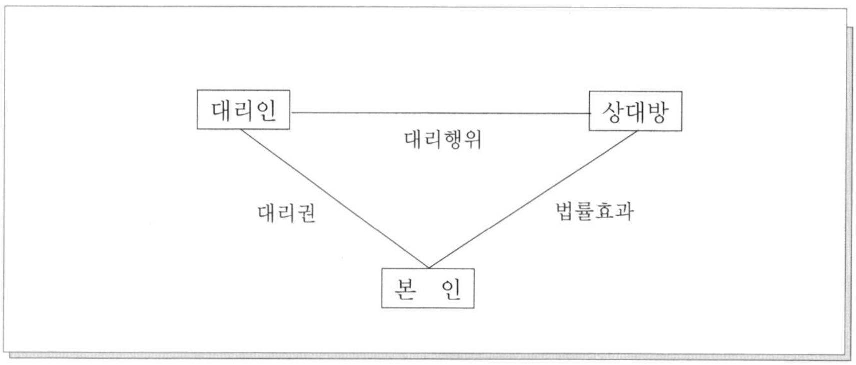

Ⅱ. 대리권 [80]

1. 대리권의 의의 및 성질

대리권을 가지고 있는 대리인이 법률행위를 하면 그 법률행위의 효과는 대리인이 아니고 직접 본인에게 생기게 된다. 여기서 대리권이 「타인(대리인)이 본인의 이름으로 의사표시를 하거나 의사표시를 받음으로써 직접 본인에게 법률효과를 발생시키는 법률상의 지위 또는 자격」임을 알 수 있다.

2. 대리권의 발생원인

(1) 법정대리권의 발생원인

법정대리가 성립하는 경우에는 세 가지가 있다. 본인에 대하여 일정한 지위를 가지는 자가 당연히 대리인이 되는 경우(예 : 미성년자의 친권자(911조)), 본인 이외의 일정한 지정권자의 지정으로 대리인이 되는 경우(예 : 지정후견인(931조)), 가정법원의 선임에 의하여 대리인이 되는 경우(예 : 부재자 재산관리인(22조 · 23조), 미성년후견인(932조), 성년후견인(936조), 한정후견인(959조의 4), 유언집행자(1096조))가 그것이다.

(2) 임의대리권의 발생원인(수권행위)

임의대리권은 본인이 대리인에게 대리권을 수여하는 행위 즉 대리권 수여행위에 의하여 발생한다. 대리권의 수여행위는 일반적으로 간단히 줄여서 수권행위(授權行爲)라고 한다.

대리권은 보통 위임계약을 하면서 수여된다. A가 B에게 그의 집을 팔아 달라고 위임하면서 매매에 관한 대리권을 수여하는 경우가 그렇다. 그러나 성질상 위임이면서도 대리권이 수여되지 않는 때도 있고(예 : 중개업 · 위탁매매업), 위임이 아니면서 대리권이 수여되는 때도 있다(예 : 고용계약). 이렇게 대리는 내부관계와 구별되기 때문에 수권행위도 위임과 같은 내부관계 발생행위와는 별개의 독립한 행위로 보아야 한다(수권행위의 독자성). 그러나 이는 관념상으로 그렇다는 것이며, 실제에 있어서는 수권행위와 내부관계 발생행위가 한꺼번에 행하여지는 것이 오히려 일반적이다.

수권행위는 계약이 아니고 상대방 있는 단독행위이다. 따라서 그것은 대리인측의 사정에 영향을 받지 않는다.

수권행위가 개념상 내부관계 발생행위와는 별개의 행위이나, 보통은 내부관계 발생행위가 있고 그에 기한 의무를 이행하게 하기 위하여 수권행위가 행하여진다. 이러한 경우에 내부관계 발생행위가 무효이거나 취소 기타의 이유로 효력을 잃으면 수권행위도 그 영향으로 효력을 잃게 된다고 하여야 한다(수권행위의 유인성. 민총 [186] 참조).

3. 대리권의 범위와 그 제한 [81]

(1) 법정대리권의 범위

법정대리권의 범위는 각종의 법정대리인에 관한 규정의 해석에 의하여 결정된다.

(2) 임의대리권의 범위

임의대리권의 범위는 수권행위에 의하여 결정된다. 그런데 대리권의 범위가 불명확한 경우에는 보존행위·이용행위·개량행위 등의 이른바 관리행위만 할 수 있고, 처분행위(권리를 이전·변경·소멸시키는 행위)는 하지 못한다(118조).

보존행위는 가옥의 수선, 미등기 부동산의 등기와 같이 재산의 현재 모습을 유지하는 행위인데, 권한이 불분명한 대리인이라도 이러한 보존행위는 무제한으로 할 수 있다(118조 1호). 이용행위는 물건을 임대하거나 금전을 이자부로 대여하는 것과 같이 재산의 수익을 꾀하는 행위이고, 개량행위는 무이자의 금전대여를 이자부로 하는 행위와 같이 사용가치 또는 교환가치를 증가하게 하는 행위이다. 이 두 행위는 대리의 목적인 물건이나 권리의 성질을 변하게 하지 않는 범위에서만 할 수 있다(118조 2호).

(3) 대리권의 제한

1) **자기계약(自己契約)·쌍방대리(雙方代理)의 금지 원칙** 가령 A가 그의 집을 팔 수 있는 대리권을 B에게 수여하자, B가 매수인이 되어 B 혼자 A·B 사이의 집의 매매계약을 체결하였다. 이러한 경우와 같이 대리인(B)이 한편으로는 본인(A)을 대리하고 다른 한편으로는 자기 자신(B)의 자격으로 혼자서 본인(A)·대리인(B) 사이의 계약을 맺는 것을 자기계약이라고 한다. 그리고 갑이 병에게 집을 팔 수 있는 대리권을 수여하였는데, 을이 집을 살 수 있는 대리권을 병에게 수여하였다. 그리하여 병 혼자서 갑과 을 사이의 집의 매매계약을 체결하였다. 이와 같이 대리인(병)이 혼자서 양 당

사자를 대리하는 것을 쌍방대리라고 한다.

자기계약의 경우에는 본인이 불이익하게 될 가능성이 크고, 쌍방대리의 경우에는 두 당사자 중 어느 하나가 불리하게 될 가능성이 있다. 그리하여 민법은 이들을 원칙적으로 금지하고 있다(124조 본문). 그러나 본인이 허락한 경우(124조 본문)와 채무의 이행(124조 단서)에 대하여는 이들이 허용된다.

2) **공동대리**(共同代理)　　공동대리란 대리인이 여럿 있는 경우에 그 대리인이 공동으로만 대리할 수 있는 것을 말한다. 따라서 공동대리를 하도록 되어 있는 경우에는, 그것도 각 대리인에게는 일종의 대리권의 제한이 된다.

복수의 대리인이 있는 경우에 공동대리인가 단독대리인가는 법률의 규정 또는 수권행위에 의하여 정하여지나, 그것들에 정하여진 것이 없으면 대리인 각자가 단독으로 본인을 대리한다(119조). 즉 단독대리가 원칙이다.

4. 대리권의 남용 [82]

예금계약을 체결할 수 있는 X은행의 직원 A는 고객 B로부터 1억원의 예금을 받았다. 그런데 A는 B의 예금을 오직 C의 사업자금으로 빌려주기 위한 목적으로 받았고, 그리하여 X은행에 입금하지 않고 C에게 빌려주었다. 그 후 C의 사업이 부도가 났다. B는 X은행에게 예금의 반환을 청구할 수 있는가?

이러한 경우에 대리인 A는 대리권의 범위 안에서 대리행위를 하였다. 무권대리가 아니고 유권대리인 것이다. 그렇다고 하여 그러한 경우 모두, 가령 B가 A의 의도를 알고 있었던 경우까지 본인인 X은행에게 B에 대하여 책임을 지라고 하는 것은 부적당하다. 이것이 「대리권의 남용」의 문제이다.

여기에 관하여 판례는, 대리인(A)의 배임적인 의사를 상대방(B)이 알았거나 알 수 있었을 때에는 제107조 제1항 단서의 유추해석상 그 대리인(A)의 행위는 본인(X)의 대리행위로 성립할 수 없고, 따라서 본인은 대리인의 행위에 대하여 아무런 책임도 없다고 한다(강의, A-200 참조).

Ⅲ. 대리행위 [83]

1. 현명주의(顯名主義)

대리행위의 법률효과가 본인에게 생기게 하려면, 대리인이 「본인을 위한 것임을 표시」하여서 의사표시를 하여야 한다(114조 1항). 여기서 「본인을 위한 것임을 표시」하여야 한다는 것은 본인을 밝혀서, 즉 본인의 이름으로 법률행위를 하라는 의미이지, 본인의 이익을 위하여서 행위하라는 것은 아니다. 이러한 것을 현명주의라고 한다. 현명은 보통 「A의 대리인 B」의 방식으로 하나, 반드시 그래야 하는 것은 아니다.

대리인이 현명을 하지 않고서 한 의사표시는 대리인 자신을 위하여 한 것으로 본다(115조 본문). 그러나 상대방이 대리인으로 한 것임을 알았거나 알 수 있었을 때에는, 그 의사표시는 유효한 대리행위가 된다(115조 단서). 예를 들어본다. A가 B에게 집을 살 수 있는 대리권을 수여하였고, B는 그 대리권에 기하여 C로부터 집을 매수하는 계약을 체결하였다. 그런데 B는 매매계약서에 매수인으로 A를 표시하지 않고 B 자신을 기재하였다. 이 경우에 만약 C가 B의 행위가 대리인으로서 한 것임을 알았거나 알 수 있었으면 매매계약은 유효한 대리행위가 되어 A에게 효과가 생기지만, 그렇지 않은 때에는 B에게 효과가 생기게 된다.

2. 타인의 명의(이름)를 사용하여 행한 법률행위 [84]

[예 Ⅰ] A는 H호텔에 투숙하면서 그가 마치 그의 친구 B인 것처럼 B의 이름으로 숙박계약서를 작성하였다. H호텔측에서는 A의 이름이 B인 줄 알았다.

[예 Ⅱ] 신용불량자인 갑은 을로부터 금전을 빌리면서 자신이 사회적으로 재력과 신용이 있는 것으로 잘 알려져 있는 병인 것처럼 병의 이름을 계약서에 썼다. 물론 을은 병의 얼굴을 몰랐기 때문에 갑이 병인 것으로 생각하였다.

위의 두 가지 예에서는 법률행위를 하는 자(A · 갑)가 ― 보통의 법률행위에서와 달리 ― 자신이 마치 타인(B · 병)인 것처럼 그 타인의 이름을 사용하여

행위를 하였다. 그러면서 — 대리행위에서와 달리 — 그 타인을 위하여 행위한다고 표시하지 않고 오히려 자신을 위하여 행위한다고 표시하였다. 따라서 그 행위들은 행위자가 자신의 이름을 사용하여 행위하는 보통의 법률행위와도 다르고, 타인을 위하여 행위한다고 표시하는 대리행위와도 다르다.

이와 같이 「타인의 이름을 사용하여 행한 법률행위」에서는 먼저 실제로 행위한 자(위의 예에서는 A · 갑)와 이름이 쓰여진 자 즉 명의인(위의 예에서는 B · 병) 가운데 누가 계약의 당사자인지를 확정하여야 한다. 그리고 그 결과 행위자가 당사자로 인정되면 명의인에게는 아무런 영향도 미치지 않게 된다. 그런데 명의인이 당사자로 인정되는 경우에는, 대리와 유사하므로 대리에 관한 규정이 적용되어야 한다. 만약 무단으로 타인의 이름을 사용했다면 대리규정 중 — 뒤에서 설명하는 — 무권대리 규정이 적용된다([90] 참조).

문제는 어떤 방법으로 당사자를 확정하는가이다. 과거에는 여기에 관하여 체계적인 이론이 없었다. 그런 상황에서 저자가 법률행위 해석이론을 응용하여 당사자를 결정하는 이론을 창안하였으며, 그 이론이 대법원에 의하여 판례로 채용되었다(대판 1995. 9. 29, 94다4912와 그 따름 판결들). 그 이론은 다음과 같다.

우선 행위자와 명의인 가운데 누구를 당사자로 하는지에 관하여 행위자와 상대방의 의사가 일치한 경우에는, 그 일치하는 의사대로 행위자의 행위 또는 명의인의 행위로서 확정되어야 한다(자연적 해석). 그런데 만약 그러한 일치하는 의사가 확정될 수 없는 경우에는, 규범적 해석을 하여야 한다. 즉 구체적인 경우의 제반사정 위에서 합리적인 인간으로서 상대방이 행위자의 표시를 어떻게 이해했어야 하는가에 의하여 당사자가 결정되어야 한다. 그리하여 상대방이 행위자를 당사자로 이해했어야 하는 때에는 행위자가 당사자가 되고, 명의인을 당사자로 이해했어야 하는 때에는 명의인이 당사자가 된다. 그리고 뒤의 경우에는 대리규정이 적용되는 것이다.

앞의 [예 Ⅰ], [예 Ⅱ]에서는 행위자(A · 갑)와 상대방(H · 을) 사이에 행위자(A · 갑)와 명의인(B · 병) 가운데 누구를 당사자로 할 것인가에 관하여 의사의 일치가 없다. 따라서 규범적 해석에 의하여 당사자가 결정되어야 한다.

그런데 [예 Ⅰ]에서 H호텔은 그가 합리적인 자라면 눈앞에 있는 자(A)와 계약을 체결하려고 하였어야 한다. 그에 비하여 [예 Ⅱ]에서는 을은 병을 당사자로 생각하는 것이 합리적이다. 그러므로 [예 Ⅰ]에서는 행위자인 A가 당사자로 되고, [예 Ⅱ]에서는 명의인인 병이 당사자로 된다. 그리고 명의인이 당사자로 되는 [예 Ⅱ]의 경우에는 대리에 관한 규정이 적용되는데, 이때는 병의 허락 없이 이름을 썼으므로 무권대리 규정이 적용된다.

3. 대리행위의 흠 [85]

대리에 있어서 법률행위의 행위당사자는 대리인이므로, 의사표시의 요건은 본인이 아니고 대리인을 표준으로 하여 판단하여야 한다. 민법도 「의사표시의 효력이 의사의 흠결, 사기, 강박 또는 어느 사정을 알았거나 과실로 알지 못한 것으로 인하여 영향을 받을 경우에 그 사실의 유무는 대리인을 표준하여 결정한다」고 규정하고 있다(116조 1항).

4. 대리인의 능력

대리인은 행위능력자일 필요가 없다(117조). 본래 법률행위를 하는 자는 행위능력을 가지고 있어야 하지만, 본인이 제한능력자를 대리인으로 정한 이상 그 불이익은 스스로 부담하는 것이 옳다는 취지에서 민법이 위와 같이 규정하고 있다. 그 결과 가령 18세인 A가 대리인으로서 대리행위를 한 경우에도 그 행위는 미성년자의 행위라는 이유로 취소할 수 없다.

Ⅳ. 대리의 효과 [86]

대리인이 대리권에 기하여 행한 법률행위의 효과는 직접 본인에게 발생한다(114조). 즉 법률효과가 일단 대리인에게 발생하였다가 본인에게 이전되는 것이 아니고, 처음부터 본인에게 생긴다. 그리고 계약의 해제권, 법률행위의 취소권도 본인에게 속한다.

V. 복대리(復代理) [87]

1. 복대리 및 복대리인의 의의

복대리란 복대리인에 의한 대리를 말한다. 그리고 복대리인은 대리인이 그의 권한 내의 행위를 하게 하기 위하여 대리인 자신의 이름으로 선임한 본인의 대리인이다. 가령 본인 A가 B에게 부동산 매각의 대리권을 수여한 경우에, 대리인 B가 A의 부동산 매각의 대리행위를 하게 하려고 B 자신의 이름으로(A의 이름이 아님) C를 선임하였다면, C가 복대리인이고, 그는 본인 A(대리인 B가 아님)의 대리인이 된다. 그리고 C가 행한 대리행위가 복대리인 것이다.

복대리에 있어서 복대리인을 선임할 수 있는 권리를 복임권(復任權)이라고 하고, 복대리인 선임행위를 복임행위(復任行爲)라고 한다.

2. 대리인의 복임권과 책임

대리인에게 복임권이 있는지, 그리고 그 책임이 어떠한지는 임의대리와 법정대리에 있어서 크게 차이가 있다. 임의대리인은 본인의 신임을 받는 자이고 그는 언제든지 사임할 수가 있기 때문에, 민법은 그에게는 예외적으로만 복임권을 인정한다. 그 대신 그로 인한 책임은 가볍게 하고 있다. 그에 비하여 법정대리인은 그 권한이 대단히 넓고 그 사임도 쉽지 않으며 본인의 신임을 받아서 대리인으로 된 자도 아니기 때문에, 민법은 그에게는 원칙적으로 복임권을 인정하고 있다. 그러면서 책임을 무겁게 지운다.

구체적으로 살펴보면, 임의대리인은 본인의 승낙이 있거나 부득이한 사유(예 : 본인의 소재불명으로 승낙을 얻을 수 없는 경우)가 있는 때에 한하여 복임권을 가진다(120조). 그리고 임의대리인이 복대리인을 선임한 때에는, 본인에 대하여 그 선임 · 감독에 관하여 책임을 진다(121조 1항). 그리고 대리인이 본인의 지명에 의하여 복대리인을 선임한 경우에는, 복대리인이 적임자가 아니거나 성실하지 않다는 것을 알고 본인에 대한 통지나 해임을 태만히 한 때에 한하여 책임을 진다(121조 2항).

법정대리인은 언제나 복임권이 있다(122조 본문). 그리고 그는 다른 한편으로 복대리인의 행위에 관하여 선임·감독에 과실이 있는지를 묻지 않고 모든 책임을 진다(122조 본문). 다만, 부득이한 사유로 복대리인을 선임한 경우에는 임의대리인과 마찬가지로 선임·감독에 관하여만 책임을 진다(122조 단서).

Ⅵ. 무권대리(無權代理) [88]

1. 서 설

[예 Ⅰ] A는 C로부터 C의 X토지의 매각에 관한 대리권을 수여받지 않았으면서 C의 대리인으로서 C의 X토지를 B에게 매각하였다.

[예 Ⅱ] 갑은 을에게 자신이 병에게 건물의 매수에 관한 대리권을 수여하였다고 말하였다. 그런데 실제로는 대리권을 수여하지 않았다. 그 후 병은 이를 모르는 을로부터 갑의 명의로 Y건물을 매수하였다.

위 두 예에서 A와 병은 대리권이 없이 대리행위를 하였다. 이처럼 대리권이 없이 행한 대리행위가 무권대리이다.

무권대리는 대리권이 없이 행하여진 것이기 때문에 그 행위의 법률효과가 본인에게 발생할 수 없다. 그런가 하면 그 행위는 대리인이 본인의 이름으로 한 것이므로 그 효과를 대리인에게 귀속시킬 수도 없다. 그리하여 무권대리의 경우에는 무권대리인(위 예에서는 A·병)과 상대방(위 예에서는 B·을) 사이에 불법행위 문제만 남는다. 그런데 이를 끝까지 관철한다면 대리라는 제도는 상대방에게는 매우 위험한 것이 되어 이용되지 않을 것이다. 여기서 민법은 본인의 이익을 부당하게 침해하지 않으면서 대리제도의 신용을 유지하기 위하여 무권대리를 다음과 같이 규율하고 있다. 즉 대리인이 무권대리를 한 데 대하여 본인에게도 책임이 있다고 생각되는 일정한 사정이 있는 경우에는 본인에게 책임을 지운다([예 Ⅱ]가 그런 경우이다). 그리고 무권대리행위를 당연히 무효라고 하지 않고서 본인에게 추인(유효한 것으로 확정짓는 단독행위)할 수 있도록 한 뒤, 그러한 추인이 없는 경우에 대리인에게 책임을 물을 수 있도록 한다. 앞의 것이 표현대리(表見代理. 여기의 「見」자는 볼 견이 아니고 나타날

현이다)이고, 뒤의 것이 좁은 의미의 무권대리이다. 따라서 무권대리에는 표현대리와 좁은 의미의 무권대리의 두 가지가 있게 된다.

2. 표현대리 [89]

(1) 의 의

표현대리제도는 대리인에게 대리권이 없음에도 불구하고 마치 그것이 있는 것과 같은 외관이 있고 또 그러한 외관의 발생에 대하여 본인이 어느 정도 책임이 있는 경우에, 그 무권대리행위에 대하여 본인에게 책임을 지게 하는 제도이다.

(2) 종 류

민법은 표현대리로서 ① 대리권 수여의 표시에 의한 표현대리(125조), ② 대리권한을 넘은 표현대리(126조), ③ 대리권 소멸 후의 표현대리(129조)의 세 가지를 규정하고 있다.

대리권 수여의 표시에 의한 표현대리(제125조의 표현대리)는 본인이 대리인에게 대리권을 수여하지 않았으면서 그에게 대리권을 수여하였다고 표시한 경우에 그 대리인에 의하여 행하여진 대리이다. 위의 [예 Ⅱ]가 그에 해당한다.

대리권한을 넘은 표현대리(제126조의 표현대리)는 대리권을 가지고 있는 대리인이 대리권을 넘어서 대리행위를 한 경우이다. 예를 들면 A가 B에게 자신의 X토지에 저당권을 설정하고 금전을 대출받아 오라는 대리권을 수여하였는데, B가 A의 X토지를 C에게 팔아버린 경우가 그렇다.

대리권 소멸 후의 표현대리(제129조의 표현대리)는 대리권을 가지고 있던 자가 대리권이 소멸한 후에 대리행위를 한 경우이다. 예를 들면 어음발행의 대리권이 있는 회사직원 C가 해고된 뒤에 거래처인 D에게 가서 어음을 발행한 경우가 그렇다.

(3) 효 과

표현대리에 있어서 그 각각에 대하여 규정하고 있는 요건(125조 · 126조 · 129조 참조)이 갖추어진 경우에는, 본인은 무권대리인의 대리행위에 대하여 책임이 있다. 즉 그 무권대리행위의 효과는 본인에게 귀속한다. 그리고 표현대리는 여전히 무권대리의 성질도 가지고 있으므로, 무권대리에 관한 규정이 거기에도 적용된다(130조 내지 134조. [90] 참조). 다만, 표현대리의 경우에는 본인에게 책임을 물을 수 있으므로, 무권대리인에게 책임을 물을 수 있게 하는 제135조는 적용되지 않는다고 하여야 한다.

3. 좁은 의미의 무권대리 [90]

(1) 의 의

무권대리 가운데 표현대리가 아닌 경우가 좁은 의미(협의)의 무권대리이다. 위의 [예 Ⅰ]이 그에 해당한다.

좁은 의미의 무권대리의 효과는 대리행위가 계약인가 단독행위인가에 따라 차이가 있다.

(2) 계약의 무권대리

1) 본인에 대한 효과 　좁은 의미의 무권대리는 본인에게 효력이 생기지 않는다. 그러나 무권대리행위라도 본인이 그 효과를 원할 수 있고 또 상대방에게는 그것대로 효력을 인정하는 것이 그의 기대에 부합하므로, 민법은 본인이 원하는 경우에는 그것을 추인하여 효과를 생길 수 있게 하고 있다(130조). 여기의 추인은 효력의 발생 여부가 확정되지 않은 행위에 관하여 그 행위의 효과를 자기에게 직접 발생하게 하는 단독행위이다. 추인이 있으면 무권대리행위는 처음부터(즉 소급하여) 유권대리행위였던 것과 같은 효과가 생긴다(133조 본문). 그러나 이 소급효는 제 3 자의 권리를 해치지 못한다(133조 단서). 가령 [예 Ⅰ]의 경우에 C는 X토지의 매매계약을 추인할 수 있다. 그렇게 되면 무권대리인 A가 체결한 매매계약은 처음부터 유권대리였던 것처럼 되고, 그 결과 매매계약의 효과도 C와 B에게 발생하게 된다.

그런데 본인이 추인을 원하지 않을 경우에는 내버려 두어도 무방하다. 그러나 그가 적극적으로 추인의 의사가 없음을 표시하여 무권대리행위를 무효로 확정지을 수도 있다. 이를 본인의 추인거절권이라고 한다(132조 참조).

2) **상대방에 대한 효과** 무권대리행위의 효력은 본인의 의사에 좌우되기 때문에 상대방의 지위는 매우 불안하게 된다. 여기서 민법은 상대방을 보호하기 위하여 상대방에게 최고권(催告權)과 철회권(撤回權)을 인정한다.

상대방은 상당한 기간을 정하여 본인에게 무권대리행위를 추인하겠는지 확답을 하라고 최고할 수 있다(131조 1문). 만약 본인이 그 기간 내에 확답을 발송하지 않으면 추인을 거절한 것으로 본다(131조 2문).

상대방은 계약 당시에 대리인에게 대리권이 없음을 알지 못한 경우 즉 선의인 경우에는, 본인의 추인이 있을 때까지 그 계약을 철회할 수 있다(134조). 철회가 있으면 계약이 무효로 된다.

3) **상대방에 대한 무권대리인의 책임** 무권대리가 표현대리로 되지도 않고 또 본인의 추인도 없으면 본인은 책임을 지지 않는다. 이때 무권대리인에게도 책임을 지우지 않으면 상대방은 손해를 입게 되고, 급기야 대리제도는 이용을 꺼리게 될 것이다. 여기서 민법은 상대방 및 거래의 안전을 보호하고 대리제도의 신용을 유지하기 위하여, 무권대리행위에 관하여 본인에게 책임을 지울 수도 없고 또 상대방이 철회하지도 않은 때에는 무권대리인에게 무거운 책임을 지우고 있다(135조). 즉 무권대리인이 대리권을 증명하지 못하고 또 본인의 추인을 받지 못한 경우에는, 무권대리인은 상대방의 선택에 따라 계약을 이행하거나 손해배상을 하여야 한다(135조 1항). 다만, 상대방이 대리권이 없다는 것을 알았거나 알 수 있었을 때 또는 무권대리인이 제한능력자일 때에는 책임을 지지 않는다(135조 2항). 그 결과 위의 [예 Ⅰ]에서 A가 자신의 대리권을 증명하지 못하고 본인 C의 추인도 없고 또 상대방 B의 철회도 없으면, A는 B가 원하는 대로 X토지의 소유권이전을 해 주든지 또는 손해배상을 하여야 한다. 그러나 B가 A에게 대리권이 없다는 것을 알았거나 과실로 알지 못한 때와 A가 제한능력자일 때에는, A는 책임을 지지 않는다.

(3) 단독행위의 무권대리

단독행위 가운데 상대방 없는 단독행위(예 : 소유권 포기)의 무권대리는 언제나 절대 무효이며, 본인의 추인이 있더라도 아무런 효력이 생기지 않고, 무권대리인의 책임도 생기지 않는다.

상대방 있는 단독행위(예 : 채무면제)의 무권대리는 원칙적으로 무효이다. 다만, 예외적으로 ① 능동대리(의사표시를 하는 대리)에 있어서는, 상대방이 대리권 없이 행위를 하는 데 동의하거나 또는 그 대리권을 다투지 않을 때에만 — 위에서 설명한 — 계약에서와 같은 효과를 인정한다(136조 1문). 그리고 ② 수동대리(의사표시를 받는 대리)에 있어서는, 상대방이 무권대리인의 동의를 얻어 행위를 한 때에만 계약에서와 같은 효과를 인정한다(136조 2문).

제8관 법률행위의 무효 및 취소

Ⅰ. 서 설 [91]

우리 민법에 있어서 명문규정 또는 해석상 법률행위가 무효인 때가 있는가 하면, 취소할 수 있는 것으로 규정되어 있는 때도 있다(강의, A-239 참조). 그리고 민법은 이러한 법률행위의 무효와 취소에 관하여 일반적 규정으로 제137조 내지 제146조를 두고 있다.

무효와 취소는 — 취소가 있을 경우 — 법률행위의 효과가 발생하지 않는다는 점에서 같다. 그러나 둘은 여러 가지 점에서 차이가 있다. 가장 근본적인 차이점은, 무효의 경우에는 누구의 주장을 기다리지 않고서 당연히 처음부터 효력이 없는 데 비하여, 취소의 경우에는 일단 유효하게 효력을 발생하였다가 특정인(취소권자)이 주장(취소)하는 때에 비로소 효력이 없는 것으로 된다는 데 있다.

무효와 취소가 이와 같이 차이가 있기는 하나, 어떤 경우에 법률행위를 무효로 하고 어떤 경우에 취소할 수 있는 것으로 할 것인가는 법률이 정하기 나름이다(이를 「입법정책의 문제」라고 함). 대체로는 법질서 전체의 이상에 비추어 도저히 허용할 수 없는 때에는 무효로 규정하고, 효력의 부정을 특정인에게 맡겨도 무방한 때에는 취소로 규정한다.

Ⅱ. 법률행위의 무효 [92]

1. 무효의 의의와 일반적 효과

(1) 무효의 의의

법률행위의 무효란 법률행위가 성립한 당시부터 법률상 당연히 그 효력이 발생하지 않는 것이 확정되어 있는 것을 말한다. 그러나 여기에는 예외도 있다(「무효의 종류」 참조).

법률행위의 무효는 법률행위의 불성립과 구별하여야 한다. 후자는 법률행위로서의 외형적인 존재가 인정되지 않는 것으로서 그 경우에는 유효·무효는 문제되지 않는다. 법률행위의 유효·무효는 법률행위가 성립한 후에 비로소 문제되는 것이다.

(2) 무효의 일반적 효과

법률행위가 무효이면, 법률행위에 의하여 의욕된 법률효과는 발생하지 않는다. 따라서 무효인 법률행위가 채권행위(예: 매매계약)인 때에는 채권은 발생하지 않고, 그리하여 이행할 필요가 없다. 그리고 물권행위(예: 저당권 설정의 합의)인 때에는 물권변동은 일어나지 않는다. 무효인 채권행위에 기하여 이미 이행이 된 때에는 급부한 것의 반환이 문제된다. 일반적으로는 급부한 것이 부당이득으로 되어 반환되어야 하나(741조 이하), 제한규정(742조·746조)이 적용되는 때도 있다.

2. 무효의 종류

(1) 절대적 무효·상대적 무효

절대적 무효는 누구에 대하여서나 또는 누구에 의하여서나 주장될 수 있는 무효이고, 상대적 무효는 특정인에 대하여서는 주장할 수 없는 무효(또는 특정인에 대하여서만 주장할 수 있는 무효)이다. 무효는 절대적 무효가 원칙이다(상

대적 무효의 예 : 107조 2항, 108조 2항).

(2) 당연무효 · 재판상 무효

당연무효는 법률행위를 무효로 하기 위하여 어떤 특별한 행위나 절차가 필요하지 않은 무효이고, 재판상 무효는 소(訴)에 의하여서만 주장할 수 있는 무효이다. 무효는 당연무효가 원칙이다(재판상 무효의 예 : 상법 184조).

(3) 전부무효 · 일부무효

법률행위의 전부가 무효인 경우가 전부무효이고, 그 일부만이 무효인 경우가 일부무효이다. 민법은 일부무효에 관하여 제137조를 두고 있다. 그에 의하면, 법률행위의 일부분이 무효인 때에는, 원칙적으로 그 전부를 무효로 한다(137조 본문). 그러나 그 무효부분이 없더라도 법률행위를 하였을 것이라고 인정될 때에는, 나머지 부분은 무효가 되지 않는다(137조 단서). 이를 일부무효의 법리라고 한다.

3. 무효행위의 추인 [93]

무효행위는 당사자가 추인(여기의 추인은 무효인 법률행위를 유효하게 하는 단독행위)을 하여도 효력이 생기지 않는다(139조 본문). 그러나 당사자가 무효임을 알고 추인한 때에는, 그때 새로운 법률행위를 한 것으로 본다(139조 단서). 그리하여 가령 가장매매의 당사자가 추인을 하면, 그때부터 즉 비소급적으로 유효한 매매가 된다. 주의할 것은, 모든 무효행위가 유효하게 추인될 수 있는 것은 아니라는 점이다. 강행법규 위반행위, 사회질서 위반행위 등은 추인을 하여도 유효하게 되지 않는다.

4. 무효행위의 전환

가령 방식이 흠결되어 약속어음의 발행으로는 무효인 행위를 유효한 준소비대차(605조. 소비대차에 의하지 않고 금전 등을 소비대차하기로 약정하는 계약)로서 인정하는 것과 같이, X라는 행위로서는 무효인 법률행위가 Y라는 행위로서는 요건을 갖추고 있는 경우에 Y라는 행위로서의 효력을 인정하는 것을 무효행위의 전환이라고 한다.

민법은, 무효인 법률행위(위의 예에서는 약속어음 발행)가 다른 법률행위(위의 예에서는 준소비대차)의 요건을 구비하고, 당사자가 그 법률행위의 무효를 알았더라면 다른 법률행위를 하는 것을 의욕하였으리라고 인정될 때에는, 다른 법률행위로서 효력을 가지게 된다고 한다(138조). 일정한 요건 하에 무효행위의 전환을 인정하고 있는 것이다.

Ⅲ. 법률행위의 취소 [94]

1. 취소의 의의

취소란 일단 유효하게 성립한 법률행위의 효력을 제한능력 또는 의사표시에 있어서의 착오・사기・강박을 이유로 법률행위를 한 때에 소급하여 소멸하게 하는 특정인(취소권자)의 의사표시(단독행위)이다. 따라서 취소할 수 있는 법률행위라 할지라도 취소권자의 취소가 있을 때까지는 유효하되, 취소가 있으면 소급하여 무효로 된다.

취소에는 여러 가지가 있으나([50]과 강의, A-249 참조), 위에서 설명한 취소가 원칙적인 것이고, 민법은 그에 관하여 일반적 규정을 두고 있다(140조 이하). 여기서는 그에 관하여만 살펴본다.

2. 취소권자

취소권자로는 제한능력자, 착오・사기・강박에 의하여 의사표시를 한 자, 이들의 대리인 또는 승계인이 있다(140조). 취소권이 없는 자는 취소할 수 없다.

3. 취소의 효과

법률행위가 취소되면, 취소된 법률행위는 처음부터, 즉 소급적으로 무효였던 것으로 된다(141조 본문). 이러한 취소의 소급적 무효의 효과는 제한능력을 이유로 하는 취소에 있어서는 제 3 자에게도 주장할 수 있는 절대적인 것이나, 착오 · 사기 · 강박을 이유로 한 경우에는 선의의 제 3 자에 대하여는 주장할 수 없는 상대적인 것이다. 예를 들면 18세인 A가 그의 집을 그의 부모(법정대리인)의 동의 없이 혼자서 B에게 파는 계약을 체결하여 등기까지 넘겨준 뒤, B가 그 집을 다시 C에게 팔고 등기를 해 주었다고 하자. 이 경우에 A가 제한능력을 이유로 B와 맺은 매매계약을 취소하면, A · B 사이의 매매는 처음부터 무효였던 것으로 되고, A는 그 무효를 C에게도 주장할 수 있다. 그 결과 C는 매수한 집의 소유권을 잃는다.

법률행위가 취소된 경우의 구체적인 효과는 무효의 경우와 같다. 그리하여 취소된 법률행위에 기하여 이미 이행이 된 때에는 급부한 것이 부당이득으로서 반환되어야 한다(741조 이하). 다만, 민법은 제한능력자의 반환범위에 관하여는 특별히 규정하고 있다. 즉 제한능력자에 대하여는 그의 행위에 의하여 「받은 이익이 현존하는 한도」에서 상환책임을 지우고 있다(141조 단서). 이는 제한능력자를 보호하기 위하여 반환범위를 현존이익에 한정한 것이다. 현존이익이란 이익이 그대로 있거나 모습을 바꾸어서 남아있는 것을 말한다. 그리하여 위의 예에서 A가 집을 판 대금을 그대로 가지고 있거나 생활비로 썼으면 그 금액 전부를 반환하여야 하지만, 그것으로 도박을 하다가 모두 잃어버린 때에는 반환의무가 없게 된다.

4. 취소할 수 있는 행위의 추인 [95]

여기의 추인은 취소할 수 있는 법률행위를 취소하지 않겠다고 하는 의사표시(단독행위)이다. 즉 추인은 취소권의 포기이다. 이러한 추인이 있으면 취소할 수 있는 행위는 확정적으로 유효하게 된다.

추인은 추인권자가 하여야 한다. 추인권자는 취소권자와 같다(143조).

그런데 추인은 취소의 원인이 소멸된 후에 하여야 효력이 생긴다(144조 1항). 즉 제한능력자는 능력자가 된 뒤에, 착오 · 사기 · 강박에 의하여 의사표시를 한 자는 착오 · 사기 · 강박의 상태에서 벗어난 뒤에 하여야 한다. 그러나 법정대리인이나 후견인은 언제라도 추인을 할 수 있다(144조 2항).

5. 법정추인(法定追認)

민법은 취소할 수 있는 행위에 관하여 일정한 사실이 있는 때에는 법률상 당연히 추인이 있었던 것으로 의제(간주)하고 있는데(145조), 이를 법정추인이라고 한다.

법정추인으로 인정되려면, 다음 세 가지 요건이 갖추어져야 한다. 첫째로 ① 취소할 수 있는 행위에 의하여 생긴 채무의 전부나 일부의 이행, ② 이행의 청구, ③ 경개(更改. 취소할 수 있는 행위에 의하여 생긴 채권 또는 채무를 소멸시키고 그에 대신하여 다른 채권이나 채무를 발생하게 하는 계약. 500조 이하 참조), ④ 담보의 제공, ⑤ 취소할 수 있는 행위로 취득한 권리의 전부나 일부의 양도, ⑥ 강제집행 가운데 어느 하나의 사유가 있어야 한다(145조). 둘째로 위의 사유가 추인할 수 있는 후에, 즉 취소의 원인이 소멸된 후에 행하여졌어야 한다(145조 본문). 셋째로 취소권자가 이들 행위를 하면서 추인하는 것이 아니라는 이의를 달지 않았어야 한다(145조 단서).

이들 요건이 갖추어지면 추인이 있었던 것과 같은 효과가 생긴다. 그리하여 취소할 수 있는 행위는 유효한 것으로 확정된다.

6. 취소권의 단기소멸(短期消滅)

민법은 취소할 수 있는 법률행위에 관하여 법률관계를 가능한 한 빨리 확정하고 상대방을 불안정한 지위에서 벗어날 수 있도록 취소권의 단기소멸을 규정하고 있다. 그에 의하면, 취소권은 추인할 수 있는 날(즉 취소의 원인이 소멸된 날)부터 3년 내에, 법률행위를 한 날부터 10년 내에 행사하여야 한다(146조). 위의 두 기간 가운데 어느 하나라도 만료하면 취소권은 소멸한다. 예를 들면 A가 B에게 속아서 그의 토지를 B에게 싸게 판 경우에는, A가 속은 것을 안 때부터 3년이 지났으면 A가 계약을 맺은 지 10년이 되지 않았더라도 A는 더 이상 취소하지 못하게 된다.

제 9 관 법률행위의 부관(附款)(조건과 기한)

Ⅰ. 서 설 [96]

법률행위의 부관이란 법률행위의 효과를 제한하기 위하여 법률행위의 내용으로서 덧붙여지는 약관(사적 자치적인 결정)이다. 법률행위의 부관에는 조건 · 기한 · 부담의 세 가지가 있다. 그런데 민법은 이들 가운데 조건과 기한에 관하여만 일반적 규정을 두고 있다.

Ⅱ. 조건(條件) [97]

1. 조건의 의의

조건이란 법률행위 효력의 발생 또는 소멸을 장래의 불확실한 사실의 성취(발생) 여부에 따르게(의존하게) 하는 법률행위의 부관이다. 「결혼하면 85㎡짜리 아파트 한 채를 사 주겠다」거나, 「취직할 때까지 생활비를 대 주겠다」는 계약을 맺은 경우에 결혼하면 증여계약의 효력이 생기게 한다는 약정, 취직하면 생활비 지급을 중지한다는 약정이 조건이다.

조건이 되는 사실(조건사실. 위의 예에서는 결혼 · 취직)은 장래의 것이어야 하고, 또 실현 여부가 불확실한 것이어야 한다. 그리고 장래의 사실이라도 반드시 실현되는 것이면 그것은 기한이지 조건이 아니다.

2. 정지조건(停止條件) · 해제조건(解除條件)

조건은 여러 가지 표준에 의하여 종류를 나눌 수 있으나(강의, A-262 이하 참조), 그 중 가장 중요한 종류가 정지조건 · 해제조건이다.

정지조건은 법률행위의 효력의 발생을 장래의 불확실한 사실에 따르게 하는 조건이고, 해제조건은 법률행위의 효력의 소멸을 장래의 불확실한 사실에 따르게 하는 조건이다. 앞에서 든 예 중에 「결혼하면 아파트 한 채를 사 주겠다」는 계약은 정지조건부 계약이고, 「취직할 때까지 생활비를 대 주겠다」는 계약은 해제조건부 계약이다.

정지조건부 법률행위는 조건이 성취되면 그 행위의 효력이 발생하고(147조 1항), 조건이 불성취로 확정되면 무효로 된다. 앞의 결혼의 예에서는 「결혼을 하면」 「증여계약의 효력이 발생」하는 것이다. 그리고 해제조건부 법률행위는 조건이 성취되면 그 행위의 효력이 소멸하고(147조 2항), 불성취로 확정되면 효력이 소멸하지 않는 것으로 확정된다. 그리하여 앞의 취직의 예에서 「취직을 하면」 「생활비제공 계약의 효력이 소멸」하게 된다.

3. 조건을 붙일 수 없는 법률행위

법률행위에는 원칙적으로 조건을 붙일 수 있다. 그러나 조건을 붙이면 법률행위의 효력이 불안정하게 되기 때문에, 불안정을 꺼리는 법률행위에는 조건을 붙일 수 없도록 하고 있다. 그러한 행위를 「조건과 친하지 않은 행위」라고 한다. 혼인·이혼·입양·상속의 승인이나 포기와 같은 친족법·상속법상의 행위, 어음행위·수표행위, 단독행위(예외가 있음)가 그에 해당한다.

Ⅲ. 기한(期限) [98]

1. 기한의 의의

기한이란 법률행위의 효력의 발생·소멸 또는 채무이행의 시기를 장래 발생할 것이 확실한 사실에 따르게 하는 법률행위의 부관이다. 기한은 기한이 되는 사실(기한사실)이 장래의 것이라는 점에서는 조건과 같지만, 그것의 발생이 확정되어 있는 점에서 발생 여부가 불확실한 조건과 다르다.

2. 기한의 종류

(1) 시기(始期)·종기(終期)

법률행위의 효력의 발생 또는 채무이행의 시기(時期)를 장래의 확실한 사실의 발생에 따르게 하는 기한이 시기(始期)이고, 법률행위의 효력의 소멸을 장래의 확실한 사실의 발생에 따르게 하는 기한이 종기이다. 가령 「내년 1월 1일부터 임대한다」, 「지금부터 3개월 후에 이행한다」고 하는 것은 시기가 붙어 있는 경우이고, 「내년 12월 31일까지 임대한다」는 것은 종기가 붙어 있는 경우이다.

법률행위에 시기가 붙어 있는 경우에는 기한이 도래(到來)한 때 즉 기한이 된 때부터 효력이 생기고(152조 1항), 종기가 붙어 있는 경우에는 기한이 도래한 때부터 효력을 잃는다(152조 2항).

(2) 확정기한 · 불확정기한

확정기한은 발생시기가 확정되어 있는 기한이고, 불확정기한은 발생시기가 확정되어 있지 않은 기한이다. 「내년 1월 1일부터」, 「앞으로 3개월 후에」는 확정기한의 예이고, 「A가 사망하였을 때」는 불확정기한의 예이다.

3. 기한을 붙일 수 없는 법률행위

조건을 붙일 수 없는 행위는 대체로 기한도 붙일 수 없다. 그러나 조건은 붙일 수 없지만 기한은 붙일 수 있는 것도 있다. 어음행위 · 수표행위가 그 예이다.

4. 기한의 이익

(1) 의 의

기한의 이익이란 기한이 존재함으로써, 즉 기한이 되지 않음으로써 당사자가 받는 이익을 말한다. 기한의 이익은 채권자만 가지는 경우도 있고(예 : 무료로 물건을 보관시킨 때), 채무자만 가지는 경우도 있고(예 : 무이자로 금전을 빌린 때), 채권자 · 채무자 양쪽이 가지는 경우도 있다(예 : 이자 있는 정기예금). 그렇지만 채무자만 가지는 것이 보통이다. 그래서 민법은 당사자의 특약이나 법률행위의 성질상 분명하지 않으면 기한의 이익은 채무자에게 있는 것으로 추정하고 있다(153조 1항).

(2) 기한의 이익의 포기

기한의 이익을 가진 자는 그것을 포기할 수 있다(153조 2항 본문). 예를 들면 무이자로 금전을 빌린 자는 기한의 이익을 포기하고 기한이 되기 전에 변제할 수 있는 것이다. 그러나 그로 인하여 상대방의 이익을 해치지는 못한다(153조 2항 단서).

(3) 기한의 이익의 상실

기한의 이익을 채무자에게 주고 있는 것은 채무자를 믿기 때문이다. 따라서 채무자를 믿을 수 없는 사정이 생기면 부득이 채무자로부터 기한의 이익을 상실시켜 채권자가 원한다면 즉시 이행청구를 할 수 있도록 할 필요가 있다. 그리하여 법률은 다음 사유가 있는 경우에는 기한의 이익을 상실시키고 있다.

① 채무자가 담보를 손상하거나 멸실하게 한 때(388조 1호).

② 채무자가 담보제공의 의무를 이행하지 않은 때(388조 2호).

③ 채무자가 파산선고를 받은 경우(「채무자 회생 및 파산에 관한 법률」 425조).

제 4 절 기간(期間)

Ⅰ. 기간의 의의 [99]

기간이란 어느 시점에서 어느 시점까지 계속된 시간을 말한다. 기간은 기일(期日)과는 구별된다. 기일은 시간의 경과에 있어서 어느 특정의 시점을 가리키는 것으로서, 보통 「일」(日)로서 표시된다.

기간의 계산에 관하여 법령이나 재판상의 처분 또는 법률행위에서 정하고 있으면 그에 의하게 되나, 정하고 있지 않으면 민법의 기간 계산방법에 의하게 된다(155조). 민법의 그 규정은 사법관계 외에 행정법·형법 등의 공법관계에도 적용된다.

Ⅱ. 기간의 계산방법 [100]

1. 시(時)·분(分)·초(秒)를 단위로 하는 기간의 계산

가령 5시간, 30분, 50초 등의 기간은 시간을 실제 그대로 계산하는 자연적 계산방법에 의한다. 그리하여 즉시로부터 계산하기 시작하여(156조), 그로부터 그 기간이 끝나는 때가 만료점이 된다.

2. 일(日)·주(週)·월(月)·년(年)으로 정한 기간의 계산

(1) 기산점(起算點. 기간 계산의 시작시점)

기간을 일·주·월·년으로 정한 경우에는, 원칙적으로 첫날을 계산에 넣지 않는다(157조 본문). 그러나 기간이 오전 0시부터 시작되는 때(예: 오는 5월 1일부터 5일간이라고 할 때)에는 첫날을 계산에 넣으며(157조 단서), 나이를 셀 때에는 출생일을 계산에 넣는다(158조 본문).

민법은 최근의 개정(2022. 12. 27)을 통하여 나이를 만 나이로 계산함을 분명히 하였다. 그에 따르면, 나이는 출생일을 산입하여 만(滿) 나이로 계산하고, 연수(年數)로 표시한다(158조 본문). 다만, 1세에 이르지 아니한 경우에는 월수(月數)로 표시할 수 있다(158조 단서).

(2) 만료점

기간을 일·주·월·년으로 정한 경우에는, 민법이 정한 기간 계산방법에 의하여 찾아진 기간 말일이 종료한 때에 기간이 만료된다(159조).

그리고 이때의 기간은 일(日)로 환산하여 계산하지 않고 태양력에 의하여 계산한다(160조 1항). 구체적으로 보면, 주·월·년의 처음부터 계산하는 때(예: 4월 30일에 앞으로 1개월이라고 하는 경우)에는, 그 주·월·년의 말일의 종료로 기간이 만료된다(위의 예: 5월 31일 오후 12시가 만료점임). 그에 비하여 주·월·년의 처음부터 계산하지 않는 때(예: 7월 15일에 앞으로 1년이라고 하는 경우)에는, 최후의 주·월·년에서 기산일에 해당하는 날의 전일(위의 예: 다음 해 7월 15일)의 만료로 기간이 만료된다(160조 2항).

그런데 이러한 계산방법에 의하면 최후의 달에 해당하는 날이 없는 일이 생긴다. 윤년이 있는가 하면, 달(月)에 장단이 있기 때문이다. 이러한 경우에는 마지막 달의 말일이 종료한 때에 기간이 만료된다(160조 3항). 예를 들면 3월 30일에 지금부터 3개월이라고 하거나 또는 윤년 2월 28일에 지금부터 1년이라고 하면, 기산일은 각각 3월 31일 또는 2월 29일이 되어, 기간의 마지막 달에는 해당하는 날이 없게 된다. 그때에는 마지막 달의 말일인 6월

30일 또는 다음해 2월 28일이 기간의 말일이 되고, 그 날이 종료하는 때에 기간이 만료되는 것이다.

그리고 기간의 말일이 토요일 또는 공휴일에 해당하는 때에는, 기간은 그 다음 날이 종료한 때에 만료된다(161조). 그러나 기간의 첫날이 공휴일인 것은 영향을 미치지 않는다(대판 1982. 2. 23, 81누204).

Ⅲ. 기간의 역산방법(逆算方法) [101]

민법이 규정하고 있는 기간 계산방법은 과거에 소급하여(즉 거꾸로) 계산하는 기간의 경우에도 유추적용되어야 한다. 사원총회의 소집통지를 「1주간 전에」 발송하도록 하는 것이 그 예이다(71조). 이러한 경우에는 사원총회일을 빼고 그 전날을 기산일로 하여 거꾸로 계산하여 기간 말일을 찾아야 하며, 그 날의 오전 0시에 기간이 만료된다. 구체적으로 살펴본다. 가령 총회일이 10월 22일이라고 하자. 그러면 21일이 기산일이 되고, 그로부터 거꾸로 1주일을 세면 15일이 기간의 말일이 되어, 15일 오전 0시에 기간이 만료된다. 따라서 사원총회 소집통지는 늦어도 14일 밤 12시까지 발송되어야 한다.

제5절 소멸시효(消滅時效)

Ⅰ. 서 설 [102]

1. 소멸시효의 의의

시효(時效)란 일정한 사실상태가 오랫동안 계속된 경우에 그 상태가 진실한 권리관계에 합치하는가를 묻지 않고서 그 사실상태를 그대로 권리관계로서 인정하려는 제도이다. 시효에는 취득시효와 소멸시효의 두 가지가 있는데, 민법은 소멸시효만을 총칙편에서 규정하고, 취득시효는 물권편에서 규정하고 있다([181] 이하 참조).

소멸시효는 권리자가 일정한 기간 동안 권리를 행사하지 않는 상태(권리불행사의 상태)가 계속된 경우에 그의 권리를 소멸시키는 것이다. 예를 들면 금전채권을 가지고 있는 자가 변제기가 지났는데도 10년 동안 그 권리를 행사하지 않을 경우에 그 금전채권을 소멸시키는 경우가 그렇다.

2. 제척기간(除斥期間)과 소멸시효

소멸시효와 비슷한 것으로 제척기간이 있다. 제척기간이란 일정한 권리에 관하여 법률이 예정하는 존속기간이다. 제척기간이 규정되어 있는 권리는 제척기간이 경과하면 당연히 소멸하며, 소멸시효와 달리 중단이나 정지라는 것이 없다([104]·[105] 참조).

구체적인 권리행사기간이 제척기간과 소멸시효 가운데 어느 것에 해당하는지는 일반적으로 법률규정의 문구에 의하여 구별할 것이라고 한다. 즉 「시효로 인하여」라고 되어 있는 때에는 소멸시효기간이고, 그러한 문구가 없으면(「행사하여야 한다」 등) 제척기간이라고 해석한다. 그러나 그것만에 의할 것은 아니고, 그것과 함께 권리의 성질(형성권의 경우는 언제나 제척기간임), 규정의 취지 등을 고려하여 실질적으로 판단하여야 한다.

Ⅱ. 소멸시효의 요건 [103]

1. 개 관

소멸시효에 의하여 권리가 소멸하기 위하여서는 다음의 세 요건이 갖추어져야 한다.

① 권리가 소멸시효에 걸리는 것이어야 한다.

② 권리자가 법률상 그의 권리를 행사할 수 있음에도 불구하고 행사하지 않아야 한다(권리의 불행사).

③ 위의 권리불행사의 상태가 일정한 기간 동안 계속되어야 한다. 이 기간을 소멸시효기간이라고 한다.

2. 소멸시효에 걸리는 권리

모든 권리가 소멸시효에 걸리는 것이 아니다. 소멸시효에 걸리는 권리는 「채권」과 「소유권 이외의 재산권」이다(162조 참조). 그에 비하여 가족권·인격권은 소멸시효에 의하여 소멸하지 않는다. 그 밖에 권리의 성질상 소멸시효에 걸리지 않는 것도 있다(강의, A-287 이하 참조).

3. 권리의 불행사(소멸시효기간의 기산점)

소멸시효에 의하여 권리가 소멸하려면, 권리를 일정한 기간(소멸시효기간) 동안 행사하지 않고 있어야 한다. 그런데 문제는 언제부터 권리불행사로 되는지, 바꾸어 말하면 소멸시효기간의 기산점(기간 계산의 시작시점)이 언제인지이다.

소멸시효는 권리를 행사할 수 있는 때부터 진행한다(166조 1항). 따라서 소멸시효기간의 기산점은 「권리를 행사할 수 있는 때」이다. 그리고 그러한 때 이후에도 권리를 행사하지 않고 있는 것이 「권리불행사」이다.

여기서 「권리를 행사할 수 있다」는 것은 권리를 행사하는 데 법률상의 장애가 없는 것을 가리킨다. 따라서 법률상의 장애가 있으면 소멸시효는 진행하지 않는다. 가령 채무의 변제기가 되지 않았거나 조건이 성취되지 않은 경우에 그렇다. 그에 비하여 권리자의 질병, 여행, 법률적 지식의 부족과 같은 사실상의 장애는 소멸시효의 진행에 영향을 미치지 않는다.

4. 소멸시효기간

소멸시효가 완성하려면, 권리불행사의 상태가 일정기간 즉 소멸시효기간 동안 계속되어야 한다. 그 기간은 권리의 종류에 따라 다르다.

(1) 채권의 소멸시효기간

1) 보통의 채권 보통의 채권의 소멸시효기간은 10년이다(162조 1항). 예를 들면 A가 B로부터 금전을 빌린 경우에, B는 A에 대하여 금전채권을 가지는데, B의 그 권리는 변제기부터 10년간 행사하지 않으면 시효로 소멸한다. 한편 상행위(매매 등 일정한 행위를 영업으로 하는 법률행위. 상법 46조 참조)로 생긴 채권은 5년의 시효에 걸린다(상법 64조). 그리하여 가령 창고업자 갑이 을의 물건을 보관해 주고서 받기로 한 보관료에 대한 채권은 5년간 행사하지 않으면 시효로 소멸한다.

2) 3년의 단기소멸시효에 걸리는 채권 이자채권, 부양료채권, 의사·약사 등의 치료·조제에 관한 채권, 변호사·변리사 등의 직무에 관한 채권, 생산자 및 상인이 판매한 상품의 대가 등은 3년의 시효에 걸린다(163조).

3) 1년의 단기소멸시효에 걸리는 권리 여관·음식점 등의 숙박료·음식료 등의 채권, 의복이나 그 밖의 동산의 사용료채권, 연예인의 임금채권(근로자의 임금채권은 근로기준법 49조가 3년으로 규정함), 학생의 교육에 관한 교주(校主)·교사의 채권 등은 1년의 시효에 걸린다(164조).

(2) 소유권 이외의 재산권의 소멸시효기간

소유권은 소멸시효에 걸리지 않으며, 소유권을 제외한 재산권(채권도 제외됨)은 20년의 시효에 걸린다(162조 2항). 그리하여 가령 지상권을 가지고 있는 자가 그 권리를 20년간 행사하지 않으면, 그 권리는 시효로 소멸한다.

Ⅲ. 소멸시효의 중단 [104]

1. 소멸시효 중단의 의의

소멸시효 완성에 필요한 권리불행사라는 사실상태는 일정한 사유가 있는 때에는 중단되고, 그때까지 진행한 시효기간은 효력을 잃게 된다. 이처럼 소멸시효의 진행을 막고 그 동안의 시효기간을 0으로 만드는 것이 소멸시효의 중단이다.

2. 소멸시효의 중단사유

소멸시효의 중단사유로는 ① 청구, ② 압류 · 가압류 · 가처분, ③ 승인이 있다(168조).

(1) 청 구

청구의 대표적인 것으로 재판상의 청구가 있다(170조). 이는 소(訴)를 제기하는 것이다. 그 외에 파산절차 참가(171조), 지급명령(172조), 화해를 위한 소환(173조 1문), 임의출석(173조 2문)도 소멸시효를 중단시키는 청구에 해당한다. 그리고 채권자가 채무자에 대하여 채무이행을 청구하는 것인 최고(催告)도 중단사유이다. 다만, 최고의 경우에는 6개월 이내에 재판상의 청구 등과 같은 보다 강력한 조치를 취하지 않으면 시효중단의 효력이 없다(174조).

(2) 압류 · 가압류 · 가처분

압류는 집행법원이 확정판결 기타의 집행권원에 기하여 채무자의 재산의 처분을 금하는 강제집행의 첫 단계이다(민사집행법 24조 · 56조 · 83조 · 188조 이하).

가압류와 가처분은 모두 장래의 강제집행의 불능과 곤란을 예방하기 위하여 행하여지는 강제집행 보전수단인데, 그 가운데 가압류는 장래의 금전채권의 보전으로서 집행대상 재산을 미리 압류하여 두는 것이고(민사집행법 276조 이하), 가처분은 청구권의 목적물(계쟁물 : 係爭物)의 현재 모습을 유지하게 하거나(계쟁물에 관한 가처분) 또는 다툼이 있는 권리관계에 대하여 임시의 지위를 정하여 주는 것(임시의 지위를 정하기 위한 가처분)이다(민사집행법 300조 이하).

(3) 승 인

승인은 시효의 이익을 받을 당사자(예 : 채무자)가 그 시효의 완성으로 권리를 상실하게 될 자에 대하여 그 권리의 존재를 인정한다고 표시하는 것이다. 승인에는 특별한 방식이 요구되지 않으므로, 명시적으로뿐만 아니라 묵시적으로도 할 수 있다. 그리하여 채무증서를 다시 작성하거나 이자를 지급하는 것은 묵시의 승인이 된다.

3. 소멸시효 중단의 효력

소멸시효가 중단되면 그때까지 경과한 기간은 소멸시효기간에 넣지 않는다(178조 1항 전단). 즉 그 기간은 0으로 된다. 그리고 중단사유가 종료한 때부터 다시 처음부터 시효기간의 계산이 시작된다(178조 1항 후단).

중단된 시효가 다시 계산되기 시작하는 시기는, 중단사유가 청구인 경우는 재판이 확정된 때이고(178조 2항), 압류·가압류·가처분인 경우에는 이들 절차가 끝났을 때이며, 승인의 경우에는 승인이 상대방에게 도달한 때이다.

[참고]
그런데 판례는 가압류에 의한 시효중단의 효력은 가압류의 집행보전의 효력이 존속하는 동안은 계속된다고 한다(대판 2000. 4. 25, 2000다11102 등).

Ⅳ. 소멸시효의 정지 [105]

1. 소멸시효 정지의 의의

일정한 사유가 있는 경우에는 그 사유가 종료된 때부터 일정기간 내에는 소멸시효가 완성하지 않는데, 이것을 소멸시효의 정지라고 한다. 이러한 시효정지는 시효중단과 더불어 시효의 완성을 막아 권리자를 보호하는 것이나, 이미 경과한 시효기간이 0으로 되지 않고 일정한 유예기간이 경과하면 시효가 완성하는 점에서 중단과 다르다.

2. 소멸시효의 정지사유

① 소멸시효기간이 만료되기 전 6개월 내에 제한능력자에게 법정대리인이 없는 때(179조).

② 제한능력자가 재산관리인에 대하여 권리를 가지고 있는 때(180조 1항).

③ 부부 사이에 권리가 있는 때(180조 2항).

④ 상속재산에 관하여 상속인이 확정되지 않고 또 관리인이 선임되지 않거나 파산선고를 받은 때(181조).

⑤ 천재지변으로 소멸시효를 중단할 수 없는 때(182조).

이들 중 ①-④의 경우에는 6개월 내에는 소멸시효가 완성하지 않으며, ⑤의 경우에는 1개월 내에는 소멸시효가 완성하지 않는다.

Ⅴ. 소멸시효의 효력 [106]

1. 소멸시효 완성의 효과

소멸시효의 요건이 갖추어지면, 권리가 당연히 소멸한다(절대적 소멸설). 그런데 판례는, 소멸시효기간이 만료되면 권리는 당연히 소멸한다고 하면서도, 다른 한편으로 — 변론주의(소송자료의 수집 · 제출의 책임을 당사자에게 맡기는 태도. 법원은 그것만을 기초로 판단해야 함)의 원칙상 — 시효의 이익을 받을 자(예: 채무자)가 소송에서 소멸시효의 주장을 하지 않으면 그 의사에 반하여 재판할 수 없다고 한다(대판 1991. 7. 26, 91다5631 등).

2. 소멸시효 이익의 포기

(1) 소멸시효 완성 전의 포기

소멸시효의 이익은 시효가 완성하기 전에 미리 포기하지 못한다(184조 1항). 민법이 이와 같이 규정한 것은, 채권자가 채무자의 어려운 상태를 이용하여 미리 소멸시효의 이익을 포기하게 할 염려가 있기 때문이다.

(2) 소멸시효 완성 후의 포기

소멸시효의 이익은 시효가 완성된 뒤에는 자유롭게 포기할 수 있다(184조 1항의 반대해석). 시효가 완성된 후에는 채무자의 어려운 상태를 이용할 염려가 없을 뿐만 아니라, 이를 인정하는 것이 당사자의 의사를 존중하는 결과로 되기 때문이다. 소멸시효의 이익을 포기하면 처음부터 시효의 이익이 생기지 않았던 것으로 된다(절대적 소멸설의 입장).

제 6 절 권리의 주체(主體)

제 1 관 서 설

Ⅰ. 권리의 주체와 권리능력 [107]

1. 권리의 주체

권리는 당연히 그것이 귀속하게 되는 자를 전제로 한다. 여기서 권리가 귀속하는 주체를 「권리의 주체」라고 한다. 그리고 의무의 귀속자는 「의무의 주체」이다.

2. 권리능력

권리능력은 권리의 주체가 될 수 있는 지위 또는 자격을 가리키며, 그것은 「인격」(人格) 또는 「법인격」(法人格)이라고도 한다.

권리능력은 권리와 구별된다. 권리능력을 가지는 자만이 권리를 가질 수 있으나, 권리능력 자체가 권리는 아니다. 권리능력은 권리의 주체가 될 수 있는 추상적인 가능성에 지나지 않는다.

3. 의무능력

권리능력에 대응하는 개념으로 의무능력이 있으며, 이는 의무의 주체가 될 수 있는 지위이다. 오늘날 의무를 부담할 수 있는 자는 모두 권리도 가질 수 있다. 그리하여 권리능력은 동시에 의무능력이기도 하다. 그러고 보면 권리능력이라고 하기보다는 「권리의무능력」이라고 하는 것이 표현상 더 정확하겠으나, 우리 민법이 법률관계를 권리 중심으로 규율하고 있기 때문에 그것을 줄여서 「권리능력」이라고 한다. 그렇지만 「권리능력」의 개념 속에 「의무능력」도 포함되어 있음을 유의하여야 한다.

Ⅱ. 권리능력자 [108]

[예] 70세가 넘은 독신녀 A는 자신이 기르는 고양이를 무척 사랑하였다. 그리하여 A는 그녀의 모든 재산을 고양이에게 유증(자기의 재산을 유언에 의하여 대가 없이 주는 행위)하려고 한다. 가능한가?

우리 민법상 권리능력자(인격자)는 모든 살아 있는 사람과, 사람이 아니면서 법에 의하여 권리능력이 부여되어 있는 사단(사람의 집단)과 재단(재산의 집단)이다. 이 중에 살아 있는 사람을 「자연인」(自然人)이라고 하고, 권리능력이 인정되는 사단 또는 재단을 「법인」(法人)이라고 한다. 그리고 이 둘을 포괄하는 말로 「인」(人)이라는 표현을 쓰는 때가 많다. 본인 · 타인 · 매도인 · 매수인 · 임대인 · 임차인 등이 그 예이다. 그러나 자연인만을 「인」이라고 하는 경우도 있다(예 : 민법 제 1 편 제 2 장의 제목의 「인」). 그 밖에 자연인과 법인을 합하여 「자」(者)라고 표현하는 때도 있다. 채권자 · 채무자 · 변제자 · 제 3 자 등이 그 예이다.

위의 [예]의 경우에 고양이는 우리 민법상 권리능력이 없고, 따라서 고양이는 유증에 기한 권리(1078조 이하 참조)를 취득할 수 없다. 그 결과 A는 고양이에게 유증을 할 수가 없다. A가 그녀의 사망 후에 그 고양이를 누군가가 돌보아 주기를 원한다면, 돌보아 줄 자에게 그녀의 재산을 증여하거나 유증하면서 고양이를 돌보아 주기로 하는 부담을 지우는 방법을 이용하여야 할 것이다(561조의 부담부 증여 또는 1088조의 부담부 유증).

Ⅲ. 권리능력과 행위능력의 구별 [109]

권리능력은 단순히 권리·의무의 주체가 될 수 있는 가능성에 불과하며, 실제로 그의 단독의 행위에 의하여 권리를 취득하거나 의무를 부담할 수 있는 지위까지 포함하는 것은 아니다. 가령 젖먹이 어린 아이는 권리능력은 있기 때문에 권리는 가질 수 있으나, 그가 단독으로 가옥의 매매를 할 수는 없다. 어떤 자가 자신의 행위에 의하여 권리를 취득하거나 의무를 부담할 수 있으려면 권리능력 외에 행위능력도 가지고 있어야 한다. 그에 관하여는 앞에서 이미 설명하였다([47] 이하 참조).

제 2 관 자 연 인

Ⅰ. 자연인의 권리능력 [110]

[예 Ⅰ] A가 출생하면서 그의 어머니는 사망하였다. 그리고 큰 건물의 소유자인 A의 아버지 B는 그 일주일 후에 사망하였다. B의 유족으로는 A밖에 없다. 이 경우에 B의 건물은 누구의 소유로 되는가?

[예 Ⅱ] 태아 C의 아버지인 D는 C가 태어나기 1개월 전에 사망하였다. C는 D의 재산을 상속하는가?

[예 Ⅲ] 태아 C가 태아로 있는 동안에 아버지인 D가 E의 과실로 사망하였다면, C는 E에 대하여 손해배상을 청구할 수 있는가?

1. 권리능력 평등의 원칙

오늘날 자유민주주의 국가에서는 사람은 성별·연령·계급에 관계없이 누구나 평등하게 권리능력을 가진다. 우리 민법도 제 3 조에서 모든 사람이 평등하게 권리능력을 가지고 있음을 규정하고 있다. 그리하여 우리 민법에서도 사람은 사람이기만 하면 모두 똑같이 권리능력을 가진다.

■ 제 3 조[권리능력의 존속기간] 사람은 생존한 동안 권리와 의무의 주체가 된다.

2. 자연인이 권리능력을 처음 가지는 시기

제 3 조의 규정상 사람은 생존하기 시작하는 때, 즉 출생한 때부터 권리능력을 취득한다. 그리고 태아는 출생하기 전단계에 있으므로 권리능력이 없다(예외적으로만 인정됨).

사람의 출생시기에 관하여는 명문의 규정이 없어서 여러 가지 견해가 대립할 수 있으나, 통설(학설 중 지배적인 것)은 태아가 모체로부터 완전히 분리된 때에 출생한 것으로 보는 입장이다(전부노출설).

사람은 살아서 태어나면 남자이든 여자이든, 출생 후에 사망하지 않았든 곧 사망하였든, 기형아이든 아니든, 7개월 만에 태어났든 12개월 만에 태어났든, 쌍둥이이든 세쌍둥이이든 묻지 않고 모두 권리능력을 취득한다. 그리고 동일한 모체에서 둘 이상이 태어난 경우에는, 모체로부터 먼저 분리된 자가 먼저 권리능력을 취득한다(형, 언니 등이 됨).

[예 Ⅰ]의 경우에는 A는 출생한 때에 권리능력을 취득하므로, 그 이후에는 당연히 상속을 받을 수 있고, 따라서 B가 사망한 때 B의 재산을 상속한다(1000조 참조). 그리고 B가 사망할 때 A의 어머니는 이미 사망하여 권리능력이 없으므로(뒤의 [112] 참조), 그녀는 상속인이 될 여지가 없다. 결국 B의 건물은 A가 단독으로 소유하게 된다.

출생의 사실은 출생 후 1개월 이내에 신고하여야 하며(「가족관계의 등록 등에 관한 법률」(아래에서는 「가족」이라 약칭함) 44조 1항), 이를 게을리하면 과태료의 제재를 받는다(가족 122조). 출생의 사실 및 그 시기는 그것을 전제로 하여 법률효과를 주장하는 자가 증명하여야 하는데, 이때 가족관계 등록부(과거의 호적부에 해당)의 기록은 진실한 것으로 추정을 받는 유력한 것이기는 하나, 움직일 수 없는 효력을 가지는 것은 아니다. 출생시기는 동거인·의사·조산사 등의 증명에 의하여 뒤집을 수도 있다.

3. 태아의 권리능력 [111]

태아는 수태 후 사람의 체내에서 발육되고 있는 생명체이다. 이러한 태아는 아직 출생하기 전단계에 있으므로 민법상 사람이 아니며, 따라서 권리능력을 가지지 못한다. 그런데 태아에게 권리능력을 전혀 인정하지 않는다면 그에게 매우 불리한 경우가 생긴다. 가령 [예 Ⅱ]의 경우에 아버지가 사망한 후에 태어난 C는 태아로 있는 동안에는 상속을 받을 수 없게 되고, [예 Ⅲ]의 경우에 C는 그가 태아로 있는 동안에 그의 아버지가 살해당했는데도 손해배상청구를 할 수 없게 된다.

이러한 문제점을 시정하기 위하여 민법은 중요한 법률관계에 있어서만은 개별적으로 태아를 이미 출생한 것으로 보고 있다. ① 불법행위로 인한 손해배상의 청구(762조), ② 상속(1000조 3항), ③ 대습상속(1001조 · 1000조 3항. 대습상속은 상속인이 될 직계비속 · 형제자매가 상속이 개시된 때에 사망하거나 상속 자격을 잃은 경우에 그의 직계비속 및 배우자가 그 자에 갈음하여 상속하는 것임), ④ 유증(1064조 · 1000조 3항), ⑤ 사인증여(死因贈與. 562조 · 1064조. 사인증여는 증여자가 사망한 때 효력이 생기는 증여임), ⑥ 유류분(遺留分. 1118조 · 1001조 · 1000조 3항. 유류분은 법정상속인에게 남겨질 것이 보장된 상속재산의 일정비율임)에서 그렇다. 그리하여 이들 사항에 있어서는 태아도 예외적으로 권리능력을 가지게 된다.

그 결과 [예 Ⅱ]의 경우에는 C가 재산상속인이 되어 D의 재산을 상속하게 된다(다른 상속인이 있으면 공동상속인이 됨). 그리고 [예 Ⅲ]의 경우에는 C는 E에 대하여 불법행위(생명침해)를 이유로 하여 손해배상을 청구할 수 있다.

4. 자연인이 권리능력을 잃는 시기 [112]

(1) 권리능력의 소멸원인 : 사망

사람은 생존하는 동안에만 권리능력을 가지므로(3조), 생존이 끝나는 사망에 의하여 권리능력을 잃게 된다. 그리고 오직 사망만이 권리능력의 소멸을 가져온다.

사람의 사망이 있으면 사망한 자의 재산이 상속되고, 유언의 효력이 발생하며, 남아 있는 배우자가 재혼할 수 있게 되고, 각종 연금이나 보험금청구권이 발생하게 된다. 이처럼 사망에 의하여 여러 가지 법률효과가 발생하기 때문에, 사망의 유무나 시기는 출생에 있어서보다 훨씬 더 중요하다.

사람의 사망시기는 언제인가? 종래의 통설은 생활기능이 절대적·영구적으로 정지하는 것이 사망이며, 호흡과 혈액순환이 영구적으로 멈춘 때 사망이 인정된다고 한다. 그런데 최근에 심장·간 등의 장기이식을 위하여 특히 의학계를 중심으로, 뇌기능(즉 뇌파)이 정지한 때를 사망시기로 보아야 한다는 견해(뇌사설 : 腦死說)가 주장되고 있다. 그리고 1999년에는 「장기 등 이식에 관한 법률」도 제정되었다. 그러나 이 법은 장기이식을 엄격한 규제 하에서 제한적으로 허용하는 내용의 것이며, 거기에 뇌사를 사망으로 인정하는 근거규정은 없다. 결국 종래의 통설이 옳다.

사람이 사망한 때에는 사망신고의무자(가족 85조 참조)가 사망사실을 안 날부터 1개월 이내에 신고하여야 하며(가족 84조 1항), 이를 위반하면 과태료의 제재를 받는다(가족 122조). 그리고 가족관계 등록부의 기록은 진실한 것으로 추정될 뿐이므로 반대의 증거에 의하여 뒤집을 수 있다.

(2) 사망사실 또는 사망시기의 증명 곤란에 대비한 제도

사망의 유무나 시기는 법적으로 대단히 중요한데, 그것을 증명·확정하기 어려운 경우가 있다. 그러한 경우에 대비하는 제도로 동시사망의 추정, 인정사망, 실종선고 등이 있다.

2인 이상이 동일한 위난(危難. 위험한 재난)으로 사망한 경우에는, 동시에 사망한 것으로 추정된다(30조). 그 결과 가령 어머니 A, 처 B를 두고 있는 C가 그의 미혼의 자녀인 D와 함께 비행기를 타고 가다가 비행기가 추락하여 모두 사망하였는데 누가 먼저 사망하였는지 모르는 경우에는, C·D가 동시에 사망한 것으로 추정되어, 반대의 증명이 없는 한 그의 재산은 A·B가 공동으로 상속하게 된다(1000조·1003조). 다만, 상속분은 B가 A보다 5할을 더 받게 되기는 한다(1009조 2항).

인정사망(認定死亡)은 수해·화재나 그 밖의 재난으로 인하여 사망한 사람이 있는 경우에 그것을 조사한 관공서의 사망통보에 의하여 가족관계 등록부에 사망의 기록을 하는 것을 말한다(가족 87조 · 16조). 인정사망의 경우에도 상속은 개시된다.

실종선고에 관하여는 뒤에 따로 설명한다([115]·[116] 참조).

5. 외국인의 권리능력

외국인은 대한민국의 국적을 가지지 않은 자이다. 우리 법상 외국인의 권리능력은 원칙적으로 우리 국민과 동등하게 인정된다. 그러나 개별적인 법률에서 외국인의 권리능력을 제한하는 경우도 적지 않다(강의, A-331 참조).

Ⅱ. 주 소 [113]

1. 서 설

사람과 관계있는 장소가 법률관계에 영향을 미치는 경우가 자주 있다. 그런데 민법은 이러한 장소들 가운데 모든 사람에게 공통적으로 문제되는 주소와 거소에 관하여만 일반적인 규정을 두고 있다.

2. 민법상의 주소

우리 민법상 주소는 생활의 근거가 되는 곳이다(18조 1항). 여기서 생활의 근거가 되는 곳이란 가족관계 · 재산관계의 중심이 되고 있는 장소를 가리킨다. 한편 주소는 두 곳 이상 있을 수 있다(18조 2항).

이러한 주소는 ① 부재(不在) 및 실종의 표준(22조 · 27조), ② 변제의 장소(467조 2항), ③ 상속개시의 장소(998조), ④ 재판관할의 표준(민사소송법 3조) 등 여러 법률관계에 영향을 준다.

3. 거소(居所) · 가주소(假住所)

거소는 사람이 다소의 기간 계속하여 거주하는 장소로서 그 장소와의 밀접한 정도가 주소보다 못한 곳이다. 어떤 자에 대하여 주소를 알 수 없을 때에는 거소를 주소로 본다(19조). 그리고 국내에 주소가 없는 자에 대하여는 국내에 있는 거소를 주소로 본다(20조).

가주소는 거주의 사실과는 관계없이 일정한 관계에 관하여 당사자가 주소에 갈음하기로 정한 곳이다. 당사자는 어느 행위(거래)에 관하여 일정한 장소를 가주소로 정할 수 있으며, 그때에는 그 행위에 관하여는 가주소를 주소로 본다(21조). 그리하여 가령 지방에 구두 생산공장을 가지고 있는 갑이 서울의 어느 건물에 사무실을 차려 놓고 그가 생산한 구두의 거래관계에 관하여 그 사무실을 가주소로 정할 수 있으며, 그러한 경우에는 갑의 구두의 거래관계에 관하여는 그 사무실이 주소로 의제된다.

Ⅲ. 부재(不在)와 실종(失踪) [114]

1. 서 설

어떤 자가 그의 주소를 떠나서 쉽게 돌아올 가능성이 없는 때에는, 그 자 자신이나 이해관계인을 위하여 어떤 조치를 취할 필요가 있다. 여기서 민법은 두 단계의 조치를 취하고 있다. 제 1 단계에서는 그를 아직 살아있는 것으로 추측하여 그의 재산을 관리해 주면서 돌아오기를 기다리고, 만약 생사불분명 상태가 장기간 계속되면 제 2 단계로 넘어가 그를 사망한 것으로 보고 그에 관한 법률관계를 확정짓는다. 앞의 것이 부재자의 재산관리제도이고, 뒤의 것이 실종선고제도이다.

2. 부재자의 재산관리

(1) 부재자의 의의

부재자(不在者)는 종래의 주소나 거소를 떠나 당분간 돌아올 가능성이 없어서 그의 재산이 관리되지 못하고 방치되어 있는 자이다. 이러한 부재자는 생사가 불분명할 필요는 없으며, 생존이 분명한 자도 부재자일 수 있다.

(2) 부재자의 재산관리의 방법 및 내용

민법은 부재자의 재산관리에 관하여 부재자 자신이 관리인을 두지 않은 경우와 관리인을 둔 경우를 구별하여 다르게 규율한다. 뒤의 경우에는 원칙적으로 간섭을 하지 않고 부득이한 때에만 간섭을 한다. 두 경우를 차례로 설명한다.

부재자가 관리인을 두지 않은 경우에는, 가정법원은 이해관계인(예 : 상속을 받을 자, 채권자, 배우자)이나 검사의 청구에 의하여 재산관리에 필요한 처분을 명하여야 한다(22조 1항 1문). 가정법원이 명할 수 있는 처분으로는 재산관리인의 선임(가사소송규칙 41조), 경매에 의한 부재자의 재산매각(가사소송규칙 49조) 등이 있으며, 그 중 가장 보통의 방법은 관리인의 선임이다.

부재자가 관리인을 둔 경우에는, 민법은 원칙적으로 간섭을 하지 않는다. 그러나 두 가지 경우에는 예외적으로 간섭을 한다. 첫째로 재산관리인의 권한이 본인의 부재 중에 소멸한 때에는, 관리인이 처음부터 없었던 경우와 똑같이 다룬다(22조 1항 2문). 둘째로 부재자의 생사가 분명하지 않게 된 때에는, 가정법원은 재산관리인을 바꿀 수 있다(23조). 그런가 하면 관리인을 바꾸지 않고 감독만 할 수도 있다.

3. 실종선고 [115]

(1) 의 의

부재자의 생사불분명 상태가 오랫동안 계속되어 사망의 개연성은 크지만 사망의 확증이 없는 경우에, 이를 방치하면 이해관계인(배우자 · 상속인 등)에게 불이익을 준다. 여기서 민법은 일정한 요건 하에 실종선고를 하고, 일정 시기를 기준으로 하여 사망한 것과 같은 효과를 발생시키고 있다. 이를 실종선고제도라고 한다.

(2) 요 건

법원이 실종선고를 하려면 다음 4가지 요건을 갖추어야 한다.

① 부재자의 생사불명.

② 실종기간의 경과. 실종기간은 보통실종의 경우에는 5년이고(27조 1항), 특별실종 즉 전쟁터에 나간 자(전쟁실종), 침몰한 선박 중에 있던 자(선박실종), 추락한 항공기 중에 있던 자(항공기실종), 기타 사망의 원인이 될 위난을 당한 자(위난실종)의 경우에는 1년이다(27조 2항).

③ 이해관계인(예 : 배우자, 상속인으로 될 자)이나 검사의 청구.

④ 공시최고(公示催告). 즉 6개월 이상의 기간을 정하여 부재자 본인이나 부재자의 생사를 아는 자에 대하여 신고하도록 공고하여야 한다(가사소송규칙 53조 이하).

(3) 효 과

실종선고가 확정되면 실종선고를 받은 자, 즉 실종자는 실종기간이 만료한 때에 사망한 것으로 본다(28조). 그 결과 실종기간 만료시를 기준으로 상속이 개시되고, 유언은 효력을 발생하며, 혼인관계도 소멸한다. 그러나 실종선고는 실종자의 권리능력을 박탈하는 제도가 아니기 때문에, 실종자가 살아서 다른 곳에서 맺은 법률관계나 종래의 주소에 돌아와 새로이 맺은 관계에는 영향이 없다. 종래의 주소를 중심으로 하는 관계에 대하여만 사망의 효과가 생기는 것이다. 그리고 사망의 의제는 사법관계에서만 일어나므로, 선거권 · 피선거권 · 범죄와 같은 공법관계에도 영향을 미치지 않는다.

(4) 실종선고의 취소 [116]

1) 서 설 가령 실종선고를 받은 자가 살아 돌아온다면 어떻게 되는가? 실종선고의 경우에는 사망이 추정되는 것이 아니고 의제(간주)되기 때문에 실종자가 살아 돌아온다고 하여도 사망의제의 효과가 곧바로 없어지지 않는다. 실종선고의 효과를 뒤집으려면, 실종선고의 취소가 있어야 한다(29조).

2) 실종선고 취소의 요건 실종선고가 취소되기 위하여서는 ① 실종자가 생존한 사실(29조 1항 본문), 실종기간이 만료된 때와 다른 시기에 사망한 사실(29조 1항 본문), 실종기간의 기산점 이후의 어떤 시기에 생존하고 있었

던 사실 가운데 어느 하나의 증명이 있어야 하고, ② 본인·이해관계인 또는 검사의 청구가 있어야 한다(29조 1항 본문).

3) **실종선고 취소의 효과** 실종선고가 취소되면 처음부터 실종선고가 없었던 것으로 된다. 즉 실종선고로 생긴 법률관계는 소급적으로 무효로 된다. 다만, 실종선고 후 취소 전에 선의(실종선고가 사실에 반함을 알지 못하는 것)로 한 행위는 무효로 되지 않는다(29조 1항 단서). 그리고 실종선고가 취소되면 실종선고를 직접원인으로 하여 재산을 취득한 자(예 : 상속인, 유증을 받은 자, 생명보험금 수익자)는 그가 선의이든 악의이든 재산을 반환하여야 한다. 그런데 반환범위는 그가 선의인지 악의인지에 따라 다르다. 실종선고를 직접원인으로 하여 재산을 취득한 자가 선의인 경우에는 그 받은 이익이 현존하는 한도에서 반환할 의무가 있고, 악의인 경우에는 그 받은 이익에 이자를 붙여서 반환하고 손해가 있으면 그것을 배상하여야 한다(29조 2항).

예를 들어 A에 대하여 실종선고가 내리자 A의 유일한 상속인인 A의 아들 B가 A의 X토지를 상속하여 C에게 팔고 등기를 넘겨주었는데, A가 살아 돌아와 A에 대한 실종선고가 취소되었다고 하자. 이 경우에 B·C가 모두 A에 대한 실종선고가 사실에 반하는 것을 몰랐으면(선의) 선고가 취소되어도 B·C 사이의 X토지의 매매계약은 유효하고, C는 X토지의 소유권을 잃지 않는다. 그에 비하여 B·C 가운데 어느 하나라도 악의였으면 C는 X토지의 소유권을 잃으며, A는 C에게 X토지에 대한 등기의 말소를 청구할 수 있다(C는 B에게 책임을 물을 수밖에 없음). 그리고 위의 어느 경우에든 B는 실종선고를 직접원인으로 재산을 취득한 자로서 A에게 이득을 반환할 의무가 있다. 그런데 반환범위는 B가 선의인지 악의인지에 따라 다르다. 물론 A가 B와 C 가운데 어느 하나로부터 반환을 받으면 남은 자에게는 반환청구를 할 수 없다.

제3관 법 인

Ⅰ. 서 설 [117]

1. 법인의 의의

법인이란 자연인이 아니면서 법인격(권리능력)이 인정되어 있는 것을 말한다.

2. 법인의 종류

(1) 공법인(公法人)·사법인(私法人)

공법인은 법인의 설립이나 관리에 국가의 공권력이 관여하는 것이고(예: 국가·지방자치단체), 그 밖의 법인이 사법인이다. 그런데 공법인과 사법인의 중간적 법인도 있다(예: 한국은행·한국토지주택공사).

(2) 영리법인·비영리법인

이는 사법인을 세분한 것이다. 영리법인은 영리를 목적으로 하는 사단법인이다(재단법인은 이론상 영리법인이 될 수 없음). 상법상의 각종의 회사가 그 전형적인 예이다. 비영리법인은 학술·종교·자선·기예(技藝)·사교 그 밖에 영리 아닌 사업을 목적으로 하는 사단법인 또는 재단법인이다. 비영리법인 가운데 공익법인에 대하여는 특별법이 있다. 「공익법인의 설립·운영에 관한 법률」이 그것이다. 한편 민법상의 영리법인인 민사회사에는 상법이 적용된다(상법 169조 참조).

(3) 사단법인·재단법인

사단법인은 일정한 목적을 위하여 결합한 사람의 단체 즉 사단이 법인으로 된 것이고, 재단법인은 일정한 목적을 위하여 출연한 재산 즉 재단이 법인으로 된 것이다. 민법상의 법인은 반드시 사단법인·재단법인 가운데 어느 하나에 속하여야 하며, 둘의 중간적 법인은 인정되지 않는다.

3. 법인 아닌 사단과 재단 [118]

(1) 개 설

실제 사회에서는 법인으로서의 실질을 갖추고 있으면서 법인이 아닌 것들이 많이 있다. 이들이 생기는 원인은 대략 다음의 세 가지이다. 하나는 법인이 설립되려면 주무관청의 허가를 얻어야 하는데(32조 참조) 이를 얻지 못하여서이고, 다음에는 행정관청의 규제나 감독을 꺼려서 처음부터 법인으로 만들고 싶지 않아서이며, 마지막으로는 법인을 설립하고 있는 도중에 있기 때문이다(설립 중의 법인).

(2) 법인 아닌 사단

사단의 실질을 가지고 있지만 법인으로 되지 않은 것을 「법인 아닌 사단」(비법인사단 또는 권리능력 없는 사단)이라고 한다. 그 대표적인 것으로는 종중과 교회가 있다.

법인 아닌 사단에 관한 실체법적 규정으로는 그것의 재산 귀속관계를 총유(總有. 관리 · 처분의 권능은 단체에 속하고 사용 · 수익의 권능은 각 공동소유자에게 속하는 공동소유형태)로 한다는 규정(275조 · 278조)만이 두어져 있고, 그 외에 그 사단에 소송상의 당사자능력을 인정하는 민사소송법 규정(동법 52조)과 사단 명의로 등기를 할 수 있다(등기능력)는 부동산등기법 규정(동법 26조)이 있을 뿐이다. 그러면 법인 아닌 사단의 그 밖의 법률관계는 어떻게 결정하여야 하는가? 학설 · 판례는 법인 아닌 사단에 대하여는 사단법인에 관한 규정 가운데에서 법인격을 전제로 하는 것을 제외하고는 모두 유추적용하여야 한다는 입장이다.

(3) 법인 아닌 재단

재단법인의 실체가 되는 재단의 실질을 가지고 있으면서 법인으로 되지 않은 것이 「법인 아닌 재단」(비법인재단 또는 권리능력 없는 재단)이다. 그 예로는 육영회(장학재단)를 들 수 있다.

법인 아닌 재단에 대하여는 재산소유에 관하여도 규정하고 있지 않다.

단지 소송상의 당사자능력과 등기능력만 인정되고 있을 뿐이다(민사소송법 52조, 부동산등기법 26조). 그렇지만 재산권은 법인 아닌 재단의 단독소유에 속한다고 새겨야 한다. 그리고 그 밖의 관계에 대하여는 재단법인에 관한 규정 가운데 법인격을 전제로 하지 않는 것을 유추적용하여야 한다.

Ⅱ. 법인의 설립 [119]

1. 비영리 사단법인의 설립

비영리 사단법인의 설립요건은 다음의 네 가지이다.

① 목적의 비영리성. 학술·종교·자선·기예·사교 그 밖에 영리 아닌 사업을 목적으로 하여야 한다(32조).

② 설립행위(정관작성). 사단법인을 설립하려면, 2인 이상의 설립자가 법인의 근본규칙을 정하여 이를 서면에 기재하고 기명날인하여야 한다(40조). 이 서면을 정관이라고 하는데, 이러한 정관을 작성하는 행위가 설립행위이다.

③ 주무관청의 허가(32조). 주무관청이란 법인이 목적으로 하는 사업을 관리하는 행정관청이다.

④ 설립등기. 주된 사무소의 소재지에서 설립등기를 하여야 하며, 이 설립등기가 있으면 법인이 성립한다(33조).

2. 비영리 재단법인의 설립

비영리 사단법인에 있어서와 마찬가지로 네 가지 요건이 필요하며, 내용상으로도 설립행위에서만 차이가 있을 뿐이다.

① 목적의 비영리성(32조).

② 설립행위. 재단법인의 설립자는 일정한 재산을 출연하고 정관을 작성하여야 한다(43조). 이 재산출연과 정관작성이 재단법인 설립행위이다. 재단법인 설립행위는 생전행위로도 할 수 있고 유언으로도 할 수 있다(47조 참조). 한편 설립자가 출연한 재산은, 생전행위로 설립하는 때에는 법인이 성립된 때(법인의 설립등기를 한 때)에 법인의 재산이 되고(48조 1항), 유언으로 설립

하는 때에는 유언의 효력이 발생한 때(유언자가 사망한 때)에 법인에 귀속한 것으로 본다(48조 2항).

③ 주무관청의 허가(32조).

④ 설립등기(33조).

Ⅲ. 법인의 능력 [120]

1. 서 설

법인의 능력은 자연인의 경우와는 본질적으로 다르다. 자연인에 있어서는 모든 사람에게 평등하고 동일하게 권리능력이 인정되나, 법인에 대하여는 입법적으로 권리능력의 범위가 제한될 수 있다. 그리고 행위능력이나 불법행위능력도, 자연인에 있어서는 그것들이 의사능력 내지 판단능력이 불완전한 경우에 그를 보호하는 제도로 규정되어 있기 때문에 그러한 관점에서 논의되고 있으나, 법인에 있어서는 어떤 범위에서 누가 법인의 행위를 할 수 있는가(행위능력)와 누구의 어떤 행위에 대하여 법인 자신이 배상책임을 부담하는가(불법행위능력)의 관점에서 논의되고 있다.

2. 법인의 권리능력

법인의 권리능력은 성질·법률·목적에 의하여 제한을 받는다.

법인은 사람만이 가질 수 있는 권리를 가질 수 없다. 생명권·친권·배우자의 권리 등이 그 예이다. 상속권은 이론상은 가질 수 있으나, 민법이 상속인을 사람에 한정하고 있어서(1000조 내지 1004조 참조), 법인은 상속권을 가질 수 없다(그러나 법인이 포괄유증을 받으면 상속과 유사한 효과가 생김).

법인의 권리능력은 법률로 제한할 수 있다. 그러나 현재에는 일반적인 제한규정은 없고 개별적인 제한규정이 조금 있을 뿐이다(예: 81조).

민법은 정관으로 정한 목적의 범위 내에서만 법인의 권리능력을 인정한다(34조).

3. 법인의 행위능력 [121]

(1) 법인의 행위

법인은 현실적으로 행위를 할 수 없다. 따라서 어떤 자연인이 법인의 행위를 하게 되는데, 그 자연인을 법인의 대표기관이라고 한다. 이 대표기관이 법인의 행위능력의 범위 안에서 행위를 하는 때에 법인의 행위로 인정된다.

법인의 대표기관과 법인 사이의 관계는 대리인과 본인 사이의 관계보다도 훨씬 밀접하며, 그리하여 이를 「대리한다」고 하지 않고 「대표한다」고 표현한다(59조 참조). 그러나 「대표」는 실질적으로는 대리와 유사하므로 법인의 대표에는 대리에 관한 규정을 준용한다(59조 2항).

(2) 행위능력의 범위

민법은 법인의 행위능력에 관하여는 규정을 두고 있지 않다. 그렇지만 법인의 경우에는 의사능력의 불완전을 문제삼을 필요가 없기 때문에, 법인은 권리능력이 있는 모든 범위에서 행위능력을 가진다고 새겨야 할 것이다. 대표기관이 법인의 행위능력이 없는 범위의 행위를 한 경우에 그 행위는 법인의 행위로 인정되지 않으며, 그것은 대표기관 개인의 행위로 될 뿐이다.

4. 법인의 불법행위능력

법인의 이사나 그 밖의 대표기관이 직무에 관하여 타인에게 손해를 가한 경우에는, 법인은 피해자에 대하여 손해배상책임을 진다(35조 1항 1문). 이때 이사나 그 밖의 대표기관도 마찬가지로 책임을 진다(35조 1항 2문). 따라서 피해자는 법인과 대표기관의 어느 쪽이든 선택하여 손해배상을 청구할 수 있다. 그 경우에 만약 법인이 배상을 하였다면, 법인은 대표기관 개인에 대하여 그것의 상환청구를 할 수 있다(구상권).

만약 대표기관의 행위가 직무집행의 범위를 벗어난 것이거나 다른 이유로 법인의 불법행위책임이 생기지 않는 경우에는, 법인은 그에 대하여 책임을 지지 않으며, 대표기관만이 제750조(불법행위)에 의하여 책임을 진다. 다만,

민법은 피해자를 두텁게 보호하기 위하여 그 사항의 의결에 찬성하거나 그 의결을 집행한 사원 · 이사와 그 밖의 대표기관은 연대하여 배상책임을 지도록 하고 있다(35조 2항).

Ⅳ. 법인의 기관 [122]

법인은 스스로 활동하지는 못한다. 따라서 법인이 사회에서 활동하기 위하여서는 일정한 조직이 필요하게 된다. 이러한 조직을 이루는 것이 법인의 기관이다.

법인의 기관에는 이사 · 사원총회 · 감사 등이 있다(자세한 내용은 강의, A-394 이하 참조).

Ⅴ. 법인의 주소 [123]

법인의 주소는 그 주된 사무소의 소재지에 있는 것으로 한다(36조).

Ⅵ. 정관의 변경 [124]

정관의 변경은 법인이 동일성을 유지하면서 그 조직을 변경하는 것을 말한다. 정관변경의 가능성은 사단법인과 재단법인에 있어서 다르다. 사단법인은 사람의 단체를 실체로 하여 자율적으로 움직이는 것이기 때문에, 사단의 동일성이 유지되는 한, 그 정관은 원칙적으로 변경할 수 있다(강의, A-413 참조). 그러나 재단법인은 설립자에 의하여 정하여진 목적과 조직에 의하여 타율적으로 활동하는 것이므로, 그 정관은 원칙적으로 변경할 수 없다(강의, A-414 이하 참조).

Ⅶ. 법인의 소멸 [125]

법인의 소멸이란 법인이 권리능력을 상실하는 것을 말한다. 자연인의 권리능력 상실은 자연인이 사망한 때에 순간적으로 일어나나, 법인의 경우에는 일정한 절차를 거쳐 단계적으로 일어난다. 즉 먼저 해산(解散)을 하고, 이어서 청산(清算)으로 들어가게 되며, 청산이 종결된 때에 법인은 완전히 소멸하게 된다. 그리하여 법인은 해산 후에도 청산이 종결될 때까지는 제한된 범위에서 권리능력을 가지며, 그러한 법인을 청산법인이라고 한다. 청산법인은 해산 전의 법인과 동일성을 가지는 것이다.

해산과 청산의 자세한 점은 강의, A-418 이하 참조.

제7절 물 건

Ⅰ. 권리의 객체 일반론 [126]

권리는 일정한 대상을 필요로 하는데, 그것을 권리의 객체라고 한다. 권리의 객체는 권리의 종류에 따라 다르다. 물권에 있어서는 물건(예외 있음), 채권에 있어서는 채무자의 행위, 권리 위의 권리에 있어서는 권리, 형성권에 있어서는 법률관계, 인격권에 있어서는 생명·신체·자유·명예 등의 인격적 이익, 친족권에 있어서는 친족법상의 지위(가령 친권의 경우 자녀), 상속권에 있어서는 상속재산 등이 권리의 객체이다.

민법은 권리의 객체 전부에 관한 일반적인 규정을 두지 않고, 물건에 관하여만 규정하고 있다.

Ⅱ. 물건의 의의 및 종류 [127]

1. 물건의 의의

민법에서 물건이라 함은 유체물(有體物)과 전기 기타 관리할 수 있는 자연력(自然力)을 말한다(98조). 이를 좀 더 부연하여 설명하기로 한다. ① 우리법상 물건에는 유체물만 있는 것이 아니고 무체물이라도 전기와 같은 관리할 수 있는 자연력은 물건에 해당한다. ② 여기서 관리할 수 있다는 것은 배타적 지배가 가능하다는 것인데, 학설은 이 요건은 유체물에 관하여도 필요하다고 한다(그 결과 태양 · 달 등은 물건이 아님). ③ 사람의 신체나 그 일부는 물건이 아니다. ④ 물건이 물권의 객체로 되는 경우에는 독립한 존재를 가져야 한다. 왜냐하면 물권에 있어서는 하나의 독립한 물건 위에 하나의 물권이 성립한다는 이른바 일물일권주의(一物一權主義)가 원칙으로 되어 있기 때문이다([133] 참조).

2. 물건의 종류

민법이 총칙편에서 규정하고 있는 물건의 분류는 동산 · 부동산, 주물 · 종물, 원물 · 과실의 세 가지이다. 그런데 학자들은 그 외에도 몇 가지 다른 분류를 하고 있다. 그 가운데 중요한 두 가지만 설명하기로 한다.

(1) 대체물(代替物) · 부대체물(不代替物)

일반거래상 물건의 개성이 중요시되지 않아서 같은 종류 · 같은 질 · 같은 양의 다른 물건으로 바꾸어도 당사자에게 영향을 주지 않는 물건이 대체물이고(예 : 금전 · 신형 자동차 · 술 · 곡물), 물건의 개성이 중요시되어 다른 물건으로 바꿀 수 없는 물건이 부대체물이다(예 : 그림 · 골동품 · 중고 자동차 · 소 · 건물).

(2) 특정물(特定物) · 불특정물(不特定物)

구체적인 거래에 있어서 당사자가 물건의 개성을 중요시하여 다른 물건으로 바꾸지 못하게 한 물건이 특정물이고, 다른 물건으로 바꿀 수 있게 한 물건이 불특정물이다. 이는 당사자에 의한 주관적인 구별이어서 당사자는 일반적으로 물건의 개성이 중요시되는가에 관계없이(즉 대체물인가 부대체물인가 관계없이) 특정물로든 불특정물로든 거래할 수 있다. 예를 들면 그림이나 소(牛) 같은 부대체물도 대량으로 거래하면서 불특정물로 다룰 수 있으며, 쌀과 같은 대체물도 「이 쌀」이라는 특정물로 거래할 수 있다. 그렇지만 보통은 부대체물은 특정물로, 대체물은 불특정물로 거래된다.

Ⅲ. 부동산과 동산 [128]

물건은 부동산과 동산으로 나누어진다.

1. 부동산

토지 및 그 정착물(定着物)이 부동산이다(99조 1항).

(1) 토　지

물건으로서의 토지는 지적공부(地籍公簿. 토지대장·임야대장)에 하나의 토지로 등록되어 있는 육지의 일부분이다. 본래 육지는 연속되어 있으나, 편의상 인위적으로 구분하여 각 구역마다 번호(토지번호 즉 지번)를 붙이고, 이를 지적공부에 등록한다(「공간정보의 구축 및 관리 등에 관한 법률」 64조·66조·71조). 이렇게 등록이 되면 토지는 독립성이 인정된다.

독립한 토지의 개수는 「필」(筆)로서 표시한다. 1필의 토지를 여러 필로 분할하거나 여러 필의 토지를 1필로 합병하려면 분필 또는 합필의 절차를 밟아야 한다(「공간정보의 구축 및 관리 등에 관한 법률」 79조·80조, 부동산등기규칙 75조-80조).

(2) 토지의 정착물

토지의 정착물이란 토지에 고정적으로 부착되어 쉽게 이동할 수 없는 물건으로서 그러한 상태로 사용되는 것이 그 물건의 성질로 인정되는 것을 말한다. 건물·수목·다리·돌담·도로의 포장 등이 그렇다. 토지의 정착물은 모두 부동산이지만, 그 가운데에는 토지와는 별개의 부동산이 되는 것도 있고(예: 건물), 토지의 일부에 불과한 것도 있다(예: 다리·돌담·도로의 포장). 토지와는 별개의 독립한 부동산으로 되는 정착물들을 살펴보기로 한다.

1) 건　물　　우리 법상 건물은 토지와는 별개의 부동산이다. 건물은 건축물대장에 등록되나(건축법 38조 참조) 그것은 등록에 의하여 독립성을 갖는 것이 아니며, 사회통념상 건물로 인정되는 때에 바로 하나의 물건으로 된다. 그리고 판례는 최소한의 기둥과 지붕 그리고 주벽(主壁)이 이루어지면 사회통념상 건물로 인정된다고 한다.

독립한 건물의 개수는 「동」(棟)으로 표시한다.

2) **수목의 집단** 토지에서 자라고 있는 수목은 본래 토지의 정착물로서 토지의 일부에 지나지 않는다. 그런데 그러한 수목이 특별법이나 판례에 의하여 독립한 부동산으로 다루어지기도 한다.

「입목(立木)에 관한 법률」(이하 입목법이라 함)은 그 법에 의하여 소유권보존등기를 받은 수목의 집단을 「입목」이라고 하면서(동법 2조 1항), 그것을 토지와는 별개의 부동산으로 다룬다(동법 3조 1항).

그리고 판례에 의하면, 입목법의 적용을 받지 않는 수목의 집단도 명인방법(明認方法)을 갖추면 독립한 부동산으로서 거래의 목적이 된다.

[명인방법]
명인방법은 수목의 집단 또는 — 바로 다음에 보는 — 미분리의 과실의 소유권이 누구에게 속하고 있는지를 제 3 자가 명백하게 인식할 수 있도록 하는 관습법상의 공시방법이다. 나무껍질을 깍아 거기에 소유자의 이름을 먹물로 써놓는 것, 과수원 주변에 새끼줄을 치고 소유자의 이름을 기재한 표찰을 붙여놓는 것 등이 그 예이다.

3) **미분리(未分離)의 과실(果實)** 과일 · 잎담배 · 뽕잎 · 서있는 벼(입도: 立稻)와 같은 미분리의 과실은 수목의 일부에 지나지 않는다. 그런데 판례는 이것도 명인방법을 갖춘 때에는 독립한 물건으로서 거래의 목적으로 될 수 있다고 한다.

4) **농작물** 판례에 의하면, 농작물은 타인의 토지에서 소유자의 승낙을 얻어 경작하는 때는 물론이고, 남의 땅에서 아무런 권원 없이 위법하게 경작하는 때에도 그 소유권은 경작자에게 있다고 한다. 이러한 판례는 옳지 않으나(민총 [388] 참조), 어쨌든 판례에 의하면 남의 땅에서 경작된 농작물은 언제나 독립한 물건이며, 경작자의 소유에 속한다. 그리고 거기에는 명인방법도 요구되지 않는다.

2. 동 산

부동산 이외의 물건이 동산이다(99조 2항). 토지에 부착하고 있는 물건이라도 정착물이 아니면 동산에 속한다(예 : 임시로 심어 놓은 나무). 그리고 전기 기타 관리할 수 있는 자연력도 동산이다.

Ⅳ. 주물(主物)과 종물(從物) [129]

물건의 소유자가 그 물건의 일상적인 사용을 돕기 위하여 자기 소유인 다른 물건을 이에 부속하게 한 경우에, 그 물건을 주물이라고 하고, 주물에 부속시킨 다른 물건을 종물이라고 한다(100조 1항). 배(船)와 노(櫓), 시계와 시계줄이 그 예이다.

종물은 주물의 처분에 따른다(100조 2항). 따라서 배를 팔면 노의 소유권도 매수인에게 넘어간다. 그러나 이 규정은 임의규정이라고 해석되므로, 당사자는 종물만을 따로 처분할 수도 있다.

Ⅴ. 원물(元物)과 과실(果實) [130]

물건으로부터 생기는 경제적 수익을 과실이라고 하고, 과실을 생기게 하는 물건을 원물이라고 한다. 과실에는 천연과실(天然果實)과 법정과실(法定果實)의 두 가지가 있다.

원물의 경제적 용도에 따라 수취되는 산출물이 천연과실이다(101조 1항). 천연과실에는 자연적 · 유기적인 것(예 : 과일 · 곡물 · 가축의 새끼 · 우유)뿐만 아니라 인공적 · 무기적인 것(예 : 석재 · 흙 · 모래)도 있다(원물의 수익으로 인정될 경우). 이러한 천연과실은 그것이 원물로부터 분리되는 때에 그것을 수취할(거두어들일) 권리자에게 속한다(102조 1항).

물건의 사용대가로 받는 금전 기타의 물건이 법정과실이다(101조 2항). 물건의 대차에 있어서의 사용료(집세 · 지료 등), 금전대차에 있어서의 이자 등이 그 예이다. 법정과실은 수취할 권리의 존속기간의 일수의 비율로 취득한다(102조 2항). 예를 들어 A가 자신의 X토지를 B에게 매달 30만원씩을 받고 그 해 1월 1일부터 1년간 빌려준 경우에, A가 C에게 X토지의 소유권을 9월 20

일이 만료되는 시점에 넘겨주었다면, 9월분의 차임 30만원 중 20만원은 A가 취득하고 나머지 10만원은 C가 취득하게 된다(C가 임대차를 계속할 경우임). 그런데 이와 같은 법정과실의 취득규정도 역시 임의규정이므로 당사자가 다르게 약정할 수 있다. 그리하여 앞의 예에서 A·C 사이의 계약으로 9월분 차임은 C가 모두 받을 수 있는 것으로 정할 수 있다.

17th Edition
An Introduction to Civil Code

제2장 물권법

제1절 서 론

Ⅰ. 물권법 일반론 [131]

1. 물권법의 의의

물권법은 민법의 일부분이다. 따라서 물권법의 의의도, 민법 전체의 의의에 있어서와 마찬가지로([1] 참조), 실질적으로 정의될 수도 있고 형식적으로 정의될 수도 있다.

물권법은 실질적으로 파악하면, 실질적 민법 가운데 물권에 관한 법이다. 이것을 달리 표현하면, 「물건 기타의 객체에 대한 지배관계 즉 물권관계를 규율하는 일반사법」이라고 할 수 있다.

형식적 의미의 물권법은 「민법」이라는 이름의 법률 가운데 「제 2 편 물권」(185조 내지 372조)을 가리킨다.

이 책에서 다루는 물권법은 실질적 물권법이다. 그렇지만 형식적 물권법이 실질적 물권법의 주요부분을 이루고 있기 때문에, 아래에서는 형식적 물권법을 중심으로 하여 설명하려고 한다.

2. 민법전 「제 2 편 물권」(형식적 물권법)의 내용

형식적 물권법인 민법전 「제 2 편 물권」은 모두 9장(章)으로 이루어져 있다. 총칙, 점유권, 소유권, 지상권, 지역권, 전세권, 유치권, 질권, 저당권이 그것이다. 그리고 「제 1 장 총칙」에서는 물권법정주의(185조), 물권의 변동(186조-190조), 물권의 소멸원인 중 혼동(191조)을 규정하고 있다.

3. 물권법의 본질 [132]

(1) 물권법의 법적 성격

1) **일반사법의 일부** 물권법은 민법의 일부로서 당연히 사법에 속한다.

2) **재산법** 일반사법(민법)은 크게 재산법과 가족법으로 나누어지는데, 그 경우에 물권법은 채권법·상속법과 함께 재산법에 속한다. 물권법은 무엇보다도 채권법과 더불어 재산법의 2대 분야를 이루고 있다.

물권법은 재산법 가운데 소유권을 중심으로 하는 법이다. 물권법이 규율하는 물권에는 소유권뿐만 아니라 여러 가지의 제한물권도 있으나, 중추적인 지위에 있는 것은 소유권이기 때문이다.

[참 고]

물권법과 채권법이 별개의 법체계로 되어 있으나, 그것은 법률을 만들면서 체계를 구성하는 데 필요해서 그렇게 한 것이다. 실제에 있어서 두 법은 대부분의 경우에 매우 밀접하게 관련을 맺고 있다. A는 그의 X토지를 B에게 1억원에 팔기로 하는 매매계약을 체결하였다. 그 후 B가 A에게 대금을 모두 지급하고 그의 이름으로 등기도 마쳤다. 이러한 경우에 A와 B 사이에는 처음에 채권행위인 매매계약이 성립하였다. 그리고 그에 기초하여 B는 X토지의 소유권이전청구권이라는 채권을, A는 대금지급청구권이라는 채권을 취득하게 되었다. 그리고 나서 그 두 채권이 이행되었고, X토지에 관하여 B의 이름으로 등기까지 이루어져 B는 X토지의 소유권을 취득하게 되었다. 여기서 매매계약과 그에 의한 채권발생, 채무의 이행 등은 채권법의 문제이다. 그런가 하면 이 예에서 A·B는 의식하지 못하고 있지만 이론상 A·B 사이에서는 A가 X토지의 소유권을 B에게 넘겨준다는 합의(물권행위)를 한 것으로 생각할 수 있는데, 이러한 합의와 등기, 그리고 그것들에 의한 소유권의 이전 등은 물권법의 문제이다. 이 예에서는 법체계상 나누어져 있는 물권법과 채권법이 동일한 경우 안에서 작용을 하고 있는 것이다. 따라서 이와 같은 경우에는 두 법을 서로 관련지어 이해할 수 있도록 노력하여야 한다.

(2) 물권법의 특질

물권법이 같은 재산법으로서 가장 가까운 법인 채권법에 비하여 어떠한 특별한 성질이 있는지를 살펴보기로 한다.

1) **강행규정성** 채권은 상대권이어서 제 3 자에게 원칙적으로 영향을 미치지 않는다. 따라서 채권을 규율하는 채권법에서는 사적 자치가 넓게 인정되며, 그 규정들은 대체로 임의규정이다. 그에 비하여 물권법은 배타성을 가지는 물권을 규율하기 때문에, 물권의 종류나 내용을 당사자로 하여금 자유롭게 정하게 하면 제 3 자에게 예측하지 못한 손해를 발생시킬 수가 있다([139] (1) 참조). 그리하여 물권법에서는 사적 자치를 특수한 방법으로 제한적인 범위에서만 인정하며(한정된 종류의 물권 가운데 선택만 할 수 있도록 함), 그 규정들은 대부분 강행규정이다.

2) **고유성**(固有性) 재화의 교환을 규율하는 채권법, 특히 매매법은 세계적으로 비슷해지는 경향을 보이고 있다(보편성). 그에 비하여 물권법은 각국의 관습과 전통의 영향이 많이 반영되어 있다. 그러나 우리의 물권법은 전세권제도를 제외하고는 외국법, 특히 독일의 물권법을 계수(繼受. 다른 민족·국가에서 발달한 법을 수용하는 현상)하였다.

Ⅱ. 물권의 본질 [133]

1. 물권의 의의

물권은 물건 기타의 객체를 직접 지배해서 이익을 얻는 배타적인 권리이다. 이러한 물권은 내용면에서는 재산권이고([16] 참조), 효력(작용)면에서는 지배권이며([18] 참조), 의무자의 범위를 표준으로 하여 본다면 절대권이다([20] 참조).

2. 물권의 성질

위에서 본 물권의 의의를 바탕으로 하여 물권의 구체적인 성질을 살펴보기로 한다.

(1) 물권의 객체

물권의 객체는 원칙적으로 특정되어 있고 독립한 물건이다. 물건의 의의·종류에 관하여는 앞에서 설명하였다([127] 참조).

① 물권의 객체는 원칙적으로 물건이어야 한다. 그러나 일정한 경우에는 예외적으로 권리 위에 물권이 성립한다. 채권과 같은 재산권에 질권이 성립하는 경우(권리질권. 345조), 지상권이나 전세권에 저당권이 성립하는 경우(371조)가 그 예이다.

② 물권의 객체는 특정되어 있어야 한다. 물권은 물건에 대한 배타적인 지배를 내용으로 하기 때문에, 불특정물(가령 특정되어 있지 않은 쌀 10포대) 위에는 물권이 성립할 수 없다. 그리고 같은 이유로 물권의 객체는 현재 존재하고 있어야 한다.

③ 물권의 객체는 독립한 물건이어야 한다. 따라서 하나의 물건의 일부나 구성부분은 원칙적으로 하나의 물권의 객체로 되지 못한다.

[일물일권주의(一物一權主義)]
하나의 물건 위에는 내용상 병존(양립)할 수 없는 물권은 하나만 성립할 수 있다는 원칙을 일물일권주의라고 한다. 일물일권주의의 원칙상 물건의 일부에 하나의 물권이 성립할 수 없고, 또 여러 개의 물건 위에 하나의 물권이 성립할 수 없다. 그러나 여기에는 예외가 있다. 가령 지상권·지역권·전세권 등의 용익물권([135] 2 (1) 참조)은 1필의 토지의 일부 위에 설정될 수 있고(부동산등기법(아래에서는 부등법이라 함) 69조 6호·70조 5호·72조 1항 6호), 전세권은 1동의 건물의 일부 위에 설정될 수 있다(부등법 72조 1항 6호 참조). 그리고 「공장 및 광업재단 저당법」에서는 여러 개의 기업재산을 하나의 부동산으로 보고 그 위에 하나의 저당권이 설정될 수 있도록 하고 있다.

(2) 객체에 대한 직접적인 지배권

[예 Ⅰ] A는 그의 X토지 위에 B에게 지상권(타인의 토지에 건물 기타의 공작물이나 수목을 소유하기 위하여 그 토지를 사용하는 물권. 279조)을 설정해 주었다.

[예 Ⅱ] 갑은 그의 Y토지를 을에게 월 50만원씩을 받기로 하고 빌려 주었다.

[예 Ⅰ]의 경우에, 만약 토지 소유자인 A가 B에게 X토지를 이용할 수 있도록 인도해 주지 않거나, B가 이용하고 있는 도중에 A가 그 토지를 C에게 팔고 소유권을 넘겨주었다고 하자. 그래도 B는 스스로 그 토지를 이용할 수 있다. 즉 B는 A가 이용하고 있어도 그의 권리(지상권)를 행사하여 A를 밀어내면서 X토지를 이용할 수 있고, 또 C에 대하여도 그의 지상권을 주장하여 이용을 계속할 수 있다. 이와 같이 물권자는 권리의 실현을 위하여 타인의 행위를 기다릴 필요가 없는데, 이러한 것을 「직접 지배한다」고 표현한다. 물권은 객체를 직접 지배하는 권리인 것이다.

그에 비하여 채권의 경우에는 권리가 실현되려면 타인(채무자)의 행위(협력)가 필요하다. 가령 [예 Ⅱ]에 있어서 을은 갑에 대하여 임차권이라는 채권을 가지고 있다. 그런데 만약 그 경우에 갑이 Y토지를 을에게 인도해 주지 않으면, 을은 갑에게 이용하게 해달라고 청구할 수 있을 뿐, 갑을 밀어내면서 이용하지 못한다. 을의 청구에도 불구하고 갑이 이용하게 해주지 않으면, 을은 더 이상 이용은 하지 못하고, 채무불이행을 이유로 손해배상만을 청구할 수 있다. 을이 이용하고 있는 도중에 갑이 Y토지를 병에게 팔고 소유권을 넘겨 주었다면, 병은 을에게 인도해 달라고 할 수 있게 되고(「매매는 임대차를 깨뜨린다」), 이때 을은 병에게 임차권을 주장하지 못한다. 결국 채권은 채무자의 협력이 있어야 실현될 수 있는 권리인 것이다.

(3) 물권자가 얻는 이익 [134]

물권자가 얻는 이익에는 두 가지가 있다. 하나는 물건(아래에서는 물권의 객체 중 물건을 중심으로 하여 설명한다)을 그것의 경제적 효용에 따라서 이용하는 것 즉 사용가치를 취득하는 것이고, 다른 하나는 교환가치를 취득하는 것이다. 그런데 모든 물권이 이 두 이익을 모두 얻는 것은 아니다. 소유권은 두 가지를 전면적으로 지배할 수 있으나, 지상권 · 지역권 · 전세권 등의 용익물권은 사용가치의 전부 또는 일부를 지배할 수 있을 뿐이고, 유치권 · 질권 · 저당권 등의 담보물권은 교환가치의 전부 또는 일부를 지배할 수 있을 뿐이다.

(4) 객체에 대한 배타적(독점적) 지배권

권리의 배타성(排他性)이란 서로 병존(양립)할 수 없는 내용의 권리가 동시에 둘 이상 성립할 수 없는 성질을 말한다. 그런데 물권에는 배타성이 있다. 물권은 물건에 대한 직접적인 지배를 내용으로 하는 권리이므로, 당연히 독점적인 이용이 가능할 수 있도록 배타성이 인정되어야 하는 것이다. 이 배타성의 결과 하나의 토지 위에 두 개의 소유권이나 순위가 같은 두 개의 저당권이 성립할 수 없다. 그러나 소유권과 제한물권, 소유권과 점유권은 내용상 병존할 수 있다.

이러한 물권과 달리 채권은 채무자의 일정한 행위를 청구할 수 있는 권리이므로 배타성이 없다. 따라서 가령 A가 동일한 시계를 B에게 팔기로 매매계약을 체결한 뒤에 다시 C에게 팔기로 한 경우에는(이른바 2중매매), B와 C의 소유권이전청구권은 실질적으로는 병존할 수 없지만, 채권에는 배타성이 없어서 병존할 뿐만 아니라 효력상 차이도 없다(채권자 평등의 원칙). 만약 A가 C에게 이행을 하면 B는 A에 대하여 채무불이행으로 인한 손해배상만을 청구할 수 있다.

(5) 절대권

물권은 절대권이다. 따라서 특정한 상대방이 없고 모든 자에 대하여 효력이 인정된다. 그 결과 어떤 자가 물권을 침해하면 물권자는 당연히 불법행위를 이유로 손해배상을 청구할 수 있고 또 물권적 청구권([137] 참조)을 가진다. 그에 비하여 상대권인 채권에 있어서는 특정인인 채무자만이 의무자이어서 원칙적으로 그에 의해서만 침해될 수 있으며(채무불이행), 제3자에 의한 침해는 당연히 불법행위로 되는 것이 아니다([237] 참조).

Ⅲ. 물권의 종류 [135]

1. 물권법정주의(物權法定主義)

물권법정주의란 물권의 종류와 내용은 법률이 정하는 것에 한하여 인정되며, 당사자가 그 밖의 물권을 자유롭게 만들어내지 못한다는 법원칙을 말한다. 이러한 물권법정주의는 모든 근대 물권법에서 인정되고 있다. 물권법정주의가 채용되면 물권의 종류와 내용은 확정되고, 그 결과 물권법의 규정은 강행규정으로 된다([132] (2) 1)도 참조).

우리 민법은 제185조에서 물권법정주의를 규정하고 있다. 그런데 우리 민법은 법률 외에 관습법에 의하여서도 물권이 창설될 수 있도록 하고 있는 점에서 본래의 물권법정주의와 차이가 있다.

▣ 제185조[물권의 종류] 물권은 법률 또는 관습법에 의하는 외에는 임의로 창설하지 못한다.

2. 물권의 종류

제185조의 규정상 물권은 법률과 관습법에 의하여 성립할 수 있다. 그리고 법률은 크게 민법전과 특별법으로 나눌 수 있다.

(1) 민법상의 물권

민법전은 점유권 · 소유권 · 지상권 · 지역권 · 전세권 · 유치권 · 질권 · 저당권의 8가지 물권을 규정하고 있다. 그것들은 다음과 같이 분류될 수 있다.

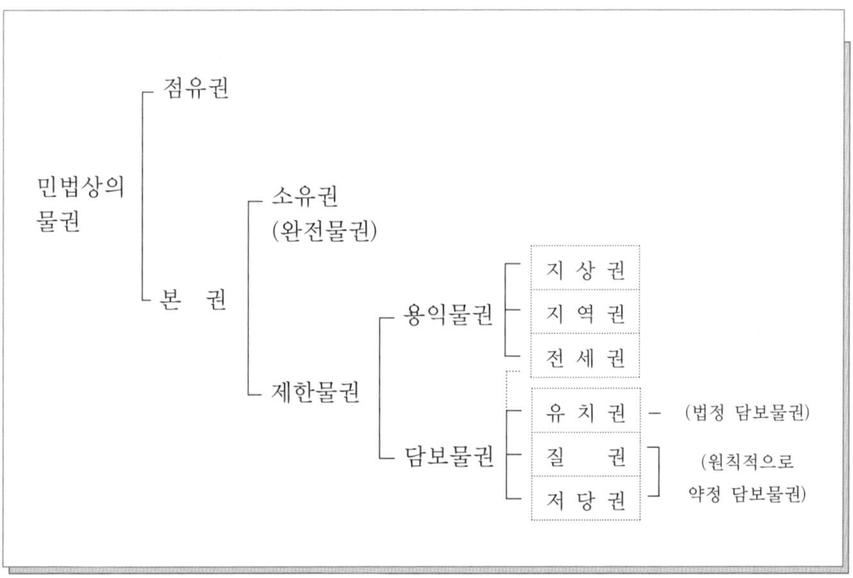

1) **본권(本權)과 점유권** 민법상의 물권은 먼저 본권과 점유권으로 나누어진다. 점유권은 물건을 사실상 지배하고 있는 경우에 인정되는 물권이고(물건을 지배할 수 있는 권리가 있는지는 묻지 않음), 본권은 물건을 지배할 수 있는 권리이다(사실상의 지배를 하고 있는지는 묻지 않음).

2) **소유권과 제한물권** 본권에는 소유권과 제한물권이 있다. 소유권은 물건을 전면적으로 지배할 수 있는 권리이고(완전물권), 그 밖의 물권(소유권·점유권 이외의 물권)은 물건의 가치를 일부만 지배할 수 있는 권리이다. 후자는 소유권에 대한 제한 위에서 성립하고 그 내용도 제한되어 있다는 점에서 제한물권이라고 한다.

3) **용익물권(用益物權)과 담보물권(擔保物權)** 제한물권은 다시 용익물권과 담보물권으로 나누어진다. 용익물권은 물건이 가지는 사용가치의 지배를 목적으로 하는 것이고, 담보물권은 교환가치의 지배를 목적으로 하는 것이다. 용익물권에는 지상권·지역권·전세권이 있고, 담보물권에는 유치권·질권·저당권이 있다. 다만, 전세권은 본질적으로 용익물권이나, 담보물권의 성질도 가지고 있다.

4) **부동산 물권과 동산 물권** 8가지 물권 가운데 점유권·소유권·지상권·지역권·전세권·유치권·저당권은 부동산 위에 성립할 수 있는 부동산 물권이고, 점유권·소유권·유치권·질권은 동산 물권이다.

(2) 특별법상의 물권

공장저당권(「공장 및 광업재단 저당법」 3조 이하), 공장재단저당권(「공장 및 광업재단 저당법」 10조 이하), 자동차저당권(「자동차 등 특정동산 저당법」 3조), 가등기담보권(「가등기담보 등에 관한 법률」) 등이 있다(그 외의 것은 강의, B-13 참조).

(3) 관습법상의 물권

관습법상의 물권으로 판례에 의하여 확인되어 있는 것에 분묘기지권([194] 2 참조), 관습법상의 법정지상권([194] 3 참조)이 있다.

Ⅳ. 물권의 효력 [136]

1. 개 관

물권의 효력이란 물권의 내용을 실현하게 하기 위하여 물권에 대하여 법이 인정하는 힘이다. 물권의 효력에는 각각의 물권에 특유한 효력과 모든 물권에 공통하는 효력의 두 가지가 있다. 이 가운데 앞의 것은 개별적인 물권에서 다룰 문제이므로, 여기서는 뒤의 것만 살펴보면 된다. 그런데 학자들은 물권의 공통적인 효력으로 우선적 효력과 물권적 청구권을 논의하고 있다.

2. 우선적 효력

우선적 효력은 어떤 권리가 다른 권리에 우선하는 효력을 말한다. 이에는 다음의 두 가지가 있다.

(1) 물권 상호간의 우선적 효력(다른 물권에 대한 우선적 효력)

물권은 배타성이 있어서 동일한 물건 위에 같은 내용(성질·범위·순위)의 물권이 동시에 둘 이상 성립할 수는 없다. 그러나 내용이 다른 권리는 병존할 수 있다. 예를 들면 동일한 토지에 소유권과 제한물권, 지상권과 저당권, 저당권과 저당권이 성립할 수 있다. 이들 가운데 소유권과 제한물권이 병존하는 때에는, 본래 제한물권이 소유권에 대하여 일시적으로 제한하면서 성립하기 때문에, 제한물권이 존재하는 동안에는 당연히 소유권이 제한을 받게 된다. 그러나 물권들이 동일한 물건 위에 병존하는 그 밖의 경우에는, 그들 사이에서는 시간적으로 먼저 성립한 물권이 후에 성립한 물권에 우선하게 된다. 이것을 가리켜서 물권 상호간의 우선적 효력이라고 한다.

(2) 채권에 우선하는 효력

어떤 물건에 대하여 물권·채권이 병존하는 경우에는 물권이 우선한다. 예를 들면 A가 그의 토지를 B에게 팔기로 하는 매매계약을 체결한 뒤 그 토지를 C에게 다시 팔고 소유권이전등기까지 해 준 경우에는, B는 동일한 토지에 관하여 소유권이전청구권이라는 채권을 가지고 C는 소유권이라는 물권을 가지게 되는데, 이때 C의 소유권이 B의 채권에 우선하게 된다. 그 결과 B는 C에게 채권을 주장하지 못하고 A에 대하여 채무불이행책임(손해배상책임)만 물을 수 있을 뿐이다.

이처럼 물권이 채권에 우선하는 이유는 물권은 물건에 대한 직접적인 지배권인 데 비하여, 채권은 채무자의 행위를 통하여 간접적으로 물건 위에 지배를 미치는 권리에 지나지 않기 때문이다.

3. 물권적 청구권 [137]

(1) 의 의

물권적 청구권은 물권의 내용의 실현이 어떤 사정으로 말미암아 방해당하고 있거나 방해당할 염려가 있는 경우에 물권자가 방해자에 대하여 그 방해의 제거 또는 예방에 필요한 일정한 행위를 청구할 수 있는 권리이다. 민법은 물권적 청구권을 소유권과 점유권에 관하여 규정을 하고(213조 · 214조 · 204조-207조), 소유권에 관한 규정을 다른 물권에 준용하고 있다(290조 · 301조 · 319조 · 370조). 다만 질권에는 준용하는 규정을 두고 있지 않으나, 통설은 질권의 경우에도 물권적 청구권을 인정하고 있다.

(2) 종 류

물권적 청구권은 그 전제가 되는 침해의 모습에 따라 반환청구권, 방해제거청구권, 방해예방청구권으로 나누어진다. 한편 명문의 규정은 없지만 일종의 물권적 청구권으로 수거허용청구권을 인정할 것인지가 문제된다.

1) **물권적 반환청구권** 타인이 권원(權原) 없이 물권의 목적물을 「전부 점유」하고 있는 경우에 그 반환을 청구할 수 있는 권리이다. 가령 A의 토지를 B가 불법점거하여 그 전부 위에 건물을 짓고 살고 있는 경우에, A가 B에게 토지를 반환하라고 청구하는 권리가 그에 해당한다.

2) **물권적 방해제거청구권** 타인이 물권의 내용실현을 전부 점유가 아닌 방법으로 방해하고 있는 경우에 그 방해의 제거를 청구할 수 있는 권리이다. B가 인접한 A의 토지의 일부까지 침범하여 건축을 한 경우, C의

토지에 관하여 D의 명의로 무효인 소유권등기가 되어 있는 경우에, A와 C에게 방해제거청구권이 발생한다.

3) **물권적 방해예방청구권**　　물권의 내용실현이 현재 방해당하고 있지는 않지만 장차 방해받을 염려가 있는 경우에 그 방해의 예방에 필요한 행위를 청구할 수 있는 권리이다. 가령 A의 토지를 깊게 파서 인접한 B의 토지가 무너지려는 경우에 이 권리가 발생한다.

4) **수거허용청구권**(收去許容請求權)　　예를 들어 본다. 제3자인 병이 갑의 냉장고를 훔쳐가지고 달아나다가 을의 토지에 떨어뜨려 고장이 나자 거기에 그대로 두고 가버렸다. 종래 통설은, 이러한 경우에는 갑은 반환청구권을 가지고, 을은 방해제거청구권을 가진다고 한다. 그러나 이 경우에 갑의 반환청구권은 인정될 여지가 없다(을의 방해제거청구권은 존재함). 왜냐하면 갑의 반환청구권이 인정되려면 상대방인 을이 냉장고를 「점유」하여야 하는데, 을에게는 냉장고를 사실상 지배하려는 의사(즉 점유설정의사. [168] 1 (2) 참조)가 없고, 그리하여 점유를 하고 있지 않기 때문이다. 그렇다고 하여 이 경우에 갑에게 아무런 권리도 없다고 하면, 갑은 소유권행사를 할 수 없게 된다. 따라서 갑에게 어떤 권리가 인정되어야 한다. 그러한 권리로서 적당한 것은 독일민법이 규정하고 있는 수거허용청구권이다(독일민법 867조 · 1005조 참조). 즉 우리 민법에서도 물건을 수거해가는 것을 허용해 달라고 청구할 권리가 있다고 하여야 한다.

(3) 비용부담 문제

물권적 청구권을 행사하는 경우에 누가 그 비용을 부담하여야 하는지에 관하여 논란이 많이 있다(강의, B-21 참조). 그런데 그 문제는 다음과 같이 정리하여야 한다. 먼저 수거허용청구권이 인정되어야 한다. 그리고 그 권리는 수거를 허용해 달라는 권리이기 때문에, 수거비용은 권리를 행사하는 물권자가 부담한다. 즉 위의 냉장고의 예에서는 수거허용청구권을 행사하는 갑이 비용을 부담하여야 한다. 그에 비하여 일반적인 물권적 청구권은 모두 상대방의 반환 · 방해제거 등의 행위를 청구하는 권리이므로, 그 비용도 모두 상대방이 부담한다고 할 것이다. 그리하여 A의 X토지 전부 또는 일부 위에 B가 불법으로 건축을 하여 살고 있는 경우에, A는 B에 대하여 반환청구권이나 방해제거청구권을 행사할 수 있는데, 이때 반환비용이나 방해제거비용은 B가 부담하여야 하는 것이다.

제2절 물권의 변동

제1관 서 설

Ⅰ. 물권변동의 의의 [138]

물권의 발생·변경·소멸을 통틀어서 물권의 변동이라고 한다. 가령 소유권의 이전, 전세권의 성립, 저당권의 소멸 등이 모두 물권의 변동에 해당한다. 물권의 변동은 물권의 주체를 중심으로 하여 보면, 물권의 취득·상실·변경 즉 「득실변경」(得失變更)이 된다(186조 참조).

Ⅱ. 물권변동의 종류

물권변동은 여러 가지 표준에 의하여 종류를 나눌 수 있다. 그 가운데 중요한 것이 다음의 두 가지이다.

1. 부동산 물권변동과 동산 물권변동

부동산 물권과 동산 물권은 그것을 공시하는 방법이 다르다. 즉 뒤에 보는 바와 같이 부동산 물권은 등기로 공시하나, 동산 물권은 인도(점유의 이전)로 공시한다([139] 참조). 따라서 물권변동의 방법도 둘은 크게 차이가 있다.

그 결과 물권변동은 변동하는 물권이 부동산 물권인가 동산 물권인가에 따라 부동산 물권변동과 동산 물권변동으로 나눌 수 있다.

2. 법률행위에 의한 물권변동과 법률행위에 의하지 않는 물권변동

물권변동은 법률효과이다. 따라서 그것은 그 원인이 되는 일정한 법률요건에 기하여 발생한다. 물권변동을 일으키는 법률요건에는 가장 중요한 것인 법률행위 외에도 취득시효(245조 이하)·선의취득(249조)·건물의 신축 등 여러 가지가 있다.

이처럼 법률요건에는 여러 가지가 있으나, 그 가운데에 당사자가 원하는 대로 법률효과가 생기는 것은 오직 법률행위 하나밖에 없으며, 나머지의 경우에는 당사자의 의사와는 관계없이 법률효과가 생긴다. 그 때문에 물권변동도 법률행위에 의한 것과 나머지에 의한 것은 서로 다른 원리와 모습을 보이게 된다. 그리하여 물권변동은 법률행위에 의한 물권변동과 법률행위에 의하지 않는 물권변동으로 나눌 수 있다. 법률행위에 의하지 않는 물권변동은 법률규정에 의한 물권변동이라고도 한다.

Ⅲ. 물권변동과 공시(公示) [139]

1. 공시의 필요성

물권에는 배타성이 있어서 동일한 물건 위에 병존할 수 없는 물권이 둘 이상 성립할 수 없다. 그리고 물권은 원칙적으로 현실적인 지배 즉 점유를 요소로 하지 않는 관념적인 권리로 되어 있다. 특히 소유권·저당권이 그렇다. 따라서 물건을 거래하는 자가 예측하지 못한 손해를 입지 않으려면, 거래의 객체인 물건 위에 누가 어떤 내용의 물권을 가지고 있는지를 알 수 있어야 한다.

예를 들어본다. A가 X토지의 소유자인 줄 알고 B가 그로부터 X토지를 매수하였는데 실제로는 A가 소유자가 아닌 경우, C의 Y건물 위에 저당권이 설정되지 않은 줄 알고 D가 C에게 그 건물의 시가만큼 금전을 빌려주고 거기에 저당권을 설정받았는데 이미 시가 이상의 금전채권을 담보하는 저당권이 설정되어 있었던 경우에는, B나 D는 예측하지 못한 손해를 입게 된다. 이러한 경우에 B가 손해를 입지 않으려면 X토지의 소유권이 누구에게 있는지 알 수 있어야 하며, D가 손해를 입지 않으려면 Y건물 위에 이미 저당권이 존재하고 있는지를 알 수 있어야 한다.

여기서 물권 거래의 안전을 위하여 물권이 누구에게 속하는지(귀속)와 그 내용이 어떠한지를 널리 일반에게 알리는 이른바 공시가 필요하게 된다. 그리하여 근대법은 물권의 귀속과 내용을 외부에서 알 수 있도록 일정한 표지(標識)에 의하여 일반에게 공시하고 있는데, 그러한 표지를 공시방법이라고 한다. 우리의 법률과 판례도 다음과 같이 일정한 공시방법을 인정하고 있다.

2. 부동산 물권의 공시제도

우리 법에 있어서 부동산 물권은 공적 기록에 부동산에 관한 일정한 권리관계를 기록하는 「부동산등기」에 의하여 공시된다.

3. 동산 물권의 공시제도

동산 물권의 공시방법은 점유 내지 인도(점유의 이전)이다. 즉 물권변동을 공시하는 방법은 인도이고, 현재의 물권의 존재를 공시하는 방법은 점유이다. 그러나 동산 가운데 선박·자동차·항공기·경량항공기·일정한 건설기계는 예외적으로 등기나 등록에 의하여 공시하도록 하고 있다([160] (6) 참조).

4. 그 밖의 공시제도

입목법에서는 입목에 관하여 등기라는 공시방법을 인정하고 있으며(동법 2조), 판례는 명인방법을 수목의 집단과 미분리의 과실의 공시방법으로 삼고 있다([128] 1 (2) 참조).

Ⅳ. 공시(公示)의 원칙과 공신(公信)의 원칙 [140]

공시제도 내지 공시방법이 그 기능을 충분히 발휘하게 하기 위해서는 다음과 같은 공시의 원칙과 공신의 원칙을 인정하여야 한다.

1. 공시의 원칙

물권의 변동은 공시방법에 의하여 공시하여야 한다는 원칙이다. 예를 들면 A가 그의 토지의 소유권을 B에게 이전하려면 등기(소유권이전등기)를 하여야 하고, C가 그의 시계의 소유권을 D에게 이전하려면 인도를 하여야 한다는 것이다.

오늘날 여러 나라들은 공시의 원칙을 실현하기 위하여 강제하는 방법을 사용하고 있다. 그런데 그 방법에는 두 가지가 있다. ① 하나는 공시방법을 갖추지 않으면 제3자에 대한 관계에서는 물론이고 당사자 사이에서도 물권변동이 생기지 않게 하는 것이고(성립요건주의 또는 형식주의), ② 다른 하나는 의사표시만 있으면 공시방법이 갖추어지지 않아도 당사자 사이에서는 물권변동이 일어나지만, 공시방법이 갖추어지지 않는 한 그 물권변동을 가지고 제3자에게 대항하지 못하게 하는 것이다(대항요건주의 또는 의사주의). 우리나라는 ①의 태도를 따르고 있다(자세한 점은 [143] 참조).

2. 공신의 원칙

[예] A의 X토지에 관하여 B가 자신이 마치 A로부터 그 토지를 매수한 것처럼 등기서류를 위조하여 자신의 이름으로 등기를 하였다. 그 뒤 B는 그 토지를 자기의 소유라고 하면서 ─ B의 등기를 진실한 것이라고 믿은 ─ C에게 팔고 등기를 넘겨주었다. 이 경우에 C는 X토지의 소유권을 취득하는가?

이 경우에 B 명의의 소유권등기는 무효의 것이다. 그런데 C는 그 등기가 진실한 권리관계와 일치한다고 믿고 매수하였다. 이 [예]에서의 C와 같이 공시방법에 의하여 공시된 내용을 믿고 거래한 자가 있는 경우에, 그 공시방법이 진실한 권리관계와 일치하고 있지 않더라도, 그 자의 신뢰(믿음)를 보호하여야 한다는 것이 공신의 원칙이다. 따라서 만약 부동산거래에 관하여 공신의 원칙이 인정되고 있으면, C는 X토지의 소유권을 취득하게 된다.

그런데 우리 민법은 공신의 원칙을 부동산거래에 관하여서는 인정하지 않으며, 동산거래에 관하여서만 인정하고 있다(249조 참조). 따라서 위의 [예]에서 C는 X토지의 소유권을 취득하지 못한다. 그리고 X토지는 C의 명의로 등기되어 있는 현재에도 A의 소유에 속한다. 그에 비하여 시계를 빌려서 사용하고 있는 자로부터 그 자가 소유자인 것으로 믿고 그 시계를 매수하여 인도받은 자는 시계의 소유권을 취득하게 된다.

공신의 원칙이 채용되어 있으면 물건의 매수인이나 그 밖에 물권을 거래하는 자는 공시방법을 믿고 거래하면 설사 공시방법이 실제의 권리관계와 일치하지 않더라도 권리를 취득하게 되어, 거래의 안전이 보호된다.

V. 물권변동의 설명 순서 [141]

물권변동은 부동산 물권변동과 동산 물권변동을 차례로 살펴보아야 한다. 그리고 그 안에서 법률행위에 의한 것과 기타에 의한 것을 나누어 다루어야 한다. 그런데 부동산과 동산의 물권변동의 어느 것에 있어서나 법률행위에 의한 물권변동에는 법률행위 즉 「물권행위」가 공통하게 된다. 따라서 각각의 물권변동에 앞서서 물권행위를 설명하는 것이 필요하다. 그리고 「부동산등기」는 「법률행위에 의한 부동산 물권변동」의 요건이기 때문에, 등기의 일반적인 설명도 체계상으로는 그 물권변동의 아래에서 하는 것이 마땅하다. 그러나 그렇게 되면 물권변동에 관한 설명의 초점이 흐려질 가능성이 커서, 이해의 편의를 위하여 부동산등기의 일반적인 내용을 개별적인 물권변동의 앞에서 적기로 한다. 그리하여 먼저 물권행위, 부동산등기의 일반론을 기술하고, 그 뒤에 부동산 물권변동과 동산 물권변동을 다루고, 이어서 지상물(地上物)에 관한 물권변동과 물권의 소멸에 관하여 설명하기로 한다.

제2관 물권행위

Ⅰ. 물권행위의 의의 [142]

1. 개념정의

물권변동을 일으키는 법률요건에는 여러 가지가 있으나, 그 가운데 법률행위가 가장 중요하다. 사적 자치를 기본원리로 하는 우리 민법상 당사자가 원하는 대로 물권변동이 일어나는 경우는 법률행위밖에 없기 때문이다. 그런데 물권변동을 일으키는 법률행위가 물권행위이다.

물권행위란 물권변동을 목적으로 하는 의사표시(물권적 의사표시)를 요소로 하여 성립하는 법률행위이다.

2. 채권행위와의 구별

물권행위는 채권행위와 대립하는 개념이다. 물권행위는 물권변동을 목적으로 하는 데 비하여, 채권행위는 채권의 발생을 목적으로 한다. 그리고 물권행위가 있으면(법률이 요구하는 그 밖의 요건이 있을 경우 그것까지 모두 갖추는 때에는) 물권의 변동이 일어나게 되어 이행의 문제가 남지 않으나, 채권행위가 있으면 채권·채무가 발생할 뿐이므로 그에 기하여 이행하여야 하는 문제가 뒤에 남게 된다.

예를 들어 설명해 본다. A는 그의 X토지를 B에게 5,000만원을 받고 팔기로 하는 매매계약을 체결하였다. 이 경우에 A와 B가 맺은 매매계약은 채권행위이다. 그리고 그 계약에 의하여 A는 B에게 X토지의 소유권을 이전할 채무를 부담하게 되고, B는 A에게 5,000만원의 대금을 지급할 채무를 부담하게 된다. 그리하여 매매계약이라는 채권행위는 채무를 이행하여야 하는 문제를 남기게 되는 것이다. 한편 이 예에서 A·B 사이에 A가 B에게 X토지의 소유권이전채무를 이행하기 위하여 「X토지의 소유권이전의 합의」를 하고, B가 A에게 5,000만원의 대금을 지급하기 위하여 「5,000만원의 금전

소유권이전의 합의」를 하면(이들 행위를 A·B가 명시적으로 하는 것은 아님), 이 두 행위는 물권행위이다. 그리고 그 행위가 있으면(아울러 X토지에 관한 등기와 금전의 인도도 갖추어지면), 그때에 X토지와 지급한 금전의 소유권이 이전하게 된다. 그리하여 뒤에 이행하여야 하는 문제가 남지 않는다.

물권행위와 채권행위는 서로 대립하는 개념이지만, 둘은 밀접한 관계에 있다. 일반적으로 채권행위가 있은 후에 그것의 이행으로서 물권행위가 행하여지기 때문이다. 위의 예에서 매매계약(채권행위)에 의하여 생긴 채무를 이행하기 위하여 소유권이전의 합의(물권행위)를 한 것이 그에 해당한다. 이와 같이 채권행위의 이행으로서 물권행위가 행하여지는 경우, 즉 채권행위가 물권행위의 원인(causa)이 되는 경우에, 그 채권행위를 물권행위의 원인행위라고 한다. 그러나 언제나 채권행위가 있고 그것을 전제로 하여 물권행위가 행하여지는 것은 아니다. 거래의 실제에 있어서는 채권행위와 물권행위가 하나로 합하여져 행하여지는 때도 있으며(예 : 동산을 매매하면서 즉시 이행하는 동산의 현실매매), 채권행위가 없이 물권행위만 행하여지는 때도 있다(예 : 소유권의 포기).

3. 물권행위의 종류

법률행위가 단독행위·계약·합동행위로 나누어지므로([39] 참조), 물권행위에도 물권적 단독행위·물권계약·물권적 합동행위가 있게 된다.

물권의 포기는 물권적 단독행위에 해당한다. 물권적 단독행위도 상대방 있는 것과 상대방 없는 것이 있다. 제한물권(예 : 지상권)의 포기는 전자의 예이고, 소유권의 포기는 후자의 예이다.

물권행위의 대부분을 차지하고, 그리하여 가장 중요한 것은 물권계약이다. 물권계약은 좁은 의미의 계약인 채권계약과 구별하기 위하여 물권적 합의라고 하는 때가 많다. 소유권이전의 합의, 저당권 설정의 합의가 그 예이다. 그러나 지상권설정계약·저당권설정계약과 같이 계약이라는 표현도 적지 않게 사용된다.

공유자의 소유권 포기는 물권적 합동행위에 해당한다.

4. 처분행위로서의 성질

물권행위는 처분행위([41] (3) 참조)이다. 따라서 그것이 유효하기 위하여서는 처분자에게 처분권한이 있어야 한다. 처분권한은 물권행위를 하는 때뿐만 아니고 공시방법을 갖추는 때에도 필요하다. 처분권한이 없는 자가 타인의 물건을 처분하는 경우에는 그 처분행위는 무효이다. 그러나 이때 처분권자가 사후에 추인을 하면 처분행위는 소급해서 유효한 것으로 된다.

Ⅱ. 물권행위와 공시방법 [143]

1. 「법률행위에 의한 물권변동」에 관한 두 가지 입법례

법률행위 즉 물권행위에 의한 물권변동이 어떤 요건이 갖추어지는 때에 일어나는가에 관하여는 두 가지의 입법례가 있다.

(1) 대항요건주의(의사주의)

이는 당사자의 의사표시 즉 물권행위만 있으면 공시방법(등기·인도)을 갖추지 않아도 물권변동이 일어나나, 공시방법을 갖추지 않으면 그 물권변동을 가지고 제3자에게 대항할 수 없도록 하는 태도이다. 프랑스민법과 일본민법이 이 태도를 취하고 있다.

(2) 성립요건주의(형식주의)

이는 당사자의 의사표시 즉 물권행위뿐만 아니라 등기·인도 등의 공시방법까지 갖추어져야만 비로소 물권변동이 일어나도록 하는 태도이다. 그리하여 이 주의에서는 공시방법을 갖추지 않는 한 제3자에 대한 관계에서는 물론이고 당사자 사이에서도 물권변동은 일어나지 않는다. 독일민법·스위스민법·오스트리아민법이 이 태도를 취하고 있다.

(3) 두 주의의 비교

[예] A가 B에게 토지를 팔기로 하는 매매계약을 체결하고 아직 B의 명의로 등기를 하지 않았다고 하자.

이러한 경우에 대항요건주의에 의하면 B는 토지의 소유권을 취득한다 (물권행위는 채권행위 속에 포함되어 있는 것으로 해석된다). 그러나 그것은 당사자 사이 즉 A · B 사이에서만 그렇다. B가 소유권취득이라는 물권변동을 가지고 제 3 자에게 대항할 수 있으려면 그의 명의로 등기를 하였어야 한다. 따라서 위의 [예]에서 A가 C에게 그 토지를 다시 팔고 C에게 먼저 등기를 이전하여 주면 C가 확정적으로 소유권을 취득하게 되고, B는 소유권을 가지고 C에게 대항하지 못한다. 그 결과 A · B 사이에서는 B가 소유자이고, B · C 사이에서는 C가 소유자로 된다.

다음에 성립요건주의에 의하면, A · B 사이의 계약만으로는 A · B 사이에서조차 소유권의 변동은 일어나지 않는다. 그리고 B가 그의 명의로 등기를 하는 때에 그는 당사자 사이에서나 제 3 자에 대한 관계에서나 처음으로, 또한 확정적으로 소유권을 취득하게 된다.

이와 같이, 대항요건주의에서는 법률관계가 당사자 사이의 관계와 제 3 자에 대한 관계로 분열하여 복잡한 모습을 보이게 된다. 그에 비하여 성립요건주의에서는 법률관계가 공시방법까지 갖추어졌는지 여부에 의하여 획일적으로 정하여지며, 당사자 사이의 관계와 제 3 자에 대한 관계로 나누어지지 않는다.

2. 우리 민법의 태도

민법은 제186조 · 제188조 제 1 항에서 각각 부동산 물권과 동산 물권에 관하여 성립요건주의를 규정하고 있다. 그 결과 우리 민법에 있어서는 당사자의 의사표시 즉 물권행위뿐만 아니라 등기 · 인도라는 공시방법까지 갖추어야 비로소 당사자 사이의 관계에서도 물권변동이 일어나게 된다.

■ 제186조[부동산 물권변동의 효력] 부동산에 관한 법률행위로 인한 물권의 득실변경(得失變更)은 등기하여야 그 효력이 생긴다.

■ 제188조[동산 물권양도의 효력, 간이인도] ① 동산에 관한 물권의 양도는 그 동산을 인도하여야 효력이 생긴다.

3. 물권행위와 공시방법의 관계

물권행위와 공시방법의 관계에 관하여는 논란이 많다(강의, B-33 참조). 그런데 다음과 같이 이해하여야 한다. 물권행위는 물권적 의사표시만으로 이루어지며, 공시방법은 물권행위의 형식도 그것을 완성하는 요소도 아니다. 그리고 공시방법은 법률이 정책적으로 일반인의 보호 및 거래의 안전을 위하여 — 물권행위 외에 — 특별히 요구하는 물권변동의 요건이라고 보아야 한다.

Ⅲ. 물권행위의 독자성(獨自性) [144]

1. 의 의

물권행위(예 : 소유권이전의 합의)는 채권행위(예 : 매매계약)와 별개의 행위로서 채권행위와 분명히 구별된다(독립한 존재 인정). 그리고 물권행위는 보통은 채권행위의 이행으로서 행하여진다. 예를 들면 토지의 매매계약(채권행위)을 맺으면 토지의 소유권이전채무가 생기게 되고, 그 채무를 이행하기 위하여 그 토지의 소유권이전의 합의(물권행위)를 하는 것이다. 그런데 이러한 경우에 물권행위가 그것의 원인이 되는 채권행위와 별개의 행위로 즉 따로 행하여지는가가 문제된다. 이것이 물권행위의 독자성 문제이다.

2. 독자성이 문제되는 경우

뒤에 보는 바와 같이, 학자들은 독자성을 인정하기도 하고 부정하기도 한다. 그런데 독자성을 부정한다고 하여 물권행위의 개념 자체를 부정하는 것이 아니고, 채권행위를 전제로 하지 않는 물권행위(예 : 소유권의 포기)의 존재를 부정하는 것도 아니며, 또 채권행위와 별도로 물권행위가 행하여질 수 있다는 것을 부정하는 것도 아니다. 그리고 독자성을 인정한다고 하여 채권행위와 물권행위가 하나의 행위로 합하여져 행하여질 수 없다고 하는 것도 아니다(예 : 동산의 현실매매. [142] 2 참조). 물권행위의 독자성 인정 여부는 물권행위가 언제 행하여지는지가 명백한 경우에는 문제되지 않으며, 그 시기가 불분명한 때에만 문제된다. 「토지를 매각한다」는 계약을 체결한 경우가 그 예이다.

3. 학설 · 판례

물권행위의 독자성에 관하여 학설은 인정설과 부정설로 나뉘어 있다. 인정설은 물권행위는 채권행위와 따로 행하여진다고 한다. 그리고 인정설은 대체로 부동산 물권의 경우 등기서류를 교부할 때 물권행위가 행하여지는 것으로 해석한다. 그에 비하여 부정설은 물권행위는 보통 채권행위 속에 포함되어서 행하여진다고 한다. 한편 판례는 독자성을 부정하고 있다(대판 1977. 5. 24, 75다1394).

4. 사견(私見. 저자 개인의 견해)

우리 민법이 성립요건주의를 취하고 있기 때문에 물권행위의 독자성을 인정하든 부정하든 결과에서는 차이가 없다. 물권행위가 있더라도 등기나 인도가 없으면 물권변동이 일어나지 않기 때문이다. 그럼에도 불구하고 독자성을 인정하여야 한다면, 그것은 물권적 기대권과 물권행위의 무인성을 인정하기 위한 전제로서 필요하다는 정도이다. 그러나 바로 이어서 살펴보는 것처럼, 우리 민법상 물권적 기대권과 물권행위의 무인성은 인정하지 않아야 한다. 그러고 보면 독자성을 인정할 필요는 없다고 하겠다. 일반인들이 물권행위 자체를 의식하지 못하면서 거래를 하기 때문에도 그렇다. 즉 부정설이 옳다.

[물권적 기대권(物權的 期待權)]
일반적으로 기대권이란 권리발생의 요건 중 일부분만 갖추고 있는 상태에서 법이 주고 있는 보호를 가리키며, 조건부 권리(148조 · 149조), 기한부 권리(154조)가 그 예이다. 한편 일부 학자는, 물권취득을 위한 요건 중 일부는 이미 갖추어졌으나 다른 일부를 갖추지 못한 경우에 물권적 기대권을 인정하기도 한다. 그런데 어떤 요건이 구비되었어야 하는가에 관하여는 물권행위만 갖추어지면 된다고 하는 문헌도 있고, 그 외에 점유까지도 취득하여야 한다는 문헌도 있다(물권 [67] 참

조). 예를 들면 집을 매매하는 경우, 앞의 견해에 의하면 등기서류를 교부받았으면 되고, 뒤의 견해에 의하면 등기서류를 받았을 뿐만 아니라 집을 넘겨주었어야 한다. 그리고 물권적 기대권은 물권과 비슷한 강한 효력을 가진다고 한다.

여기에 대하여 많은 학자들은 물권적 기대권의 인정에 반대하고 있다.

이것을 검토해 본다. 우리 법상 물권적 기대권을 인정할 법적 근거가 없다. 우리 법에서는 위의 예의 경우에 집을 판 사람이 다른 사람에게 다시 팔고 그 사람에게 등기를 넘겨주면 새로 산 사람이 유효하게 집의 소유권을 취득하게 되기 때문이다. 그리고 그러한 권리를 인정해주면, 성립요건주의가 많은 경우에 의미를 잃게 되는 문제점도 생긴다. 왜냐하면 부동산의 경우에 등기를 하지 않아도 보호되어 등기를 서둘러 하지 않을 것이기 때문이다. 결국 물권적 기대권은 인정하지 않아야 하는 것이다.

Ⅳ. 물권행위의 무인성(無因性) [145]

1. 의 의

물권행위는 보통 채권행위에 기하여 그 이행행위로서 행하여진다. 이와 같이 채권행위가 행하여지고 그 이행으로서 물권행위가 따로 독립해서 행하여진 경우에, 그 원인행위인 채권행위가 존재하지 않거나 무효이거나 취소 또는 해제되는 때, 그에 따라서 물권행위도 무효로 되는지가 문제된다. 이것이 물권행위의 무인성의 문제이다. 이에 대하여 물권행위도 무효로 된다고 하는 것은 유인론(유인설)이고, 물권행위는 무효로 되지 않는다고 하는 것은 무인론(무인설)이다.

예를 들어본다. A가 그의 토지를 B에게 팔면서, 둘 사이의 합의에 따라 먼저 A가 그 토지의 소유권을 이전하여 주고 B가 그 토지를 담보로 대출을 받아 잔금을 지급하기로 약속하였다. 그런데 B가 대출을 받은 후 잔금을 지급하지 않아 A가 채무불이행을 이유로 매매계약을 해제하였다. 이 경우에 A의 해제에 의하여 A·B 사이의 매매계약(채권행위)은 소급하여 무효로 된다. 그때 A·B 사이에 있었던 소유권이전의 합의(물권행위)의 효력은 어떻게 되는지가 문제되는데, 무인론에 의하면 소유권이전의 합의는 채권행위에 영향을 받지 않아 여전히 유효하게 되나, 유인론에 의하면 그 합의도 무효로 된다.

2. 무인성이 문제되는 경우

물권행위의 유인·무인의 문제는 물권행위의 독자성을 인정하는 경우에 비로소 발생한다. 독자성을 부정하는 학설에서는 물권행위가 채권행위에 포함되어 있다고 보기 때문에 두 행위의 효력이 공통하게 된다. 그러나 독자성을 인정한다고 하여 반드시 무인성까지 인정하여야 하는 것은 아니다. 그리고 유인·무인은 물권행위가 채권행위와 따로 독립해서 행하여진 때에만 문제된다. 뿐만 아니라 물권행위의 유인·무인은 채권행위에만 흠이 있고 물권행위에는 아무런 흠도 없는 경우에만 문제된다. 만약 물권행위에도 흠이 있다면, 유인·무인과 관계없이 그 흠 때문에 물권행위가 효력을 잃게 된다. 예를 들어 18세인 A가 그의 집을 B에게 파는 매매계약을 체결하고 그 한 달 뒤에 B에게 등기서류와 집을 넘겨 주었다고 하자. 이 경우에는 A의 채권행위(매매계약)와 물권행위(소유권이전의 합의)가 모두 미성년의 상태에서 행하여졌다. 따라서 A가 그의 매매계약을 제한능력을 이유로 취소하면 물권행위까지도 소급하여 무효로 된다. 그리고 이러한 결과는 물권행위의 무인성을 인정하든 인정하지 않든 차이가 없다.

3. 학설·판례

학설은 무인론과 유인론으로 나뉘어 대립하고 있으며, 판례는 유인론의 입장에 있다(대판 1977. 5. 24, 75다1394 등).

4. 사 견

무인론에서 드는 가장 중요한 이유는 부동산거래에서 거래의 안전을 보호할 수 있다는 것이다. 그러나 본래 유인·무인이 문제될 수 있는 경우는 극히 드물다. 그리고 민법은 많은 경우에 선의의 제3자 보호규정 등을 두고 있다. 그 때문에 유인론과 무인론이 차이가 생기는 경우가 매우 적어진다. 한편 무인론은 악의의 제3자까지 보호하게 되는 문제점이 있다. 이러한 점으로 볼 때, 우리 법상 물권행위의 무인성은 부정하여야 한다.

제3관 부동산등기 일반론

Ⅰ. 부동산등기의 의의 [146]

부동산등기란 부동산등기부라고 하는 공적 기록에 부동산에 관한 권리관계와 부동산의 표시에 관한 사항을 기록하는 것을 말한다. 등기사무는 부동산 소재지의 지방법원, 그 지원 또는 등기소가 담당한다(부등법 7조).

[2011년의 부동산등기법의 개정]
2011. 4. 12. 부동산등기법이 전면적으로 개정되었다. 이는 무엇보다도 오랫동안 벌여온 부동산등기부 전산화사업이 완료되어 종이등기부를 전제로 한 종래의 규정을 정비할 필요에 따른 것이다. 그러면서 법률에 직접 규정하기에 적합하지 않은 사항을 대법원규칙에 위임하거나 삭제하여 등기절차를 탄력적으로 운용할 수 있도록 하였고, 아울러 그 동안 문제점으로 지적된 점을 반영하기도 하였다.

이 개정에서 종이등기부를 전제로 한 용어인 「등기용지 · 기재 · 날인 등」을 삭제하였고(등기용지는 등기기록으로, 기재는 기록으로 바꾸었음)(부등법 11조 2항 · 15조 등 참조), 예고등기 제도(개정 전의 부등법 3조 · 39조)도 폐지하였다.

그리고 개정된 부동산등기법에 맞추어 부동산등기규칙도 전면 개정되었다(2011. 9. 28. 공포).

개정된 부동산등기법과 부동산등기규칙은 모두 2011. 10. 13.부터 시행에 들어갔다.

Ⅱ. 부동산등기부 [147]

1. 의의와 종류

부동산등기부(등기부라고 약칭함)는 부동산에 관한 권리관계와 부동산의 표시(모습)에 관한 사항을 기재하는 공적 기록이며, 그 종류로는 토지등기부와 건물등기부의 두 가지가 있다(부등법 14조 1항).

2. 등기부의 편성방법

등기부에는 1필의 토지 또는 1동의 건물에 대하여 1개의 등기기록(과거의 등기용지에 해당함)을 사용한다(부등법 15조 1항 본문). 이를 물적 편성주의(物的 編成主義) 또는 1부동산 1등기기록의 원칙이라고 한다.

3. 등기부의 구성

등기기록은 표제부 · 갑구 · 을구로 이루어져 있다(부동산등기규칙(아래에서는 부등규칙이라 함) 13조 · 14조 참조). 그런데 그것 외에 부동산 고유번호도 부여된다. 그런가 하면 각 등기기록에는 해당 부동산의 소재지가 기록되어 있다.

(1) 부동산 고유번호 부여

등기기록을 개설할 때에는 1필의 토지 또는 1개의 건물마다, 그리고 구분건물에 대하여는 전유부분마다 부동산 고유번호를 부여하고 그것을 등기기록에 기록하여야 한다(부등규칙 12조 1항 · 2항).

(2) 표제부

1) 표제부는 토지나 건물의 표시와 그 변경에 관한 사항을 기록하는 곳이다.

2) 표제부의 모습은 그것이 토지 · 건물 · 구분건물 중 어느 것의 표제부인지에 따라 차이가 있다.

토지등기기록의 표제부는 표시번호란, 접수란, 소재지번란, 지목란, 면적란, 등기원인 및 기타사항란으로 이루어져 있고, 건물등기기록의 표제부는 표시번호란, 접수란, 소재지번 · 건물명칭 및 건물번호란, 건물내역란, 등기원인 및 기타사항란으로 이루어져 있다(부등규칙 13조 1항).

구분건물의 등기기록에는 표제부가 1동의 건물에 대한 것과 전유부분(專有部分)에 대한 것이 있는데(부등규칙 14조 1항), 1동의 건물의 표제부는 표시번호란, 접수란, 소재지번 · 건물명칭 및 번호란, 건물내역란, 등기원인 및 기타사항란으로 이루어져 있고, 전유부분의 표제부는 표시번호란, 접수란, 건물번호란, 건물내역란, 등기원인 및 기타사항란으로 이루어져 있다(부등규칙 14조 2항 본문). 다만, 구분한 건물 중 대지권(구분건물과 일체성을 갖는 대지사용권)이 있는 건물이 있는 경우에는 1동의 건물의 표제부에는 대지권의 목적인 토지의 표시를 위한 표시번호란, 소재지번란, 지목란, 면적란, 등기원인 및 기타사항란을 두고, 전유부분의 표제부에는 대지권의 표시를 위한 표시번호란, 대지권종류란, 대지권비율란, 등기원인 및 기타사항란을 두도록 하고 있다(부등규칙 14조 2항 단서. 부등규칙 88조도 참조).

3) 각 등기기록의 표제부의 표시번호란에는 표제부에 등기한 순서를 적는다.

(3) 갑 구

갑구는 소유권에 관한 사항을 기록하는 곳이며, 순위번호란, 등기목적란, 접수란, 등기원인란, 권리자 및 기타사항란으로 이루어져 있다(부등규칙 13조 2항). 갑구의 순위번호란에는 갑구에 등기한 순서를 적는다.

(4) 을 구

을구는 소유권 이외의 권리에 관한 사항을 기록하는 곳이며, 을구도 갑구와 마찬가지로 순위번호란, 등기목적란, 접수란, 등기원인란, 권리자 및 기타사항란으로 이루어져 있다(부등규칙 13조 2항). 그리고 을구의 순위번호란에는 을구에 등기한 순서를 적는다.

Ⅲ. 등기의 종류 [148]

등기는 여러 가지 표준에 의하여 종류를 나눌 수 있는데, 여기서는 중요한 두 가지만 설명하기로 한다.

1. 보존등기(保存登記)와 권리변동의 등기

보존등기는 등기가 되어 있지 않은 부동산(미등기의 부동산. 예 : 토지를 매립하거나 건물이 신축된 경우)에 관하여 그 소유자의 신청으로 맨 처음 행하여지는 소유권의 등기이다. 보존등기가 신청되면 등기기록이 새로 마련되어 표제부에 표시의 등기를 하고 갑구에 소유권자의 등기를 한다. 그리고 그 후의 그 부동산에 관한 등기는 모두 이 보존등기를 기초로 행하여진다.

권리변동의 등기는 보존등기를 기초로 하여 그 후에 행하여지는 권리변동(예 : 소유권이전, 제한물권의 설정)에 관한 등기이다.

2. 종국등기(終局登記)와 예비등기(豫備登記)

(1) 종국등기

종국등기는 등기의 본래의 효력인 물권변동의 효력을 발생하게 하는 등기이며, 보통의 등기는 종국등기이다. 종국등기는 가등기에 대하여 본등기(本登記)라고도 한다.

(2) 예비등기

이는 물권변동과는 관계가 없고 그에 대비하여 하는 등기이다. 예비등기에는 가등기와 예고등기가 있다.

1) **가등기**(假登記) 가등기는 부동산 물권변동을 목적으로 하는 청구권을 보전(保全)하기 위하여 하는 등기이다(부등법 88조). 예를 들면 A가 B로부터 X토지를 장차 사기로 예약(豫約)을 한 경우에, A는 장차 가지게 될 X토지의 소유권이전청구권을 지키기 위하여 가등기를 할 수 있는 것이다. 이러한 가등기가 부동산 물권변동을 목적으로 하는 청구권을 지키게 되는 이유는 다음과 같다. 위의 예에서 후에 B가 C에게 X토지를 팔고 소유권이전등기(본등기)를 해 주었다고 하자. 그러한 때에도 A는 그의 가등기에 기하여 X토지에 관하여 소유권이전의 본등기를 할 수 있다. 그리고 그러한 경우에는 A의 본등기의 순위는 가등기의 순위에 따르게 되어(부등법 91조) C의 본등기보다 앞서게 되고, 그 결과 C는 X토지의 소유권을 잃게 된다. 그리하여 A의 청구권이 보전되는 것이다.

가등기는 본래 청구권을 보전하기 위하여 행하여지나 변칙적으로 채권담보의 목적으로 행하여지는 때도 자주 있다. 후자의 가등기를 담보가등기라고 하는데, 그에 관하여는 뒤에 「비전형담보제도」에서 설명하기로 한다([222]·[223] 참조).

2) **예고등기**(豫告登記) 예고등기는 등기원인의 무효나 취소로 인한 등기의 말소 또는 회복의 소(訴)가 제기된 경우에 이를 제 3 자에게 경고하기 위하여 소를 수리한 법원의 촉탁에 따라 행하여지는 등기이다(개정 전 부등법 4조 · 39조). 이러한 예고등기는 부동산거래에 관하여 공신의 원칙([140] 2) 즉 등기의 공신력([161] 1)이 인정되지 않는 우리 법제에서 제 3 자 내지 거래의 안전을 보호하기 위하여 채용된 제도이다. 그런데 실제에 있어서 예고등기가 된 부동산에 대하여 일반인이 거래를 꺼리게 되어 등기명의인이 거래상 받는 불이익이 클 뿐만 아니라, 집행을 방해할 목적으로 소를 제기하여 예고등기가 행하여지는 사례가 있는 등으로 폐해가 커서, 2011년 부동산등기법을 개정하면서 이 제도를 폐지하였다.

Ⅳ. 등기의 절차 [149]

등기는 원칙적으로 당사자의 신청 또는 관공서의 촉탁에 의하여서만 할 수 있고, 그 밖에는 법률의 규정이 있는 때에만 할 수 있다(부등법 22조 1항). 이들 가운데 당사자의 신청에 의한 경우만을 보기로 한다.

1. 공동신청의 원칙

등기의 신청은 등기권리자와 등기의무자가 공동으로 하는 것이 원칙이다(부등법 23조 1항). 여기서 등기권리자란 「신청된 등기가 행하여짐으로써 실체적 권리관계에서 권리의 취득 기타 이익을 받는 자라는 것이 등기부상 형식적으로 표시되는 자」이고, 등기의무자는 「등기가 행하여짐으로써 실체적 권리관계에서 권리의 상실 기타 불이익을 받는다는 것이 등기부상 형식적으로 표시되는 자」이다. 예를 들어본다. A가 그의 X토지를 B에게 팔고, 그리하여 X토지에 관하여 B 앞으로 소유권이전등기를 하려고 한다. 이때에는

A와 B가 공동으로 등기를 신청하여야 한다. 이 경우 A는 등기의무자에 해당하고, B는 등기권리자에 해당한다. 왜냐하면 이 예에서 신청된 소유권이전등기가 행하여지면 등기부상 A는 소유권을 잃는 것으로 나타나고, B는 소유권을 취득하는 것으로 나타나기 때문이다.

2. 단독신청이 인정되는 경우

미등기 부동산의 소유권보존등기, 판결에 의한 등기 등은 예외적으로 등기권리자가 단독으로 등기를 신청할 수 있다.

3. 등기신청이 강제되는 경우

1990년에 제정된 「부동산등기 특별조치법」은 세금을 내지 않을 목적으로 등기를 하지 않거나 또는 등기를 하지 않은 채 부동산을 파는 것을 막기 위하여 네 가지 경우에 등기신청을 강제하고 있다. 이들 중 세 경우는 중간생략등기([155] (2) 2) 참조)를 막기 위하여 공동신청을 강제하는 것이고(동법 2조 1항–3항), 나머지 하나는 미등기 부동산을 등기 없이 거래하는 것을 방지하기 위한 단독신청의 강제이다(동법 2조 5항).

■ **「부동산등기 특별조치법」** 제 2 조(소유권이전등기 등 신청의무) ① 부동산의 소유권이전을 내용으로 하는 계약을 체결한 자는 다음 각호의 1에 정하여진 날부터 60일 이내에 소유권이전등기를 신청하여야 한다. 다만, 그 계약이 취소·해제되거나 무효인 경우에는 그러하지 아니하다.

1. 계약의 당사자가 서로 대가적인 채무를 부담하는 경우에는 반대급부의 이행이 완료된 날
2. 계약당사자의 일방만이 채무를 부담하는 경우에는 그 계약의 효력이 발생한 날

② 제 1 항의 경우에 부동산의 소유권을 이전받을 것을 내용으로 하는 계약을 체결한 자가 제 1 항 각호에 정하여진 날 이후 그 부동산에 대하여 다시 제 3 자와 소유권이전을 내용으로 하는 계약이나 제 3 자에게 계약당사자의 지위를 이전하는 계약을 체결하고자 할 때에는 그 제 3 자와 계약을 체결하기 전에 먼저 체결된 계약에 따라 소유권이전등기를 신청하여야 한다.

③ 제 1 항의 경우에 부동산의 소유권을 이전받을 것을 내용으로 하는 계약을 체결한 자가 제 1 항 각호에 정하여진 날 전에 그 부동산에 대하여 다시 제 3 자와

소유권이전을 내용으로 하는 계약을 체결한 때에는 먼저 체결된 계약의 반대급부의 이행이 완료되거나 계약의 효력이 발생한 날부터 60일 이내에 먼저 체결된 계약에 따라 소유권이전등기를 신청하여야 한다.

④ (생략)

⑤ 소유권보존등기가 되어 있지 아니한 부동산에 대하여 소유권이전을 내용으로 하는 계약을 체결한 자는 다음 각호의 1에 정하여진 날부터 60일 이내에 소유권보존등기를 신청하여야 한다.

1. 부동산등기법 제65조에 따라 소유권보존등기를 신청할 수 있음에도 이를 하지 아니한 채 계약을 체결한 경우에는 그 계약을 체결한 날
2. 계약을 체결한 후에 부동산등기법 제65조에 따라 소유권보존등기를 신청할 수 있게 된 경우에는 소유권보존등기를 신청할 수 있게 된 날

4. 대리인에 의한 신청 [150]

등기신청은 등기권리자 · 등기의무자의 대리인에 의하여서도 할 수 있다(부등법 24조).

5. 등기신청의 방법

(1) 등기는 다음 두 가지 중 어느 하나의 방법으로 신청한다.

하나는 방문신청으로, 신청인 또는 그 대리인이 등기소에 출석하여 신청정보 및 첨부정보를 적은 서면을 제출하는 방법이다(부등법 24조 1항 1호). 다만, 대리인이 변호사(법무법인 · 법무조합을 포함한다)나 법무사(법무사합동법인을 포함한다)인 경우에는 대법원규칙으로 정하는 사무원을 등기소에 출석하게 하여 그 서면을 제출할 수 있다(부등법 24조 1항 1호 단서).

다른 하나는 전자신청으로, 전산정보처리조직을 이용(이동통신단말장치에서 사용되는 애플리케이션(Application)을 통하여 이용하는 경우를 포함함)하여 신청정보 및 첨부정보를 보내는 방법이며, 전자신청이 가능한 등기유형에 관한 사항과 전자신청의 방법은 대법원규칙으로 정한다(부등법 24조 1항 2호).

(2) 등기신청인이 제공하여야 하는 신청정보 및 첨부정보는 대법원규칙 즉 부동산등기규칙이 정한다(부등법 24조 2항). 그에 따르면, 이들 두 정보의 내용은 방문신청이나 전자신청이나 동일하며, 단지 정보를 제공하는 방식에서

차이가 있을 뿐이다(방문신청의 경우 : 부등규칙 56조 1항 · 3항, 전자신청의 경우 : 부등규칙 67조 2항 · 3항 참조). 아래에서 신청인이 제공하여야 하는 두 정보에 관하여 살펴본다(그 외에 부등규칙 44조도 참조).

1) 신청정보 신청정보는 부동산등기규칙 제43조 및 그 밖의 법령이 정하고 있다.

2) 첨부정보 첨부정보는 부동산등기규칙 46조 및 그 밖의 법령이 정하고 있는데(부등규칙 56조 3항 · 67조 3항), 여기서는 전자가 정하고 있는 것 중 중요한 두 가지만 설명한다(자세한 사항은 강의, B-51 · 52 참조).

① 등기원인을 증명하는 정보(부등규칙 46조 1항 1호) 여기서 「등기원인」이란 등기를 정당화하는 법률상의 원인이다.

법률행위에 의한 부동산 물권변동의 경우에는, 등기원인은 본래는 물권행위이다. 그러나 사견처럼 물권행위의 독자성을 인정하지 않으면 물권행위가 포함된 채권행위(원인행위)가 등기원인이 된다(소유권 포기와 같이 물권행위만 있는 때에는, 그 물권행위가 등기원인이 된다). 나아가 물권행위의 무인성까지 부정하면 원인행위의 무효 · 취소 · 해제도 등기원인이 된다.

법률행위에 의하지 않는 부동산 물권변동(187조)의 경우에는, 상속 · 공용징수 · 판결 · 경매 · 건물의 신축 등이 등기원인이 된다.

그리고 위에서 본 등기원인을 증명하는 정보가 등기신청시에 제출하여야 하는 「등기원인을 증명하는 정보」이다. 예를 들면 매매 · 증여에 의한 소유권이전등기를 신청하는 경우에는 매매계약서 · 증여계약서, 저당권설정등기의 경우에는 저당권설정계약서 또는 저당권부 소비대차계약서, 판결의 경우에는 판결등본이 그에 해당한다.

다만, 「부동산등기 특별조치법」에 의하면, 「계약을 원인으로 소유권이전등기를 신청할 때」에는 일정한 사항(동법 3조 1항 참조)이 기재된 계약서에 검인신청인을 표시하여 부동산소재지를 관할하는 시장 · 구청장 · 군수 등의 검인(檢印)을 받아서 제출하여야 한다(동법 3조). 이것이 이른바 검인계약서 제도이다.

그런데 2005년 이래 검인계약서 제출제도에 중대한 변경이 생겼다(「부동산등기 특별조치법」은 변함 없음). 「부동산 거래신고 등에 관한 법률」에 따르면, 거래당사자가 부동산의 매매계약 등을 체결한 경우 그 실제 거래가격 등 대통령령으로 정하는 사항을 거래계약의 체결일부터 60일 이내에 그 권리의 대상인 부동산 등의 소재지를 관할하는 시장·군수 또는 구청장(이하 신고관청이라 함)에게 공동으로 신고하여야 한다(동법 3조 1항 본문). 이 규정에도 불구하고 거래당사자 중 일방이 신고를 거부하는 경우에는 국토교통부령으로 정하는 바에 따라 단독으로 신고할 수 있다(동법 3조 2항). 그런데 개업공인중개사가 거래계약서를 작성·교부한 경우에는 해당 개업공인중개사가 신고를 하여야 한다(동법 3조 3항 1문). 한편 신고를 받은 신고관청은 그 신고 내용을 확인한 후 신고인에게 신고필증을 지체 없이 발급하여야 하는데(동법 3조 4항), 부동산 등의 매수인은 신고인이 신고필증을 발급받은 때에 「부동산등기 특별조치법」 제3조 제1항에 따른 검인을 받은 것으로 본다(동법 3조 5항). 한편 이들 계약을 등기원인으로 한 소유권이전등기를 하는 경우에는 대법원규칙으로 정하는 바에 따라 거래가액을 기록하도록 되어 있는데(부등법 68조), 그 때의 거래가액은 「부동산 거래신고 등에 관한 법률」 제3조에 따라 신고한 금액을 가리킨다(부등규칙 124조 1항). 그 결과 현재에는 매매계약을 원인으로 소유권이전등기를 신청할 때에는 검인계약서가 아니고 부동산매매계약서가 등기원인증명정보로 된다. 그러나 매매계약 이외의 경우(예: 증여계약)에는 여전히 검인계약서가 등기원인증명정보이다.

② 등기의무자의 등기필(登記畢)정보 등기관이 새로운 권리에 관한 등기를 마쳤을 때에는 — 일정한 경우(부등법 50조 1항 1호-3호 참조)를 제외하고는 — 등기필정보를 작성하여 통지하도록 되어 있다(부등법 50조 1항). 그런데 등기권리자와 등기의무자가 공동으로 권리에 관한 등기를 신청하는 경우에 신청인은 그 신청정보와 함께 위의 규정에 따라 통지받은 등기의무자의 등기필정보를 등기소에 제공하여야 한다(부등법 50조 2항 1문).

등기신청을 위하여 등기의무자의 등기필정보를 등기소에 제공하여야 하는 경우에 그 등기필정보가 없을 때에는(등기필정보 서면이 멸실된 경우뿐만 아니라 분실된 경우도 포함한다) 등기의무자 또는 그 법정대리인이 등기소에 출석하여 등기관으로부터 등기의무자(또는 그 법정대리인)임을 확인받아야 한다(부등법 51조 본문). 다만, 등기신청인의 대리인(변호사나 법무사만을 말한다)이 등기의무자(또는 그 법정대리인)로부터 위임받았음을 확인한 경우 또는 신청서(위임에 의한 대리인이 신청하는 경우에는 그 권한을 증명하는 서면을 말한다) 중 등기의무자(또는 그 법정대리인)의 작성부분에 관하여 공증을 받은 경우에는 등기소에 직접 출석할 필요가 없다(부등법 51조 단서). 한편 등기필정보가 없이 등기를 한 경우에는 위의 제도가 악용될 가능성에 대비하여 등기관으로 하여금 등기가 된 사실을 등기의무자에게 알리도록 하고 있다(부등법 30조, 부등규칙 53조 1항 3호).

Ⅴ. 등기청구권 [151]

예를 들어 A가 그의 X토지를 B에게 팔았다고 하자. 이 경우에는 A로부터 B로 X토지에 관하여 소유권이전등기를 하여야 한다. 그리고 그 등기는 등기권리자인 B와 등기의무자인 A가 공동으로 신청하여야 한다. 이와 같은 예에서 B가 등기신청을 하려고 하는데 A가 이에 협력하지 않으면 B는 혼자서 등기를 할 수 없게 된다. 여기서 B에게 A에 대하여 등기신청에 협력해 달라고 청구할 수 있는 권리가 인정되어야 하는데, 그러한 권리가 등기청구권이다. 즉 등기청구권은 「등기권리자가 등기의무자에 대하여 등기신청에 협력할 것을 청구할 수 있는 권리」이다. 등기권리자에게 등기청구권이 있음에도 불구하고 등기의무자가 등기신청에 협력하지 않는 때에는, 등기권리자는 판결을 얻어 그에 기하여 단독으로 등기를 신청할 수 있다(부등법 23조 4항).

한편 위의 예의 경우에 A(등기의무자)가 B에게 등기를 넘겨가라고 청구할 수는 없는가? 소유권이전등기를 해가지 않더라도 A에게는 불이익이 크지 않다. 그러나 가령 A에게 세금이 부과되는 등으로 불이익이 생길 수 있다. 따라서 A에게도 등기를 넘겨가라고 하는 권리가 인정되어야 한다. 이러한 권리를 등기수취청구권(등기인수청구권)이라고 한다. 판례도 부동산등기법(23조 4항)을 근거로 등기의 인수를 구할 수 있다고 한다(대판 2001. 2. 9, 2000다60708).

제4관 부동산 물권의 변동

Ⅰ. 서 설 [152]

이제 물권변동 가운데 부동산 물권변동에 관하여 보기로 한다. 그런데 부동산 물권변동은 법률행위에 의한 것과 법률행위에 의하지 않는 것으로 나누어 살펴보아야 한다. 민법이 제186조와 제187조에서 이들을 따로 규율하고 있기 때문이다.

Ⅱ. 법률행위에 의한 부동산 물권변동 [153]

1. 제186조

(1) 제186조의 의의

제186조는 「부동산에 관한 법률행위로 인한 물권의 득실변경은 등기하여야 그 효력이 생긴다」고 규정한다. 이는 법률행위에 의한 부동산 물권변동에 관하여 성립요건주의(형식주의)를 채용한 것이다.

이 규정의 「법률행위」는 물권행위를 가리킨다. 그리하여 이 규정상 법률행위에 의한 부동산 물권변동은 「물권행위」와 「등기」라는 두 요건이 갖추어졌을 때 발생하게 된다. 그에 비하여 — 동산 물권변동의 경우와 달리 — 목적부동산의 인도는 부동산 물권변동의 요건이 아니다.

[참 고]

가령 부동산매매의 경우에 파는 사람(매도인)은 목적물의 소유권을 이전해 주어야 할 의무 외에 목적물인도의무도 부담한다. 따라서 매도인은 목적물을 인도하여야 하는 것이다. 그렇지만 목적물의 인도는 부동산의 소유권이전을 위하여 필요한 요건은 아니다.

(2) 제186조의 적용

① 제186조는 부동산에 관한 물권에 적용되고, 동산에 관한 물권에는 적용되지 않는다. 그런데 부동산 물권 가운데 점유권과 유치권은 일정한 경우에 법률상 당연히 인정되는 물권이어서 등기로 공시할 필요가 없다. 따라서 그 두 물권을 제외한 부동산 물권, 즉 소유권 · 지상권 · 지역권 · 전세권 · 저당권에만 적용된다.

② 부동산에 관한 「물권의 득실변경」에 적용된다. 물권의 득실변경은 물권의 발생 · 변경 · 소멸을 물권의 주체의 측면에서 표현한 것이다. 따라서 그것은 널리 물권의 변동을 의미한다.

③ 법률행위에 의한 물권변동에 적용되고, 법률행위에 의하지 않는 물권변동(법률의 규정에 의한 물권변동)에는 적용되지 않는다. 후자에 관하여는 제187조가 따로 정하고 있다.

④ 제186조가 적용되는 전형적인 예로는, 매매 · 증여 · 교환을 원인으로 하는 부동산 소유권의 양수(讓受. 양도 · 양수란 당사자의 의사에 의한 권리의 이전을 가리킨다), 설정계약에 의한 전세권 · 저당권의 취득을 들 수 있다.

(3) 이제 법률행위에 의한 부동산 물권변동의 요건을 살펴보아야 한다. 그런데 그 가운데 물권행위에 관하여는 본절 제 2 관에서 이미 자세히 설명하였다([142] 이하 참조). 그러므로 아래에서는 나머지 요건인 등기에 관하여만 적기로 한다.

2. 등 기 [154]

등기는 물권행위와 함께 법률행위에 의한 부동산 물권변동에 필요한 요건이다. 그러한 등기의 일반적인 문제(의의 · 절차 등)에 관하여는 본절 제 3 관에서 살펴보았다. 그러므로 여기서는 등기가 물권변동을 위하여 갖추어야 하는 요건에 대하여만 보기로 한다.

등기가 물권행위와 결합하여 물권변동을 일으키려면 그것이 유효하여야 한다. 그런데 그것이 유효하기 위해서는 부동산등기법이 정하는 절차에 따라서 적법하게 행하여져야 하고, 또 물권행위와의 일치 · 등기원인의 올바른 기록 등과 같은 실체관계와의 일치가 있어야 한다. 앞의 요건을 형식적(절차적) 유효요건이라고 하고, 뒤의 요건을 실질적(실체적) 유효요건이라고 한다. 그 밖에 일정한 경우에는 특별법에 의하여 등기가 무효로 되는 때도 있다. 명의신탁에 의한 등기가 그렇다. 따라서 무효로 되는 명의신탁등기가 아니어야 한다. 이들 문제에 관하여 차례로 적기로 한다.

(1) 등기의 형식적 유효요건

1) 등기의 존재 등기가 유효하기 위하여서는 우선 등기가 존재하여야 한다. 그리고 등기의 존재가 인정되려면 실제로 등기부에 기록되어 있어야 하며, 신청된 것만으로는 충분하지 않다. 그런데 등기관이 등기를 마친 경우 그 등기의 효력이 발생하는 시점은 접수한 때이다(부등법 6조 2항).

2) 관할 위반의 등기 또는 등기할 수 없는 사항에 관한 등기가 아닐 것 등기가 그 등기소의 관할에 속하지 않거나(부등법 29조 1호), 등기할 수 없는 사항에 관한 것(등기될 수 없는 권리 · 물건에 관한 것이거나 법령에 위반된 것)일 때(부등법 29조 2호)에는 당연히 무효이다.

3) 물권변동의 대상인 부동산에 대한 등기일 것 부동산의 물권변동을 위한 등기가 유효하려면 그 등기는 당연히 목적부동산에 관한 것이어야 한다. 그리하여 우선 그 부동산이 존재하여야 한다. 존재하지 않는 부동산 또는 그 지분에 관한 등기는 무효이다. 또한 표제부의 표시란의 기록이 실제의 부동산과 동일하거나 사회관념상 그 부동산을 표시하는 것이라고 인정될 정도로 유사하여야 한다. 그렇지 않은 경우에는 표제부의 등기 및 보존등기는 무효이고, 그 부동산에 관한 권리변동의 등기도 효력이 없게 된다.

4) 2중등기(중복등기)의 문제 우리 등기법상 하나의 부동산에 대하여는 하나의 등기기록만을 둔다(부등법 15조). 따라서 어떤 부동산에 관하여 등기가 행하여지면 비록 그 등기가 부적법한 것일지라도 그것을 말소하지 않는 한 다시 등기를 하지 못한다. 그런데 동일한 부동산에 관하여 절차상의 잘못으로 2중으로 등기가 행하여지는 경우가 있다(그러한 2중등기는 보존등기에서

자주 생긴다). 그 경우에 2중으로 된 등기의 효력이 어떻게 되는지가 문제이다.

2중등기의 모습에는 두 가지가 있다. 하나는 동일한 사람의 명의로 2중으로 등기된 것이고, 다른 하나는 명의인을 달리하여 2중으로 등기가 된 것이다. 가령 A가 건물을 신축한 후 보존등기를 한 뒤, 그런 사실을 잊어버리고 다시 보존등기를 신청하여 등기가 된 경우는 전자의 예이고, 건물을 신축한 A가 보존등기를 한 뒤 B에게 팔았는데, B는 그 건물에 보존등기가 되지 않은 줄 알고 다시 보존등기를 신청하여 등기가 된 경우는 후자의 예이다.

판례에 의하면, 동일인 명의로 소유권보존등기가 2중으로 된 경우에는 언제나 제 2 등기가 무효이고, 등기명의인을 달리하여 2중의 보존등기가 된 경우에는 원칙적으로 제 2 등기가 무효이지만 제 1 등기가 원인무효인 때에는 예외적으로 제 2 등기가 유효하다고 한다(강의, B-81 참조).

5) 그 밖에 중대한 절차위반이 없을 것 등기는 부동산등기법이 정하는 절차에 의하여 행하여져야 한다. 그리고 일정한 경우에는 「부동산등기 특별조치법」에 의하여 등기신청의 방법과 시기가 규제되고 있다. 등기신청이 이들이 정하는 절차에 위반하는 때에는 신청이 각하될 것이지만(부등법 29조 참조), 흠에도 불구하고 등기가 행하여졌다면 절차위반이 중대하지 않는 한 그것만을 이유로 등기를 무효라고 할 것은 아니다. 그때에는 등기가 실질적 유효요건을 갖추고 있는지에 따라 유효·무효를 판단하여야 한다. 그리하여 당사자에게 등기신청의 의사(등기의사)가 있고, 또 등기가 실질적 유효요건을 갖추고 있으면 그 등기는 유효하다고 할 것이다.

(2) 등기의 실질적 유효요건 [155]

등기가 유효하려면 절차가 적법한 것 외에 물권행위와 내용에 있어서 일치하여야 하는 등 실질적 유효요건도 갖추어야 한다. 문제되는 경우들을 살펴본다.

1) 물권행위와 내용적으로 일치하지 않는 경우 등기가 유효하려면 물권행위와 그 내용에 있어서 일치하여야 한다. 만약 둘이 내용상 일치하지 않으면 합의된 대로의 물권변동이 생기지 않는다. 물권행위와 등기가

내용상 불일치하는 경우로는 다음의 두 가지가 있다.

① **질적**(質的) **불일치** 예를 들어 지상권설정의 합의를 하였는데 전세권등기를 한 경우, 채권자 앞으로 가등기와 근저당권설정등기를 하기로 하였는데 제3자 앞으로 소유권이전등기를 한 경우, A의 건물에 관하여 소유권을 이전하기로 약정하였으면서 B의 건물에 소유권이전등기를 한 경우에는 물권행위와 등기가 질적으로 불일치한다. 이러한 경우의 등기는 그에 부합하는 물권행위가 없으므로 모두 무효이다.

② **양적**(量的) **불일치** 물권행위의 양(量)과 등기된 양이 일치하지 않는 때가 있다. 가령 3,000만원의 채권을 담보하기 위하여 저당권을 설정하기로 합의하였는데 채권액이 5,000만원으로 등기된 경우나, 반대로 5,000만원의 채권을 담보하기로 하였는데 3,000만원으로 등기된 경우에 그렇다. 이 중에 앞의 경우처럼 등기된 양(量)(5,000만원)이 물권행위의 양(3,000만원)보다 큰 때에는, 물권행위의 한도 내에서 효력이 생긴다. 그리고 뒤의 경우처럼 등기된 양(3,000만원)이 물권행위의 양(5,000만원)보다 작을 때에는, 등기된 범위에서 효력이 생긴다고 하여야 한다(137조 적용설도 있음).

2) **중간생략등기**(中間省略登記)**의 문제** A가 그의 부동산을 B에게 팔고 B가 다시 C에게 판 경우에는, A로부터 B로 소유권이전등기를 한 뒤, B로부터 C로 소유권이전등기를 하여야 한다. 그런데 위의 경우에 B로의 등기를 생략해서 A로부터 직접 C로 소유권이전등기를 하는 수가 있다. 그러한 등기를 중간생략등기라고 한다.

중간생략등기가 행하여지면 물권변동의 과정이 등기부에 제대로 나타나지 않게 된다. 위의 예의 경우 부동산의 소유권이 A로부터 B로, B로부터 C로 이전되었는데, 등기부에는 B는 보이지 않고 A로부터 C로 이전된 것처럼 기재되기 때문이다. 그리고 다른 한편으로는 중간취득자(위의 예에서는 B)가 등록세·취득세·양도소득세 등을 내지 않을 수 있다. 그리하여 근래에는 「부동산등기 특별조치법」에 이를 금지하는 규정을 두고 있다(동법 2조·8조 1호·11조). 그러나 그 규정은 효력규정이 아니고 단속규정에 해당한다. 따라서 그에 위반하더라도 벌칙의 제재는 별도로 하고 사법상(私法上) 효력이 당연히 없어지는 것은 아니다.

중간생략등기에 있어서는 두 가지가 문제된다. 하나는 중간생략등기가 이미 행하여진 경우에 그것이 유효한가이고, 나머지 하나는 최후의 양수인이 최초의 양도인에 대하여 등기청구권을 가지는가이다. 판례에 의하면, 중간생략등기는 3자(위의 예에서는 A · B · C) 합의가 있을 때 유효함은 물론이나, 이미 중간생략등기가 이루어져버린 경우에는 3자 합의가 없더라도 합의가 없었음을 이유로 그 무효를 주장하지 못하고, 그 말소를 청구하지도 못한다고 한다(강의, B-88 참조). 그리고 등기청구권(위의 예에서는 C가 A에 대하여)이 인정되려면 관계당사자 전원의 합의가 있어야 한다고, 즉 중간자들의 동의 외에 최초의 자와 최종의 자의 동의도 필요하다고 한다.

3) **등기원인의 불일치** 가령 증여에 의한 소유권이전등기를 하여야 하는데 매매에 의한 소유권이전등기를 하는 경우처럼 등기원인이 실제와 다르게 기재되는 경우가 있다. 「부동산등기 특별조치법」은 이를 금지하고 있으나(동법 6조 · 8조 2호), 그 규정 역시 단속규정이어서 그것 때문에 등기가 무효로 되지는 않는다. 그리고 학설 · 판례는 일치하여 등기원인이 실제와 다르게 기재된 등기도 유효하다고 한다.

4) **물권행위와 등기의 선후(先後)의 문제** 법률행위에 의한 물권변동의 경우 보통은 물권행위가 있은 후에 등기가 행하여지나, 등기를 먼저 하여도 무방하다. 그때에는 등기는 처음에는 무효이겠으나, 후에 그에 부합하는 물권행위가 행하여지면 유효하게 되고, 물권변동이 일어난다.

(3) 명의신탁(名義信託)에 의한 등기 [156]

1) **명의신탁의 의의** 종래 우리 대법원은 일련의 판결에 의하여 명의신탁이라는 제도를 확립하였다. 그에 의하면, 명의신탁은 「대내적 관계에서는 신탁자가 소유권을 보유하여 관리 · 수익하면서 공부상(公簿上)의 소유 명의만을 수탁자로 하여 두는 것」이다.

이러한 명의신탁은 판례가 그 유효성을 넓게 인정하자 온갖 불법 또는 탈법적인 수단으로 악용되었다. 그리하여 1990년에 「부동산등기 특별조치법」

을 제정하면서 명의신탁을 규제하는 명문규정을 두었으나(동법 7조), 그 규정은 단속규정에 불과하여 실효를 거두지 못하였다. 그래서 다시 「부동산 실권리자 명의 등기에 관한 법률」(이하에서는 부동산실명법이라 함)을 제정하여 보다 강력하게 명의신탁을 규제하게 되었다.

2) **부동산실명법의 주요내용** 이 법은 명의신탁약정을, 부동산에 관한 소유권이나 그 밖의 물권을 보유한 자 또는 사실상 취득하거나 취득하려고 하는 자(실권리자)가 타인과의 사이에서 대내적으로는 실권리자가 부동산에 관한 물권을 보유하거나 보유하기로 하고 그에 관한 등기(가등기 포함)는 그 타인의 명의로 하기로 하는 약정이라고 정의한 뒤(동법 2조 1호), 누구든지 부동산물권을 명의신탁약정에 의하여 명의수탁자 명의로 등기해서는 안 된다고 한다(동법 3조 1항). 그리고 명의신탁약정은 무효이고(동법 4조 1항), 또 명의신탁약정에 따라 행하여진 등기에 의한 부동산에 관한 물권변동은 무효로 하나, 다만 부동산에 관한 물권을 취득하기 위한 계약에서 명의수탁자가 그 일방 당사자가 되고 그 타방 당사자는 명의신탁약정이 있다는 사실을 알지 못한 경우에는 유효하다고 한다(동법 4조 2항). 나아가 명의신탁약정 및 물권변동의 무효는 제3자에게 대항하지 못한다고 한다(동법 4조 3항).

이들 규정을 바탕으로 하여 명의신탁의 법률관계를 경우를 나누어 살펴보기로 한다.

부동산실명법이 규정하는 명의신탁에는 세 가지 모습이 있다. 전형적인 명의신탁, 중간생략 명의신탁, 계약명의신탁이 그것이다.

① **전형적인 명의신탁**(2자간 등기명의신탁) 가령 토지 소유자 A가 B와 합의(명의신탁약정)하여 그 등기 명의만을 B 앞으로 옮겨놓는 경우이다. 이 경우에 A · B 사이의 명의신탁약정과 물권변동은 무효이다(동법 4조 1항 · 2항).

② **중간생략 명의신탁**(3자간 등기명의신탁) 가령 A가 B로부터 토지를 사는 계약을 체결하면서 그 토지에 관한 등기는 C와의 명의신탁약정에 기하여 B로부터 직접 C 앞으로 하게 하는 경우이다. 이때도 A · C 사이의 명의신탁약정과 그에 따른 등기(물권변동)는 무효이다(동법 4조 1항 · 2항). 그리고 부동산실명법 제4조 제2항 단서는 적용될 여지가 없어서 언제나 무효이다.

③ **계약명의신탁** 가령 A(신탁자)가 C(수탁자)와 합의하여 C가 처음부터 계약의 일방 당사자가 되어 상대방 B와 계약을 체결하고 그의 명의로 등기를 하기로 한 경우이다. 이는 본래 명의신탁이 아니고 허수아비행위인데([67] 2 (3) 참조), 부동산실명법은 이것도 명의신탁이라고 하여 동일하게 규율하고 있다.

이 경우에는 수탁자가 매수행위를 한다는 위임과 등기 명의는 수탁자로 한다는 명의신탁의 약정이 있는 것으로 해석할 수밖에 없다. 그리고 그때의 명의신탁약정은 부동산실명법 제4조 제1항에 의하여 무효로 되고, 위임도 일부무효의 법리에 의하여 무효로 된다고 할 것이다.

다음에 물권변동의 유효 여부는 수탁자(위의 예에서는 C)와 계약을 체결한 상대방(위의 예에서는 B)이 명의신탁약정이 있다는 사실을 알았는지에 달려 있다. 즉 그 상대방이 악의인 때에는 등기 및 물권변동도 무효로 되나, 그가 선의인 때에는 등기 및 물권변동은 유효하다(동법 4조 2항 본문 및 단서). 그리하여 상대방이 선의인 때에는 수탁자는 완전히 물권을 취득하게 된다. 이때 신탁자(위의 예에서는 A)는 수탁자의 상대방에 대하여는 아무런 청구도 하지 못한다. 그는 단지 수탁자를 상대로 그가 제공한 금전만 부당이득으로 청구할 수 있을 뿐이다.

④ **제3자에 대한 관계** 위 ①, ②, ③의 명의신탁에 있어서 명의신탁약정 또는 그에 기한 물권변동의 무효는 제3자에게 대항하지 못한다(부동산실명법 4조 3항). 그리하여 가령 ①의 예에서 B가, ②의 예에서 C가, 그리고 ③의 예에서 물권변동이 무효인 때(상대방이 악의인 때)에 C가 각각 토지를 제3자 D에게 팔고 등기를 넘겨준 경우에는(계약만 체결하고 있어도 같음), A는 D에게 명의신탁약정이나 물권변동이 무효라고 주장하지 못한다. 그 결과 D는 토지의 소유권을 취득한다(계약만 하고 있는 경우에는 등기까지 해야 소유권을 취득한다). D가 명의신탁약정이 있었음을 알고 있었더라도(즉 악의여도) 마찬가지이다.

[부동산실명법이 적용되지 않는 경우]

부동산실명법은 ① 채권을 담보할 목적으로 채권자가 부동산에 관한 물권을 이전

받거나(양도담보) 또는 가등기하는 경우(가등기담보), ② 부동산의 위치와 면적을 특정하여 2인 이상이 구분소유하기로 하는 약정을 하고 그 구분소유자의 공유로 등기하는 경우 즉 이른바 상호명의신탁, ③ 신탁법 또는 「자본시장과 금융투자업에 관한 법률」에 따른 신탁재산인 사실을 등기한 경우(신탁법상의 신탁)에는 적용되지 않는다(동법 2조 1호 가목-다목). 그 결과 ①의 경우에는 「가등기담보 등에 관한 법률」이([223] 이하 참조), ②의 경우에는 종래의 판례 이론(상호명의신탁 이론. 강의 B-95 참조)이, ③의 경우에는 신탁법 등이 각각 적용된다.

한편 종중의 부동산 물권을 종중 외의 자의 명의로 등기한 경우(종중 명의신탁)와 배우자 명의로 부동산 물권을 등기한 경우(배우자 명의신탁), 종교단체 명의로 그 산하 조직의 부동산 물권을 등기한 경우(종교단체 명의신탁)는, 조세포탈, 강제집행의 면탈 또는 법령상 제한의 회피를 목적으로 하지 않는 경우에는, 부동산실명법의 대부분의 중요규정(동법 4조-7조, 12조 1항-3항)의 적용을 받지 않는다(동법 8조). 그리하여 그때에는 종래의 판례이론이 적용된다(강의, B-94 참조).

Ⅲ. 법률행위에 의하지 않는 부동산 물권변동 [157]

1. 제187조의 원칙

제187조는 「상속, 공용징수, 판결, 경매 기타 법률의 규정에 의한 부동산에 관한 물권의 취득은 등기를 요하지 아니한다. 그러나 등기를 하지 아니하면 이를 처분하지 못한다」고 규정한다. 여기의 「물권의 취득」은 널리 물권의 변동이라고 해석된다. 그러고 보면 이 규정은 법률행위에 의하지 않는 부동산 물권변동의 원칙을 선언하고 있는 것이다.

이에 의하면 법률행위에 의하지 않는 부동산 물권변동에는 등기가 필요하지 않게 된다. 다만, 제187조 단서는 물권을 등기 없이 취득하였더라도 그것을 처분하려면 먼저 취득자의 명의로 등기하도록 하고 있다. 예를 들어 X토지의 소유자 A가 유족으로 B를 남기고 사망하였다고 하자. 이 경우에 상속인 B는 상속이 개시된 때에 곧바로 X토지의 소유권을 취득한다. B가 자신의 이름으로 등기를 할 필요가 없음은 물론이고, 상속이 개시되었는지를 알지 못하여도 상관없다. 그런데 B가 그 토지를 C에게 팔려면 먼저 자신의 이름으로 등기하여야 하는 것이다. 다만, 판례는 B가 C에게 팔고 직접 A로부터 C로 등기를 해 준 경우에 그것도 일종의 중간생략등기로 보아 유효하다고 한다.

2. 예 외

민법은 제245조 제1항에서 점유 취득시효에 의하여 부동산 소유권을 취득하려면 등기를 하여야 한다고 규정하고 있다. 이는 제187조에 대한 예외규정이다.

제5관 동산 물권의 변동

Ⅰ. 서 설 [158]

동산 물권변동도 부동산의 경우와 마찬가지로 법률행위에 의한 것과 법률행위에 의하지 않는 것으로 나눌 수 있다. 그런데 민법은 후자 가운데 중요한 것은 「소유권」 부분에서 규정하고 있다. 그리고 동산 물권의 소멸은 부동산 물권에 관한 것과 함께 뒤의 제7관에서 설명할 것이다. 그리하여 여기서는 「법률행위에 의한 동산 물권의 취득」만을 다루려고 한다. 그런데 법률행위에 의한 동산 물권의 취득은 「권리자로부터의 취득」과 「무권리자로부터의 취득」(선의취득)의 두 가지를 살펴보아야 한다. 민법이 동산거래에 관하여는 공신의 원칙을 채용하고 있기 때문이다.

Ⅱ. 권리자로부터의 취득 [159]

1. 제188조 제1항과 관련규정

(1) 위 규정의 의의(성립요건주의)

민법은 제188조 제1항에서 「동산에 관한 물권의 양도는 그 동산을 인도하여야 효력이 생긴다」고 하고, 제188조 제2항 · 제189조 · 제190조에서 「인도」와 관련하여 보충적인 내용을 규정하고 있다. 이는 민법이 부동산 물권변동에 있어서와 마찬가지로 동산 물권변동에 관하여도 성립요건주의(형식주의)를 채용하고 있음을 의미한다. 그 결과 법률행위에 의한 동산 물권변동은 「물권행위」 외에 공시방법으로서 「인도」까지 있어야 일어나게 된다.

(2) 위 규정의 적용범위

위 규정 가운데 핵심적인 것은 제188조 제1항인데, 그 규정에서 말하는 「물권의 양도」는 「법률행위 즉 물권행위에 의한 물권의 이전」이다. 따라서 그 규정(및 인도 관련규정)은 법률행위에 의한 물권의 이전에 적용된다. 한편 그 규정은 「동산에 관한 물권」의 양도를 규율하고 있다. 그러나 실제로는 그것의 적용을 받는 동산 물권은 소유권에 한정된다. 왜냐하면 점유권·유치권·질권 등 다른 동산 물권에 관하여는 따로 특별규정을 두고 있기 때문이다(192조·320조·328조·330조·332조 참조). 그러고 보면 제188조 제1항 및 관련규정은 「법률행위에 의한 동산 소유권의 이전」에만 적용되는 것임을 알 수 있다.

(3) 「법률행위에 의한 동산 소유권의 이전」의 요건은 물권행위와 인도이다. 그러므로 여기서 그 두 요건에 관하여 살펴보아야 한다. 그런데 물권행위는 본절 제2관에서 설명한 것이 여기에도 그대로 적용되므로([142] 이하 참조), 아래에서는 나머지 요건인 인도에 관하여만 적기로 한다.

2. 인도(引渡) [160]

(1) 의의 및 종류

1) 의 의 　인도는 점유의 이전을 가리킨다. 그리고 점유는 물권에 대한 사실상의 지배이다(192조 1항). 인도는 법률행위에 의한 동산 물권변동의 공시방법이면서 그 요건이다.

2) 종 류 　동산 소유권 양도의 요건으로서 요구되는 인도는 「현실의 인도」를 원칙으로 한다(188조 1항 참조). 그런데 민법은 그 외에 간이인도에 의하여도 물권변동이 일어나는 것으로 하며(188조 2항), 점유개정·목적물반환청구권의 양도를 인도로 의제(간주)하고 있다(189조·190조). 이와 같은 경

우에는 실제로는 점유가 움직이지 않았는데도 인도의 효과가 인정된다. 이들을 문헌들은 간편한 인도방법 또는 관념적인 인도라고 부른다.

현실의 인도와 다른 세 경우를 나누어 설명하기로 한다.

(2) 현실(現實)의 인도

이는 물건에 대한 사실상의 지배를 실제로 이전하는 것이다. 물건을 건네주는 것(교부)이 그 전형적인 예이다. 구체적인 경우에 사실상의 지배가 이전되었는지는 사회통념에 의하여 판단한다. 그 결과 가령 물건을 집에 배달하거나 물건이 들어 있는 창고의 유일한 열쇠를 넘겨주는 것은 현실의 인도이다.

(3) 간이인도(簡易引渡)

양수인이 이미 그 동산을 점유하는 때에는 현실의 인도가 없이도 당사자의 의사표시만으로 소유권의 이전이 일어나는데(188조 2항), 이 경우에 인정되는 인도를 간이인도라고 한다. 예를 들면 A의 시계를 B가 빌려 쓰고 있다가 B가 A로부터 그 시계를 매수하는 경우에는, A · B 사이의 소유권이전의 합의만 있으면 점유가 움직이지 않고도 시계의 소유권이 B에게 이전한다.

(4) 점유개정(占有改定)

동산에 관한 물권을 양도하는 경우에 당사자의 계약으로 양도인이 그 동산의 점유를 계속하는 때에는 양수인이 인도받은 것으로 보는데(189조), 이를 점유개정이라고 한다. 예를 들면 A가 그의 시계를 B에게 팔고서 B로부터 다시 빌려쓰는 경우에 그렇다. 이 경우에는 A와 B 사이에 시계의 대차관계가 합의되면 인도가 있었던 것으로 다루어진다.

점유개정은 실제로 점유가 움직이지 않는 점에서 간이인도와 같다. 그러나 간이인도의 경우에는 점유가 인도의 전후(前後)에 계속하여 양수인에게 있고, 점유개정의 경우에는 점유가 계속하여 양도인에게 있다는 점에서 둘은 서로 다르다.

(5) 목적물 반환청구권의 양도

제190조는 「제 3 자가 점유하고 있는 동산에 관한 물권을 양도하는 경우

에는 양도인이 그 제3자에 대한 반환청구권을 양수인에게 양도함으로써 동산을 인도한 것으로 본다」고 규정한다. 이에 의하면, 가령 A가 창고업자 B에게 맡겨 놓은 쌀을 C에게 팔고 소유권을 이전하는 때에는, A가 그 쌀을 찾아서 C에게 현실의 인도를 할 필요 없이 A가 B에 대하여 가지고 있는 반환청구권을 C에게 양도하면 소유권이 이전하게 된다.

(6) 인도의 원칙에 대한 예외

동산 소유권 양도에 인도가 필요하다고 하는 원칙에는 예외가 있다.

먼저 일정규모 이상의 선박(20톤 이상의 기선 및 범선, 100톤 이상의 부선)에 대하여는 등기를 대항요건으로 하고 있으며(상법 743조, 선박등기법 2조), 그보다 작은 선박의 소유권변동은 등록하여야 효력이 생긴다(선박법 8조의 2). 그리고 자동차와 항공기의 소유권 변동은 등록하여야 효력이 생기고(자동차관리법 6조, 항공법 5조 1항), 소형선박 · 자동차 · 항공기 · 경량항공기 · 일정한 건설기계를 목적으로 하는 저당권의 변동도 등록에 의한다(「자동차 등 특정동산 저당법」 5조).

Ⅲ. 선의취득(무권리자로부터의 취득) [161]

1. 의 의

민법은 제249조에서 동산의 선의취득을 규정하고 있다. 이는 동산의 점유에 공신력을 인정하여 거래의 안전을 보호하기 위한 것이다. 이 제도가 있어서 동산의 경우에는 부동산에 있어서와 달리 일정한 요건 하에 무권리자로부터도 동산의 소유권을 취득할 수 있게 된다.

■ 제249조[선의취득] 평온, 공연하게 동산을 양수한 자가 선의이며 과실없이 그 동산을 점유한 경우에는 양도인이 정당한 소유자가 아닌 때에도 즉시 그 동산의 소유권을 취득한다.

[공신력(公信力)]

부동산의 등기 또는 동산의 점유와 같은 공시방법에 의하여 공시된 내용을 신뢰한 자에 대하여 그가 신뢰한 대로의 효력을 발생시키는 힘을 공신력이라고 한다.

따라서 부동산거래 또는 동산거래에 공신의 원칙을 채용하는 경우에는 등기 또는 점유에 공신력이 있다고 표현한다. 그런데 우리 민법은 동산거래에 관하여만 공신의 원칙을 채용하여 선의취득을 인정하고 있기 때문에, 우리 민법에서는 동산의 점유에는 공신력이 인정되지만, 부동산의 등기에는 공신력이 없다.

2. 요 건

(1) 객 체

선의취득의 객체는 동산에 한한다. 그러나 선박·자동차·항공기와 같이 등기·등록으로 공시되는 동산, 명인방법에 의하여 공시되는 수목의 집단이나 미분리의 과실 등은 선의취득의 객체로 되지 않는다.

(2) 양도인에 관한 요건

먼저 ① 양도인이 점유하고 있어야 한다. 선의취득은 점유에 공신력을 인정하는 제도이므로 양도인이 점유하고 있을 것이 필요한 것이다. 그리고 ② 양도인이 무권리자이어야 한다. 양도인이 권리자인 경우에는 권리자로부터의 권리취득이 될 것이다.

(3) 동산의 양도행위

양도인과 양수인 사이에 동산물권 취득에 관하여 유효한 거래행위가 있었어야 한다. 그리하여 상속과 같은 경우에는 선의취득이 인정되지 않으며, 거래행위가 무효이거나 취소된 때에도 선의취득은 할 수 없다.

(4) 양수인에 관한 요건

① 양수인이 평온(平穩. 폭력을 쓰지 않음)·공연(公然. 숨기지 않고 드러내 놓음)하게 양수하였어야 한다.

② 양수인은 선의·무과실이어야 한다. 여기의 선의는 양도인이 무권리자임을 알지 못하는 것이고, 무과실은 양도인이 무권리자임을 모르는 데 과실이 없는 것이다.

③ 양수인이 점유를 취득하였어야 한다. 여기의 점유취득은 어떤 것인가? 다수설은 현실의 인도, 간이인도, 목적물 반환청구권의 양도는 점유취득

에 해당하지만, 점유개정은 아니라고 한다(강의, B-125 참조). 이에 의할 경우를 예로 설명한다. 가령 A가 자신의 자전거를 B에게 팔고 B로부터 빌려 쓰고 있는 상태에서 그 자전거를 다시 C에게 팔고 C로부터 빌려 쓰기로 하였다고 하자. 이 경우에 자전거의 소유자는 B이고(점유개정에 의한 소유권취득. 189조 참조), C는 매매 당시 A에게 소유권이 없는데도 그로부터 매수한 것이므로 매매에 의하여는 소유권을 취득하지 못하고, 선의취득의 요건을 갖추는 때에만 소유권을 취득할 수 있을 뿐이다. 그런데 점유개정에 의하여서는 선의취득이 인정되지 않으므로, C는 소유권을 취득하지 못한다.

3. 효 과 [162]

선의취득의 요건이 갖추어지면, 양수인은 그 동산에 관한 물권을 취득한다. 그런데 선의취득하는 물권은 소유권과 질권에 한한다(249조 · 343조 참조).

4. 도품(盜品) 및 유실물(遺失物)에 관한 특칙

선의취득의 요건이 갖추어진 경우에도 그 동산이 도품(절도나 강도에 의하여 점유를 상실한 물건)이나 유실물(점유자의 의사에 의하지 않고서 그의 점유를 이탈한 물건으로서 도품이 아닌 것)인 때에는, 피해자나 유실자는 도난 또는 유실한 날부터 2년 동안에는 그 물건의 반환을 청구할 수 있다(250조 본문). 그러나 도품이나 유실물이 금전인 때에는 반환청구를 하지 못한다(250조 단서).

그리고 양수인이 도품 또는 유실물을 경매나 공개시장에서 또는 같은 종류의 물건을 판매하는 상인에게서 선의로 매수한 때에는, 피해자 또는 유실자는 양수인이 지급한 대가를 변상하여야 그 물건의 반환을 청구할 수 있다(251조).

제6관 지상물(地上物)에 관한 물권변동

Ⅰ. 입목(立木)에 관한 물권변동 [163]

입목법에 의하여 소유권보존등기를 받은 수목의 집단은 「입목」이 되어 토지와 분리하여 양도하거나 저당권의 목적으로 할 수 있다(입목법 2조·3조). 그런데 입목에 관한 물권변동을 어떻게 하여야 하는가는 입목법에 규정이 없다. 따라서 거기에도 민법 제186조·제187조가 적용된다.

Ⅱ. 명인방법에 의한 물권변동 [164]

판례에 의하면, 입목을 제외한 수목의 집단과 미분리의 과실 등의 지상물은 명인방법이라고 하는 관습법상의 공시방법에 의하여 토지와는 별개의 부동산으로 되고, 또 물권변동도 일어날 수 있다([128] 1 (2) 참조).

그런데 명인방법은 불완전한 공시방법이므로 소유권 및 그 양도만을 공시할 수 있고, 저당권 기타의 제한물권의 설정은 공시하지 못한다. 그리고 명인방법에 의한 물권변동에도 제186조·제187조의 원리가 적용된다. 따라서 물권행위와 명인방법이 갖추어지면 소유권이 이전된다. 가령 A가 B로부터 B의 산에 있는 수목들만 매수한 뒤 A가 그 산 주변의 여러 곳에 있는 나무껍질을 깎고 「소유자 A」라고 적어 놓으면, A는 수목들의 소유권을 취득하게 된다.

제7관 물권의 소멸

Ⅰ. 서 설 [165]

물권의 소멸(절대적 소멸)원인에는 모든 물권에 공통한 것과 각각의 물권에 특유한 것이 있다. 그리고 모든 물권에 공통한 소멸원인으로는 목적물의 멸실, 소멸시효, 포기, 혼동, 공용징수(수용), 몰수 등이 있는데, 그 중에서 혼동에 관하여만 설명하기로 한다.

Ⅱ. 혼동(混同) [166]

1. 의 의

혼동이란 서로 대립하는 법률상의 지위 또는 자격이 동일인에게 귀속하는 사실을 말한다. 예를 들면 채무자가 채권자를 상속하여 채권을 취득하는 경우, 저당권자가 소유권을 취득하는 경우에 그렇다. 혼동은 채권과 물권에 공통한 소멸원인인데, 여기서는 물권에 관하여만 본다(채권에 관하여는 [303] 참조).

민법은 혼동의 경우에는 원칙적으로 하나의 물권이 소멸하도록 하고, 예외적으로 소멸하지 않는 것으로 규정하고 있다(191조).

2. 소유권과 제한물권의 혼동

동일한 물건에 대한 소유권과 제한물권이 동일인에게 귀속한 때에는, 그 제한물권은 원칙적으로 소멸한다(191조 1항 본문). 그리하여 가령 저당권자가 소유권을 취득하거나, 소유권자가 지상권을 상속받으면, 저당권이나 지상권은 소멸한다. 그러나 그 제한물권이 제3자의 권리의 목적이 된 때에는, 제한물권은 소멸하지 않는다(191조 1항 단서). 가령 소유권자 A가 B의 지상권을 상속받은 경우에, 그 지상권에 C의 저당권이 설정되어 있었으면, 지상권이 혼동으로 소멸하지 않고 존속한다.

3. 제한물권과 그 제한물권을 목적으로 하는 권리의 혼동

가령 지상권 위에 저당권을 가진 자가 그 지상권을 취득한 때에는, 저당권은 소멸한다. 그러나 그 저당권 위에 제 3 자의 질권이 설정되어 있는 경우에는, 저당권은 소멸하지 않는다. 이러한 경우에도 위의 규정(191조 1항)이 준용되기 때문이다(191조 2항).

4. 점유권의 경우

점유권은 본래 다른 물권과 병존할 수 있는 것이기 때문에 혼동으로 소멸하지 않는다(191조 3항).

제3절 점유권과 소유권

제1관 점유권(占有權)

Ⅰ. 서 설 [167]

1. 점유제도

민법은 물건을 사실상 지배하고 있는 경우에 사실상 지배를 할 수 있느냐를 묻지 않고 여러 가지의 법률효과(점유보호청구권, 자력구제, 권리의 적법 추정 등)를 주고 있다. 이것이 점유제도이다.

2. 점유와 점유권

민법은 물건에 대한 사실상의 지배 즉 점유가 있으면 점유권을 인정한다(192조 1항). 그러나 그것은 점유로부터 점유권이 발생한다는 의미로 이해되지 않아야 한다(다른 견해 있음). 점유권은 단지 점유가 있으면 항상 인정되는 권리라는 포장재에 지나지 않기 때문이다. 점유와 점유권은 동일한 것이고, 후자는 점유에 대한 권리로서의 표현에 불과하다.

점유권도 물건을 사실상 지배하는 때에 인정되는 권리로서 일종의 물권이다. 그런데 그 권리는 다른 물권과는 성질이 크게 다르다. 즉 일반적인 물권은 물건을 지배하고 있는가를 묻지 않고 종국적으로 지배할 수 있는 권리인 데 비하여, 점유권은 물건을 지배할 수 있는가를 묻지 않고 현재 지배하고 있는 때에 인정되는 권리이다.

점유권은 점유할 수 있는 권리(점유할 권리) 즉 본권과는 구별된다. 그 결과 점유할 권리와 점유권을 모두 가지고 있는 자가 있는가 하면(예 : 소유자가 점유하는 경우), 점유권은 없이 점유할 권리만 있는 자도 있고(예 : 도난당한 피해자), 점유권만 있고 점유할 권리는 없는 자도 있다(예 : 도둑이 훔친 물건을 가지고 있는 경우).

Ⅱ. 점 유 [168]

1. 점유의 의의

(1) 사실상의 지배

민법상 점유는 물건에 대한 사실상의 지배만 있으면 성립한다(192조 1항). 그 외에 어떤 특별한 의사(점유의사)가 필요하지는 않다. 그리고 여기서 「사실상 지배」라는 것은 사회관념상 물건이 어떤 자의 지배 안에 있다고 볼 수 있는 객관적인 관계를 말한다. 사실상의 지배가 있는지 여부는 물건에 대한 공간적·시간적 관계, 본권관계, 타인 지배의 배제가능성 등을 고려하여 사회관념에 의하여 판단한다. 그 결과 임야에 관하여 소유권이전등기를 마치고 인도받았다면 그 임야 전부를 점유하고 있다고 할 것이고, 건물의 소유자는 그 건물이나 대지를 점거하고 있지 않더라도 건물대지에 대한 점유가 인정된다.

(2) 점유설정의사(占有設定意思)

위에서, 점유가 성립하기 위하여 일정한 점유의사가 필요하지는 않다고 하였다. 그러나 이것이 사실상의 지배가 성립하기 위하여서도 어떤 의사가 필요하지 않다는 의미는 아니다. 사실상의 지배가 인정되기 위하여서는 적어도 사실적 지배관계를 가지려는 의사는 있어야 한다. 그러한 의사를 점유설정의사라고 한다.

(3) 점유의 관념화(觀念化)

민법은 예외적으로 물건에 물리적으로 실력을 미치고 있음에도 불구하고 점유를 인정하지 않는 때가 있고, 또 실제로 실력을 미치고 있지 않음에도 불구하고 점유를 인정하는 때도 있다. 바로 다음에서 보는 점유보조자(195조)가 전자의 예이고, 간접점유(194조), 상속인의 점유(193조)가 후자의 예이다. 이러한 경우에는 사실상 지배와 점유가 일치하지 않는다.

2. 점유보조자(占有補助者) [169]

점유보조자는 타인의 지시를 받아 물건에 대한 사실상의 지배를 하는 자이다(195조). 가정부, 상점의 점원이 그 예이다. 이러한 점유보조자의 경우에는, 그는 점유자로 되지 못하고, 그에게 지시를 하는 타인(위의 예에서는 집과 상점의 주인)이 점유자(직접점유자)로 된다. 그 타인을 보통 점유주(占有主)라고 한다.

점유보조자에게 점유를 인정하지 않는 이유는 그를 점유자로서 보호하여야 할 필요성이 없을 뿐만 아니라, 그를 보호할 경우에는 그가 점유주에 대하여 점유권을 행사하는 등의 문제가 생길 수 있기 때문이다.

3. 간접점유

(1) 의 의

간접점유는 점유매개관계(아래의 예에서는 임대차)에 의하여 타인(점유매개자. 아래의 예에서는 B)으로 하여금 물건을 점유하게 한 자에게 인정되는 점유이다(194조). 예를 들어 A가 그의 건물을 B에게 임대해 준 경우에, 그 건물은 B가 점유(직접점유)하고 있다. 그런데 민법은 그러한 경우에 A에게도 점유를 인정하는데, A의 점유가 간접점유에 해당한다. 간접점유는 직접점유와 대립되는데, 직접점유는 직접 또는 점유보조자를 통하여 물건을 지배하는 경우에 인정되는 점유이다.

간접점유자에게 점유권을 인정하는 이유는 간접점유의 경우에는 사회관념상 간접점유자가 점유매개자를 통하여 간접적으로 물건에 대하여 지배력을 미치고 있는 만큼 점유자로서 보호할 필요가 있기 때문이다.

(2) 효 과

간접점유자는 점유권이 있다(194조). 따라서 점유에 관한 규정은 그 성질상 적용이 배제되어야 하는 것을 제외하고는 간접점유자에게도 적용된다.

4. 점유의 모습 [170]

(1) 자주점유(自主占有)·타주점유(他主占有)

자주점유는 물건을 소유자처럼 지배할 의사로써, 달리 말하면 자신을 위하여 배타적으로 지배할 의사로써 점유하는 것이다. 그리고 자주점유가 아닌 점유가 타주점유이다. 어떤 점유가 자주점유인지·타주점유인지를 어떻게 구별할 것인가에 관하여 논란이 있으나, 판례는 「점유자의 내심의 의사에 의하여 결정되는 것이 아니라 점유취득의 원인이 된 권원의 성질이나 점유와 관계있는 모든 사정에 의하여 외형적·객관적으로 결정되는 것」이라고 한다(대판(전원) 1997. 8. 21, 95다28625 등). 예를 들면 물건의 소유자나 매수인의 점유는 자주점유이고, 다른 사람의 물건을 빌린 자(임차인 등)나 보관하고 있는 자(수치인)의 점유는 타주점유이다.

점유자는 소유의 의사로 점유하는 것으로 즉 자주점유로 추정된다(197조 1항). 따라서 점유자가 스스로 자주점유를 증명할 책임이 없고, 점유자의 점유가 타주점유임을 주장하는 상대방에게 타주점유의 증명책임이 있다. 그런데 자주점유의 추정은 반대증명에 의하여 깨어진다. 한편 판례는, 매매와 같이 소유권취득의 원인이 될 수 있는 법률행위나 기타의 법률요건이 없이 그와 같은 법률요건이 없다는 사실을 잘 알면서 타인 소유의 부동산을 무단점유한 것이 증명된 경우에는 자주점유의 추정은 깨어진다고 한다(대판(전원) 1997. 8. 21, 95다28625). 예를 들면 국유지의 철조망 울타리를 걷어내고 국유지에 건물을 지어 사용하는 경우에, 그러한 사실이 증명되면 자주점유의 추정이 번복된다는 것이다.

(2) 선의점유(善意占有) · 악의점유(惡意占有)

선의점유는 점유할 권리 즉 본권이 없음에도 불구하고 본권이 있다고 잘못 믿고서 하는 점유이고, 악의점유는 본권이 없음을 알면서 또는 본권의 유무에 관하여 의심을 품으면서 하는 점유이다.

점유자는 선의로 점유한 것으로 추정된다(197조 1항). 그러나 선의의 점유자가 본권에 관한 소(訴)에서 패소한 때에는, 그 소가 제기된 때부터 악의의 점유자였던 것으로 본다(197조 2항).

(3) 과실(過失)있는 점유 · 과실없는 점유

이는 선의점유에 있어서 본권이 있다고 잘못 믿은 데 과실이 있느냐 여부에 의한 구별이다. 점유자의 무과실에 관하여는 추정규정이 없으므로, 무과실을 주장하는 자가 그것을 증명하여야 한다.

Ⅲ. 점유권의 효력 [171]

1. 권리의 추정

점유자가 점유물에 대하여 행사하는 권리는 적법하게 보유하고 있는 것으로 추정된다(200조). 한편 점유자는 소유의 의사로 점유한 것으로 추정되므로(197조 1항), 점유자는 원칙적으로 소유자로 추정된다. 따라서 가령 A가 B의 시계를 가지고 있을 경우에, B의 소유권이 인정되려면, B가 A에게 본권(소유권)이 없음을 증명하여야 한다.

이 점유자의 권리추정은 동산에만 인정되며, 부동산에 관하여는 그에 관하여 등기가 되어 있지 않을지라도 적용되지 않아야 한다.

2. 점유자와 회복자(回復者)의 관계

(1) 서 설

타인의 물건을 소유권 기타의 본권 없이 점유하는 자는 본권자가 반환청구권을 행사하면 그 물건을 본권자에게 반환하여야 한다. 그런데 이때 점유자와 본권자 즉 회복자 사이에는 물건반환 외에 남는 문제가 있다. ① 점유자가 점유 중에 과실을 취득할 수 있는가, ② 점유 중에 물건을 멸실·훼손한 경우에 어떤 범위에서 책임을 지는가, ③ 점유 중에 그 물건에 비용을 지출한 경우에 본권자에게 그 상환을 청구할 수 있는가 등이 그것이다. 민법은 이들에 관하여 명문의 규정을 두고 있다(201조-203조). 아래에서 이들을 차례로 살펴보기로 한다.

(2) 과실취득

선의의 점유자는 점유물의 과실을 취득한다(201조 1항). 여기서 「선의의 점유자」라 함은 과실수취권을 포함하는 본권(소유권·지상권·전세권·임차권 등)을 가지고 있다고 잘못 믿고 있는 점유자를 가리키며, 과실수취권을 포함하지 않는 본권(질권·유치권 등)을 가지고 있다고 믿고 있는 자는 이에 해당하지 않는다. 그리고 선의의 점유자가 취득할 수 있는 과실은 천연과실만이고 법정과실이나 물건을 사용하여 얻은 이익은 포함되지 않는다고 하여야 한다(강의, B-257 참조). 그런데 통설·판례는 법정과실과 사용이익까지도 취득할 수 있다고 한다.

악의의 점유자(폭력 또는 은비에 의한 점유자를 포함함)는 수취한 과실을 반환하여야 하며, 소비하였거나 과실(過失)로 인하여 훼손 또는 수취하지 못한 경우에는 그 과실의 대가를 보상하여야 한다(201조 2항·3항). 그리고 선의의 점유자라도 본권에 관한 소에서 패소한 때에는 그 소가 제기된 때부터 악의의 점유자로 의제되므로(197조 2항), 소가 제기된 후부터는 악의의 자로서 책임을 진다.

(3) 점유물의 멸실·훼손에 대한 책임

점유물이 점유자의 책임있는 사유로 인하여 멸실 또는 훼손된 경우에는, 악의의 점유자는 그가 자주점유를 하고 있었든 타주점유를 하고 있었든 언제나 손해 전부를 배상하여야 한다(202조 1문). 그런데 선의의 점유자는 그가 자주점유를 하고 있는 때에는 현존이익을 배상하면 된다(202조 1문). 그러나 선의의 점유자일지라도 그가 타주점유를 하고 있는 때에는 악의의 점유자와 마찬가지로 손해 전부를 배상하여야 한다(202조 2문).

(4) 점유자의 비용 상환청구권

점유자가 점유물에 관하여 비용을 지출한 경우에 그 반환을 청구할 수 있는지가 문제된다. 지출한 비용이 필요비이면 점유자는 원칙적으로 그것의 상환을 청구할 수 있다(203조 1항 본문). 다만, 점유자가 과실을 취득한 때에는 필요비 가운데 통상의 필요비만은 상환을 청구할 수 없다(203조 1항 단서). 그에 비하여 점유자가 점유물을 개량하기 위하여 지출한 금액 기타 유익비는 그 가액의 증가가 현존한 경우에 한하여 회복자(본권자)의 선택에 따라 그 지출금액이나 증가액의 상환을 청구할 수 있다(203조 2항).

3. 점유보호청구권 [172]

(1) 의 의

점유보호청구권은 점유가 침해당하거나 침해당할 염려가 있는 때에 그 점유자에게 본권이 있는지를 묻지 않고 점유 그 자체를 보호하기 위하여 인정되는 일종의 물권적 청구권이다. 점유보호청구권에는 다음의 세 가지가 있다.

(2) 점유물 반환청구권

점유자가 점유의 침탈(侵奪. 점유자가 그의 의사에 의하지 않고서 사실적 지배를 빼앗기는 것)을 당한 경우에 그 물건의 반환 및 손해배상을 청구할 수 있는 권리이다(204조 1항). 이 권리는 침탈자나 그의 포괄승계인(예 : 상속인)에게 행사할 수 있으며, 특정승계인(예 : 매수인 · 임차인)에게는 원칙적으로 행사할 수 없다(204조 2항 본문). 다만, 특정승계인이 악의인 때에는 예외적으로 그에게도 반환청구를 할 수 있다(204조 2항 단서). 그리고 이 권리는 침탈을 당한 날부터 1년 안에 행사하여야 한다(204조 3항).

(3) 점유물 방해제거청구권

점유자가 점유침탈이 아닌 방법으로 점유를 방해받고 있는 경우에 그 방해의 제거 및 손해배상을 청구할 수 있는 권리이다(205조 1항). 이 권리는 방해가 종료한 날부터 1년 안에 행사하여야 한다(205조 2항). 그리고 공사로 인하여 점유의 방해를 받은 경우에는, 공사 착수 후 1년이 지나거나 그 공사가 완성된 때에는, 방해의 제거를 청구하지 못한다(205조 3항).

(4) 점유물 방해예방청구권

점유자가 점유의 방해를 받을 염려가 있는 경우에 그 방해의 예방 또는 손해배상의 담보를 청구할 수 있는 권리이다(206조 1항). 이 권리는 방해의 염려가 있는 동안에는 언제라도 행사할 수 있으나, 공사로 인하여 점유의 방해를 받을 염려가 있는 경우에는, 공사 착수 후 1년이 지나거나 그 공사가 완성된 때에는 행사할 수 없다(206조 2항 · 205조 3항).

(5) 점유의 소와 본권의 소의 관계

1) 두 소의 의의 점유의 소는 점유보호청구권에 기한 소이고, 본권의 소는 소유권 · 지상권 · 전세권 · 임차권 등 점유할 수 있는 권리에 기한 소이다.

2) 두 소의 관계 점유의 소와 본권의 소는 서로 영향을 미치지 않는다(208조 1항). 따라서 두 소를 동시에 제기할 수도 있고, 따로따로 제기할 수도 있다. 그리고 하나의 소에서 패소하여도 다른 소를 제기할 수 있다.

점유의 소는 본권에 관한 이유로 재판하지 못한다(208조 2항). 따라서 가령 점유물 반환청구에 대하여 점유침탈자가 점유물에 대한 본권이 있다는 이유로 반환을 거부할 수 없다(대판 2021. 2. 4, 2019다202795 · 202801 등).

4. 자력구제(自力救濟) [173]

(1) 서 설

자력구제란 점유자가 자력으로 점유를 방위하거나 침탈당한 점유물을 탈환하는 것을 말한다. 자력구제는 원칙적으로 금지된다. 이를 허용하면 질서유지가 어렵게 되기 때문이다. 그런데 민법은 예외적으로 점유자에게 일정한 요건 하에 자력구제를 허용하고 있다(209조 참조). 이러한 점유자의 자력구제권은 점유에 대한 침해가 완료되기 전에 인정되는 것이며, 침해가 완료되면 점유보호청구권의 문제로 된다.

(2) **자력방위권**(自力防衛權)

점유자는 그 점유를 부정히 침탈 또는 방해하는 행위에 대하여 자력으로써 이를 방위할 수 있다(209조 1항). 가령 B가 가진 물건을 A가 빼앗아 가려고 하는 경우에는 B는 자신의 힘으로 이를 막을 수 있다.

(3) **자력탈환권**(自力奪還權)

점유물이 침탈되었을 경우에 점유자는 일정한 요건 하에 이를 탈환 즉 다시 빼앗아 올 수 있다. 즉 점유물이 부동산인 경우에는 점유자는 침탈 후 「직시」(直時. 객관적으로 가능한 한 신속히) 가해자를 배제하여 이를 탈환할 수 있고, 동산인 경우에는 현장에서 또는 추적하여 가해자로부터 이를 탈환할 수 있다(209조 2항).

Ⅳ. 준점유(準占有) [174]

1. 준점유의 의의

민법은 물건에 대한 사실상의 지배를 점유라고 하여 보호하고 있다. 그런데 민법은 이러한 보호를 재산권을 사실상 행사하는 경우에도 인정하려고 한다. 즉 「재산권을 사실상 행사」하는 것을 준점유라고 하면서, 거기에 점유에 관한 규정을 준용하고 있다(210조).

2. 준점유의 요건

준점유의 요건은 재산권을 사실상 행사하는 것이다.

① 우선 준점유의 객체는 「재산권」이다. 따라서 가족권에는 준점유가 인정되지 않는다. 그리고 재산권일지라도 점유를 수반하는 것(소유권 · 지상권 · 전세권 · 질권 · 임차권 등)은 점유로서 보호되므로 준점유가 성립할 수 없다. 준점유가 인정되는 권리로는 채권 · 저당권 · 특허권 · 상표권을 들 수 있다.

② 재산권을 「사실상 행사」하여야 한다. 이는 거래관념상 어떤 재산권

이 어떤 자의 사실상의 지배 아래 있다고 볼 수 있는 객관적 사정이 있는 경우에 인정된다. 예를 들면 채권증서를 가지고 있거나 예금증서·도장을 가지고 있는 경우에 채권의 준점유가 성립한다.

제2관 소 유 권

Ⅰ. 서 설 [175]

1. 소유권의 의의와 성질

(1) 의 의

소유권은 물건을 전면적으로 지배할 수 있는 권리이다.

(2) 법적 성질

① 소유권은 물건을 현실적으로 지배하는 권리가 아니고 지배할 수 있는 권리이다(관념성). ② 소유권은 물건이 가지는 가치(사용가치·교환가치)를 전면적으로 지배할 수 있는 권리이다(전면성). ③ 소유권은 여러 권능이 단순히 결합되어 있는 것이 아니고, 모든 권능의 원천이 되는 포괄적인 권리이다(혼일성: 渾一性). ④ 소유권은 제한물권의 제한을 받으면 일시적으로 그 권능의 일부를 사용할 수 없지만, 그 제한이 소멸하면 본래의 모습으로 되돌아온다(탄력성). ⑤ 소유권은 존속기간의 제한이 없이 영원히 존재하며, 소멸시효에도 걸리지 않는다(162조 2항. 항구성).

2. 소유권의 내용과 제한

(1) 소유권의 내용

소유자는 법률의 범위 안에서 그 소유물을 사용·수익·처분할 권리가 있다(211조). 여기서 사용·수익이란 물건이 가지는 사용가치를 실현하는 것으로서 물건을 물질적으로 사용하거나 그로부터 생기는 과실(천연과실·법정과실)을 수취하는 것이다. 그리고 처분은 물건이 가지는 교환가치를 실현하는 것인데, 처분에는 물건의 소비 · 변형 · 개조와 같은 사실적 처분과 양도 · 담보설정 등의 법률적 처분이 있다.

(2) 소유권의 제한

우리 민법은 사유재산권 존중의 원칙(소유권 절대의 원칙)을 기본원리의 하나로 삼고 있다([10] (1) 참조). 그러나 그 원칙과 소유권에 대하여는 많은 제약이 가해지고 있다(강의, B-172 참조).

Ⅱ. 부동산 소유권의 범위 [176]

1. 토지 소유권의 경계

어떤 토지가 「공간정보의 구축 및 관리 등에 관한 법률」에 의하여 지적공부에 1필의 토지로 등록되면 그 토지의 소재, 지번, 지목, 지적(토지의 면적) 및 경계는 이 등록으로써 특정된다. 그리하여 토지 소유권의 범위는 특별한 사정이 없는 한 현실의 경계와 관계없이 지적공부상의 경계에 의하여 확정된다.

2. 토지 소유권의 상하(上下)의 범위

토지 소유권은 정당한 이익이 있는 범위 안에서 토지의 상하에 미친다(212조). 그러므로 토지 소유자는 지표면뿐만 아니라 지상의 공중이나 지하도 이용할 수 있다. 그러나 공중이나 지하는 정당한 이익이 있는 범위 안에서만 이용할 수 있으며, 정당한 이익이 없는 경우에는 타인의 이용을 금지할 수 없다(예 : 항공기의 고공 운행).

3. 상린관계(相隣關係) [177]

(1) 의 의

서로 인접하고 있는 부동산에 있어서 그 소유자가 각기 자기의 소유권을 무한정 주장한다면 그들은 모두 부동산을 제대로 이용할 수 없게 된다.

여기서 각 소유자의 권리를 제한하여 부동산 상호간의 이용의 조절을 꾀할 필요가 있다. 그리하여 두게 된 제도가 상린관계이다. 상린관계는 한편으로는 소유권의 제한이면서 다른 한편으로는 소유권의 확장의 의미를 가진다.

상린관계는 본래 부동산 상호간의 이용을 조절하는 것이므로 그에 관한 규정은 지상권·전세권에도 준용된다(290조·319조). 그리고 토지의 임대차에 관하여는 명문규정이 없지만 이를 유추적용하여야 한다.

(2) 건물의 구분소유(區分所有)

건물은 1동이 하나의 물건이다. 따라서 소유권도 1동에 관하여 성립하는 것이 원칙이다. 그런데 민법은 1동의 건물을 구획을 나누어 여러 사람이 각각의 부분을 소유하는 것을 인정하고 있다. 아파트와 연립주택이 그 예이다. 그것을 구분소유라고 한다. 그리고 민법은 이러한 구분소유에 관하여 제215조에서 소유자 상호간의 관계를 정하고 있다. 그에 의하면, 건물의 공용부분(예: 공동의 벽·계단)과 건물부속물의 공용부분(예: 공통의 출입문)은 각 구분소유자 전원의 공유로 추정되며(215조 1항), 공용부분의 보존비 기타의 부담은 각자의 소유부분의 가액에 비례하여 나누어 부담한다고 한다(215조 2항).

위와 같은 제215조는 과거에 규모가 작은 건물을 세로로 구분한 경우를 생각하여 두어진 간단한 것이다. 따라서 그것만으로는 오늘날의 중·고층의 대규모 구분소유는 합리적으로 규율할 수가 없다. 그리하여 오늘날의 구분소유를 적절하게 규제하기 위하여 특별법으로 「집합건물의 소유 및 관리에 관한 법률」이 제정·시행되고 있다(그 내용은 강의, B-177 이하 참조).

(3) 인지 사용청구권(隣地 使用請求權) [178]

토지 소유자는 경계나 그 근방에서 담 또는 건물을 축조하거나 수선하기 위하여 필요한 범위 내에서 이웃 토지의 사용을 청구할 수 있다(216조 1항 본문). 그러나 이웃 사람의 주거에 들어가려면 그의 승낙을 얻어야 한다(216조 1항 단서). 그리고 이들의 경우에 이웃 사람이 손해를 받은 때에는 그는 보상(補償)을 청구할 수 있다(216조 2항).

(4) 생활방해(生活妨害)의 금지

생활방해(공해)란 매연·액체·음향·진동 기타 이와 유사한 것으로 이웃 토지의 사용을 방해하거나 이웃 거주자의 생활에 고통을 주는 것을 말한다. 민법은 이러한 생활방해에 관하여 일정한 한도에서는 인용(忍容. 참고 받아들임)하도록 하되, 수인(受忍)의 한도를 넘는 경우에는 이를 금지시키고 있다(217조).

(5) 수도 등의 시설권

토지 소유자는, 타인의 토지를 통과하지 않으면 수도·배수관·가스관·전선 등을 시설할 수 없거나 비용이 지나치게 많이 드는 경우에는, 타인의 토지를 통과하여 이를 시설할 수 있다(218조 1항 본문).

(6) 주위토지통행권

어느 토지와 공공도로 사이에 통로가 없는 경우에는, 그 주위의 토지를 통행할 수 있고, 필요한 경우에는 통로를 낼 수도 있다(219조 1항 본문). 그리고 공로에 통하고 있던 토지가 분할이나 일부 양도로 인하여 공로에 통하지 못하게 된 때에는, 그 토지 소유자는 공로에 출입하기 위하여 다른 분할자 또는 양수인의 토지로 통행할 수 있다(220조 1항·2항).

(7) 물에 관한 상린관계 [179]

1) 자연적 배수　토지 소유자는 이웃 토지로부터 자연히 흘러오는 물을 막지 못한다(221조 1항). 그리고 높은 곳의 소유자는 이웃 낮은 곳에 자연히 흘러내리는 그 낮은 곳에서 필요로 하는 물을 자기의 정당한 사용범위를 넘어서 막지 못한다(221조 2항). 한편 흐르는 물이 낮은 곳에서 막힌 때에는 높은 곳의 소유자는 자기의 비용으로 소통에 필요한 공사를 할 수 있다(222조).

2) 인공적 배수　인공적 배수를 위하여 타인의 토지를 사용하는 것은 원칙적으로 금지된다. 그리하여 우선 토지 소유자는 처마물이 이웃에 직접 낙하하지 않도록 적당한 시설을 하여야 한다(225조). 그리고 토지 소유

자가 저수·배수·인수(引水. 물을 끌어옴)를 위하여 설치한 공작물이 파손되거나 막혀서 타인에게 손해를 가하거나 가할 염려가 있는 때에는, 그 타인은 공작물의 수리·소통 또는 예방에 필요한 청구를 할 수 있다(223조).

그런데 예외적으로 인공적 배수가 인정되는 때가 있다. 높은 곳의 소유자는 침수된 땅을 말리기 위하여 또는 쓰고 남은 물을 빼기 위하여 공공도로나 하수도에 이르기까지 낮은 곳에 물을 통과하게 할 수 있다(226조 1항). 그리고 토지 소유자는 그 소유지의 물을 빼기 위하여 이웃 토지 소유자가 시설한 공작물을 사용할 수 있다(227조 1항).

3) **남는 물의 급여청구권** 토지 소유자는 집에서 쓸 물이나 토지 이용에 필요한 물을 얻기가 곤란한 때에는, 이웃 토지 소유자에게 보상하고서 남는 물의 급여를 청구할 수 있다(228조).

4) **유수(流水)에 관한 상린관계** 도랑 기타 수류지(水流地)의 소유자는 건너편 기슭의 토지가 타인의 소유인 때에는 그 수로(水路)나 수류(水流)의 폭을 변경하지 못한다(229조 1항). 양 기슭의 토지가 수류지 소유자의 소유인 때에는 소유자는 수로와 수류의 폭을 변경할 수 있으나, 하류는 자연의 수로와 일치하도록 하여야 한다(229조 2항).

공유하천(公有河川)의 연안에서 농·공업을 경영하는 자는 타인의 용수를 방해하지 않는 범위 안에서 필요한 인수(引水)를 할 수 있고(231조 1항), 그러한 인수를 하기 위하여 공작물을 설치할 수 있다(231조 2항). 이것이 공유하천용수권(公有河川用水權)이다. 그런데 공유하천용수권은 특정인에게만 인정되는 것이 아니고 공유하천의 연안에서 농·공업을 경영하는 모든 자에게 인정된다. 그리하여 민법도 인수나 공작물로 인하여 하류연안의 용수권이 방해된 때에는 그 용수권자가 방해의 제거 및 손해배상을 청구할 수 있도록 한다(232조).

5) **지하수 이용권** 상린자는 그들의 공용(共用)에 속하는 샘이나 수도에서 그들의 수요의 정도에 따라 타인의 용수(用水)를 방해하지 않는 범위 안에서 용수할 권리가 있다(235조).

(8) 경계에 관한 상린관계 [180]

인접하여 토지를 소유한 자는 공동비용으로 통상의 경계표나 담을 설치할 수 있다(237조 1항). 이 경우 비용은 쌍방이 반씩 부담하나, 측량비용만은 토지의 면적에 비례하여 부담한다(237조 2항).

(9) 경계를 넘은 나뭇가지 · 나무뿌리의 상린관계

이웃 토지의 나뭇가지가 경계를 넘은 때에는, 그 소유자에 대하여 가지의 제거를 청구할 수 있다(240조 1항). 상대방이 그 청구에 응하지 않을 때에는, 청구자가 직접 제거할 수 있다(240조 2항). 그리고 인접지의 수목의 뿌리가 경계를 넘은 때에는, 상린자가 임의로 제거할 수 있다(240조 3항).

(10) 토지의 깊이파기에 관한 상린관계

토지 소유자는 인접지의 지반이 붕괴할 정도로 자기의 토지를 깊이 파지 못한다. 그러나 충분한 방어공사를 한 때에는 그렇지 않다(241조).

(11) 경계선 부근의 공작물 설치에 관한 상린관계

건물을 축조할 때에는 경계로부터 반 미터 이상의 거리를 두어야 한다(242조 1항). 이를 위반한 경우에는 인접지 소유자는 건물의 변경이나 철거를 청구할 수 있으나, 건축에 착수한 후 1년이 경과하거나 건물이 완성된 후에는 손해배상만을 청구할 수 있다(242조 2항).

우물을 파거나 용수(用水) · 하수(下水) 또는 오물 등을 저장할 지하시설을 하는 때에는 경계로부터 2미터 이상의 거리를 두어야 하며, 저수지 · 도랑 또는 지하실의 공사에는 그 깊이의 반 이상의 거리를 두어야 한다(244조 1항).

경계로부터 2미터 이내의 거리에서 이웃 주택의 내부를 관망할 수 있는 창이나 마루를 설치하는 경우에는 적당한 차면시설을 하여야 한다(243조).

Ⅲ. 소유권의 취득 [181]

1. 개 관

민법은 제245조 이하에서 소유권의 특수한 취득원인으로 취득시효·선의취득·선점·습득·발견·부합·혼화·가공 등을 규정하고 있다. 이들 가운데 선의취득은 동산 물권변동에서 이미 보았으므로, 그것을 제외한 나머지를 여기서 살펴보기로 한다.

2. 취득시효

(1) 의 의

취득시효는 어떤 자가 권리자인 것처럼 권리를 행사하고 있는 사실상태가 일정한 기간 동안 계속된 경우에 그가 진실한 권리자인가를 묻지 않고서 처음부터 권리자이었던 것으로 인정하는 제도이다. 예를 들면 A가 그의 토지를 B로부터 사서 대금도 모두 치르고 계속하여 사용해 왔으나, 등기는 하지 않았고, 세월이 흘러 매매관련 서류도 모두 없어졌다고 하자. 이러한 경우에 A는 20년간 소유의 의사로 점유를 해왔다고 주장하여 소유권을 취득할 수 있는데(245조 1항 참조), 그것이 취득시효제도이다.

민법은 취득시효를 소유권(245조·246조)뿐만 아니라 그 밖의 재산권(248조)에 관하여서도 인정하고 있다. 그리고 소유권의 취득시효는 부동산 소유권의 경우(245조)와 동산 소유권의 경우(246조)로 나누어진다.

(2) 부동산 소유권의 취득시효 [182]

1) 두 종류의 취득시효 민법은 제245조에서 부동산 소유권의 취득시효로서 두 종류를 규정하고 있다. 하나는 등기 없이 20년간 점유한 자가 일정한 요건 하에 소유권을 취득하는 것(위의 예가 이에 해당함)이고(245조 1항), 다른 하나는 소유자로서 등기한 자가 일정한 요건 하에 소유권을 취득하는 것이다(245조 2항). 이들 가운데 앞의 것을 점유 취득시효라고 하고, 뒤의 것을 등기부 취득시효라고 한다.

■ 第245조[점유로 인한 부동산소유권의 취득기간] ① 20년간 소유의 의사로 평온, 공연하게 부동산을 점유하는 자는 등기함으로써 그 소유권을 취득한다.
② 부동산의 소유자로 등기한 자가 10년간 소유의 의사로 평온, 공연하게 선의이며 과실없이 그 부동산을 점유한 때에는 소유권을 취득한다.

2) 점유 취득시효

① 요건(245조 1항 참조)

㉠ 주 체　권리능력을 가진 자는 모두 취득시효의 주체가 될 수 있다. 그 외에 권리능력 없는 사단이나 재단도 같다.

㉡ 객 체　부동산이 객체가 된다.

㉢ 일정한 요건을 갖춘 점유　소유의 의사로 평온·공연하게 점유하여야 한다. 즉 자주점유([170] (1) 참조), 평온(폭력에 의하지 않음)·공연한(숨기지 않고 드러냄) 점유가 필요하다. 이들 점유는 추정된다(197조 1항). 한편 판례에 의하면, 악의의 무단점유가 증명된 경우에는, 자주점유의 추정이 깨어지기 때문에, 스스로 자주점유하였음을 증명하지 못하는 한(이는 사실상 불가능함) 취득시효를 하지 못하게 된다([170] (1) 참조).

㉣ 20년간의 점유　위와 같은 점유가 20년간 계속되어야 한다.

② 효 과　본래 취득시효는 법률행위가 아닌 물권변동원인이어서 부동산의 취득시효라도 등기 없이 물권변동이 일어나야 한다(187조 참조). 그런데 민법은 제245조 제1항에서 등기를 하여야 소유권을 취득한다고 규정하고 있다. 그 때문에 통설·판례는 이를 제187조의 예외라고 보고, 등기를 제외한 취득시효의 요건이 갖추어졌다고 하여 부동산의 소유권을 취득하게 되지는 않으며, 등기를 제외한 취득시효의 요건을 모두 갖춘 자(이를 취득시효 완성자라 함)는 등기청구권을 취득할 뿐이라고 한다. 그리고 등기청구권을 행사하여 등기를 하여야 비로소 소유권을 취득하게 된다고 한다(이것의 문제점과 사견에 대하여는 물권 [118] 참조).

그리고 판례에 의하면, 취득시효가 완성되었으나 아직 등기를 하기 전에 제3자가 등기명의인으로부터 부동산을 양수하여 등기를 한 경우에는,

취득시효 완성자는 그 제3자에 대하여 취득시효를 주장할 수 없다고 한다. 예를 들면 A 명의로 등기되어 있는 X토지에 관하여 B가 20년 이상 일정한 점유를 하여 취득시효의 요건을 갖추었는데, B가 취득시효를 주장하여 자신의 명의로 등기를 하기 전에 A가 그 토지를 C에게 팔고 소유권이전등기를 해 주었다고 하자. 이러한 경우에 A가 한 X토지의 매매는 유효하게 되고, B는 C에게 취득시효를 주장하여 등기말소를 청구할 수 없다.

3) 등기부 취득시효

[예] X토지는 A소유이다. 그런데 B는 X토지를 자기가 산 것처럼 매매계약서 등을 위조하여 자신의 이름으로 소유권이전등기를 하였다. 그리고 나서 C에게 그 토지를 사라고 하였다. C는 등기부를 열람하고서 B가 소유자인 것으로 알고 B로부터 그 토지를 매수하였고 그의 이름으로 소유권이전등기도 하였다. 그리고 11년이 지났다. 이러한 경우에 C가 X토지의 소유권을 취득하는가? 그 시기는 언제인가?

① 요건(245조 2항 참조)

㉠ 주 체 점유 취득시효에서와 같다.

㉡ 객 체 부동산이 객체로 된다.

㉢ 부동산 소유자로 등기되어 있을 것 이는 등기부 취득시효의 성질상 당연한 요건이다.

㉣ 일정한 요건을 갖춘 점유 자주점유와 평온·공연한 점유가 필요하다.

㉤ 10년간의 점유 위의 점유가 10년간 계속되어야 한다.

㉥ 점유자의 선의·무과실 여기의 선의는 점유자가 점유를 취득함에 있어서 자기가 소유자라고 믿고 있는 것을 말하며(양도인의 등기에 관한 것이 아님), 무과실은 그렇게 믿는 데 과실이 없는 것이다.

② 효 과 위의 요건이 갖추어지면 점유자는 곧바로 부동산의 소유권을 취득한다. 해당 부동산에 관하여 이미 소유자로 등기가 되어 있기 때문에 등기를 해야 하는 문제도 생기지 않는다.

위의 [예]의 경우에 C는 그의 명의로 등기한 때에 X토지의 소유권을 취득하지는 못한다. 우리 민법상 부동산거래에 관하여는 선의취득이 인정되지 않기 때문이다. 그렇지만 등기부 취득시효에 의하여 소유권을 취득할 수는 있다. 그런데 그 시기는 취득시효의 요건이 모두 갖추어진 때이며, 구체적으로는 C의 명의로 등기를 한 지 10년이 지난 시점이다.

(3) 동산 소유권의 취득시효 [183]

10년간 소유의 의사로 평온·공연하게 동산을 점유한 자는 그 소유권을 취득한다(246조 1항). 그리고 위의 점유가 선의이며 과실없이 개시된 경우에는 5년이 지난 때에 그 소유권을 취득한다(246조 2항).

(4) 소유권 이외의 재산권의 취득시효

부동산·동산 소유권의 취득시효에 관한 규정(245조-247조)은 소유권 이외의 재산권의 취득시효에 준용된다(248조). 그런데 소유권이 아닌 재산권 중에는 성질상 또는 법률상 취득시효가 인정되지 않는 것이 많으며, 일정한 물권(지상권, 계속되고 표현된 지역권, 질권)과 그에 유사한 권리(광업권·어업권·지식재산권 등)만이 취득시효의 객체로 된다.

3. 선점·습득·발견 [184]

(1) 무주물(無主物)의 선점(先占)

주인이 없는 동산을 소유의 의사로 점유한 자는 그 소유권을 취득한다(252조 1항). 그리하여 가령 산에서 뛰놀던 토끼를 잡거나 바다 속의 물고기를 낚시로 잡은 자는 그것들의 소유권을 취득한다. 그러나 주인이 없는 부동산은 국유(國有)이며(252조 2항), 선점의 대상이 아니다. 즉 주인 없는 땅은 국가 소유로 되며, 먼저 차지한 사람의 소유로 되지 않는 것이다.

(2) 유실물의 습득

유실물은 유실물법에 정해진 바에 따라 공고한 후 6개월 안에 그 소유자가 권리를 주장하지 않으면 습득자가 그 소유권을 취득한다(253조). 이것은 길에 떨어진 시계를 주운 자와 같은 습득자가 정상적인 방법으로 그 물건의 소유권을 취득하는 방법을 규정한 것이다. 그에 비하여 습득자가 물건을 자기가 가져버리는 경우에는 취득시효의 문제가 된다(246조 참조). 한편 그가 습득한 물건을 다른 사람에게 팔아버린 경우에는 그 다른 사람의 선의취득이 문제된다(249조 참조). 그리고 그때에는 — 앞에서 설명한 바와 같이([162] 4 참조) — 선의취득의 요건이 갖추어졌더라도 주인이 2년 안에는 되찾아갈 수 있다는 등의 특례가 규정되어 있다(250조 · 251조).

유실물의 소유자나 그 밖의 권리자가 나타나면 유실물은 그 자에게 반환되어야 하고, 습득자는 소유권을 취득하지 못한다. 그 경우 반환받는 자는 습득자에게 유실물 가액의 100분의 5 내지 100분의 20의 범위 안에서 보상금을 지급하여야 한다(유실물법 4조. 동법 10조도 참조).

(3) 매장물의 발견

매장물(토지 기타의 물건에 묻혀 있는 물건)은 유실물법에 정해진 바에 따라 공고한 후 1년 안에 그 소유자가 권리를 주장하지 않으면 발견자가 그 소유권을 취득한다(254조 본문). 만약 포장물이 타인의 물건인 때에는, 발견자와 포장물 소유자가 소유권을 반씩 취득한다(254조 단서). 보상금은 유실물의 습득에서와 같다(유실물법 13조 · 4조).

(4) 예 외

학술 · 기예(技藝) 또는 고고(考古)의 중요한 재료가 되는 물건, 즉 문화재는 선점 · 습득 · 발견이 인정되지 않으며, 국유로 된다(255조 1항). 그리고 이 경우에 습득자, 발견자 및 매장물이 발견된 토지 기타 물건의 소유자는 국가에 대하여 적당한 보상(報償)을 청구할 수 있다(255조 2항).

4. 첨부(添附) [185]

(1) 의의 및 종류

첨부는 어떤 물건에 다른 물건이나(부합 · 혼화의 경우) 또는 노력이(가공의 경우) 결합하여 사회관념상 분리할 수 없는 경우이다. 첨부의 경우에는 복구가 허용되지 않고 하나의 물건으로 다루어진다. 그리하여 새로이 소유자가 정해지게 된다. 첨부에는 부합·혼화·가공의 세 가지가 있다.

(2) 부합(附合)

부합은 소유자가 다른 여러 개의 물건이 결합하여 1개의 물건으로 되는 것이다. 부합에는 부동산에의 부합과 동산 사이의 부합이 있다.

부동산에 다른 물건이 부합한 경우에는, 부동산 소유자가 부합한 물건의 소유권을 취득한다(256조 본문). 가령 어느 토지에 다리가 건설되거나 도로포장이 된 경우, 어느 건물에 석회를 바른 경우에는, 토지나 건물의 소유자가 다리·도로포장 또는 석회의 소유권을 취득한다. 그러나 임차인·전세권자 등과 같이 자기의 권원(權原)에 기초하여 물건을 부속시킨 경우에는(부동산의 구성부분으로 되지 않고 독립성이 있어야 함), 그 물건의 소유권은 부동산 소유자에게 속하지 않는다(256조 단서).

동산과 동산이 부합하여 훼손하지 않으면 분리할 수 없거나 그 분리에 지나치게 많은 비용이 드는 경우에는, 부합한 동산들 사이에 주종(主從)을 구별할 수 있는 때에는 합성물의 소유권은 주된 동산의 소유자에게 속하고(257조 1문), 주종을 구별할 수 없는 때에는 부합 당시의 가액의 비율로 합성물을 공유한다(257조 2문).

(3) 혼화(混和)

혼화는 동산과 동산이 서로 섞이는 것이다. 혼화에는 고체인 종류물(예: 곡물·금전)이 섞이는 혼합(混合)과 유동성 종류물(예: 술·기름)이 섞이는 융합(融合)의 두 가지가 있다. 혼화에는 동산 사이의 부합에 관한 규정(257조)이 준용된다(258조).

(4) 가공(加工)

가공은 타인의 동산에 노력을 가하여 새로운 물건을 만드는 것이다. 가공한 물건의 소유권은 원칙적으로 원재료의 소유자에게 속한다(259조 1항 본문). 그러나 가공으로 인한 가액의 증가가 원재료의 가액보다 현저히 다액인 때에는, 가공자의 소유로 된다(259조 1항 단서). 그리고 가공자가 재료의 일부를 제공하였을 때에는, 그 가액은 증가액에 포함시켜서 계산한다(259조 2항).

Ⅳ. 소유권에 기한 물권적 청구권 [186]

1. 소유물 반환청구권

소유자는 그의 소유에 속하는 물건을 점유하는 자에 대하여 반환을 청구할 수 있다(213조 본문). 그러나 점유자가 그 물건을 점유할 권리(예 : 지상권·전세권·질권·임차권)가 있는 때에는 반환을 청구하지 못한다(213조 단서).

2. 소유물 방해제거청구권

소유자는 점유침탈 이외의 방법으로 방해하고 있는 자에 대하여 방해의 제거를 청구할 수 있다(214조).

3. 소유물 방해예방청구권

소유자는 소유권을 방해할 염려가 있는 행위를 하는 자에 대하여 그 예방이나 손해배상의 담보를 청구할 수 있다(214조).

Ⅴ. 공동소유(共同所有) [187]

1. 공동소유의 의의와 유형

(1) 의 의

공동소유는 하나의 물건을 2인 이상의 다수인이 공동으로 소유하는 것이다.

(2) 유 형

민법은 공동소유의 유형으로 공유·합유·총유의 세 가지를 규정하고 있다.

1) 공유(共有) 공유는 공동소유자 사이에 인적 결합관계가 없는 공동소유형태이다. 공유에서는 각 공유자는 지분을 가지며, 그 처분은 자유이고, 언제라도 공동소유관계를 소멸시키고 단독소유로 전환할 수 있다. 이

는 개인주의적인 공동소유형태이다.

2) **총유**(總有) 총유는 법인 아닌 사단(예 : 종중 · 교회)의 소유형태이다. 총유에서는 소유권의 내용이 관리 · 처분의 권능과 사용 · 수익의 권능으로 나뉘어, 앞의 것은 단체에 속하고 뒤의 것은 단체의 구성원에 속한다. 총유의 경우에는 지분이라는 것이 없고, 구성원의 사용 · 수익권은 단체의 구성원의 자격이 있는 동안에만 인정된다. 총유는 단체주의적인 공동소유형태이다.

3) **합유**(合有) 합유는 조합(합수적 조합)의 소유형태이다. 조합은 단체이기는 하지만 단체성이 약하다. 합유에서는 합유자가 지분을 가지고 있기는 하지만, 그 처분이 제한되고, 또 조합관계가 종료할 때까지는 분할청구도 하지 못한다. 이러한 합유는 총유와 공유의 중간적인 공동소유형태라고 할 수 있다.

2. 공 유 [188]

(1) 공유 및 지분(持分)의 의의

공유는 여럿이 지분에 의하여 물건을 소유하는 것이다(262조 1항). 예를 들면 A의 X토지를 B와 C가 공동으로 매수하고 등기(공유의 등기와 지분의 등기)를 하면, X토지는 B · C의 공유로 된다.

공유의 경우에는 1개의 소유권이 양적(量的)으로 나뉘어 여러 사람에게 속하는 것이라고 이해된다(양적 분할설). 이러한 양적 분할설에 의하면, 지분은 1개의 소유권의 분량적 일부분이다. 다시 말하면, 지분은 각 공유자가 목적물에 대하여 가지는 소유의 비율이다.

(2) 공유의 지분

각 공유자의 지분의 비율은 법률의 규정이나 공유자의 의사표시에 의하여 정하여지나, 이들이 없는 경우에는 지분은 균등한 것으로 추정된다(262조 2항). 이러한 지분은 실질적으로 소유권과 성질이 같아서 탄력성이 있기 때문에, 공유자가 그의 지분을 포기하거나 상속인이 없이 사망한 때에는 그 지분은 다른 공유자에게 각 지분의 비율로 귀속한다(267조). 예를 들어 Y토지를 갑·을·병 세 사람이 공유하고 있고, 갑·을·병의 지분의 비율이 각각 2분의 1, 4분의 1, 4분의 1이라고 하자. 이 경우에 병이 그의 지분을 포기하면, 그의 지분이 국가에 귀속되지 않고, 갑·을에게 그들의 지분의 비율로 귀속된다. 그 결과 갑과 을의 지분은 각각 3분의 2와 3분의 1로 된다.

공유자는 그의 지분을 처분할 수 있다(263조). 그리하여 그의 지분을 양도하거나 담보로 제공하거나 포기할 수 있다. 이때 다른 공유자의 동의는 필요하지 않다.

(3) 공유물의 관리 등

1) 공유물의 사용·수익 각 공유자는 공유물의 전부를 그의 지분의 비율로 사용·수익할 수 있다(263조).

2) 공유물의 관리 각 공유자는 단독으로 보존행위를 할 수 있으나(265조 단서), 공유물의 이용 및 개량 등 관리에 관한 사항은 공유자의 지분의 과반수로써 결정한다(265조 본문).

3) 공유물의 처분·변경 공유물을 처분하거나 변경하려면 공유자 전원의 동의가 있어야 한다(264조).

(4) 공유물의 분할

각 공유자는 언제든지 공유물의 분할을 청구할 수 있다(268조 1항 본문). 공유의 경우에는 합유·총유와 달리 공유자 사이에 인적 결합관계가 없기 때문에 공유물 분할의 자유가 인정되는 것이다.

공유물의 분할은 1차적으로 공유자의 협의에 의하여 한다(268조 1항·269조 1항). 분할방법에는 제한이 없으나, 일반적으로 ① 공유물을 양적으로 나누는 방법(현물분할), ② 공유물을 매각하여 그 대금을 나누는 방법(대금분할), ③ 공유자 중 한 사람이 다른 공유자의 지분을 양수하여 그 가격을 지급하고 단독소유권을 취득하는 방법(가격배상)이 사용된다. 한편 분할의 방법에 관하여 협의가 되지 않은 때에는, 2차적으로 공유자가 법원에 분할을 청구하여 재판에 의하여 분할을 하게 된다(269조).

3. 합 유 [189]

(1) 합유의 의의

합유는 여럿이 조합체로서 물건을 소유하는 것이다(271조 1항 1문). 여기서 조합체라 함은 합수적(合手的) 조합, 즉 동일목적을 가지고 결합되어 있으나 아직 단일적 활동체로서 단체적 체제를 갖추지 못하고 있는 복수인의 결합체를 가리킨다.

합유에 있어서도 공유에서처럼 합유자는 지분을 가진다. 그러나 지분처분의 자유와 분할청구권이 없는 점에서 공유와 다르다.

(2) 합유의 성립

합유가 성립하기 위하여서는 그 전제로서 조합체의 존재가 필요하다. 그리고 그 조합체가 어떤 물건에 대한 소유권을 취득함으로써 합유가 성립한다. 한편 조합체의 성립원인에는 계약과 법률규정의 둘이 있다. 이들 중 계약은 조합계약을 의미하며, 그 대표적인 예는 동업계약이다. 그리하여 가령 A와 B가 식당영업을 하기 위하여 A는 건물을 제공하고 B는 운영자금을 낸 경우에, 건물과 자금은 A·B가 설립한 조합의 합유재산이 된다. 다만, 건물은 부동산이므로 합유등기를 해야 한다(부등법 48조 4항).

(3) 합유의 법률관계

합유자의 권리, 즉 지분은 합유물 전부에 미친다(271조 1항 2문). 합유관계의 그 밖의 내용은 계약에 의하여 정하여진다. 그런데 만약 계약이 없으면 다음과 같이 된다(271조 2항).

합유물에 관한 보존행위는 합유자 각자가 단독으로 할 수 있으나, 합유물을 처분하거나 변경하려면 합유자 전원의 동의가 있어야 한다(272조). 그리고 합유물에 대한 지분을 처분할 때에도 합유자 전원의 동의가 필요하다(273조 1항). 또한 합유자는 합유물의 분할을 청구하지 못한다(273조 2항). 즉 합유재산 전체의 분할은 물론이고 개개의 합유물도 분할하지 못한다.

4. 총 유 [190]

(1) 총유의 의의

총유는 법인 아닌 사단(예: 종중·교회)의 사원이 집합체로서 물건을 소유하는 것이다(275조 1항). 총유에 있어서는 소유권의 내용이 관리·처분의 권능과 사용·수익의 권능으로 나뉘어, 앞의 것은 구성원의 총체(즉 단체)에 속하고 뒤의 것은 각 구성원에게 속하게 된다.

총유재산이 부동산인 경우에는 등기하여야 하며, 이때 등기신청은 사단 명의로 그 대표자 또는 관리인이 한다(부등법 26조).

(2) 총유의 법률관계

총유의 법률관계는 사단의 정관이나 그 밖의 규약에 의하여 규율되나, 이들에 정한 것이 없으면 다음과 같이 된다(275조 2항).

총유물의 관리 및 처분은 사원총회의 결의에 의하여 한다(276조 1항). 그러나 총유물의 사용·수익은 각 사원이 정관 기타 규약에 따라 이를 할 수 있다(276조 2항). 그리고 총유물에 관한 사원의 권리·의무는 사원의 지위를 취득·상실함으로써 당연히 취득·상실된다(277조).

5. 준공동소유(準共同所有)

준공동소유란 소유권 이외의 재산권이 여럿에게 공동으로 귀속하는 경우를 가리킨다. 준공동소유가 인정되는 재산권의 예로는 지상권·전세권·저당권 등의 물권과 주식·광업권·어업권·특허권을 들 수 있다. 그리고 채권에 관하여도 준공동소유가 인정된다([269] 4 참조).

준공동소유의 형태에는 공동소유와 마찬가지로 준공유·준합유·준총유의 세 가지가 있다. 그리고 이러한 준공동소유에는 공유·합유·총유에 관한 민법 규정이 준용된다. 다만, 다른 법률에 특별규정이 있으면 그에 의한다(278조).

제 4 절 용익물권(用益物權)

제 1 관 지상권(地上權)

Ⅰ. 지상권의 의의와 법적 성질 [191]

지상권은 타인의 토지에서 건물 기타 공작물이나 수목을 소유하기 위하여 그 토지를 사용하는 물권이다(279조).

(1) 타인의 토지에 대한 권리

지상권은 타인의 토지를 사용할 수 있는 제한물권(용익물권)이다. 지상권은 지표면뿐만 아니라 공중과 지하도 사용할 수 있는 권리이다. 그런데 민법은 토지의 지하 또는 지상의 공간을 상하의 범위를 정하여 이용할 수 있게 하는 지상권(즉 구분지상권)도 인정하고 있다(289조의 2).

(2) 건물 기타 공작물(예 : 다리 · 광고탑 · 지하철)이나 수목을 소유하기 위한 권리

(3) 지료 문제

토지의 사용대가인 지료의 지급은 지상권의 요소가 아니다. 따라서 지료를 지급하지 않는 지상권도 있을 수 있다.

Ⅱ. 지상권의 취득 [192]

1. 법률행위에 의한 취득

지상권은 토지 소유자와 지상권자 사이의 지상권설정계약(물권행위)과 등기에 의하여 취득되는 것이 보통이다.

2. 법률행위에 의하지 않는 취득

(1) 제187조의 적용

지상권은 상속·공용징수·판결·경매 기타 법률의 규정에 의하여서도 취득될 수 있으며, 이때에는 등기를 필요로 하지 않는다(187조).

(2) 법정지상권(法定地上權)

> [예] 자신의 토지 위에 건물을 지어 소유하고 있는 A는 토지에만 B를 위하여 저당권을 설정해 주었다. 그 뒤 A가 B에게 채무를 변제하지 못하자 B는 그의 저당권을 실행하여 토지를 경매에 부쳤다. 그리고 경매에 의하여 C가 그 토지의 소유권을 취득하였다.

위의 [예]에서는 처음에는 A 자신의 토지 위에 A의 건물이 서 있었는데, 경매 후에는 A의 건물이 C의 토지 위에 서 있는 결과로 된다. 그리고 이러한 결과는 토지 소유자였던 A의 의사와는 관계없이 생겼다. 이와 같은 경우에 건물 소유자인 A에게 토지를 사용할 권리가 인정되지 않으면, A의 건물은 불법한 것이 되어 철거되어야 한다. 여기서 일정한 경우에는 건물의 소유자를 위하여 토지에 대한 사용권을 법률상 당연히 인정해주어야 함을 알 수 있다(등기는 필요하지 않음). 그러한 토지사용권이 법정지상권이다. 법정지상권은 우리 법이 건물을 토지와 별개의 부동산으로 다루고 있는 데서 연유한 제도이다.

현행법상 법정지상권이 성립하는 경우로는 민법이 규정하고 있는 두 가지와 특별법이 규정하고 있는 두 가지가 있다. 즉 ① 토지와 그 지상건물이 동일인에게 속하는 경우에 건물에 대하여만 전세권을 설정한 후 토지 소유자가 변경된 때(305조 1항), ② 토지와 그 지상건물이 동일인에게 귀속하는 경우에 토지와 건물 중 어느 하나 또는 둘 모두에 저당권이 설정된 후, 저당권의 실행으로 경매됨으로써 토지와 건물의 소유자가 다르게 된 때(366조), ③ 토지 및 그 지상건물이 동일한 소유자에게 속하는 경우에 그 토지 또는 건물에 대하여만 가등기담보권·양도담보권 또는 매도담보권이 설정된 후, 이들 담보권의 실행으로 토지와 건물의 소유자가 다르게 된 때(「가등기담보 등에 관한 법률」 10조), ④ 토지와 입목이 동일인에게 속하는 경우에 경매 기타의 사유로 토지와 입목이 다른 소유자에게 속하게 된 때(입목법 6조 1항)가 그것이다.

(3) 관습법상의 법정지상권

그 밖에 우리 판례는 일정한 경우에 관습법에 의하여 분묘기지권과 관습법상의 법정지상권이 성립한다고 한다. 이들에 관하여는 뒤에 자세히 설명한다([194] 2·3 참조).

Ⅲ. 지상권의 존속기간 [193]

1. 설정행위로 기간을 정한 경우

(1) 지상권의 존속기간은 당사자가 설정행위로 자유롭게 정할 수 있다. 다만, 최단기간에 관하여는 제한이 있다.

(2) 당사자가 지상권의 존속기간을 정하는 경우에는, 그 기간은 다음의 연한보다 단축하지 못하며(280조 1항), 당사자가 존속기간을 그 기간보다 짧게 정한 때에는 존속기간이 그 기간까지 연장된다(280조 2항).

① 석조·석회조·연와조(벽돌로 지은 것) 또는 이와 유사한 견고한 건물이나 수목의 소유를 목적으로 하는 때에는 30년.

② 그 밖의 건물의 소유를 목적으로 하는 때에는 15년.

③ 건물 이외의 공작물의 소유를 목적으로 하는 때에는 5년.

2. 설정행위로 기간을 정하지 않은 경우

설정행위로 존속기간을 정하지 않은 때에는, 지상물의 종류와 구조에 따라 위의 최단 존속기간이 그 존속기간으로 되나(281조 1항), 지상권설정 당시에 공작물의 종류와 구조를 정하지 않은 때에는 존속기간은 15년이다(281조 2항).

3. 계약의 갱신과 존속기간

(1) 갱신계약

지상권의 존속기간이 만료된 경우에 당사자는 계약(갱신계약)에 의하여 이전의 계약을 갱신할 수 있다(계약자유). 이때 갱신된 계약의 존속기간은 제280조의 최단 존속기간보다 길게 정하는 것은 무방하지만, 짧게 정하지는 못한다(284조).

(2) 지상권자의 갱신청구권

지상권이 존속기간의 만료로 소멸한 경우에 건물 기타 공작물이나 수목이 현존하고 있는 경우에는, 지상권자는 계약의 갱신을 청구할 수 있다(283조 1항). 이 갱신청구권은 형성권이 아니고 청구권이다. 따라서 갱신청구에 의하여 갱신의 효과가 생기지는 않는다. 만약 지상권설정자가 갱신청구를 거절하면, 지상권자는 상당한 가액으로 공작물이나 수목의 매수를 청구할 수 있다(283조 2항). 이 매수청구권은 형성권이므로, 지상권자가 이를 행사하면 매매계약이 성립한다.

Ⅳ. 특수지상권 [194]

1. 구분지상권(區分地上權)

어느 토지의 지하에 지하철·지하상가를 건설하거나 공중에 고압선을 시설할 경우에 보통의 지상권을 설정받을 수도 있다. 그런데 보통의 지상권을 설정하면 토지 소유자의 토지 이용이 전면적으로 배제되고, 이용권자는 토지의 일부만을 이용하는데도 전면적인 이용의 대가를 지급하여야 한다. 여기서 토지의 지상 또는 지하의 일정한 범위(「층」이라 함)만을 이용하는 것을 목적으로 하는 제도가 필요하게 되는데, 그것이 바로 구분지상권이다.

구분지상권은 「건물 기타 공작물을 소유하기 위하여 타인의 토지의 지상 또는 지하의 공간을 상하의 범위를 정하여 사용하는 물권」이다(289조의 2 1항 1문).

2. 분묘기지권(墳墓基地權)

분묘기지권은 타인의 토지에서 분묘를 소유하기 위하여 분묘기지 부분의 타인의 토지를 사용할 수 있는 지상권과 비슷한 물권이다. 이것은 관습법상의 물권으로서 판례에 의하여 확인된 것이다.

판례에 의하면, 다음의 세 경우에 분묘기지권이 인정된다고 한다.

① 소유자의 승낙을 얻어 그의 소유지 안에 분묘를 설치한 때.

② 타인 소유의 토지에 그 소유자의 승낙 없이 분묘를 설치한 후 20년간 평온·공연하게 분묘의 기지를 점유한 때. 이 둘째 유형의 분묘기지권은 「장사 등에 관한 법률」 시행일인 2001. 1. 13. 이전에 설치된 분묘에 관하여는 현재까지 유지되고 있으나(대판(전원) 2017. 1. 19, 2013다17292), 2001. 1. 13. 이후에 설치된 분묘의 경우에는 위 법의 규정상 인정될 수 없다(같은 법 27조 3항 참조).

③ 자기 소유의 토지에 분묘를 설치한 자가 그 분묘기지에 대한 소유권을 보류하거나 분묘도 함께 이전한다는 특약을 함이 없이 토지를 매매 등으로 양도한 때.

3. 관습법상의 법정지상권

앞에서 본 바와 같이([192] 2 (2) 참조), 민법과 특별법은 법률상 당연히 지상권이 성립하는 네 가지 경우를 규정하고 있다(법정지상권). 그런데 판례는 그 외에도 일정한 경우에는 관습법상 법정지상권이 성립한다고 한다.

판례에 의하면, 관습법상의 법정지상권은 동일인에게 속하였던 토지 및 건물이 매매 기타의 원인으로 소유자를 달리하게 된 때에 그 건물을 철거한다는 특약이 없으면 건물 소유자가 당연히 취득하게 되는 법정지상권이다. 예를 들어본다. A는 그의 토지 위에 건물을 소유하고 있었다. 그런데 그 중에 토지만을 B에게 팔고 등기를 넘겨주었다. 그러면서 건물을 철거한다는 특약은 하지 않았다. 이 경우에는, 토지는 B의 소유이고 건물은 A 소유이어서, A에게 토지사용권이 없으면 그 건물은 철거되어야 한다. 그런데 판례는 그러한 때에는 A에게 관습법상의 법정지상권이 인정된다고 한다.

판례가 법정지상권을 인정한 경우들 가운데에는 토지와 건물 중 어느 하나가 민사집행법에 의하여 강제경매되거나 국세징수법에 의하여 공매된 때도 있다. 그러한 때에는 토지사용권에 관하여 당사자 사이에 협의할 기회가 전혀 없다. 그에 비하여 위의 예에서처럼 매매가 된 때에는 그렇지 않다. 그럼에도 불구하고 뒤의 경우까지 건물 소유자를 보호하는 것은 적절하지 않다. 판례는 재검토되어야 한다(물권 [156] 참조). 그런데 대법원은 최근에 전원합의체 판결로 기존의 판례가 유지되어야 한다고 하였다(대판(전원) 2022. 7. 21, 2017다236749).

제 2 관 지역권(地役權)

[예 Ⅰ] A 소유의 X토지와 B 소유의 Y토지는 서로 인접하여 있다. A는 상린관계에 의하여 Y토지를 통행하고 있으나, 도로를 크게 개설하여 다니고 싶어 한다.

[예 Ⅱ] 위의 예에서 A는 Y토지에 수로를 만들어서 그것을 통해서 물을 끌어오려고 한다.

Ⅰ. 지역권의 의의 및 법적 성질 [195]

위의 예들에서 A는 지역권을 취득하면 그 목적을 달성할 수 있다. 지역권은 「일정한 목적을 위하여 타인의 토지를 자기의 토지의 편익(便益)에 이용하는 물권」이다(291조).

(1) 타인의 토지를 자기의 토지의 편익에 이용하는 권리

지역권은 두 토지의 존재를 전제로 하며, 그 중 편익을 받는 토지(위의 예들에서는 X토지)를 요역지(要役地)라고 하고, 편익을 주는 토지(위의 예들에서는 Y토지)를 승역지(承役地)라 한다.

편익을 받는 것은 토지만이다. 물론 구체적으로 편익을 받는 것은 요역지의 소유자(위의 예들에서는 A)이나, 요역지의 현재의 소유자에 그치지 않고 소유자가 변경되어도 현재의 소유자가 편익을 받는 관계에 있다. 그래서 지역권이라고 한다(「地役權」의 「役」자에 주의할 것. 그것은 부리는 권리라는 뜻임).

[인역권(人役權)]

특정한 토지가 아니고 특정한 사람을 위하여 편익을 제공하는 권리는 인역권이다. 어느 임야의 소유자 을이 곤충학자인 갑에게 그의 임야에 들어가서 곤충채집을 할 수 있도록 한 경우가 그 예이다. 이러한 인역권은 그 특정인에게만 인정되고, 양도나 상속이 허용되지 않는다. 우리 민법은 인역권은 규정하고 있지 않다.

편익의 종류에는 제한이 없으며, 통행([예 Ⅰ]의 경우)·인수(引水)([예 Ⅱ]의 경우)·전망을 위한 건축금지 등 여러 가지가 있다.

(2) 요역지와 승역지 사이의 관계

지역권은 두 토지의 소유자 사이에서만 인정되는 권리가 아니다. 지역권이 설정된 후의 요역지의 지상권자·전세권자·임차인도 지역권을 행사할 수 있고, 승역지의 지상권자·전세권자·임차인도 지역권의 제한을 받는다.

(3) 요역지 위의 권리의 종된 권리

지역권은 요역지 소유권의 내용이 아니고 독립한 권리이다. 그러나 지역권은 요역지와 분리하여 양도하거나 다른 권리의 목적으로 하지 못한다(292조 2항). 그리고 요역지의 소유권이 이전되거나 다른 권리의 목적이 된 때(예: 요역지에 저당권·지상권이 설정된 때)에는, 지역권도 그에 수반한다(수반성. 292조 1항 본문).

Ⅱ. 지역권의 종류 [196]

1. 작위 지역권 · 부작위 지역권

지역권의 내용이 지역권자가 일정한 행위를 할 수 있는 것이 작위 지역권이고(예 : 통행 · 인수지역권), 승역지 이용자가 일정한 이용을 하지 않을 의무를 부담하는 것이 부작위 지역권이다(예 : 전망지역권).

2. 계속 지역권 · 불계속 지역권

지역권의 내용실현이 끊임없이 계속하는 것이 계속 지역권이고(예 : 일정한 통로를 개설한 통행지역권), 권리의 내용을 실현함에 있어서 그때그때 권리자의 행위를 필요로 하는 것이 불계속 지역권이다(예 : 통로를 개설하지 않은 통행지역권).

3. 표현 지역권 · 불표현 지역권

지역권의 내용의 실현이 외부에 표현되는 것이 표현 지역권이고(예 : 통행지역권), 그렇지 않은 것이 불표현 지역권이다(예 : 전망지역권).

Ⅲ. 지역권의 취득 [197]

지역권은 설정계약과 등기에 의하여 취득되는 것이 보통이나, 취득시효에 의하여 취득될 수도 있다. 그런데 취득시효에 의하여 취득될 수 있는 지역권은 계속되고 표현된 것에 한정된다(294조).

Ⅳ. 특수지역권 [198]

민법은 「어느 지역의 주민이 집합체의 관계로 각자가 타인의 토지에서 초목 · 야생물 및 토사의 채취, 방목 기타의 수익을 하는 권리」를 특수지역권이라고 하면서, 그에 대하여는 관습에 의하는 외에 지역권에 관한 규정을 준용한다고 한다(302조).

그러나 위와 같은 권리에 있어서는 편익을 얻는 것이 토지(요역지)가 아니고 어느 지역의 주민 즉 사람이므로, 그 권리는 지역권이 아니고 일종의 인역권에 해당한다. 따라서 특수지역권이라는 명칭은 바람직하지 않으며, 「토지수익권의 준총유」라고 하는 것이 좋다.

제 3 관 전세권(傳貰權)

Ⅰ. 서 설 [199]

1. 전세권의 의의

전세권은 전세금을 지급하고 타인의 부동산을 점유하여 그 부동산의 용도에 좇아 사용 · 수익하고, 전세권이 소멸하면 목적부동산으로부터 우선변제를 받을 수 있는 물권이다(303조 1항). 이 전세권은 과거에 주로 도시에서 관행적으로 행하여져오던 건물의 전세(일종의 임대차계약)를 물권의 일종으로 민법에 규정한 것으로서 우리 민법만에 특유한 제도이다.

요즘에도 특히 주택이나 건물을 빌려 사용할 때 일시에 다액의 금액을 전세금으로 지급하고 다른 사용대가는 지급하지 않는 경우가 많이 있다. 그러한 경우 가운데 전세권등기를 하면 여기서 말하는 전세권이 되고, 등기를 하지 않으면 채권적인 전세가 된다. 그리고 앞의 것은 물권으로서 보호되며, 뒤의 것은 주택임대차보호법에 의하여 보호된다(동법 12조 참조).

2. 전세권의 법적 성질

(1) 타인의 부동산에 관한 물권

전세권은 타인의 부동산에 대한 권리이다. 그리하여 건물뿐만 아니라 토지도 전세권의 목적이 될 수 있다(303조 1항). 다만 농경지는 예외이다(303조 2항).

전세권은 직접 객체를 지배하는 물권이다. 따라서 목적부동산의 소유자가 변경되어도 전세권에는 영향이 없다. 그리고 당연히 양도성과 상속성을 가진다.

(2) 용익물권

전세권은 목적부동산을 사용·수익하는 권리이다. 그 결과 전세권은 목적부동산을 점유할 수 있는 권리를 포함한다.

(3) 전세금

전세금의 지급은 전세권의 필수적인 요소이다(303조 1항 참조). 따라서 전세금을 지급하지 않거나 지급하지 않는다고 특약을 한 경우에는, 전세권은 성립하지 않는다.

전세금은 전세권자가 설정자에게 교부하는 금전으로서, 전세권이 소멸하는 때에 다시 반환받는다. 전세금의 액은 당사자가 자유롭게 결정할 수 있다. 그런데 그 액은 등기하여야 하며(부등법 72조 1항), 그렇지 않으면 제 3 자에게 대항할 수 없다.

전세금은 그 이자가 차임을 대신하는 특수한 기능을 갖는다. 즉 차임의 특수한 지급방법인 것이다. 그런가 하면 전세금은 목적물 멸실의 경우에 전세권자가 부담하는 손해배상채무를 담보하므로(315조), 보증금으로서의 성질도 갖는다. 그 밖에 부동산을 담보로 고액의 금전을 빌리는 것에 해당한다.

(4) 담보물권

전세권자는 목적부동산에 대하여 전세금의 우선변제를 받을 수가 있다(303조 1항). 그리하여 전세권은 전세금채권(전세금반환청구권)을 피담보채권(담보하는 채권)으로 하는 담보물권적인 성질도 가지고 있다. 즉 본질적으로는 용익물권이지만 부수적으로는 담보물권인 것이다.

Ⅱ. 전세권의 취득과 존속기간 [200]

1. 전세권의 취득

전세권은 부동산 소유자(전세권설정자)와 전세권자 사이의 설정계약과 등기에 의하여 취득되는 것이 보통이다. 그리고 전세금이 지급되어야 함은 앞에서 설명하였다.

2. 전세권의 존속기간

(1) 설정행위에 의하여 정하는 경우

1) 전세권의 존속기간은 당사자가 설정행위에서 임의로 정할 수 있으나, 최장기간과 최단기간에 관하여 일정한 제한이 있다.

전세권의 존속기간은 10년을 넘지 못하며, 당사자가 약정한 기간이 10년을 넘는 때에는 10년으로 단축된다(312조 1항). 그리고 건물에 대한 전세권의 존속기간을 1년 미만으로 정한 때에는, 그 기간은 1년으로 된다(312조 2항).

2) 전세권의 존속기간이 만료되면 합의에 의하여 설정계약을 갱신할 수 있다(312조 3항 1문). 그런데 그 기간은 갱신한 날부터 10년을 넘지 못한다(312조 3항 2문).

한편 건물의 전세권에 관하여는 일정한 요건 하에 법률규정에 의하여 당연히 갱신이 되는 법정갱신제도(묵시적 갱신제도)가 인정된다. 즉 건물의 전세권설정자가 전세권의 존속기간이 만료되기 전 6월부터 1월 사이에 전세권자에 대하여 갱신 거절의 통지 또는 조건을 변경하지 않으면 갱신하지 않는다는 뜻의 통지를 하지 않은 경우에는, 그 기간이 만료된 때에 전 전세권과 동일한 조건으로 다시 전세권을 설정한 것으로 본다. 그리고 이 경우 전세권의 존속기간은 정하지 않은 것으로 본다(312조 4항).

(2) 존속기간을 약정하지 않은 경우

당사자가 전세권의 존속기간을 약정하지 않은 경우에는, 각 당사자는 언제든지 상대방에 대하여 전세권의 소멸을 통고할 수 있고, 상대방이 이

통고를 받은 날부터 6개월이 지나면 전세권이 소멸한다(313조). 이 경우에 말소등기가 있어야 소멸하는가에 관하여 논란이 있으나, 위의 규정상 등기 없이 전세권이 소멸한다고 해야 할 것이다.

Ⅲ. 전세권의 처분 [201]

1. 처분의 자유

전세권자는 전세권을 타인에게 양도하거나 담보로 제공할 수 있고, 또 그 존속기간 안에서 그 목적물을 타인에게 전전세 또는 임대할 수 있다(306조 본문). 그 결과 전세권자는 전세금 및 투하자본을 회수할 수 있다. 그런데 전세권자의 처분의 자유는 당사자가 설정행위로 금지할 수 있다(306조 단서). 그러나 그 금지의 특약은 등기하여야 제 3 자에게 대항할 수 있다(부등법 72조 1항 5호).

2. 전세권의 양도

전세권자는 설정자의 동의 없이 전세권을 타인에게 양도할 수 있다(306조). 그 방법은 제186조에 의한다(물권행위와 등기). 전세권이 양도되면 양수인은 전세권설정자에 대하여 양도인과 동일한 권리·의무가 있다(307조). 그리고 양도인은 아무런 권리·의무도 없게 된다. 전세권의 양도대금은 제한이 없다. 따라서 본래의 전세금보다 고액이거나 저액이어도 무방하다. 그러나 어느 경우든 전세권이 소멸할 때 양수인이 반환을 청구할 수 있는 전세금은 본래의 전세금만큼이다.

3. 전세권의 담보제공

전세권자는 전세권을 담보로 제공할 수 있다(306조). 이는 전세권에 저당권을 설정할 수 있다는 의미이다(371조 참조).

4. 목적물의 임대

전세권자는 전세권의 존속기간 안에서 목적물을 타인에게 임대할 수 있다(306조). 이때 전세권설정자의 동의는 필요하지 않다. 그러나 전세권자의 책임은 가중된다. 즉 그 경우에는 전세권자는 임대하지 않았으면 면할 수 있는 불가항력으로 인한 손해에 대하여도 책임을 진다(308조).

5. 전전세(轉傳貰)

전전세는 전세권을 기초로 하여 전세권의 목적부동산에 다시 전세권을 설정하는 것을 말한다. 이러한 전전세는 설정행위로 금지되어 있지 않는 한 전세권의 존속기간 안에서 자유롭게 할 수 있다(306조). 원전세권설정자(原傳貰權設定者)의 동의 없이 전전세할 수 있는 것이다.

전전세권이 설정되어도 원전세권은 소멸하지 않는다. 그리고 전전세권자는 전세권자로서의 모든 권리를 가지며, 원전세권자는 그 범위에서 목적물을 스스로 사용·수익하지 못한다. 한편 전세권자는 전전세하지 않았으면 면할 수 있는 불가항력으로 인한 손해에 대하여도 책임을 진다(308조). 전세권자로 하여금 자유롭게 전전세를 할 수 있도록 하는 대신 책임을 가중한 것이다.

Ⅳ. 전세권 소멸의 효과 [202]

1. 전세금의 반환 및 목적부동산의 인도

전세권이 소멸하면 전세권자는 목적부동산을 인도하고 전세권등기의 말소등기에 필요한 서류를 교부하여야 하고, 전세권설정자는 전세금을 반환하여야 한다. 그리고 이 두 당사자의 의무는 동시이행관계에 있다(317조).

2. 전세금의 우선변제권

전세권설정자가 전세금의 반환을 지체한 때에는, 전세권자는 민사집행법이 정한 바에 의하여 목적부동산의 경매(동법 264조 이하의 담보권 실행경매)를 청구할 수 있고(318조), 후순위권리자 기타 채권자보다 전세금의 우선변제를 받을 수 있다(303조 1항).

3. 부속물 수거권 · 부속물 매수청구권

전세권이 소멸한 때에는 전세권자는 그 목적부동산을 원상으로 회복하여야 하며, 그에 부속시킨 물건은 수거(收去)할 수 있다(316조 1항 본문). 그러나 전세권설정자가 그 부속물의 매수를 청구한 때에는, 전세권자는 정당한 이유 없이 거절하지 못한다(316조 1항 단서). 이 매수청구권은 형성권이다. 그리고 일정한 경우에는 전세권자에게 부속물 매수청구권이 인정된다. 부속물을 전세권설정자의 동의를 얻어 부속시킨 때와 그것을 설정자로부터 매수한 때에 그렇다(316조 2항).

4. 유익비 상환청구권

전세권자는 필요비의 상환을 청구할 수 없으나(309조에 의하여 수선의무가 있으므로), 유익비는 상환청구를 할 수 있다(310조 1항 · 2항).

제5절 담보물권(擔保物權)

제1관 서 설

Ⅰ. 담보제도 [203]

1. 채권담보의 필요성

예를 들어 A가 B에게 금전을 빌려주어 금전채권을 가지고 있다고 하자. 이 경우에 B가 임의로 채무를 이행하면 A의 채권은 소멸하게 된다. 그러나 B가 채무를 이행하지 않으면, A는 B를 상대로 소를 제기하여 금전의 지급을 명하는 판결(이행판결)을 얻은 뒤, 그에 기하여 B의 재산에 강제집행을 할 수 있다. 여기서 A가 보다 확실하게 채권을 실현하려면 B에게 재산(이를 책임재산이라 함)이 많아야 함을 알 수 있다.

그런데 B에게 아무리 재산이 많다고 하더라도 A가 변제받지 못할 위험성은 여전히 있다. B의 재산이 수시로 변동할 뿐만 아니라, A에게 금전을 빌릴 때는 없던 채무들이 그 후에 성립하게 될 수도 있기 때문이다. 따라서 A가 확실하게 변제를 받으려면 채권의 실현을 확보할 수 있는 다른 방안을 강구하여야 한다. 그러한 제도가 바로 담보이다.

2. 인적 담보(人的 擔保)·물적 담보(物的 擔保)

채권담보제도에는 인적 담보와 물적 담보가 있다.

(1) 인적 담보

이는 채무자의 책임재산에 제 3 자의 책임재산을 추가하는 방법에 의한 담보제도이다. 보증채무([278] 이하 참조)·연대채무([273] 이하 참조)가 그에 해당한다. 가령 앞의 예에서 A가 B에게 담보제공을 요구하여 C가 B의 채무를 보증한 경우에는, A는 B가 변제하지 않을 때에는 C의 재산으로부터도 변제를 받을 수 있게 되는데, 이와 같이 제 3 자(C)의 재산을 더하는 방법으로 채권을 담보하는 것이 인적 담보인 것이다.

이러한 인적 담보는 담보목적물이 없어도 이용할 수 있고 또 절차가 간편한 장점은 있으나, 담보하는 사람의 재산상태에 의존하게 되어 담보로서의 효력은 확실하지 않다. 가령 위의 예에서 C가 파산을 하게 되면 A는 담보제도를 이용하였음에도 불구하고 변제를 받을 수 없게 된다.

(2) 물적 담보

이는 채무자 또는 제 3 자의 특정한 재화(물건·권리)를 가지고 담보하는 제도이다. 여기서는 특정한 재화에 관하여 채권자 평등의 원칙(채권들은 어느 것이 우선하지 않고 효력이 같다는 원칙)을 깨뜨려서 다른 채권자보다 우선해서 변제를 받게 한다. 민법상의 담보물권이 그 전형적인 것이다. 가령 금전채권자인 A가 B에게 담보제공을 요구하여 B가 자신의 토지에 저당권을 설정해주면, A는 그 토지에 관하여는 우선권을 가지게 되어, 설사 B가 채무초과가 되어도 그 토지로부터 우선변제를 받을 수 있게 된다.

이러한 물적 담보는 담보하는 사람의 인적 요소에 의존하지 않고 재화의 객관적 가치에 의하여 담보하게 되어 담보로서의 효력이 확실하고, 그 결과 서로 알지 못하는 사람들 사이에서도 이용하게 할 수 있는 기능도 한다. 그러나 그 절차가 복잡하다는 단점도 있다.

(3) 오늘날의 담보제도

인적 담보·물적 담보는 서로 다른 장점이 있어서 오늘날 실제 사회에서는 이 둘 모두가 이용되고 있다.

Ⅱ. 물적 담보의 종류 [204]

1. 전형적인 담보제도

물적 담보 가운데에는 전면적인 지배권인 소유권과 대립하는 제한물권의 형식을 취하는 것이 있다. 민법이나 특별법상의 담보물권이 그에 해당한다.

담보물권에는 당사자의 약정에 의하여 성립하는 약정 담보물권과 법률규정에 의하여 당연히 성립하는 법정 담보물권이 있다. 민법상의 담보물권 중 유치권은 법정 담보물권이나, 질권·저당권은 원칙적으로 약정 담보물권이다.

2. 비전형적인 담보제도(변칙적 담보제도)

이는 소유권(또는 기타의 재산권)을 이전하는 방법으로 채권을 담보하는 것이다. 예를 들면 갑이 을에게 금전을 빌리면서, 을의 채권을 담보하기 위하여 갑의 토지의 소유권을 을에게 이전하되, 갑은 그 소유권을 채권담보의 목적으로 사용하도록 하는 경우가 그렇다. 비전형적인 담보제도는 본래 채권담보를 위한 것이 아닌 제도가 거래계의 필요에 따라 담보제도로서 발전·이용되어 온 것이다.

3. 이 책의 설명순서

이 책에서는 먼저 전형적인 담보제도인 민법상의 담보물권과 최근에 제정된 「동산·채권 등의 담보에 관한 법률」상의 담보권에 관하여 보고, 그 뒤에 비전형적인 담보제도에 관하여 적기로 한다.

Ⅲ. 담보물권 [205]

1. 본 질

담보물권은 목적물을 사용・수익 하는 데 그 목적이 있는 것이 아니고, 목적물의 교환가치의 취득을 목적으로 하는 것이며, 그리하여 가치권(價値權)이라고 할 수 있다.

2. 특성(통유성 : 通有性)

[예] B는 A로부터 금전 5,000만원을 빌리면서 A를 위하여 그의 X토지에 저당권을 설정하여 주었다.

담보물권은 공통적으로 가지고 있는 성질이 있다. 그러나 이들이 모든 물권에서 똑같은 것은 아니다.

(1) 부종성(附從性)

담보물권은 그것이 담보하는 채권 즉 피담보채권을 전제로 하여서만 성립할 수 있는데, 이것이 담보물권의 부종성이다. 이 부종성 때문에, 피담보채권이 성립하지 않으면 담보물권도 성립하지 않고, 피담보채권이 소멸하면 담보물권도 소멸하게 된다. 부종성은 유치권 등의 법정 담보물권에서는 엄격하게 적용되나, 질권・저당권 등의 경우에는 완화된다.

위의 [예]에서 B가 채무를 변제하면 A의 저당권도 소멸하게 되는데, 그것은 담보물권의 부종성 때문이다.

(2) 수반성(隨伴性)

위의 [예]의 경우에 A가 그의 채권을 C에게 양도하면 A의 저당권도 마찬가지로 C에게 이전된다. 이와 같이 피담보채권이 이전하면 담보물권도 따라서 이전하고, 피담보채권에 부담이 설정되면 담보물권도 그 부담에 복종하는 성질이 수반성이다.

(3) **물상대위성**(物上代位性)

위의 [예]에서 B가 채무를 이행하기 전에 X토지가 국가에 의하여 수용되어 B가 수용보상금을 받을 수 있게 되었다고 하자. 그러한 경우에는 A는 그의 저당권을 그 수용보상금에 대하여도 행사할 수 있다.

이와 같이 담보물권의 목적물의 멸실·훼손·공용징수로 인하여 그에 갈음하는 금전 기타의 물건이 목적물의 소유자에게 귀속하게 된 경우에 담보물권이 그 물건에 존속하는 성질이 있는데(342조·355조·370조), 이를 물상대위성이라고 한다. 이 물상대위성은 유치권에는 인정되지 않는다.

(4) **불가분성**(不可分性)

위의 [예]의 경우에 B가 A에게 3,000만원을 변제하고 2,000만원만 남았다고 하자. 그러한 때에도 A는 채권 전부를 변제받을 때까지 저당권을 행사할 수 있다. 이와 같이 담보물권자가 피담보채권의 전부를 변제받을 때까지 목적물의 전부에 대하여 그 권리를 행사할 수 있는 성질을 불가분성이라고 한다. 이 불가분성은 유치권·질권·저당권 모두에 인정된다(321조·343조·370조).

제2관 유치권(留置權)

Ⅰ. 유치권의 의의와 법적 성질 [206]

1. 의 의

[예 Ⅰ] 시계 소유자 A는 시계가 고장나서 시계 수리업자인 B에게 시계의 수선을 맡겼다. 그 뒤 A는 수선료를 주지 않고 자신이 시계의 소유자라고 하면서 시계를 달라고 한다.

[예 Ⅱ] 갑의 건물을 빌려 사용하고 있는 임차인 을은 건물의 벽에 금이 가서 비용을 들여서 고쳤다. 그런데 임대차 기간이 만료되자 갑은 고친 비용을 주지 않으면서 건물을 비워달라고 한다.

위의 [예 Ⅰ]에서 B는 시계의 수선료를 받을 때까지 시계의 반환을 거절할 수 있고, [예 Ⅱ]에서 을은 건물의 수리비를 받을 때까지 건물을 돌려주지 않을 수 있다. 그것은 B와 을에게 유치권이라는 권리가 있기 때문이다.

유치권이란 「타인의 물건 또는 유가증권을 점유한 자가 그 물건이나 유가증권에 관하여 생긴 채권이 변제기에 있는 경우에 그 채권의 변제를 받을 때까지 그 물건 또는 유가증권을 유치할 수 있는 물권」이다(320조 1항).

이러한 유치권을 인정한 이유는 공평의 원칙을 실현하기 위하여서이다. 즉 타인의 물건을 점유하는 자가 그 물건 등에 관하여 채권을 가지는 경우에 그 채권의 변제를 받기 전에 자기만 물건을 인도하게 하면 채권을 실현하기가 어렵게 되어 불공평하기 때문이다.

[상사유치권(商事留置權)]
특별사법인 상법에는 상사유치권이 규정되어 있다. 상사유치권은 민법상의 유치권과 효력은 같으며 성립요건만 완화되어 있다. 상사유치권에는 일반 상사유치권(상법 58조)과 특별 상사유치권(상법 91조 · 111조 · 120조 · 147조)이 있다.

2. 법적 성질

(1) 물 권

유치권은 단순한 인도거절권이 아니고 목적물을 점유할 수 있는 독립한 물권이다. 따라서 유치권자는 채무의 변제를 받을 때까지 목적물의 소유권이 누구에게 속하든 상관없이 누구에 대하여도 그 권리를 행사할 수 있다. 가령 위의 [예 Ⅰ]에서 A가 수선을 맡긴 시계가 제 3 자인 C의 소유이고, 그리하여 C가 시계를 달라고 하여도, B는 인도를 거절할 수 있다.

그러나 유치권은 유치권자가 점유를 상실하면 소멸한다(328조).

(2) 법정물권

유치권은 일정한 요건이 갖추어진 경우에 법에 의하여 당연히 성립하는 물권이다. 따라서 유치권이 부동산 위에 성립하는 때에도 등기는 필요하지 않다.

(3) 담보물권

유치권은 담보물권이다. 그러나 담보목적물의 교환가치로부터 우선변제를 받는 것을 본체로 하는 것이 아니고, 목적물을 유치함으로써 채무자에게 심리적 압박을 가하여 변제를 간접적으로 강제하는 것을 본체로 한다.

Ⅱ. 유치권의 성립 [207]

유치권은 다음과 같은 요건이 갖추어지면 법률상 당연히 성립한다(320조).

1. 목적물

(1) 물건이나 유가증권

유치권의 목적물로 될 수 있는 것은 물건과 유가증권이다.

(2) 타인의 소유일 것

유치권의 목적물은 유치권자의 소유이어서는 안 되고, 타인의 소유이어야 한다. 그 타인은 채무자인 것이 보통이겠으나, 제 3 자이어도 상관없다.

2. 목적물의 점유

(1) 목적물을 점유할 것

그런데 그 점유는 계속되어야 하며, 유치권자가 점유를 잃으면 유치권은 소멸한다(328조).

(2) 적법한 점유일 것

점유가 불법행위에 의하여 시작되지 않아야 한다(320조 2항).

3. 변제기가 된 채권의 존재

점유자가 채권을 가지고 있어야 하고, 그 채권이 변제기가 되었어야 한다(320조 1항). 채권의 변제기가 되기 전에는 유치권이 생기지 않는다.

4. 채권과 목적물 사이의 견련관계(牽連關係)

유치권이 성립하기 위해서는 채권이 유치권의 목적물에 관하여 생긴 것이어야 한다(320조 1항). 즉 채권과 목적물 사이에 견련관계가 있어야 한다. 어떠한 경우에 견련관계를 인정할 것인가에 관하여는 논란이 있다(물권 [180] 참조). 그런데 사견으로는, 유치권의 취지와 효력을 고려하여 볼 때 유치권이 인정되어야 할 필요성이 있을 정도로 채권과 목적물 사이에 밀접성이 있을 경우에 견련관계가 있다고 할 것이다. 앞의 [예 Ⅰ], [예 Ⅱ]가 그에 해당한다.

Ⅲ. 유치권의 효력 [208]

1. 유치권자의 권리

(1) 목적물을 유치할 권리

유치권자는 채권의 변제를 받을 때까지 목적물을 유치할 수 있다. 여기서 「유치」한다는 것은 목적물의 점유를 계속하고 인도를 거절하는 것이다.

(2) 경매권과 우선변제권

유치권자는 채권의 변제를 받기 위하여 유치물을 경매할 수 있다(322조 1항, 민사집행법 274조). 그렇지만 우선변제권은 원칙적으로 없으며, 정당한 이유가 있는 때(예 : 경매비용이 커서 변제받을 수 없는 때)(322조 2항)와 유치물의 과실(323조)에 관하여만 예외적으로 우선변제권이 있다.

(3) 과실수취권

유치권자는 유치물의 과실(천연과실 · 법정과실)을 수취하여 다른 채권보다 먼저 그의 채권의 변제에 충당할 수 있다(323조 1항 본문). 그런데 과실이 금전이 아닌 경우에는 그것을 경매하여야 한다(323조 1항 단서).

(4) 비용 상환청구권

유치권자가 유치물에 관하여 필요비 또는 유익비를 지출한 때에는, 유치권자는 그 상환을 청구할 수 있다(325조 1항 · 2항).

2. 유치권자의 의무

(1) 유치권자는 선량한 관리자의 주의로 유치물을 점유하여야 한다(324조 1항).

(2) 유치권자는 채무자의 승낙 없이 유치물을 사용·대여하거나 또는 담보로 제공하지 못한다(324조 2항 본문).

(3) 유치권자가 위의 의무를 위반한 때에는, 채무자는 유치권의 소멸을 청구할 수 있다(324조 3항). 이 소멸청구권은 형성권이며, 소멸청구의 의사표시만으로 효력이 생긴다.

제3관 질권(質權)

Ⅰ. 질권의 의의 및 종류 [209]

1. 의 의

예를 들어 A가 B에게 그의 시계를 맡기고 금전을 빌렸다고 하자. 이 경우에 B는 A가 빌린 금전을 갚을 때까지 A의 시계를 점유하고, 만약 A가 이를 갚지 않으면 그 시계로부터 그의 채권을 우선변제받을 수 있다. B는 질권이라는 권리를 가지고 있기 때문이다.

질권이란 「채권자가 채권의 담보로서 채무자 또는 제3자(이를 물상보증인이라 함)가 제공한 동산 또는 재산권을 유치하고, 채무의 변제가 없는 때에는 그 목적물로부터 우선변제를 받는 물권」이다(329조·345조).

2. 종 류

민법상의 질권 즉 민사질(民事質)은 여러 가지 표준에 의하여 종류를 나눌 수 있다.

(1) 동산질권 · 부동산질권 · 권리질권

질권은 그것이 성립하는 목적물(객체)에 따라 동산질권 · 부동산질권 · 권리질권으로 나눌 수 있다. 그런데 민법은 이들 중 부동산질권은 인정하지 않고, 동산질권(329조 이하)과 권리질권(345조 이하)만을 인정한다.

(2) 법정질권 · 약정질권

질권에는 법률규정에 의하여 당연히 성립하는 법정질권과 당사자의 설정계약에 의하여 성립하는 약정질권이 있다. 그런데 질권은 원칙적으로 약정질권이다.

[상사질(商事質)]
상법은 상행위에 의하여 생긴 채권을 담보하기 위한 질권으로 이른바 상사질(商事質)을 규정하고 있다(상법 59조 참조). 그러한 상사질에 관하여 특별한 규정이 없는 사항에는 민법상의 질권에 관한 규정이 준용된다(344조).

Ⅱ. 동산질권 [210]

1. 동산질권의 성립

동산질권은 예외적으로 법률규정에 의하여 당연히 성립하는 때도 있으나(법정질권. 648조 · 650조), 원칙적으로는 당사자 사이의 질권설정계약과 목적물인 동산의 인도에 의하여 성립한다. 원칙적인 경우를 좀 더 자세히 설명하기로 한다.

(1) 동산질권설정계약

질권설정계약의 당사자는 질권자와 질권설정자이다. 질권자는 피담보채권의 채권자에 한정되나, 질권설정자는 채무자 외에 제 3 자라도 무방하다(329조 참조). 그러한 제 3 자를 물상보증인이라고 한다. A가 B에게 C의 시계를 맡기고 금전을 빌리는 경우에 C가 바로 물상보증인이다.

[물상보증인(物上保證人)]

물상보증인이란 타인의 채무를 위하여 자기의 재산 위에 물적 담보(질권·저당권·가등기담보·양도담보 등)를 설정하는 자이다. 물상보증인은 채권자에 대하여 채무를 부담하고 있지는 않다. 그러나 채무의 변제가 없으면 담보권의 실행에 의하여 소유권 등의 권리를 잃게 된다. 이를 「책임을 진다」고 표현한다.

(2) 목적물의 인도

동산질권이 설정되려면 목적물의 인도가 있어야 한다(188조 1항·330조). 여기의 인도는 반드시 현실의 인도일 필요는 없으며, 간이인도, 목적물 반환청구권의 양도에 의한 인도라도 무방하다. 그러나 질물(질권의 목적물)을 설정자에게 점유하게 하는 점유개정은 허용되지 않는다(332조). 즉 갑이 채권자 을에게 자신의 시계 위에 질권을 설정하면서 그 시계를 다시 갑이 빌려 사용하는 것으로 약정하는 경우에는, 질권은 성립하지 않게 된다. 이는 질권에 있어서는 목적물의 점유를 설정자로부터 빼앗아서 그것의 사용·수익을 금지하는 유치적 효력을 확보하기 위한 것이다.

(3) 동산질권의 목적물(동산)

동산질권의 목적물은 동산이다. 그러나 양도할 수 없는 동산은 질권의 목적물로 될 수 없다(331조). 질권에는 우선변제적 효력이 있는데, 양도할 수 없는 물건은 환가하여 우선변제를 받을 수 없기 때문이다.

(4) 동산질권을 설정할 수 있는 채권(피담보채권)

1) 일반론 담보물권은 피담보채권에 부종하기 때문에 반드시 피담보채권이 있어야 한다. 이 피담보채권에 관하여는 제한이 없다. 아래에서 문제되는 경우들만 살펴보기로 한다.

2) 장래의 특정채권 조건부 채권이나 기한부 채권과 같은 장래의 특정한 채권을 위하여서도 질권을 설정할 수 있다.

3) 근질(根質) 일정한 계속적 거래관계로부터 장차 생기게 될 다수의 불특정채권을 담보하기 위하여 설정되는 질권을 근질이라고 하며, 그것은 근담보의 일종이다(근질·근저당·근보증을 통틀어 근담보라고 함). 민법은 저당

권에 관하여는 근저당을 인정하는 명문규정을 두고 있으나(357조), 질권에 관하여는 규정을 두고 있지 않다. 그렇지만 학설은 모두 이를 인정한다.

2. 동산질권의 효력 [211]

(1) 질권에 의하여 담보되는 범위

질권은 원본, 이자, 위약금(398조 4항 참조), 질권 실행의 비용(민사집행법 53조도 참조), 질물보존비용, 채무불이행으로 인한 손해배상, 질물의 하자로 인한 손해배상의 채권을 담보한다(334조 본문). 그러나 여기에 관하여는 당사자가 다른 특약을 할 수 있다(334조 단서).

(2) 유치적 효력

질권자는 피담보채권 전부의 변제를 받을 때까지 질물을 유치할 수 있다. 그러나 자기보다 우선권이 있는 채권자에게 대항하지 못한다(335조). 따라서 선순위의 질권자나 기타의 우선권자의 청구로 경매에 부쳐진 경우에는, 질권자는 배당만 받을 수 있고, 질물의 인도를 거절하지는 못한다.

(3) 우선변제적 효력

1) 순 위 　동산질권자는 질물로부터 다른 채권자보다 먼저 자기의 채권의 우선변제를 받을 수 있다(329조). 물론 질권자에 우선하는 질권자나 우선특권자(예 : 우선특권을 갖는 선박채권자(상법 788조 · 777조)나 일정한 국세 · 지방세 채권자(국세기본법 35조, 지방세기본법 71조))가 있는 때에는, 그 범위에서 질권자의 우선변제권은 제한된다. 한편 동일한 동산에 수개의 질권이 설정된 경우에 그 순위는 설정의 선후에 의한다(333조).

[질권이 중복하여 성립하는 경우]
질권이 설정되려면 질물이 인도되어야 하기 때문에 동일한 동산에 여러 개의 질권이 설정되는 일은 매우 드물다. 그러나 그것이 불가능하지는 않다. 가령 채무자 A가 B에게 질권을 설정해 준 뒤(현실의 인도를 함), 같은 동산에 C에 대하여 목적물 반환청구권의 양도의 방법으로 질권을 설정한 경우에는, 두 개의 질권이 병존하게 된다.

2) **우선변제권의 행사** 질권자는 원칙적으로 질물을 경매하여(338조 1항), 그 매각대금으로부터 우선변제를 받는다. 그런데 정당한 이유가 있는 때에는, 예외적으로 질물로 직접 변제에 충당할 것을 법원에 청구할 수 있다(338조 2항 1문). 이것이 간이변제충당이다.

한편 질권자는 질물에 의하여 변제를 받지 못한 부분의 채권에 한하여 채무자의 다른 재산으로부터 변제를 받을 수 있다(340조 1항). 다만, 질물보다 먼저 채무자의 다른 재산에 관하여 배당을 실시하는 경우에는, 질권자는 채권 전액을 가지고 배당에 참가할 수 있다(340조 2항 본문).

3) **유질계약(流質契約)의 금지** 유질계약이란 질권설정자가 채무변제기 전의 계약으로 질권자에게 변제에 갈음하여 질물의 소유권을 취득하게 하거나 법률에 정한 방법(경매 · 간이변제충당)에 의하지 않고 질물을 처분할 것을 약정하는 것을 말한다. 가령 시계를 맡기고 금전을 빌리면서 채무를 변제하지 못하면 채권자가 시계의 소유권을 취득하기로 약정하는 것이 그 예이다. 이러한 유질계약은 무효이다(339조). 이는 채무자가 일시적인 곤궁으로 고가품에 질권을 설정한 뒤 유질이 되어 큰 피해를 입지 않도록 하기 위한 것이다. 이때 무효로 되는 것은 유질에 관한 계약만이며, 질권계약 자체는 유효하다.

유질계약이 채무의 변제기 후에 체결된 경우에는 유효하다고 해석한다(339조의 반대해석). 변제기 후에는 그 이전에 비하여 곤궁하지 않을 것이기 때문이다. 그리고 상행위로 인하여 생긴 채권을 담보하기 위하여 설정된 질권(상사질)에는 유질계약의 금지(339조)가 적용되지 않는다(상법 59조).

(4) 동산질권자의 전질권(轉質權) [212]

1) **의의 및 종류** 전질이란 질권자가 질물 위에 새로이 질권을 설정하는 것을 말한다. 가령 A가 B에게 시계를 맡기고 금전을 빌린 경우에, B가 다시 그 시계를 C에게 맡기고 금전을 빌리는 때가 그 예이다.

전질에는 책임전질과 승낙전질의 두 가지가 있다.

2) **책임전질** 책임전질은 질권자가 질권설정자의 승낙 없이 자기

의 책임 하에 질물 위에 다시 질권을 설정하는 것이다(336조 · 337조). 책임전질의 경우에는 채권과 질권이 함께 질권의 목적이 되는 것으로 해석된다(채권 · 질권 공동입질설).

3) **승낙전질** 승낙전질은 질권자가 질권설정자의 승낙을 얻어 질물에 다시 질권을 설정하는 것이다(343조 · 324조 2항). 승낙전질은 질물 위에 새 질권을 설정하는 것으로 보아야 한다(질물 재입질설).

Ⅲ. 권리질권 [213]

1. 서 설

(1) 의 의

권리질권은 재산권을 목적으로 하는 질권이다(345조 본문). 민법은 질권으로서 동산질권과 함께 권리질권도 규정하고, 권리질권에 관하여는 특칙이 없는 한 동산질권에 관한 규정을 준용한다(355조).

(2) 권리질권의 목적

권리질권의 목적이 되는 것은 양도성이 있는 재산권이다(345조 본문 · 355조 · 331조). 그러나 부동산의 사용 · 수익을 목적으로 하는 권리(예 : 지상권 · 전세권 · 부동산임차권)는 제외된다(345조 단서). 그러고 보면 권리질권의 목적이 되는 주요한 것은 채권 · 주식 · 지식재산권임을 알 수 있다.

(3) 권리질권의 설정방법

권리질권의 설정은 법률에 다른 규정이 없으면 그 권리의 양도에 관한 방법에 의하여야 한다(346조).

2. 채권질권

(1) 설정방법

채권질권도 권리질권이므로 그 설정은 채권의 양도방법에 의하여야 할 것이다(346조). 그런데 민법은 다른 한편으로, 채권증서가 있는 때에는 그 증서를 교부하도록 규정하고 있다(347조).

(2) 효력에 있어서 특이한 점

1) 유치적 효력 채권질권자도 피담보채권 전부의 변제를 받을 때까지 교부받은 채권증서 또는 증권을 유치할 수 있다(355조 · 335조). 그러나 채권은 사용가치가 대단히 적어서 채권질권의 이러한 유치적 효력은 동산질권에서와 달리 설정자에 대한 심리적인 압박감을 거의 주지 못한다.

질권설정자는 질권자의 동의 없이 질권의 목적인 권리를 소멸하게 하거나(예 : 추심 · 면제 · 상계) 질권자를 해치는 변경(예 : 경개 · 변제기의 연장 · 이율의 인하)을 하지 못한다(352조). 이는 채권질권자의 추심권 기타의 환가권을 보호하기 위한 것이다.

2) 우선변제적 효력 채권자가 질권을 실행하여 입질채권으로부터 우선변제를 받는 방법은 두 가지이다. 채권의 직접청구와 민사집행법이 정하는 집행방법이 그것이다.

질권자는 질권의 목적이 된 채권을 직접 청구할 수 있다(353조 1항). 그런가 하면 민사집행법에 정해진 집행방법에 의하여 질권을 실행할 수도 있다(354조). 그 방법에는 채권의 추심, 전부(轉付. 압류된 채권이 채권자에 이전되는 명령), 현금화(환가)의 세 가지가 있다(민사집행법 273조 1항 · 3항, 223조-250조 참조).

3. 기타의 권리질권

(1) 주식 위의 질권

여기에 관하여 상법이 규율하고 있다(상법 338조-340조 참조).

(2) 지식재산권 위의 질권

특허권 · 실용신안권 · 디자인권 · 상표권 · 저작권 중 저작재산권 등의 지식재산권에 대하여도 질권을 설정할 수 있는데, 그 설정방법은 각각의 특별법이 정하고 있다.

제4관 저당권(抵當權)

Ⅰ. 저당권의 의의 [214]

저당권은 채무자 또는 제3자(물상보증인)가 채무의 담보로 제공한 부동산 기타의 목적물을 인도받지 않고 단지 관념상으로만 지배하다가 채무의 변제가 없는 경우에 그 목적물로부터 우선변제를 받는 물권이다(356조). 저당권은 원칙적으로 약정 담보물권으로서 우선변제적 효력이 있는 점에서 질권과 같다. 그러나 목적물의 점유는 설정자가 계속하므로 유치적 효력을 가지지 않으며, 그 점에서 질권과 다르다.

Ⅱ. 저당권의 성립 [215]

1. 개 관

저당권은 법률규정에 의하여 성립하는 예외적인 경우도 있으나(649조), 원칙적으로 당사자 사이의 저당권설정의 합의와 등기에 의하여 성립한다. 이 원칙적인 경우를 좀 더 살펴보기로 한다.

2. 저당권설정계약

이 계약의 당사자는 저당권을 취득하는 자(저당권자)와 저당권의 객체 위에 저당권을 설정하는 부동산 소유자 기타 객체의 소유자(저당권설정자)이다.

저당권자는 피담보채권의 채권자만이 될 수 있다고 하여야 한다(통설). 저당권은 담보물권으로서 부종성이 있기 때문이다. 그런데 판례는 특별한 사정이 있는 경우에는 제3자 명의의 저당권설정등기도 유효하다고 한다(강의, B-343 참조).

저당권설정자는 피담보채권의 채무자인 것이 보통이겠으나, 제3자라도 무방하다(356조 참조). 그러한 제3자를 물상보증인이라고 함은 질권에서 설명한 바 있다([210] 참조).

3. 저당권설정등기

저당권이 설정되려면 저당권설정의 합의라는 물권행위 외에 등기를 하여야 한다(186조).

4. 저당권의 객체(목적)

저당권은 등기 또는 등록할 수 있는 것만이 그 객체로 될 수 있다.

(1) 민법이 규정하는 객체

1) **부동산** 저당권의 객체는 원칙적으로 부동산이다(356조 참조). 즉 1필의 토지·1동의 건물이 저당권의 객체로 된다.

2) **지상권·전세권** 이들은 부동산물권이지만 예외적으로 저당권의 객체로 된다(371조).

(2) 민법 이외의 법률이 규정하는 객체

1) 입목법에 의하여 등기된 수목의 집단인 입목(입목법 3조 2항)

2) 광업권(광업법 11조)·어업권(수산업법 16조 2항)

3) 공장재단·광업재단(「공장 및 광업재단 저당법」)

4) 특별사법인 상법이나 민사특별법에 의하여 저당권의 설정이 인정되어 있는 특수한 동산으로서 등기된 선박(상법 787조), 소형선박·자동차·항공기·경량항공기·건설기계(「자동차 등 특정동산 저당법」)

5. 저당권을 설정할 수 있는 채권(피담보채권)

저당권에 의하여 담보할 수 있는 채권(피담보채권)은 소비대차에 기한 금전채권이 보통일 것이나, 그 밖의 채권이라도 무방하다.

민법은 「장래의 불특정한 채권」을 담보하는 저당권인 근저당에 관하여는 명문의 규정을 두고 있으나(357조), 「장래의 특정한 채권」(조건부 채권·기한부 채권 등)을 담보하는 저당권에 관하여는 명문의 규정을 두고 있지 않다. 그렇지만 이를 인정하는 데 다툼이 없으며, 판례도 같다(대판 1993. 5. 25, 93다6362).

Ⅲ. 저당권의 효력 [216]

1. 저당권의 효력이 미치는 범위

(1) 목적물의 범위

저당권의 효력은 저당부동산·부합된 물건·종물에 미친다(358조 본문). 그러나 법률에 특별한 규정이 있거나 설정행위에서 다른 약정을 한 때에는 다르다(358조 단서). 그리고 저당부동산으로부터 생기는 과실(천연과실·법정과실)은 예외적으로만 효력이 미친다(359조).

(2) 저당권에 의하여 담보되는 범위

저당권은 원본, 이자, 위약금, 채무불이행으로 인한 손해배상, 저당권의 실행비용(민사집행법 53조도 참조)을 담보한다(360조 본문). 다만, 채무불이행으로 인한 손해배상 즉 지연배상은 원본의 이행기일이 지난 뒤의 1년분에 한하여 담보한다(360조 단서).

이와 같이 저당권에 의하여 담보되는 범위는 질권에서보다 좁다(334조 참조). 그것은 저당권에 있어서는 후순위의 저당권이 설정되거나 목적부동산에 관하여 제 3 자가 이해관계를 갖는 경우가 적지 않은 만큼 그러한 제 3 자를 보호하기 위해서이다.

2. 우선변제적 효력 [217]

(1) 저당권자가 변제를 받는 모습

1) 개 설 　저당권에 의하여 담보되는 채권의 변제기가 되었음에도 불구하고 채무자가 변제하지 않는 경우에는, 저당권자는 저당권의 목적물을 매각·현금화하여(다른 채권자에 의하여 경매된 경우도 같음) 그 대금으로부터 다른 채권자에 우선해서 변제를 받을 수 있다(356조). 그런가 하면 저당권자는 저당권과 관계없이 1인의 채권자로서 채무자의 일반재산으로부터 변제

를 받을 수도 있다.

이들 가운데 저당권자가 우선변제를 받는 경우는 ① 저당권자가 스스로 저당권을 실행하는 때와 ② 다른 채권자가 경매에 부친 때의 두 가지가 있다. 그리고 ①은 다시 저당권자가 경매(담보권 실행경매)에 붙이는 경우와 당사자의 약정에 의하여 실행되는 경우(유저당)로 나누어진다. 이 셋을 좀 더 살펴보기로 한다.

2) **담보권 실행경매** 담보권 실행경매란 유치권·질권·저당권 등의 담보권의 실행을 위한 경매를 가리킨다. 담보권 실행경매의 절차는 민사집행법이 정하고 있다(동법 264조-275조). 저당권자는 이 경매를 신청하여 저당부동산을 매각하게 한 뒤, 그 매각대금으로부터 우선변제를 받을 수 있는 것이다.

담보권 실행경매에 의하여 저당부동산이 매각되면 그 위에 설정된 저당권은 소멸한다(민사집행법 268조·91조 2항). 그리고 지상권·지역권·전세권·등기된 임차권은 저당권에 대항할 수 없는 경우에는 매각으로 소멸한다(민사집행법 268조·91조 3항). 지상권 등이 저당권에 대항할 수 있는지 여부는 그 성립시기(설정등기를 한 때)에 의하여 결정된다. 그리하여 최우선 순위의 저당권보다 후에 성립한 용익권은 모두 소멸한다. 그러나 최우선 순위의 저당권보다 먼저 성립한 지상권 등은 소멸하지 않으며, 이들 권리는 매수인이 인수한 것으로 된다. 다만, 전세권의 경우에 전세권자가 배당요구를 한 때에는, 예외적으로 매각으로 전세권이 소멸한다(민사집행법 268조·91조 4항).

3) **유저당**(流抵當) 저당권으로 담보된 채무의 변제기가 되기 전에, 저당채무의 불이행이 있으면 저당부동산의 소유권을 저당권자가 취득하는 것으로 하거나 또는 법률이 정하지 않은 방법(즉 담보권 실행경매가 아닌 방법)으로 저당부동산을 환가 내지 현금화하기로 약정하는 것이 유저당계약이고, 그러한 방법에 의한 저당권의 실행이 유저당이다. 예를 들어 본다. A가 B로부터 금전을 빌리면서 그의 X토지에 저당권을 설정하여 주었다. 그러면서 A와 B는 A가 변제기에 변제를 하지 않으면 A의 X토지의 소유권을 B에게 이전해 주기로 약정할 수 있다(대물변제예약). 또는 A의 채무불이행이 있으면

B가 임의로 X토지를 제 3 자에게 매각하기로 약정할 수도 있다(임의환가의 약정). 이러한 경우들이 유저당이다.

민법은 유질계약의 금지(339조)와 달리 유저당에 관하여는 명문의 규정을 두고 있지 않다. 따라서 그것의 유효 여부가 문제된다(강의, B-358 · 359 이하 참조). 그런데 유저당계약도 유효하다고 하되, 피담보채권을 초과하는 부분은 채무자에게 반환하여 청산하여야 한다고 해석하여야 할 것이다.

4) **다른 채권자가 경매에 부친 경우** 저당부동산에 관하여 일반채권자가 강제집행을 하거나 저당부동산의 전세권자가 경매를 신청하는 경우, 또는 후순위 저당권자가 저당권을 실행하는 경우에, 저당권자는 강제집행이나 경매를 막지 못하며, 그가 가지는 우선순위에 따라 매각대금으로부터 당연히 변제를 받을 수 있을 뿐이다(민사집행법 268조 · 91조 2항 · 145조 참조).

(2) 저당권자의 우선적 지위(우선순위) [218]

1) **일반채권자에 대한 관계** 저당권자는 일반채권자에 우선한다. 다만, 주택임대차보호법상 일정한 요건을 갖춘 주택의 임차인 · 미등기 전세권자는 저당권자에 우선한다(동법 8조 · 12조 · 3조의 2).

2) **전세권자에 대한 관계** 저당권의 실행에 의하여 전세권이 소멸하는지 여부는 앞에서 설명하였다([217] (1) 2) 참조). 그런데 전세권자가 경매를 실행하면 저당권은 항상 소멸한다. 그리고 저당권 · 전세권이 모두 소멸하는 때에 배당순위는 등기의 선후에 의한다(강의, B-293 참조).

3) **다른 저당권자에 대한 관계** 동일한 부동산 위에 여러 개의 저당권이 설정되어 있는 경우에 그 순위는 설정의 선후, 즉 설정등기의 선후에 의한다(370조 · 333조). 그리하여 후순위 저당권자는 선순위 저당권자가 변제받은 나머지에 관하여만 우선변제를 받을 수 있다. 경매가 후순위 저당권자의 신청에 의하여 행하여진 때에도 같다.

한편 우리 법상 선순위의 저당권이 변제 기타의 사유로 소멸하면 후순위의 저당권은 그 순위가 승진한다. 예를 들면 A의 토지에 먼저 B의 저당권이 성립되고, 그 뒤에 C의 저당권이 성립한 경우에, A가 B에게 저당채무를 변제하면, B의 저당권(1번저당권)은 소멸하고, C의 저당권(2번저당권)이 1번 저당권으로 된다. 이를 순위승진의 원칙이라고 한다.

4) **국세우선권과의 관계** 국세는 원칙적으로 저당권에 의하여 담보된 채권에 우선한다(국세기본법 35조 1항 본문). 다만, 저당권이 국세의 「법정기일」 전에 등기된 때에는 저당채권이 국세에 우선하게 된다(국세기본법 35조 1항 3호). 그리고 이러한 규정은 지방세에 관하여도 있다(지방세기본법 71조 1항 3호).

3. 일괄경매권(一括競賣權) [219]

토지를 목적으로 저당권을 설정한 후 그 설정자가 그 토지에 건물을 축조한 때에는, 저당권자는 토지와 함께 그 건물에 대하여도 경매를 청구할 수 있다(365조 본문). 이것이 토지 저당권자의 일괄경매권이다. 이러한 일괄경매권이 인정된 주된 이유는, 저당권설정 후에 설정자에 의하여 건물이 신축된 경우에 경매를 쉽게 하고 담보가치를 유지하여 저당권자를 보호하려는 데 있다.

그런데 일괄경매를 하는 경우에도 저당권의 우선변제적 효력은 건물에는 미치지 않으므로, 저당권자는 건물의 매각대가로부터는 우선변제를 받지 못한다(365조 단서).

4. 제 3 취득자의 지위

(1) 서 설

저당부동산의 제 3 취득자란 저당부동산의 양수인이나 저당부동산에 대하여 지상권·전세권을 취득한 제 3 자를 말한다. 이러한 제 3 취득자는 저당권이 설정되어 있더라도 소유권·지상권·전세권 등 권리를 취득하고 또 목적물을 사용·수익하는 데 전혀 제한을 받지 않는다. 그리고 채무자가 저당채무를 변제하면 저당권이 소멸하여 제 3 취득자에게는 아무런 문제도 생기지 않게 된다. 그런데 채무자의 변제가 없어서 저당권이 실행되면 제 3 취득자는 자신의 권리를 송두리째 잃게 된다. 이와 같이 제 3 취득자는 불안정한 지위를 가지기 때문에, 민법은 그러한 제 3 자를 보호하기 위하여 다음과 같은 특별규정을 두고 있다.

(2) 경매의 매수인

저당부동산의 제 3 취득자는 저당권을 실행하는 경매에 참가하여 매수인이 될 수 있다(363조 2항).

(3) 제 3 취득자의 변제

저당부동산의 제 3 취득자는 저당권자에게 그 부동산으로 담보된 채권을 변제하고 저당권을 소멸시킬 수 있다(364조). 그리고 변제한 제 3 취득자는 채무자에 대하여 변제한 것의 상환을 청구할 수 있고(구상권), 또 변제에 정당한 이익을 가지는 자이므로 채권자의 권리를 취득하게 된다(변제에 의한 대위 중 법정대위. 481조 참조).

(4) 비용 상환청구권

저당권의 제 3 취득자가 그 부동산의 보존·개량을 위하여 필요비 또는 유익비를 지출한 때에는, 그는 저당물의 매각대금에서 우선적으로 상환을 받을 수 있다(367조).

Ⅳ. 특수저당권 [220]

1. 공동저당

(1) 의 의

공동저당이란 동일한 채권의 담보로서 복수의 부동산 위에 설정된 저당권을 말한다(368조). 예를 들면 A가 B에 대하여 가지고 있는 3,000만원의 채권을 담보하기 위하여 B의 X토지(시가 4,000만원)와 그 위의 Y건물(시가 2,000만원) 위에 저당권을 취득한 경우가 그에 해당한다. 공동저당에 있어서는 복수의 부동산이 동일한 채권의 담보로 되어 있는 점에 특징이 있다. 그런데 공동저당의 경우에 저당권의 수는 하나가 아니고, 부동산 수만큼 있는 것으로 된다.

(2) 효 력

공동저당에 있어서 저당권자는 원칙적으로 그의 선택에 따라 어느 부동산으로부터도 그의 채권의 전부 또는 일부를 우선변제받을 수 있다. 그러나 이 원칙을 끝까지 관철하게 되면, 저당권자의 임의의 행위가 각 부동산의 소유자·후순위 저당권자의 이해관계에 중대한 영향을 미치게 되고, 경우에 따라서는 심한 불공평을 가져오게 된다. 여기서 민법은 저당권자의 자유선택권을 인정하면서 아울러 각 부동산의 소유자·후순위 저당권자를 보호하기 위하여 일정한 조치를 취하고 있다.

1) **동시배당**(同時配當)**의 경우 : 부담의 안분**(按分) 공동저당의 목적부동산 전부를 경매하여 그 경매대가를 동시에 배당하는 때에는, 각 부동산의 경매대가에 비례하여 피담보채권의 분담(分擔)을 정한다(368조 1항). 예를 들어 A가 B에 대한 3,000만원의 채권에 관하여 B의 X토지(시가 4,000만원)와 Y건물(시가 2,000만원)에 각각 1번 저당권을 가지고, C가 X토지에 2,000만원의 채권에 관하여 2번 저당권을, D가 Y건물에 1,000만원의 채권에 관하여 2번 저당권을 가지고 있다고 하자. 이 경우에 A가 X토지와 Y건물을 모두 경매하여 배당을 받는 때에는, X토지로부터 2,000만원, Y건물로부터 1,000만원을 변제받게 된다. 그리하여 C와 D는 각각 X토지와 Y건물의 경매대가로부터 2,000만원과 1,000만원을 변제받을 수 있게 된다.

2) **이시배당**(異時配當)**의 경우 : 후순위 저당권자의 대위**(代位) 공동저당의 목적부동산 가운데 일부만이 경매되어 그 대가를 먼저 배당하는 경우에는, 공동저당권자는 그 대가로부터 그의 채권의 전부를 변제받을 수 있다(368조 2항 1문). 그리고 이 경우에 그 경매된 부동산의 후순위 저당권자는 동시에 배당하였다면 공동저당권자가 다른 부동산의 경매대가로부터 변제받을 수 있는 금액의 한도에서 공동저당권자를 대위하여 저당권을 행사할 수 있다(368조 2항 2문). 위의 예에서 A가 X토지만을 먼저 경매하여 그 대가 4,000만원으로부터 그의 채권 3,000만원을 변제받은 때에는, C는 일단 X토지의 경매대가로부터 1,000만원을 변제받고, 또 동시에 배당을 하였다면 A

는 Y건물의 경매대가로부터 1,000만원을 변제받았을 것이므로 C는 그 범위에서 A의 1번 저당권을 행사할 수 있게 된다.

2. 근저당(根抵當) [221]

(1) 의 의

근저당(근저당권)이란 계속적 거래관계(예 : 당좌대월계약 · 계속적 상품공급계약)로부터 생기는 불특정 다수의 채권을 장래의 결산기에 일정한 한도액의 범위 안에서 담보하는 저당권이다(357조). 예를 들면 도매상 A와 소매상 B 사이에 A가 B에게 상품을 계속 공급하기로 약정되어 있는 경우에, B가 A에게 지급해야 할 금액을 장래의 결산기에 1억원의 한도에서 담보하기로 하는 저당권이 그에 해당한다.

(2) 특 질

근저당권은 장래의 증감 · 변동하는 「불특정 · 다수」의 채권을 담보하는 점에서, 현재 또는 장래의 「특정한」 채권만을 담보하는 보통의 저당권과 다르다. 그리고 근저당권은 보통의 저당권에서와 달리 소멸에 있어서의 부종성이 인정되지 않는다(369조 참조). 그리하여 피담보채권이 확정되기 전에 그것이 일시적으로 소멸하더라도 근저당권은 소멸하지 않는다.

(3) 근저당권의 설정

근저당권은 근저당권 설정의 물권적 합의와 등기에 의하여 성립한다(186조). 그리고 근저당권의 등기에서는 그것이 근저당권이라는 것을 반드시 등기하여야 한다. 또한 채권의 최고액도 등기하여야 한다(부등법 75조 2항 1호). 그런데 이자는 이 최고액에 포함되므로(357조 2항), 이자의 등기는 따로 할 수 없다.

(4) 근저당권의 효력

근저당권은 피담보채권에 포함되는 채권을 최고액의 범위 안에서 담보한다. 즉 결산기에 확정된 채권액이 최고액을 넘고 있으면 최고액까지 우선변제를 받게 되고, 채권액이 최고액보다 적으면 구체적인 채권액에 관하여 우선변제를 받게 된다.

(5) 포괄근저당(包括根抵當)의 유효 여부

포괄근저당이란 거래관계의 종류를 특정하여 그로부터 발생하는 모든 채권을 담보하거나 또는 거래관계의 종류를 특정하지 않고서 채권자가 채무자에 대하여 취득하는 모든 채권을 담보하는 모습의 근저당권을 말한다. 이러한 포괄근저당은 특히 은행거래에서 많이 이용되고 있다.

포괄근저당이 유효한지에 관하여는 논란이 심하다(강의, B-395 참조). 그런데 기본계약을 명시한 포괄근저당은 유효하다고 하겠으나, 그렇지 않은 것은 무효라고 새기는 것이 옳다.

제5관 동산담보권 · 채권담보권 [221-1]

Ⅰ. 서 설

(1) 얼마 전에(2010. 6. 10) 동산 · 채권 · 지식재산권을 목적으로 하는 담보권과 그 등기 등에 관한 사항을 규정한 「동산 · 채권 등의 담보에 관한 법률」(아래에서는 동산 · 채권담보법이라 함)이 제정되어 시행되고 있다(2012. 6. 11. 시행). 이는 부동산 자산이 부족한 중소기업이나 자영업자가 동산 · 채권을 담보로 제공하여 자금을 쉽게 조달할 수 있도록 하기 위한 것이다.

(2) 동산 · 채권담보법은 동산담보권과 채권담보권 제도를 창설하여 그 각각에 대하여 자세하게 규율하고, 이를 위한 담보등기에 관하여 규정하고 있으며, 아울러 지식재산권의 담보에 관하여 특례를 정하고 있다. 이 법은 새로운 담보권을 신설할 뿐 기존의 제도, 가령 질권 · 양도담보제도를 부정하지는 않는다. 따라서 이 법이 시행되더라도 기존의 담보제도도 그대로 효력을 가진다.

(3) 동산 · 채권담보법의 핵심적인 내용은 동산 · 채권담보를 위한 새로운 공시방법으로 담보등기제도를 도입한 데 있다. 동법은 담보등기를 위하

여 동산담보등기부와 채권담보등기부를 두는 것으로 하고 있다(동법 2조 8호). 다만, 지식재산권담보권을 위하여는 따로 등기부를 두지 않고, 특허원부·저작권등록부 등 지식재산권을 등록하는 공적 장부에 담보권을 등록하는 것으로 하였다(동법 58조).

Ⅱ. 동산담보권

1. 동산담보권의 의의 및 성립

동산담보권은 담보약정에 따라 동산(여러 개의 동산 또는 장래에 취득할 동산을 포함한다)을 목적으로 등기한 담보권을 말한다(동법 2조 2호). 그리고 여기의 담보약정은 양도담보 등 명목을 묻지 않고 동산·채권담보법에 따라 동산을 담보로 제공하기로 하는 약정을 가리킨다(동법 2조 1호). 따라서 동산담보권이 성립하려면 담보권설정자와 담보권자 사이에 동산을 담보로 제공하기로 하는 약정(담보약정)이 있고 동산·채권담보법에 따른 등기 즉 담보등기(동법 2조 7호)를 하여야 한다.

동산담보권설정자로 될 수 있는 자는 법인(상사법인, 민법법인, 특별법에 따른 법인, 외국법인을 말한다) 또는 부가가치세법에 따라 사업자등록을 한 사람으로 한정된다(동법 2조 5호·3조 1항).

2. 동산담보권의 목적물

동산담보권의 목적물은 하나의 동산은 물론이고, 여러 개의 동산(장래에 취득할 동산을 포함한다)이더라도 목적물의 종류, 보관장소, 수량을 정하거나 그 밖에 이와 유사한 방법으로 특정할 수 있는 경우에는 목적물로 될 수 있다(동법 3조 2항). 그리고 하나의 채권을 담보하기 위하여 한 곳에 있는 동산을 집합동산담보의 형식으로 담보로 제공할 수도 있고, 또 여러 곳에 있는 복수의 집합동산들을 담보로 제공할 수도 있다(동법 29조 1항 참조).

3. 동산담보권의 효력

동산담보권자는 채무자 또는 제3자가 제공한 담보목적물에 대하여 다른 채권자보다 자기채권을 우선변제받을 권리가 있다(동법 8조). 동산·채권담보법은 그 외에 동산담보권의 불가분성(동법 9조), 효력의 범위(동법 10조), 실행방법(동법 21조) 등 여러 가지에 관하여 규정을 두고 있다.

Ⅲ. 채권담보권

1. 채권담보권의 의의 및 성립

채권담보권은 담보약정에 따라 금전의 지급을 목적으로 하는 지명채권(여러 개의 채권 또는 장래에 발생할 채권을 포함한다)을 목적으로 등기한 담보권을 말한다(동법 2조 3호). 그리고 여기의 담보약정은 양도담보 등 명목을 묻지 아니하고 동산·채권담보법에 따라 채권을 담보로 제공하기로 하는 약정을 가리킨다(동법 2조 1호). 따라서 채권담보권이 성립하려면 담보권설정자와 담보권자 사이에 채권을 담보로 제공하기로 하는 약정(담보약정)이 있고 동산·채권담보법에 따른 등기 즉 담보등기(동법 2조 7호)를 하여야 한다.

채권담보권설정자로 될 수 있는 자는 ― 동산담보권에서와 마찬가지로 ― 법인(상사법인, 민법법인, 특별법에 따른 법인, 외국법인을 말한다) 또는 부가가치세법에 따라 사업자등록을 한 사람으로 한정된다(동법 2조 5호·34조 1항).

2. 채권담보권의 목적

동산·채권담보법상 채권담보권의 목적으로 될 수 있는 채권은 금전의 지급을 목적으로 하는 지명채권에 한정된다(동법 3조 3항 3호·34조 1항). 그 채권은 하나일 수도 있으나, 여러 개의 채권(채무자가 특정되었는지 여부를 묻지 아니하고 장래에 발생할 채권을 포함한다)이더라도 채권의 종류, 발생원인, 발생 연월일을 정하거나 그 밖에 이와 유사한 방법으로 특정할 수 있는 경우에는 이를 목적으로 하여 담보등기를 할 수 있다(동법 34조 2항).

3. 기 타

채권담보권에 관하여는 그 성질에 반하지 않는 범위에서 동산담보권에 관한 제 2 장과 「민법」 제348조 및 제352조를 준용한다(동법 37조). 따라서 담보권자에게 우선변제권이 인정됨은 물론이다(동법 8조 참조).

Ⅳ. 지식재산권에 대한 특례

동산·채권담보법은 지식재산권에 관하여는 특례규정만을 두었다(동법 58조-61조). 그 이유는 지식재산권에 관하여는 개별 법률에 별도의 등록제도가 두어져 있어 이 법에도 규정을 하면 혼란이 생길 가능성이 있기 때문이다(자세한 내용은 강의, B-405 참조).

제 6 관 비전형담보(非典型擔保)

Ⅰ. 서 설 [222]

1. 비전형담보의 의의

민법이 규정하는 담보물권이 아니면서 실제의 거래계에서 채권담보의 기능을 수행하고 있는 여러 가지 제도를 통틀어서 비전형담보(변칙담보)라고 한다.

2. 비전형담보의 모습

비전형담보는 모두 소유권을 이전하는 방법으로 채권을 담보하는 것이다([204] 2 참조). 그러한 비전형담보에는 여러 가지 모습의 것이 있는데, 그것들을 자금의 획득방법과 소유권의 이전시기에 따라 다음과 같이 나눌 수 있다.

(1) 자금을 매매에 의하여 얻는 것

자금이 필요한 자가 그의 물건(부동산 등)을 파는 형식을 취하여 자금을 얻고 후에 그가 그 물건을 되사오기로 하는 방법이다. 환매(還買)와 재매매(再賣買)의 예약이 그에 해당한다. 이들은 학문적으로 매도담보(賣渡擔保)라고 한다. 그리고 이 매도담보는 넓은 의미의 양도담보(讓渡擔保)에 포함된다.

(2) 자금을 소비대차에 의하여 얻는 것

이는 필요한 자금을 금전소비대차의 형식으로 얻고 그것을 담보하기 위하여 소유권을 이전하거나 또는 장차 소유권을 이전하기로 하는 방법이다. 이들 가운데에는 계약체결과 동시에 목적물의 소유권을 채권자에게 이전하는 경우가 있는가 하면, 장차 채무불이행이 있을 때 목적물의 소유권을 채권자에게 이전하기로 미리 약속하는 경우(대물변제예약을 한 경우)도 있다. 그리고 뒤의 경우에는 대물변제예약을 원인으로 한 소유권이전청구권 보전의 가등기(담보가등기)를 하는 것이 보통이다. 그리하여 그 경우를 가등기담보(假登記擔保)라고 한다. 그에 비하여 앞의 경우는 좁은 의미의 양도담보라고 한다. 좁은 의미의 양도담보는 매도담보와 함께 넓은 의미의 양도담보를 이룬다.

3. 비전형담보에 대한 규제

매도담보 · 양도담보 · 가등기담보와 같은 비전형담보는 의용민법(일본민법) 시대에도 이미 이용되고 있었다. 그렇지만 그 시대에는 이들을 규제하는 법률규정이 전혀 없었다.

그런데 현행민법은 의용민법에는 없던 제607조 · 제608조를 신설하였다. 이들 규정은, 소비대차의 당사자가 차용액 및 이에 붙인 이자의 합산액을 넘는 물건에 관하여 담보의 목적으로 대물변제예약을 한 경우에는, 그 예약은 무효라고 규정한다. 판례는 이 규정들을 바탕으로 대물변제예약이 있는 경우든 양도담보의 경우든 언제나 채권자가 채권의 초과액을 반환하여 정산하여야 한다고 해석하였다.

이와 같이 판례가 채권자의 정산의무를 인정하여 채권자가 폭리를 취할 수 없게 되자, 거래계에서는 폭리를 취할 수 있는 새로운 수단이 등장하였다(제소전 화해를 이용하는 방법). 그리하여 보다 철저하게 비전형담보를 규제하기 위하여 「가등기담보 등에 관한 법률」(아래에서는 가담법이라 함)이 제정·시행되었다.

이 법은 가등기담보뿐만 아니라 양도담보·매도담보에도 적용되도록 하고 있다. 그러나 이 법은 ① 소비대차에 의하지 않은 채권을 담보하기 위하여 재산권을 이전하는 경우, ② 소비대차에 기한 채권을 담보하기 위한 것일지라도 재산권의 가액이 채권액(차용액 및 이자의 합산액)에 미달하는 경우, ③ 재산권의 가액이 채권액을 초과할지라도 재산권이 등기 또는 등록에 의하여 공시되지 않는 경우, ④ 재산권이 등기 등에 의하여 공시되는 것일지라도 가등기 또는 소유권이전등기가 되어 있지 않는 경우에는 적용되지 않는다. 그 결과 위와 같은 여러 경우에는 종래의 판례이론이 그대로 적용된다.

Ⅱ. 가등기담보(假登記擔保) [223]

1. 가등기담보의 의의 및 성질

(1) 의 의

가등기담보는 채권(특히 금전채권)을 담보할 목적으로 채권자와 채무자(또는 제3자) 사이에서 채무자(또는 제3자) 소유의 부동산을 목적으로 하는 대물변제예약 또는 매매예약을 하고, 아울러 채권자가 장차 가질 수 있는 소유권이전청구권을 보전하기 위한 가등기를 하는 방법으로 채권을 담보하는 경우를 말한다. 구체적인 예를 들어본다. A가 B로부터 금전 1,000만원을 이자 월 3푼으로 6개월간 빌리면서, A가 6개월 후에 B로부터 빌린 원금 1,000만원과 6개월분의 이자 180만원를 합한 1,180만원을 갚지 않으면 그것을 대신하여 A가 소유하고 있는 시가 2,000만원인 X토지의 소유권을 B에게 이전하기로 약정하고(대물변제예약), 이 예약에 기하여 채권자 B가 장차 가질 수 있는 X토지의 소유권이전청구권을 보전하기 위하여 B 앞으로 가등기를 해놓은 경우가 그에 해당한다.

(2) 성 질

가등기담보의 성질에 관하여는 논란이 있으나, 일종의 특수한 담보물권이라고 하여야 한다.

2. 가등기담보권의 설정

가등기담보권은 가등기담보권 설정에 관한 물권적 합의와 가등기(또는 가등록)에 의하여 성립한다.

3. 가등기담보권의 효력

(1) 일반적 효력

가담법은 많은 경우에 가등기담보권을 저당권처럼 다룬다. 따라서 가등기담보권의 일반적 효력은 저당권과 유사하다.

(2) 가등기담보권의 실행

가담법은 가등기담보권자가 가등기담보권을 실행하여 우선변제를 받는 방법으로 두 가지를 인정하고, 그 중 어느 것이든 자유롭게 선택할 수 있도록 하고 있다(동법 12조 1항 1문). 그 하나는 가등기담보권자가 목적부동산의 소유권을 취득하는 방법이고(권리취득에 의한 실행), 다른 하나는 가등기담보권자가 경매를 신청하여 그 대가로부터 변제를 받는 방법이다(경매에 의한 실행). 이 둘을 차례로 살펴보기로 한다.

1) **권리취득에 의한 실행** 가등기담보권자가 소유권을 취득하려면, ① 실행통지, ② 청산기간의 경과, ③ 청산, ④ 소유권취득의 절차를 밟아야 한다.

① 가등기담보권자가 소유권을 취득하려면, 먼저 채무자 등에게 실행의 통지를 하여야 한다(가담법 3조). 통지사항은 청산금의 평가액이다.

② 실행통지가 채무자 등에게 도달한 날부터 2개월(청산기간)이 지나야

한다(가담법 3조 1항 1문).

③ 목적부동산의 가액이 채권액(여기의 채권액에 포함되는 이자는 당연히 이자제한법상의 제한 내의 것에 한정됨)을 넘는 경우에는, 가등기담보권자는 그 차액을 청산금으로 채무자 등에게 지급하여야 한다(가담법 4조 1항 1문). 청산방법으로는 담보권자가 목적물의 소유권을 취득하면서 청산금을 지급하는 귀속청산만 인정되고, 목적물을 제 3 자에게 처분하여 그 대금으로부터 변제를 받고 나머지를 청산금으로 지급하는 처분청산은 인정되지 않는다

④ 위의 세 요건이 갖추어지면 가등기담보권자는 가등기에 기하여 본등기를 할 수 있으며, 그가 본등기를 함으로써 소유권을 취득하게 된다.

2) 경매에 의한 실행 가등기담보권자는 권리취득에 의한 실행을 하지 않고 경매(즉 담보권 실행경매)를 청구하여 그 매각대금으로부터 우선변제를 받을 수도 있다(가담법 12조 1항 1문). 그 경우 경매에 관하여는 가등기담보권을 저당권으로 본다(가담법 12조 1항 2문).

Ⅲ. 양도담보(讓渡擔保) [224]

1. 양도담보의 의의 및 종류

[예 Ⅰ] A는 B로부터 금전을 빌리면서 담보의 목적물인 X토지를 그 금액에 B에게 파는 것으로 하고(점유도 이전함) 일정한 기간 안에 A가 B에게 매매대금(빌린 금액)을 반환하여 그 토지를 되찾아올 수 있도록 약정하였다.

[예 Ⅱ] C는 D로부터 금전을 빌리면서 소비대차계약을 하고 C가 그 소비대차에서 생긴 채권을 담보할 목적으로 자신의 X토지의 소유권을 D에게 이전하였다(X토지는 C가 점유하고 있음).

[예 Ⅲ] 제품생산공장을 운영하는 E는 제품생산에 필요한 자금이 필요한데 담보로 제공할 수 있는 재산은 생산에 꼭 필요한 원료밖에 없었다. 그래서 E는 F로부터 금전을 빌리면서 F의 채권을 담보할 목적으로 그 원료(동산임)를 자신(E)이 점유하면서 그것의 소유권을 F에게 이전해주었다.

(1) 의 의

널리 양도담보라고 하면 물건의 소유권을 채권자에게 이전하는 방법에 의하여 채권을 담보하는 경우를 가리킨다. 이 양도담보에 있어서는 채무자가 채무를 이행하면 목적물을 반환하지만, 채무자의 이행이 없으면 채권자는 그 목적물로부터 우선변제를 받게 된다.

(2) 종 류

1) **매도담보와 좁은 의미의 양도담보** 넓은 의미의 양도담보에는 두 가지의 모습이 있다. 하나는 신용(信用)의 수수(授受)를 소비대차가 아닌 매매의 형식으로 행하고 외견상 당사자 사이에 채권·채무관계를 남기지 않는 것이다. 그리고 나머지 하나는 신용의 수수를 소비대차의 형식으로 행하여 당사자 사이에 채권·채무관계를 남겨 두는 것이다. 이들 중 앞의 것을 매도담보라고 하고, 뒤의 것을 좁은 의미의 양도담보라고 한다. 위의 예 중 [예 Ⅰ]은 매도담보에 해당하고, [예 Ⅱ]·[예 Ⅲ]은 좁은 의미의 양도담보에 해당한다.

2) **부동산 양도담보와 동산 양도담보** 양도담보는 목적물이 부동산인가 동산인가에 따라 부동산 양도담보와 동산 양도담보로 나누어진다. 이들 중 앞의 것은 가담법의 적용을 받는다(다른 요건도 갖추고 있는 경우). 위의 예 중 [예 Ⅰ]·[예 Ⅱ]는 부동산 양도담보이고, [예 Ⅲ]은 동산 양도담보이다.

3) **양도저당(讓渡抵當)과 양도질(讓渡質)** 좁은 의미의 양도담보는 누가 목적물을 점유하느냐에 따라 양도저당과 양도질로 나누어진다. 양도저당은 저당권의 경우처럼 목적물의 점유를 설정자에게 남겨두는 것이고, 양도질은 질권의 경우처럼 점유를 채권자에게 이전하는 것이다. 위의 예 중 [예 Ⅰ]은 양도질에 해당하고, [예 Ⅱ]·[예 Ⅲ]은 양도저당에 해당한다.

2. 양도담보에 대한 법적 규제 [225]

과거에 양도담보에 관하여 판례는 체계적인 이론을 세워두고 있었다.

그런데 가담법이 제정되고 그 법이 양도담보 가운데 일부(특히 부동산 양도담보)까지 규율대상으로 삼게 되면서 양도담보에 관한 이론은 크게 영향을 받게 되었다. 무엇보다도 가담법의 적용을 받지 않는 양도담보를 어떻게 다루어야 하는지가 문제된다. 여기에 관하여 다수설은 양도담보 이론이 둘로 나뉘는 것이 불합리하다는 이유로 그러한 양도담보도 부동산의 양도담보와 같이 다루자고 한다. 그러나 판례는 동산 양도담보를 종래의 이론에 의하여 판단하고 있다. 이것을 검토해 본다. 가담법은 그 적용대상을 분명히 하고 있다. 따라서 그 결과가 다소 불합리하다고 하여 바꿀 수는 없다. 나아가 설사 동산 양도담보 등에 가담법을 유추적용한다고 하더라도 구체적으로 어떤 결과를 인정할지 확정하기가 어렵다. 결국 가담법이 적용대상으로 삼고 있지 않는 경우는 종래의 이론에 의하여 처리하는 것이 옳다.

3. 양도담보의 법적 성질

양도담보의 법적 성질은 가담법이 적용되는 경우와 가담법이 적용되지 않는 경우를 나누어 살펴보아야 한다.

(1) 가담법의 적용을 받는 경우

이 경우의 양도담보는 일종의 담보물권이라고 하여야 한다.

(2) 가담법의 적용을 받지 않는 경우

양도담보 가운데 동산 양도담보는 물론이고, 부동산 양도담보라도 소비대차에 기한 채권을 담보하기 위한 것이 아니거나 부동산 가액이 차용액 및 이자의 합산액에 미달하는 경우에는 가담법이 적용되지 않는다.

이처럼 가담법의 적용을 받지 않는 경우에는, 양도담보는 일종의 신탁행위이고, 그에 의하여 소유권은 채권자에게 이전하되 채권자는 그 권리를 채권담보의 목적을 넘어서 행사할 수 없는 관계가 성립한다고 하여야 한다([67] 2 (2) 참조). 이는 가담법이 제정되기 전에 통설·판례가 취하고 있던 신탁적 소유권이전설의 입장이다.

제3장 채권법총론

제1절 서 론

제1관 채권법 일반론

Ⅰ. 채권법의 의의 [226]

채권법은 물권법과 마찬가지로 민법의 일부분이다. 따라서 채권법의 의의도, 민법 전체나 물권법의 의의에 있어서처럼([1]·[131] 참조), 실질적으로 정의될 수도 있고 형식적으로 정의될 수도 있다.

채권법을 실질적으로 파악하면, 실질적 민법 가운데 채권에 관한 법이다. 이것을 달리 표현하면, 「채권관계(2인 이상의 특정인 사이에 채권·채무가 존재하는 법률관계)를 규율하는 일반사법」이라고 할 수 있다.

형식적 의미의 채권법은 「민법」이라는 이름의 법률 가운데 「제3편 채권」(373조 내지 766조)을 가리킨다.

이 책에서 다루는 채권법은 실질적 채권법이다. 그런데 실질적 채권법의 중요부분을 이루고 있는 것이 형식적 채권법이기 때문에, 아래에서는 형식적 채권법을 중심으로 하여 설명하기로 한다.

Ⅱ. 민법전 「제 3 편 채권」(형식적 채권법)의 내용 [227]

1. 채권편 전체의 내용

형식적 채권법인 민법전 「제 3 편 채권」은 총칙, 계약, 사무관리, 부당이득, 불법행위의 5장으로 이루어져 있다. 이들 가운데 「제 1 장 총칙」은 채권이 어떤 원인에 의하여 발생하였는지를 묻지 않고 모든 채권에 공통적으로 적용되는 내용을 규정하고 있으며, 제 2 장부터 제 5 장까지는 채권의 발생원인 중 대표적인 것 네 가지에 관하여 개별적인 사항을 규정하고 있다.

2. 채권편 「제 1 장 총칙」의 세부적인 내용

채권편 「제 1 장 총칙」은 모두 8절로 이루어져 있으며, 각 절의 제목은 채권의 목적, 채권의 효력, 수인의 채권자 및 채무자, 채권의 양도, 채무의 인수, 채권의 소멸, 지시채권, 무기명채권이다.

이들 중 「제 1 절 채권의 목적」은 채권들 가운데 그 목적(채무자가 하여야 하는 행위)이 공통한 것에 관한 일반적인 규정을 모아둔 것이다. 그리고 「제 2 절 채권의 효력」은 채무불이행과 그로 인한 손해배상, 강제이행, 채권자지체, 채권자대위권, 채권자취소권을 규정하고 있다. 「제 3 절 수인의 채권자 및 채무자」에서는 채권자 또는 채무자가 여럿 있는 특수한 경우로서 분할채권관계, 불가분채권관계, 연대채무, 보증채무 등을 규정하고 있다. 「제 4 절 채권의 양도」와 「제 5 절 채무의 인수」에서는 채권·채무의 주체가 변경되는 경우를 규정하고 있다. 그리고 「제 6 절 채권의 소멸」에서는 변제, 대물변제, 공탁, 상계, 경개, 면제, 혼동 등 7가지의 채권소멸원인을 정하고 있다. 마지막으로 제 7 절과 제 8 절에서는 증권적 채권인 지시채권과 무기명채권에 관하여 규정하고 있다.

이와 같은 채권편 「제 1 장 총칙」에 관한 논의를 채권총론 또는 채권법총론이라고 한다.

[주의할 점]

채권편 「제 1 장 총칙」 내지 채권법총론에서 「채권」이라 함은 채권 하나를 가리킨다. 그리하여 하나의 채권관계에서 — 가령 매매와 같은 쌍무계약([308] 2 참조)에서 — 두 개의 채권이 발생하는 경우에도 그 각각에 관하여 따로따로 채권총칙의 규정이 적용된다. 그 결과 하나하나의 채권에 관하여 채무불이행이 발생할 수도 있고 또 소멸할 수도 있으며, 양도가 이루어질 수도 있다. 그때 다른 채권이 그에 영향을 받는지, 그리하여 그 운명이 어떻게 되는지는 채권총칙에 규정된 바가 없다. 그것들은 채권편 제 2 장 등에 규정되어 있거나(예 : 537조 · 538조 · 548조) 이론으로 설명되어야 한다. 이와 같이 우리 민법의 채권총칙이 하나의 채권관계에서 복수의 채권이 발생하는 경우에도 채권들을 분리하여 각각의 채권을 하나씩 검토하는 방식을 취하고 있기 때문에, 복수의 채권이 발생하는 경우에는 다른 채권에 관하여 주의깊게 살펴보아야 한다.

예를 들어 본다. A가 그의 집을 B에게 1억 2천만원에 팔기로 하는 매매계약을 체결하였다고 하자. 그러면 이 계약에 의하여 A는 집의 소유권이전채무를, B는 1억 2천만원의 대금지급채무를 부담하게 된다. 이 경우에 A가 그의 채무를 이행하기 전에 그 집이 벼락에 맞아 불타버렸다면, 명문의 규정은 없지만 이론상 A의 채무는 그에게 책임없는 이행불능으로 되어 소멸한다. 이 내용은 채권법총론에 속한다. 그런데 이때 A가 B에게 대금을 청구할 수는 있는가? 그에 관하여는 채권총칙에 규정이 없으며, 제537조가 정하고 있다. 그에 의하면 A는 대금을 청구할 수 없게 된다. 이처럼 다른 채권의 문제는 따로 살펴야 하는 것이다.

3. 채권편 제 2 장 내지 제 5 장의 세부적인 내용 [228]

채권편 제 2 장 내지 제 5 장은 네 가지의 가장 중요한 채권발생원인인 계약 · 사무관리 · 부당이득 · 불법행위에 관하여 규정하고 있다. 이들이 있으면 채권이 발생한다. 그런데 이들 중 계약의 경우에는 법률행위에 의하여 채권이 발생하는 것이나, 나머지의 경우에는 모두 법률의 규정에 의하여 채권이 발생하는 것이다. 따라서 채권의 발생원인 중에는 계약이 가장 중요하다.

채권편 「제 2 장 계약」은 16절로 이루어져 있는데, 그 가운데 제 1 절은 다시 총칙 즉 계약총칙이고, 제 2 절부터 제15절까지는 증여 · 매매 등 15가지의 전형계약을 규정하고 있다.

채권편 제 2 장 내지 제 5 장에 관한 논의를 채권각론 또는 채권법각론이라고 한다. 그리고 채권편 계약의 장 제 1 절에 관한 논의를 계약총론이라고 하며, 제 2 절부터 제15절까지에 규정된 개별적인 전형계약에 관한 논의를 계약각론이라고 한다.

Ⅲ. 채권법의 특질 [229]

1. 채권법의 법적 성격

(1) 일반사법의 일부

채권법은 민법의 일부로서 당연히 사법에 속한다.

(2) 재산법

일반사법(민법)은 크게 재산법과 가족법으로 나누어지는데, 그 경우에 채권법은 물권법·상속법과 함께 재산법에 속한다. 그리고 채권법은 특히 물권법과 더불어 재산법의 2대 분야를 이루고 있다.

채권법은 재산법 가운데 재화의 교환 즉 계약을 중심으로 하는 법이다.

2. 채권법의 특질

채권법이 같은 재산법으로서 가장 가까운 법인 물권법에 비하여 어떠한 특별한 성질이 있는지를 살펴보기로 한다.

(1) 임의규정성

채권법이 규율하는 채권은 — 물권과 달리 — 배타성이 없는 상대적인 권리이어서, 그것의 성립이나 내용을 당사자에게 맡기더라도 제 3 자에게 손해를 발생시킬 가능성이 적다. 그 때문에 채권법의 영역에서는 사적 자치가 널리 인정되며, 그 규정들은 대체로 임의규정으로 되어 있다(물권법은 대부분 강행규정임). 특히 거래법인 계약법에 있어서 그렇다(그러나 채권법에도 강행규정이 적지 않음을 유의하여야 한다. 강의, C-5 참조).

(2) 보편성

일반적으로 물권법은 각국의 관습과 전통의 영향을 강하게 받는다. 그에 비하여 채권법은 거래법으로서 세계적으로 보편화·균질화하는 경향을 보인다. 무엇보다도 계약법 가운데 매매법에서 그렇다.

(3) 동적(動的)인 모습

물권법은 물건에 대한 지배, 그리하여 현재상태의 유지를 규율하는 것이어서 정적(靜的)이다. 그러나 채권법(특히 계약법)은 물건·노무의 이동, 그리하여 현재상태의 변경을 규율하는 것이어서 동적이다.

(4) 신의칙의 지배

신의칙(2조 1항)은 민법의 모든 분야에 골고루 적용되나, 그 가운데 채권법에서 가장 두드러지게 작용한다. 왜냐하면 채권법이 규율하는 채권은 「장차」 이행을 청구할 수 있는 권리이므로 채권의 당사자 사이에서 신뢰가 매우 중요하기 때문이다. 그에 비하여 물권법에서는 권리남용 금지(2조 2항)가 많이 문제될 것이다.

제 2 관 채권의 본질

Ⅰ. 채권의 의의 [230]

채권은 특정인(채권자)이 다른 특정인(채무자)에 대하여 일정한 행위(이를 보통 급부라고 함)를 요구할 수 있는 권리이다. 금전을 빌려준 사람이 빌린 사람에 대하여 가지는 금전채권, 집을 사는 사람이 파는 사람에 대하여 가지는 소유권이전청구권이 그 예이다. 채권은 내용면에서는 재산권이고([16] 참조), 효력(작용)면에서는 청구권이며([18] 참조), 의무자의 범위를 표준으로 해서 보면 상대권이다([20] 참조).

Ⅱ. 채권의 특질 [231]

1. 청구권

물권은 물건 기타의 객체를 직접 지배하는 권리인 데 비하여, 채권은 채무자에게 일정한 행위를 청구할 수 있는 권리에 지나지 않는다. 그 결과 채권은 채무자의 행위가 있어야 실현될 수 있다.

2. 상대권

물권은 절대권이어서 특정한 상대방이 없고 모든 자에 대하여 주장할 수 있다. 그에 비하여 채권은 특정인인 채무자에 대하여서만 주장할 수 있는 상대권이다. 그리하여 채권은 원칙적으로 채무자에 의하여서만 침해될 수 있으며(채무불이행), 제 3 자에 의한 침해는 당연히 불법행위로 되는 것은 아니다([237] 참조).

3. 평등성(배타성 없음)

물권은 배타성이 인정된다([134] (4) 참조). 그러나 채권은 채무자의 일정한 행위를 청구할 수 있는 권리이므로 배타성이 없다. 따라서 채권은 실질적으로 양립할 수 없는 것이라도 동시에 둘 이상 존재할 수 있다. 그리고 그러한 채권은 효력에 있어서도 차이가 없다. 이를 채권자 평등의 원칙이라고 한다.

여기에 관한 구체적 예는 [134] (4)에서 이미 소개하였다.

Ⅲ. 채권과 청구권 [232]

채권과 청구권은 동일한 것이 아니며, 청구권은 채권의 본질적인 내용(효력)을 이루고 있을 뿐이다([18] (2)도 참조).

Ⅳ. 채권과 채권관계

민법전은 「채권」에 관하여만 규정하고 있으며, 「채권관계」라는 용어는 사용하지 않는다. 그러나 채권에 관한 법률관계에 있어서 채권만을 다루게 되면 법률문제의 해결은 불충분하게 된다. 그러한 법률관계에는 채권으로 파악되지 않는 의무도 있기 때문이다. 따라서 채권에 관한 법률관계 즉 채권관계의 개념을 인정하고, 그에 대하여 살펴보아야 할 필요가 있다.

채권관계란 「2인 이상의 특정인 사이에 채권·채무가 존재하는 법률관계」를 말한다. ① 채권관계는 일반인 사이의 관계가 아니고, 채권자와 채무자라는 특정인 사이의 법률관계이다. 그러한 의미에서 채권관계는 일종의 특별구속관계라고 할 수 있다. ② 채권관계는 기본적인 채권·채무만이 존재하는 관계가 아니고, 그 밖에 여러 가지의 권리(예 : 항변권·해제권·해지권)와 의무(예 : 통지의무·배려의무)도 포괄하는 관계이다. 즉 채권관계는 채권·채무의 단순한 결합관계가 아닌 것이다.

Ⅴ. 채권의 효력 [233]

1. 채권의 효력의 의의

채권의 효력이란 「채권의 내용을 실현하게 하기 위하여 채권에 대하여 법이 인정하는 힘」이다. 이때 「법이 인정하는 힘」은 실체법상의 것뿐만 아니라 절차법(민사소송법·민사집행법 등)상의 것도 포함한다고 하여야 한다.

채권의 효력에 어떤 것이 있고, 또 그것이 어떻게 분류되는지를 그림으로 표현하면 아래와 같다.

[채권의 효력 개관]

- 채권의 효력
  - 대내적 효력
    - 청구력 — 재판 외에서 청구를 할 수 있는 효력
    - 실현강제력
      - 소구력
      - 집행력
    - 급부보유력
  - 대외적 효력 — 제 3 자의 불법한 침해에 대한 효력
  - 책임재산 보전의 효력
    - 채권자대위권
    - 채권자취소권

2. 대내적 효력 [234]

대내적 효력이란 채권자와 채무자라는 당사자 사이에서 인정되는 효력이다. 채권의 대내적 효력에는 다음의 것들이 있다.

(1) 청구력과 급부보유력

채권에는 당연히 일정한 행위를 청구할 수 있는 효력, 즉 청구력이 있다. 채권이 청구력을 갖는 시기는 원칙적으로 채무의 이행기(변제기)가 된 때이다. 채권의 청구력에 있어서 이행을 청구할 수 있는 것(청구내용)은 처음에는 본래의 급부의무이나, 채무불이행이 생기면 손해배상의무에 대하여도 청구력이 생긴다.

채권에는 채무자의 급부가 있는 경우에 그것을 수령하고 적법하게 보유하는 효력, 즉 급부보유력이 있다. 채권에 급부보유력이 있기 때문에, 채권자가 채무자로부터 수령한 급부를 보유하는 것은 적법하고 — 채무자에 대한 관계에서 — 부당이득이 되지 않는다.

청구력과 급부보유력은 채권의 기본적인 효력 내지 최소한도의 효력이다. 따라서 그러한 효력만 갖추고 있으면 설사 실현강제력을 가지고 있지 않더라도 법률상의 채권이라고 할 수 있다. 뒤에 보는 자연채무([236] (3) 참조)와 책임없는 채무([236] (4) 참조)가 그 예이다.

(2) **실현강제력** [235]

1) **의 의** 이는 채무자가 청구권의 내용을 자발적으로 이행하지 않는 경우에 그것을 강제적으로 실현할 수 있는 힘을 말한다. 채권의 실현강제력에는 소구력과 집행력이 있다.

2) **소구력**(訴求力) 채무자가 채무를 이행하지 않는 경우에는, 채권자는 일정한 요건 하에 국가에 대하여 이행판결(급부판결)을 청구할 수 있다. 즉 채권자는 소권(訴權)을 가진다. 그리고 이때 채권자가 얻은 이행판결은 강제집행의 전제인 집행권원이 된다.

[집행권원(執行權原)]

집행권원(과거에는 채무명의라고 하였음)은 「일정한 사법상(私法上)의 급부(이행) 청구권의 존재 및 범위를 표시하고 그 청구권에 집행력을 인정한 공정(公正)의 문서」이다. 집행권원에는 민사집행법에 규정된 것(판결 및 기타)이 있는가 하면(동법 24조 · 56조 · 57조 등 참조), 다른 법률에 규정된 것도 있다. 그런데 그 가운데 이행판결이 가장 대표적인 집행권원이며, 채권의 소구력은 그러한 이행판결을 구하는 소(이행의 소)를 제기할 수 있는 효력이다.

3) **집행력** 채무자의 채무불이행이 발생할 경우, 채권자는 집행권원을 얻어 채무자의 재산에 강제집행을 할 수 있다. 여기서 강제집행이라 함은 「채권자의 신청에 의하여 국가의 집행기관이 채권자를 위하여 집행권원에 표시된 사법상의 이행청구권을 국가권력에 기하여 강제로 실현하는 법적 절차」이다. 강제집행은 강제이행이라고도 한다.

4) **실현강제력이 채권의 속성**(본질)**인지 여부** 원칙적으로 채권에는 소구력과 집행력이 있다. 그러나 모든 채권이 법률상 강제적으로 실현될 수 있는 것이 아니다. 채권 가운데에는 소를 제기할 수 없는 것과 강제집행

을 할 수 없는 것도 예외적으로 있다. 그러므로 실현강제력은 채권의 본질적 성질(속성)이 아니라고 하여야 한다.

(3) **자연채무**(自然債務) [236]

자연채무란 「채무자가 임의로 급부하지 않는 경우에도 채권자가 그 이행을 소(訴)로써 구하지 못하는 채무」이다. 채권의 당사자 사이에 채권자가 채권에 관하여 소를 제기하지 않기로 합의를 한 경우의 채무, 채권자가 승소의 종국판결을 받은 후에 소를 취하한 때(이때는 같은 소를 제기하지 못함. 민사소송법 267조 2항 참조)의 채무가 그 예이다.

자연채무는 소구(訴求)할 수 없다. 그러나 자연채무도 법률상의 채무이기 때문에, 채무자의 임의의 급부는 증여가 아니고 채무의 변제이며, 따라서 그 급부는 비채변제(742조 참조)로서 수령자의 부당이득이 되지 않는다. 그 결과 당연히 급부한 채무자는 채권자에게 급부한 것의 반환을 청구할 수 없게 된다.

(4) **채무와 책임**

1) **책임의 의의** 책임에는 여러 가지 의미가 있으나, 채무에 대비되는 개념으로서의 책임은 「채무자의 재산이 채권자의 강제집행에 복종하는 상태」라고 할 수 있다.

2) **채무와 책임의 관계** 일반적으로 채권에는 집행력이 있다. 그러나 채권 가운데에는 집행력이 없는 것도 있다. 그러므로 단순한 급부의무인 채무와 강제집행을 하는 것인 책임은 구별·분리된다고 할 것이다.

3) **채무와 책임의 분리** 현재 우리 법에서 채무와 책임이 분리되어 있는 경우가 있다.

① 채권의 당사자가 채권에 관하여 강제집행을 하지 않기로 하는 특약을 할 수 있으며, 그러한 특약은 유효하다. 그 결과 그러한 특약이 있는 경우에 채권자가 특약에 반하여 강제집행을 하면, 채무자는 법원에 집행에 관한 이의를 신청할 수 있다(민사집행법 16조). 이때 채무와 분리되어 있는 책임의 관념을 인정한다면, 그러한 특약은 「책임없는 채무」에 관한 특약이라고 이해할 수 있다.

② 채무자는 채무의 전액에 관하여 그의 모든 재산으로써 책임을 지는 것이 원칙이다. 이를 인적(人的) 책임 또는 무한책임이라고 한다. 그런데 이러한 인적 책임에는 법률규정 또는 당사자의 특약에 의하여 예외가 인정된다. 즉 예외적으로 책임이 채무자의 일정한 재산에 한정되거나 일정한 금액의 한도로 제한되는 경우가 있다. 앞의 것을 물적 유한책임(物的 有限責任)이라고 하고, 뒤의 것을 금액 유한책임이라고 한다. 물적 유한책임의 예로는 상속의 한정승인(1028조. [474]·[475] 참조)을 들 수 있다. 한정승인의 경우에는 상속채무는 줄어들지 않고 그대로 존속하지만 책임이 상속재산의 한도에 한정된다. 한편 금액 유한책임의 예로는 합자회사의 유한 책임사원의 책임(상법 279조), 선박 소유자의 일정한 채무에 대한 책임(상법 770조)을 들 수 있다.

③ 가령 물상보증인이나 저당부동산의 제3취득자는 채무를 부담함이 없이 책임만을 진다. 그러나 이 경우에 채무가 전혀 존재하지 않고 책임만이 있는 것은 아니며, 채무의 주체와 책임의 주체가 분리되어 있을 뿐이다. 예를 들어본다. A는 B의 C에 대한 채무를 담보하기 위하여 그의 X토지에 저당권을 설정하여 주었다. 그 후 B가 C에게 채무를 변제하지 않자 C가 그의 저당권을 실행하여 X토지를 경매에 부쳤다. 이 경우에 A가 물상보증인인데, 그는 채무는 부담하지 않으면서 그의 재산이 강제집행당하여 「책임」을 지게 된다. 그런데 이때 채무가 전혀 없는 것은 아니고 다른 자인 B가 채무를 부담하고 있는 것이다.

3. 대외적 효력(제3자에 의한 채권침해) [237]

(1) 서 설

널리 채권침해라 함은 채권의 내용실현이 방해되는 것을 말한다. 이러한 채권침해는 방해하는 자가 누구인가에 따라 채무자에 의한 침해와 제3자에 의한 침해로 나눌 수 있다. 이 가운데 앞의 것은 채무불이행이라고 하여 채권침해와 따로 다루어지며, 보통 채권침해라고 하면 뒤의 것만을 가리킨다.

제3자에 의한 채권침해를 둘러싸고 종래부터 논의되고 있는 것은 두 가지이다. 그 하나는 제3자의 불법한 채권침해 행위가 채권자에 대하여 불법행위로 될 수 있는가이고, 나머지 하나는 제 3 자가 채권자의 권리행사를 방해하는 경우에 채권자는 채권에 기하여 방해배제를 청구할 수 있는가이다.

(2) 제 3 자의 채권침해에 의한 불법행위의 성립

채권의 내용실현이 제 3 자의 행위에 의하여 방해당하는 경우에는, 상대권이라는 채권의 성질상 침해한 제 3 자는 의무자가 아니어서, 채권자는 그 제 3 자에 대하여 책임을 물을 수 없다고 하여야 할지 모른다. 그러나 채권이 상대권이라는 사실로부터 제 3 자에 의한 모든 침해가 당연히 용인될 수 있는 것은 아니다. 채권도 그 성질상 제 3 자에 의하여 침해될 수 있으며, 그 침해가 불법행위의 요건(750조 참조)을 갖추게 되면 불법행위로 된다.

예를 들어본다. A의 무기명채권증서를 제 3 자인 B가 불태워버린 경우, C의 예금을 D가 통장 · 인장을 가지고 가서 인출한 경우에는, A와 C의 채권은 소멸하게 된다. 그리고 갑(甲)이 을(乙)에게 특정한 도자기를 인도해줄 의무가 있는 경우에 병(丙)이 그 도자기를 깨버린 때, 정(丁)이 일정한 시간에 무(戊)의 나이트 클럽에서 노래를 할 의무가 있는 경우에 무와 경쟁관계에 있는 기(己)가 그 시간에 정을 감금하여 노래를 할 수 없게 된 때에는, 갑과 정의 의무(을과 무의 채권) 역시 소멸한다. 한편 이들 경우에 제 3 자들의 행위가 불법행위의 요건(750조 참조)을 갖추면 불법행위로 되는 것이다.

제 3 자의 채권침해가 불법행위로 되는 때에는, 피해자인 채권자에게 손해배상청구권이 발생한다.

(3) 제 3 자의 채권침해에 있어서 방해배제청구를 할 수 있는지 여부

제 3 자가 채권자의 채권행사를 방해하는 경우에, 채권자가 채권에 기하여 방해한 제 3 자에 대하여 방해배제를 청구할 수 있는지가 문제된다.

현행법상 물권과 채권은 엄격하게 구별되어야 한다. 따라서 채권에 기한 방해배제청구권은 원칙적으로 부정되어야 한다. 다만, 채권이 대항요건을 갖추어 물권화(物權化)한 경우에는, 물권에 준하여 방해배제청구권을 인정하여야 할 것이다. 부동산임차권이 등기된 경우가 그 예이다(621조 참조). 그리고 이 경우에 인정되는 방해배제청구권은 일종의 물권적 청구권으로 인정되는 것이므로, 그것이 인정되기 위하여서는 침해행위가 위법하여야 한다. 그러나 침해자에게 고의·과실이 있을 필요는 없다.

4. 책임재산 보전의 효력

이는 채권자대위권(404조·405조)·채권자취소권(406조·407조)을 가리키는데, 그에 관하여는 제5절에서 설명하기로 한다([264] 이하 참조).

제 2 절 채권의 발생

Ⅰ. 채권의 발생원인 개관 [238]

앞에서 언급한 바와 같이([228] 참조), 민법은 제 3 편(채권)에서 채권의 발생원인 가운데 네 가지에 관하여만 개별적인 사항을 규정하고 있다. 계약·사무관리·부당이득·불법행위가 그것이다. 그러나 이들은 채권의 발생원인 중 대표적인 것일 뿐이며, 그 전부가 아니다.

채권의 발생원인은 그 성질에 따라 「법률행위」와 「법률행위가 아닌 것」으로 나눌 수 있다. 그런데 법률행위가 아닌 채권발생원인은 법률에 규정되어 있다. 그 결과 채권의 발생원인에는 「법률행위」와 「법률의 규정」의 둘이 있다고 할 수 있다. 채권의 발생원인을 이와 같이 나누는 경우에는, 민법 채권편에 규정되어 있는 것들 중 계약은 「법률행위」에 속하고, 나머지 셋은 모두 「법률의 규정」에 속하게 된다.

Ⅱ. 법률행위에 의한 채권의 발생 [239]

법률행위에는 단독행위·계약·합동행위의 세 가지가 있다. 이들 가운데에서 합동행위(예: 사단법인 설립행위)는 채권의 발생원인으로서 문제되지 않으며, 단독행위와 계약만이 채권을 발생시킨다.

1. 단독행위에 의한 발생

채권이 단독행위에 의하여 발생하는 경우가 있다. 그런데 그러한 경우로서 민법에 규정되어 있는 것으로는 유언과 재단법인 설립행위의 둘이 있을 뿐이다. 문제는 법률규정이 없는 때에도 단독행위에 의하여 채권이 발생할 수 있는가이다. 이는 부정하여야 한다. 단독행위 가운데 타인의 권리·의무에 영향을 미치는 것은 비록 그것이 타인에게 이익만을 주는 경우에도 법률이 허용하는 때에 한하여서만 행할 수 있다고 하여야 하기 때문이다. 그 결과 법률규정이 없는 때에는, 단독행위에 의하여 행위자가 채권을 취득할 수 없음은 물론이고, 행위자가 채무를 부담할 수도 없다.

2. 계약에 의한 발생

계약(채권계약)이 성립하면 채권이 발생하며, 거기에는 — 단독행위에서와 달리 — 법률규정이 필요하지도 않다. 그리고 사적 자치의 원칙상 계약은 가장 중요한 채권발생원인이 되고 있다. 민법은 제 3 편 제 2 장에서 계약에 관하여 자세히 규정하고 있으며, 특히 증여·매매·교환 등 15가지에 대하여는 개별적인 규정도 두고 있다. 그러나 이들은 종래 사회에서 널리 행하여지던 계약들을 유형별로 정리해 둔 것에 지나지 않는다. 계약자유의 원칙상 당사자는 다른 종류의 계약도 얼마든지 체결할 수 있고, 또 열거된 종류의 계약을 체결하는 경우에도 규정된 것과 다른 내용으로 체결할 수 있다. 이는 정하여진 것 가운데 선택만 할 수 있는 물권의 경우와 다르다(185조 참조).

Ⅲ. 법률의 규정에 의한 채권의 발생 [240]

채권이 법률규정에 의하여 발생하는 경우가 있다. 그러한 법률규정은 민법뿐만 아니라 각종의 특별법에도 있으나, 중요한 것은 민법전, 그 중에서도 채권편에 있는 것이다. 그것이 바로 사무관리·부당이득·불법행위이다.

(1) 사무관리는 법률상의 의무 없이 타인의 사무를 처리하는 행위이다

(734조 참조). 옆집에 불이 나서 소화기로 불을 꺼준 것이 그 예이다. 사무관리가 있으면 민법규정에 의하여 비용 상환청구권, (일정한 경우의) 손해배상청구권, 관리계속의무 기타의 채무가 발생한다.

(2) 부당이득은 법률상 원인없는 이득이다(741조 참조). 금전채무를 지고 있던 사람이 채무를 이미 변제하였는데 그 사실을 잊어버리고 변제하기 위하여 다시 금전을 지급한 것이 그 예이다. 부당이득이 있으면 민법상 손실자에게 부당이득 반환청구권이 생기게 된다.

(3) 불법행위는 고의 또는 과실로 인한 위법행위로 타인에게 손해를 가하는 행위이다(750조 참조). 다른 사람을 때려서 다치게 한 행위, 다른 사람의 물건을 깨뜨린 행위가 그에 해당한다. 불법행위가 있으면 피해자에게 손해배상청구권이 발생한다. 이 불법행위에 관한 규정은 그 수가 많지 않으나, 각각의 불법행위를 일으키는 모습이 매우 다양하고 또 발생빈도도 대단히 높아서, 실제 사회에서의 그 제도의 중요성은 결코 계약에 뒤지지 않는다.

[약정(約定) 채권관계와 법정(法定) 채권관계]
채권관계 가운데 계약에 의하여 발생하는 것을 약정 채권관계라고 하고, 법률규정에 의하여 발생하는 것을 법정 채권관계라고 한다.

제3절 채권의 목적

Ⅰ. 일반론 [241]

1. 채권의 목적의 의의

채권의 목적은 「채무자가 하여야 하는 행위」이며, 그것은 구체적인 경우에 결과실현행위일 수도 있고 행위 자체일 수도 있다. 예를 들면 매도인의 재산권이전의무(568조 1항)는 채무자의 행위에 의하여 실현된 결과를 목적으로 하며, 피용자의 노무제공의무(655조)는 채무자의 행위만을 목적으로 한다.

우리 민법전은 채권의 목적을 가리키는 통일적인 용어를 사용하지 않고, 때에 따라서 이행·행위·급여·변제·지급 등으로 각기 다르게 표현하고 있다. 그런데 학자들은 대부분 「급부」(給付)라는 단일한 용어를 쓰고 있다. 사견으로는 「이행행위」(「급부하여야 한다」는 등 복합어의 경우에는 「급부」만을 「이행」으로 바꾸어 쓰면 된다)라고 하는 것이 바람직하다고 생각되나, 「급부」라는 용어가 워낙 굳어져 있기 때문에 이 책에서도 「급부」라는 용어를 사용하기로 한다.

2. 채권의 목적의 요건 [242]

채권이 법률규정에 의하여 발생하는 경우(가령 사무관리·부당이득·불법행위의 경우)에는 채권의 목적도 법률에 의하여 정하여지고, 따라서 그것은 당연히 유효하게 된다. 그러나 채권이 당사자의 법률행위, 특히 계약에 의하여 발생하는 경우에는 사정이 다르다. 그 경우에는 사적 자치가 인정되기 때문에, 당사자는 자유로운 의사에 기하여 채권의 목적(급부)을 정할 수 있다(이는 물권의 경우와 다른 점이다. 185조 참조). 그렇다고 하여 채권의 목적이 전혀 무제한일 수는 없다. 채권의 목적은 법률행위의 목적에 관한 일반적인 유효요건(확정·가능·적법·사회적 타당성)을 갖추어야 한다. 만약 채권의 목적이 법률행위의 목적의 일반적인 유효요건을 갖추지 못하면, 법률행위의 목적도 그 요건을 갖추지 못하게 되기 때문이다.

(1) 확정성

채권의 목적 즉 급부는 확정되어 있거나 적어도 확정될 수 있어야 한다. 급부가 이행기까지 확정될 수 없는 경우에는, 채권은 성립하지 않고, 그 채권을 발생시키는 법률행위도 무효이다. 대법원도 주택 1동의 매매약정(약정서도 존재함)이 있는 경우에 관하여 확정가능성이 없음을 이유로 계약을 무효라고 한 적이 있다(대판 1987. 4. 1, 87다카1273).

(2) 실현가능성

급부는 실현이 가능한 것이어야 한다. 실현이 불가능한 급부를 목적으로 하는 채권은 성립하지 않으며, 그러한 채권을 발생시키는 계약은 무효이다. 그런데 계약을 무효화하는 불능(불가능)은 모든 불능이 아니고, 원시적 불능([59] 2 (1) 참조)에 한한다. 즉 채권 성립시를 기준으로 하여 그때 이미 불능이 확정적인 경우에만 계약이 무효이고 채권이 성립하지 않는다. 예를 들면 매매계약 전날 밤에 목적물이 불타버린 경우가 그렇다. 그에 비하여 채권이 성립할 당시에 실현이 가능했다면, 그 후에 불능으로 되었다고 하더라도(후발적 불능), 채권의 성립에는 지장이 없으며, 계약도 무효가 아니다.

(3) 적법성

급부는 적법한 것이어야 한다. 다시 말해서 강행법규에 위반하지 않아야 한다([60] 참조). 예를 들면 범죄행위의 실행, 법률상 양도가 금지되어 있는 물건(마약 등)의 인도를 목적으로 하는 채권은 성립하지 않으며, 그와 같은 약속을 한 계약은 무효이다.

(4) 사회적 타당성

급부는 사회적 타당성이 있는 것이어야 한다. 즉 선량한 풍속 기타 사회질서에 위반하지 않아야 한다([62] 참조). 예를 들면 인신매매(人身賣買)나 남녀가 불륜관계를 맺는 것을 약속한 경우와 같이 급부의 내용이 사회질서에 반하는 때에는, 채권은 성립하지 않으며, 그러한 계약은 무효이다.

(5) 재산적(금전적) 가치

금전으로 가액을 산정할 수 없는 것이라도 채권의 목적으로 할 수 있다(373조). 예를 들면 A가 사찰에 토지를 증여하면서, 사찰의 스님이 A가 살아있는 동안 그의 조상의 명복을 비는 기도를 해 주기로 한 경우에, 기도를 해 주는 것은 금전으로 그 가격을 계산할 수 없지만 채권의 목적으로 인정되는 것이다.

이와 같이 재산적 가치가 없는 것을 목적으로 하는 채권도 보통의 채권처럼 재산권이라고 보아야 한다. 그러한 채권도 불이행이 있으면 금전에 의하여 손해배상을 하게 되기 때문이다.

3. 채무자의 의무 [243]

(1) 서 설

채권의 목적, 즉 채무자가 하여야 하는 행위는 채권자가 요구할 수 있는 행위(권리)의 측면에서보다는 채무자가 하여야 하는 의무의 측면에서 살펴보아야 빠뜨리는 것이 없게 된다. 왜냐하면 채무자의 의무 가운데에는 채권자가 이행을 요구할 수 없는 것도 있기 때문이다.

(2) 본래의 급부의무 · 기타의 행위의무

채권관계에 있어서 채무자가 부담하는 의무에는 급부의무만 있는 것이 아니고, 그 밖에 채무를 이행하는 과정에서 법률이나 신의칙 등에 의하여 부담하여야 하는 의무들도 있다. 뒤의 것을 가리키는 용어로 학자들은 「기본채무 이외의 용태의무」, 「부수의무」, 「성실의무」 등을 사용하고, 판례는 「신의칙상의 부수적 의무」라고 하는데, 사견으로는 「급부의무 이외의 행위의무」의 의미로 「기타의 행위의무」라고 표현하려고 한다.

채무자의 의무를 「본래의 급부의무」와 「기타의 행위의무」로 나누는 경우에, 그 둘은 소제기의 가능성 여부에 의하여 구별된다. 즉 이행(급부)의 소나 부작위의 소에 의하여 이행이 강제될 수 있는 의무가 「본래의 급부의무」이고, 당해 의무의 이행이 없는 때에는 단지 손해배상청구권만이 주어질 수 있는 경우의 의무가 「기타의 행위의무」이다.

「본래의 급부의무」는 그 내용에 따라 다시 주된 급부의무와 부수적 급부의무(종된 급부의무)로 나눌 수 있다. 주된 급부의무는 채권관계(계약)의 종류를 결정하고 또 그것의 합의가 없으면 그러한 종류의 채권관계가 유효하게 존재할 수 없는 본질적인 급부의무이다. 매매에 있어서 매도인의 소유권이전의무와 매수인의 대금지급의무, 임대차에 있어서 임대인이 부담하는 목적물을 사용하게 할 의무와 임차인이 부담하는 차임지급의무가 그에 해당한다. 그에 비하여 부수적 급부의무는 부수적인 의미만을 가지는 급부의무이다. 예를 들면 매매를 하면서 매도인이 목적물을 부치기로 할 경우에 부치는 것이 그에 해당한다.

「기타의 행위의무」는 그 발생원인을 불문하고 ― 이행청구권이 아니고 ― 단지 손해배상청구권만에 의하여 제재를 당하는 의무이다. 특정물채무자의 선관주의(善管注意) 보존의무(374조), 채권자에게 신체적·재산적 손해를 가하지 않아야 할 의무가 그 예이다.

[채무자의 의무의 분류]

- 채무자의 의무
  - 본래의 급부의무
    - 주된 급부의무
    - 부수적 급부의무
  - 기타의 행위의무

4. 채권의 목적(급부)의 분류 [244]

채권의 목적, 즉 급부는 여러 가지 표준에 의하여 분류할 수 있다.

[내용에 의한 급부의 분류]

- 급부
  - 작위급부
    - 주는 급부
      - 특정물급부
      - 불특정물급부
        - 금전급부
        - 기타의 종류물급부
    - 하는 급부(좁은 의미의 작위급부)
  - 부작위급부
    - 단순 부작위
    - 인용(忍容)

(1) 작위급부 · 부작위급부

급부의 내용이 적극적 행위 즉 작위인 경우를 작위급부라고 하고, 소극적 행위 즉 부작위인 경우를 부작위급부라고 한다. 매도인의 소유권이전의무는 작위급부의 예이고, 종업원의 경업금지의무(약정이 있는 경우)는 부작위급부의 예이다. 한편 부작위급부에서 부작위에는 아무 것도 하지 않는 단순부작위 외에 채권자가 일정한 행위를 하는 데 대하여 채무자가 이의나 반대행위를 하지 않는 인용(忍容)도 있다(예: 624조).

(2) 주는 급부 · 하는 급부

급부가 작위인 경우, 즉 작위급부는 다시 「주는 급부」와 「하는 급부」로 나눌 수 있다. 「주는 급부」는 물건의 인도를 내용으로 하는 것이고, 「하는 급부」는 그 밖의 작위를 내용으로 하는 것이다. 이 두 급부는 각각 「주는 채무」·「하는 채무」의 목적이 된다.

(3) 특정물급부 · 불특정물급부

「주는 급부」는 인도할 물건이 특정되어 있느냐 여부에 의하여 특정물급부 · 불특정물급부로 나눌 수 있다. 그리고 불특정물급부는 금전급부와 그 밖의 종류물의 급부로 세분될 수 있다.

5. 채권의 목적에 관한 민법규정

민법은 제 3 편 제 1 장 제 1 절 「채권의 목적」에서 특정물채권 · 종류채권 · 금전채권 · 이자채권 · 선택채권에 관하여 규정하고 있다. 이들 규정은 채권이 어떤 원인에 의하여 발생하였든 간에 그 목적 즉 급부가 동일한 경우에 공통적으로 적용하기 위하여 둔 것이다.

Ⅱ. 특정물채권 [245]

특정물채권은 특정물([127] 2 (2) 참조)의 인도를 목적으로 하는 채권이다. 특정한 도자기를 판 사람의 도자기 인도의무가 그 예이다.

특정물채권의 채무자는 목적물을 인도할 때까지 선량한 관리자의 주의로 보존하여야 한다(374조). 선량한 관리자의 주의 즉 선관주의는 거래상 일반적으로 평균인에게 요구되는 정도의 주의, 다시 말하면 행위자의 직업 및 사회적 지위 등에 따라서 보통 일반적으로 요구되는 정도의 주의이다. 민법은 제374조에서 선관주의를 특정물채무자의 목적물 보존에 관하여 규정하였지만, 학자들은 동조가 민법상의 주의의무의 원칙을 규정한 것으로 이해한다([72] 참조). 이와 같은 선관주의를 게을리하는 것을 추상적 과실이라고 한다.

특정물채무자가 선관주의로 목적물을 보존한 경우에는, 설사 그 목적물이 멸실 또는 훼손되었다고 하더라도, 채무자는 그로 인한 책임을 지지 않는다. 그에 비하여 채무자가 목적물을 보존함에 있어서 선관주의를 다하지 못하여 목적물이 멸실 · 훼손된 경우에는, 채무자는 다른 물건으로 급부할 의무는 없으나(특정물로 급부하기로 한 의무이므로), 손해배상의무는 지게 된다.

Ⅲ. 종류채권 [246]

1. 서 설

(1) 의 의

종류채권은 목적물이 종류와 수량에 의하여 정하여지는 채권, 다시 말하면 일정한 종류에 속하는 물건의 일정량의 급부를 목적으로 하는 채권이다. 20㎏짜리 쌀 10포대 또는 맥주 50병의 급부를 목적으로 하는 채권이 그 예이다.

(2) 재고채권(한정종류채권)

한정된 범위의 종류물 가운데 일정량의 물건의 급부를 목적으로 하는 채권을 재고채권(在庫債權) 또는 한정(제한)종류채권이라고 한다. 특정창고에 있는 쌀 100포대 중 10포대를 급부하기로 한 경우가 그 예이다. 재고채권도 일종의 종류채권이나, 처음부터 일정한 재고로만 급부의무를 부담하는 점에서 보통의 종류채권과 다르다.

2. 목적물의 품질

종류채권에 있어서 같은 종류에 속하는 물건의 품질이 균일하지 않고 차이가 있는 경우에 채무자는 어떤 품질의 물건으로 급부하여야 하는가? 여기에 관하여 민법은 「법률행위의 성질이나 당사자의 의사에 의하여 품질을 정할 수 없는 때에는 채무자는 중등품질(中等品質)의 물건으로 이행하여야 한다」고 규정하고 있다(375조 1항). 그리하여 가령 쌀을 빌린 경우에는 소비대차라는 법률행위의 성질상 빌린 사람은 처음에 받은 물건과 동일한 품질의 쌀로 반환하여야 하고(598조 참조), 당사자들이 목적물의 품질에 관하여 합의한 경우에는 그에 따라야 한다. 그런데 이들 방법으로 목적물의 품질을 정할 수 없는 때에는, 중등품질의 물건으로 급부하여야 한다.

3. 종류채권의 특정 [247]

(1) 특정의 의의

종류채권의 목적물은 종류와 수량에 의하여 추상적으로 정하여져 있을 뿐이므로, 종류채무가 실제로 이행되려면, 그 종류에 속하는 물건 가운데 일정한 물건이 채권의 목적물로서 구체적으로 확정되어야 한다. 이를 종류채권의(정확하게는 「종류채권의 목적물의」) 특정이라고 한다.

(2) 특정의 방법

민법은 특정의 방법으로 두 가지를 정하고 있다. 그 하나는 「채무자가 이행에 필요한 행위를 완료」하는 것이고(그 자세한 의미에 관하여는 강의, C-48 · 49 참조), 나머지 하나는 채무자가 「채권자의 동의를 얻어 이행할 물건을 지정」하는 것이다(375조 2항). 그러나 계약자유의 원칙상 당사자가 계약으로 특정방법을 정할 수 있으며(채무자에의 지정권의 부여도 그에 해당함), 그때에는 제375조 제 2 항은 적용되지 않는다. 그 외에 당사자들이 합의로 목적물을 선정하면 특정이 생긴다고 하여야 하며, 이는 가장 우선하는 특정방법이다.

(3) 특정의 효과

종류채권의 목적물이 특정되면 그 특정된 물건이 채권의 목적물로 된다(375조 2항). 즉 종류채권은 특정으로 그 동일성을 유지하면서 특정물채권으로 변한다.

Ⅳ. 금전채권 [248]

1. 의 의

금전채권은 넓은 의미로는 금전의 급부(인도)를 목적으로 하는 채권이며, 좁은 의미로는 「일정액」의 금전의 인도(지급)를 목적으로 하는 채권이다(금액채권).

2. 금전채권의 종류와 각 종류별 채무이행

(1) 금액채권(金額債權)

금액채권은 일정액의 금전의 인도(지급)를 목적으로 하는 채권이며, 이것이 본래의 의미의 금전채권이다. 100만원의 지급을 목적으로 하는 채권이 그 예이다. 금액채권은 일종의 종류채권이다. 그러나 급부되는 금전 자체는 의미가 없고, 그것이 표시하는 금액 즉 화폐가치에 중점이 두어져 있다. 따라서 보통의 종류채권과 달리 「특정」이라는 것이 없고, 경제적 변혁이 생기지 않는 한 이행불능으로 되지 않는다.

금액채권은 다른 특약이 없는 한, 채무자의 선택에 따라 각종의 통화로 변제할 수 있다(376조 참조).

(2) 금종채권(金種債權)

금종채권은 일정한 종류에 속하는 통화의 일정량의 급부를 목적으로 하는 채권이다. 1만원권으로 100만원을 지급하여야 하는 채권이 그 예이다. 금종채권의 경우 채무자는 정하여진 종류의 통화로 변제하여야 한다. 그런데 그 종류의 통화가 변제기에 강제통용력을 잃은 때에는, 강제통용력 있는 다른 통화로 변제하여야 한다(376조). 그러나 민법의 이 규정은 임의규정이라고 해석된다. 따라서 당사자는 일정한 종류의 통화가 강제통용력을 상실하든 않든 반드시(즉 절대적으로) 그 종류로 급부하도록 약정할 수 있다. 그러한 채권을 절대적 금종채권이라고 한다. 이 절대적 금종채권은 금전을 하나의 종류물로 다루는 것으로서 금전채권이 아니고 종류채권에 지나지 않는다.

(3) 특정금전채권

이는 「특정한 금전」의 급부를 목적으로 하는 채권이다. 가령 2009년에 발행된 1만원권 중 번호가 가장 빠른 것을 매수하기로 한 경우에 그러한 채권이 발생한다. 이러한 특정금전채권은 특정물채권에 해당한다.

(4) 외국금전채권(외화채권)

외국금전채권은 외국의 금전(예 : 미화 10만달러)의 급부를 목적으로 하는 채권이며, 이는 외화채권이라고도 한다. 이 외국금전채권도 외국금액채권, 외국금종채권(상대적 외국금종채권), 절대적 외국금종채권, 특정 외국금전채권으로 나누어진다.

외화채권의 경우 당사자 사이에 특약이 없으면 채무자는 당해 외국의 각종의 통화로 변제할 수 있다(377조 1항). 그리고 이때 채무자는 외국의 통화로 지급하는 것 대신에 지급할 때에 있어서의 이행지의 환금시가(환율)에 의하여 우리나라의 통화로 변제할 수도 있다(378조).

외국의 특별한 종류의 통화의 지급을 목적으로 하는 채권 즉 외국금종채권의 경우에, 그 종류의 통화가 변제기에 강제통용력을 잃은 때에는, 채무자는 그 나라의 다른 통화로 변제하여야 한다(377조 2항). 그리고 이때에도 채무자는 지급할 때의 이행지의 환율에 의하여 우리나라의 통화로 변제할 수 있다(378조).

3. 금전채무불이행의 특칙(제397조)

금전채권(특히 금액채권)의 경우에는 이행불능은 있을 수 없고 이행지체만이 생길 수 있을 뿐이다. 그런데 민법은 이 금전채권의 이행지체에 관하여 제397조의 특칙을 두고 있다.

(1) 일반적으로 채무불이행의 경우에 채권자가 손해배상을 청구하려면 그가 손해의 발생사실 및 손해액을 증명하여야 한다. 그런데 금전채무의 불이행(이행지체)에 있어서는 채권자는 손해를 증명할 필요가 없다(397조 2항 전단).

(2) 금전채권의 채무자는 과실없음을 항변하지 못한다(397조 2항 후단). 따라서 그는 그에게 책임없는 사유로 이행을 지체한 경우에도 손해배상책임을 진다.

(3) 금전채무를 불이행한 경우의 손해배상액은 법정이율([249] 2 (1) 참조)에 의하는 것이 원칙이다(397조 1항 본문). 그러나 법령의 제한에 위반하지 않는 약정이율이 있으면 그 이율에 의한다(397조 1항 단서). 그런데 이 단서는 약정이율이 법정이율보다 높은 경우에만 적용된다(대판 2009. 12. 24, 2009다85342).

Ⅴ. 이자채권(利子債權) [249]

1. 이자채권과 이자의 의의

이자채권은 이자의 급부를 목적으로 하는 채권이다. 그리고 이자는 금전 기타의 대체물을 사용할 수 있는 데 대한 대가이다. 이자는 이자를 발생시키기로 하는 당사자 사이의 특약(이자 약정)이 있거나 법률규정이 있는 경우에만 발생한다. 이 가운데 당사자의 특약에 의하여 발생하는 이자를 약정이자라고 하고, 법률규정에 의하여 발생하는 이자를 법정이자라고 한다.

2. 이율(利率)

이자는 보통 원본액에 대한 비율, 즉 이율에 의하여 산정된다.

(1) 법정이율

법정이율은 법률이 정한 이율인데, 민사(民事)에 있어서는 연 5푼이고(379조), 상사(商事)에 있어서는 연 6푼이다(상법 54조).

법정이율은 이자의 산정 외에 금전채무불이행으로 인한 손해배상, 즉 지연이자의 산정에도 쓰인다(397조 1항). 그런데 금전채무의 이행을 명하는 판결을 선고할 경우에 금전채무불이행으로 인한 손해배상액 산정의 기준이 되는 법정이율은, 그 금전채무의 이행을 구하는 소장(訴狀) 또는 이에 준하는 서면이 채무자에게 송달된 날의 다음날부터는 연 100분의 40 이내의 범위에서 대통령령으로 정하는 이율에 따르며(「소송촉진 등에 관한 특례법」 3조 1항), 그 이율은 현재에는 연 100분의 12이다(「소송촉진 등에 관한 특례법 제 3 조 제 1 항 본문의 법정이율에 관한 규정」).

(2) 약정이율

약정이율은 당사자에 의하여 정하여진 이율이다. 당사자는 원칙적으로 자유롭게 이율을 정할 수 있다. 다만, 특별법에 의하여 금전소비대차에 관하여는 이율이 제한되고 있다.

약정이자는 약정이율에 의하여 산정된다. 그러나 이자약정에서 이율이 정해지지 않은 경우에는 법정이율에 의한다(379조, 상법 55조).

3. 이자의 제한 [250]

(1) 서 설

현재 우리나라에서 이자를 제한하는 법률로는 이자제한법과 「대부업의 등록 및 금융이용자 보호에 관한 법률」(아래에서는 대부업법이라 함)의 두 가지가 있다. 이자제한법은 일반인 사이의 이자를 제한하는 것이고, 대부업법은 대부업자의 대부에 있어서 이자를 제한한다(후자의 제한규정은 2018. 12. 31.까지만 효력을 가짐).

(2) 이자제한법에 의한 제한

1) **적용범위** 이자제한법은 금전대차 즉 금전의 소비대차에 있어서의 약정이자에 적용된다(동법 2조 1항 참조). 그러나 대차원금이 10만원 미만인 경우(동법 2조 5항)와 대부업에는 적용하지 않는다(동법 7조).

2) **제한이율** 금전대차에 관한 계약상의 최고이자율은 연 25퍼센트를 초과하지 않는 범위 안에서 대통령령으로 정한다(동법 2조 1항). 그리고 대통령령에 의하면 현재의 최고 이자율은 연 20퍼센트이다(「이자제한법 제2조 제1항의 최고이자율에 관한 규정」).

그리고 금전의 대차와 관련하여 채권자가 받는 것은 할인금·수수료 그 밖의 명칭에도 불구하고 이를 이자로 본다(동법 4조). 이것이 간주이자규정이다.

3) **제한위반의 효과** 이자가 제한이율에 따라 산정된 금액을 초과하는 경우에는, 그 초과부분의 이자는 무효이다(동법 2조 3항). 그리고 채무자가 제한초과이자를 임의로 지급한 경우에는 초과지급된 이자 상당금액은 원본에 충당되고, 원본이 소멸한 때에는 그 반환을 청구할 수 있다(동법 2조 4항). 예를 들어 A가 B로부터 100만원을 1년간 월 3퍼센트로 빌렸다고 하자. 이 경우에 A가 이자를 1년 후에 한꺼번에 지급한다면, 약정된 이자는 36만원이 된다. 그런데 이 36만원은 제한이율인 20퍼센트에 따라 산정한 20만원을 넘는다. 그리하여 초과한 16만원의 이자는 무효이다. 그럼에도 A가 36만원을 지급하였으면, 그 가운데 16만원은 원본 100만원에 채워지게 되어, A

는 앞으로 원본을 84만원만 변제하면 된다. 한편 이 경우에 A가 136만원을 모두 지급하였다면, 초과액 16만원을 반환청구할 수 있다.

4) **선이자**(先利子) 소비대차를 함에 있어서 원본으로부터 이자를 미리 공제하고 그 잔액만을 빌리는 사람(차주)에게 교부하는 경우가 있다. 이러한 경우에 미리 공제되는 이자를 선이자라고 한다. 이 선이자를 사전에 공제한 경우에는, 그 공제액이 채무자가 실제 수령한 금액을 원본으로 하여 제한이율에 따라 계산한 금액을 초과하는 때에는, 그 초과부분은 원본에 충당된 것으로 본다(동법 3조). 예를 들어 갑이 을에게 100만원을 연 30퍼센트의 이율로 1년간 빌려 주면서, 이자 30만원을 미리 공제하고 70만원만 주었다고 하자. 이 경우에는 을이 실제로 받은 70만원에 대하여 제한이율(20퍼센트)에 따라 이자를 계산한다. 그러면 이자는 14만원이 된다. 그리고 30만원 중 14만원을 초과한 금액 16만원은 원본에 충당된 것으로 본다. 그 결과 을은 이제 원본은 84만원만 변제하면 된다.

5) **벌 칙** 이자제한법 제2조 제1항에서 정한 최고이자율을 초과하여 이자를 받은 자는 1년 이하의 징역 또는 1천만원 이하의 벌금에 처한다(동법 8조 1항). 그리고 여기의 징역형과 벌금형은 병과(倂科. 같이 부과)할 수 있다(동법 8조 2항).

(3) 대부업법에 의한 제한

대부업자가 대부하는 경우의 이자율은 연 100분의 27.9의 범위 안에서 대통령령이 정하는 이율을 초과할 수 없다(대부업법 8조 1항). 그리고 현재의 최고이율은 연 100분의 20이며, 월이자율 및 일이자율은 연 100분의 20을 단리로 환산한다(대부업법 시행령 5조 2항). 이를 위반한 경우의 효과는 이자제한법의 경우와 같다(대부업법 8조 4항 · 5항).

불법 사금융업자(대부업의 등록 또는 등록갱신을 하지 않고 사실상 대부업을 영위하는 자)가 대부를 하는 경우에는 그 대부계약에 따른 이자(간주이자를 포함함)를 받을 수 없으며, 해당 대부계약의 이자에 관한 약정은 무효이다(대부업법 11조 1항 1문).

[대부계약의 무효·취소]

대부업법은 일정한 경우에는 대부계약이 무효로 되고, 그 경우 대부업자, 불법사금융업자 등은 거래 상대방에게 그 원본의 반환 및 이자의 변제를 청구하지 못하며, 거래 상대방이 대부제공자에게 이미 지급한 원본과 이자가 있으면 이를 반환하여야 한다고 규정한다(대부업법 8조의 2 1항). 그리고 일정한 경우에는 대부제공자의 거래 상대방이 대부계약을 취소할 수 있다고 규정한다(대부업법 8조의 2 2항).

Ⅵ. 선택채권 [251]

1. 의 의

선택채권은 채권의 목적이 선택적으로 정하여져 있는 채권이다. 다시 말해서 수개의 선택적 급부를 목적으로 하는 채권이다. 예를 들면 X토지, 신형 세라토 승용차, 금전 1,000만원 가운데 어느 하나의 급부를 목적으로 하는 경우가 그 예이다.

2. 선택채권의 특정

선택채권에 있어서 채무가 이행되려면 급부가 하나로 확정되어 단순채권으로 변경되어야 한다. 이를 선택채권의 특정이라고 한다. 민법은 선택채권의 특정방법으로 선택권의 행사와 급부불능의 두 가지를 정하고 있다.

(1) 선택에 의한 특정

1) 선택권 선택채권의 목적인 수개의 급부 가운데 하나의 급부를 선정하는 의사표시가 선택이고, 이 선택을 할 수 있는 법률상의 지위가 선택권이다. 선택권은 일종의 형성권이다.

2) 선택권자 누가 선택권을 가지는가는 선택채권의 발생원인인 법률행위 또는 법률규정(135조 · 203조 2항 · 310조 1항 · 626조 2항 등)에 의하여 정하여지는 것이 보통이다. 그런데 만약 선택권자를 정하는 법률규정이나 당사자의 약정이 없으면 선택권은 채무자에게 속한다(380조).

3) 선택권의 이전 선택권은 권리이지 의무가 아니므로, 선택권자

에게 선택권의 행사를 강요하지 못한다. 그러나 선택권자가 선택권을 행사하지 않으면 선택채권은 이행될 수 없으므로, 민법은 일정한 경우에는 선택권이 타인에게 이전되는 것으로 정하고 있다(381조 · 384조 참조).

4) **선택의 효과** 선택이 행하여지면 선택채권은 하나의 급부를 목적으로 하는 단순채권으로 변한다. 반드시 특정물채권으로 되는 것은 아니다. 그리고 선택은 그 채권이 발생한 때에 소급하여 효력이 생긴다(386조 본문). 그 결과 채권이 발생한 때부터 선택된 급부를 목적으로 하는 채권이 성립하였던 것이 된다.

(2) **급부불능에 의한 특정**

1) **원시적 불능의 경우** 수개의 급부 가운데 채권이 성립할 당시부터 원시적으로 불능한 것이 있는 때에는, 채권은 잔존하는 급부에 관하여 존재한다(385조 1항). 즉 잔존급부에 특정이 일어난다. 가령 A가 B에게 X텔레비전과 Y오디오 가운데 하나를 급부하기로 한 경우에, X텔레비전이 채권발생 당시에 이미 멸실된 경우에는 Y오디오로 특정된다.

2) **후발적 불능의 경우** ① 선택권 없는 당사자의 과실로 급부가 후발적으로 불능(이행불능)으로 된 때에는, 잔존급부에 특정되지 않는다(385조 2항). 위의 예에서 선택권이 채권자인 B에게 있는데, 채권성립 후에 A의 과실로 X텔레비전이 멸실되었다면, B는 Y오디오를 선택할 수도 있지만, X텔레비전을 선택하여 A에게 채무불이행을 이유로 손해배상을 청구할 수 있다. 그런가 하면 채무자인 A가 선택권자인데, 채권성립 후에 B의 과실로 X텔레비전이 멸실되었다면, A는 Y오디오를 선택할 수도 있지만, X텔레비전을 선택하여 그에게 책임없는 이행불능이라고 하여 책임을 면할 수도 있다.

② 선택권 있는 당사자의 과실에 의하여 또는 당사자 쌍방의 과실없이 급부가 후발적으로 불능으로 된 때에는, 채권의 목적은 잔존하는 급부에 존재한다(385조 1항). 이때 손해배상을 청구할 수 있는 것은 별개의 문제이다.

제 4 절 채무불이행과 채권자지체

제 1 관 채무불이행

Ⅰ. 서 설 [252]

1. 채무불이행의 의의

채무불이행이라 함은 채무자에게 책임있는 사유로 채무의 내용에 좇은 이행이 이루어지지 않고 있는 상태를 통틀어서 일컫는 말이다. 이러한 채무불이행의 경우에는, 채권자의 손해배상청구권 등의 법률효과가 발생하게 된다.

2. 채무불이행의 모습(유형)

다수설은 채무불이행의 유형으로 이행지체, 이행불능, 불완전이행의 세 가지를 인정하고 있다. 그러나 불완전이행은 불완전급부와 「기타의 행위의무」의 위반이라는 두 가지의 이질적인 것을 모아 놓은 것이어서 이 둘로 나누는 것이 바람직하다. 그렇게 한다면 채무불이행의 유형으로는 ① 이행지체, ② 이행불능, ③ 불완전급부, ④ 「기타의 행위의무」의 위반의 네 가지가 있게 된다.

Ⅱ. 채무불이행의 유형별 검토 [253]

1. 이행지체

(1) 의 의

이행지체라 함은 채무의 이행기가 되었고 또 그 이행이 가능함에도 불구하고 채무자의 책임있는 사유(유책사유)로 이행을 하지 않고 있는 것을 말한다. 금전을 빌린 사람이 변제기가 지났는데도 갚지 않고 있는 경우가 그 예이다.

(2) 요 건

1) 이행기가 도래하였을 것 이행지체가 성립하려면 우선 채무의 이행기([294] 6 참조)가 되었어야 한다. 경우를 나누어 살펴본다.

① 채무의 이행에 관하여 확정기한이 있는 경우에는, 그 기한이 도래한 때부터 지체책임이 있다(387조 1항 1문).

② 채무의 이행에 관하여 불확정기한이 있는 경우에는, 채무자는 그 기한이 도래하였음을 안 때부터 지체책임이 있다(387조 1항 2문).

③ 채무의 이행에 관하여 기한이 정하여져 있지 않은 경우에는, 채무자는 이행청구를 받은 때부터 지체책임이 있다(387조 2항). 기한이 없는 채무는 발생과 동시에 이행기에 있게 되나, 이행지체로 되려면 채권자의 최고가 있어야 하는 것이다. 그런데 이 원칙에는 예외가 있다. 소비대차에 있어서 반환시기의 약정이 없는 때에는 대주(貸主. 빌려준 자)는 상당한 기간을 정하여 반환을 최고하여야 하며(603조 2항 본문), 그 기간이 경과하여야 지체로 된다. 그리고 불법행위로 인한 손해배상채무의 경우에는 그 채무의 성립과 동시에 지체로 된다(통설 · 판례).

2) 이행이 가능할 것 이행이 불가능하면 이행불능으로 된다.

3) 이행이 없을 것

4) 이행하지 않는 데 대하여 채무자에게 책임있는 사유(유책사유)가 있을 것 채무자의 유책사유(귀책사유라고도 함)는 채무자의 고의 · 과실 외에

채무자의 법정대리인·이행보조자의 고의·과실도 포함한다. 채무자의 법정대리인이나 이행보조자(예: 조수)의 고의·과실은 채무자의 고의·과실로 의제되기 때문이다(391조).

5) **이행하지 않는 것이 위법할 것** 위법성은 정당한 사유 즉 위법성 조각사유가 없으면 당연히 인정되는 소극적인 요건이다. 이행지체의 위법성을 조각시키는 사유로는 유치권·동시이행의 항변권·기한유예의 항변 등이 있다.

(3) **효 과**

이행지체의 경우 채무는 소멸하지 않고 그대로 존속한다. 그리고 그 채무는 이행이 가능하므로 채권자는 본래의 채무의 이행을 청구할 수 있다. 그런데 이것은 이행지체의 효과가 아니다. 이행지체의 효과는 다음과 같다.

1) **손해배상청구권의 발생** 이행지체가 성립하면 채권자는 손해배상을 청구할 수 있다. ① 이행지체에 있어서의 손해배상은 원칙적으로 이행의 지체로 인하여 생긴 손해의 배상 즉 지연배상이다. 금전채무의 경우의 지연이자가 그 예이다. ② 그러나 채권자가 상당한 기간을 정하여 이행을 최고하여도 그 기간 내에 이행하지 않거나 지체 후의 이행이 채권자에게 이익이 없는 때에는, 예외적으로 이행에 갈음하는 손해의 배상 즉 전보배상(塡補賠償)을 청구할 수 있다(395조). ③ 지체 후에 생긴 손해에 대하여는 채무자에게 유책사유가 없는 경우에도 책임을 진다(392조 본문). 다만, 채무자가 이행기에 이행하여도 손해를 면할 수 없는 경우에는 예외이다(392조 단서).

2) **계약해제권의 발생** 계약상의 채무가 이행지체로 된 경우에는, 채권자는 일정한 요건 하에 계약의 해제권을 취득하게 된다(544조·545조, [322] 참조).

2. 이행불능 [254]

(1) **의 의**

이행불능이란 채권이 성립한 후에 채무자에게 책임있는 사유로 이행할 수 없게 된 것을 말한다. 도자기의 매매계약 후에 매도인이 그 도자기를 고의로 깨뜨린 경우가 그 예이다.

(2) 요 건

1) **채권의 성립 후에 이행이 불능으로 되었을 것**(후발적 불능)

① **사회통념상 불능** 불능이란 개념은 본래 물리적·자연적인 것이나, 민법상의 불능은 사회관념상 내지 거래관념상의 불능을 가리킨다. 따라서 물리적으로 이행이 불가능한 경우는 물론이고, 물리적으로는 가능하지만 지나치게 많은 비용과 노력이 드는 경우도 불능으로 된다. 가령 태평양 바다에 빠진 보석을 찾아주기로 하는 채무가 그렇다. 그런가 하면 부동산을 2중으로 팔고 매도인이 그 중 한 사람에게 소유권이전등기를 해준 경우에는, 특별한 사정이 없는 한, 다른 한 사람에 대한 소유권이전등기 의무는 이행불능으로 된다.

② **후발적 불능** 이행불능으로 되려면 채권이 성립한 후에 불능으로 되었어야 한다. 즉 후발적 불능이어야 한다. 채권의 성립 당시에 이미 불능인 원시적 불능의 경우에는 채권은 성립하지 않게 되고, 때에 따라서 계약체결상의 과실이 문제될 뿐이다(535조, [316] 참조).

2) **채무자에게 책임있는 사유로 불능으로 되었을 것** 이행불능이 채무자에게 유책사유 없이 발생한 경우에는, 채무자는 채무를 면하게 된다(390조 단서). 그리고 이 경우에 불능으로 되어 소멸한 채무가 쌍무계약에 의하여 발생한 것일 때에는 상대방의 채무도 소멸하는가의 문제가 생기는데, 그것이 곧 위험부담의 문제이다(537조·538조, [319] 참조).

3) **이행불능이 위법할 것** 이행불능이 되려면 위법성 조각사유가 없어야 한다. 그런데 이행불능에 있어서는 위법성 조각사유가 거의 없다.

(3) 효 과

이행불능의 경우에는 채무의 이행 자체가 불가능하기 때문에 본래의 채무의 이행청구는 할 수 없다. 이행불능의 효과는 다음과 같다.

1) **손해배상청구권의 발생** 이행불능의 요건이 갖추어진 경우에

는, 채권자는 손해배상을 청구할 수 있다(390조). 이때의 손해배상은 그 성질상 이행에 갈음하는 손해배상, 즉 전보배상이다.

2) **계약해제권의 발생** 계약에 기하여 발생한 채무가 채무자의 책임있는 사유로 이행이 불능으로 된 때에는, 채권자는 계약을 해제할 수 있다(546조). 이때 최고는 필요하지 않다.

3) **대상청구권**(代償請求權) 대상청구권(대체이익청구권)은 이행을 불능하게 하는 사정의 결과로 채무자가 이행의 목적물에 대신하는 이익을 취득하는 경우에, 채권자가 채무자에 대하여 그 이익을 청구할 수 있는 권리이다. 예를 들면 매매의 목적물인 토지가 계약 후에 국가에 의하여 수용된 경우에는, 매도인의 소유권이전의무는 책임없는 불능으로 되어 소멸하면서, 다른 한편으로 그 불능을 일으키는 사정(수용)의 결과로 매도인이 수용보상금청구권을 가지게 된다. 이때의 수용보상금청구권이 「목적물에 대신하는 이익」이다. 그리고 대상청구권을 인정하면 매수인은 매도인에게 수용보상금청구권(또는 이미 받은 수용보상금)의 이전을 청구할 수 있다.

우리 민법은 채권자의 대상청구권을 명문으로 규정하고 있지 않다. 그렇지만 통설·판례가 대상청구권을 인정하는 데 일치하고 있다. 한편 대상청구권을 인정하는 경우에는, 불능이 후발적인 것인 한 그 불능에 대하여 채무자에게 책임이 있든 없든 그 권리가 인정된다. 앞의 예는 유책사유가 없는 경우이다.

3. 불완전급부(不完全給付) [255]

(1) 의 의

불완전급부는 채무자가 급부의무의 이행행위를 하였으나, 그 이행에 하자(瑕疵. 흠)가 있는 것을 말한다. 닭을 매수하였는데 병든 닭을 급부한 경우, 지붕을 수리하였는데 비가 새는 경우, 수술을 받았는데 의사의 잘못으로 다른 곳이 나빠진 경우가 그 예이다. 이러한 불완전급부는 불완전이행의 한 가지로 설명되는 것이 보통이나, 독립한 유형으로 파악하는 것이 옳다. 하자 있는 이행의 경우에는 그 흠 있는 이행의 결과로 채권자의 다른 법익이 침해되는 경우도 있다. 그 경우에 늘어난 손해를 보통 「확대손해」 또는 「부가적 손해」라고 한다. 앞의 예에서 병든 닭이 인도되어 채권자의 다른 닭이 병들어 죽은 것이 그에 해당한다.

(2) 요 건

1) 이행행위가 있었을 것 불완전급부가 되려면 급부의무의 이행행위가 있었어야 한다. 만약 그것이 없었으면 이행지체나 이행불능으로 될 것이다.

2) 이행에 하자(흠)가 있을 것 이행행위가 흠이 없게 되면 완전한 이행이 되고 불완전급부는 문제되지 않는다. 이행에 하자가 있는 때에 불완전급부로 되는 것이다.

3) 확대손해의 발생이 필요한지 여부 불완전급부의 결과 확대손해가 발생하는 때도 많으나, 확대손해의 발생은 그 요건이 아니다. 그리하여 확대손해가 없더라도 불완전급부로 될 수 있다.

4) 채무자의 유책사유 불완전급부로 되려면 하자 있는 이행이 채무자의 책임있는 사유로 행하여졌어야 한다.

5) 불완전급부가 위법할 것

(3) 효 과

불완전급부가 있으면 채권자에게 손해배상청구권이 생긴다(통설에 대하여는 강의, C-118 참조). 그리고 불완전급부가 행하여진 채무가 계약에 기하여 생긴 때에는, 채무불이행의 일반적인 효과의 하나인 계약해제권도 발생한다고 할 것이다. 다만, 민법에 그 요건이 규정되어 있지 않아서 문제이나, 제580조를 유추적용하여 「불완전급부로 인하여 계약의 목적을 달성할 수 없는 때에 한하여」 해제할 수 있다고 새기는 것이 좋을 것이다.

4. 「기타의 행위의무」의 위반 [256]

(1) 의 의

급부의무 이외의 행위의무, 즉 「기타의 행위의무」를 위반하는 것은 채무불이행이 된다. 「기타의 행위의무」의 위반은 일반적으로 불완전이행의 일부로 다루나, 불완전급부와 매우 다르기 때문에 독립한 유형으로 다루는 것이 바람직하다.

(2) 요 건

1) 「기타의 행위의무」의 위반이 있을 것 「기타의 행위의무」는 법률규정이나 신의칙에 의하여 생기며, 그 모습에는 설명의무·안전배려의무·보호의무 등이 있다.

① 가령 기계의 매도인은 그 기계의 사용방법을 설명할 의무가 있다(설명의무). ② 근로계약에서 사용자는 피용자가 노무를 제공하는 과정에서 피용자의 생명·신체·건강의 안전을 배려하여야 할 의무가 있다(안전배려의무). ③ 채무자는 채무이행과정에서 채권자에게 신체적·재산적 손해를 가하지 않아야 할 의무가 있다(보호의무).

2) 채무자의 유책사유

3) 「기타의 행위의무」의 위반이 위법할 것

(3) 효 과

「기타의 행위의무」의 위반이라는 채무불이행의 요건이 갖추어지면, 채권자는 손해배상을 청구할 수 있다. 그리고 위반된 의무가 계약에 기하여 생긴 때에는, 일정한 요건 하에 계약을 해제할 수 있다고 하여야 한다. 해제요건도 불완전급부의 경우처럼 계약의 목적을 달성할 수 없는 때라고 하는 것이 좋을 것이다.

Ⅲ. 손해배상 [257]

1. 서 설

채무자의 채무불이행이 있으면, 채권자는 채무자에게 손해배상을 청구할 수 있다(390조). 이러한 손해배상에 관하여 민법은 그 범위 및 방법, 배상액의 예정, 과실상계, 배상자대위 등에 대하여 명문의 규정을 두고 있다(393

조 이하). 그런데 손해배상은 불법행위의 경우에도 인정된다. 그리고 채무불이행으로 인한 손해배상에 대한 대부분의 규정은 불법행위로 인한 손해배상에도 준용된다(763조). 그 결과 아래에서 설명하는 이론은 불법행위에도 원칙적으로 적용된다.

2. 손해배상의 의의

(1) 손해의 의의

손해는 일정한 원인(채무불이행 · 불법행위 기타)에 의하여 피해자가 입는 불이익이다.

(2) 손해의 종류

1) 재산적 손해 · 비재산적 손해 침해행위의 결과로서 발생하는 불이익이 재산적인 것인가 비재산적인 것인가에 따라 손해는 재산적 손해와 비재산적 손해로 나누어진다.

비재산적인 손해는 정신적 손해라고도 한다. 그리고 비재산적인 손해에 대한 배상을 위자료(慰藉料)라고 한다.

2) 이행이익 · 신뢰이익 이행이익은 법률행위 특히 계약이 이행되지 않음으로써 생긴 손해이고, 신뢰이익은 법률행위의 유효를 믿음으로써 생긴 손해이다. 이 두 이익의 구체적인 계산방법은 다음과 같다. 이행이익(예 : 인도할 물건의 가치)은 법률행위가 이행되었으면 있었을 재산상태에서 피해자의 현재의 재산상태를 빼는 방법으로 계산한다. 그리고 신뢰이익(예 : 계약서 작성비 기타의 계약체결비용)은 피해자가 문제되는 법률행위에 관하여 아무것도 듣지 않았으면 있었을 재산상태에서 현재의 재산상태를 빼는 방법으로 계산한다.

3) 직접적 손해와 간접적 손해 직접적 손해는 침해된 법익 자체에 대한 손해이고, 간접적 손해는 법익 침해의 결과로 생기는 손해이다. 예를 들면 신체침해의 경우 신체침해 자체는 전자에 해당하고, 신체침해로 인한 노동수입의 결손은 후자의 예이다. 간접적 손해는 후속손해라고 표현하

는 것이 좋다.

(3) 손해의 배상

불법한 원인으로 발생한 손해를 피해자 이외의 자가 「전보」(塡補. 메워서 채워줌)하는 것이 손해의 배상이다. 민법은 적법한 원인으로 인하여 생긴 손실을 전보하는 것은 배상이라고 하지 않고, 보상(補償)이라고 한다(예 : 216조 2항·218조 1항).

3. 손해배상의 방법

우리 민법상 손해는 금전으로 배상한다(394조. 금전배상주의). 다만, 다른 의사표시가 있거나(394조) 법률에 다른 규정이 있는 때(764조 등)에는 예외이다.

4. 손해배상의 범위 [258]

(1) 제393조의 의미

민법은 제393조에서 손해배상의 범위에 관하여 규정하고 있다. 동조는 제1항에서 「채무불이행으로 인한 손해배상은 통상의 손해를 그 한도로 한다」고 하고, 제2항에서는 「특별한 사정으로 인한 손해는 채무자가 그 사정을 알았거나 알 수 있었을 때에 한하여 배상의 책임이 있다」고 한다. 이 규정의 의미에 관하여 학자들 사이에 논의가 많이 있다(강의, C-133 참조). 그런데 제393조는 후속손해(간접적 손해)만에 관한 것으로 보는 것이 옳다고 생각한다. 그러한 입장에서는 손해배상의 범위문제는 직접적 손해, 통상손해, 특별손해의 셋으로 나누어 살펴보아야 한다.

(2) 직접적 손해

예를 들어 특정물채무에 있어서 채무자의 과실로 목적물이 멸실된 경우와, 어떤 자가 과실로 남의 장식장에 부딪쳐 그 위의 도자기가 떨어져 깨진 경우에, 목적물의 가치와 도자기의 가치는 직접적 손해이다. 이러한 손해는 언제나 배상되어야 한다. 즉 가해행위와 손해 사이에 — 뒤에 설명하는 — 상당인과관계가 필요하지 않다. 그리고 그 근거는 제393조가 아니고 제390조

(불법행위의 경우에는 750조)라고 하여야 한다.

(3) **통상손해**(通常損害)

후속손해 가운데에는 통상의 손해만을 배상하는 것이 원칙이다(393조 1항). 여기서 통상의 손해라고 하는 것은, 그 종류의 채무불이행(또는 불법행위)이 있으면 보통·일반적으로 발생한다고 생각되는 손해이다. 다시 말하면 상당인과관계에 있는 손해이다. 그러한 손해로 인정되려면 두 가지 요건을 갖추어야 한다. 즉 A라는 채무불이행에 의하여 B라는 손해가 생긴 경우에, 첫째로 A라는 채무불이행이 없었으면 B라는 손해가 생기지 않았어야 하고(구체적 관계), 둘째로 일반적으로도 A라는 채무불이행이 있으면 보통 B라는 손해가 발생하여야 한다(일반적 관계). 예를 들면 이행지체의 경우 이행이 늦어서 이용하지 못한 것, 신체침해의 경우 수입을 올리지 못한 것이 그에 해당한다. 직접적 손해를 따로 인정하지 않으면 그것들은 모두 통상손해로 취급된다.

(4) **특별손해**

특별한 사정으로 인한 손해 즉 특별손해(이는 통상손해와 달리 구체적 관계만 있고 일반적 관계는 없는 경우이다)는 채무자가 그 사정을 알았거나 알 수 있었을 때에 한하여 배상책임이 있다(393조 2항). 특별손해의 예로는 물건의 매수인이 자기가 산 가격보다 비싼 가격으로 다시 파는 계약을 체결하였는데 목적물에 흠이 있어서 판매할 수 없게 된 경우에 얻지 못한 전매이익을 들 수 있다.

5. 손해배상의 범위에 관한 특수문제 [259]

(1) **손익상계**(損益相計)

손익상계는 채무불이행(또는 불법행위)으로 손해를 입은 자가 같은 원인으로 이익을 얻고 있는 경우에, 그의 손해배상액의 산정에 있어서 그 이익을 공제하는 것이다. 신체침해를 당한 자가 입원비를 손해배상으로 받는 경우에 그가 입원기간 동안 절약하게 된 식비를 손해배상액에서 공제하는 것이 그 예이다(대판 1967. 7. 18, 67다1092 참조). 손익상계는 민법에 명문의 규정은 없지만 통설·판례는 당연한 것으로 인정하고 있다.

(2) 과실상계(過失相計)

과실상계는 손해의 발생 또는 확대에 관하여 피해자에게도 과실이 있는 경우에, 손해배상의 범위를 정함에 있어서 그 과실을 참작하는 제도이다. 택시의 난폭운전으로 사고가 났는데 승객이 과속을 요구했던 때, 교통사고의 승객이 치료를 게을리하여 상처가 악화된 때가 그 예이다. 민법은 이러한 과실상계를 채무불이행에 관하여 규정하고(396조), 이를 불법행위에 준용하고 있다(763조).

(3) 손해배상액의 예정

1) 의 의 　손해배상액의 예정은 채무불이행의 경우에 채무자가 지급하여야 할 손해배상의 액을 당사자가 미리 계약으로 정해 두는 것이다(398조 1항). 예를 들면 건축도급계약에서 건물의 완성시기가 약속한 날짜보다 늦어지면 매일 10만원을 배상하기로 한 경우가 그에 해당한다.

2) 효 과 　손해배상액의 예정이 있는 경우에는, 채권자는 채무불이행의 사실만 증명하면 손해의 발생 및 그 액을 증명하지 않고서 예정배상액을 청구할 수 있다. 그런데 손해배상의 예정액이 부당히 과다한 경우에는, 법원은 적당히 감액할 수 있다(398조 2항). 그러나 예정액이 부당하게 과소하다고 하여 증액을 할 수는 없다.

3) 위약금(違約金) 　위약금은 채무불이행의 경우에 채무자가 채권자에게 지급할 것을 약속한 금전이다. 위약금에는 위약벌(위약시에 벌로서 받는 것)의 성질을 가지는 것과 손해배상액의 예정의 성질을 가지는 것의 두 가지가 있는데, 민법은 뒤의 것으로 추정한다(398조 4항).

6. 손해배상자의 대위(代位)

채권자가 그의 채권의 목적인 물건 또는 권리의 가액 전부를 손해배상으로 받은 때에는, 채무자는 그 물건 또는 권리에 관하여 당연히 채권자를 대위한다(399조). 여기서 「채권자를 대위한다」는 것은 채권의 목적인 물건이나 권리가 법률상 당연히 채권자로부터 배상자에게 이전된다는 의미이다.

예를 들면 수치인이 과실로 임치물을 도난당하여 그가 임치인에게 물건의 가액을 변상하면, 수치인은 그 물건의 소유권을 취득하게 된다. 민법은 배상자 대위를 채무불이행에 관하여 규정하고(399조), 이를 불법행위에도 준용하고 있다(763조).

Ⅳ. 강제이행(현실적 이행의 강제) [260]

1. 서 설

강제이행은 채무자가 채무를 임의로 이행하지 않는 경우에 채권자가 국가 권력에 의하여 강제로 채권의 내용을 실현하는 것을 말한다. 이러한 강제이행은 채무불이행의 효과가 아니고 채권의 속성의 문제이다. 그런데 민법이 이를 채무불이행과 관련하여 규정하고 있고(389조), 그 영향으로 문헌들도 강제이행을 채무불이행의 효과로서 논의하고 있기 때문에, 이 책에서는 논의는 하되 채무불이행의 끝부분인 이 곳에서 간략하게만 적기로 한다.

우리의 현행법은 강제이행에 관하여 민법과 민사집행법에서 규율하고 있다(본래는 민법에 있을 것이 아님). 그에 의하면 강제이행의 방법에는 직접강제 · 대체집행 · 간접강제의 셋이 있으며, 그것을 사용하는 순서는 방금 열거한 순서와 같다.

2. 직접강제

직접강제는 국가기관이 채무자의 의사를 묻지 않고 채권의 내용을 그대로 실현하는 방법이다. 동산인도채무에 있어서 동산의 교부가 그 예이다. 직접강제는 대단히 효과적이고 인격존중의 사상에도 적합하다. 그러나 이는 「주는 채무」에 있어서 그러하며, 「하는 채무」의 경우에는 그렇지 않다.

직접강제는 「주는 채무」에 관하여서만 허용된다(389조 1항. 이 1항의 「강제이행」은 직접강제의 의미임). 그리고 직접강제가 인정되는 채무의 경우에는, 대체집행이나 간접강제는 허용되지 않는다.

3. 대체집행(代替執行)

대체집행은 채무자로부터 비용을 추심하여 그 비용으로 채권자 또는 제 3 자로 하여금 채무자에 갈음하여 채권의 내용을 실현하게 하는 방법이다. 건물의 철거채무에 있어서 철거비용을 추심하여 타인을 시켜서 철거하게 하는 것이 그 예이다.

대체집행은 「하는 채무」(389조 2항 첫부분의 「전항의 채무」는 1항 단서의 채무를 가리킴) 중 제 3 자가 이행하여도 무방한 채무 즉 대체적 작위를 목적으로 하는 채무에 관하여 허용된다(389조 2항 후단, 민사집행법 260조). 그리고 이와 같은 채무에는 간접강제는 인정되지 않는다고 해석한다.

4. 간접강제 [261]

간접강제는 손해배상의 지급을 명하거나 벌금을 과하거나 채무자를 구금하는 등의 수단을 써서 채무자를 심리적으로 압박하여 채권의 내용을 실현시키는 방법이다. 지체기간에 따라 지연손해금을 명하는 것이 그에 해당한다. 이 간접강제는 인격존중의 사상에 반할 가능성이 있다. 그리하여 최후의 수단으로서만 인정된다.

간접강제는 「하는 채무」 가운데 대체집행이 허용되지 않는 것, 즉 부대체적 작위를 목적으로 하는 채무에 한하여 허용된다(389조 2항 후단 참조. 민사집행법 261조). 감정(鑑定)·계산보고·재산목록 작성 등의 채무가 그 예이다. 그러나 채무자의 자유의사 또는 인격존중에 반하는 경우에는 간접강제도 허용되지 않는다. 가령 초상화를 그려줄 채무, 부부의 동거의무가 그렇다.

그리고 우리 법상 간접강제의 구체적인 수단으로는 손해배상만 인정된다(민사집행법 261조 1항 2문).

5. 기 타

(1) 법률행위(의사표시)를 목적으로 하는 채무의 경우에는 채무자의 의사표시에 갈음할 재판을 청구할 수 있다(389조 2항 전단).

(2) 부작위채무의 위반으로 유형적(有形的)인 결과가 생긴 경우에는, 채무자의 비용으로 그 위반한 것을 제거하고 장래에 대한 적당한 처분을 법원에 청구할 수 있다(389조 3항).

(3) 강제이행의 청구는 손해배상의 청구에 영향이 없다(389조 4항). 따라서 채무자에게 유책사유가 있는 경우에는 강제이행을 청구하면서도 채무불이행을 이유로 손해배상(예 : 지연배상)을 청구할 수도 있다.

제 2 관 채권자지체

Ⅰ. 의 의 [262]

채권자지체는 채무의 이행에 급부의 수령 기타 채권자의 협력을 필요로 하는 경우에, 채무자가 채무의 내용에 좇은 이행의 제공을 하였음에도 불구하고 채권자가 그것의 수령 기타의 협력을 하지 않거나 협력을 할 수 없기 때문에 이행이 지연되고 있는 것이다(400조). 채권자지체는 수령지체라고도 한다.

채권은 그 대부분이 채무의 이행에 채권자의 협력을 필요로 한다. 채권자가 공급하는 재료에 가공하기로 하는 채무, 물건의 인도채무 등이 그 예이다. 이러한 채무의 경우에 채권자의 협력이 없어서 채무의 이행이 완료되지 않은 때에 그 불이익을 모두 채무자에게 지우는 것은 옳지 않다. 여기서 민법은 채권자지체라는 제도를 두어 일정한 요건 하에 채권자가 불이익을 받게 하고 있다(401조-403조).

예를 들어본다. B에게 100만원의 금전채무를 부담하고 있는 A가 그 채무의 이행기에 원금 100만원과 그 이자를 준비하여 B에게 가서 금전을 지급하려고 하였다. 그런데 B는 정당한 이유 없이 금전 수령을 거절하였다. 이 경우에는 B의 채권자지체가 성립한다. 이러한 경우에 비록 B가 수령을 거절하여 A가 채무를 변제하지 못했다고 해도 A의 변제가 인정되지는 못한다. 그렇지만 채권자 B는 민법상 일정한 불이익을 입게 된다.

Ⅱ. 법적 성질

채권자지체의 법적 성질에 관하여는 논란이 있다(강의, C-169 참조). 이는 채권자에게 수령의무 내지 협력의무가 있는지, 그것의 성질은 무엇인지를 둘러싸고 생기는 견해의 대립이다.

사견은 다음과 같다. 우리 민법상 채권자에게는 당사자의 특약이나 법률의 특별규정이 없는 한 법적 의무로서의 협력의무는 없다고 할 것이다. 다만, 그에게는 협력이 없으면 불이익을 입게 되는 간접의무만이 있을 뿐이다. 그 결과 채권자지체책임은 채무불이행책임이 아니고 민법이 정한 책임이라고 하는 수밖에 없다. 이에 의하면, 채권자지체의 요건으로 채권자의 유책사유와 위법성이 필요하지도 않고, 그 효과로서 손해배상청구권·계약해제권도 인정되지 않는다. 판례도 최근에 사견과 같은 입장을 취했다(대판 2021. 10. 28, 2019다293036).

Ⅲ. 요 건 [263]

(1) 채무의 성질상 이행에 채권자의 협력을 필요로 할 것

부작위채무와 같이 채무의 이행에 채권자의 협력이 요구되지 않는 경우에는, 채권자지체가 문제되지 않는다.

(2) 채무의 내용에 좇은 이행의 제공이 있을 것

채무자의 이행의 제공이 없거나 이행의 제공이 채무의 내용에 좇은 것이 아닌 때에는, 채권자지체는 성립하지 않는다.

(3) 채권자의 수령불능 또는 수령거절

채권자지체로 되려면 채권자가 이행을 받을 수 없거나(수령불능) 또는 수령을 받지 않아야 한다(수령거절)(400조).

Ⅳ. 효 과

(1) 채무자의 주의의무 경감

채무자는 채권자지체 중에는 고의 또는 중대한 과실이 있는 때에만 책임을 지고, 경과실이 있는 때에는 면책된다(401조).

(2) 채무자의 이자의 지급정지

채무자는 채권자지체 중에는 채권이 이자가 있는 것일지라도 이자를 지급할 의무가 없다(402조). 그리하여 앞에 든 예에서 A는 채권자지체가 성립한 뒤에는 이자를 지급할 필요가 없게 된다.

(3) 증가비용의 채권자부담

채권자지체로 인하여 그 목적물의 보관 또는 변제의 비용이 증가된 때에는, 그 증가액은 채권자가 부담한다(403조).

(4) 기 타

그러나 손해배상청구권이나 계약해제권은 인정되지 않는다. 판례도 같다(대판 2021. 10. 28, 2019다293036).

제 5 절 책임재산의 보전(保全)

Ⅰ. 서 설 [264]

채권 가운데에는 처음부터 금전급부를 목적으로 하는 것(금전채권)도 많다. 그러나 그러한 채권이 아니라고 하더라도 채무자의 채무불이행이 있으면 ― 이행이 불가능한 경우에는 물론이고 이행이 가능한 경우에도 채권자가 본래의 채무의 이행을 원하지 않을 때(395조 참조)에는 ― 채권은 그 전부가 손해배상청구권으로 변하게 되고, 결국 채권자는 금전으로 손해배상을 받게 된다(394조). 그런데 금전채권의 실현을 위한 금전은 채무자의 일반재산에 의하여 확보된다. 그러므로 채무자의 일반재산은 채권에 대한 최후의 보장이라고 할 수 있다(강제집행 가능). 이와 같이 채무자의 일반재산이 최후에 책임을 진다는 의미에서 그 재산을 책임재산이라고 한다.

채무자의 책임재산은 특정한 채권만을 담보하는 것은 아니고, 모든 채권자를 위한 공동담보로 된다. 그렇지만 채무자의 책임재산이 감소하게 되면, 채권을 변제받을 가능성은 그만큼 줄어들게 된다. 따라서 변제받을 가능성을 크게 하려면, 채무자의 재산이 감소되지 않게 하여야 할 것이다. 그렇다고 하여 채무자의 재산감소행위를 모두 금지할 수는 없다. 왜냐하면 채권은 채무자의 재산을 직접 지배하는 권리가 아니기 때문이다. 여기서 민법은, 채무자가 그의 권리의 실행을 게을리함으로써 그의 재산을 감소하게 하거나 또는 제 3 자와 공모하여 고의로 재산의 감소를 꾀하는 경우에만, 채권자로 하여금 간섭할 수 있게 한다. 앞의 것이 채권자대위권 제도이고, 뒤의 것이 채권자취소권 제도이다. 이들은 모두 채무자의 책임재산을 보전하기 위한 것이다.

Ⅱ. 채권자대위권(債權者代位權) [265]

1. 의 의

채권자대위권이란 채권자가 자기의 채권을 보전하기 위하여 그의 채무자에게 속하는 권리를 행사할 수 있는 권리이다(404조 1항 본문). A가 B에 대하여 200만원의 금전채권을 가지고 있고 B가 C에 대하여 100만원의 금전채권을 가지고 있는 경우에, A가 자신의 채무자인 B가 제 3 자(제 3 채무자) C에 대하여 가지고 있는 100만원의 금전채권을 행사하는 것이 그 예이다.

2. 요 건

(1) 채권자가 자기의 채권을 보전할 필요가 있을 것

여기서 채권을 보전할 필요가 있다는 것은, 채권자대위권 제도의 목적에 비추어 볼 때, 채권의 완전한 만족을 얻지 못하게 될 위험이 있는 것을 말한다. 다시 말하여 채무자가 무자력(無資力)으로 될 염려가 있는 경우이다.

종래 판례는 채권자의 채권(피보전채권)이 금전채권이거나 금전채권이 아니라도 손해배상채권으로 귀착할 수밖에 없는 것인 때에는, 채무자가 무자력인 경우에 보전의 필요성이 있다고 한다. 그런데 판례는 다른 한편으로 피보전채권이 금전채권임에도 불구하고 그 채권과 채무자의 채권이 밀접하게 관련되어 있는 일정한 경우에는 채무자의 무자력을 요구하지 않고 있다. 타인의 건물에서 유실물을 실제로 습득한 자가 법률상의 습득자(건물 등의 점유자. 유실물법 10조 2항)를 대위하여 보상금의 반액을 청구하는 때(유실물법 10조 3항 참조)가 그 예이다.

그리고 판례는, 보전하려는 채권이 특정의 채권인 경우에 그 채권의 만족을 위하여 채무자의 권리를 행사할 필요가 있는 때에도, 채무자에게 자력이 있는지에 관계없이 대위권을 행사할 수 있다고 한다. 그 대표적인 예는 다음의 두 가지이다. ① A가 그의 X토지를 B에게 팔고, B가 다시 그 토지를 C에게 팔았는데, X토지는 여전히 A의 명의로 등기되어 있다고 하자. 이 경우에 B는 A에게, C는 B에게 각각 소유권이전등기 청구권을 가진다. 그리고 C는 그의 B에 대한 등기청구권을 보전하기 위하여 B의 A에 대한 등기청구권을 대위행사할 수 있다. ② 건물소유자 갑이 그의 건물을 을에게 임대하는 계약을 체결하였는데, 그 건물을 병이 무단으로 점유하고 있다고 하자. 이 경우에 을은 임차권자로서 그의 채무자인 갑이 병에 대하여 가지는 건물의 반환청구권을 대위행사할 수 있다.

['채권 보전의 필요성'에 관한 최근 판례]

「보전의 필요성은 채권자가 보전하려는 권리의 내용, 채권자가 보전하려는 권리가 금전채권인 경우 채무자의 자력 유무, 채권자가 보전하려는 권리와 대위하여 행사하려는 권리의 관련성 등을 종합적으로 고려하여 채권자가 채무자의 권리를 대위하여 행사하지 않으면 자기 채권의 완전한 만족을 얻을 수 없게 될 위험이 있어 채무자의 권리를 대위하여 행사하는 것이 자기 채권의 현실적 이행을 유효·적절하게 확보하기 위하여 필요한지 여부를 기준으로 판단하여야 하고, 채권자대위권의 행사가 채무자의 자유로운 재산관리행위에 대한 부당한 간섭이 되는 등 특별한 사정이 있는 경우에는 보전의 필요성을 인정할 수 없다」(대판(전원) 2020. 5. 21, 2018다879).

(2) 채무자가 제 3 자에 대하여 대위행사에 적합한 권리를 가지고 있을 것

채권자대위권은 채권자가 채무자의 권리를 행사하는 것이므로, 당연히 채무자가 제 3 자(제 3 채무자)에 대하여 권리를 가지고 있어야 한다. 그리고 그 권리는 대위행사에 적합한 것이어야 한다. 그리하여 채무자의 일신에 전속한 권리(행사상의 일신전속권. 예: 친권·이혼청구권)나 압류가 금지되는 권리(민사집행법 246조 등)가 아니어야 한다. 대위행사에 적합한 것이면 채권적 청구권에 한하지 않으며, 물권적 청구권·형성권·채권자대위권·채권자취소권이라도

무방하다.

(3) 채무자가 스스로 그의 권리를 행사하지 않을 것

이는 민법이 명문으로 규정하고 있지 않으나 당연한 것이다. 채무자가 스스로 그의 권리를 행사하고 있는데도 대위를 허용하는 것은 채무자에 대한 부당한 간섭이 되기 때문이다.

(4) 채권자의 채권이 이행기에 있을 것

채권자의 채권이 이행기에 있어야 한다(404조 2항 본문). 다만, 법원의 허가가 있는 경우와 보존행위(예 : 시효중단 · 보존등기)에 대하여는 이행기가 되기 전이라도 대위행사할 수 있다(404조 2항).

3. 채권자대위권 행사의 효과

채권자대위권을 행사하면 그 효과는 직접 채무자에게 귀속한다. 예를 들어 채권자 A가 그의 채무자 B가 C에 대하여 가지고 있는 100만원의 금전채권을 대위행사하여 C가 A에게 100만원을 지급하였다고 하자. 이 경우에 그 100만원이 당연히 A에게 귀속되는 것이 아니며, A가 B 대신 수령한 것에 지나지 않는다. A가 그의 채권의 변제를 받으려면 B로부터 임의변제를 받거나 강제집행절차(이때는 다른 채권자의 배당신청이 있을 수 있음)를 밟아야 한다. 다만, A가 B에 대한 채권과 상계(492조 참조)할 수 있으면 상계를 하는 방법으로 사실상 우선변제를 받을 수는 있다.

Ⅲ. 채권자취소권(債權者取消權) [266]

1. 의 의

채권자취소권은 채권자를 해치는 것을 알면서 행한 채무자의 법률행위(사해행위)를 취소하고 채무자의 재산을 회복하는 것을 목적으로 하는 채권자의 권리이다(406조 1항). 가령 A에 대하여 1,000만원의 금전채무를 부담하고 있는 B가 그의 유일한 재산인 토지를 그의 친척 C에게 증여한 경우에, A는

B · C 사이의 증여계약을 취소하고 그 토지를 회복할 수 있는데, 이것이 채권자취소권이다.

채권자취소권은 채권자대위권과 마찬가지로 채무자의 책임재산 보전을 목적으로 한다. 그러나 채권자대위권은 채무자가 본래 행사하여야 할 권리를 행사하지 않는 때에 채권자가 대신 행사하는 것이다. 그리하여 그것은 채무자나 제 3 자에게 미치는 영향이 적다. 그에 비하여 채권자취소권은 채무자가 제 3 자와 행한 완전히 유효한 법률행위를 취소하고 재산을 회복시키는 것이어서, 채무자나 제 3 자에 대하여 크게 영향을 미치게 된다. 그 때문에 민법은 채권자취소권에 대하여는 규제를 많이 가하고 있다(예 : 재판상 행사, 단기의 제척기간).

2. 요 건 [267]

채권자취소권이 성립하려면, 당연한 요건으로서 채권자의 채권의 존재가 필요하고, 그 외에 채무자가 채권자를 해치는 법률행위 즉 사해행위를 하였어야 하며, 채무자와 수익자(또는 전득자)가 사해의 사실을 알고 있었어야 한다(악의)(406조 1항).

(1) 채권자의 채권(피보전채권)의 존재

금전채권은 가장 전형적인 피보전채권이다. 그러나 금전채권이 아닌 채권 특히 특정채권은 피보전채권이 되지 못한다. 예를 들어본다. A는 그의 X 토지를 B에게 파는 계약을 체결하였다. 그 후 A는 B에게 등기를 해주지 않고 그 토지를 다시 C에게 팔고 소유권이전등기까지 해주었다. 이 경우에 B는 그의 A에 대한 등기청구권(특정채권)을 보전하기 위하여 A · C 사이의 매매계약을 취소하고 C 명의의 등기의 말소를 청구할 수 없다.

민법은 최근의 개정을 통하여(2007. 12. 21) 협의상 이혼한 자의 재산분할청구권을 보전하기 위하여 채권자취소권을 행사할 수 있도록 하였다. 그에 의하면, 부부의 일방이 다른 일방의 재산분할청구권 행사를 해함을 알면서도 재산권을 목적으로 하는 법률행위를 한 때에는, 다른 일방은 제406조 제 1항을 준용하여 그 취소 및 원상회복을 가정법원에 청구할 수 있다(839조의 3 1항).

(2) 사해행위(詐害行爲)

채권자취소권이 성립하려면, 사해행위가 있어야 한다. 그런데 그 사해행위는 직접 재산권을 목적으로 하는 법률행위이어야 하며(406조 1항 본문), 혼인·입양과 같이 직접 재산권을 목적으로 하지 않는 행위는 취소할 수 없다. 부동산을 증여하거나 헐값에 파는 행위, 채권의 포기가 사해행위의 전형적인 예이다.

(3) 채무자 등의 악의(惡意)

1) 채무자의 악의 채권자취소권이 인정되려면, 채무자가 사해행위에 의하여 채권자를 해함을 알고 있었어야 한다(406조 1항 본문). 그것을 「사해의 의사」라고 한다.

2) 수익자 또는 전득자의 악의 사해행위 취소가 가능하려면, 사해행위로 인하여 이익을 받은 자(수익자)나 전득(轉得)한 자(전득자)가 그 행위 또는 전득 당시에 채권자를 해함을 알고 있었어야 한다(406조 1항 단서). 즉 수익자만이 있을 때에는 그가 악의이어야 하고, 전득자도 있는 때에는 그들 중 적어도 하나가 악의이어야 한다.

3. 채권자취소권의 행사

채권자취소권은 반드시 법원에 소를 제기하는 방법으로 행사하여야 한다(406조 1항 본문). 이렇게 하는 이유는 채권자취소권이 제 3 자의 이해관계에 영향을 크게 미치기 때문이다.

채권자취소권 행사의 상대방 즉 취소소송의 피고는 이익반환청구의 상대방인 수익자 또는 전득자이며, 채무자만이 피고로 되거나 채무자를 피고에 추가할 수 없다.

4. 채권자취소권 행사의 효과

채권자취소권을 행사하여 수익자 또는 전득자로부터 받은 재산이나 이익은 채무자의 일반재산으로 회복되고, 모든 채권자를 위하여 공동담보가 된다(407조). 따라서 취소채권자가 자기에게 인도하도록 한 경우에도, 그것으로부터 우선변제를 받는 것은 아니다. 그가 변제를 받으려면, 다시 집행권원에 기하여 강제집행을 하여야 한다. 다만, 상계를 할 수 있는 때에는, 상계를 함으로써 사실상 우선변제를 받을 수 있다.

5. 채권자취소권의 소멸

채권자취소권은 채권자가 취소원인을 안 날부터 1년, 법률행위가 있은 날부터 5년 내에 행사하여야 한다(406조 2항). 여기의 1년, 5년의 기간은 소멸시효기간이 아니고 제척기간이다.

제6절 다수당사자(多數當事者)의 채권관계

Ⅰ. 서 설 [268]

1. 의 의

「다수당사자의 채권관계」란 하나의 급부에 관하여 채권자 또는 채무자가 여럿 있는 경우를 가리킨다. 민법은 이러한 다수당사자의 채권관계를 「수인(數人)의 채권자 및 채무자」라는 제목 아래 규율하고 있다(408조 이하).

「다수당사자의 채권관계」나 「수인의 채권자 및 채무자」라는 용어는 어느 것이나 문자상으로는 「하나의 채권 또는 채무」에 관하여 그 귀속주체가 복수인 경우, 즉 뒤에 설명하는 채권・채무의 준공유・준합유・준총유를 의미한다. 그러나 민법이 규율하고 있는 것은 분할채권관계(분할채권・분할채무)・불가분채권관계(불가분채권・불가분채무)・연대채무・보증채무의 네 가지이고(분할채권・분할채무 등으로 세분하면 6가지), 이들은 모두 당사자 수만큼의 복수의 채권・채무가 존재하는 경우이다.

2. 다수당사자의 채권관계의 기능

민법은 다수당사자의 채권관계를 채권관계의 주체에 있어서의 특수한 모습 또는 그러한 것의 효력으로서 규율하는 면이 강하다. 그런데 오늘날 이 제도는 채권담보의 기능을 수행하는 인적 담보제도라는 점에서 그 의의를 찾고 있다(무엇보다도 특약에 의한 불가분채무, 연대채무, 보증채무에서 그렇다). 따라서 이 제도를 검토함에 있어서는 채권담보의 기능이라는 측면에 유의하여야 할 필요가 있다.

3. 다수당사자의 채권관계에서 살펴보아야 할 중요문제 [269]

다수당사자의 채권관계에서 주로 살펴보아야 하는 것은 그 효력인데, 효력에는 대외적 효력과 대내적 효력이 있다.

대외적 효력은 두 가지로 나누어진다. 하나는 각 채권자·채무자와 상대방 사이에 이행청구나 이행이 어떤 효력이 있는지, 즉 복수 주체와 상대방 사이에 이행청구나 이행을 어떻게 하느냐이고, 다른 하나는 채권자 또는 채무자 1인에 대하여 생긴 사유(예: 1인에 대한 청구·채권 포기·채무면제)가 다른 채권자 또는 채무자(이는 앞의 1인과 같은 쪽의 당사자만을 가리킴)에게 영향을 미치는지 여부이다. 이들 가운데 뒤의 것에서 1인에게 생긴 사유가 다른 당사자에게 영향을 미치면 절대적 효력이 있다고 표현하고, 다른 당사자에게 영향을 미치지 않으면 상대적 효력이 있다고 표현한다. 이 문제는 채권의 담보력과 관련되어 있다.

대내적 효력은 복수의 채권자들 또는 채무자들 사이의 내부관계로서, 채권자로서 수령한 것을 나누어 주거나(분급관계) 또는 채무자로서 재산출연을 한 것을 다른 채무자로부터 상환받는 문제이다(구상관계).

4. 채권·채무의 공동적 귀속

앞에서 적은 바와 같이, 민법이 규정하는 다수당사자의 채권관계(408조 이하)에서는 당사자 수만큼의 복수의 채권·채무가 존재한다. 그런데 이론상 하나의 채권·채무가 다수인에게 귀속할 수도 있다. 뿐만 아니라 그것은 법적으로도 가능하다. 민법은 물건에 관하여 공동소유를 규정한 뒤(262조 이하), 그 규정들을 다른 재산관계에 준용하고 있기 때문이다(278조).

민법이 규정하는 물건의 공동소유의 유형에는 공유·합유·총유의 세 가지가 있다([187] 이하 참조). 그리하여 채권·채무의 공동귀속에도 공유적 귀속(준공유), 합유적 귀속(준합유), 총유적 귀속(준총유)의 세 가지 모습이 있게 된다. ① 채권 · 채무의 준공유가 가능함은 물론이다. 그런데 민법에 규정되어 있는 다수당사자의 채권관계는 이 「채권 · 채무의 준공유」에 대한 특칙으로 이해된다. 따라서 이 특칙이 적용되지 않고 채권 · 채무의 준공유가 성립하려면, 준공유의 특약이 있어야 한다. ② 그리고 계약이나 법률규정에 의하여 여럿이 조합체로서 채권을 가지거나 채무를 부담하는 것이 채권 · 채무의 준합유이다. 그 내용은 합유에 준한다([189] 참조). ③ 한편 법인 아닌 사단의 사원이 집합체로서 채권을 가지거나 채무를 부담하는 것이 채권 · 채무의 준총유이다. 그 내용은 총유에 준한다([190] 참조).

Ⅱ. 분할채권관계 [270]

1. 의 의

분할채권관계는 하나의 급부에 관하여 채권자 또는 채무자가 여럿 있는 경우에, 그 채권이나 채무가 각 채권자 또는 채무자에게 분할되는 다수당사자의 채권관계이다. 민법은 이 분할채권관계를 다수당사자의 채권관계의 원칙으로 삼고 있다(408조).

분할채권관계에는 채권자가 여럿인 분할채권과 채무자가 여럿인 분할채무가 있다. A · B · C가 공유하는 건물을 D에게 300만원에 매도한 경우의 A · B · C의 매매대금채권은 분할채권의 예이고, E가 그의 건물을 F · G · H에게 매도한 경우에 F · G · H의 매매대금채무는 분할채무의 예이다.

2. 효 력

분할채권관계의 경우에 각 채권자 또는 각 채무자는 특별한 의사표시가 없으면 균등한 비율로 분할된 채권을 가지고 채무를 부담한다(408조). 그리고 각 채권자는 자기가 가지는 채권액 이상의 것을 이행하도록 청구할 수 없고, 각 채무자도 자기가 부담하는 채무액 이상의 것을 변제할 수 없다.

Ⅲ. 불가분채권관계(不可分債權關係) [271]

1. 의 의

불가분채권관계는 불가분의 급부를 목적으로 하는 다수당사자의 채권관계이다. 불가분채권관계에는 채권자가 여럿 있는 불가분채권과 채무자가 여럿 있는 불가분채무가 있다.

불가분채권관계는 급부가 불가분인 경우에 성립하는데, 급부가 불가분인 경우는 급부의 성질상 불가분인 때도 있고, 성질상으로는 가분(可分)이지만 당사자의 의사표시에 의하여 불가분으로 된 때도 있다(409조 참조). 예를 들면 A · B가 C로부터 건물을 공동으로 매수한 경우의 A · B의 인도청구권은 성질에 의한 불가분채권이고, D · E가 그들이 공유하고 있는 건물을 F에게 매도한 경우의 D · E의 건물인도의무는 성질에 의한 불가분채무이며, 갑으로부터 을 · 병 · 정 세 사람이 건물을 매수하면서 그 대금지급에 관하여 불가분으로 약정한 경우의 을 · 병 · 정의 대금지급의무는 의사표시에 의한 불가분채무이다.

2. 불가분채권

(1) 대외적 효력

각 채권자는 단독으로 모든 채권자를 위하여 자기에게 급부 전부를 이행하라고 청구할 수 있다(409조 전단). 그리고 채무자는 모든 채권자를 위하여 각 채권자에게 급부 전부를 이행할 수 있다(409조 후단).

채권자 1인의 청구는 다른 채권자에게도 효력이 있으므로, 청구가 있으면 다른 채권자를 위하여서도 이행지체 · 시효중단의 효력이 생기고, 채권자 1인에 대한 이행이 다른 채권자에게도 효력이 있으므로, 이행에 의한 채권의 소멸이나 수령지체의 효과도 모든 채권자에 대하여 생긴다. 그러나 채권자 1인과 채무자 사이에 생긴 그 밖의 사유는 다른 채권자에게는 효력이 없다(410조 1항). 즉 상대적 효력만 가진다. 따라서 불가분채권자 중의 1인과 채무자 사이에서 경개([301] 참조)나 면제([302] 참조)가 행하여진 경우에도, 다른 채권자는 채무의 전부의 이행을 청구할 수 있다. 다만, 이행을 받은 채권자는 그 1인의 채권자가 권리를 잃지 않았으면 그에게 나누어 주었을 이익을 채무자에게 상환하여야 한다(410조 2항). 예를 들어본다. A · B · C가 D에 대하여 300만원의 불가분채권을 가지고 있고, 분급받을 비율은 동일하다고 하자. 이 경우에 A가 D에게 채무를 면제하면 그 면제의 효과는 A · D 사이에서만 생기고, B · C에게는 영향이 없다(상대적 효력). 따라서 B나 C는 D에게 300만원 전부를 청구할 수 있다. 그리하여 만약 B가 D에게 청구하여 300만원을 받았다면, B는 A가 권리를 잃지 않았을 경우에 받았을 100만원을 채무자인 D에게 되돌려주어야 한다.

(2) 대내적 효력

민법은 채권자들 사이의 내부관계에 대하여는 규정을 두고 있지 않다. 그러나 변제받은 채권자는 다른 채권자에게 정하여진 비율에 따라 급부받은 것을 나누어 주어야(분급하여야) 한다. 그리고 그 비율은 균등한 것으로 추정하여야 한다.

3. 불가분채무 [272]

(1) 대외적 효력

민법은 불가분채무에 관하여는 불가분채권에 관한 제410조와 연대채무에 관한 여러 규정을 준용하고 있다(411조).

1) 채권자는 채무자 1인에 대하여 또는 채무자 전원에 대하여 동시에 또는 순차(順次. 차례)로 채무의 전부나 일부의 이행을 청구할 수 있다(411조 · 414조). 그리고 채무자 1인이 그의 채무를 이행하면 모든 채무자의 채무는 소멸한다.

2) 채무자 1인의 변제, 변제의 제공 및 그 효과인 수령지체는 다른 채무자에 대하여도 효력이 있다(절대적 효력. 411조 · 422조 참조). 그러나 채권자의 이행청구(그리고 그에 의한 이행지체 · 시효중단)를 비롯한 그 외의 사유는 모두 상대적 효력만 가진다.

경개나 면제도 마찬가지이다. 그리하여 채권자가 채무자 1인과 경개나 면제를 한 경우에도 다른 채무자는 채무의 전부를 이행하여야 한다. 다만, 채권자는 면제를 받거나 경개를 한 채무자가 부담하였을 부분을 전부를 변제한 채무자에게 상환하여야 한다(411조·410조 2항).

(2) 대내적 효력

불가분채무자들 상호간의 관계에 대하여는 연대채무에 관한 규정이 준용된다(411조). 그리하여 변제를 한 채무자는 다른 채무자에 대하여 그들의 부담부분에 관하여 구상(상환청구)할 수 있다(425조-427조 참조).

Ⅳ. 연대채무(連帶債務) [273]

1. 의 의

연대채무란 수인의 채무자가 동일한 내용의 급부에 관하여 각각 독립해서 전부의 급부를 하여야 할 채무를 부담하고, 그 가운데 1인의 채무자가 전부의 급부를 하면 모든 채무자의 채무가 소멸하는 다수당사자의 채무이다(413조). 예를 들어 A·B·C가 D에 대하여 90만원의 연대채무를 부담하고 있다고 하자. 이 경우에 A·B·C는 각각 90만원의 전부의 급부의무를 부담한다. 그리고 이들 중 어느 하나, 가령 A가 D에게 90만원을 지급하면, A·B·C 모두의 채무가 소멸하게 된다.

연대채무의 경우에는 경제적·실질적으로는 하나의 채무인데도 모든 채무자가 전부급부의무를 부담함으로써 책임재산의 범위가 모두의 일반재산에까지 확장되고, 그 결과 일종의 인적 담보의 기능을 하게 된다. 인적 담보의 전형적인 것은 보증채무이나, 담보작용은 오히려 채무자들 사이에 주종관계가 없는 연대채무가 보증채무보다 더 강하다.

2. 성 립

연대채무는 법률행위 또는 법률규정(35조 2항, 상법 24조 등)에 의하여 성립한다. 연대채무를 성립시키는 법률행위는 보통은 계약이지만, 유언과 같은 단독행위일 수도 있다.

3. 대외적 효력 [274]

(1) 채권자의 이행청구와 채무자의 이행

채권자는 연대채무자 가운데 어느 1인에 대하여 채무의 전부 또는 일부의 이행을 청구할 수 있고, 또한 모든 채무자에 대하여 동시에 또는 순차(차례)로 전부나 일부의 이행을 청구할 수 있다(414조). A・B・C가 D에 대하여 90만원의 연대채무를 부담하고 있는 경우에, D는 A에 대하여만 90만원을 청구할 수도 있고, A에 대하여 60만원을 청구할 수도 있으며, A・B・C 모두에 대하여 동시에 90만원씩을 청구할 수도 있고, 먼저 A에게 90만원을 청구하고 그 뒤에 B・C에게 차례로 90만원씩을 청구할 수도 있다. 그런가 하면 A・B・C 모두에 대하여 동시에 30만원씩을 청구할 수도 있고, 그들에게 차례로 30만원씩을 청구할 수도 있다.

연대채무의 경우에는 채무자 한 사람(또는 여러 사람)이 채무의 전부를 이행하면 모든 채무자의 채무가 소멸한다.

(2) 연대채무자 1인에 관하여 생긴 사유의 효력

1) 서 설 어느 연대채무자에게 생긴 사유가 다른 연대채무자에게도 효력이 인정되는 경우에 이를 절대적 효력이 있는 사유라고 한다. 민법은 제416조 내지 제422조에서 7가지의 사유에 대하여 절대적 효력을 인정하고 있다. 그러나 연대채무는 채권자에게 1개의 만족을 주는 점에서 객관적으로 목적을 공통으로 하고 있으므로, 이 공통의 목적에 도달하는 사유(예 : 변제)는 당연히 절대적 효력을 가진다.

[참 고]

절대적 효력을 넓게 인정하면 할수록 복수의 채무들이 점점 더 하나의 채무처럼 다루어지게 되고, 그 결과 대체로 채권의 담보력은 그만큼 약해진다. 채무면제의 경우가 대표적인 예이다(그러나 이행청구의 경우에는 오히려 채권자에게 유리해

짐). 이러한 점에서 볼 때, 절대적 효력 사유가 많은 연대채무는 그러한 사유가 적은 불가분채무나 부진정연대채무보다 담보력에 있어서 약하게 됨을 알 수 있다.

2) 절대적 효력이 있는 사유 ① 변제([291] 참조) · 대물변제([298] 참조) · 공탁([299] 참조)은 모두 채권자에게 만족을 주는 것이어서 명문규정이 없어도 당연히 절대적 효력이 있다.

② 어느 연대채무자에 대한 이행청구는 다른 연대채무자에게도 효력이 있다(416조). 그 청구에 의한 이행지체 · 시효중단도 마찬가지이다. 앞의 예에서 D가 A에게 90만원의 지급을 청구하면, B · C에 대하여도 청구한 것이 되고, 그 결과로 B · C도 이행지체로 되며, 또한 B · C에 대한 채권도 소멸시효가 중단된다.

③ 어느 연대채무자에 대한 채권자지체는 다른 연대채무자에게도 효력이 있다(422조).

④ 어느 연대채무자가 채권자에 대하여 채권을 가지는 경우에, 그 채무자가 상계([300] 참조)를 한 때에는, 채권은 모든 연대채무자의 이익을 위하여 소멸한다(418조 1항). 이 경우에 채권이 있는 연대채무자가 상계하지 않는 때에는, 그 채무자의 부담부분(연대채무자가 내부관계에서 출재를 분담하는 비율)에 한하여 다른 연대채무자가 상계할 수 있다(418조 2항).

⑤ 어느 연대채무자와 채권자 사이에 채무의 경개([301] 참조)가 있는 때에는, 채권은 모든 연대채무자의 이익을 위하여 소멸한다(417조).

⑥ 어느 연대채무자에 대한 채무면제([302] 참조)는 그 채무자의 부담부분에 한하여 다른 연대채무자의 이익을 위하여 효력이 있다(419조). 그리하여 가령 을 · 병 · 정이 갑에 대하여 120만원의 연대채무를 부담하고 그들의 부담부분이 동일한 경우에, 갑이 을에 대하여 채무를 면제하면, 을은 채무를 면하게 되고, 병 · 정은 각각 을의 부담부분인 40만원의 범위에서 채무를 면하고 80만원의 채무만을 부담하게 된다.

⑦ 어느 연대채무자와 채권자 사이에 혼동([303] 참조)이 있는 때에는, 그 채무자의 부담부분에 한하여 다른 연대채무자도 의무를 면한다(420조).

⑧ 어느 연대채무자에 관하여 소멸시효가 완성한 때에는, 그의 부담부분에 한하여 다른 연대채무자도 의무를 면한다(421조).

3) **상대적 효력이 있는 사유** 위 2)에서 열거한 사유를 제외하고는, 어느 연대채무자에 관한 사항은 다른 연대채무자에게는 효력이 없다(423조). 즉 상대적 효력만 가질 뿐이다. 이행청구 이외의 사유에 의한 시효중단(168조 2호 · 3호 참조)과 확정판결이 그 예이다.

4. 대내적 효력(구상관계) [275]

(1) 연대채무자 사이의 부담부분

연대채무에 있어서 각 연대채무자의 채무는 채권자에 대한 관계에서는 독립한 전부급부의무이지만, 내부적으로는 각 연대채무자들이 일정한 비율로 출재(재산출연)를 한다는 관계에 있다. 이와 같이 연대채무자가 내부관계에서 출재를 분담하는 비율을 연대채무자의 부담부분이라고 한다.

부담부분의 비율은 당사자의 특약으로 정하는 것이 보통이다. 그런데 그러한 특약이 없는 경우에는, 부담부분은 균등한 것으로 추정된다(424조).

(2) 구상권의 성립요건

어느 연대채무자가 변제나 그 밖의 출재를 하여(자기의 출재) 모든 채무자의 채무가 소멸하거나 감소된 때에는(공동면책), 다른 연대채무자의 부담부분에 대하여 구상권(상환청구권)을 행사할 수 있다(425조 1항). 예를 들어 B · C · D가 A에게 90만원의 연대채무를 부담하고 있고 부담부분이 동일한 경우에, B가 A에게 90만원을 지급하여 B · C · D의 채무가 모두 소멸하였다면, B는 C · D에 대하여 각각 그들의 부담부분에 해당하는 30만원씩을 청구할 수 있는 것이다.

(3) 구상권의 제한

민법은 제426조에서, 변제 등의 면책행위를 한 연대채무자가 면책행위에 앞서서 그러한 사실을 통지(사전의 통지)하지 않거나 면책행위 후에 그 사실을 통지(사후의 통지)하지 않은 일정한 경우에는 구상권을 제한하는 불이익을 규정하고 있다.

1) **사전(事前)의 통지를 게을리한 경우** 어느 연대채무자가 다른 연대채무자에게 통지하지 않고서 변제나 그 밖에 자기의 출재로 공동면책이 된 경우에, 다른 연대채무자가 채권자에게 대항할 수 있는 사유가 있었을 때에는, 그의 부담부분에 한하여 이 사유로 면책행위를 한 연대채무자에게 대항할 수 있다(426조 1항 전단). 그리고 그 대항사유가 상계인 때에는, 상계로 소멸할 채권은 그 연대채무자에게 이전된다(426조 1항 후단). 예를 들어 B · C · D가 A에게 90만원의 연대채무를 부담하고 있고 B · C · D의 부담부분이 균등한 경우에, C가 A에 대하여 60만원의 채권을 가지고 있었다고 하자. 이때 B가 C에게 변제하겠다는 통지를 미리 하지 않고서 A에게 90만원을 지급한 뒤 B가 C · D에게 각각 30만원씩을 구상하였다면, C는 그의 부담부분인 30만원에 관하여 B에게 상계 사유로써 대항할 수 있다. 그 결과 B는 C에게 구상권을 행사하지 못한다. 그리고 이 경우에 C가 A에 대하여 가지고 있던 채권 중 30만원의 채권은 B에게 이전되어 B는 A에게 30만원을 청구할 수 있다.

2) **사후(事後)의 통지를 게을리한 경우** 어느 연대채무자가 변제나 그 밖에 자기의 출재로 공동면책이 된 뒤에 그 사실을 다른 연대채무자에게 통지하지 않은 경우에, 다른 연대채무자가 선의로 채권자에게 변제나 그 밖에 유상(有償)의 면책행위를 한 때에는, 그 연대채무자는 자기의 면책행위의 유효를 주장할 수 있다(426조 2항). 예를 들어본다. B · C · D가 A에게 90만원의 연대채무를 부담하고 있고 B · C · D의 부담부분이 동일한 경우에, B가 A에게 90만원을 지급하고서 그 사실을 C에게 통지하지 않았다. 그 뒤 C는 B가 변제한 사실을 모르고(선의) A에게 90만원을 지급하였다. 이러한 때에 B가 C · D에게 각각 30만원씩을 구상하면, C는 B에게 자기의 변제가 유효하다고 주장할 수 있다. 그리하여 오히려 C가 B에게 30만원을 구상할 수 있다. 그런데 B는 D에 대하여는 여전히 구상권을 가지며(통설인 상대적 효과설에 의함), C는 B가 D에 대하여 가지는 30만원의 구상권을 부당이득으로 반환청구할 수 있다. 그리고 C가 B에 대하여 이들 권리를 행사하면, C가 채권자

A에 대하여 가지는 90만원의 부당이득 반환청구권은 모두 B에게 넘어간다.

3) **하나의 채무자가 사후의 통지를 게을리하고 다른 채무자가 사전의 통지를 게을리한 경우** 우리의 통설은 제426조는 사전의 통지나 사후의 통지 중 어느 한 쪽만을 게을리한 경우에만 적용되는 것이라고 전제한 뒤, 하나의 채무자가 사후의 통지를 게을리하고 다른 채무자가 사전의 통지를 게을리한 경우에 관하여는 규정이 없기 때문에 해석으로 해결할 수밖에 없으며, 그 경우에는 일반원칙에 따라서 제 1 의 출재행위만이 유효한 것으로 새길 것이라고 한다.

그러나 이러한 통설은 논리적으로나 타당성면에서나 모두 문제가 있다(자세한 점은 채총 [159] 참조). 두 통지 모두가 없는 경우는 제426조 제 2 항이 적용된다고 해석하여야 한다. 그 규정은 제 2 의 면책행위자가 선의이기만 하면 그가 사전의 통지를 하였는지를 묻지 않고 보호하려는 취지의 것이기 때문이다.

(4) 상환무자력자가 있는 경우의 구상권자의 보호 [276]

연대채무자 중에 상환할 자력이 없는 자가 있는 때에는, 그 채무자의 부담부분은 구상권자 및 다른 자력이 있는 채무자가 그 부담부분에 비례하여 분담한다(427조 1항 본문). 그리하여 가령 A · B · C · D가 E에 대하여 120만원의 연대채무를 부담하고 부담부분이 균등한 경우에, A가 120만원을 지급한 뒤 B · C · D에 대하여 30만원씩 구상을 하는 때에, C가 무자력이면 C의 부담부분 30만원은 A · B · D가 10만원씩 부담하게 된다. 그러나 구상권자에게 과실이 있는 때(가령 A가 구상을 늦게 하여 C가 무자력이 된 경우)에는, 다른 연대채무자에게 분담을 청구하지 못한다(427조 1항 단서).

위의 경우에 상환할 자력이 없는 채무자의 부담부분을 분담할 다른 채무자가 채권자로부터 연대의 면제를 받은 때에는, 그 채무자가 분담할 부분은 채권자의 부담으로 된다(427조 2항). 여기서 「연대의 면제」란 연대채무의 면제와 달리 채무의 전부면제가 아니고 연대하여 이행하는 의무만을 면제하는 것이다. 즉 전부급부청구권을 포기하고 채무자의 채무액을 부담부분만에 한정시키는 것이다. 예를 들어본다. 앞의 예에서 C의 부담부분을 분담하여야 할 채무자 중의 하나인 D가 채권자 E로부터 연대면제를 받고 있었다면, D의 채무는 30만원이고, 그 경우 C가 무자력이어서 D가 부담하여야 할 10만원은 채권자 E가 부담하게 된다.

(5) 구상권자의 대위권

연대채무자는 타인(다른 연대채무자)의 채무를 「변제할 정당한 이익이 있는 자」이므로, 그가 변제하면 그는 당연히 채권자를 대위하게 된다(481조). 그리하여 채권자의 권리가 변제한 연대채무자에게 이전된다.

5. 부진정연대채무(不眞正連帶債務) [277]

(1) 의 의

민법은 연대채무를 한 가지만 규정하고 있다. 그런데 통설·판례는 민법이 정하고 있지 않은 연대채무 즉 부진정연대채무도 인정하고 있다. 통설에 의하면, 부진정연대채무는 「수인의 채무자가 동일한 내용의 급부에 관하여 각각 독립하여 전부급부의무를 부담하고, 그 중 1인의 전부급부가 있으면 모든 채무자의 채무가 소멸하는 다수당사자의 채무로서, 민법의 연대채무가 아닌 것」이라고 한다. 그런데 이는 실질적·경제적으로는 하나인 전부급부에 관하여 여러 사람이 채무를 부담하는 경우를 부진정연대채무라는 개념으로 이해하는 데 지나지 않는다.

부진정연대채무의 예로는 피용자의 불법행위에 있어서 피용자가 지는 배상의무와 사용자의 배상의무(756조), 법인의 불법행위에 있어서 법인의 책임과 이사 기타 대표자 자신의 책임(35조)을 들 수 있다. 그리고 통설·판례는, 공동불법행위에 대하여 민법이 제760조에서 공동불법행위자로 하여금 「연대하여」 배상하도록 규정하고 있음에도 불구하고, 부진정연대채무가 성립한다고 한다.

(2) 대외적 효력

1) 채권자의 이행청구와 채무자의 이행 이 점에 있어서는 연대채

무와 같다.

2) **채무자 1인에 관하여 생긴 사유의 효력** 채권을 만족시키는 사유인 변제 · 대물변제 · 공탁· 상계(대판(전원) 2010. 9. 16, 2008다97218) 등은 절대적 효력이 있으나, 그 이외의 것은 모두 상대적 효력만 있다. 이 점에서 부진정연대채무의 담보력이 연대채무보다 더 강하게 된다.

(3) **대내적 효력**

부진정연대채무자 사이에는 주관적 공동관계가 없어서 부담부분이 없고, 따라서 구상관계가 생기지 않는다. 다만, 통설 · 판례는 공동불법행위의 경우에는 구상을 인정하고 있다.

Ⅴ. 보증채무 [278]

1. 의 의

보증채무란 타인(주채무자)이 그의 채무를 이행하지 않는 경우에 이를 이행하여야 할 채무를 말한다(428조 1항). 보증채무는 다수당사자의 채무이나, 그 작용은 채권을 담보하는 데 있다.

근래 보증인의 피해를 방지하기 위하여 「보증인 보호를 위한 특별법」(아래에서는 보증인보호법이라 함)이 제정 · 시행되고 있다(2008. 3. 21 제정, 2008. 9. 22 시행). 이 법은 일반인(법인 · 기관은 제외됨)이 대가를 받지 않고 호의로 금전채무의 보증을 한 경우에 관하여 특례를 규정하고 있다(동법 2조 1호 · 2호 참조).

2. 보증채무의 성립

보증채무는 채권자와 보증인 사이에 체결되는 보증계약에 의하여 성립한다. 그리하여 주채무자는 보증계약의 당사자가 아니다.

보증계약은 보증의사가 보증인의 기명날인 또는 서명이 있는 서면으로 표시되어야 효력이 발생한다(428조의 2 1항 본문). 다만, 보증의 의사가 전자적 형태로 표시된 경우에는 효력이 없다(428조의 2 1항 단서).

3. 보증기간

민법은 보증기간에 관하여 명문의 규정을 두고 있지 않다. 그런데 보증인보호법은 특별규정을 두고 있다. 그에 의하면, 동법상의 보증의 경우 보증기간은 원칙적으로 당사자의 약정에 의하여 정해지나, 약정이 없는 때에는 그 기간이 3년으로 된다(동법 7조 1항). 그리고 보증기간은 갱신할 수 있으며, 그 경우 보증기간의 약정이 없는 때에는 계약체결시의 보증기간을 그 기간으로 본다(동법 7조 2항).

4. 보증채무의 대외적 효력 [279]

(1) 채권자의 이행청구와 채무자의 이행

1) 채권자의 이행청구

① 주채무와 보증채무의 이행기가 모두 된 때에는, 채권자는 주채무자와 보증인에 대하여 따로따로 또는 동시에 채무의 전부나 일부의 이행을 청구할 수 있다. 이때 만약 채권자가 주채무자에게 청구하지 않고 보증인에게 청구하는 경우에는, 보증인은 일정한 항변권 기타의 권리를 행사할 수 있다.

② **채권자의 통지의무** 민법은 2015년 개정시에 일종의 배려의무로서 채권자의 통지의무규정을 신설하였다. 그에 따르면 채권자는 보증계약을 체결한 후에 일정한 사유가 있는 경우에는 지체없이 보증인에게 그 사실을 알려야 한다(436조의 2 2항). 주채무자가 원본·이자·위약금·손해배상 또는 그 밖에 주채무에 종속한 채무를 3개월 이상 이행하지 않는 경우, 주채무자가 이행기에 이행할 수 없음을 미리 안 경우, 주채무자의 채무 관련 신용정보에 중대한 변화가 생겼음을 알게 된 경우에 그렇다. 그런가 하면 채권자는 보증인의 청구가 있으면 주채무의 내용 및 그 이행 여부를 알려야 한다(436조의 2 3항). 한편 보증인보호법에도 이와 유사한 규정이 있다(동법 5조 참조).

③ 보증인의 권리

㉠ **부종성(附從性)에 기한 권리** 보증채무는 주채무의 이행을 담보하는 것이므로, 주채무에 종속하는 성질 즉 부종성(강의, C-268 참조)을 가진다. 이와 같이 보증채무는 부종성이 있기 때문에, 보증인은 주채무자가 가지는 항변(예 : 동시이행의 항변권, 주채무의 소멸의 항변)을 가지고 채권자에게 대항할 수 있다(433조 1항). 그리고 주채무자가 항변을 포기하여도 그것은 보증인에게는 효력이 없다(433조 2항).

㉡ **보충성(補充性)에 기한 권리** 보증채무는 주채무가 이행되지 않는 경우에 이행할 채무이다(428조 1항). 따라서 보충성(강의, C-268 참조)을 가진다. 보증채무의 이러한 보충성에 기한 권리로 보증인의 최고·검색의 항변권이 있다(437조). 이 권리를 예를 들어 설명한다.

A가 B에 대하여 부담하고 있는 500만원의 채무를 C가 보증하는 계약을 체결하였다고 하자. 이 경우에 채권자인 B가 주채무자인 A에게 청구하지 않고서 보증인 C에게 500만원을 지급하라고 청구하면, C는 A에게 변제할 자력(재산)이 있고 또 그 재산이 집행하기 쉽다는 것을 증명하여 「먼저 주채무자인 A에게 청구하라」고 항변할 수 있다. 그것이 최고(催告)의 항변권이다. C가 이 권리를 행사하면, B는 A에게 청구(최고)하지 않는 한 다시 C에게 이행청구를 할 수 없다.

그리고 위의 예에서 B가 A에게 청구하지 않고 C에게 청구하면, C는 역시 A에게 변제할 자력이 있고 또 그 재산이 집행하기 쉽다는 것을 증명하여 「먼저 주채무자인 A의 재산에 대하여 집행하라」고 항변할 수 있는데, 그것이 검색(檢索)의 항변권이다. C가 이 권리를 행사하면, B는 먼저 A의 재산에 대하여 집행하지 않고서는 C에게 다시 이행을 청구하지 못한다.

한편 C가 이들 항변권을 행사하였음에도 불구하고 B가 A에 대한 이행의 청구를 게을리하거나(최고의 항변권의 경우) 또는 집행을 게을리하여(검색의 항변권의 경우) A로부터 채무의 전부나 일부의 변제를 받지 못한 경우에는, 보증인 C는 채권자 B가 최고나 집행을 게을리하지 않았으면 변제받았을 한도에서 의무를 면한다(438조).

2) 채무자의 이행 　　보증인이 보증채무의 전부를 이행하면 보증채무뿐만 아니라 주채무도 소멸한다. 주채무가 이행된 경우에도 같다.

(2) 주채무자 또는 보증인에게 생긴 사유의 효력

채권자와 주채무자 사이에서 주채무자에 관하여 생긴 사유는 모두 보증인에 대하여 효력이 미친다. 즉 절대적 효력이 있다. 보증채무는 주채무에의 부종성이 있기 때문이다.

그런데 채권자와 보증인 사이에서 보증인에게 생긴 사유는 원칙적으로 주채무자에게 효력이 미치지 않는다(상대적 효력). 다만, 변제·대물변제·공탁·상계와 같이 채권을 만족시키는 사유만은 절대적 효력이 있다.

5. 보증채무의 대내적 효력(구상관계) [280]

(1) 보증인의 구상권

보증인이 자기의 출재로 공동의 면책을 얻은 때에는, 그는 당연히 주채무자에 대하여 구상권을 가진다. 그런데 구상의 범위는 보증인이 주채무자로부터 부탁을 받았는지 여부에 따라 다르다(441조 2항·444조 참조). 그리고 민법은 부탁받은 보증인(수탁보증인)에게는 일정한 경우에 사전구상권도 인정한다(442조).

(2) 구상권의 제한

보증인이 주채무자에게 통지하지 않고서 변제나 그 밖에 자기의 출재로 주채무를 소멸하게 한 경우에, 주채무자가 채권자에게 대항할 수 있는 사유가 있었을 때에는, 이 사유로 보증인에게 대항할 수 있고, 그 대항사유가 상계인 때에는 상계로 소멸할 채권은 보증인에게 이전된다(445조 1항). 그리고 보증인이 변제나 그 밖에 자기의 출재로 면책되었음을 주채무자에게 통지하지 않은 경우에, 주채무자가 선의로 채권자에게 변제나 그 밖의 유상의 면책행위를 한 때에는, 주채무자는 자기의 면책행위의 유효를 주장할 수 있다(445조 2항).

한편 주채무자가 자기의 행위로 면책하였음을 「그의 부탁으로 보증인이 된 자에게」 통지하지 않은 경우에, 보증인이 선의로 채권자에게 변제나 그 밖에 유상의 면책행위를 한 때에는, 보증인은 자기의 면책행위의 유효를 주장할 수 있다(446조).

(3) 보증인의 변제에 의한 대위권

보증인은 — 부탁 없이 보증인이 된 자도 — 변제할 정당한 이익이 있는 자이므로 변제로 당연히 채권자를 대위한다(481조). 그리하여 채권자의 권리가 보증인에게 이전된다.

6. 특수한 보증 [281]

(1) 연대보증(連帶保證)

연대보증이란 보증인이 주채무자와 연대하여 채무를 부담하는 방법으로 보증하는 것을 말한다. 연대보증채무도 보증채무이므로 부종성(강의, C-268 참조)이 있다. 그러나 연대보증인은 주채무자와 연대하여 채무를 부담하기 때문에 보충성(강의, C-268 참조)은 없다. 그리하여 최고·검색의 항변권은 가지지 못한다. 그리고 연대보증인이 여럿 있더라도 분별의 이익(아래의 공동보증 부분 참조)이 없어서 채권자는 어느 연대보증인에 대하여서도 전액을 청구할 수 있다. 그 결과 연대보증의 경우에는 보통의 보증에 있어서보다 채권의 담보력이 크기 때문에 실제에서 널리 이용되고 있다.

연대보증과 구별하여야 할 것으로 보증연대가 있다. 보증연대는 보증인 상호간에 연대의 특약이 있는 경우이다. 이 둘은 모두 보증인이 여럿 있는 경우에 분별의 이익이 없다는 점에서는 같으나, 연대보증에서는 보충성이 없는 데 비하여 보증연대에 있어서는 보충성이 있다는 점에서 차이를 보인다.

(2) 공동보증(共同保證)

공동보증이란 동일한 주채무에 대하여 여럿이 보증채무를 부담하는 것을 말한다. A가 D에 대하여 부담하는 금전채무를 B·C가 보증하는 경우가 그에 해당한다. 공동보증에는 ① 보통의 보증, ② 연대보증, ③ 보증연대의 세 가지가 있다.

공동보증인은 주채무를 균등하게 나눈 액에 관하여 보증채무를 부담한다(439조). 이를 분별(分別)의 이익이라고 한다. 이 분별의 이익이 인정됨으로써 공동보증의 경우에는 채권의 담보력이 약화된다. 그런데 분별의 이익이 없는 때가 있다. ① 주채무가 불가분인 때, ② 보증연대의 경우, ③ 연대보증의 경우에 그렇다(448조 2항).

(3) 계속적 보증

계속적 보증은 일정기간 또는 부정기간(不定期間) 동안 계속하여 채무를 보증하는 것을 가리킨다. 이러한 계속적 보증에는 신용보증(근보증)·신원보증·임차인의 채무의 보증 등 여러 가지가 있다. 계속적 보증의 경우에는 보증인에게 과중한 책임이 요구되므로 보증인을 보호하여야 할 필요성이 크다.

계속적 보증과 관련해서는 민법(428조의 3. 2015년 신설)과 보증인보호법(동법 6조)이 근보증에 관하여 규정을 두고 있고(규정 내용은 조금 다름), 신원보증에 관하여 신원보증법이라는 특별법이 제정되어 있다.

▣ 제428조의 3[근보증] ① 보증은 불확정한 다수의 채무에 대해서도 할 수 있다. 이 경우 보증하는 채무의 최고액을 서면으로 특정하여야 한다.
② 제 1 항의 경우 채무의 최고액을 제428조의 2 제 1 항에 따른 서면으로 특정하지 아니한 보증계약은 효력이 없다.

[손해담보계약]
손해담보계약은 당사자의 일방이 상대방에 대하여 일정한 사항에 대한 위험을 인수하고 그로부터 생기는 손해를 담보하는 것을 목적으로 하는 계약을 말한다. 이 손해담보계약은 채권자가 채무자의 행위로 입게 될 손해를 담보하는 점에서 보증과 유사하다. 그러나 주채무의 존재를 전제로 하지 않기 때문에 부종성·보충성이 없는 점에서 보증과 다르다.

제 7 절 채권양도와 채무인수

제 1 관 채권양도

Ⅰ. 채권양도의 의의 [282]

채권양도라 함은 채권을 그 동일성을 유지하면서 이전하는 계약을 말한다. 가령 A가 B에 대하여 500만원의 금전채권을 가지고 있는 경우에, 그 채권을 그대로 C에게 이전하는 계약이 채권양도인 것이다. 채권의 이전은 법률규정(예 : 399조의 배상자 대위, 481조의 변제에 의한 대위) · 법원의 명령(전부명령. 민사집행법 229조) · 유언에 의하여서도 일어나지만, 그러한 경우는 채권양도라고 하지 않으며, 계약의 경우만을 채권양도라고 한다.

Ⅱ. 지명채권(指名債權)의 양도 [283]

1. 지명채권의 양도성

(1) 지명채권의 의의

지명채권은 채권자가 특정되어 있는 채권이며, 보통 채권이라고 하면 지명채권을 가리킨다. 금전을 빌려준 사람의 채권, 매도인 · 매수인의 채권이 모두 그에 해당한다. 지명채권의 경우에는 — 뒤에 보는 — 증권적 채권과 달리 채권의 성립 · 존속 · 행사 · 양도에 증서(즉 증권)의 작성 · 교부 등이 필요하지 않다. 설사 증서(채권증서)가 작성되었더라도 그것은 채권을 증명하는 방법에 지나지 않는다.

(2) 양도의 원칙

지명채권은 원칙적으로 양도성을 갖는다(449조 1항 본문). 그러나 상당히 넓은 범위에서 양도가 제한된다.

(3) 양도의 제한

채권의 성질이 양도를 허용하지 않는 때에는, 그 채권은 양도할 수 없다(449조 1항 단서). 그러한 채권의 예로는 특정인의 초상화를 그리게 하는 채권과 같이 채권자가 변경되면 급부의 내용이 전혀 달라지는 채권, 사용차주(물건을 대가 없이 빌려쓰는 사람)의 채권(610조 2항) · 임차권(629조 1항)과 같이 채권자가 변경되면 권리의 행사가 크게 달라지는 채권을 들 수 있다.

채권은 당사자가 반대의 의사표시를 할 경우에는 양도하지 못한다(449조 2항 본문). 그런데 채권의 양도금지의 의사표시가 있다고 하여도 그것으로써 선의의 제 3 자에게는 대항하지 못한다(449조 2항 단서).

법률이 본래의 채권자에게 변제하게 할 목적으로 채권의 양도를 금지하는 경우가 있다. 부양청구권(979조) · 각종의 연금청구권이 그 예이다.

2. 지명채권 양도의 대항요건 [284]

(1) 서 설

지명채권의 양도는 당사자인 양도인과 양수인의 합의에 의하여 행하여진다. 따라서 양도의 당사자가 아닌 채무자와 그 밖의 제 3 자는 채권양도의 사실을 알지 못하여 예측하지 못한 손해를 입을 가능성이 있다. 여기서 민법은 채무자와 그 밖의 제 3 자를 보호하기 위하여 일정한 요건을 갖추지 못하면 채권양도를 가지고 이들에게 대항하지 못하도록 규정하고 있다(450조의 대항요건주의).

(2) 채무자에 대한 대항요건

채권양도의 채무자에 대한 대항요건은 「채무자에 대한 양도인의 통지」 또는 「채무자의 승낙」이다(450조 1항). 예를 들어 A가 B에 대하여 가지고 있는 500만원의 금전채권을 C에게 양도하는 경우에, 새로운 채권자인 C가 채무자 B에게 자신이 채권을 양수하였음을 주장하려면, 양도인인 A가 그 사실을 채무자 B에게 통지하였든지 혹은 채무자 B가 — A 또는 C에게 — 채권양도에 대하여 승낙하였어야 한다.

(3) 채무자 이외의 제 3 자에 대한 대항요건

채권양도의 제 3 자에 대한 대항요건도 채무자에 대한 것과 마찬가지로 양도인의 통지 또는 채무자의 승낙이다(450조 1항). 다만, 단순한 통지 · 승낙만으로 대항할 수 있게 하면 제 3 자의 지위가 불안할 수 있기 때문에, 민법은 제 3 자에 대항하기 위하여서는 통지 또는 승낙을 확정일자 있는 증서로써 하도록 규정하고 있다(450조 2항).

여기의 「확정일자」로 되는 것에는, 사문서(私文書)에 공증인 또는 법원서기가 일정한 절차에 따라 확정일자인을 찍은 경우의 일자(부칙 3조 1항 참조), 공정증서에 기입한 일자, 그리고 공무소(公務所)에서 사문서에 어느 사항을 증명하고 기입한 일자(예 : 내용증명우편의 일자)(부칙 3조 4항 참조) 등이 있다. 「제 3 자」는 채권양도의 당사자와 채무자를 제외한 모든 자를 가리키는 것이 아니고, 「그 채권에 관하여 양수인의 지위와 양립할 수 없는 법률상의 지위를 취득한 자」만을 가리킨다. 그러한 제 3 자의 예로는 채권의 2중양수인, 채권을 압류한 채권자를 들 수 있다. 그리고 채권양도를 가지고 제 3 자에게 「대항한다」는 것은 동일한 채권에 관하여 양립할 수 없는 법률상의 지위를 취득한 자 사이에서 우열을 정하는 것이다.

예를 들어본다. A가 B에 대하여 가지고 있는 금전채권을 C에게 양도하고 그 사실을 B에게 전화로 알렸다. 그 뒤에 A는 B에 대한 그 채권을 다시 D에게 양도하고 그 사실을 내용증명우편으로 B에게 통지하였다. 이 경우에 C와 D는 모두 채권을 양수한 사람으로서 이들의 지위는 양립할 수 없다.

그리고 이 경우에 양도인 A는 C와 D에 대한 채권양도 모두에 관하여 양도의 통지를 하였다. 그런데 C에 대한 양도에 관하여는 단순한 통지를 하였고, D에 대한 양도에 관하여는 확정일자 있는 증서로 하였다. 그 결과 C · D 사이에서는 D가 우선하게 되어, C는 D에게 자신이 채권자라고 주장하지 못하고, D만이 유일한 채권자로 된다.

Ⅲ. 증권적 채권의 양도 [285]

1. 서 설

증권적 채권은 채권의 성립 · 존속 · 양도 · 행사 등을 그 채권이 화체(化體)되어 있는 증권(證券)에 의하여 하여야 하는 채권을 말한다. 증권적 채권에는 기명채권 · 지시채권 · 지명소지인출급채권 · 무기명채권의 네 가지가 있는데, 민법은 이들 중 기명채권을 제외한 나머지 세 가지에 관하여만 규정하고 있다.

2. 지시채권(指示債權)의 양도

지시채권은 특정인 또는 그가 지시(지정)한 자에게 변제하여야 하는 증권적 채권이다. 화물상환증(상법 130조) · 창고증권(상법 157조) · 선하증권(상법 861조) · 어음(어음법 11조 · 77조) · 수표(수표법 14조) 등 상법 · 어음법 · 수표법이 규정하는 전형적인 유가증권은 배서금지의 기재가 없는 한 법률상 당연한 지시증권이다. 그 밖에 이론상으로는 민법의 적용만을 받는 지시채권도 있을 수 있으나, 실제로는 그 예가 없다. 따라서 민법의 지시채권에 관한 규정은 그 의의가 매우 적다.

지시채권은 그 증서(증권)에 배서하여 양수인에게 교부하는 방식으로 양도한다(508조).

3. 무기명채권(無記名債權)의 양도

무기명채권은 특정한 채권자를 지정함이 없이 증서(증권)의 소지인에게 변제하여야 하는 증권적 채권이다. 무기명채권의 예로는 무기명사채 · 무기명식 수표 등 상법 · 수표법상의 유가증권, 상품권 · 철도승차권 · 극장의 입장권 · 시중은행의 양도성예금증서를 들 수 있다.

무기명채권의 양도는 증서를 교부하는 방식으로 행한다(523조).

4. 지명소지인출급채권(指名所持人出給債權)의 양도

지명소지인출급채권은 특정인 또는 증서(증권)의 정당한 소지인에게 변제하여야 하는 증권적 채권을 말하며, 이는 무기명채권의 하나의 변형이다. 지명소지인출급채권의 효력(양도 등)은 무기명채권에서와 같다(525조).

5. 면책증서(면책증권)

면책증서란 증서(증권)의 소지인에게 변제하면 비록 그 사람이 진정한 채권자가 아닌 경우에도 채무자가 선의인 한 면책되는 증권이다. 철도여객의 수하물상환증, 호텔의 휴대품예치증이 그 예이다. 이러한 면책증권은 단순한 자격증서이며 유가증권이 아니다(이때의 채권은 보통 지명채권임). 그렇지만 면책증서가 증권적 채권과 비슷한 측면이 있기 때문에, 민법은 지시채권에 관한 일부규정을 면책증서에 준용하고 있다(526조).

제 2 관 채무인수(債務引受)

Ⅰ. 채무인수의 의의 [286]

채무인수는 채무를 그 동일성을 유지하면서 인수인에게 이전시키는 계약이다. B에 대하여 금전채권을 가지고 있는 A가 인수인인 C와의 계약으로 B의 채무를 C가 인수한 경우가 그 예이다. 이러한 경우에는 종래의 채무자인 B는 채무를 면하게 되고, 인수인인 C가 새로이 채무자가 된다. 이와 같은 채무인수는 뒤에 설명하는 병존적(중첩적) 채무인수와 구별하여 면책적 채무인수라고도 한다.

Ⅱ. 채무의 이전성과 그 제한 [287]

(1) 이전의 원칙

채무는 급부의무이고, 따라서 채무자가 변경되면 의무의 질이 달라지게 된다. 그러므로 채권양도와 달리 채무인수는 인정하기가 쉽지 않다. 그렇지만 계약에 의한 채무의 이전도 인정하여야 할 사회적 필요가 있기 때문에, 민법은 채권자의 관여 하에 채무인수를 할 수 있도록 규정하고 있다.

(2) 이전의 제한

채무 가운데에는 그 성질상 이전할 수 없는 것이 있다. 채무자가 변경되면 급부의 내용이 전혀 달라지는 채무(예 : 그림을 그려주기로 한 채무, 고용계약에 의한 채무) 등이 그렇다. 이러한 채무는 이전성이 없다(453조 1항 단서).

그리고 민법상 명문의 규정은 없지만, 채권자 · 채무자 사이에 인수금지의 특약이 체결된 때에는, 인수가 인정되지 않는다고 하여야 한다. 다만, 그 특약은 선의의 제 3 자에게는 대항하지 못한다고 할 것이다(449조 2항 단서 참조).

Ⅲ. 인수계약의 당사자 [288]

채무인수는 당사자의 측면에서 볼 때 다음의 세 경우가 있다.

(1) 채권자 · 채무자 · 인수인이 당사자로 되는 경우

이에 대하여 명문의 규정은 없지만, 계약자유의 원칙상 이것도 당연히 인정된다.

(2) 채권자와 인수인이 당사자로 되는 경우

이것이 채무인수의 기본적인 모습이다. 이러한 채무인수도 당연히 유효하며(453조 1항), 그때에는 채무자의 동의 또는 수익의 의사표시는 필요하지 않다. 다만, 이해관계 없는 제 3 자는 채무자의 의사에 반하여 채무를 인수하지 못한다(453조 2항).

(3) 채무자와 인수인이 당사자로 되는 경우

채무인수는 채무자와 인수인 사이의 계약으로도 할 수 있다. 그러나 이러한 채무인수는 채권자의 승낙이 있어야 효력이 생긴다(454조 1항).

Ⅳ. 채무인수와 유사한 제도 [289]

1. 병존적 채무인수

병존적 채무인수는 제 3 자(인수인)가 종래의 채무자와 함께 그와 동일한 내용의 채무를 부담하는 계약을 말하며, 이는 중첩적 채무인수라고도 한다. 예를 들면 B에 대하여 금전채권을 가지고 있는 A가 인수인 C와의 계약으로 C가 B와 별도로 B가 부담하는 내용과 동일한 채무를 부담하기로 한 경우에 그렇다. 이러한 경우에는 종래의 채무자인 B는 채무를 면하지 않고 인수인인 C가 그와 별도로 동일한 내용의 채무를 부담하게 되고, 그리하여 두 채무가 병존하게 된다. 따라서 병존적 채무인수는 엄격한 의미에서는 채무인수가 아니며, 기능면에서 보증채무나 연대채무와 같이 인적 담보로서 기능을 하게 된다.

2. 이행인수

이행인수는 인수인이 채무자에 대하여 그 채무를 이행할 것을 약정하는 채무자와 인수인 사이의 계약이다. 예를 들면 A로부터 망원경을 주문받은 과학기기 상인인 B가 자신이 주문받은 모델의 망원경을 가지고 있지 않아서 다른 과학기기 상인인 C와의 계약으로 C가 망원경을 A에게 보내주기로 약정한 경우가 그렇다. 이러한 경우에는 인수인인 C가 직접 채권자인 A에 대하여 채무를 부담하지 않고 단지 채무자인 B에 대하여만 변제의무를 부담할 뿐이다.

판례는, 부동산의 매수인이 매매목적물에 관한 근저당권의 피담보채무를 인수하면서 그 채무액을 매매대금에서 공제하기로 한 경우에는, 특별한 사정이 없는 한 채무인수가 아니고 이행인수라고 한다(강의, C-338 참조).

3. 계약인수

계약인수는 계약당사자의 지위(예 : 임차인의 지위)의 승계를 목적으로 하는 계약이다. 이러한 계약인수가 있으면 종래 계약당사자 일방이 가지고 있던 권리 · 의무가 모두 그대로 인수인에게 이전된다.

4. 계약가입

계약가입은 종래의 당사자가 계약관계에서 벗어나지 않고 가입자와 더불어 당사자의 지위를 가지는 것을 말한다. 이는 병존적 계약인수라고 표현할 수 있다.

제 8 절 채권의 소멸

Ⅰ. 채권의 소멸과 그 원인 [290]

채권의 소멸이란 채권이 객관적으로 존재하지 않게 되는 것을 말한다. 채권의 소멸원인에는 여러 가지가 있으나, 민법은 채권의 소멸원인으로 변제 · 대물변제 · 공탁 · 상계 · 경개 · 면제 · 혼동의 7가지를 규정하고 있다(460조 이하 참조). 그러나 이는 채권소멸원인의 전부가 아니다. 채권은 채무자에게 책임없는 이행불능, 목적의 소멸, 소멸시효의 완성, 채권의 존속기간의 만료 등에 의하여서도 소멸한다. 아래에서는 채권편에 규정되어 있는 7가지의 채권소멸원인에 관하여서만 살펴보기로 한다.

[주의할 점]

채권법총론에 있어서 「채권」이라고 할 때 언제나 그렇듯이, 「채권의 소멸」에 있어서도 「채권」은 하나의 채권을 가리킴은 물론이다([227] 2 참조). 따라서 쌍무계약에 기한 채권도 그 하나하나에 관하여 소멸이 문제된다. 그러므로 쌍무계약에 기한 채권의 하나가 소멸한 경우에 다른 채권이 소멸하는지 여부는 따로 검토되어야 한다(537조 · 538조도 참조).

Ⅱ. 변 제 [291]

1. 변제의 의의

변제란 채무자(또는 제 3 자)가 채무의 내용인 급부를 실현하는 것을 말한다. 동산의 매도인이 목적물을 인도하거나 또는 임차인이 차임으로 금전을 지급하는 것이 그 예이다. 변제는 채무의 이행과 그 실질에 있어서 같다. 이행은 채권을 소멸시키는 행위의 측면에서 본 것이고, 변제는 채권의 소멸이라는 측면에서 본 것이다.

2. 변제자

채무자는 변제의무를 부담하는 자이므로 본래의 변제자는 채무자이다.

그런데 제 3 자도 원칙적으로 변제를 할 수 있다(469조 1항 본문). 그러나 다음 세 가지의 경우에는 제 3 자의 변제가 금지된다. ① 채무의 성질이 제 3 자의 변제를 허용하지 않는 때에는, 제 3 자가 변제할 수 없다(469조 1항 단서). 학자의 강연과 같은 일신전속적 급부를 내용으로 하는 채무가 그렇다. ② 당사자의 의사표시로 제 3 자의 변제를 허용하지 않는 때에는, 제 3 자가 변제할 수 없다(469조 1항 단서). ③ 이해관계 없는 제 3 자는 채무자의 의사에 반하여 변제하지 못한다(469조 2항). 그런데 연대채무자 · 보증인 · 물상보증인 · 저당부동산의 제 3 취득자 등은 법률상 변제에 이해관계 있는 제 3 자이기 때문에 채무자의 의사에 반하여서도 변제할 수 있다.

3. 변제수령자 [292]

(1) 의 의

변제수령자는 유효하게 변제를 수령할 수 있는 자이다. 원칙적으로 채권자가 변제수령자가 되나, 채권자라도 수령권한이 없는 경우가 있고, 채권자가 아니면서 수령권한이 있는 경우도 있다.

(2) 수령권한이 없는 채권자

① 채권이 압류된(또는 가압류된) 경우(민사집행법 227조 · 296조 3항), ② 채권에

질권이 설정(입질)된 경우(352조-354조), ③ 채권자가 파산선고를 받은 경우(채무자회생법 384조) 등에는 채권자에게 수령권한이 없다.

(3) **표현수령권자**(表見受領權者)

민법은 선의의 변제자를 보호하기 위하여 일정한 경우에는 채권자가 아닌 자에 대한 변제를 유효한 것으로 하고 있다. 그 경우의 수령자가 표현수령권자이다. 이때는 변제가 유효하게 되기 때문에, 채권자가 채권을 잃게 되고, 그는 수령자에 대하여 부당이득 반환청구권을 가진다.

1) **채권의 준점유자**(準占有者) A는 B은행에 예금을 하였다. 그 뒤 A의 친구인 C가 A의 통장 · 인장을 가지고 B은행에 가서 예금청구서에 비밀번호도 기재하여 예금을 청구하였다. B은행의 직원은 C가 A의 통장 등을 훔쳐 가지고 온 줄 몰랐고 또 알 수도 없었기에, C에게 청구금액을 지급하였다. 이러한 경우에 C에 대한 B측의 변제는 유효하게 되며, 그 결과 B은행은 채무를 면하게 된다.

위의 예에서 C는 「채권을 사실상 행사하는 자」 즉 채권의 준점유자에 해당한다. 이러한 채권의 준점유자에 대한 변제는 변제자가 선의이며 과실없이 한 때에는 유효하게 된다(470조). 위의 예의 경우에 B은행의 직원은 선의 · 무과실이므로 그의 변제가 유효하게 되는 것이다.

2) **영수증소지자** 영수증을 소지한 자에 대한 변제는 그 소지자가 변제를 받을 권한이 없는 경우에도 효력이 있다(471조 본문). 그러나 변제자가 그 권한 없음을 알았거나 알 수 있었을 경우에는 그렇지 않다(471조 단서).

영수증은 변제의 수령을 증명하는 문서인데, 이 규정에서의 영수증은 작성 권한이 있는 자가 작성한 진정한 것만을 가리키며, 위조된 것은 포함되지 않는다. 위조된 영수증의 소지자에 대한 변제는 경우에 따라서 채권의 준점유자에 대한 변제로 될 수는 있다.

3) **증권적 채권의 증서의 소지인** 지시채권 · 무기명채권 · 지명소지인출급채권과 같은 증권적 채권의 증서(증권)의 소지인에 대한 변제는, 그 소지인이 진정한 권리자가 아니더라도, 변제자가 악의이거나 그에게 중과실

이 없는 한 유효하다(514조 · 518조 · 524조 · 525조).

(4) 수령권한이 없는 자에 대한 변제

변제수령권한이 없는 자에 대한 변제는 무효이다. 그러나 그 변제로 인하여 채권자가 이익을 받은 때(예 : 무권대리인이 변제된 것을 채권자에게 인도한 경우)에는 그 한도에서 유효하게 된다(472조).

4. 변제의 목적물 [293]

민법은 「주는 급부」(물건의 인도를 내용으로 하는 급부)를 목적으로 하는 채무 즉 「주는 채무」의 경우에 변제하여야 할 물건과 관련하여 몇 개의 특별규정을 두고 있다.

(1) 특정물의 현상인도

특정물의 인도가 채권의 목적인 때에는, 채무자는 이행기(이행을 하여야 할 시기)의 현상(現狀)대로 그 물건을 인도하여야 한다(462조).

(2) 타인의 물건의 인도

채무의 변제로 타인의 물건을 인도한 채무자는 다시 유효한 변제를 하지 않으면 그 물건의 반환을 청구하지 못한다(463조). 즉 타인의 물건을 인도하는 것이 유효한 변제로 되지는 않으며, 단지 그 반환청구만 제한될 뿐이다. 그러나 채권자가 변제로 받은 물건을 선의로 소비하거나 타인에게 양도한 때에는, 변제는 유효하게 된다(465조 1항). 주의할 것은, 위의 규정은 특정물채권에는 적용되지 않는다는 점이다. 특정물채권에서는 유효한 변제를 다시 할 수 없기 때문이다.

(3) 양도능력 없는 소유자의 물건인도

제한능력자와 같이 양도할 능력이 없는 소유자가 채무의 변제로 물건을 인도한 경우에는, 그 변제가 취소된 때에도, 다시 유효한 변제를 하지 않으면 그 물건의 반환을 청구하지 못한다(464조). 그러나 이러한 경우에도 채권자가 변제로 받은 물건을 선의로 소비하거나 타인에게 양도한 때에는, 변제는 유효하게 된다(465조 1항). 이 규정도 특정물채권에는 적용되지 않는다.

5. 변제의 장소 [294]

변제의 장소는 우선 당사자의 의사표시 또는 채무의 성질(예: 가옥의 수리 채무)에 의하여 정하여진다(467조 1항). 그런데 이들 표준에 의하여 정하여지지 않는 경우에는 다음과 같이 된다. 특정물채무는 채권성립 당시에 그 물건이 있던 장소에서 변제하여야 하고(467조 1항), 그 이외의 채무의 변제는 채권자의 현주소에서 하여야 한다(467조 2항). 이를 지참채무의 원칙이라고 한다.

[변제장소에 의한 채무의 종류]
채무는 변제장소(급부장소)에 의하여 지참채무 · 추심채무 · 송부채무로 나누어진다. 지참채무는 채무자가 목적물을 채권자의 주소지 또는 합의된 제 3 지(예: 꽃다발을 연주회장으로 배달하게 한 경우)에서 급부하여야 하는 채무이다. 추심채무는 채권자가 채무자의 주소지 또는 합의된 제 3 지(예: 채권자가 곡물 수확장소로 와서 가져가기로 한 경우)에 와서 목적물을 추심하여 변제받아야 하는 채무이다. 송부채무는 채무자가 목적물을 채권자의 주소지 또는 합의된 제 3 지에 송부하여야 하는 채무이다.

6. 변제의 시기

변제의 시기는 채무를 이행하여야 하는 시기 즉 이행기 또는 변제기를 가리킨다. 이행기(변제기)는 당사자의 의사표시 · 급부의 성질 또는 법률의 규정에 의하여 정하여진다. 그런데 이들 표준에 의하여 이행기가 정하여지지 않는 경우에는, 채권이 발생함과 동시에 이행기에 있는 것으로 해석된다.

채무자는 이행기에 변제하여야 한다. 그러나 당사자의 특별한 의사표시가 없으면, 채무자는 기한의 이익을 포기하여(153조 참조) 변제기 전에 변제할 수 있다(468조 본문). 그런데 이 경우 상대방의 손해는 배상하여야 한다(468조 단서).

7. 변제비용의 부담

변제비용은 다른 의사표시가 없으면 채무자가 부담한다(473조 본문). 그러나 채권자의 주소이전 기타의 행위로 인하여 변제비용이 증가된 때에는, 그 증가액은 채권자가 부담한다(473조 단서).

8. 변제의 증거

변제가 있으면 곧바로 채권 · 채무는 소멸한다. 그런데 변제가 있은 후에도 다툼이 생길 가능성이 있다. 그러한 경우를 위하여 민법은 몇 개의 규정을 두고 있다.

변제자는 변제를 받는 자에게 영수증의 교부를 청구할 수 있다(474조). 이 영수증청구권은 일부변제의 경우에도 인정된다.

채권증서가 있는 경우에 변제자가 채무 전부를 변제한 때에는 채권증서의 반환을 청구할 수 있다(475조 1문). 채권이 변제 이외의 사유로 전부 소멸한 때에도 같다(475조 2문).

9. 변제의 충당 [295]

(1) 서 설

A는 B에 대하여 이율이 월 1푼인 200만원의 X채무와 무이자인 300만원의 Y채무를 부담하고 있다. 그리고 두 채무는 모두 변제기가 되었다. 이 경우에 A가 채무 전부를 변제할 자금은 없어서 우선 300만원을 지급하였다고 하자. 그때 그 300만원이 X채무와 Y채무 중 어느 것에 채워지는지가 문제된다. 이것이 변제의 충당의 문제이다.

변제의 충당이란 채무자가 동일한 채권자에 대하여, ① 같은 종류의 목적을 가지는 수개의 채무(예 : 수개의 금전채무)를 부담하거나(476조) ② 1개의 채무의 변제로서 수개의 급부(예 : 수개월 분의 차임의 지급)를 하여야 하거나(478조) 또는 ③ 채무자가 1개 또는 수개의 채무에 관하여 원본 외에 비용 · 이자를 지급하여야 할 경우(479조)에, 변제로서 제공한 급부가 그 전부를 소멸하게 하는 데 부족한 때에 그 변제를 어느 채무에 채울(충당할) 것인지의 문제이다.

채무들은 이자 여부, 담보 유무, 이행기 도래 여부 등에 관하여 차이가 있기 때문에, 변제로서 급부한 것이 어떤 채무에 충당되느냐는 당사자의 이해관계에 직접 영향을 미치게 된다.

(2) 변제충당의 방법

민법은 변제충당의 방법으로 지정충당과 법정충당을 규정하고 있다(476조-479조). 그런데 명문의 규정은 없지만 당사자는 합의에 의하여 충당할 수 있으며(합의충당), 그 충당은 모든 것에 우선한다. 민법이 규정하는 두 가지의 충당을 좀 더 설명하기로 한다.

1) **지정충당**(指定充當) 지정충당은 변제의 충당이 지정권자의 지정에 의하여 이루어지는 경우이다. 지정충당에 있어서 충당 지정권자는 1차적으로 변제자이다(476조 1항 · 478조). 그런데 변제자의 지정이 없으면 변제수령자가 지정할 수 있다(476조 2항 본문 · 478조). 그러나 이 변제수령자의 지정에는 변제자가 이의를 제기할 수 있으며(476조 2항 단서), 그때에는 법정충당을 하게 된다.

지정충당에는 예외가 있다. 즉 채무의 원본 외에 비용 · 이자가 있는 경우에는, 비용 · 이자 · 원본의 순서로 충당된다(479조). 그리고 여기의 이자는 법령의 제한이 있는 때에는, 제한 내의 이자만을 가리킨다(이자제한법 2조 1항 등 참조).

2) **법정충당**(法定充當) 합의충당도 지정충당도 없는 경우에는, 법률규정에 의하여 충당이 일어나게 된다. 이를 법정충당이라고 한다. 그 방법은 다음과 같다(477조 · 478조). 채무 중에 이행기가 된 것과 되지 않은 것이 있으면 전자에 충당하고, 채무 전부가 이행기가 되었거나 되지 않았으면 채무자에게 변제이익이 많은 것에 충당하며, 채무자에게 변제이익이 같으면 이행기가 먼저 된 채무나 먼저 될 채무에 충당하고, 이들 표준에 의하여 충당의 선후를 정할 수 없으면 각 채무액에 비례하여 충당한다.

10. 변제의 제공 [296]

(1) 의 의

채무 가운데에는 채무자의 행위만으로 이행할 수 있는 것도 있다. 부작위채무, 의사표시를 하여야 할 채무가 그 예이다. 그러나 대부분의 채무는 채무의 이행에 채권자의 협력이 필요하다. 예를 들면 채권자가 공급하는 재료에 가공을 하여야 할 채무, 추심채무, 수령이 필요한 채무가 그렇다. 이와 같이 채무의 이행에 채권자의 협력을 필요로 하는 채무에 있어서 채무자가 급부에 필요한 모든 준비를 다해서 채권자의 협력을 요구하는 것을 「변제의 제공」(「이행의 제공」 또는 「제공」)이라고 한다. 변제의 제공이 있으면, 채무자는 — 채무를 면하지는 못하지만 — 채무불이행책임을 면하게 된다(461조).

(2) 변제제공의 방법

민법은 변제의 제공은 원칙적으로 현실의 제공으로 하도록 규정하고 있다(460조 본문). 현실의 제공은 채무자가 하여야 할 급부행위를 채무의 내용에 좇아 현실적으로 하는 것이다. 금전채무의 경우에 채무자가 금전을 가지고 채권자의 주소지에 가는 것이 그 예이다.

그런데 민법은 일정한 경우에는 현실의 제공을 강요하는 것이 채무자에게 가혹하다는 이유에서 구두의 제공만으로 충분한 것으로 정하고 있다. 채권자가 미리 변제의 수령을 거절하거나 채무의 이행에 채권자의 행위가 필요한 경우에 그렇다(460조 단서). 구두의 제공은 채무자가 언제든지 변제를 할 수 있는 준비를 하고 이를 채권자에게 통지하여 수령이나 그 밖의 협력을 청구하는 것이다. 추심채무에 있어서 채무자가 급부할 물건을 모두 준비해 두고 채권자에게 와서 가져가라고 통지하는 것이 그 예이다.

11. 변제에 의한 대위(변제자 대위) [297]

(1) 의 의

변제에 의한 대위란 채무의 변제가 제 3 자(연대채무자 · 보증인 등 외에 일반 제3자도 포함)에 의하여 행하여진 경우에, 변제자가 채무자에 대하여 취득한 구상권을 확실하게 보장하기 위하여, 종래 채권자가 가지고 있던 채권에 관한 권리가 구상권의 범위 안에서 변제자에게 이전하는 것이다. A의 B에 대한 채무를 보증한 C가 보증채무를 이행한 경우에, 채권자 B가 A에 대하여 가지고 있는 채권이 C에게 이전하는 것이 그 예이다.

채권자를 대위한 자는 자기의 권리에 의하여 구상할 수 있는 범위에서 채권 및 그 담보에 관한 권리를 취득한다(482조 1항).

(2) 변제에 의한 대위의 두 종류

변제에 의한 대위는 제 3 자가 변제할 정당한 이익이 있는지에 의하여 임의대위와 법정대위로 나누어진다.

1) 법정대위 변제할 정당한 이익이 있는 자는 변제로 당연히 채권자를 대위한다(481조). 이 경우에는 채권자의 승낙이 없어도 법률상 당연히 대위가 일어나기 때문에 법정대위라고 한다. 「변제할 정당한 이익이 있는 자」로는 불가분채무자 · 연대채무자 · 보증인 · 물상보증인 · 담보물의 제 3 취득자 · 후순위 담보권자 등이 있다.

2) 임의대위 변제할 정당한 이익이 없는 자는 채권자의 승낙이 있어야 채권자를 대위할 수 있다(480조 1항). 이것이 임의대위이다. 임의대위의 경우에 대위자가 채무자에 대하여 대위를 가지고 대항하려면 채권자가 채무자에 대하여 대위통지를 하거나 채무자의 대위승낙이 있어야 하며, 제 3 자에게 대항하려면 대위통지나 대위승낙이 확정일자 있는 증서에 의하여 행하여져야 한다(480조 2항 · 450조-452조).

Ⅲ. 대물변제(代物辨濟) [298]

1. 의 의

대물변제라 함은 본래의 급부에 갈음하여 다른 급부를 현실적으로 함으로써 채권을 소멸시키는 변제당사자 사이의 계약을 말한다. 예를 들면 500만원의 금전채무를 부담하고 있는 자가 채권자의 승낙을 얻어 500만원의 금전지급에 갈음하여 특정 토지의 소유권을 이전한 경우가 그에 해당한다. 대물변제가 성립하려면 급부하기로 단순히 약속한 것으로는 충분치 않으며(그 경우는 경개임), 현실적으로 급부를 하였어야 한다.

대물변제에는 변제와 같은 효력이 인정된다(466조). 따라서 대물변제가 있으면 채권은 소멸하게 된다.

2. 대물변제예약

실제 사회에서는 「대물변제」와 「예약」(장차 본계약을 체결할 것을 약속하는 계약)이라는 두 제도를 결합시킨 「대물변제의 예약」이라는 것이 널리 이용되어 중요하게 작용하고 있다. 그리고 그것은 대물변제의 본래의 목적과는 거리가 멀게 채권담보의 목적으로 이용되고 있다. 즉 금전소비대차를 하면서 당사자 사이에서 장차 채무불이행시에는 특정 부동산의 소유권을 이전하기로 한다는 예약을 체결한다. 그리고 그때에는 대체로 장차 취득할 소유권이전청구권 보전의 가등기를 한다. 이것이 바로 가등기담보라고 불리는 것이다.

대물변제예약 내지 가등기담보에 있어서는 채권자의 폭리취득이 문제된다. 그리하여 민법은 제607조 · 제608조의 특별규정을 두고 있다. 그러나 이들 규정만으로 불충분하다고 생각되어 가등기담보법을 제정 · 시행하고 있다. 그에 대하여는 물권법 부분에서 자세히 설명하였다([223] 참조).

Ⅳ. 공 탁 [299]

공탁은 금전 · 유가증권 기타의 물건을 공탁소에 임치하는 것이다. 예를 들면 금전채권의 채권자가 수령을 하지 않으려고 하는 경우에 채무자가 금전을 공탁소에 맡기는 것이 그렇다. 이러한 공탁은 변제(변제공탁)를 위하여서뿐만 아니라 담보(담보공탁) · 집행(집행공탁) · 보관(보관공탁) 등을 위하여서도 이용된다. 그런데 여기의 공탁은 변제를 위한 공탁 즉 변제공탁을 가리킨다.

변제공탁이 있으면 변제가 있었던 것과 마찬가지로 채권이 소멸한다(487조). 이러한 변제공탁제도는 왜 필요한가? 채무의 이행에 채권자의 수령이 필요한 경우에 채무자가 변제의 제공을 하면 채무자는 채무불이행책임을 지지 않게 된다. 그러나 변제제공이 있었다고 하여 채무자가 채무를 면하지는 못한다. 채권자가 수령을 거절하거나 수령할 수 없는 때에도 같다. 그런데 이와 같은 때에 언제까지나 채무자가 채무에 구속당하게 하는 것은 적절하지 않다. 그리하여 민법은 채무자나 그 밖의 변제자가 목적물을 공탁함으로써 채무를 면할 수 있도록 하였는데, 그것이 바로 변제공탁제도이다(487조-491조).

V. 상 계 [300]

1. 의 의

상계란 채권자와 채무자가 서로 같은 종류를 목적으로 하는 채권 · 채무를 가지고 있는 경우에, 그 채무들을 대등액에서 소멸하게 하는 단독행위이다(492조 1항 참조). 가령 A는 B에 대하여 200만원의 금전채권을 가지고 있고 B는 A에 대하여 100만원의 금전채권을 가지고 있는 경우에, A 또는 B는 각각 상대방에 대한 일방적인 의사표시로 100만원의 금액에서 그들의 채권을 소멸시킬 수 있는데, 그것이 곧 상계이다.

2. 상계의 요건

(1) 상계적상(相計適狀)

상계가 유효하려면 당사자 쌍방의 채권이 다음과 같은 여러 요건을 갖추고 있어야 한다. 그것을 상계적상이라고 한다.

1) **쌍방이 채권을 가지고 있을 것**(492조 1항 본문) 이때 상계를 하려는 자의 채권을 자동채권이라고 하고, 상대방의 채권을 수동채권이라고 한다.

2) **두 채권이 동종의 목적을 가질 것**(492조 1항 본문) 따라서 우선 종류채권이어야 하고, 그것들이 같은 종류의 것이어야 한다. 그런데 보통은 금전채권이 상계에 이용된다.

3) **두 채권이 변제기에 있을 것**(492조 1항 본문)

4) **채권의 성질이 상계를 허용하는 것일 것**(492조 1항 단서) 쌍방의 채권이 현실의 이행이 있어야 목적을 달성할 수 있는 경우에는, 채권의 성질상 상계가 허용되지 않는다. 가령 서로 소음을 내지 않기로 한 경우(부작위채무)나 같은 종류의 노무를 급부하기로 한 경우(「하는 채무」)가 그에 해당한다.

자동채권에 동시이행의 항변권과 같은 항변권이 붙어 있는 경우도 마찬가지이다. 이 경우에 상계를 허용하면 상대방은 항변권 행사의 기회를 잃게 되기 때문이다. 그러나 수동채권에 항변권이 붙어 있으면 채무자는 항변권을 포기하면서 상계할 수 있다.

5) **상계가 금지되어 있지 않을 것** ① 당사자 사이에 상계를 금지하는 특약이 있는 때에는 상계를 하지 못한다(492조 2항 본문). 그러나 이 상계 금지는 선의의 제 3 자에게 대항하지 못한다(492조 2항 단서). ② 고의의 불법행위를 한 자는 피해자의 손해배상채권을 수동채권으로 하여 상계하지 못한다(496조). 이는 불법행위의 유발을 방지하고 불법행위의 피해자에게 현실의 변제를 받게 하려는 취지의 것이다. ③ 압류금지채권을 수동채권으로 하여 상계하지 못한다(497조). ④ 지급금지명령을 받은 채권(압류 또는 가압류된 채권)의 채무자는 그 채권을 수동채권으로 하여 지급금지 후에 취득한 채권과 상계할 수 없다(498조).

(2) **상계적상의 현존**(現存)

위와 같은 상계적상은 원칙적으로 상계의 의사표시를 할 당시에 현존하여야 한다. 따라서 두 채권 가운데 어느 하나가 존재하지 않거나 무효인 때에는, 상계도 무효로 된다. 그리고 일단 상계적상에 있었더라도 상계를 하지 않고 있는 동안에 변제나 그 밖의 사유로 소멸한 때에는, 상계를 할 수 없게 된다. 다만, 민법은 소멸시효가 완성된 채권이 그 완성 전에 상계할 수 있었던 것이면 그 채권자는 상계할 수 있도록 하고 있다(495조).

3. 상계의 효과

상계가 있으면, 당사자 쌍방의 채권은 대등액에서 소멸한다(492조 1항 본문). 그때 각 채무는 상계할 수 있는 때에 소멸한 것으로 본다(493조 2항). 즉 상계에는 소급효가 있다.

Ⅵ. 경개(更改) [301]

경개는 채무의 중요한 부분(채권의 발생원인 · 채권자 · 채무자 · 채권의 목적 등)을 변경함으로써 신채무를 성립시키는 동시에 구채무를 소멸시키는 계약이다(500조). 예를 들어 500만원의 금전채무를 소멸시키고 특정 토지의 소유권이전채무를 발생시키는 계약이 그에 해당한다.

경개에 의하여 구채무는 소멸하고 신채무가 성립한다(500조). 그리고 이 두 채무는 동일성이 없다.

Ⅶ. 면 제 [302]

면제는 채권자가 채무자에 대한 그의 채권을 무상으로 소멸시키는 단독행위이다(506조). 채권은 당사자 사이의 계약(면제계약)에 의하여서도 소멸시킬 수 있으나(계약자유의 원칙), 민법은 채무면제를 단독행위로 규정하고 있다.

면제가 있으면 채권은 소멸한다(506조 본문). 채권자는 자유롭게 면제할 수 있으나, 그 채권에 관하여 정당한 이익을 가지는 제 3 자에게는 면제를 가지고 대항하지 못한다(506조 단서).

Ⅷ. 혼동(混同) [303]

혼동은 채권과 채무가 동일인에게 귀속하는 사실이다(일반적인 혼동과 물권의 혼동에 관하여는 [166] 참조). 예를 들어 채권자가 채무자를 상속하거나 채무자가 채권을 양수한 경우에 혼동이 일어난다.

혼동이 있으면, 채권은 원칙적으로 소멸한다(507조 본문). 그러나 그 채권이 제 3 자의 권리의 목적인 때에는 소멸하지 않는다. 가령 A의 B에 대한 채권에 C의 질권이 설정된 경우에는, B가 A를 상속하여도 A의 채권은 소멸하지 않는다.

제4장 채권법각론

제 1 절 계약총론(契約總論)

Ⅰ. 계약의 의의 [304]

계약이라는 용어는 넓은 의미와 좁은 의미의 두 가지로 사용된다.

넓은 의미로 계약이라고 하면, 「둘 이상의 서로 대립하는 의사표시의 일치에 의하여 성립하는 법률행위」를 말한다. 넓은 의미의 계약에는 채권계약뿐만 아니라 물권계약·준물권계약·가족법상의 계약 등도 포함된다.

좁은 의미로 계약이라고 하면, 넓은 의미의 계약 가운데 채권계약만을 가리킨다. 즉 채권의 발생을 목적으로 하는 계약이 좁은 의미의 계약이다. 그리고 문헌들은 이러한 채권계약과 구별하기 위하여 다른 계약에 대하여는 「계약」이라고 하지 않고 「합의」라고 표현하기도 한다. 소유권이전의 합의, 혼인의 합의가 그 예이다. 이 책에서도 계약법 부분에서는 「계약」이라는 용어를 채권계약의 의미로만 사용할 것이다.

민법은 넓은 의미의 계약에 관하여는 일반적으로 적용되는 규정을 두고 있지 않으며, 좁은 의미의 계약에 관하여만 그러한 규정을 두고 있다(527조-553조). 그 규정은 그것이 채권계약에만 적용되어야 할 특수성이 없는 한 넓은 의미의 계약에 유추적용될 수 있을 것이다.

Ⅱ. 계약의 자유와 그 한계 [305]

1. 계약자유의 의의

계약자유라 함은 계약에 의한 법률관계의 형성은 법의 제한에 부딪히지 않는 한 계약당사자의 자유에 맡겨진다는 원칙을 말한다. 이 계약자유는 사적 자치의 발현형식(내지 내용) 가운데 가장 대표적인 것이다.

2. 계약자유의 내용

계약자유의 내용에는 체결의 자유, 상대방 선택의 자유, 내용결정의 자유, 방식의 자유의 네 가지가 있다. 그런데 상대방 선택의 자유는 체결의 자유의 한 내용으로 볼 수 있다.

체결의 자유(상대방 선택의 자유 포함)는 계약을 체결할 것인가, 그리고 체결할 경우에 누구와 체결할 것인가는 당사자의 자유라는 것이다. 그런데 계약은 보통 청약과 승낙에 의하여 성립하기 때문에, 체결의 자유는 청약 여부의 자유와 승낙 여부의 자유를 포함한다. 내용결정의 자유는 계약의 내용은 당사자가 자유롭게 결정할 수 있다는 것이다. 이 내용결정의 자유는 좁은 의미의 계약자유라고도 한다. 방식의 자유는 계약체결에 일정한 방식이 요구되지 않음을 말한다.

3. 계약자유의 한계 [306]

계약자유의 한계에는 외적인 한계와 내적인 한계가 있다.

(1) 외적(外的)인 한계

외적인 한계는 계약당사자 쌍방이 모두 자유로운 자기결정에서 행위한 경우에도 인정되는 한계이다. 이는 경제적 지위의 우열관계와 무관한 것으로서 일반적인 한계라고 할 수 있다. 계약자유의 외적인 한계로는 강행규정과 제103조를 들 수 있다.

1) 강행규정 계약자유를 제한하는 강행규정 가운데에는 계약자유

의 내적인 한계에 관한 것이 많다. 그러나 모두가 그런 것은 아니다. 강행규정 중에는 약자 보호를 위하여서가 아니고 사회 일반의 이익 또는 제 3 자의 이익을 위하여 두어진 것도 있다.

외적인 한계를 이루는 강행규정의 구체적인 예로는 ① 광업권의 대차(이른바 덕대계약(德大契約))를 금지하고 있는 광업법 제11조, ② 토지거래계약의 허가구역 안에서 토지에 관한 소유권·지상권을 이전 또는 설정하는 계약을 체결하려는 경우에 시장·군수 또는 구청장의 허가를 받도록 하는 「국토의 계획 및 이용에 관한 법률」 제118조 제 1 항, ③ 학교법인의 기본재산의 매도 등을 하는 경우에 관할청의 허가를 받도록 하는 사립학교법 제28조 제 1 항을 들 수 있다.

2) 第103조 제103조에 의하여 「선량한 풍속 기타 사회질서」 또한 외적인 한계를 이룬다. 사회질서에 반하여 무효로 되는 계약의 예로 인신매매(人身賣買), 남녀가 불륜관계를 맺기로 약속한 경우를 들 수 있다.

(2) 내적(內的)인 한계

계약당사자가 대등한 지위를 갖는다면 계약자유의 한계는 외적인 것으로 충분하다. 그러나 실제에 있어서는 계약당사자의 일방이 우월한 지위를 갖고, 그리하여 쌍방의 자기결정 대신에 그 자의 일방적인 결정이 행하여지는 때가 많이 있다. 그러한 때에는 우월한 당사자의 계약자유는 약자의 보호를 위하여 제한되어야 한다. 이것이 계약자유의 내적인 한계의 문제이다. 법질서도 그러한 입장에서 많은 강행규정을 두고 있다.

예를 들어본다. ① 전기·수도·가스 등의 생활필수품을 공급하는 독점기업은 정당한 이유가 없는 한 급부제공을 거절하지 못한다. ② 공증인 등 공공적 직무담당자와 의사·치과의사 등 공익적 직무담당자는 정당한 이유 없이 직무의 집행을 거절할 수 없다. ③ 경제적 약자 보호를 위하여 법질서가 직접 계약의 내용에 간섭을 하기도 한다. 제607조, 제608조, 임대차에 관한 규정(652조 참조), 이자제한법, 가등기담보법 등이 그 예이다.

Ⅲ. 계약과 보통거래약관 [307]

1. 서 설

보통의 계약의 경우 계약당사자는 서로 협의하여 계약의 내용을 확정한다. 그런데 어떤 경우에는 계약당사자 일방이 계약내용으로 삼을 사항(계약조건)을 일방적으로 미리 정해 놓고서 계약체결시에 이를 제시하기도 한다. 그때 상대방이 이를 받아들이면 그것은 계약의 내용으로 된다. 이처럼 계약의 내용으로 삼기 위하여 당사자 일방이 미리 준비한 계약조건을 보통거래약관(이를 줄여서 약관이라고도 함)이라고 한다. 보험약관이나 은행약관이 그 예이다.

약관은 다수의 상대방과 계약을 체결하여야 하는 경우에 번거로움을 피하고 신속하게 거래를 할 수 있게 하는 장점이 있다. 그 반면에 약관의 사용자에게만 유리한 내용으로 이루어질 가능성이 큰 문제점도 있다. 여기서 약관을 규제해야 할 필요성이 있음을 알 수 있다. 그리하여 각국은 약관을 규제하기 위한 특별법을 제정하였다(독일은 2002년에 특별법인 약관규제법을 민법에 흡수하였다). 우리나라도 1986년에 「약관의 규제에 관한 법률」(아래에서는 약관규제법이라 함)을 제정하여 시행하고 있다.

약관규제법을 기초로 하여 약관에 관하여 좀 더 살펴보기로 한다.

2. 약관이 상대방을 구속하기 위한 요건

약관은 계약당사자 일방이 일방적으로 준비한 계약조건에 지나지 않는다. 따라서 그것이 상대방을 구속하려면 어떤 요건을 갖추어야 한다.

약관규제법은 그러한 요건으로 ① 약관사용자(이를 사업자라 함)가 상대방(이를 고객이라 함)에게 약관의 내용을 분명하게 밝히고, 고객이 요구할 경우 그 약관의 사본을 고객에게 내주어 고객이 약관의 내용을 알 수 있게 할 것(동법 3조 2항 본문), ② 사업자가 약관에 정하여져 있는 중요한 내용을 고객이 이해할 수 있도록 설명할 것(동법 3조 3항 본문)을 들고 있다. 그리고 위의 요건을 갖추지 못한 경우에는 사업자가 약관을 계약내용으로 주장할 수 없도록 한다(동법 3조 4항).

3. 약관의 내용통제

약관에 대하여 위의 요건을 갖추어 사업자가 그것을 계약의 내용으로 주장할 수 있는 경우에, 약관 가운데에는 고객에게 대단히 불리한 조항이 포함되어 있을 수 있다. 그리하여 제 2 단계로 약관의 조항 중 타당성이 없는 것은 무효로 해야 할 필요가 있다. 이를 위하여 약관규제법은 상당수의 규정을 두고 있다(동법 6조-14조 참조).

Ⅳ. 계약의 종류 [308]

계약은 여러 가지 표준에 의하여 종류를 나눌 수 있다. 그 중에서 중요한 것들을 살펴보기로 한다. 주의할 것은, 여기서 다루는 계약은 채권계약에 한정된다는 점이다.

1. 전형계약(典型契約)·비전형계약(非典型契約)

민법 제 3 편 제 2 장 제 2 절부터 제15절까지 규정되어 있는 15가지의 계약(현상광고를 단독행위라고 보면 14가지)을 전형계약이라고 하며, 채권계약 가운데 그 외의 계약을 비전형계약이라고 한다. 전형계약은 증여·매매·임대차 등과 같이 민법전상 이름이 붙여져 있다고 하여 유명계약(有名契約)이라고도 하며, 비전형계약은 무명계약(無名契約)이라고도 한다. 비전형계약의 예로는 자동판매기 설치계약·은행계약·연예인 출연전속계약을 들 수 있다.

비전형계약 중 두 가지 이상의 전형계약의 요소가 섞여 있거나 하나의 전형계약의 요소와 기타의 사항이 섞여 있는 것을 특히 혼합계약이라고 한다. 예를 들면 채권적 전세계약은 임대차와 소비대차의 요소가 섞여 있는 혼합계약이다.

2. 쌍무계약(雙務契約)·편무계약(片務契約)

쌍무계약은 계약의 각 당사자가 서로 대가적인 의미를 가지는 채무를 부담하는 계약이다. 여기서 채무가 「대가적인 의미」를 갖는다는 것은 A가 채무를 부담하는 것은 B가 채무를 부담하기 때문이고, B가 채무를 부담하는 것은 A가 채무를 부담하기 때문이라는 것과 같이, 당사자들의 채무부담이 서로 의존적임을 뜻하며, 채무의 경제적 가치가 동등할 필요는 없다. 전형계약 중 매매 · 교환 · 임대차 · 고용 · 도급 · 여행계약 · 조합 · 화해는 쌍무계약이고, 소비대차 · 위임 · 임치도 유상(有償)인 때에는 쌍무계약에 해당한다.

채권계약 가운데 쌍무계약 이외의 모든 것이 편무계약이다. 그 중에는 당사자 일방만이 채무를 부담하는 경우 외에 당사자 쌍방이 채무를 부담하지만 그 채무들이 서로 대가적인 의미가 없는 경우도 있다. 증여 · 현상광고는 전자의 예이고, 사용대차는 후자의 예이다. 사용대차에서 빌려준 자인 대주(貸主)는 목적물의 사용을 허용할 채무가 있고, 빌린 자인 차주(借主)는 후에 목적물을 반환할 채무가 있으나, 이 두 채무는 의존관계에 있지 않기 때문이다. 한편 소비대차 · 위임 · 임치도 무상(無償)인 때에는 사용대차와 마찬가지로 편무계약에 속한다.

3. 유상계약(有償契約) · 무상계약(無償契約) [309]

(1) 의 의

유상계약은 계약의 각 당사자가 서로 대가적인 의미를 가지는 재산출연(財産出捐)(출재)을 하는 계약이고, 무상계약은 채권계약 중 그 외의 것이다. 무상계약에는 당사자 일방만이 출연을 하는 경우도 있고(예 : 증여), 당사자 쌍방이 출연을 하지만 대가적인 의미가 없는 경우도 있다(예 : 사용대차 · 무상소비대차).

(2) 쌍무계약 · 편무계약과의 차이점

유상계약 · 무상계약의 구별은 쌍무계약 · 편무계약의 구별과 어떻게 다른가? 쌍무계약과 편무계약은 「계약의 효과로서 생기는 채권관계」만을 관찰하여 당사자들이 서로 대가적인 의미의 채무를 부담하는지를 표준으로 하여 구별하는 데 비하여, 유상계약 · 무상계약은 「계약의 성립에서부터 그 계약의 효과로서 생기는 채권관계의 실현에 이르기까지의 모든 과정」을 살펴서 그 안에서 당사자들이 서로 대가적인 출연을 하는지를 표준으로 하여 구별하며, 그럼에 있어서 출연이 계약성립시에 행하여지느냐 계약의 효과로서 발생한 채권관계에 기하여 행하여지느냐는 묻지 않는다.

여기서 쌍무계약과 유상계약의 관계가 드러나게 된다. 즉 각 당사자들이 서로 대가적인 의미에 있는 채무들을 부담하는 쌍무계약에서는 각 당사자들의 대가적인 재산상의 출연이 반드시 있게 된다. 그러므로 쌍무계약은 모두 유상계약이다. 그리고 편무계약일지라도 후에 채무를 부담하는 당사자의 상대방이 계약성립시에 대가적인 의미의 출연을 하면 역시 유상계약으로 된다. 현상광고를 계약이라고 본다면 현상광고가 그 예이다.

현상광고의 경우를 예로 들어 설명해 본다. A가 X라는 개를 찾아주면 20만원을 지급하겠다고 신문에 광고를 냈다고 하자. 이 경우에 B가 X라는 개를 찾아주면, 현상광고는 「성립」하며, 그 후에는 A만이 20만원의 지급의무를 부담한다. 따라서 계약의 효과로서 생기는 채권관계만으로 판단하면 편무계약이 되지만, 모든 과정에서 출연이 있는가를 표준으로 하여서 보면 유상계약이 된다. A는 후에 출연을 할 것이고, B는 계약성립시에 개를 찾아주는 행위로서 출연을 했기 때문이다.

(3) 구체적인 계약들

민법상의 전형계약 가운데 매매 · 교환 · 임대차 · 고용 · 도급 · 여행계약 · 조합 · 화해 · 현상광고는 유상계약이고, 증여 · 사용대차는 무상계약이다. 그리고 소비대차 · 위임 · 임치 · 종신정기금은 대가지급을 하도록 하느냐에 따라 유상계약 또는 무상계약으로 된다.

4. 낙성계약(諾成契約) · 요물계약(要物契約) [310]

낙성계약은 당사자의 합의(合意. 의사표시의 일치)만으로 성립하는 계약이고, 요물계약은 당사자의 합의 외에 물건의 인도 기타 급부가 있어야만 성립하는 계약이다. 민법상의 전형계약은 그 대부분이 낙성계약이며, 현상광고만이 요물계약에 해당한다. 그리고 전형계약은 아니지만 계약금계약([330] 참조)은 요물계약이라고 해석되며, 대물변제는 채권계약은 아니지만 요물계약이다.

5. 계속적 계약 · 일시적 계약

계약에 의하여 발생한 채무 가운데에는 급부가 일정한 시간 동안 계속되어야 하는 것이 있다. 임대차에 있어서 임대인이 임차인에 대하여 부담하는 목적물을 사용 · 수익하게 할 채무가 그 예이다. 그러한 채무를 발생시키는 계약이 계속적 계약이다. 그에 비하여 급부 실현에 시간적 계속성이 요구되지 않는 채무(예 : 매도인의 소유권이전의무, 매수인의 대금지급의무)를 발생시키는 계약은 일시적 계약이다. 계속적 계약에 의하여 생기는 채권관계를 「계속적 채권관계」라고 한다.

전형계약 가운데 계속적 채권관계를 발생시키는 계약(즉 계속적 계약)으로는 소비대차 · 사용대차 · 임대차 · 고용 · 위임 · 임치 · 조합 · 종신정기금이 있다.

[계속적 공급계약]
일정한 기간 또는 부정기간(不定期間) 동안에 종류로서 정하여진 물건을 일정한 대가를 받고서 계속적으로 공급하기로 하는 계약이 계속적 공급계약이다. 생맥주 판매점에서 맥주를 요청하는 대로 공급해 주기로 한 경우가 그 예이다. 계속적 공급계약은 한편으로는 매매계약(또는 제작물공급계약)의 성질을 가지면서 다른 한편으로는 계속적 채권관계로서의 특성도 지니고 있다.

6. 예약(豫約) · 본계약(本契約)

예약은 장차 일정한 계약을 체결할 것을 미리 약정하는 계약이며, 이 예약에 기하여 장차 체결될 계약이 본계약이다. 예약은 쌍무예약 · 편무예약, 쌍방예약 · 일방예약으로 그 종류를 나눌 수 있는데, 그에 관하여는 「매매」에서 설명한다([329] 참조).

Ⅴ. 계약의 성립 [311]

1. 서 설

(1) 계약의 성립요건으로서의 합의(合意)

계약은 둘 이상의 계약당사자의 의사표시의 일치에 의하여 성립한다(낙성계약에서 그러함). 계약을 성립시키는 이러한 의사표시의 일치를 합의라고 한다.

[합의가 필요한 사항]

계약을 성립시키려면 어떤 사항에 합의가 있어야 하는가?

합의는 계약 내용의 모든 사항에 대하여 행하여져야 한다. 그리하여 계약의 본질적인 구성부분(계약의 필수 불가결한 부분) 즉 중요사항뿐만 아니라 부수적인 구성부분에 대하여도 합의가 있어야 한다. 그런데 앞의 것, 가령 매매의 경우 매매의 객체와 대금(563조 참조), 임대차의 경우 임차물과 차임(618조 참조)은 반드시 당사자가 개별적으로 합의를 하여야 하며, 합의가 없으면 계약이 성립할 수 없다. 그에 비하여 뒤의 것, 가령 채무의 이행장소(467조 참조)는 당사자가 합의가 필요함을 명시한 경우에는 합의가 있어야 하나, 그러지 않은 경우에는 합의가 없어도 계약이 성립하며, 그때에는 법률의 임의규정이나 법률행위의 해석에 의하여 그 부분이 보충된다.

여기서 의사표시의 일치라고 함은 당사자의 (내적인) 의사(진의)의 일치가 아니고 (외적인) 표시의 일치를 가리킨다. 보다 자세하게는 해석에 의하여 확정된 표시행위의 의미에 있어서의 일치이다.

따라서 구체적인 경우에 합의가 존재하는지 여부는 의사표시 내지 법률행위의 해석([42] 이하 참조)의 고려 하에서만 판단될 수 있다. 그 결과 다음과 같이 된다.

1) 계약의 당사자 쌍방이 그들의 의사표시를 동일한 의미로 이해한 때에는 — 자연적 해석에 의하여 — 그들이 이해한 의미로 효력이 있다. 예를 들어 A가 B에게 자신의 그림을 980만원에 매도하려고 하면서 편지에 잘못하여 890만원에 매도하겠다고 표시하였는데, B는 A가 그 그림의 대금으로 980만원을 받으려는 것을 알고 980만원에 매수하겠다고 한 경우에는, 980만

원을 대금으로 하는 그림의 매매합의가 존재한다.

2) 계약의 당사자들이 그들의 의사표시를 동일한 의미로 이해하지 않은 때에는 규범적 해석이 행하여진다. 그리하여 각각의 의사표시에 관하여 상대방이 적절한 주의를 베푼 경우에 이해했어야 하는 의미가 탐구되어야 하며, 그것들이 일치하게 되면, 그러한 의미로 합의가 인정된다. 예를 들어 A가 B에게 그의 그림을 980만원에 매각하려고 하면서 편지에 890만원에 매각하겠다고 쓰고, B는 A의 착오를 모르고 890만원에 매수한다고 답한 경우에는, 890만원을 대금으로 하는 매매계약이 성립한다. 그때 A의 착오의 문제는 남는다.

(2) 불합의(不合意)

불합의는 의사표시의 불일치, 즉 해석에 의하여 확정된 의사표시들의 의미가 일치하지 않는 것이다. 불합의는 그것의 존재를 당사자들이 알고 있는지 여부에 따라 의식적인 불합의와 무의식적인 불합의로 나누어진다. 갑이 을에게 자신의 시계를 10만원에 사라고 하였더니 을이 8만원이면 사겠다고 한 경우는 의식적인 불합의의 예이다. 그리고 A가 그림을 980만원에 매각하려고 하고 편지로 그 의사를 올바르게 표시하였는데, B가 이를 890만원이라고 잘못 읽고 890만원에 매수할 생각으로 890만원에 매수하겠다고 하였고, B의 답장을 받은 A는 B의 표시를 980만원에 매수하겠다는 의미로 이해한 경우는 무의식적인 불합의의 예이다.

불합의의 경우에는 그것이 의식적인 것이든 무의식적인 것이든 계약이 성립하지 않는다(조그만 예외에 관하여는 채각 [21] 참조). 따라서 앞에 든 두 예에서도 모두 계약은 성립하지 않는다.

(3) 계약성립의 모습

계약은 원칙적으로 계약당사자의 청약과 승낙의 일치에 의하여 성립한다. 그런데 민법은 그 외에도 의사실현과 교차청약에 의하여서도 계약이 성립할 수 있음을 규정하고 있다. 그 밖에 학자들 사이에서는 일정한 사실적인 행위에 의하여서 계약관계가 성립할 수 있는지도 논의되고 있다.

2. 청약과 승낙에 의한 계약성립 [312]

(1) 청 약

1) 의 의 청약은 그에 대응하는 승낙과 결합하여 계약을 성립시킬 것을 목적으로 하는 일방적·확정적 의사표시이다. A가 B에게 그의 X그림을 980만원에 사라고 편지를 보내는 것이 그에 해당한다. 청약은 하나의 의사표시이고 법률행위가 아니다. 따라서 그것 자체만으로는 법률효과가 발생하지 않는다. 그런데 그에 대하여 승낙이 있고, 그것들이 일치하면, 계약이 성립하여 법률효과가 생기게 된다.

청약은 다른 사람으로 하여금 청약을 하게 하려는 행위인 「청약의 유인」과 구별된다. 청약의 유인은 청약이 아니어서, 상대방이 그에 대하여 계약체결을 원하는 의사표시를 하더라도 그것이 비로소 청약이 되어, 유인을 한 자는 그에 대하여 승낙할 것인지를 자유롭게 정할 수 있다. 예를 들어 A가 가정부를 구한다는 광고(구인광고)를 하였다고 하자. B가 이를 보고 A에게 와서 자기가 가정부를 하겠다고 하였다. 이 경우에 구인광고가 청약이라면 A는 B와의 계약체결을 거절할 수 없다. 그러나 구인광고는 청약의 유인이라고 해석되기 때문에, B의 의사표시가 청약이 되고, 따라서 A는 그와 계약을 체결하지 않을 수 있다. 청약의 유인의 다른 예로 물품판매광고, 기차 등의 시간표의 배부를 들 수 있다.

[경매·입찰에 부치겠다는 표시의 문제]
경매나 입찰에 부치겠다는 표시가 청약인지 청약의 유인인지가 문제된다. 이에 관하여는 일반적인 기준이 없으므로 개개의 경우에 여러 사정을 종합하여 판단하여야 한다. 하나의 기준을 말한다면, 구체적인 계약조건을 표시하고 있는 때에는 청약이고, 그렇지 않은 때에는 청약의 유인이라고 할 수 있다. 그리하여 경매 가운데 최저가격을 제시하고서 값을 올려가는 경우와 값을 내려가는 경우에 경매에 부친다는 표시는 청약이고, 경매자가 최저가격을 제시하지 않고서 값을 올려가는 경매의 경우에 경매에 부치겠다는 표시와 보통의 입찰공고는 청약의 유인으로 된다.

2) 효 력

① **실질적 효력**(승낙적격) 청약은 그에 대한 승낙만 있으면 계약을 성립하게 하는 효력 즉 승낙을 받을 수 있는 효력을 가진다. 이를 청약의 실질적 효력 또는 승낙적격(승낙능력)이라고 한다. 그리고 그러한 효력은 승낙에도 인정된다.

② **청약의 구속력**(비철회성) 청약자가 청약을 한 뒤에는 이를 임의로 철회하지 못한다(527조). 이를 청약의 구속력이라고 한다. 청약에 구속력을 인정한 이유는, 청약자가 마음대로 철회할 수 있도록 할 경우 신의를 바탕으로 하는 거래의 안전을 유지할 수 없고 상대방에게 부당한 손해를 줄 수 있기 때문이다. 청약에 구속력이 있어서 상대방은 그에 대하여 승낙 또는 거절을 선택할 수 있는 유리한 지위에 있게 된다.

(2) 승 낙 [313]

1) 의 의 승낙은 청약에 응하여 계약을 성립시킬 것을 목적으로 청약자에 대하여 하는 의사표시이다. 앞의 청약의 예에서 B가 그 그림을 980만원에 사겠다고 하는 것이 그 예이다.

2) 효 력

① **계약을 성립시키는 효력** 승낙은 청약과 결합하여 계약을 성립하게 하는 효력이 있다. 이는 청약의 실질적 효력에 대응하는 것이다. 그런데 계약을 성립시키려면 먼저 승낙의 의미가 청약과 일치하여야 한다. 나아가 승낙이 일정한 기간 내에 행하여져야 한다. 뒤의 문제를 좀 더 설명하기로 한다.

② **승낙의 도달 문제** 청약에 승낙기간이 정하여져 있는 경우에는, 승낙이 그 기간 내에 청약자에게 도달하여야 계약이 성립한다(528조 1항). 그리고 청약에 승낙기간이 정하여져 있지 않은 경우에는, 승낙이 상당한 기간 내에 청약자에게 도달하여야 계약이 성립한다(529조).

③ **청약의 거절 등** 청약자의 상대방이 청약을 거절하면 계약이 성립할 수 없다. 그리고 승낙자가 청약에 대하여 조건을 붙이거나 변경을

가하여 승낙한 때에는, 그 청약을 거절하고 새로 청약한 것으로 본다(534조). 예를 들어 갑이 그의 시계를 을에게 10만원에 사라고 하였는데, 을이 8만원이면 사겠다고 말했다고 하자. 이 경우에는 을이 변경을 가하여 승낙한 것이다. 따라서 그것에 의하여 갑의 청약은 효력을 잃게 되고(청약의 거절로 인정되기 때문에), 을의 의사표시는 새로운 청약으로 의제된다.

3) **승낙의 효력발생시기** 승낙의 효력발생시기에 관하여 특별규정이 없다면, 승낙은 도달주의의 원칙(111조 1항)에 따라서 그것이 청약자에게 도달한 때에 효력이 생긴다고 새겨질 것이다. 그런데 민법은 격지자(隔地者. 멀리 떨어져 있는 자) 사이의 계약 성립시기에 관하여 제531조의 특별규정을 두고 있다. 그 규정은 격지자 사이의 계약은 승낙의 통지를 발송한 때 성립한다고 규정한다. 이 규정에 의하여 격지자 사이의 계약에 있어서의 승낙은 발송한 때에 효력이 생기게 된다. 그런데 민법은 다른 한편으로 승낙이 승낙기간 또는 상당한 기간 내에 도달할 것을 요구하고 있다(528조 · 529조). 그리하여 승낙은 승낙기간 또는 상당한 기간 내에 도달하지 못하는 것(부도달: 不到達)을 해제조건으로 하여 발송한 때 효력이 생긴다고 해석하여야 한다.

대화자 사이의 계약의 성립시기에 관하여는 특별규정이 없다. 따라서 거기에는 도달주의의 원칙이 그대로 적용되어, 승낙은 도달한 때에 효력이 발생하고, 계약도 그때 성립한다고 해석된다.

3. 의사실현(意思實現)에 의한 계약성립 [314]

책을 판매하는 A는 B에게 책을 보내면서 그 책을 3만원에 사라고 하였다. 그런데 B는 A에게 특별한 표시는 하지 않고 그 책에 자신의 이름을 쓰고 읽기 시작하였다. 이 경우에 B의 행위로부터 B의 승낙의 의사를 추단해 볼 수 있다.

여기의 B의 행위와 같이 「승낙의 의사표시로 인정되는 사실」이 의사실현이다. 그리고 민법은 의사실현의 경우에는 계약이 성립한다고 규정한다(532조). 민법이 의사실현에 의하여 계약이 성립하는 것으로 규정하는 것은 두 가지이다. 하나는 청약자의 의사표시에 의하여 승낙의 통지가 필요하지 않은 경우이고, 다른 하나는 관습에 의하여 승낙의 통지가 필요하지 않은 경우이다. 위의 예는 전자에 해당한다.

4. 교차청약(交叉請約)에 의한 계약성립

갑은 을에게 편지로 자신의 특정한 손목시계를 10만원에 사라고 하였다. 그런데 갑의 편지가 을에게 도착하기 전에 을이 평소에 보아왔던 갑의 시계를 사고 싶어서 역시 편지로 자신이 갑의 그 시계를 10만원에 사겠다고 하였다. 이 경우에 갑과 을의 의사표시는 청약·승낙의 관계에 있지 않으며, 모두 청약에 지나지 않는다. 교차청약인 것이다. 그런데 민법은 교차청약의 경우에는 실질적으로 합의가 존재하고 있는 점을 고려하여 계약의 성립을 인정한다(533조).

5. 사실적 계약관계 [315]

[예] A는 X시(市)로부터 시유지(市有地)를 빌려 유료주차장을 개설하였다. 그 뒤 B는 A의 주차장에 차를 주차시키면서 자신은 X시의 시민으로서 시유지를 사용하는 것이라고 하면서 자신의 차를 감시해 줄 필요가 없으며, 주차료도 지급하지 않겠다고 하였다. 그리고 무려 6주일 동안 차를 주차시켰다. B는 A에게 주차료를 지급하여야 하는가?(독일의 이른바 주차장사건)

계약은 합의에 의하여 성립한다. 그런데 독일의 하우프트(Haupt)에 의하여 처음 주장된 사실적 계약관계에 관한 이론은, 일정한 경우에는 당사자 사이의 합의가 없이도 단지 순수하게 사실적인 행위만에 의하여 계약이 성립할 수 있다고 한다. 가령 전차의 승차, 전기·수도·가스의 이용, 유료주차장의 이용 등과 같은 몇 가지 경우에는 당사자의 의사표시와 관계없이 구체적인 이용행위만으로 계약관계가 성립한다는 것이다.

이러한 하우프트의 이론은 독일에서 심한 논쟁을 불러일으켰으며 급기야 독일 판례에 의하여 채용되기도 하였다. 그 대표적인 것이 위의 [예](주차장사건)이다. 그 여파로 우리나라에서도 이에 대하여 찬반의 대립이 있으나,

오늘날은 이를 인정하지 않는 것이 통설이다.

사실적 계약관계론은 몇 가지 경우에 그것의 특수한 면만을 보고서 그 경우에는 합의에 의하지 않고 계약이 성립한다고 함으로써 근거 없이 민법학의 체계를 크게 훼손하고 있다. 그리고 그러한 경우들은 전통적인 이론에 의하여서도 해결될 수 있다. 따라서 우리 민법상 사실적 계약관계론은 인정하지 않아야 한다.

위의 [예]의 경우에는, 사실적 계약관계론을 인정하는 때에는, 유료주차장에 주차하는 행위에 의하여 유료주차장 이용계약이 성립한다고 한다. 그리고 전통적 이론에서는 주차료를 지급하지 않겠다는 표시는 「행위와 모순되는 이의는 고려되지 못한다」는 신의칙의 하부원칙에 의하여 무효로 되고, 주차하는 행위가 묵시적인 승낙이 되어, 합의에 의하여 유료주차장 이용계약이 성립한다고 한다. 결과적으로 어느 이론에 의하든 주차료를 지급하여야 하며, 그에 이르는 과정에서만 차이가 있음을 알 수 있다.

6. 계약체결상의 과실 [316]

[예 Ⅰ] A는 그의 집이 그 전날 밤에 불타버린 사실을 알면서 이를 모르는 B에게 그 집을 파는 계약을 체결하였다.

[예 Ⅱ] C는 D의 가게에 물건을 사러 들어가다가 통로에 놓인 바나나 껍질을 밟고 미끄러져 다쳤다. 그리하여 여러 날 입원하여 치료를 받았다.

계약의 준비나 성립과정에서 당사자 일방이 그에게 책임있는 사유로 상대방에게 손해를 준 것을 「계약체결상의 과실」 또는 「체약상의 과실」이라고 한다.

민법은 원시적 불능에 관하여서만 체약상의 과실을 규정하고 있다(535조). 그에 의하면, 목적이 불능한 계약을 체결할 때에 그 불능을 알았거나 알 수 있었을 자는 선의·무과실의 상대방에 대하여 그 계약의 유효를 믿었음으로 인하여 받은 손해(신뢰이익)를 배상하여야 한다. 그러나 그 배상액은 계약이 유효함으로 인하여 생길 이익액(이행이익)을 넘지 못한다. [예 Ⅰ]이 여기에 해당하며, 그 경우에 A는 B에게 신뢰이익을 배상하여야 한다.

체약상의 과실을 원시적 불능 외에도 널리 일반적으로 인정할 것인가에 관하여 논란이 있으나, 통설은 긍정하고 있다. 그러한 통설에 의하면, 계약체결의 준비단계에 있어서도 체약상의 과실이 인정될 수 있다. 그리하여 [예 Ⅱ]에서 D는 C에게 체약상의 과실을 이유로 치료비 등을 배상하여야 한다.

Ⅵ. 계약의 효력 [317]

1. 서 설

계약 특히 채권계약의 효력은 채권계약에 의하여 발생하는 법률효과로서 채권·채무의 발생이다. 그런데 그 구체적 내용은 각각의 전형계약에 따라 다르다. 따라서 그에 대하여는 전형계약별로 논의하여야 한다.

한편 민법전은 제 3 편 제 2 장 제 1 절 제 2 관의 제목을 「계약의 효력」이라고 붙이고, 그 아래에서 동시이행의 항변권, 위험부담, 제 3 자를 위한 계약에 관하여 규정하고 있다. 이들 중 앞의 두 가지는 쌍무계약에 특유한 문제이다. 아래에서 이 세 가지 제도에 관하여서만 살펴보기로 한다.

2. 쌍무계약의 효력

(1) 쌍무계약의 특질(견련성)

앞서 본 바와 같이, 쌍무계약은 서로 대가적인 의미를 가지는 채무를 부담하는 계약이다. 이러한 쌍무계약의 경우에는 당사자 쌍방의 채무가 대가적인 의미(상대방의 채무부담을 전제로 하여 자신이 채무를 부담함)가 있기 때문에 그것들은 서로 운명을 같이 하는 의존관계에 있게 되는데, 쌍무계약에 있어서 채무들 상호간의 의존관계를 채무의 견련성(牽連性)이라고 한다.

쌍무계약상의 채무의 견련성은 채무의 성립·이행·소멸(존속)의 세 방향에서 나타난다.

1) 성립상의 견련성 이는 당사자 일방의 채무가 불능·불법 기타

의 이유로 성립하지 않는 경우에는, 상대방의 채무도 성립하지 않는다는 관계이다. 이미 불타버린 집을 매매한 경우, 불륜관계를 맺고 그 대가를 지급하기로 한 경우에 그렇다.

2) 이행상의 견련성　　이는 당사자 일방의 채무가 이행될 때까지는 상대방의 채무가 이행되지 않아도 무방하다는 것이다. 제536조의 동시이행의 항변권은 이행상의 견련성을 입법화한 제도이다.

3) 존속상의 견련성　　쌍무계약에서는 당사자 일방의 채무가 채무자에게 책임없는 사유로 이행불능이 되어 소멸한 경우에 상대방의 채무는 어떻게 되느냐가 문제된다. 소멸 내지 존속상의 견련성을 인정한다면 상대방의 채무도 소멸한다고 하게 될 것이고, 이를 부정한다면 상대방의 채무는 존속한다고 하게 될 것이다. 민법은 제537조·제538조에서 이에 대하여 규정하고 있으며, 그것이 곧 위험부담의 문제이다.

(2) 동시이행의 항변권 [318]

1) 의　의　　쌍무계약에 있어서 당사자 일방은 상대방이 채무를 이행하거나 이행의 제공을 할 때까지 자기 채무의 이행을 거절할 수 있는데(536조 1항), 이를 동시이행의 항변권이라고 한다. 예를 들면 A가 B에게 그의 시계를 3만원에 팔면서 그 시계를 1월 15일에 대금을 받으면서 넘겨주기로 하였는데, 1월 15일에 B가 시계의 대금을 준비하지 않은 채 A에게 시계를 넘겨달라고 하는 경우에, A는 B가 대금을 준비하여 제공할 때까지 시계의 인도를 거절할 수 있다. 인도를 거절하는 A의 그 권리가 동시이행의 항변권이다.

쌍무계약의 경우 당사자 쌍방의 채무는 서로 대가적인 의미를 가지고 있다. 따라서 그 계약에서는 어느 일방 당사자가 자기 채무는 이행하지 않으면서 상대방에 대하여 이행을 청구하는 것은 공평의 원칙과 신의칙에 반한다. 여기서 민법은 쌍무계약의 당사자 사이의 공평을 꾀하기 위하여 동시이행의 항변권을 인정하고 있다.

2) 효　력

① 이행거절권능(본질적 효력)　　동시이행의 항변권은 상대방이 채

무를 이행하거나 이행의 제공을 할 때까지 자기 채무의 이행을 거절할 수 있는 권리이다. 그리하여 일시적으로 상대방의 청구권의 작용을 저지하는 연기적 항변권이다. 이 권리가 청구권을 소멸시키지는 않는다.

동시이행의 항변권은 항변권의 일종으로서 재판상 또는 재판 외에서 행사하여야 그 본질적 효력이 생긴다.

② 부수적 효과 위의 이행거절권능 외의 일정한 효과는 동시이행의 항변권이 생길 수 있는 상태만으로 발생한다. 그리하여 그 효과발생을 위하여 항변권을 행사할 필요가 없다. 그러한 효과는 다음의 두 가지이다.

동시이행관계에 있어서 동시이행의 항변권이 생길 수 있는 동안에는 채무자는 이행지체가 되지 않는다(통설 · 판례). 이행지체의 요건 중 위법성이 없기 때문이다.

동시이행의 항변권이 생길 수 있는 채권을 자동채권으로 상계하지 못한다(통설 · 판례). 이를 허용하면 상대방은 부당하게 동시이행의 항변권의 기능을 잃게 되기 때문이다. 예를 들어본다. B로부터 금전을 빌린 A가 그의 부동산을 B에게 매도한 경우에, A는 그의 매매대금채권(이는 동시이행의 항변권이 생길 수 있는 채권임)을 자동채권으로 하여 그의 대여금채무와 상계하지 못한다. 그러나 B가 상계하는 것은 허용된다. 이때에 B는 항변권을 스스로 포기하는 것이기 때문이다([300] 2 (1)도 참조).

(3) 위험부담 [319]

1) 의 의 위험부담은 쌍무계약의 당사자 일방의 채무가 채무자의 책임없는 사유로 이행불능이 되어 소멸한 경우에 그에 대응하는 상대방의 채무의 운명은 어떻게 되느냐의 문제이다. A와 B 사이에 A의 승용차를 B에게 팔기로 하는 계약을 체결하였는데, 그 계약이 이행되기 전에 승용차가 폭우에 떠내려가 못쓰게 된 경우에, B가 승용차의 대금을 지불하여야 하는지가 그 예이다.

① 위험부담은 쌍무계약에서 생기는 문제이다. 편무계약에서는 대가적인 의미에 있는 채무들의 대립상태가 없기 때문에 위험부담이 문제될 여지가 없다.

② 위험부담은 채무의 후발적 불능(이행불능)의 경우에 문제된다. 쌍무계약상의 하나의 채무가 원시적으로 불능인 때에 다른 채무의 존립 여부는 성립상의 견련성으로 해결된다.

③ 위험부담은 후발적 불능이 채무자에게 책임없는 사유로 생긴 때에 문제된다. 채무자의 유책사유로 불능이 된 때에는 본래의 채무가 손해배상채무로 변하여 존속하고, 다른 채무에는 영향이 없다. 한편 채무자에게 유책사유가 없는 경우에는 채권자에게 유책사유가 있는 때와 채권자에게도 유책사유가 없는 때가 있는데, 어느 때이든 채무는 소멸하여 위험부담의 문제가 생긴다.

2) 위험부담에 관한 입법주의 위험부담에 관한 입법방법에는 채무자주의, 채권자주의, 소유자주의가 있다.

① 채무자주의는 이행불능으로 소멸한 채무의 채무자에게 위험을 부담하게 하는 방법이다. 이에 의하면 반대급부의무도 소멸한다.

② 채권자주의는 소멸한 채무의 채권자에게 위험을 부담하게 하는 방법이다. 여기서는 반대급부의무가 소멸하지 않는다.

③ 소유자주의는 물건의 멸실·훼손 당시의 소유자에게 위험을 부담하게 하는 방법이다.

3) 채무자위험부담의 원칙 민법은 제537조에서 채무자주의를 취하고 있다. 그 규정에 의하면, 쌍무계약의 당사자 일방의 채무가 당사자 쌍방의 책임없는 사유(자연력, 제 3 자의 행위 등)로 이행할 수 없게 된 경우에는, 채무자는 상대방의 이행을 청구하지 못한다. 그리하여 앞의 승용차매매의 예에서 매도인 A는 승용차의 소유권이전 및 인도의무를 면하지만, 아울러 대금지급청구권도 상실한다. 이때 매수인 B가 계약금이나 대금 일부를 이미 지급하였다면 A는 그것을 부당이득으로 반환하여야 한다.

이행불능의 효과로서 대상청구권의 발생을 인정하는 때에는, 제537조가 적용되는 경우 특별한 고려를 하여야 한다. 채권자가 대상청구권을 취득하면서 자신의 반대급부의무를 면하게 되는 것은 부당하기 때문이다. 따라서 채권자가 대상청구권을 행사하면, 그는 제537조에도 불구하고 상응하는 비율로 반대급부의무를 부담한다고 새겨야 한다.

4) **채권자의 유책사유로 인한 이행불능**(채권자주의) 쌍무계약의 당사자 일방의 채무가 채권자의 책임있는 사유로 이행할 수 없게 된 때와 채권자의 수령지체 중에 당사자 쌍방의 책임없는 사유로 이행할 수 없게 된 때에는, 상대방의 이행을 청구할 수 있다(538조). 즉 이때는 예외적으로 채권자주의가 적용된다.

예외적으로 채권자가 위험을 부담하는 위의 두 경우에, 채무자가 자기의 채무를 면함으로써 이익을 얻은 때에는, 이를 채권자에게 상환하여야 한다(538조 2항). 채무자의 여행비, 원료·기계가 소모되지 않음으로써 받은 이익이 그에 해당한다.

3. 제 3 자를 위한 계약 [320]

(1) 의 의

제 3 자를 위한 계약은 계약당사자가 아닌 제 3 자로 하여금 직접 계약당사자의 일방에 대하여 채권을 취득하게 하는 것을 목적으로 하는 계약이다. A가 B에게 그의 집을 파는 계약을 체결하면서 A의 요청으로 B가 C에 대하여 직접 대금지급채무를 부담하기로 하는 경우가 그 예이다. 이때 A를 요약자(要約者), B를 낙약자(諾約者), C를 수익자(受益者)라고 한다.

(2) 제 3 자를 위한 계약의 성립

제 3 자를 위한 계약이 성립하려면 요약자와 낙약자 사이에 채권계약을 성립시키는 합의가 있어야 한다. 그리고 제 3 자로 하여금 직접 권리를 취득하게 하는 의사표시가 있어야 한다. 그러한 의사표시를 제 3 자조항(제 3 자약관)이라고 한다.

제 3 자를 위한 계약은 보통의 계약을 체결하면서 계약상의 채권을 제 3 자에게 취득하게 하는 것일 뿐, 특별한 유형이 따로 있는 것이 아니다.

(3) 효 과

제 3 자를 위한 계약이 있는 경우에, 제 3 자가 낙약자에게 수익의 의사표시를 하면, 그 제 3 자는 채권을 취득하게 된다(539조). 그리고 그 후에는 당사자는 제 3 자의 권리를 변경 또는 소멸시키지 못한다(541조).

[제 3 자를 위한 계약의 경우 3자 사이의 법률관계]
제 3 자를 위한 계약은 관련된 자가 셋이므로, 관계자들 사이의 법률관계도 셋이 있게 된다.
① 낙약자 · 요약자 사이의 관계는 기본관계(보상관계라고도 함)라고 할 수 있다. 이 기본관계는 제 3 자를 위한 계약의 법적 성질을 결정하고, 그럼으로써 제 3 자의 채권취득의 유효요건도 결정한다. 그리고 이 관계가 무효이면, 제 3 자는 채권을 취득하지 못한다.
② 낙약자 · 제 3 자 사이의 관계는 실행관계라고 할 수 있다. 이 실행관계는 독립한 것이기는 하지만 계약관계는 아니다. 그 주된 내용은 제 3 자의 낙약자에 대한 채권이다.
③ 요약자 · 제 3 자 사이의 관계는 보통 대가관계라고 하나 제 3 자 수익의 원인관계라고 하는 것이 더 낫다. 이 관계는 일반적으로 제 3 자를 위한 계약을 체결한 원인이 된다. 그러나 이 관계는 제 3 자를 위한 계약 자체와는 무관하다. 따라서 이 관계가 없어도 낙약자는 의무를 부담한다.

Ⅶ. 계약의 해제(解除) · 해지(解止) [321]

1. 계약해제 서설

(1) 해제의 의의

계약의 해제란 유효하게 성립하고 있는 계약의 효력을 당사자 일방의 의사표시에 의하여 처음부터 없었던 것과 같은 상태로 되돌아가게 하는 것을 말한다. 해제는 해제권이 있을 때에만 행하여질 수 있다.

우리 민법상 해제권은 당사자 사이의 계약이나 법률규정에 의하여 발생한다(543조 1항). 이 가운데 당사자 사이의 계약에 의하여 발생하는 해제권을 약정해제권이라고 하고, 법률규정에 의하여 발생하는 해제권을 법정해제권이라고 한다. 그리고 약정해제권 중에는 모든 계약에 공통적인 것(일반적 약정해제)과 당사자가 명백히 해제권의 발생을 보류(약정)하지 않았는데도 법률이 해제권을 보류한 것으로 다루는 경우(특수한 약정해제)가 있다. 매매 기타의 유상계약에서 계약금이 지급된 때에 그렇다(565조 참조). 한편 법정해제권을 발생시키는 법률규정 중에는 모든 계약에 공통한 것(일반적 법정해제)이 있는가 하면(544조-546조. 이들은 채무불이행을 원인으로 함), 개별적인 계약에 특수한 것(특수한 법정해제)이 있다. 이렇게 해제권 발생의 경우가 여러 가지로 나누어지는데, 그 가운데 여기서는 일반적인 약정해제와 일반적인 법정해제에 관하여만 살펴보기로 한다.

[해제계약(합의해제)]
해제계약은 계약의 당사자가 이전에 체결한 계약을 체결하지 않았던 것과 같은 상태로 되돌리려는 내용의 새로운 계약을 말하며, 이는 합의해제라고도 한다. 이러한 해제계약은 민법에는 규정이 없으나 계약자유의 원칙상 유효성이 인정된다.

(2) 해제의 사회적 작용

해제의 사회적 작용은 약정해제와 법정해제에 있어서 다르다. 그런데 해제가 가장 의미있게 작용하는 것은 법정해제, 그 중에서도 이행지체의 경우이다. 예를 들어본다. A가 B에게 그의 집을 1억원에 매도하는 계약을 체결하였는데 집값이 8,000만원으로 하락하자 B가 대금을 지급하지 않았다. 이러한 경우에 A는 소를 제기하여 B의 이행을 구하고 아울러 손해배상을 청구할 수도 있으나, 그러려면 A 자신이 소유권이전채무·인도채무도 이행하여야 하는 번거로움이 따른다. 이때 A가 B와의 계약을 해제하고 손해배상으로 시가와의 차액을 청구하게 되면, A로서는 계약의 구속으로부터 벗어나 자유로워질 수 있으며 손실은 입지 않게 된다. 이와 같이 해제는 당사자 일방이 이행을 지체한 경우에 상대방으로 하여금 계약의 구속으로부터 벗어나게 하는 데 의미가 있다.

2. 해제권의 발생 [322]

(1) 약정해제권의 발생

계약의 당사자가 일방 또는 쌍방을 위하여 해제권의 보류(유보라고도 함)에 관하여 특약을 한 경우에는, 계약에 의하여 해제권이 발생한다(543조 1항).

(2) 법정해제권의 발생

민법이 일반적 법정해제권의 발생원인으로 규정하고 있는 것은 이행지체(544조 · 545조)와 이행불능(546조)의 두 가지이다. 그럼에도 불구하고 통설은 채무불이행의 모든 유형([253] 이하 참조)에 대하여 해제권의 발생을 인정하고 있다. 그런가 하면 사정변경의 원칙에 의한 해제권의 발생도 논의하고 있다. 아래에서 이들 모두에 관하여 살펴보기로 한다.

1) 이행지체의 경우 보통의 이행지체(계약이 정기행위가 아닌 경우)에 있어서 해제권이 발생하려면, ① 채무자의 유책사유에 의한 이행지체가 있을 것, ② 채권자가 상당한 기간을 정하여 이행을 최고(여기의 최고는 채무이행을 청구하는 행위임)하였을 것, ③ 최고기간 내에 이행이나 이행의 제공이 없었을 것이라는 세 가지 요건이 갖추어져야 한다(544조 본문). 다만, 채무자가 미리 이행하지 않을 의사를 표시한 때에는, 최고없이 계약을 해제할 수 있다(544조 단서).

그런데 정기행위(定期行爲)의 경우에는 다르다. 정기행위란 계약 가운데 계약의 성질 또는 당사자의 의사표시에 의하여 일정한 시일 또는 일정한 기간 내에 이행하지 않으면 계약의 목적을 달성할 수 없는 것을 말한다(545조 참조). 초대장의 주문이나 결혼식에서 입을 양복의 주문이 그 예이다. 이러한 정기행위의 경우에는 채무자의 유책사유에 의한 이행지체가 있으면 곧바로 해제권이 발생하고, 보통의 계약에서와 달리 최고는 필요하지 않다(545조).

2) 이행불능의 경우 채무자에게 책임있는 사유로 이행이 불능하게 된 때에는, 채권자는 계약을 해제할 수 있다(546조). 최고는 필요하지 않다.

3) 불완전급부의 경우 우리의 통설은 불완전이행의 경우의 해제권의 발생을 완전이행이 가능한 경우와 완전이행이 불가능한 경우로 나누어 각각 이행지체와 이행불능에 관한 규정을 유추하여 해제의 요건을 설명하고 있다(강의, D-107 참조). 그러나 통설의 불완전이행은 불완전급부와 「기타의 행위의무」 위반으로 나누어져야 하며, 통설의 해제권의 발생요건은 민법의 금전배상주의에 어긋나서 옳지 않다.

사견에 의하면, 불완전급부의 경우에는 불완전급부로 인하여 계약의 목적을 달성할 수 없을 때에 한하여 해제할 수 있다고 해석한다.

4) 「기타의 행위의무」 위반의 경우 이 경우에도 불완전급부에서처럼 그 의무위반으로 계약의 목적을 달성할 수 없는 때에만 해제할 수 있다고 할 것이다.

5) 사정변경의 원칙에 의한 해제권의 발생 통설·판례는 사정변경의 원칙에 의한 해제권의 발생도 인정한다. 그 경우의 요건은 ① 계약의 기초가 된 사정이 당사자가 예견하지 못했고 또 예견할 수도 없이 중대하게 변경되었을 것, ② 사정의 변경이 해제권을 취득하는 당사자에게 책임없는 사유로 생겼을 것, ③ 계약의 내용을 유지하는 것이 신의칙에 반할 것 등이다. 그리고 최고는 요건이 아니다.

3. 해제권의 행사 [323]

(1) 해제권의 행사방법

해제권의 행사는 상대방에 대한 의사표시로 한다(543조 1항). 그리고 해제의 의사표시는 철회하지 못한다(543조 2항).

(2) 해제권의 불가분성

당사자의 일방 또는 쌍방이 여럿인 경우에는, 계약의 해제는 그 전원으로부터 또는 전원에 대하여 하여야 한다(547조 1항). 이는 복수의 당사자 각각에 대하여 법률관계가 달라지지 않게 하기 위한 것이다.

당사자의 일방 또는 쌍방이 여럿 있는 경우에, 그 중의 1인에 관하여 해제권이 소멸한 때에는, 다른 당사자에 대하여도 해제권이 소멸한다(547조 2항).

4. 해제의 효과 [324]

계약해제의 효과는 크게 ① 계약의 소급적 실효, ② 원상회복의무, ③ 손해배상, ④ 반환의무·손해배상의무의 동시이행 문제의 넷으로 나눌 수 있다.

(1) 계약의 소급적 실효(失效)

계약이 해제되면 계약은 소급하여 무효로 되고, 따라서 계약에 의한 법률효과도 생기지 않았던 것이 된다.

그리하여 계약에 기하여 발생한 채권·채무가 모두 소급적으로 소멸하게 된다. 그 결과 아직 이행하지 않은 채무가 있어도 이행할 필요가 없다.

만약 계약의 이행으로서 소유권과 같은 권리가 이미 이전된 뒤에 해제되면 어떻게 되는가? 예를 들어 A가 B에게 토지를 매도하고 약정에 따라 소유권이전등기까지 해 주었는데, B가 대금을 지급하지 않아 A에 의하여 계약이 해제되었다고 하자. 이 경우에 B에게 이전되었던 토지의 소유권이 해제로 당연히 되돌아오는가? 이는 물권행위의 무인성을 인정할 것인가에 달려 있는데, 무인성을 부정하는 사견의 입장에서는(판례도 같음), 물권변동이 있었더라도 원인행위인 채권계약이 해제되면 일단 이전되었던 권리는 당연히 복귀한다고 해석된다. 그러나 해제로 제 3 자의 권리를 해치지 못한다(548조 1항 단서). 따라서 계약이 해제되기 전에 B로부터 C가 그 토지를 매수하여 등기까지 하였으면, 계약이 해제되더라도 C는 소유권을 잃지 않는다.

(2) 원상회복의무

계약이 해제되면, 각 당사자는 원상회복의무가 있다(548조 1항 본문). 이 원상회복의무의 성질은 부당이득 반환의무이다. 그리고 이 의무는 해제의 상대방은 물론이고 해제한 자도 부담한다.

(3) 해제와 손해배상청구

민법은 해제를 하면서 손해배상도 청구할 수 있도록 규정하고 있다(551조). 이때의 손해배상은 채무불이행으로 인한 것이다.

(4) 해제와 동시이행

계약해제시에 부담하는 당사자 쌍방의 원상회복의무에 대하여는 동시이행의 항변권 규정(536조)이 준용된다(549조). 그런데 원상회복의무뿐만 아니라 손해배상의무도 동시이행관계에 있다고 새겨야 한다.

[약정해제의 효과]

약정해제의 경우에는 해제의 효과에 관하여 특약을 하는 때가 많다. 그때에는 당연히 그 특약에 따라야 한다. 그런데 특약이 없는 때에는, 위에서 설명한 것이 약정해제에도 타당하다. 다만, 해제의 효과 중 손해배상청구는 그것이 채무불이행을 원인으로 하는 것이기 때문에 약정해제에는 인정되지 않는다.

5. 계약의 해지 [325]

(1) 해지의 의의

해지는 계속적 계약(예 : 소비대차 · 임대차 · 고용)의 효력을 장래에 향하여 소멸하게 하는 단독행위이다.

(2) 해지권의 발생

해지권도 해제권처럼 법률의 규정 또는 당사자의 계약에 의하여 발생한다(543조 1항). 법률의 규정에 의하여 발생한 해지권을 법정해지권이라고 하고, 계약에 의하여 발생한 해지권을 약정해지권이라 한다.

1) **법정해지권** 민법은 각각의 전형계약에 관하여 개별적으로 해지권을 규정하고 있다. 그런데 해제와 달리 일반적인 법정해지권 규정은 두고 있지 않다. 여기서 일반적으로 해지권의 발생을 인정할 것인지가 문제되는데, 민법상 해지를 인정하여야 할 모든 경우에 관하여 해지권이 규정되어 있지 않으므로, 개별규정들을 유추하여 일반적인 법정해지권을 인정하여야 한다.

2) **약정해지권** 계속적 계약을 체결하면서 당사자 일방이나 쌍방을 위하여 해지권을 보류하는 특약을 할 수도 있다. 그때에는 그 특약에 의하여 해지권(약정해지권)이 발생한다.

(3) 해지권의 행사

이는 해제권의 행사와 같다([323] 참조).

(4) 해지의 효과

해지가 있으면 계약은 장래에 향하여 그 효력을 잃으며(550조), 소급하여 무효로 되지 않는다. 그리고 계속적 계약이 해지되면, 계약관계의 청산의무가 존재한다. 임대차에 있어서 임차인의 목적물 반환의무가 그 예이다. 또한 손해가 있으면, 계약을 해지함과 동시에 손해배상도 청구할 수 있다(551조).

제 2 절 계약각론(契約各論)

제 1 관 증여(贈與)

Ⅰ. 증여의 의의 [326]

증여는 당사자 일방(증여자)이 무상으로 재산을 상대방(수증자)에게 수여하는 의사를 표시하고 상대방이 이를 승낙함으로써 성립하는 계약이다(554조). 보통 사회에서 증여라고 하면 증여하는 행위를 가리키나, 민법에서는 증여계약을 의미한다.

Ⅱ. 증여의 효력

1. 증여자의 담보책임

증여자는 증여의 목적인 물건 또는 권리에 하자나 흠결이 있어도 원칙적으로 담보책임을 지지 않는다(559조 1항 본문). 그러나 증여자가 그 하자나 흠결을 알고 수증자에게 고지하지 않은 때에는 예외적으로 담보책임을 진다(559조 1항 단서). 담보책임의 내용은 수증자가 하자나 흠결이 없다고 오신(誤信)하였기 때문에 입은 손해(신뢰이익)의 배상이다.

2. 증여의 해제

민법은 다음의 경우에는 증여계약을 해제할 수 있도록 하고 있다. 그러나 어느 경우든 이미 이행된 부분에 대하여는 영향을 미치지 않는다(558조).

① 증여의 의사가 서면으로 표시되지 않은 경우(555조).

② 수증자의 일정한 망은행위(忘恩行爲)가 있는 때. 즉 증여자 또는 그 배우자나 직계혈족에 대한 범죄행위가 있는 때(556조 1항 1호)와 증여자에 대하여 부양의무가 있는 경우에 이를 이행하지 않은 때(556조 1항 2호). 그러나 이 해제권은 망은행위가 있었음을 안 날부터 6개월이 경과하거나 증여자가 수증자에 대하여 용서의 의사를 표시한 때에는 소멸한다(556조 2항).

③ 증여계약 후 증여자의 재산상태가 현저히 변경되고 그 이행으로 인하여 생계에 중대한 영향을 미칠 경우(557조).

Ⅲ. 특수한 증여 [327]

1. 부담부 증여(상대부담 있는 증여)

이는 수증자가 증여를 받으면서 일정한 급부를 하기로 하는 증여이다. 가령 토지 소유자가 토지를 증여하면서 후에 나이가 들어 자신의 거동이 불편하게 되면 수증자가 증여자 부부를 부양하고 그의 선조의 제사를 지내주기로 약속한 경우가 그에 해당한다.

부담부 증여의 경우에는 증여자는 그의 부담의 한도에서 매도인과 같은 담보책임이 있다(559조 2항). 그리고 부담부 증여에 대하여는 증여의 규정 외에 쌍무계약에 관한 규정(특히 536조 · 537조)이 준용된다(561조).

2. 정기증여(定期贈與)

정기증여는 정기적으로 무상으로 재산을 주는 증여이다. 매월 말에 50만원씩 주기로 한 경우가 그 예이다. 정기증여는 증여자 또는 수증자가 사망한 때에는 효력을 잃는다(560조).

3. 사인증여(死因贈與)

사인증여는 증여자의 사망으로 인하여 효력이 생기는 증여이다. 이는 증여자가 죽음을 염두에 두고 계약의 형태로 사실상 유증을 하는 것이라고 할 수 있다. 따라서 사인증여에는 유증에 관한 규정을 준용한다(562조).

제 2 관 매매(賣買)

Ⅰ. 매매의 의의 [328]

매매는 당사자 일방(매도인)이 재산권을 상대방(매수인)에게 이전할 것을 약정하고 상대방이 그 대금을 지급할 것을 약정함으로써 성립하는 계약이다(563조). 그 당사자는 매도인과 매수인이다.

민법은 매매가 가장 대표적인 유상계약이어서 그에 관하여 자세한 규정을 두고, 그 규정들을 — 성질이 허용하는 한 — 다른 유상계약에 준용하고 있다(567조).

Ⅱ. 매매의 성립과 관련된 특수문제 [329]

민법은 매매의 성립과 관련하여 몇 가지 규정을 두고 있다(564조-566조). 그것들에 관하여 살펴본다.

1. 매매의 예약

(1) 매매예약의 종류

1) 예약은 장차 본계약을 체결할 것을 약속하는 계약이다. 예약은 크게 두 그룹으로 나누어지고, 그 각각의 그룹이 또 둘로 나누어진다.

하나의 그룹은 예약상의 권리자가 본계약 체결을 원하여 청약을 하면 상대방이 승낙하여야 할 채무를 부담하기로 약정하는 예약이며, 그러한 예약에는 당사자 일방만이 예약상의 권리를 가지고 상대방이 승낙의무를 부담하는 경우인 편무예약과, 당사자 쌍방이 예약상의 권리를 가지는 경우인 쌍무예약이 있다.

다른 하나의 그룹은 예약상의 권리자가 상대방에 대하여 본계약을 성립시킨다는 의사표시(예약완결의 의사표시)를 하면 상대방의 승낙을 기다리지 않고 본계약이 성립하는 경우의 예약이며, 그러한 예약에는 예약완결의 의사표시를 할 수 있는 권리(예약완결권)를 당사자 일방만이 가지는 일방예약과, 당사자 쌍방이 그러한 권리를 가지는 쌍방예약이 있다.

2) 민법은 매매의 일방예약에 관하여만 규정하고 있다(564조). 그렇지만 계약자유의 원칙상 위의 네 가지 예약이 모두 인정된다. 당사자가 예약을 한 경우에 네 가지 중 어느 것에 해당하느냐는 예약의 해석에 의하여 결정된다. 그런데 불분명한 때에는 일방예약으로 해석하여야 한다. 낙성계약인 매매의 예약으로는 일방예약이 합리적이기 때문이다.

(2) 매매예약의 작용

매매예약은 본래, 현재에는 매매계약을 체결하기 어려운 사정이 있지만 장래에는 그 계약을 체결하고 싶은 경우에 상대방이 그때 가서 계약체결을 거절하지 않도록 묶어두는 제도이다. 그런데 근래에는 그러한 목적으로는 거의 이용되지 않으며, 주로 채권담보의 수단으로 이용되고 있다. 즉 금전을 빌려주면서 그 채권을 담보하기 위하여 채무자의 부동산을 장차 일정한 금액으로 매수하기로 하는 예약(매매예약)을 체결하고 그 예약에 기하여 장차 가질 수 있는 소유권이전청구권을 보전하기 위한 가등기(담보가등기)를 해 둔다. 이러한 경우는 가등기담보에 해당하고, 거기에는 가등기담보법이 적용된다([223] 참조).

(3) 매매의 일방예약

매매의 일방예약이 있는 경우에 예약상의 권리자가 예약완결권을 행사하여 매매완결의 의사표시를 하면, 그때 본계약인 매매가 성립하고 효력이 발생한다(564조 1항).

2. 계약금 [330]

(1) 계약금의 의의

계약금은 계약의 체결시에(계약 성립 후도 무방함) 당사자 일방이 상대방에 대하여 교부하는 금전 기타의 유가물이다. 매매의 경우 계약금은 보통 매수인이 매도인에게 교부한다.

(2) 계약금의 종류

1) **증약금**(證約金) 이는 계약체결의 증거로서의 의미를 가지는 계약금이다.

2) **위약계약금**(違約契約金) 이는 위약 즉 채무불이행이 있는 경우에 의미를 가지는 계약금이다. 위약계약금에는 위약벌(違約罰)의 성질을 가지는 것과 손해배상액의 예정의 성질을 가지는 것이 있다.

전자는 교부자의 채무불이행이 있을 때 벌로서 몰수하는 계약금이다. 계약금이 위약벌인 경우에, 교부자의 상대방에게 손해가 발생하면, 그는 계약금과 별도로 손해배상을 청구할 수 있다.

후자는 채무불이행의 경우 계약금의 교부자는 그것을 몰수당하고 교부받은 자는 그 배액(2배)을 상환하여야 하는 계약금이다. 이는 손해배상액의 예정으로 추정되는 위약금(398조 4항)과 실질적으로 같으나, 이미 교부되어 있는 점에서 단순히 약정만 하고 있는 위약금과는 차이가 있다.

3) **해약금**(解約金) 이는 계약의 해제권을 보류하는 작용을 하는 계약금이다. 그리하여 이 해약금이 교부된 경우에는, 계약금의 교부자는 그것을 포기하면서 계약을 해제할 수 있고, 교부받은 자는 그 배액을 상환하면서 계약을 해제할 수 있다.

(3) 해약금의 추정

계약금이 어떤 성질의 것인지는 계약금계약의 해석에 의하여 결정된다. 그런데 불분명한 때에는 해약금으로 추정된다(565조 1항).

(4) 해약금의 효력

계약금이 해약금인 경우에는 당사자의 일방이 이행에 착수할 때까지 계약금 교부자는 이를 포기하면서, 수령자는 그 배액을 상환하면서 매매계약을 해제할 수 있다(565조 1항).

해약금에 기한 해제가 있으면, 계약(주된 계약)은 소급하여 무효로 된다. 그러나 원상회복의무는 생기지 않는다. 이행의 착수가 있기 전에만 해제될 수 있기 때문이다. 그리고 여기의 해제는 채무불이행을 원인으로 한 것이 아니어서 손해배상청구권도 생기지 않는다(565조 2항).

Ⅲ. 매매의 효력 [331]

1. 개 관

매매계약이 성립하면, 그로부터 매도인의 재산권이전의무와 매수인의 대금지급의무가 생긴다(568조 1항). 그 외에 민법은 매매의 목적인 재산권이나 목적물에 흠이 있는 경우에 매도인에게 일정한 담보책임을 지우고 있다(570조 이하).

2. 매도인의 재산권이전의무

(1) 재산권이전의무

매도인은 매수인에게 매매의 목적이 된 재산권을 이전하여야 할 의무가 있다(568조 1항). 매도인은 목적재산권 자체를 이전하여야 하므로, 권리 이전에 필요한 모든 요건을 갖추어 주어야 한다. 즉 부동산 물권의 경우에는 등기, 동산 물권의 경우에는 인도도 하여야 한다.

타인의 재산권을 매도한 때에는(그러한 매매도 유효함), 매도인은 이를 취득하여 매수인에게 이전하여야 한다(569조).

목적재산권이 부동산의 점유를 내용으로 하는 경우에는(예 : 토지 소유권, 지상권, 전세권), 그 외에 그 부동산의 점유도 이전(인도)하여야 한다. 매도인의 이

인도의무가 민법에 따로 규정되어 있지 않으나, 그 의무는 당연히 인정되어야 하므로 「재산권이전의무」에 포함되어 있다고 새길 것이다.

(2) 과실의 귀속

물건으로부터 생기는 과실은 그것을 수취할 권리자에게 귀속하는 것이 원칙이다(102조). 그런데 민법은 매매의 경우에는 과실과 이자의 복잡한 법률관계를 정리하기 위하여 목적물을 인도하기 전에는 그것으로부터 생긴 과실이 매도인에게 속한다고 규정한다(587조 1문). 이는 인도시까지 매수인이 대금의 이자를 지급할 의무가 없는 것(587조 2문)에 대응하는 것이다.

3. 매도인의 담보책임 [332]

(1) 서 설

A가 B에게 특정 토지를 매도하였는데 그 토지가 C에게 속하여 이전해주지 못한 경우, D가 E에게 한옥을 매도하였는데 그 한옥의 대들보가 썩어 있는 경우에, 매수인인 B나 E는 각각 매도인인 A나 D에게 일정한 책임을 물을 수 있어야 한다. 이와 같이 「매매의 목적인 재산권(첫째의 예) 또는 그 재산권의 객체인 물건(둘째의 예)에 하자(흠)가 있는 경우에 매도인이 매수인에 대하여 지는 책임」을 통틀어서 매도인의 담보책임이라고 한다. 민법은 제570조 내지 제584조에서 매도인의 담보책임을 규정하고 있다.

매도인이 지는 담보책임의 내용은 개별적인 경우에 따라 다르나, 매수인은 일정한 요건 하에 계약해제권 · 대금감액청구권 · 손해배상청구권 · 완전물 급부청구권 가운데 일부를 행사할 수 있다.

(2) 권리의 하자에 대한 담보책임

1) 권리의 전부가 타인에게 속하는 경우 매매의 목적이 된 권리의 전부가 타인에게 속하고(타인의 권리를 매매한 경우), 매도인이 그 권리를 취득하여 매수인에게 이전할 수 없는 때에는, 매수인은 그가 선의이든 악의이든 계약을 해제할 수 있다(570조 본문). 매수인이 선의인 때에는, 해제를 하면서 동시에 손해배상도 청구할 수 있다(570조 단서).

2) **권리의 일부가 타인에게 속하는 경우** 예를 들어 A가 특정 토지를 B에게 팔았는데 그 토지의 일부가 C의 소유에 속하여 그 부분을 B에게 이전해 줄 수 없는 경우가 있다고 하자. 이와 같이 매매의 목적이 된 권리의 일부가 타인에게 속함으로 인하여 매도인이 그 권리를 취득하여 매수인에게 이전할 수 없는 경우에는, 매수인은 그가 선의이든 악의이든 이전받을 수 없는 부분의 비율로 대금의 감액을 청구할 수 있다(572조 1항). 그리고 선의의 매수인은 나머지 부분만이면 매수하지 않았을 때에는 계약 전부를 해제할 수 있고(572조 2항), 또 감액청구 또는 계약해제 외에 손해배상도 청구할 수 있다(572조 3항). 그런데 매수인의 위의 세 권리는 매수인이 선의인 경우에는 사실을 안 날부터, 악의인 경우에는 계약한 날부터 1년 내에 행사하여야 한다(573조).

3) **권리의 일부가 존재하지 않는 경우**(목적물의 수량부족 · 일부멸실) 당사자가 수량을 지정해서 매매하였는데 그 목적물의 수량이 부족한 경우(예: 특정 토지가 100㎡라고 믿고 그 토지를 ㎡당 3만원씩으로 계산하여 300만원에 매수하였는데, 측량을 해보니 80㎡밖에 되지 않는 경우) 또는 매매 목적물의 일부가 계약 당시에 이미 멸실된 경우에는, 매수인이 선의인 때에 한하여 위 2)에서와 같은 권리가 인정된다(574조).

4) **재산권이 타인의 용익적 권리에 의하여 제한받고 있는 경우** ① 매매의 목적물이 지상권 · 지역권 · 전세권 · 질권 · 유치권의 목적이 되어 있는 경우(575조 1항), ② 매매목적 부동산을 위하여 존재할 지역권이 없는 경우(575조 2항), ③ 매매목적 부동산에 등기된 임대차계약이 있는 경우(575조 2항) 가운데 어느 하나이고, 매수인이 선의인 때에는, 그로 인하여 계약의 목적을 달성할 수 없는 때에는 계약해제와 함께 손해배상을 청구할 수 있고, 그렇지 않은 때에는 손해배상만을 청구할 수 있다(575조 1항). 그리고 매수인의 이 권리는 매수인이 용익권의 존재 또는 지역권의 부존재를 안 날부터 1년 내에 행사하여야 한다(575조 3항).

5) **재산권이 저당권 · 전세권에 의하여 제한받고 있는 경우** ① 매매의 목적이 된 부동산에 설정된 저당권 또는 전세권의 행사로 인하여 매수인이 그 소유권을 취득할 수 없거나(매매계약 후 소유권 취득 전에 경매된 경우), ②

취득한 소유권을 잃거나(소유권 취득 후 경매된 경우), 또는 ③ 매수인이 출재하여 소유권을 보존한 때에는, 매수인은 선의이든 악의이든, 위 ①②의 경우에는 계약을 해제하면서 동시에 손해배상을 청구할 수 있고(576조 1항 · 3항), ③의 경우에는 출재한 것의 상환을 청구할 수 있고 아울러 손해배상도 청구할 수 있다(576조 2항 · 3항).

민법은 저당권의 목적으로 되어 있는 지상권이나 전세권이 매매의 목적인 경우에 방금 설명한 제576조를 준용한다(577조).

(3) 물건의 하자에 대한 담보책임(하자담보책임) [333]

매매의 목적물에 하자가 있는 경우에, 매수인이 하자 있는 것을 몰랐고(선의) 또 모르는 데 과실도 없는 때(무과실)에는, 매수인은 매도인에게 담보책임을 물을 수 있다(580조 · 581조). 이를 보통 매도인의 하자담보책임이라고 한다. 매도인의 하자담보책임은 특정물매매에서뿐만 아니라 불특정물매매(종류매매)에서도 인정된다(581조). A가 세탁기 대리점에서 세탁기를 구입하였는데 세탁기가 작동되지 않는 경우, B가 서점에서 법전을 샀는데 몇 장이 빠져 있는 경우가 그 예이다.

담보책임의 내용은 다음과 같다. 목적물의 하자로 인하여 계약의 목적을 달성할 수 없는 때에는, 매수인은 계약을 해제함과 동시에 손해배상을 청구할 수 있다(580조 1항 본문 · 581조 1항 · 575조 1항 1문). 그 이외의 경우에는, 매수인은 계약을 해제하지는 못하고 손해배상만 청구할 수 있다(580조 1항 본문 · 581조 1항 · 575조 1항 2문). 그리고 불특정물매매에 있어서는 매수인은 계약의 해제 또는(및) 손해배상을 청구하지 않고서 하자 없는 물건 즉 완전물의 급부를 청구할 수 있다(581조 2항).

매수인이 매도인에 대하여 가지는 계약해제권 · 손해배상청구권 · 완전물 급부청구권은 매수인이 목적물에 하자가 있다는 사실을 안 날부터 6개월 내에 행사하여야 한다(582조).

(4) 채권매도인의 담보책임 [334]

채권매도인은 채권의 존재나 채권액에 대하여는 담보책임을 지나, 채무자에게 변제할 자력(資力)이 있는지에 대하여는 책임이 없다. 다만, 채권의 매도인이 매수인에 대하여 채무자의 자력을 담보한다는 특약(무자력으로 변제받지 못하면 배상한다는 특약)을 한 경우에는, 책임을 져야 한다. 문제는 그러한 특약이 있는 경우에 어느 시기를 기준으로 하여 매도인이 채무자의 자력을 담보한 것인지이다. 이는 특약의 해석문제인데, 불분명한 때를 위한 해석규정으로 제579조가 있다.

그에 의하면, 「변제기가 이미 된 채권」(변제기의 약정이 없는 채권을 포함함)의 매도인이 채무자의 자력을 담보한 때에는, 매매계약 당시의 자력을 담보한 것으로 추정한다(579조 1항). 그리고 「변제기가 되지 않은 채권」의 매도인이 채무자의 자력을 담보한 때에는, 변제기의 자력을 담보한 것으로 추정한다(579조 2항).

(5) 경매에 있어서의 담보책임

채권자가 이행판결에 기하여 채무자의 재산을 경매에 부치거나(통상의 강제경매) 저당권·질권·전세권을 실행하여 경매에 부치는 경우(담보권 실행경매)와 같이 국가기관이 하는 경매(공경매 : 公競賣)는 특수성이 있다. 그러한 경매에서는 재산이 소유자의 의사에 의하지 않고 매각되며, 매각대금으로부터 채권자 등이 우선변제를 받기 때문이다. 따라서 그에 관하여는 특별규정을 두고 있다.

그에 의하면 공경매의 경우에는, 매수인(경락인)은 권리의 하자에 대하여만 담보책임을 물을 수 있고, 물건의 하자에 대하여는 책임을 묻지 못한다(580조 2항). 그리고 권리에 하자가 있는 경우에는, 위에서 설명한 제570조 내지 제577조에 의하여 제 1 차적으로는 「채무자」가 책임을 지고, 채무자가 무자력인 때에는 제 2 차적으로 「대금의 배당을 받은 채권자」가 배당받은 금액의 한도 내에서 책임을 진다(578조). 한편 공경매의 경우에는 권리에 하자가 있더라도 손해배상책임은 원칙적으로 지지 않으며, 채무자나 채권자가 악의인 때에만 예외적으로 손해배상책임을 진다(578조 3항).

4. 매수인의 의무 [335]

매수인은 대금지급의무를 부담한다(568조 1항). 대금의 지급시기나 장소 등은 보통 당사자의 특약에 의하여 정하여지는데, 특약이 없는 경우를 위하여 민법은 보충규정을 두고 있다.

(1) 대금지급시기

매매에 있어서 재산권이전의무와 대금지급의무 중 어느 하나에 관하여 기한이 정해져 있는 경우에는, 다른 의무의 이행시기도 동일한 것으로 추정된다(585조).

(2) 대금지급장소

특정물채무가 아닌 채무는 채권자의 주소지에서 변제하는 것이 원칙이다(467조 2항. 지참채무의 원칙). 그런데 매매의 목적물의 인도와 동시에 대금을 지급할 경우에는 그 인도장소에서 이를 지급하여야 한다(586조).

(3) 대금의 이자

매수인은 목적물의 인도가 없는 한 이자를 지급할 필요가 없고, 목적물의 인도를 받은 날부터 이자를 지급하면 된다(587조 2문). 그러나 대금의 지급에 관하여 기한이 정해져 있는 때에는 그렇지 않다(587조 단서).

(4) 대금지급거절권

A가 B로부터 X토지를 매수하였는데, C가 A에게 그 토지가 자신의 소유라고 주장하였다고 하자. 이러한 경우에 A에게 그의 의무를 이행하라고 하는 것은 적절하지 않다. 그리하여 민법은 다음과 같은 규정을 두고 있다.

매매의 목적물에 관하여 권리를 주장하는 자가 있는 경우에, 매수인이 매수한 권리의 전부나 일부를 잃을 염려가 있는 때에는, 매수인은 그 위험의 한도에서 대금의 전부나 일부의 지급을 거절할 수 있다(588조 본문). 그러나 매도인이 상당한 담보를 제공한 때에는 거절권이 없다(588조 단서). 그리고 위와 같은 경우에 매도인은 매수인에 대하여 대금의 공탁을 청구할 수 있다(589조).

5. 환매(還買) [336]

(1) 환매의 의의

환매란 매도인이 매매계약과 동시에 매수인과의 특약에 의하여 환매하는 권리(환매권)를 보류한 경우에 그 환매권을 행사하여 매매의 목적물을 다시 사오는 것을 말한다(590조). 이러한 환매는 매매계약과 동시에 환매권 보류의 특약이 있는 때에만 행하여질 수 있는데, 그러한 매매를 환매특약부 매매라고 한다. 그리고 이 매매(원매매)를 한 뒤 환매권을 행사하여 다시 사오는 매매가 환매이다.

(2) 환매의 작용

환매특약부 매매를 하는 경우는 크게 두 가지이다. 하나는 장차 다시 매수하여야 할 필요성이 생길 수 있어서 그에 대비하기 위한 경우이고, 다른 하나는 금전대차를 하면서 채권담보를 위한 경우이다. 이 중 둘째의 경우는 매도담보에 해당하게 되고, 따라서 거기에는 가등기담보법이 적용된다([224]·[225] 참조). 이를 좀 더 부연설명한다.

A가 B로부터 1,000만원을 빌리는 경우에, A는 그 담보제공의 방법으로 자신의 토지를 B에게 1,000만원에 파는 것으로 하고 5년 이내에 그 금액으로 다시 사올 수 있도록 약정을 하면(1,000만원의 이자는 토지를 이용하는 것으로 대신하도록 함), 채무자인 A가 변제하지 못하는 때에 B가 그 토지의 소유권을 취득하는 방법으로 우선변제를 받게 된다. 그리하여 채권담보의 기능을 하는 것이다.

(3) 재매매(再賣買)의 예약

재매매의 예약은 어떤 물건 또는 권리를 타인에게 매각하면서 장차 그 물건이나 권리를 다시 매수하기로 하는 예약이다. 민법은 이에 대하여 명문의 규정을 두고 있지 않다. 그렇지만 계약자유의 원칙상 그러한 계약도 유효하다.

재매매의 예약의 작용은 환매의 경우와 같다. 그리하여 재매매예약부 매매가 채권담보의 목적으로 행하여진 경우에는, 매도담보가 되어 가등기담보법이 적용된다([224]·[225] 참조).

제 3 관 교환(交換)

Ⅰ. 의 의 [337]

교환은 당사자 쌍방이 금전 이외의 재산권을 서로 이전할 것을 약정함으로써 성립하는 계약이다(596조). 교환은 유상계약이므로, 거기에는 매매에 관한 규정이 준용된다(567조).

제 4 관 소비대차(消費貸借)

Ⅰ. 소비대차의 의의 및 법적 성질 [338]

소비대차는 당사자 일방(대주: 貸主)이 금전 기타 대체물의 소유권을 상대방(차주: 借主)에게 이전할 것을 약정하고 상대방은 그와 같은 종류(동종)·품질(동질)·수량(동량)으로 반환할 것을 약정함으로써 성립하는 계약이다(598조). A가 B에게 금전 100만원이나 20㎏ 쌀 5포대를 1년간 빌려준 경우가 그 예이다. 소비대차에서는 차주가 빌린 물건 자체를 반환하지 않고 동종·동질·동량의 다른 물건을 반환하는 점에서 다른 대차인 임대차·사용대차와 차이가 있다.

소비대차는 무상계약을 원칙으로 하나(무이자 소비대차), 유상계약으로 될 수도 있다(이자부 소비대차). 그런데 상인간의 금전소비대차는 이자부가 원칙이다(상법 55조).

Ⅱ. 소비대차의 성립

소비대차는 낙성계약이므로 당사자의 일정한 합의만 있으면 성립하며, 차주가 실제로 금전 등을 수수하여야만 성립하는 것이 아니다.

금전을 소비대차의 목적으로 한 경우에 대주가 금전에 갈음하여 약속어음·국채·예금통장과 인장 등의 유가증권 기타의 물건을 인도하는 경우가 있다. 그러한 경우는 「대물대차」(代物貸借)라고 하는데, 이러한 대물대차의 경우에는 그 물건의 인도시의 가액을 차용액으로 한다(606조). 이는 당사자 사이의 다툼을 막고 대주가 폭리를 취하지 못하도록 하기 위한 것이다.

Ⅲ. 대물변제예약과 차주의 보호 [339]

1. 서 설

채권의 당사자 사이에 본래의 급부에 갈음하여 다른 급부를 하기로 예약하는 경우가 있다. 이를 대물변제예약이라고 한다. 이 대물변제예약은 채무이행의 대용이라는 본래의 목적보다는, 특히 금전소비대차에 있어서 채권담보의 목적으로 많이 이용되어 왔다.

이러한 대물변제예약이 행하여지는 경우에는, 대주가 폭리를 취하는 수가 많다. 그 때문에 민법은 제607조에서 대물변제예약의 경우에는 「그 재산의 예약 당시의 가액이 차용액 및 이에 붙인 이자의 합산액을 넘지 못한다」고 하고, 제608조에서 그에 「위반한 당사자의 약정으로서 차주에 불리한 것은 환매 기타 여하한 명목이라도 그 효력이 없다」고 규정한다. 그런가 하면 이들 규정만으로 불충분하다고 하여 대물변제예약과 함께 가등기를 한 때(그 외에 양도담보도 규율함)에 엄격한 청산절차를 거치도록 하는 내용의 가등기담보법을 제정·시행하고 있다.

2. 법적 규제

대물변제예약에는 여러 가지 모습의 것이 있다. 우선 채권담보의 목적을 위한 것이 있는가 하면, 채무이행을 대신하기 위한 것도 있다. 그리고 대물변제예약과 함께 소유권 등의 이전청구권 보전의 가등기(담보가등기)를 한 경우가 있는가 하면, 그렇지 않은 경우도 있다. 또한 목적물의 예약 당시의 가액이 차용액 및 이에 붙인 이자의 합산액을 넘는 때가 있는가 하면, 그에 미달하는 때도 있다.

이들 가운데 대물변제예약이 채권담보의 목적으로 행하여지고, 담보가등기가 되어 있으며, 예약 당시의 가액이 차용액 및 이에 붙인 이자의 합산액을 넘는 때에는(세 요건이 모두 갖추어진 때에 한함), 제607조 · 제608조에 의하여 그 예약은 무효로 되고(판례) 거기에는 가등기담보법이 적용된다. 그러나 나머지 경우에는 가등기담보법이 적용되지 않으며, 오직 제607조 · 제608조에 의하여서만 법률관계가 결정된다.

3. 제607조 · 제608조의 내용

대물변제예약이 있는 경우의 법률관계 가운데 가등기담보법이 적용되는 때에 있어서의 구체적인 내용은 물권법 부분에서 설명하였다([223] 참조). 그리하여 여기서는 그 외의 중요내용만을 적기로 한다.

대물변제예약이 제607조에 위반하는 때에는 효력이 없게 된다(608조). 여기서 효력이 없다는 것은 전면적인 무효가 아니고, 초과부분을 채무자에게 반환하여 청산하여야 한다는 의미로 새겨야 한다. 그리고 청산을 하는 경우에 그 방법에는 귀속청산(취득청산. 즉 채권자가 재산권을 취득하고 초과가치를 반환하는 방법)과 처분청산(채권자가 제 3 자에게 매각하여 잉여가치를 반환하는 방법)의 두 가지가 있는데, 채권자는 어느 방법이든 자유롭게 선택할 수 있다고 할 것이다.

Ⅳ. 준소비대차 [340]

계약당사자 쌍방이 소비대차에 의하지 않고 금전 기타의 대체물을 지급할 의무가 있는 경우에, 당사자가 그 목적물을 소비대차의 목적으로 할 것을 약정한 때에는, 소비대차의 효력이 있다(605조). 이를 준소비대차라고 한다. 매매계약의 당사자가 매매대금채무를 소비대차로 하기로 합의한 때가 그 예이다.

제 5 관 사용대차(使用貸借)

Ⅰ. 의 의 [341]

사용대차는 당사자 일방(대주)이 상대방(차주)에게 무상으로 사용·수익하게 하기 위하여 목적물을 인도할 것을 약정하고 상대방은 이를 사용·수익한 후 그 물건을 반환할 것을 약정함으로써 성립하는 계약이다(609조). A가 자신의 기계나 주택을 대가를 받지 않고 1년간 B에게 빌려주는 경우가 그 예이다.

사용대차는 무상이라는 점에서 임대차와 다르며, 차용물 자체를 그대로 반환하는 점에서 임대차와 같고 소비대차와 다르다.

Ⅱ. 사용대주의 의무

(1) 사용·수익 허용의무

대주는 차주에게 목적물을 인도하여 사용·수익하게 할 의무가 있다. 대주의 이 의무(용익 허용의무)는 임대차에서처럼 사용·수익에 적합한 상태를 마련해 주어야 할 적극적 의무가 아니고, 정당한 용익을 방해하지 않을 소극적 의무에 지나지 않는다(611조 1항 참조). 이는 사용대차가 무상계약이기 때문이다.

(2) 담보책임

대주의 담보책임에 관하여는 증여자의 담보책임 규정(559조)이 준용된다(612조).

제 6 관 임대차(賃貸借)

Ⅰ. 임대차의 의의 [342]

임대차는 당사자 일방(임대인)이 상대방(임차인)에게 목적물(임대물)을 사용·수익하게 할 것을 약정하고 상대방이 이에 대하여 차임을 지급할 것을 약정함으로써 성립하는 계약이다(618조). A가 건물 또는 기계를 B에게 사용대가(차임)를 받고서 1년간 빌려주는 것이 그 예이다. 임대차는 임차물 자체를 반환하여야 하는 점에서 소비대차와 다르고 사용대차와 같으며, 사용·수익의 대가를 지급하는 점에서 사용대차와 다르다.

Ⅱ. 부동산 임차권의 강화(물권화) [343]

(1) 토지·건물과 같은 부동산은 공급이 무한할 수 없다. 그 결과 필요한 부동산을 소유하지 못한 자는 타인의 부동산을 사용하는 수밖에 없다. 이때 쓸 수 있는 방법에는 용익물권과 임대차의 두 가지가 있다. 이 가운데 용익물권의 경우에는 이용자의 권리가 강하여 큰 걱정이 없다(물권). 그에 비하여 임대차의 경우에는 그의 지위가 약하여 문제이다(채권). 특히 부동산의 공급은 적고 수요는 많을 때에는, 소유자에게 유리한 내용으로 임대차계약이 체결될 가능성이 크다. 여기서 많은 나라들은 부동산임차인을 보호하는 규정을 민법이나 특별법에 두게 되었다. 그 내용은 대부분이 물권에 대하여 인정되는 것들이다. 그리하여 학자들은 이를 가리켜 「부동산 임차권의 물권화」 또는 「부동산 임차권의 강화」라고 한다.

부동산 임차권의 강화의 내용에는 여러 가지가 있으나, 보통 ① 임차권을 가지고 제 3 자에게 대항할 수 있도록 하는 것(대항력 강화), ② 제 3 자의 침해시 침해배제를 인정하는 것, ③ 임차권의 자유처분을 허용하는 것, ④ 존속기간의 보장을 든다.

(2) 우리 민법도 의용민법에는 없던 규정을 신설하면서까지 부동산임차인의 보호를 강화하였다(예 : 622조). 그러나 민법상의 부동산임차인 보호는 충분하지 않다. 그리하여 특별법으로 주택임대차보호법과 상가건물임대차보호법을 제정하여 주택의 임차인과 상가건물의 임차인을 보호하고 있다.

Ⅲ. 임대차의 존속기간 [344]

1. 계약으로 기간을 정한 경우

(1) 계약으로 정한 기간

임대차기간은 당사자가 자유롭게 정할 수 있다. 민법에는 과거에 임대차기간의 최장기간에 관한 규정으로 제651조 제 1 항이 있었다. 그런데 그 규정이 최근에 헌법재판소에서 위헌결정을 받았고(헌재 2013. 12. 26, 2011헌바234), 그 후 삭제되었다. 그리하여 이제 민법상 임대차계약은 최장기한의 제한이 없게 되었다. 한편 임대차에 관한 최단기간의 제한규정은 민법에는 없다(주택임대차보호법 4조 1항 참조).

(2) 임대차의 갱신(기간의 연장)

당사자가 계약으로 정한 임대차의 존속기간은 갱신할 수 있다(651조 2항 1문). 그러나 그 기간은 갱신한 날부터 10년을 넘지 못한다(651조 2항 2문).

임대차기간이 만료한 후 임차인이 임차물의 사용·수익을 계속하는 경우에, 임대인이 상당한 기간 내에 이의를 제기하지 않는 때에는, 전(前) 임대차와 동일한 조건으로 다시 임대차한 것으로 본다(639조 1항 본문). 다만, 존속기간은 약정이 없는 것으로 다루어진다(639조 1항 단서). 이를 묵시적 갱신 또는 법정갱신이라고 한다.

2. 계약으로 기간을 정하지 않은 경우

임대차의 당사자가 그 존속기간을 계약으로 정하지 않은 때에는, 당사자는 언제든지 계약해지의 통고를 할 수 있고(635조 1항), 그 경우 해지의 효력은 상대방이 해지통고를 받은 날부터 일정한 기간이 경과한 후에 생긴다(635조 2항).

3. 단기 임대차의 존속기간

임대차는 처분행위가 아니고 관리행위이어서 처분의 능력이나 권한이 없는 자도 이를 할 수 있다. 그러나 지나치게 장기로 임대차를 하는 것은 실질적으로는 처분행위와 같아지므로, 민법은 처분의 능력 또는 권한이 없는 자에 대하여는 임대물의 종류에 따라 일정한 기간을 넘는 임대차를 금지하고 있다(619조 · 620조). 이를 보통 「단기 임대차」라고 한다.

Ⅳ. 임대인의 의무 [345]

1. 목적물을 사용 · 수익하게 할 의무

임대인은 임대차계약이 존속하는 동안 임차인이 목적물을 사용 · 수익할 수 있게 할 「적극적 의무」를 부담한다(623조). 구체적으로 다음과 같은 의무가 있다.

(1) 목적물인도의무

임대인은 임차인이 사용할 수 있도록 목적물을 임차인에게 인도하여야 한다(623조).

(2) 방해제거의무

임대인은 제 3 자가 점유를 빼앗는 등의 방법으로 임차인의 사용 · 수익을 방해하는 경우에는 그 방해를 제거할 의무가 있다.

(3) 수선의무

임대인이 임차인에 대하여 「사용 · 수익에 필요한 상태를 유지하게 할 의무」를 부담하는 결과로(623조 참조), 임대인은 사용 · 수익에 필요한 수선의무를 진다.

2. 비용 상환의무

임차인이 임차물에 필요비 · 유익비 등의 비용을 지출한 경우에는, 임대인은 이를 상환하여야 한다(626조 1항 · 2항).

3. 담보책임

임대차는 유상계약이어서 거기에는 매매에 관한 규정이 준용된다(567조). 그 결과 임대인은 매도인과 같은 담보책임을 진다.

Ⅴ. 임차인의 권리 [346]

1. 임차권

(1) 의 의

임대차에 기하여 임차인은 임대인에게 임차물을 사용 · 수익하게 할 것을 요구할 수 있는 권리가 있다. 이것이 임차인의 임차권이다. 임차권은 하나의 채권이다.

(2) 임차권의 대항력 유무

1) 원 칙 임차권이 채권으로 규율되고 있는 법제에서는, 임차인이 임차권을 가지고 목적물의 양수인 기타의 제 3 자에게 대항하지 못한다. 즉 「매매는 임대차를 깨뜨린다」. 예를 들어본다. A는 그의 건물(상가가 아님)을 B에게 차임으로 매달 100만원을 받기로 하고 1년간 빌려주었다. 그 얼마 후에 A는 C에게 그 건물을 팔고 소유권이전등기를 해주었다. 이러한 경우에 B는 C에게 임차권을 주장하지 못하며, C에게 그 건물을 인도하여야 한다.

2) 예 외 그런데 이를 끝까지 관철하게 되면 특히 부동산임차인에게 매우 불리하게 된다. 여기서 민법은 부동산 임차권에 관하여 일정한 경우에 예외적으로 대항력을 인정하고 있다.

① 부동산임차인은 당사자 사이에 반대약정이 없으면 임대인에 대하여 그의 임대차 등기절차에 협력할 것을 청구할 수 있고(621조 1항), 부동산임대차를 등기한 때에는 그때부터 제 3 자에 대하여 효력이 생긴다(621조 2항).

② 건물의 소유를 목적으로 하는 토지임대차는 이를 등기하지 않은 경우에도, 임차인이 그 지상건물을 등기한 때에는, 제 3 자에 대하여 임대차의 효력이 생긴다(622조 1항). 가령 건축을 목적으로 토지를 임차한 자가 토지 임차권등기는 안 한 채 건물을 지은 뒤에 건물에 관하여 보존등기를 하는 경우에 그렇다. 그러나 이러한 경우의 대항력은 건물이 임대차기간 만료 전에 멸실되거나 낡아서 못쓰게 된 때에는 인정되지 않는다(622조 2항).

2. 부속물 매수청구권

건물 기타 공작물의 임차인이 그의 사용의 편익을 위하여 임대인의 동의를 얻어 이에 부속시킨 물건이 있거나 또는 임대인으로부터 매수한 부속물이 있는 때에는, 임차인은 임대차의 종료시에 임대인에 대하여 그 부속물의 매수를 청구할 수 있다(646조). 이 매수청구권은 형성권이다.

Ⅵ. 임차권의 양도와 임차물의 전대(轉貸) [347]

1. 의 의

임차권의 양도란 임차권을 그 동일성을 유지하면서 이전하는 계약이다. 그리고 임차물의 전대는 임차인이 자신이 임대인(또는 사용대주)이 되어서 그의 임차물을 다시 제 3 자에게 사용 · 수익하게 하는 계약이다. 전대에서는 임차인이 종전의 계약상의 지위를 유지한다.

2. 임차권의 양도 · 임차물의 전대에 대한 민법의 태도

민법은 원칙적으로 임차권의 양도와 임차물의 전대를 금지하고, 임대인의 동의가 있을 때에만 양도 · 전대를 허용한다(629조 1항). 임차인이 임대인의 동의 없이 임차권을 양도하거나 임차물을 전대한 때에는, 임대인은 계약을 해지할 수 있다(629조 2항). 다만, 건물의 임차인이 그 건물의 소부분을 타인에게 사용하게 한 경우에는 예외이다(632조).

3. 임대인의 동의 없는 양도 · 전대의 법률관계

(1) 양도의 경우

임대인의 동의가 없어도 양도계약은 양도인 · 양수인 사이에서는 유효하여 양수인은 임차권을 취득한다. 그런데 임대인은 해지권을 가진다(629조 2항). 그러나 해지를 하지 않는 한 계약은 그대로 존속한다.

(2) 전대의 경우

이 경우에도 전대차계약은 전대인 · 전차인 사이에서는 유효하다. 그러나 전차인은 그의 임차권을 가지고 임대인에게는 대항하지 못한다. 그리고 임대인은 임대차를 해지할 수 있다(629조 2항).

4. 임대인의 동의 있는 양도 · 전대의 법률관계

(1) 양도의 경우

이때에는 임차권은 동일성을 유지하면서 양수인에게 이전된다. 그리고 양도인은 임대차관계에서 벗어난다.

(2) 전대의 경우

① 전대차가 성립하여도 임대인 · 임차인(전대인)의 관계는 영향이 없다.

② 전대인과 전차인 사이의 관계는 전대차계약의 내용에 의하여 정하여진다. 그리고 전차인은 임대인에게 직접 의무를 부담하게 되지만, 그렇더라도 전차인과 전대인의 관계는 유지된다.

③ 임대인과 전차인 사이에 임대차관계가 성립하지는 않으므로, 그 결과 전차인은 임대인에게는 권리를 갖지 않게 된다. 그런데 전차인은 임대인에 대하여 직접 의무를 부담한다(630조 1항 1문).

Ⅶ. 보증금 및 권리금 [348]

1. 보증금

(1) 의 의

보증금은 부동산임대차 특히 건물임대차에 있어서 임대인의 채권(차임채권·손해배상채권 등)을 담보하기 위하여 임차인이나 제 3 자가 임대인에게 교부하는 금전 기타의 유가물이다.

(2) 효 력

보증금은 차임채권, 임차물의 멸실·훼손 기타의 원인에 의한 손해배상채권 등 임대인의 모든 채권을 담보한다. 따라서 임대차가 종료되어 목적물을 반환받을 때, 명백하고도 명시적인 반대약정이 없는 한, 임대인의 모든 채권액이 보증금으로부터 당연히 공제된다.

(3) 보증금 반환청구권

임차인의 보증금 반환청구권은 임차물 반환시에 채무를 공제한 잔액에 관하여 발생한다. 그리고 임대인의 보증금 반환의무는 임차인의 임차물 반환의무와 동시이행관계에 있다. 보증금의 개념상 후자가 선이행의무이나, 임차인 보호를 위하여 통설·판례가 그렇게 해석한다.

2. 권리금

권리금은 주로 도시에서 토지 또는 건물(특히 점포)의 임대차에 부수하여 임차물이 가지는 장소적 이익의 대가로서 임차인이 임대인에게(또는 임차권의 양수인이 양도인에게) 지급하는 금전이다. 임대차가 종료하더라도 임차인은 임대인에게 권리금의 반환을 청구하지 못한다. 그런데 실제에 있어서 임차인은 임차권을 타인에게 양도하거나 전대하면서 양수인이나 전차인으로부터 권리금을 받고 있다.

상가건물임대차보호법은 그 법이 적용되는 상가건물의 경우에 권리금을 인정하고 그것의 회수를 돕는 규정을 신설하였다(동법 10조의 3 이하). 그 결과

위의 이론은 그 법이 적용되지 않는 범위에서만 의미를 가진다.

Ⅷ. 특수한 임대차 [349]

1. 전세(傳貰)

전세 즉 채권적 전세는 빌리는 자가 일시에 고액의 금전(전세금)을 건물 소유자에게 지급하고 이를 전세계약이 종료하는 때에 돌려받기로 하며, 건물을 빌려 쓰는 대가(차임)는 따로 지급하지 않고 전세금의 이자로 그것을 대신하는 건물 대차 방법이다. 이 전세에는 주택임대차보호법이 준용된다(동법 12조).

2. 주택임대차 [350]

주택의 임차인(및 채권적 전세권자)을 보호하기 위한 특별법으로 주택임대차보호법이 있다. 이 법은 주거용 건물의 임대차에 관하여 민법에 대한 특례를 규정한 것이다. 그 법의 주요내용을 살펴본다.

(1) 임대인의 정보 제시 의무

임대차계약을 체결할 때 임대인은 해당 주택의 확정일자 부여일, 차임 및 보증금 등 정보와 국세와 지방세의 납세증명서를 임차인에게 제시하여야 한다(동법 3조의 7).

(2) 대항력

주택임대차는 그 등기가 없는 경우에도 임차인이 주택을 인도받고 주민등록을 마친 때에는 그 다음날부터 제 3 자에 대하여 효력이 생긴다(동법 3조 1항).

(3) 존속의 보호

주택임대차에 있어서 당사자가 그 존속기간을 정하지 않았거나 2년 미만으로 정한 때에는, 존속기간은 2년으로 본다(동법 4조 1항 본문). 다만, 임차인은 2년 미만으로 정한 기간이 유효하다고 주장할 수 있다(동법 4조 1항 단서).

그리고 임대차가 종료한 경우에도 임차인이 보증금을 반환받을 때까지는 임대차관계는 존속하는 것으로 본다(동법 4조 2항). 이는 임차인의 보증금 반환채권을 보호하기 위하여 둔 특칙이다.

주택임대차보호법은 묵시의 갱신에 관하여도 특별규정을 두고 있다(동법 6조 · 6조의 2 참조). 그리고 최근(2020. 7. 31)에는 임차인의 갱신요구권 제도(동법 6조의 3)가 신설되었다.

(4) 차임 등의 증감청구권

주택임대차보호법상 당사자는 차임 등의 증감청구권이 인정되는데(동법 7조 1항 1문), 그 경우 증액청구는 임대차계약 또는 약정한 차임이나 보증금의 증액이 있은 후 1년 이내에는 하지 못한다(동법 7조 1항 2문). 그리고 제 1 항에 따른 증액청구는 약정한 차임이나 보증금의 20분의 1의 금액을 초과하지 못하나(동법 7조 2항 본문), 특별시 · 광역시 · 특별자치시 · 도 및 특별자치도는 관할 구역 내의 지역별 임대차 시장 여건 등을 고려하여 본문의 범위에서 증액청구의 상한을 조례로 달리 정할 수 있다(동법 7조 2항 단서). 한편 임차인이 증액비율을 초과하여 차임이나 보증금을 지급한 경우에는, 초과지급된 차임 또는 보증금 상당금액의 반환을 청구할 수 있도록 한다(동법 10조의 2).

(5) 보증금의 효력

1) 보증금의 우선변제 주택임차인이 대항력을 위한 요건을 갖추고 임대차계약증서에 확정일자를 받은 경우에는, 민사집행법에 의한 경매 또는 국세징수법에 의한 공매시 임차주택(대지 포함)의 환가대금에서 후순위권리자 기타 채권자보다 우선하여 보증금을 변제받을 권리가 있다(동법 3조의 2 2항).

확정일자는 주택 소재지의 읍 · 면사무소, 동 주민센터 또는 시(특별시 · 광역시 · 특별자치시는 제외하고, 특별자치도는 포함한다) · 군 · 구(자치구를 말한다)의 출장소, 지방법원 및 그 지원과 등기소 또는 공증인법에 따른 공증인이 부여한다(동법 3조의 6 1항).

2) 임차권등기명령 임대차가 종료되더라도 보증금을 반환받지 못하면 임차인은 대항력과 우선변제권을 잃을 염려 때문에 이사를 해야 할 사

정이 있어도 못하게 된다. 주택임대차보호법은 이러한 임차인을 보호하기 위하여 임차권등기명령 제도를 마련하고 있다(동법 3조의 3 참조).

3) **보증금 중 일정액의 보호** 임차인은 보증금 중 일정액을 다른 담보물권자보다 우선하여 변제받을 권리가 있다(동법 8조 1항 1문). 이 경우 임차인은 주택에 대한 경매신청의 등기 전에 주택임대차보호법 제 3 조 제 1 항의 요건(주택의 인도와 주민등록)을 갖추어야 한다(동법 8조 1항 2문). 그리고 이에 의하여 우선변제를 받을 임차인 및 보증금 중 일정액의 범위와 기준은 주택가액(대지 가액 포함)의 2분의 1의 범위 안에서 대통령령으로 정한다(동법 8조 3항).

주택임대차보호법 시행령에 따르면, 우선변제를 받을 수 있는 보증금 중 일정액의 범위는, 서울특별시에서는 1억 6,500만원 이하인 경우에 한하여 5,500만원까지이고, 수도권정비계획법에 따른 과밀억제권역(서울특별시는 제외한다)·세종특별자치시·용인시·화성시·김포시에서는 보증금 1억 4,500만원 이하인 경우에 한하여 4,800만원까지이고, 광역시(수도권정비계획법에 따른 과밀억제권역에 포함된 지역과 군지역은 제외한다)·안산시·광주시·파주시·이천시·평택시에서는 보증금 8,500만원 이하인 경우에 한하여 2,800만원까지이고, 그 밖의 지역에서는 보증금 7,500만원 이하인 경우에 한하여 2,500만원까지이다(동법 시행령 10조·11조).

(6) 임차인의 사망과 주택임차권의 승계

임차인이 상속인 없이 사망한 경우에 그 주택에서 가정공동생활을 하던 사실상의 혼인관계에 있는 자는 임차인의 권리와 의무를 승계한다(동법 9조 1항). 임차인이 사망한 경우에 사망 당시 상속인이 그 주택에서 가정공동생활을 하고 있지 않은 때에는, 그 주택에서 가정공동생활을 하던 사실상의 혼인관계에 있는 자와 2촌 이내의 친족은 공동으로 임차인의 권리와 의무를 승계한다(동법 9조 2항).

(7) 월차임(月借賃) 전환시 산정률의 제한

보증금의 전부 또는 일부를 월 단위의 차임으로 전환하는 경우에는, 그 전환되는 금액에 주택임대차보호법 제 7 조의 2 제 1 호와 제 2 호에 규정된

비율 중 낮은 것을 곱한 월차임의 범위를 초과할 수 없다(동법 7조의 2). 만약 임차인이 이 월차임 산정률을 초과하여 차임을 지급한 경우에는, 초과지급된 차임 또는 보증금 상당금액의 반환을 청구할 수 있다(동법 10조의 2).

3. 상가건물임대차 [351]

상가건물임차인을 보호하기 위한 특별법으로 상가건물임대차보호법이 있다. 동법은 대체로 주택임대차보호법과 유사한 내용을 규정하고 있다.

제 7 관 고용(雇傭)

Ⅰ. 의 의 [352]

고용은 당사자 일방(노무자)이 상대방(사용자)에 대하여 노무를 제공할 것을 약정하고 상대방이 이에 대하여 보수를 지급할 것을 약정함으로써 성립하는 계약이다(655조). 고용에 관한 민법규정은 근로계약을 규율하는 노동법 때문에 그 의미가 적다.

제 8 관 도급(都給)

Ⅰ. 도급의 의의 [353]

도급은 당사자 일방(수급인)이 어떤 일을 완성할 것을 약정하고 상대방(도급인)이 그 일의 결과에 대하여 보수를 지급할 것을 약정함으로써 성립하는 계약이다(664조). A가 3층 건물의 건축을 B건설회사에 맡긴 것이 그 예이다. 도급도 고용처럼 노무공급계약에 해당하나, 「일의 완성」을 목적으로 하는 데에 특색이 있다.

[제작물공급계약]

이는 당사자 일방(제작자)이 상대방(주문자)의 주문에 따라서 전적으로 또는 주로 자기의 재료를 사용하여 제작한 물건을 공급하기로 하고, 이에 대하여 상대방이 보수를 지급하기로 하는 계약이다. 주문을 받아 가구, 특정인에 맞는 양복, 특별한 설계에 의한 기계의 제작을 해 주기로 하는 경우가 그에 해당한다. 제작물공급계약에는 「물건의 제작」(도급에서의 일의 완성에 해당함)과 「제작된 물건의 공급」(매매의 성질)의 요소가 있기 때문에, 그 성질에 관하여 논란이 되고 있다. 사견은, 제작물이 대체물인 때에는 매매이고, 부대체물인 때에는 도급이라는 입장이다.

Ⅱ. 수급인의 의무 [354]

1. 일을 완성할 의무

수급인은 적당한 시기에 일에 착수하여 이를 완성할 의무가 있다. 일의 완성은, 일의 성질상 또는 당사자의 특약에 의하여 수급인이 직접 하여야 하는 경우가 아니면, 제 3 자로 하여금 하게 하여도 무방하다.

2. 완성물의 소유권귀속 문제

도급에 있어서 언제나 재료를 사용하는 것은 아니나, 보통은 재료를 사용한다. 이와 같이 도급인 또는 수급인이 재료를 공급하여 완성된 것이 독립한 존재를 가지게 되면, 그 물건의 소유권의 귀속이 문제된다.

(1) 도급인이 재료의 전부 또는 주요부분을 공급하는 경우에는, 완성된 물건의 소유권은 그것이 동산이든 부동산이든 모두 원시적으로 도급인에게 귀속한다.

(2) 수급인이 재료의 전부 또는 주요부분을 제공한 경우에는, 당사자 사이에 특약이 있는지에 따라 다르다. 먼저 당사자 사이에 소유권귀속에 관하여 명시적 또는 묵시적 특약이 있는 때에는, 그 특약에 의하여 소유권자가 정해진다(통설 · 판례도 같음). 그러나 특약이 없는 때에는, 완성물이 동산인 경우에는 수급인에게 속하나, 부동산인 경우에는 원시적으로 도급인에게 속한다고 보아야 한다. 그런데 판례는 — 특약이 없는 한 — 원시적으로 수급인에게 귀

속되며, 목적물을 인도할 때 소유권이 도급인에게 이전한다고 한다.

3. 담보책임

「완성된 일」에 하자가 있는 때에는, 수급인은 담보책임을 진다. 그 내용은 다음과 같다.

(1) 하자보수청구권

도급인은 수급인에 대하여 상당한 기간을 정하여 그 하자의 보수(補修)를 청구할 수 있다(667조 1항 본문). 그러나 하자가 중요하지 않은 경우에, 그 보수에 지나치게 많은 비용이 들 때에는, 보수를 청구하지 못한다(667조 1항 단서). 이 단서의 경우에는, 그 하자로 인하여 입은 손해의 배상만을 청구할 수 있을 뿐이다.

(2) 손해배상청구권

도급인은 하자보수가 가능하더라도 하자보수에 갈음하여 손해배상을 청구할 수 있고 또 하자보수와 함께 손해배상을 청구할 수 있다(667조 2항).

(3) 계약해제권

도급인이 완성된 목적물의 하자로 인하여 계약의 목적을 달성할 수 없는 때에는 계약을 해제할 수 있다(668조 본문). 그러나 건물 기타 공작물에 관하여는 하자가 중대하여도 계약을 해제할 수는 없고(668조 단서), 손해배상만을 청구할 수 있을 뿐이다.

(4) 담보책임의 면제

목적물의 하자가 도급인이 제공한 재료의 성질 또는 도급인의 지시에 기인한 때에는, 수급인의 담보책임은 생기지 않는다(669조 본문). 그러나 수급인이 그 재료 또는 지시의 부적당함을 알고 도급인에게 고지하지 않은 때에는, 담보책임이 생긴다(669조 단서).

(5) 책임의 존속기간

수급인의 담보책임을 물을 수 있는 기간은 제한되어 있다(670조 · 671조 참조).

제9관 여행계약

Ⅰ. 여행계약의 의의 [354-1]

여행계약은 당사자 한쪽(여행주최자)이 상대방에게 운송·숙박·관광 또는 그 밖의 여행 관련 용역을 결합하여 제공하기로 약정하고 상대방(여행자)이 그 대금을 지급하기로 약정함으로써 성립하는 계약이다(674조의 2). 여행사가 해외여행을 위한 운송·숙박·식사·관광가이드 등 여행에 필요한 여러 가지의 급부를 총괄적으로 제공하기로 한 경우, 특히 이른바 패키지여행이 거기에 해당한다. 여러 급부 중 적어도 두 가지 이상을 결합하여 제공하기로 했어야 하며, 가령 운송 하나만을 제공하기로 한 경우는 여기의 여행계약이 아니다. 이 여행계약에 관한 규정은 2015년 민법개정시에 신설되었다.

Ⅱ. 여행주최자의 의무

1. 여행관련 용역 제공의무

여행주최자는 여행자와의 계약에서 약정한 내용대로 여행을 실행할 의무가 있다.

2. 담보책임

여행에 하자가 있는 경우에는, 여행주최자는 담보책임을 진다. 그 내용은 다음과 같다.

(1) 시정청구권

여행자는 여행주최자에게 하자의 시정을 청구할 수 있다(674조의 6 1항 본문). 다만, 그 시정에 지나치게 많은 비용이 들거나 그 밖에 시정을 합리적으로 기대할 수 없는 경우에는 시정을 청구할 수 없다(674조의 6 1항 단서).

(2) 대금감액청구권

여행자는 하자의 시정청구를 하지 않고 여행주최자에게 여행대금의 감액을 청구할 수도 있다(674조의 6 1항 본문).

(3) 손해배상청구권

여행자는 시정청구나 대금감액청구를 하지 않고 그것을 갈음하여 손해배상을 청구할 수도 있고, 그런가 하면 시정청구나 대금감액청구와 함께 손해배상을 청구할 수도 있다(674조의 6 3항).

(4) 계약해지권

여행에 중대한 하자가 있는 경우에, 그 시정이 이루어지지 않거나 계약의 내용에 따른 이행을 기대할 수 없는 때에는, 여행자는 계약을 해지할 수 있다(674조의 7 1항).

(5) 책임의 존속기간

여행자는 위의 권리들을 계약에서 정한 여행 종료일부터 6개월 내에 행사하여야 한다(674조의 8).

Ⅲ. 여행자의 의무

여행자는 계약에서 정한 여행대금을 지급해야 한다(674조의 2 후단).

Ⅳ. 그 밖의 특별규정

1. 여행 개시 전의 해제

여행자는 여행을 시작하기 전에는 언제든지 계약을 해제할 수 있다(674조의 3 본문). 그런데 이 경우에 여행자는 상대방에게 발생한 손해를 배상하여야 한다(674조의 3 단서).

2. 부득이한 사유가 있는 경우의 해지

부득이한 사유(예 : 부모의 사망, 질병, 천재지변)가 있는 경우에는, 각 당사자는 계약을 해지할 수 있다(674조의 4 1항 본문). 다만, 그 사유가 당사자 한쪽의 과실로 인하여 생긴 경우에는 상대방에게 손해를 배상하여야 한다(674조의 4 1항 단서).

제10관 현상광고(懸賞廣告)

Ⅰ. 의 의 [355]

현상광고의 의의는 그것의 법적 성질을 어떻게 이해하느냐에 따라 다르다. 현상광고를 계약이라고 하는 견해에 의하면, 「현상광고는 광고자가 어느 행위를 한 자에게 일정한 보수를 지급할 의사를 표시하고 이에 응한 자가 그 광고에 정한 행위를 완료함으로써 효력이 생기는 계약」이라고 하나, 단독행위라고 하는 견해에 의하면, 「지정행위를 완료한 자에게 보수를 지급한다는 불특정 다수인에 대한 광고자의 일방적 의사표시」라고 한다. 사견은 현상광고를 단독행위라고 이해하므로 뒤의 정의와 같다.

제11관 위임(委任)

Ⅰ. 의 의 [356]

위임은 당사자 일방(위임인)이 상대방(수임인)에 대하여 사무의 처리를 위탁하고 상대방이 이를 승낙함으로써 성립하는 계약이다(680조). A가 법무사인 B에게 등기의 신청을 맡긴 경우가 그 예이다. 위임도 노무공급계약에 해당하나, 위임인이 신뢰를 바탕으로 맡긴 사무를 수임인이 자주적으로 처리하는 점에 특색이 있다.

위임의 경우에는 보통 대리권이 수여된다. 그렇지만 대리권 수여행위(수권행위)와 위임과 같이 기초적 내부관계를 발생시키는 행위는 별개의 것이다 ([80] 2 (2) 참조).

Ⅱ. 법적 성질

위임은 원칙적으로 편무·무상계약이다(686조 1항 참조). 그러나 보수지급의 특약을 하는 경우에는 쌍무·유상계약이 된다. 그리고 위임은 유상이든 무상이든 언제나 낙성·불요식의 계약이다. 실제에 있어서는 제 3 자에 대하여 수임인의 권한을 표시하기 위한 서면인 위임장을 교부하는 때가 많으나, 그것은 단순한 증거일 뿐이다.

Ⅲ. 수임인의 의무 [357]

1. 위임사무 처리의무

수임인은 「위임의 본지(本旨)에 따라」 선량한 관리자의 주의로써 위임사무를 처리할 의무가 있다(681조). 여기서 위임의 본지에 따른다는 것은 위임계약의 목적과 그 사무의 성질에 따른다는 의미이다.

2. 복위임(復委任)

위임은 당사자의 신임관계를 기초로 하므로 수임인은 원칙적으로 스스로 위임사무를 처리하여야 한다(자기복무의 원칙). 그런데 민법은 일정한 범위에서 다른 자에게 다시 위임(복위임)할 수 있도록 하고 있다.

그에 의하면, 수임인은 ① 위임인의 승낙이 있는 때와 ② 부득이한 사유(예 : 수임인의 질병·여행)가 있는 때에 한하여 복위임을 할 수 있다(682조 1항). 이러한 사유가 있어 수임인이 제 3 자(복수임인)에게 위임사무를 처리하게 한 경우에, 복수임인의 행위에 의하여 위임인에게 손해가 생긴 때에는, 수임인은 그 복수임인의 선임 또는 감독에 과실이 있는 때에만 책임을 지며(682조 2항 · 121조 1항), 그러한 때라도 수임인이 위임인의 지명에 의하여 복수임인을 선임하였다면 복수임인이 적임자가 아니라는 것 또는 불성실하다는 것을 알고 위임인에게 통지나 해임하는 것을 태만히 한 경우에만 책임을 진다(682조 2항 · 121조 2항).

3. 그 밖의 의무

(1) 보고의무

수임인은 위임인의 청구가 있으면 위임사무의 처리상황을 보고하고, 위임이 종료한 때에는 지체없이 그 전말을 보고하여야 한다(683조).

(2) 취득물 인도의무

수임인은 위임사무의 처리로 인하여 받은 금전 기타의 물건 및 수취한 과실을 위임인에게 인도하여야 한다(684조 1항).

(3) 취득권리 이전의무

수임인은 위임인을 위하여 자기의 명의로 취득한 권리를 위임인에게 이전하여야 한다(684조 2항). 수임인이 대리권을 가지는 경우에는, 권리가 처음부터 위임인(본인)에게 귀속되므로 이 규정은 적용되지 않는다.

(4) 금전소비의 책임

수임인이 위임인에게 인도할 금전 또는 위임인의 이익을 위하여 사용할 금전을 자기를 위하여 소비한 때에는, 소비한 날 이후의 이자를 지급하여야 하며, 그 외에 손해가 있다면 배상하여야 한다(685조).

제12관 임치(任置)

Ⅰ. 의 의 [358]

임치는 당사자 일방(임치인)이 상대방(수치인)에 대하여 금전이나 유가증권 기타 물건의 보관을 위탁하고 상대방이 이를 승낙함으로써 성립하는 계약이다(693조). A가 그의 가방을 B에게 보관해 달라고 하는 경우가 그 예이다. 임치도 노무공급계약에 해당하나, 타인의 물건 등을 보관한다는 특수한 노무를 목적으로 하는 점에서 특색이 있다.

Ⅱ. 법적 성질

민법은 보수가 없는 임치를 원칙적인 것으로 정하고 있다(701조 · 686조 1항. 상법상의 임치는 유상이 원칙임. 동법 61조 참조). 그러한 임치는 무상 · 편무계약이다. 그러나 특약으로 보수를 지급하는 것으로 약정할 수 있으며, 그때에는 유상 · 쌍무계약이 된다. 그리고 임치는 그것이 유상이든 무상이든 낙성 · 불요식의 계약이다(693조 참조).

Ⅲ. 수치인의 의무 [359]

1. 임치물 보관의무

수치인은 임치물을 보관할 의무가 있는데, 수치인이 목적물을 보관하는데 베풀어야 하는 주의의 정도는 임치가 유상인가 무상인가에 따라 다르다. 무상의 수치인은 임치물을 「자기 재산과 동일한 주의」로 보관하면 된다(695조. 상법 62조는 선관주의의무를 규정함). 그러나 유상의 수치인은 선량한 관리자의 주의로 보관하여야 한다(374조 참조).

수치인은 임치인의 동의 없이 임치물을 사용하지 못한다(694조).

수치인은 원칙적으로 자신이 보관하여야 하나, 임치인의 승낙이나 부득이한 사유가 있는 때에는 제 3 자(복수치인(復受置人) · 제 3 보관자)에게 보관하게 할 수 있다(701조 · 682조 1항). 제 3 자에게 보관하게 하는 경우(복임치)에 수치인의 책임과 복수치인의 지위는 복위임의 경우와 같다(701조 · 682조 2항. [357] 2 참조).

2. 보관에 따르는 부수적 의무

임치물에 대한 권리를 주장하는 제 3 자가 수치인에 대하여 소를 제기하거나 압류한 때에는, 수치인은 지체없이 임치인에게 이를 통지하여야 한다(696조).

수치인은 수치물의 보관으로 인하여 받은 금전 기타의 물건 및 수취한 과실을 임치인에게 인도하여야 하고, 자기 명의로 취득한 권리가 있으면 이를 임치인에게 이전하여야 한다(701조 · 684조). 그리고 수치인이 임치인의 금전을 자기를 위하여 소비한 때에는, 소비한 날 이후의 이자를 지급하여야 하며, 그 외에 손해가 있으면 배상하여야 한다(701조 · 685조).

3. 임치물 반환의무

임치가 종료한 때에는, 수치인은 임치물을 반환하여야 한다. ① 반환의 목적물은 수치인이 받은 물건이나 금전 또는 유가증권 그 자체이다. 받은 목적물이 대체물인 때에도 마찬가지이다. ② 반환의 장소는 특약이 있으면 그에 의하나, 특약이 없으면 보관한 장소에서 반환하여야 한다(700조 본문). 그러나 수치인이 정당한 사유로 인하여 임치물을 다른 곳에 옮겨 놓은 때에는 현존하는 장소에서 반환할 수 있다(700조 단서).

Ⅳ. 특수한 임치 [360]

1. 혼장임치(混藏任置)

대체물(예 : 곡물 · 기름 · 술)의 임치에 있어서 수치인이 임치된 물건을 동종 · 동질의 다른 임치물과 혼합하여 보관하다가 반환할 때에는 임치된 것과 동량을 반환하기로 하는 임치를 혼장임치라고 한다. 혼장임치의 경우에는 수치인이 목적물의 소유권을 취득하지 않고, 따라서 소비할 수도 없으며, 이 점에서 소비임치와 다르다. 혼장임치에서는 임치물은 임치인이 지분을 가지고 공유하는 것으로 해석된다. 혼장임치에서는 임치인이 재고채권(제한종류채권)을 가지게 된다.

2. 소비임치(消費任置)

소비임치는 임치를 함에 있어서 목적물(대체물에 한함)의 소유권을 수치인에게 이전하기로 하고 수치인은 그것과 동종·동질·동량의 것을 반환하기로 약정하는 경우를 가리킨다. 소비임치는 목적물의 소유권이 수치인에게 이전되고 수치인은 동종·동질·동량의 물건으로 반환하게 되는 점에서 소비대차와 같다(598조 참조). 따라서 민법은 소비임치의 경우에는 소비대차에 관한 규정을 준용한다(702조 본문). 그러나 소비대차는 차주의 이익을 위하여 목적물을 이용하게 하는 것인 데 비하여, 소비임치는 임치인을 위하여 임치물을 보관하게 하는 점에서 차이가 있다. 그 때문에 소비임치에 있어서의 반환시기에 관하여는 소비대차에서와 달리 특별규정을 두고 있다. 그에 의하면, 반환시기는 특약이 있으면 그에 의하되, 특약이 없으면 임치인은 언제든지 그 반환을 청구할 수 있다(702조 단서).

예금자가 은행 기타 금융기관에 예금을 하는 계약은 소비임치에 해당한다.

제13관 조합(組合)

Ⅰ. 조합의 의의 [361]

조합은 2인 이상의 특정인이 서로 출자하여 공동사업을 경영할 것을 목적으로 결합한 단체이다. A·B·C가 금전을 출자하여 농산물 도매업을 하기로 한 경우가 그 예이다.

사람의 결합체인 단체에는 사단과 조합의 두 가지가 있다. 그 중 사단(예 : 교회 · 종중)의 경우에는 그 구성원(사원)이 단체에 매몰되어 그 개성이 표면에 나타나지 않는 데 비하여, 조합의 경우에는 그 구성원(조합원)의 개성이 강하게 나타난다.

Ⅱ. 조합계약의 의의

조합계약은 2인 이상이 상호 출자하여 공동사업을 경영할 것을 약정함으로써 성립하는 계약이다(703조 1항). 이는 조합이라는 단체를 성립 · 발생시키는 원인이 되는 것이다. 그런데 조합계약은 조합을 성립시키는 합의만을 가리키는 것이 아니고, 그 조합의 구성이나 운영에 관한 합의도 포함한다.

Ⅲ. 조합의 대내관계 [362]

민법에 명문의 규정은 없지만 조합의 경우에는 사단과 달리 각 조합원이 업무집행에 참여할 권리(업무집행권)를 갖는다. 그렇지만 모든 조합원이 업무집행을 하지 않고 일부 조합원이나 제 3 자에게 업무집행을 맡길 수도 있다.

1. 모든 조합원이 업무를 집행하는 경우

이 경우에 의견이 일치되지 않는 때에는, 조합원의 과반수로써 결정한다(706조 2항 1문). 여기의 과반수는 조합원의 모든 인원수이고 출석인원수나 출자액수가 아니다.

이 다수결의 원칙에는 예외가 있다. 즉 조합의 통상사무는 각 조합원이 단독으로 할 수 있다(706조 3항 본문). 그러나 그 사무의 완료 전에 다른 조합원의 이의가 있는 때에는 즉시 중지하여야 한다(706조 3항 단서).

2. 일부의 조합원을 업무집행자로 한 경우

조합원들은 조합계약에서 일부의 조합원을 업무집행자로 정할 수 있다. 그렇지 않았더라도 언제든지 조합원의 3분의 2 이상의 찬성으로 업무집행자를 선임할 수 있다(706조 1항).

업무집행자가 수인인 때에는, 업무집행은 그 과반수로써 결정한다(706조 2항 2문). 다만, 조합의 통상사무는 각 업무집행자가 단독으로 할 수 있되(706조 3항 본문), 그 사무의 완료 전에 다른 업무집행자의 이의가 있는 경우에는 즉시 중지하여야 한다(706조 3항 단서).

Ⅳ. 조합의 대외관계(조합대리) [363]

조합은 법인격이 없음은 물론 단체성도 약해서(대표기관도 없음) 대외관계에서 조합 자신의 명의로 행위를 할 수 없으며, 조합원 전원의 이름으로 하여야 한다. 그런데 이는 매우 번잡하여 실제에서는 대리의 방법을 이용하고 있다. 즉 어느 조합원이 한편으로는 다른 조합원을 대리하고 다른 한편으로는 자기 자신의 자격으로 제 3 자와 법률행위를 하는 것이다. 이와 같이 조합의 대외활동이 보통 대리의 형식에 의하고 있기 때문에, 조합의 대외관계를 「조합대리」(組合代理)라고 한다.

이 대리권은 내부적인 업무집행권과는 관념상 별개의 것으로서 대리권 수여행위(수권행위)에 의하여 발생한다. 그러나 실제에 있어서는 조합계약 속에 합해져서 행하여지는 것이 보통이다.

민법은 조합의 업무를 집행하는 조합원은 그 업무집행의 대리권이 있는 것으로 추정한다(709조). 따라서 업무집행자가 정해지지 않은 때에는 각 조합원이, 업무집행자가 정해진 때에는 업무집행자로 된 조합원이 이 추정을 받는다.

Ⅴ. 조합의 재산관계 [364]

1. 조합재산의 합유관계

조합은 조합 자신의 재산, 즉 조합재산을 가진다. 그런데 조합에는 법인격(권리능력)이 인정되지 않아서 조합재산이 조합 자체에 귀속될 수는 없으며, 그것은 모든 조합원에게 속할 수밖에 없다. 민법은 그러한 소유를 합유라고 한다(704조 · 271조-274조).

조합재산을 이루는 물건(동산 · 부동산)은 모든 조합원의 합유로 된다. 그 결과 지분의 처분이 제한되고(273조 1항), 분할이 금지된다(273조 2항).

조합재산에 속하는 소유권 이외의 재산권(예: 지상권 · 주식 · 광업권 · 채권)은 모든 조합원의 준합유로 된다(278조 참조). 그리고 이 재산권에 대한 지분처분도 제한되고 분할도 금지된다.

조합재산과 관련된 특별규정이 있다. ① 조합원의 지분에 대한 압류는 그 조합원의 장래의 이익배당 및 지분의 반환을 받을 권리에 대하여 효력이 있다(714조). 그리고 ② 조합의 채무자는 그가 부담하는 채무와 조합원에 대한 채권을 상계하지 못한다(715조). 예를 들면 A · B · C 3인의 조합원으로 구성된 조합에 대하여 30만원의 채무를 부담하는 D는, 그가 A에 대하여 20만원의 채권을 가지고 있는 경우에, 20만원에 관하여 상계할 수 없고 또 지분비율에 의하여 A가 부담할 10만원에 관하여도 상계하지 못한다.

2. 조합채무에 대한 책임 [365]

조합의 채무도 각 조합원의 채무와는 구별되어 모든 조합원에게 합유적으로 귀속된다(준합유). 그리고 그에 대하여 조합재산이 책임을 지게 된다. 그런가 하면 각 조합원도 그에 대하여 책임을 져야 한다.

(1) 조합재산에 의한 공동책임

조합의 채권자는 채권 전액에 관하여 「조합재산」으로부터 청구할 권리가 있다. 채권자가 조합원 중 1인인 때에도 같다. 조합원이 제3자의 조합에 대한 채권을 양수한 경우에 혼동이 일어나지도 않는다.

(2) 조합원 개인재산에 의한 책임

「각 조합원」은 조합채무에 관하여 분할채무를 부담한다. 즉 손실부담의 비율이 미리 조합계약에서 정해져 있었으면 그에 따라서 채무를 부담하고, 그 비율이 정해지지 않은 때에는 똑같은 비율로 채무를 부담한다. 비율 특약이 있었더라도 채권발생 당시에 조합채권자가 그 비율을 알지 못한 때에는, 그는 각 조합원에게 똑같은 비율로 이행을 청구할 수 있다(712조). 그리고 조합원 중에 변제자력이 없는 자가 있는 때에는, 그 변제할 수 없는 부분은 다른 조합원이 똑같이 나누어 변제할 책임이 있다(713조).

3. 손익분배

조합의 사업으로 생긴 이익과 손실은 각 조합원에게 귀속한다.

(1) 손익분배의 비율

손익분배의 비율은 조합계약에서 정할 수 있다. 그 비율을 어떻게 정할 것인지는 자유이다. 그리고 이익은 모든 조합원에게 분배되어야 하나, 손실은 일부의 조합원에게만 귀속되어도 무방하다.

민법은 손익분배비율을 약정하지 않은 경우를 위하여 특별규정을 두고 있다. 우선 이익분배와 손실부담 중 어느 하나에 관하여 비율을 정한 때에는, 그 비율은 둘 모두에 공통하는 것으로 추정한다(711조 2항). 그리고 둘 모두에 대하여 비율을 정하지 않은 때에는, 각 조합원의 출자가액에 비례하여 이를 정한다(711조 1항).

(2) 손익분배의 시기

이는 조합계약에서 정하는 것이 보통이나, 정해진 바가 없으면, ① 영리목적의 조합의 경우에는 업무집행규정에 따라서 분배하여야 하고, ② 비영리를 목적으로 하는 경우에는 전 조합원의 합의에 의하여 또는 청산할 때에 분배하여야 한다.

제14관 종신정기금(終身定期金)

Ⅰ. 의 의 [366]

종신정기금계약은 당사자 일방(정기금채무자)이 자기 · 상대방 또는 제 3 자의 종신(終身. 사망시)까지 정기로 금전 기타의 물건을 상대방 또는 제 3 자에게 지급할 것을 약정함으로써 성립하는 계약이다(725조). A가 그가 생존하는 동안 그의 부하였던 B에게 매년 100만원씩 급부하기로 한 경우, C가 D에게 부동산 소유권을 이전하면서 D로 하여금 자신의 아들인 E에게 E의 사망시까지 매월 50만원씩 급부하도록 한 경우가 그 예이다.

제15관 화해(和解)

Ⅰ. 의 의 [367]

화해는 당사자가 서로 양보하여 그들 사이의 분쟁을 끝낼 것을 약정함으로써 성립하는 계약이다(731조). A가 B에게 800만원의 채권이 있다고 주장하고 B는 600만원의 채무만 있다고 주장하는 경우에, A와 B가 서로 양보하여 700만원의 채권이 있는 것으로 약정하는 것이 그 예이다.

화해는 재판과 달리 다툼을 원만하게 해결하는 장점이 있어서 많이 이용되고 있다. 그런가 하면 오늘날의 재판제도에서도 그러한 방법을 사용하기도 한다. 재판상 화해, 조정 등이 그렇다.

Ⅱ. 효 력 [368]

1. 법률관계를 확정하는 효력

화해계약이 성립하면 당사자 사이에 다투어졌던 법률관계는 화해계약의 내용에 따라서 확정된다. 그러나 확정되는 것은 다툼의 대상이 되어 합의한 사항에 한하며, 당사자가 다투지 않았던 사항이나 화해의 전제로서 서로 양해하고 있던 사항은 그렇지 않다.

2. 화해의 창설적 효력

화해에 의하여 법률관계를 확정하는 것은 창설적이다(732조). 즉 종래의 법률관계가 어떠했는가를 묻지 않고 화해에 의하여 새로운 권리의 취득·상실이 있게 된다.

3. 화해와 착오취소의 관계

화해계약은 착오를 이유로 취소하지 못한다(733조 본문). 그러나 「화해 당사자의 자격」 또는 「화해의 목적인 분쟁 이외의 사항」에 착오가 있는 때에는 취소할 수 있다(733조 단서).

4. 화해와 후발손해(後發損害)의 관계

교통사고의 피해자가 후유증이 없을 것으로 생각하고 일정금액을 받으면서 나머지의 손해배상청구권을 포기하는 합의를 하였는데, 그 후에 후유증이 생겨서 오래 치료를 받고 그래도 완치되지 않아 불구자가 된 경우, 즉 후발손해가 생긴 경우에, 피해자는 더 이상 손해배상청구를 할 수 없는지가 문제된다. 이러한 경우의 합의의 성질은 서로 양보하고 있는지에 따라 민법상의 화해이거나 그것에 비슷한 무명계약이다.

이에 대하여 대법원은, 손해배상청구를 포기하는 합의는 합의 당시에 예상할 수 없었던 적극적 치료비나 후유증으로 인한 손해배상청구권까지 포기하는 취지로 볼 수 없다고 한 경우가 많다(한정적 해석). 그러나 이때에는 신의칙을 적용하는 것이 바람직하다. 즉 피해자를 합의에 구속시키는 것이 신의칙에 반할 때에는 권리남용으로 보아 이를 인정하지 않아야 한다.

제 3 절 사무관리(事務管理)

Ⅰ. 사무관리의 의의 및 성질 [369]

1. 의 의

사무관리는 의무(계약 또는 법률에 의한 의무) 없이 타인을 위하여 그의 사무를 처리하는 행위이다(734조 1항). 폭풍우로 파손된 이웃집의 지붕을 수선해 주는 행위가 그 예이다. 사무관리가 있으면 민법상 비용상환청구권 · 손해배상청구권 · 관리계속의무 기타의 의무가 발생한다. 따라서 이는 법정 채권발생원인의 하나이다.

2. 법적 성질

사무관리는 적법행위이다. 그러나 의사표시를 요소로 하는 법률행위가 아니고, 준법률행위, 그 중에서도 사실행위(혼합 사실행위)이다.

Ⅱ. 사무관리의 성립요건 [370]

(1) 타인의 사무의 관리가 있을 것

여기의 「사무」는 사람의 생활상의 이익에 영향을 미치는 모든 일을 가리킨다.

(2) 타인을 위하여 하는 의사(관리의사)가 있을 것

사무관리가 성립하려면 관리자에게 타인을 위하여 하는 의사 즉 관리의사가 있어야 한다.

(3) 법률상의 의무가 없을 것

관리자가 계약(위임 · 고용 · 도급 등) 또는 법률규정(친권이나 후견)에 의하여 본인에 대하여 그 사무를 관리할 의무를 부담하는 경우에는, 사무관리가 성립하지 않는다.

(4) 본인에게 불이익한 것 또는 본인의 의사에 반한다는 것이 명백하지 않을 것(737조 단서 참조)

민법상 사무관리가 본인에게 불리함 또는 본인의 의사에 반함이 명백한 때에는 사무관리를 중지하여야 하는 점(737조 단서)에 비추어 볼 때, 그러한 경우에는 처음부터 사무관리가 성립하지 않는다고 새겨야 할 것이다.

Ⅲ. 사무관리의 효과 [371]

1. 위법성의 조각

사무관리는 적법행위로서 위법성을 조각한다. 따라서 사무관리를 위하여 타인의 가옥에 들어가더라도 불법행위가 되지 않는다.

2. 사무관리자의 의무

(1) 관리계속의무

사무관리자가 일단 사무관리를 시작한 때에는, 본인 · 그의 상속인 또는 법정대리인이 그 사무를 관리할 수 있을 때까지 관리를 계속하여야 한다(737조 본문). 마음대로 중단하면 본인에게 손해가 생길 수 있기 때문이다. 그러나 관리의 계속이 본인의 의사에 반하거나 본인에게 불리함이 명백한 때에는 관리를 중지하여야 한다(737조 단서).

(2) 관리의 방법

사무관리는 그 사무의 성질에 좇아 본인에게 가장 이익이 되는 방법으로 하여야 하나(734조 1항), 만약 관리자가 본인의 의사를 알거나 알 수 있는 때에는 그 의사에 적합하도록 하여야 한다(734조 2항).

관리자가 위와 같은 관리방법에 위반하여 사무를 관리한 결과 본인에게 손해가 발생하면, 관리자는 그에게 과실이 없는 때에도 손해를 배상하여야 한다(734조 3항 본문). 그러나 관리방법에 위반하여 관리를 하였더라도 그 관리행위가 공공의 이익에 적합한 때에는 중대한 과실이 있는 경우에만 책임을 진다(734조 3항 단서).

3. 본인의 의무

(1) 비용상환의무

관리자가 본인을 위하여 필요비 또는 유익비를 지출한 때에는, 본인에 대하여 그 상환을 청구할 수 있다(739조 1항).

관리자가 본인의 의사에 반하여 관리한 때에는, 관리자는 본인의 현존이익(現存利益)의 한도에서 비용상환을 청구할 수 있다(739조 3항).

(2) 손해배상의무

관리자가 사무관리를 함에 있어서 과실없이 손해를 받은 때에는, 본인의 현존이익의 한도에서 그 손해의 보상(배상)을 청구할 수 있다(740조).

제 4 절 부당이득(不當利得)

Ⅰ. 부당이득의 의의 및 성질 [372]

1. 의 의

부당이득이란 법률상 원인없이 타인의 재산 또는 노무로 인하여 얻은 이익을 가리킨다(741조 참조). 예를 들면 채무자가 그의 채무를 변제하였는데 그 사실을 잊어버리고 다시 변제한 경우에, 두 번째의 급부가 그에 해당한다. 민법은 부당이득이 생긴 때에는 이득자가 손실자에게 그 이득을 반환하여야 하는 것으로 규정하고 있다(741조). 그 결과 부당이득은 사무관리 · 불법행위와 더불어 법정 채권발생원인의 하나가 되고 있다.

2. 법적 성질

부당이득이 있으면, 부당이득 반환청구권이라는 채권이 발생한다. 따라서 부당이득은 하나의 법률사실이면서 동시에 법률요건이다. 부당이득은 법률사실 중에서 사건이라고 이해된다. 그것은 법률행위에 기하여 이득이 생긴 때에도 마찬가지이다. 부당이득에 있어서 채권발생이라는 법률효과는 그 이득이 법률행위에 의하여 생겼을지라도 당사자의 행위나 의사와는 관계없이 오직 그 이득이 생겼다는 사실에 기하여 주어지기 때문이다.

Ⅱ. 부당이득의 일반적 성립요건 [373]

부당이득의 일반적 성립요건은 ① 타인의 재산 또는 노무에 의하여 이익을 얻었을 것(수익), ② 그러한 이익을 얻음으로 인하여 타인에게 손해를 가했을 것(손실), ③ 수익과 손실 사이에 인과관계가 있을 것, ④ 법률상의 원인이 없을 것의 네 가지이다(741조).

1. 수익(受益)

수익에는 여러 가지 모습이 있다. 소유권·제한물권의 취득, 채권의 취득, 지식재산권(예: 특허권)의 취득뿐만 아니라, 점유의 취득, 무효인 등기의 취득도 수익에 해당한다. 또한 자기의 재산으로부터 지출하였어야 할 비용을 지출하지 않게 된 것도 수익이다. 가령 타인이 자기의 물건을 보관해 준 경우, 본래 부담하였어야 할 채무를 부담하지 않게 된 경우, 이미 부담하고 있던 채무를 면하게 된 경우에 그렇다.

2. 손실(損失)

부당이득이 성립하려면, 손실을 입은 자가 있어야 한다. 가령 어떤 토지의 부근이 개발되어 그 토지의 가치가 증가한 경우에는, 손실을 입은 자가 없어서 부당이득은 존재하지 않는다. 손실은 손실자의 급부에 의하여 일어날 수도 있으나, 다른 자의 불법점유로 사용의 기회를 잃은 것도 그에 해당한다.

손실과 이득은 서로 대응하나, 그 둘이 범위에 있어서 같아야 하는 것은 아니며, 둘 사이에 인과관계만 있으면 충분하다.

3. 수익과 손실 사이의 인과관계

수익과 손실 사이에 인과관계가 있어야 한다. 여기의 인과관계는 동일한 사실이 한편으로는 손실을 발생시키고 다른 한편으로는 이득을 생기게 할 필요는 없으며(즉 직접적 인과관계일 필요가 없음), 사회관념상 그 연락을 인정할 수 있으면 된다. 그리하여 A가 B로부터 횡령한 금전을 그의 채권자인 C에 대한 채무변제에 사용한 경우에는, B의 손실과 C의 이득 사이에 인과관계가 인정된다.

4. 법률상 원인이 없을 것 [374]

부당이득이 인정되려면, 수익이 「법률상 원인없이」 생겼어야 한다. 이는 수익을 보유하는 것이 손실자와의 관계에서 재산적 정의에 반한다는 의미이다. 그런데 위와 같은 표준은 대단히 막연하다. 따라서 부당이득을 좀 더 세분하여 법률상의 원인 유무를 살펴보는 것이 좋다.

(1) 급부 부당이득의 경우

급부행위에 의하여 수익이 생긴 경우 즉 급부 부당이득의 경우에는, 급부의 근거가 되는 「채권의 존재」가 법률상의 원인이다. 따라서 채권이 존재하지 않음에도 불구하고 급부한 경우에는 부당이득이 된다. 급부 당시에는 채권이 존재하였지만 후에 소급하여 소멸한 때에도 마찬가지이다. 예를 들면 채무자가 그의 채무를 이미 이행했으면서도 그 사실을 잊어버리고 다시 변제한 경우, 매매계약의 당사자가 그에 기하여 급부를 하였는데 후에 그 계약이 무효로 밝혀지거나 취소·해제된 경우가 그에 해당한다.

(2) 침해 부당이득의 경우

무권리자가 타인의 물건을 사용·수익·처분함으로써 이득을 얻은 경우 즉 침해 부당이득의 경우에는, 「해당하는 권한의 존재」가 법률상의 원인이다(여기의 「권한」은 본래의 의미의 「권한」([14] 참조)과 다르며, 「해당하는 행위를 할 수 있는 법적 근거」라는 의미임. 「권한」 대신에 「권원」이라고 하는 문헌도 있음). 가령 타인의 토지를 사용하는 자가 임차권 등의 사용권을 가지고 있지 않으면, 그것의 사용에 따른 이득은 부당이득이 된다.

(3) 그 밖의 경우

그 밖의 부당이득에 대하여는 구체적인 경우에 있어서 이득의 귀속이 손실자와의 관계에서 볼 때 정의관념에 합치하는지 여부를 검토하여야 하며, 그 결과 정의관념에 반하면 법률상 원인이 없는 것이 된다.

Ⅲ. 부당이득의 특례 [375]

민법은 부당이득 가운데 일정한 경우에 관하여 특칙을 두고 있다. 그 특칙은 크게 비채변제에 관한 것(742조-745조)과 불법원인급여에 관한 것(746조)으로 나눌 수 있다.

1. 비채변제(非債辨濟)

(1) 의 의

널리 비채변제라고 하면, 채무가 없음에도 불구하고 변제로서 급부하는 것을 말한다. 이러한 비채변제는 부당이득이 되어 반환청구를 할 수 있음이 원칙이다. 그런데 민법은 여기에 관하여 특칙을 두어 일정한 경우에는 반환청구를 허용하지 않고 있다. 그 결과 그와 같은 때에는 부당이득의 일반적인 성립요건이 갖추어진 것만으로는 부족하고, 그 외에 민법이 정하는 반환금지 사유가 없어야만 반환청구를 할 수 있게 된다. 민법이 특칙을 두고 있는 경우들을 살펴보기로 한다.

(2) 좁은 의미의 비채변제

변제자가 자기 채무의 변제로서 급부를 하였으나 채무가 존재하지 않는 경우가 좁은 의미의 비채변제이다. 좁은 의미의 비채변제는 부당이득의 전형적인 예이며, 따라서 마땅히 반환청구가 인정되어야 한다. 그런데 민법은 다음의 두 경우에는 예외적으로 반환청구를 허용하지 않는다.

1) **채무가 없음을 안 경우** 변제자가 채무가 없음을 알고 변제한 때에는 그 반환을 청구하지 못한다(742조). 따라서 반환청구를 할 수 있으려면 변제자가 채무가 없음을 알지 못하였어야 한다.

2) **변제가 도의관념(道義觀念)에 적합한 경우** 채무 없는 자가 채무가 없음을 모르고 변제하였더라도 그 변제가 도의관념에 적합한 때에는 그

반환을 청구하지 못한다(744조). 예를 들면 법률상 부양의무 없는 자가 그 의무가 있다고 잘못 생각하고 부양을 한 때에 그렇다.

(3) 변제기 전의 변제 [376]

채무가 존재하는 한 그것을 변제기 전에 변제하였다고 하여 부당이득이 되지는 않는다. 따라서 채무자가 변제기 전에 채무를 변제한 경우에는, 그 반환을 청구할 수 없다(743조 본문). 그러나 채권자가 급부받은 것을 변제기까지 이용함으로써 얻게 되는 이익 즉 중간이자는 부당이득이라고 할 수 있다. 그런데 민법은 채무자가 변제기가 되지 않았음을 모르고 변제한 때에만 그 이익의 반환을 청구할 수 있도록 하고 있다(743조 단서).

(4) 타인의 채무의 변제

채무자 아닌 자가 타인의 채무를 「자기의 채무」로서 변제한 경우에는, 변제는 무효이고, 따라서 채권자는 부당이득(좁은 의미의 비채변제)을 한 것이 된다. 그리하여 변제자는 채권자에게 반환을 청구할 수 있다. 그런데 이를 끝까지 관철하게 되면, 변제가 유효한 것으로 믿고 채권증서를 없애버리는 등의 행위를 한 채권자에게 예측하지 못한 손해가 생길 가능성이 있다. 그리하여 민법은, 채권자가 선의로 증서를 훼멸하거나 담보를 포기하거나 시효로 인하여 그의 채권을 잃은 때에는, 변제자가 반환을 청구할 수 없도록 규정한다(745조 1항). 그리고 이 경우에 변제자는 채무자에 대하여 구상권(상환청구권)을 행사할 수 있다고 한다(745조 2항).

2. 불법원인급여(不法原因給與) [377]

(1) 의 의

결혼한 남자 A는 미혼녀인 B와 불륜관계를 맺고 그 대가로 A가 B에게 5,000만원을 주기로 약속하였다. 그리고 그 약속에 따라 A는 B에게 5,000만원을 지급하였다. 이 경우에 A는 B에 대하여 그가 지급한 5,000만원이 부당이득이라는 이유로 반환을 청구할 수 있는가?

이 경우에 A와 B 사이의 약정(이른바 첩계약)은 선량한 풍속 기타 사회질서에 반하여 무효이다(103조 참조). 따라서 A는 약속을 하였더라도 그것을 지킬 의무가 없다. 그럼에도 불구하고 A가 5,000만원을 지급한 것이어서 그것은 부당이득이 된다(좁은 의미의 비채변제). 그러나 위와 같은 경우에는 반환청구가 허용되지 않는다. 민법이 불법원인에 의하여 급여한 것은 반환청구를 금지하고 있기 때문이다(746조). 그 이유는 사회적 타당성이 없는 행위를 한 자(위의 예에서는 A)가 자기의 행위의 결과(위의 예에서는 5,000만원의 지급)를 복구하려고 할 때 법률이 협력을 하지 않으려는 데 있다. 즉 위의 예에서 A에게 부당이득 반환청구권을 인정해 주면 사회적 타당성이 없는 행위를 한 자를 도와주는 것인데, 그것이 적절하지 않다고 여기는 것이다.

(2) 요 건 [378]

불법원인급여가 되려면, 불법의 원인으로 인하여 재산을 급여하거나 노무를 제공하였어야 한다(746조).

1) 불 법 제746조의 불법의 의미에 관하여는 논란이 있다. 다수설과 판례는 「선량한 풍속 기타 사회질서에 위반하는 것」을 뜻한다고 한다. 그리하여 제746조는 제103조와 표리관계를 이룬다고 한다. 그러나 불법원인급여를 너무 넓게 인정하면 오히려 불법한 행위를 한 자가 원하는 바를 그대로 인정하는 결과가 되어 타당하지 않으며, 불법원인급여의 인정범위는 제746조의 취지를 살리는 한에서 최소한에 머물러야 한다. 따라서 사회질서 가운데 모든 국민에게 지킬 것이 요구되는 최소한도의 도덕률인 「선량한 풍속」을 위반한 것만이 불법하다고 평가되어야 한다.

2) 「급부원인」의 불법 불법원인급여가 되려면, 급부가 불법의 원인으로 행하여졌어야 한다. 즉 급부의 원인이 불법이어야 한다. 급부원인이 무엇인가에 대하여는 일반적으로 급부(앞의 예에서는 5,000만원의 지급)가 그에 앞서는 법률행위(앞의 예에서는 첩계약)에 기하여 행하여진 경우에는 그 법률행위가 급부원인이고, 그에 앞서는 법률행위 없이 행하여지는 경우에는 그 급부에 의하여 달성하려고 하는 사회적 목적이 급부원인이라고 한다.

3) 급 부 불법원인급여가 성립하려면, 불법의 원인으로 「재산

을 급여하거나 노무를 제공」하였어야 한다. 즉 급부를 하였어야 한다. 급부는 재산적 이익을 주는 것이지만, 그 이익의 종류는 묻지 않는다. 그리하여 물권·채권 등의 재산권을 주는 것일 수도 있고, 단순히 사실상의 이익(예 : 같이 살아주는 이익)일 수도 있다. 그러므로 앞의 예에서 B가 A와 불륜관계를 맺어준 것도 일종의 불법원인급여인데, B도 그것의 반환을 청구하지 못한다.

(3) **효 과**

1) **원 칙** 어떤 급부가 불법원인급여인 경우에는, 급부자는 원칙적으로 그 이익의 반환을 청구하지 못한다(746조 본문). 반환청구를 하지 못하는 것은 급부자 자신은 물론이고 그의 상속인과 같은 권리승계인도 마찬가지이다.

2) **예 외** 불법원인급여라 할지라도 「불법원인이 수익자에게만 있는 때」에는 예외적으로 급부한 것의 반환을 청구할 수 있다(746조 단서). 범죄를 단념시키기 위하여 금전을 급부한 경우가 그 예이다.

근래에 판례는 급부자와 수령자의 불법성을 비교하여 수령자측의 불법성이 급부자측의 불법성보다 현저히 큰 때에는 반환청구를 인정하고 있다(불법성 비교론). 그러나 이 이론은 제746조 단서에 어긋나고 또 악용될 가능성이 있다. 따라서 이 이론은 인정되지 않아야 한다.

Ⅳ. 부당이득의 효과 [379]

부당이득의 요건이 갖추어지면, 수익자는 손실자에 대하여 그가 받은 이득의 반환의무를 진다(741조). 부당이득 반환의무의 범위는 수익자가 선의인지 악의인지에 따라 차이가 있다. 여기서 선의란 수익이 법률상 원인없는 이득임을 알지 못하는 것이고, 악의는 그 사실을 아는 것이다.

선의의 수익자는 그 받은 이익이 현존하는 한도에서 반환의무가 있다(748조 1항). 따라서 그는 받은 이익 가운데 원물 또는 그 모습을 바꾸어서 남아 있는 것만을 반환하면 된다.

악의의 수익자는 그 받은 이익에 이자를 붙여 반환하고, 손해가 있으면 이를 배상하여야 한다(748조 2항).

제5절 불법행위(不法行爲)

제1관 서 설

Ⅰ. 불법행위의 의의 및 성질 [380]

1. 의 의

불법행위는 고의 또는 과실로 위법하게 타인에게 손해를 가하는 행위이다. 타인을 때려서 다치게 하거나 타인의 재산을 훼손하는 것이 그 예이다. 불법행위가 있으면, 민법규정에 의하여 가해자는 피해자에 대하여 손해배상책임을 부담하게 된다(750조). 따라서 불법행위는 사무관리·부당이득 등과 같이 법정 채권발생원인이다.

2. 성 질

불법행위는 법률사실로서 그 성질은 위법행위이다. 즉 채무불이행과 더불어 대표적인 위법행위이다. 그리고 불법행위는 법률요건이다. 그리하여 채권발생이라는 법률효과를 발생시킨다.

[채무불이행과 불법행위의 비교]
채무불이행과 불법행위는 모두 위법행위인데, 채무불이행은 적법한 채권관계를 전제로 하여 그 당사자 사이에서 채무를 이행하지 않는 데 대한 책임을 문제삼는

위법행위이고, 불법행위는 아무런 특별한 관계가 없는 자들 사이에서 가해행위의 책임을 문제삼는 위법행위이다.

Ⅱ. 민사책임과 형사책임 [381]

1. 서 설

A는 B를 때려 다치게 하였다. 그래서 B는 병원에 입원하여 치료를 받았고, 그 기간 동안 일을 하지 못하여 수입을 얻지 못하였다. 한편 A는 상해죄로 형사처벌을 받았다. 이 경우에 A는 B에 대하여 치료비나 수입결손 등 B가 입은 손해를 배상하지 않아도 되는가? 이것이 민사책임과 형사책임의 문제이다.

2. 두 책임의 의의 및 구분

민사책임은 불법행위에 의한 손해배상책임이고, 형사책임은 형사상의 형벌에 의한 제재이다. 이들 두 책임은 근대 이전에는 결합되어 있었으나, 근대 이후에는 완전히 나누어져 있다.

3. 두 책임의 차이

민사책임과 형사책임은 근거가 되는 법, 목적, 요건, 효과 등에서 차이가 있다.

① 전자(민사책임)는 사법(私法)상의 제도인 데 비하여, 후자(형사책임)는 공법상의 제도이다.

② 전자는 피해자에게 생긴 손해를 메워주는 데(즉 손해전보에) 목적이 있는 데 비하여, 후자는 행위자에 대한 응보(應報) 또는 장래에 있어서의 해악(害惡) 발생의 방지에 목적이 있다.

③ 전자는 가해자에게 고의가 있든 과실이 있든(과실이 없는 때는 제외함) 손해를 배상하게 하는 데 비하여(실제 손해의 전보를 목적으로 하므로), 후자는 고의범만을 처벌하는 것이 원칙이다. 형사책임의 경우에는 죄형법정주의(罪刑法定主

義) 때문에 처벌규정이 없으면 무죄인데 형법이 과실범에 대하여는 예외적으로만 처벌규정을 두고 있다. 그리하여 가령 과실로 다른 사람의 장독을 깨거나 과실로 폭행한 자는 — 과실범의 처벌규정이 없어서 — 무죄이다.

④ 전자에서는 손해가 생기지 않는 미수(未遂)는 문제가 되지 않으나, 후자에 있어서는 미수·예비·음모도 처벌한다. 형사책임의 목적상 실제로 침해가 생기지 않아도 처벌하는 것이다.

⑤ 효과에 있어서도 차이를 보여, 전자에서는 고의의 경우와 과실의 경우에 책임의 경중에 차이가 없음이 원칙인 데 비하여, 후자에서는 고의의 경우가 과실의 경우보다 책임이 훨씬 무겁다. 예를 들어 갑이 을을 「고의로」 또는 「과실로」 다치게 하였다고 하자. 이러한 경우에 갑의 민사책임은 을에게 발생한 손해(치료비·수입결손 등)를 메워주는 것이기 때문에 — 그러한 손해가 같다면 — 고의의 경우와 과실의 경우가 원칙적으로 차이가 없다(다만 위자료에서는 다소 차이를 보임). 그러나 형사책임은 차이가 크다. 고의의 경우에는 7년 이하의 징역, 10년 이하의 자격정지 또는 1,000만원 이하의 벌금에 처해지는 데 비하여(형법 257조), 과실의 경우에는 500만원 이하의 벌금, 구류 또는 과료에 처해질 뿐이다(형법 266조).

4. 두 책임의 관계 [382]

민사책임과 형사책임이 완전히 별개의 것이고 발생요건이 다르기 때문에, 동일한 가해행위에 의하여 두 책임이 모두 생기는 때가 있는가 하면, 어느 하나의 책임만 생길 수도 있다. 예를 들면 살인·상해·사기의 경우에는 두 책임이 모두 생기나, 과실로 다른 사람의 장독을 깨뜨린 경우에는 민사책임만 생기고, 고의로 다른 사람의 장독을 깨뜨리려고 했지만 미수에 그친 경우에는 형사책임만 생긴다. 그리하여 제도상 구분되어 있는 민사재판·형사재판에 있어서 그 결과가 달라질 수도 있다. 무죄판결이 선고되었지만 손해배상은 인정될 수도 있고, 유죄판결이 선고되었지만 손해배상은 인정되지 않을 수도 있는 것이다. 또한 두 책임이 모두 발생하는 경우에는, 어느 하나의 책임을 졌다고 하여 다른 책임을 면하는 것도 아니다. 그 결과 첫 부분

의 예에서 A는 형사책임을 졌지만 민사책임은 남아 있으며, 따라서 그는 손해배상을 하여야 한다.

그런데 현행제도상 두 책임이 관련되어 있는 때가 있다. 우선 배상명령제도가 그렇다. 이는 제 1 심 또는 제 2 심의 형사공판절차에서 일정한 범죄에 관하여 유죄판결을 선고할 경우에, 법원이 직권 또는 피해자나 그의 상속인의 신청에 의하여 피고사건의 범죄행위로 인하여 발생한 직접적인 물적 피해 · 치료비손해 · 위자료의 배상을 명할 수 있도록 한 제도이다(「소송촉진 등에 관한 특례법」 25조 이하). 그리고 보험 등에 가입된 차의 교통사고의 경우의 형사면책제도도 그러한 것에 해당한다(「교통사고처리 특례법」 4조 · 3조 2항). 그러나 이것들은 일정한 목적을 위하여 특별히 만들어진 제도일 뿐이며, 두 책임의 합체를 의미하는 것은 아니다.

Ⅲ. 과실책임과 무과실책임 [383]

1. 과실책임의 원칙

과실책임의 원칙은 개인이 타인에게 준 손해에 대하여는 그 행위가 위법할 뿐만 아니라 동시에 고의 또는 과실에 기한 경우에만 책임을 진다는 원칙이다. 이 원칙은 민법의 기본원리 가운데 하나이며, 민법은 제750조에서 불법행위에 관하여(390조에서는 채무불이행에 관하여) 이를 규정하고 있다.

2. 무과실책임론과 그 입법

근대 이후 과학기술이 발달하면서 철도 · 자동차 · 항공기 등의 고속교통기관이 등장하였고, 광업 · 전기사업 · 원자력산업과 같은 위험한 설비를 갖춘 기업이 나타났다. 이들 경우와 같이 손해발생의 가능성이 매우 크고 그러면서 많은 수익을 올리는 때에는, 그에 의하여 생긴 손해를 배상하게 하는 것이 적절하다. 그런데 그 결과는 과실책임의 원칙으로는 실현하기가 어렵다. 손해발생에 과실이 없다고 인정될 경우도 많고, 설사 과실이 있어도 그것을 증명하기가 쉽지 않기 때문이다. 여기서 과실이 없어도 책임을 져야

한다는 무과실책임론이 주장되었다.

무과실책임의 실현은 이론만으로는 한계가 있다. 그리하여 필요한 분야에서는 무과실책임을 인정하는 입법을 하고 있다. 그 예로는, ① 환경오염 또는 환경훼손으로 인하여 피해가 발생한 경우에 해당 환경오염 또는 환경훼손의 원인자가 지는 무과실책임(환경정책기본법 44조), ② 토양오염으로 인하여 피해가 발생한 경우에 해당 오염 원인자가 지는 무과실책임(토양환경보전법 10조의 3), ③ 유조선에 의한 유류오염손해가 발생한 경우에 유조선 선박소유자가 지는 무과실책임(유류오염손해배상보장법 5조), ④ 원자력손해에 대한 원자력사업자의 무과실책임(원자력손해배상법 3조), ⑤ 광해(鑛害)에 대한 광업권자 또는 조광권자의 무과실책임(광업법 75조) 등을 들 수 있다(그 외의 것에 관하여는 채각 [249] 참조). 그리고 ① 자동차의 운행으로 인한 타인의 사망·부상에 대한 자동차운행자의 책임(자동차손해배상보장법 3조), ② 특허권의 침해(특허법 130조) 등의 경우에는 과실의 증명책임을 전환하여 사실상 무과실책임으로 하고 있다.

앞으로 무과실책임을 인정하는 입법이 늘어나겠지만, 무과실책임이 불법행위책임에 있어서 원칙이 될 수는 없다. 과실책임의 원칙은 개인의 활동의 자유를 보장하는 것이므로, 그러한 자유를 위험하게 하더라도 배상책임을 인정하여야 할 특별한 사유가 있는 때에만 무과실책임을 인정하여야 한다.

무과실책임이 인정되면, 책임을 지는 자(특히 기업)는 손해를 대금·요금 등의 형식으로 소비자나 이용자에게 분담시키거나 책임보험제도에 의하여 손실을 같은 위험을 지는 자 사이에 분산시키게 된다. 그 결과 손해가 널리 사회에 분산되는 효과를 가져온다.

[민법상의 무과실책임]

불법행위에 있어서 무과실책임으로 공작물의 소유자책임(758조. [394] 참조)이 있고, 중간적 책임 즉 증명책임이 전환된 것으로 공작물의 점유자책임(758조. [394] 참조), 책임무능력자의 감독자책임(755조. [392] 참조), 사용자책임(756조. [393] 참조), 동물의 점유자책임(759조. [395] 참조)이 있다. 채무불이행이나 그 밖의 경우에 관하여는 강의, D-415 참조.

Ⅳ. 불법행위책임과 계약책임의 관계 [384]

A는 전시를 위하여 B가 소유하고 있는 귀한 도자기 한 점(X도자기라 함)을 대가를 주고 빌렸다. 그런데 A가 전시회를 준비하면서 X도자기를 진열하다가 잘못하여 떨어뜨리는 바람에 X도자기는 완전히 깨져버렸다. 이 경우에 A는 B에게 임대차계약에 기하여 X도자기의 반환의무가 있는데 A의 과실로 그 반환의무가 이행불능으로 되었다. 그런가 하면 다른 한편으로 A는 B의 X도자기 소유권을 침해하는 불법행위를 한 것이 된다. 이와 같이 A가 B에 대하여 동일한 사실로 계약책임(정확하게는 채무불이행으로 인한 손해배상책임)의 요건과 불법행위의 요건을 모두 충족시킨 경우에, B는 어떤 권리를 행사하여야 하는지가 문제된다. 이것이 불법행위책임과 계약책임의 관계의 문제이다.

원래 계약책임은 계약관계가 있는 자들 사이에서 생기는 것이고, 불법행위책임은 일반인 사이에서 생기는 것이기 때문에, 계약관계가 있는 자들 사이에서 불법행위가 발생하면 이러한 문제가 일어날 수 있다.

여기에 관하여는 논란이 있으나(강의, D-417 참조), 피해자는 두 권리 중 자신이 원하는 것을 자유롭게 선택하여 행사할 수 있다고 하여야 한다. 이것이 이른바 청구권경합설이다. 그것이 법이론에도 맞고 또 피해자도 더 두텁게 보호할 수 있기 때문이다. 판례도 그러한 입장에 있다(대판(전원) 1983. 3. 22, 82다카1533; 대판 2021. 6. 24, 2016다210474 등). 따라서 위의 예에서 B는 A에 대하여 이행불능을 이유로 손해배상을 청구할 수도 있고, 불법행위를 이유로 하여 손해배상을 청구할 수도 있다. 물론 어느 하나의 권리를 행사하여 손해배상을 받은 뒤에는 다른 권리는 더 이상 행사하지 못한다.

[참고]

불법행위책임과 계약책임은 여러 가지 면에서 차이가 있다(강의, D-417 참조). 그러한 점들 가운데 일부에 있어서는 계약책임을 묻는 것이 채권자에게 유리하고, 일부에 있어서는 불법행위책임을 묻는 것이 채권자에게 더 유리하다. 그런데 전체적으로는 계약책임을 묻는 것이 채권자에게 유리하다고 할 수 있다.

제2관 일반 불법행위의 성립요건

Ⅰ. 개 관 [385]

민법상의 불법행위는 크게 두 가지로 나누어진다. 하나는 제750조에 의한 불법행위이고, 다른 하나는 제755조 내지 제760조의 불법행위이다. 이들 가운데 앞의 것을 일반 불법행위라고 하고, 뒤의 것을 특수 불법행위라고 한다. 특수 불법행위는 일반 불법행위의 요건 외에 다시 추가적인 요건이 더 갖추어진 경우에 인정된다. 특수 불법행위에 대하여는 뒤에서 따로 살펴보고, 여기서는 일반 불법행위의 성립요건만을 설명하기로 한다.

일반 불법행위의 성립요건은 ① 가해자의 고의 또는 과실에 의한 행위가 있을 것(가해자의 고의 · 과실), ② 가해자에게 책임능력이 있을 것(가해자의 책임능력), ③ 가해행위가 위법할 것(가해행위의 위법성), ④ 가해행위에 의하여 손해가 발생할 것(가해행위에 의한 손해발생)의 네 가지이다(750조 · 753조 · 754조 참조). 이 중에 ①②는 가해자를 표준으로 하여 판단하는 주관적 요건이고, ③④는 객관적 요건이다. 일반적으로 불법행위책임의 성립요건에 관한 증명책임은 그 불법행위를 주장하는 자가 부담한다(대판 2024. 2. 8, 2023다273336).

Ⅱ. 가해자의 고의 · 과실에 의한 행위 [386]

불법행위가 성립하려면, 가해자의 고의 또는 과실에 의한 행위가 있어야 한다(750조).

고의는 자기의 행위로부터 일정한 결과가 발생할 것을 인식하면서도 그 행위를 하는 심리상태이다. 고의가 인정되기 위하여 결과의 발생을 의욕했을 것까지는 요구되지 않으며, 결과발생을 인식하는 것으로 충분하다. 과실은 자기의 행위로부터 일정한 결과가 발생할 것을 인식했어야 함에도 불구하고 부주의로 말미암아 인식하지 못하고 그 행위를 하는 심리상태이다. 불법행위의 경우의 과실은 보통 · 평균인의 주의력을 기준으로 하는 추상적 과실이라고 해석한다(과실의 종류에 관하여는 [72] 참조). 그 결과 과실에 있어서 기준이 되는 주의는 보통 · 평균인이 베푸는 정도의 주의(선량한 관리자의 주의)이다.

고의 · 과실은 불법행위의 성립을 주장하는 피해자(원고)가 증명하여야 한다. 그러나 민법(755조-759조 참조)이나 특별법에서 가해자(피고)가 고의 · 과실이 없었음을 증명하지 못하면 책임을 지도록 증명책임을 전환한 경우가 있다.

Ⅲ. 가해자의 책임능력 [387]

불법행위가 성립하려면, 가해자에게 책임능력이 있어야 한다(753조 · 754조 참조).

1. 책임능력의 의의

책임능력은 자기의 행위에 대한 책임을 인식할 수 있는 지능이다. 이는 자기의 행위에 의하여 일정한 결과가 발생하는 것을 인식하는 능력(이는 의사능력임)이 아니고, 그 결과가 위법한 것으로서 법률상 비난받는 것임을 인식하는 정신능력이다.

책임능력은 불법행위능력이라고도 한다. 이 능력이 없으면 불법행위의 성립이 인정되지 않기 때문이다. 책임능력이 있는지 여부는 행위 당시를 기준으로 하여 구체적으로 판단되며, 연령 등에 의하여 획일적으로 결정되지 않는다. 따라서 동일한 행위에 대하여 동일한 연령의 자라도 어떤 자에게는 책임능력이 인정되지만 다른 자에게는 인정되지 않을 수도 있고, 또 동일한 자라도 행위의 종류에 따라 책임능력의 유무가 달라질 수 있다. 가령 물건파괴와 명예훼손은 요구되는 책임능력의 정도가 달라서 동일한 자인데 앞의 것에 대하여만 책임능력이 인정될 수도 있는 것이다.

2. 미성년자의 책임능력

책임능력이 없는 미성년자는 불법행위책임을 지지 않는다(753조). 그러나 미성년자라도 책임능력이 있으면 책임을 지게 된다.

미성년자가 어느 정도의 연령에서 책임능력을 갖추는가에 관한 기준은 없다. 그렇지만 대체로 12세를 전후하여 책임능력을 갖추는 것으로 보아야 할 것이다.

3. 심신상실자의 책임능력

심신상실 중에 타인에게 손해를 가한 자는 배상의 책임이 없다(754조 본문). 여기서 심신상실이란 판단능력이 없는 상태를 가리킨다. 다만, 심신상실의 상태를 가해자가 고의 또는 과실로 초래한 때에는 면책되지 않는다(754조 단서). 예를 들면 A가 자신이 술을 마시면 정신을 잃을 것을 알면서 술을 마시고, 그 후 판단능력이 없는 상태에서 다른 사람을 때려서 다치게 한 경우에 그렇다. 이러한 경우의 가해행위를 「원인에 있어서 자유로운 행위」라고 한다.

4. 감독자책임 문제

가해행위를 한 자가 책임능력이 없어서 면책되는 경우에 그를 감독할 의무가 있는 자가 책임을 지는 경우가 있다(755조. [392] 참조).

Ⅳ. 가해행위의 위법성 [388]

불법행위가 성립하려면, 가해행위가 위법하여야 한다(750조).

1. 위법성의 본질

가해행위가 위법한지 여부는 실정법과 선량한 풍속 기타 사회질서를 기준으로 하여 판단하여야 한다(실질적 위법론). 그리고 침해결과(예 : 신체침해, 소유물의 멸실)가 발생하면 그 결과를 야기한 행위는 위법성 조각사유가 없는 한 위법하다고 하여야 한다(결과위법론).

2. 위법행위의 구체적인 예

소유권 기타의 물권을 침해하는 것은 위법하다. 광업권 · 어업권 · 지식재산권을 침해하는 것도 마찬가지이다. 그리고 채무자가 아닌 자가 채권을 침해하는 것은 일정한 경우에는 위법하며, 그에 관하여는 채권법총론 부분에서 자세히 설명하였다([237] 참조).

타인의 신체 · 자유 · 명예 · 정조 · 초상 등 인격적 이익의 침해도 위법하다(751조도 참조).

가족권(친족권)의 침해도 위법하다. 가령 처(妻)에 대한 강간은 그 처 자신에 대한 불법행위이기도 하나(정조침해), 남편의 배우자로서의 권리를 침해한 것이 된다. 그리고 자녀를 유괴한 것은 친권의 침해로서 위법하다. 타인을 죽게 하는 생명침해는 죽은 자에게 부양청구권을 가지고 있는 자에 대하여 불법행위가 성립한다고 하여야 한다(다른 견해도 있음. [399] (1) 1) 참조).

3. 위법성의 조각(阻却) [389]

타인에게 손해를 발생시키는 행위라고 하더라도 일정한 사유가 있는 때에는 위법성이 없는 것이 된다. 그러한 사유를 위법성 조각사유라고 한다. 민법은 위법성 조각사유로 정당방위(761조 1항)와 긴급피난(761조 2항)을 규정하고 있다. 그러나 그 외에 자력구제, 피해자의 승낙, 정당행위도 위법성을 조각한다.

(1) 정당방위

정당방위란 타인의 불법행위에 대하여 자기 또는 제 3 자의 이익을 지키기 위하여 부득이 타인에게 손해를 가하는 행위이다(761조 1항). A가 B를 칼로 찌르려고 하여 어쩔 수 없이 B가 A를 밀어 넘어져 다치게 한 경우가 그 예이다.

정당방위가 성립하면, 위법성이 조각되어 방위행위자는 손해배상책임이 없다(761조 1항 본문). 강도를 피하기 위하여 다른 집 거실의 유리창을 깨고 들어간 경우처럼 제 3 자에게 손해를 가한 때에도 마찬가지이다. 그런데 이러한 때에는 제 3 자는 방위행위의 원인이 된 불법행위자(앞의 예에서는 강도)에 대하여 손해배상을 청구할 수 있다(761조 1항 단서).

상당한 정도를 넘는 방위행위는 과잉방위로 되어 위법성이 조각되지 않는다. 가게에서 빵 하나를 훔치는 자를 칼로 찔러 죽게 한 경우가 그 예이다. 다만, 그러한 경우에는 과실상계(763조 · 396조)에 의하여 배상액이 경감될 수 있을 것이다.

(2) 긴급피난

긴급피난이란 급박한 위난(危難. 위험한 재난)을 피하기 위하여 부득이 타인에게 손해를 가한 경우를 말한다(761조 2항). A가 산사태로 쏟아져 내리는 흙더미를 피하기 위하여 어쩔 수 없이 B의 집으로 뛰어 들면서 담장을 무너뜨린 것이 그 예이다.

긴급피난이 성립하면, 긴급피난행위의 위법성이 조각되어 행위자는 손해배상책임이 없다(761조 2항 · 761조 1항 본문). 그리고 긴급피난이 제 3 자에 대하여 행하여진 경우에, 위난의 원인을 발생시킨 자가 불법행위의 요건을 갖추는 때에는, 그 제 3 자는 불법행위자에게 손해배상을 청구할 수 있다(761조 2항 · 761조 1항 단서).

(3) 자력구제(自力救濟)

자력구제는 청구권을 보전하기 위하여 국가기관의 구제를 기다릴 여유가 없는 경우에 권리자가 스스로 구제하는 행위이다. 물건을 빼앗아가는 자를 쫓아가서 되찾아오는 것이 그 예이다. 민법은 점유의 침탈 또는 방해가 있는 때에 관하여서만 이를 인정하는 명문규정을 두고 있으나(209조. [173] 참조), 통설은 자력구제를 일반적으로 인정하고 있다. 그에 의하면 정당한 자력구제행위는 위법성이 조각되어 불법행위로 되지 않는다.

(4) 피해자의 승낙

통설은 피해자의 승낙이 있는 경우에도 위법성이 조각된다고 한다. 그리고 묵시의 승낙도 인정될 수 있다고 한다.

(5) 정당행위

가해행위 가운데 위에 열거되지 않았지만 법률에 의하여 허용되거나 사회적 타당성이 있어서 정당행위로서 위법성이 조각되는 것이 있다. ① 권리남용에 이르지 않는 권리행사, ② 정당한 사무관리(734조), ③ 학교의 장(초·중등교육법 18조, 고등교육법 13조)의 징계행위, 현행범인의 체포(형사소송법 212조), 의사의 치료행위, 운동경기에서의 가해행위와 같은 정당한 업무행위가 그에 해당한다.

Ⅴ. 가해행위에 의한 손해발생 [390]

불법행위가 성립하려면, 가해행위에 의하여 손해가 발생하였어야 한다(750조). 이 요건은 ① 손해의 발생과 ② 가해행위와 손해 사이의 인과관계의 둘로 나누어진다.

1. 손해의 발생

어떤 가해행위가 불법행위로 되려면, 현실적으로 손해가 생겼어야 한다. 그리하여 행위자가 손해를 발생시킬 의도로 행위를 하였더라도, 실제로 손해가 생기지 않았으면, 손해배상책임이 인정되지 않는다.

2. 가해행위와 손해발생 사이의 인과관계

불법행위로 인한 손해배상책임이 인정되려면, 가해행위와 손해발생 사이에 인과관계가 있어야 한다. 이와 관련하여 종래 우리의 학설은 손해배상책임의 성립의 문제와 손해배상범위의 결정의 문제를 구별하지 않고 상당인과관계이론으로 한꺼번에 해결해 왔다. 판례도 같다. 그러나 손해배상책임의 성립의 문제와 손해배상범위의 결정의 문제는 구별하여야 한다. 그럴 경우에 여기의 인과관계는 전자에 한하는 것이 된다. 그리고 그 인과관계는 조건적 인과관계로 충분하다. 즉 불법행위가 없었으면 손해가 발생하지 않았을 것이라는 관계에 있으면 된다.

인과관계가 인정되는 손해라고 해도 배상이 인정되지 않을 수 있음을 주의해야 한다. 배상범위의 확정은 다음 단계에서 결정되어야 할 별개의 문제이기 때문이다([258] 참조).

제3관 특수 불법행위

Ⅰ. 서 설 [391]

일반 불법행위의 성립요건과 다른 특수한 요건이 정하여져 있는 불법행위를 통틀어서 특수 불법행위라고 한다. 특수 불법행위는 민법이나 특별법에 정해져 있기도 하고, 학설·판례에 의하여 이론상 인정되기도 한다. 여기서는 민법상의 것만 살펴본다.

민법이 규정하는 특수 불법행위에는 책임무능력자의 감독자책임(755조), 사용자책임(756조·757조), 공작물 등의 점유자·소유자의 책임(758조), 동물점유자의 책임(759조), 공동불법행위자의 책임(760조)이 있다. 이 가운데 제760조는 공동행위자 모두에게 연대책임을 지우는 점에서 보통의 불법행위와 다르며, 나머지는 타인의 가해행위 또는 물건에 의한 손해에 대하여 배상책임을 지우는 점에서 자기의 가해행위에 의한 손해에 대하여 책임을 지우는 일반 불법행위와 다르다. 그리고 공작물 등의 소유자책임(소유자는 고의·과실이 없어도 책임을 짐)과 공동불법행위자의 책임(이때는 피해자가 공동행위자의 고의·과실을 증명해야 함)을 제외하고는, 고의·과실의 증명책임을 피해자로부터 가해자에게 전환한 이른바 중간적 책임이다. 즉 그러한 경우에는 피해자가 감독자 등의 고의·과실을 증명할 필요가 없으며, 오히려 감독자 등이 자신에게 고의·과실이 없음을 증명하지 못하면 책임을 지게 된다. 그 결과 피해자를 두텁게 보호하게 된다.

Ⅱ. 책임무능력자의 감독자책임 [392]

책임무능력자가 책임능력이 없어서(753조 · 754조 참조) 불법행위책임을 지지 않는 경우에는, 「책임무능력자를 감독할 법정의무가 있는 자」(예 : 친권자 · 후견인)와 「감독의무자를 갈음하여 책임무능력자를 감독하는 자」(예 : 유치원장 · 정신병원장 · 학교장)가 그 책임무능력자가 제 3 자에게 가한 손해를 배상할 책임이 있다(755조 1항 본문 · 2항). 그 결과 가령 10세인 A가 학교에서 같은 반 학생을 때려서 다치게 한 경우에는 A의 부모가 손해배상을 하여야 하며(이 경우 학교장의 배상책임도 생길 수 있음), 유치원생 B가 유치원교사의 감독소홀을 틈타 밖으로 나가 돌을 던져 다른 집 유리창을 깨뜨린 경우에는 유치원 원장이 손해배상을 하여야 한다(이 경우 부모의 배상책임도 생길 수 있음). 그러나 부모나 유치원 원장과 같은 감독의무자가 감독의무를 게을리하지 않았음을 증명하면 배상책임을 지지 않는다(755조 1항 단서).

Ⅲ. 사용자의 책임 [393]

1. 의 의

사용자책임은 피용자가 사무집행에 관하여 제 3 자에게 손해를 가한 경우에 사용자 또는 사용자에 갈음하여 그 사무를 감독하는 자가 그에 대하여 지는 배상책임을 말한다(756조). 회사 직원이 회사의 짐을 옮기다가 떨어뜨려 행인을 다치게 한 경우에 회사가 그에 대하여 손해배상을 하는 것이 그 예이다.

2. 요 건

(1) 타인을 사용하여 어느 사무에 종사하게 하였을 것(사용관계)

여기서 「사무」란 일반적으로 말하는 「일」이며, 매우 넓은 의미이다. 그것은 법률적 · 계속적인 것뿐만 아니라 사실적 · 일시적인 것이어도 무방하고, 영리적이냐 비영리적이냐도 묻지 않는다.

「타인을 사용한다」는 것은 사용자가 불법행위자(피용자)를 실질적으로 지휘·감독하는 관계(사용관계)에 있음을 가리킨다. 그러한 관계는 고용계약에 의하여 성립하는 것이 보통이지만, 위임·조합의 경우에도 있을 수 있다. 그리고 이 관계는 반드시 법적으로 유효한 것이어야 할 필요가 없으며, 사실상 지휘·감독을 하는 것으로 충분하다. 또한 보수의 유무나 기간의 길고 짧음도 묻지 않는다.

도급인은 수급인의 사용자가 아니기 때문에 수급인이 그 일에 관하여 제3자에게 가한 손해를 배상할 책임이 없다(757조 본문). 그러나 도급 또는 지시에 관하여 도급인에게 중대한 과실이 있는 때에는 배상책임이 있다(757조 단서).

(2) 피용자가 「그 사무집행에 관하여」 손해를 가했을 것

여기서 어떤 행위가 사무집행에 관한 행위인지가 문제된다. 그에 관하여 판례는, 원칙적으로 피용자의 직무범위에 속하는 행위이어야 할 것이지만 직무집행행위 자체는 아닐지라도 그 행위의 외형으로 관찰하여 마치 직무범위 내에 속하는 것과 같이 보이는 행위도 포함된다고 한다(이른바 외형이론). 그리고 그러한 행위이면 피용자가 개인적인 이익을 꾀하기 위하여 그 권한을 남용하여 한 경우, 사용자 또는 사용자에 갈음하여 그 사무를 감독하는 자의 구체적인 명령 또는 위임에 따르지 않은 경우도 사무집행에 관한 행위로 된다. 한편 판례는 피용자의 불법행위가 사무집행행위에 해당하지 않음을 피해자 자신이 알았거나 중대한 과실로 알지 못한 경우에는, 피해자는 사용자책임을 물을 수 없다고 한다. 이는 본래 외형이론이 피용자와 거래한 상대방의 신뢰를 보호하려는 데서 출발하였기 때문에 두어진 제한이다.

(3) 「제3자」에게 손해를 가했을 것

여기의 「제3자」는 사용자와 가해행위를 한 피용자 이외의 자를 가리킨다.

(4) 피용자의 가해행위가 불법행위의 요건을 갖출 것

사용자책임은 사용자 고유의 책임이 아니고 피용자의 불법행위책임을 사용자가 대신 지는 것이기 때문에(대위책임), 사용자책임이 성립하기 위해서는 피용자의 가해행위가 고의·과실과 책임능력 등의 불법행위의 성립요건을 갖추어야 한다.

(5) 사용자가 면책사유 있음을 증명하지 못할 것

사용자는 피용자의 선임 및 그 사무감독에 상당한 주의를 한 때 또는 상당한 주의를 하여도 손해가 있을 경우에는 사용자책임을 지지 않는다(756조 1항 단서). 그것의 증명은 사용자가 하여야 한다.

3. 배상책임

(1) 배상책임자

위의 요건이 갖추어진 경우에 책임을 지는 자는 「사용자」(756조 1항)와 「사용자에 갈음하여 그 사무를 감독하는 자」 즉 대리감독자이다(756조 2항). 대리감독자가 책임을 진다고 하여 사용자가 면책되는 것은 아니다.

(2) 피용자 자신의 책임

사용자책임이 성립하는 경우에, 피용자는 이와 별도로 제750조에 의한 불법행위책임을 진다. 그리고 이 두 책임은 부진정연대채무의 관계에 있다.

(3) 피용자 또는 대리감독자에 대한 구상권

사용자 또는 대리감독자가 피해자에게 배상한 때에는, 피용자에 대하여 구상권을 행사할 수 있다(756조 3항).

사용자는 대리감독자에 대하여는, 그의 과실과 손해발생 사이에 직접적인 인과관계가 있는 경우 외에는, 구상권을 행사할 수 없다고 하여야 한다. 대리감독자에게 무거운 책임을 인정하는 것은 바람직하지 않기 때문이다. 그러나 계약관계(예 : 고용)에 기하여 채무불이행책임을 지는 것은 별개의 문제이다.

Ⅳ. 공작물(工作物) 등의 점유자 · 소유자의 책임 [394]

1. 공작물의 점유자책임

공작물의 설치 또는 보존의 하자로 인하여 타인에게 손해를 가한 때에는, 제 1 차적으로 공작물의 점유자가 손해를 배상할 책임이 있다(758조 1항 본문).

여기서 「공작물」이란 인공적 작업에 의하여 만들어진 물건이며, 이에는 토지의 공작물(예: 건물 · 교량 · 전신주 · 광고탑), 건물 내외의 설비(예: 천정 · 계단 · 광고판), 동적(動的)인 기업설비(예: 자동차 · 항공기) 등이 있다. 한편 공작물 점유자가 손해의 방지에 필요한 주의를 게을리하지 않은 때에는 면책된다(758조 1항 단서).

2. 공작물의 소유자책임

점유자가 면책되는 경우에는 제2차적으로 공작물의 소유자가 책임을 진다(758조 1항 단서). 소유자가 지는 이 책임은 면책이 인정되지 않는 무과실책임이다.

3. 공작물의 점유자 · 소유자의 구상권

공작물의 점유자 또는 소유자가 피해자에게 배상한 때에는, 그 손해의 원인에 대하여 책임있는 자가 있는 경우 그 자에게 구상권을 행사할 수 있다(758조 3항). 가령 공작물을 만든 수급인의 과실로 하자가 생긴 경우에 그렇다. 이러한 경우에 수급인은 피해자에 대하여 직접 제750조에 의하여 책임을 질 수도 있다.

4. 수목에 관한 책임

수목을 심고 기르는 것 또는 보존에 하자가 있는 경우에도 수목의 점유자와 소유자는 공작물에서와 같은 책임을 진다(758조 2항). 구상권도 같다(758조 3항).

Ⅴ. 동물점유자의 책임 [395]

동물의 점유자 또는 점유자에 갈음하여 동물을 보관하는 자는 그 동물이 타인에게 가한 손해를 배상할 책임이 있다(759조 1항 본문 · 2항). 그러나 동물의 종류와 성질에 따라 그 보관에 상당한 주의를 게을리하지 않은 때에는 배상책임이 없다(759조 1항 단서 · 2항).

Ⅵ. 공동불법행위 [396]

1. 의 의

공동불법행위는 여러 사람이 공동으로 불법행위를 하여 타인에게 손해를 가하는 경우를 가리킨다. 민법은 제760조에서 공동불법행위로 다음의 세 가지를 규정하고 있다.

2. 협의의 공동불법행위

협의의 공동불법행위는 수인이 공동의 불법행위로 타인에게 손해를 가한 경우이다(760조 1항). 여러 사람이 모의를 하여 다른 사람을 때려서 다치게 한 경우가 그 예이다. 이러한 경우에는 그들이 연대하여 손해를 배상할 책임이 있다(760조 1항).

3. 가해자 불명(不明)의 공동불법행위

이는 공동 아닌 수인의 행위 중 어느 자의 행위가 그 손해를 가한 것인지를 알 수 없는 경우이다(760조 2항). 우연히 여러 사람이 돌을 던져 피해자가 그 중 하나의 돌에 맞아 다친 경우가 그 예이다. 이 경우에도 공동행위자는 연대하여 손해를 배상할 책임이 있다(760조 2항).

4. 교사(敎唆)·방조(幇助)의 경우

교사자나 방조자는 공동행위자로 본다(760조 3항). 「교사」는 타인으로 하여금 불법행위의 의사를 결정하게 하는 것이다. 그리고 「방조」는 불법행위의 보조적 행위이다. 즉 불법행위를 용이하게 하는 직접·간접의 모든 행위이다. 망을 보는 것, 조언, 격려, 흉기의 제공이 그 예이다.

교사자와 방조자는 직접 가해행위를 한 자와 공동불법행위책임을 진다.

제4관 불법행위의 효과

Ⅰ. 손해배상청구권의 발생 [397]

불법행위의 성립요건이 갖추어지면, 민법규정상 피해자는 가해자에 대하여 손해배상청구권을 취득하게 된다(750조). 그리하여 불법행위는 법정 채권발생원인에 해당한다.

Ⅱ. 손해배상청구권자 [398]

1. 원 칙

불법행위에 의하여 손해를 입은 자 즉 직접적 피해자가 손해배상청구권을 가지게 된다(750조 참조). 그에 비하여 다른 자에 대한 침해의 결과로 피해를 입는 데 불과한 간접적 피해자는 법률에 명문규정(예 : 752조)이 있는 경우에만 예외적으로 손해배상청구권을 갖는다고 하여야 한다(다른 견해 있음). 간접피해자에게 이를 인정하면 한계를 정할 수 없기 때문이다. 그리하여 가령 타인에 의하여 상해를 입거나 재산을 멸실당한 자는 손해배상청구권을 가지나, 살해당한 자의 친구는 배상청구권이 없다. 그리고 여기의 손해에는 재산적 손해뿐만 아니라 비재산적 손해 즉 정신적 손해도 포함되므로, 정신적 손해를 입은 자는 그것의 배상청구권 즉 위자료청구권을 가진다.

2. 특수한 경우

불법행위에 의하여 직접 피해를 입지 않은 자에게 손해배상청구권이 귀속되는지 문제되는 때가 있다. 그 대표적인 것은 생명침해의 경우이나, 신체침해의 경우에서도 그 문제가 논의된다.

(1) 생명침해의 경우 [399]

생명침해는 타인을 사망하게 하는 불법행위이다. 생명침해의 경우에는 다른 불법행위와 달리 불법행위 성립시에 직접 법익침해를 당한 자(피살자)가 권리능력을 잃게 된다. 그리하여 직접적인 피해자는 「생명침해」를 이유로 한 손해배상청구권을 취득할 수가 없게 된다. 그 때문에 생명침해의 경우에는 누구에게 어떠한 내용의 배상청구권이 발생하는지가 문제된다.

1) **재산적 손해에 대한 배상청구권자** 생명침해의 경우에 재산적 손해에 대한 배상청구권자가 누구인가에 관하여 다수설은, 피살자가 치명상을 입은 때에 그에게 신체침해를 이유로 한 배상청구권이 발생하였다가 피살자가 사망하면 그 청구권이 상속인에게 상속된다고 한다. 그리고 판례도 그러한 전제에 서 있다.

그러나, 앞에서 언급한 바와 같이, 생명침해의 경우에 사망으로부터 야기된 손해를 이유로 한 배상청구권이 피살자 자신에게 발생할 여지는 없다. 왜냐하면 그는 사망 순간에 권리능력을 잃기 때문이다.

사견에 의하면, ① 생명침해로 재산상의 손해를 입은 자는 피살자에 대하여 부양청구권을 가지고 있었거나 가졌을 자이다. 부양청구권자는 피살자의 사망으로 그의 부양에 관한 권리를 상실하게 되며, 그리하여 부양청구권을 행사할 수 있었던 범위에서 손해를 입게 된다. 일종의 재산권인 부양청구권의 침해는 제 3 자에 의한 채권침해로서 불법행위를 구성하므로, 부양청구권자는 그가 부양을 받을 수 없게 된 한도에서 가해자에 대하여 손해배상청구권을 취득한다. ② 그리고 이러한 점은 장례비에 대하여도 같다. 즉 생명침해자는 피살자의 장례비 부담의무자에게 불법행위를 한 것이 되며, 따라서 손해배상으로 장례비를 지급하여야 한다. ③ 피살자가 즉사하지 않고 치명상을 당한 후 얼마 있다가 사망한 경우에 피살자 자신에게도 — 생명침해로 인한 것은 아니고 신체침해에 의하여 — 손해가 발생할 수 있다. 치료비·수입결손(사망시까지의 것) 등이 그 예이다. 그리고 신체침해에 의한 정신적 손해도 발생하게 된다. 이러한 손해에 대한 배상청구권은 피살자가 사망하면 그의 상속인에게 상속된다.

2) 정신적 손해에 대한 배상청구권자

① 개 관 민법은 제752조에서 「타인의 생명을 해한 자는 피해자의 직계존속, 직계비속 및 배우자에 대하여는 재산상의 손해 없는 경우에도 손해배상의 책임이 있다」고 규정한다. 이 규정의 문언상 유족에게 위자료청구권이 발생함은 분명하다. 그런데 어떤 범위의 유족이 그 청구권을 가질 수 있는가에 대하여는 논란이 있다.

② 피살자 자신의 위자료청구권 문제 생명침해의 경우에 피살자에게도 생명침해로 인한 위자료청구권이 인정되는가? 여기에 관하여 판례는 — 즉사의 경우에도 — 생명침해에 의하여 피살자에게도 정신적 손해가 발생한다고 하면서, 그 근거로 치명상과 사망과의 사이에는 시간적 간격이 인정될 수 있다고 한다(대판 1969. 4. 15, 69다268). 그리고 이 위자료청구권은 피살자가 이를 포기했거나 면제했다고 볼 수 있는 특별한 사정이 없는 한 생전에 청구의 의사를 표시할 필요 없이 원칙적으로 상속된다고 하고, 이는 피살자가 즉사한 경우도 같다고 한다. 그러나 「생명침해」로 인한 정신적 손해는 피살자에게는 발생할 여지가 없다. 다만, 중상당한 후 사망한 자에게 정신적 손해가 발생할 수 있으나 그것은 신체침해에 의한 것이다.

③ 유족의 위자료청구권 「생명침해」로 인한 위자료청구권은 피살자의 유족에게만 발생할 수 있는데, 그 범위가 문제된다. 판례는, 제752조는 제한적 규정이 아니고 열거된 친족에 대하여 정신적 고통에 관한 증명책임을 경감한 취지의 것이므로, 그 이외의 친족도 정신적 고통을 증명하면 일반원칙인 제750조·제751조에 의하여 위자료를 청구할 수 있다고 한다. 그러나 유족은 생명침해에 의하여 간접적으로만 피해를 입은 자이므로, 특별규정이 있는 경우에만 손해배상청구권을 가질 수 있다. 그리고 제752조는 예외적으로 간접피해자에게 배상청구권을 인정하는 특별규정으로 이해된다. 그 결과 위자료청구권자도 그 규정에 열거된 자에 한정되어야 한다.

(2) 신체침해의 경우 [400]

신체침해의 경우에는 직접적인 피해자가 존재하고 있고, 그가 손해배상청구권을 취득하게 됨은 물론이다. 그런데 그 이외의 자가 손해배상청구권을 가질 수 있는지가 문제된다.

1) **재산적 손해에 대하여** 신체침해의 경우에 피해자 이외의 자에게는 원칙적으로 재산적 손해배상청구권이 생기지 않는다. 다만, 피해자에 대한 부양의무자가 의료비를 지출하거나 간호를 위하여 휴업으로 수입을 잃은 때와 같이 특별한 사정이 있는 때에는 배상을 인정하여야 한다.

2) **정신적 손해에 대하여** 판례는 상해를 입은 피해자의 부모·배우자·형제자매 등에게도 위자료청구권을 인정한다(강의, D-506 참조). 그러나 신체침해를 당한 자의 근친자는 간접적인 피해자로서 특별규정이 없는 한 가해자에 대하여 위자료청구권을 가지지 못한다. 그리고 신체침해의 경우에는 제752조와 같은 특별규정도 없다. 따라서 신체침해를 당한 자의 근친자는 자신의 고유한 위자료청구권이 없다고 하여야 한다.

Ⅲ. 손해배상자의 대위 [401]

불법행위자가 훼손되거나 소재불명으로 된 물건에 관하여 피해자에게 그 가액 전부를 배상한 때에는, 그 물건에 대한 권리는 손해배상을 한 불법행위자에게 이전한다(763조·399조. [259] 6 참조).

Ⅳ. 손해배상청구권의 소멸시효

불법행위로 인한 손해배상청구권은 피해자나 그의 법정대리인이 그 손해 및 가해자를 안 날부터 3년간 행사하지 않으면 시효로 인하여 소멸한다(766조 1항). 그리고 불법행위를 한 날부터 10년이 지난 때에도 같다(766조 2항). 이 두 기간 중 어느 하나가 만료하면 다른 기간의 경과를 기다리지 않고 권리는 소멸한다. 그리고 이 두 기간은 모두 소멸시효기간이라고 새겨야 한다.

한편 미성년자가 성폭력, 성추행, 성희롱, 그 밖의 성적 침해를 당한 경우에 이로 인한 손해배상청구권의 소멸시효는 그가 성년이 될 때까지는 진행되지 않는다(766조 3항. 2020. 10. 20. 신설 · 시행).

Ⅴ. 손해배상의 방법

민법상 손해배상은 금전으로 하여야 하며, 다만 법률에 특별규정이 있거나 당사자의 다른 의사표시가 있는 때에는 예외적으로 원상회복청구가 인정된다(763조 · 394조).

특별규정이 있는 경우를 살펴본다. 민법은 명예훼손에 있어서 피해자의 청구에 의하여 법원이 손해배상에 갈음하거나 손해배상과 함께 명예회복에 적당한 처분을 명할 수 있다고 규정한다(764조). 그리고 광업법은 광해(鑛害)에 관하여 금전배상을 원칙으로 하면서, 예외적으로 배상금액에 비하여 과다한 비용을 요하지 않고 원상을 회복할 수 있는 경우에는 원상회복을 청구할 수 있다고 한다(동법 77조).

Ⅵ. 손해배상의 범위와 금액 [402]

1. 손해배상의 범위

불법행위의 경우의 손해배상의 범위에 관한 이론은 채무불이행에 있어서와 마찬가지이다([258] 참조).

2. 재산적 손해의 산정

(1) 소유물의 멸실 · 훼손

소유물이 멸실된 경우에는, 원칙적으로 불법행위 당시 즉 멸실 당시의 교환가격이 통상손해이다(사견에 의하면 「직접적 손해」임). 소유권이 상실된 경우는 소유물이 멸실된 경우에 준한다.

소유물이 훼손된 경우에는, 수선이 가능한지에 따라 다르다. 수선이 가능한 때에는, 그 수선비와 수선기간 중 통상의 방법으로 사용하지 못함으로 인한 손해가 통상의 손해이다. 그에 비하여 수선이 불가능한 때에는, 그 훼손 당시의 교환가치(시가)가 통상손해이다. 그리고 수선이 가능하더라도 수선비가 물건의 교환가치를 초과하는 경우에는, 형평의 원칙상 손해액은 그 물건의 교환가치의 범위 내로 제한되어야 한다.

(2) 부동산의 불법점유

타인이 자신의 부동산을 불법점유함으로 인하여 입은 손해는 특별한 사정이 없는 한 그 부동산의 임료 상당액이다.

(3) 생명침해 [403]

사견에 의하면, 생명침해의 경우에는 재산적 손해로 유족의 부양청구권 상실로 인한 손해, 치료비, 장례비 등이 배상되어야 한다([399] 참조). 그런데 판례는 치료비·장례비 등과 함께 피살자의 일실이익의 배상청구권이 유족에게 상속된다는 입장에 있다. 판례의 입장을 적어본다.

1) 일실이익(逸失利益) 이때의 일실이익은 생명침해가 없었다면 피살자가 장래 얻을 수 있었던 이익이다. 그 이익은 생명침해가 없었으면 얼마나 일할 수 있었는지, 그리고 그 기간 동안에 어떤 노무로 모두 얼마의 수입을 올렸을 것인가를 가정하여, 생활비 등을 공제하고(세금은 공제하지 않음), 또 중간이자를 공제하여 계산한다.

2) 장례비 장례비도 배상되어야 하며, 그것의 청구권자는 장례비 부담의무자이다. 그 의무는 상속인, 부양의무자의 순으로 부담한다고 할 것이다.

3) 치료비 피살자가 중상당한 후 사망한 때에는 치료비도 배상하여야 한다. 그 배상청구권은 부양의무자에게 속한다.

(4) 신체침해

1) 치료비·개호비(介護費) 신체침해의 경우 치료비(입원비·약값·진료비 등)는 마땅히 배상하여야 한다. 또한 신체침해의 피해자가 장애인이 되어 다른 사람의 도움 없이 일상생활을 할 수 없어 개호인(介護人. 환자 등을 보살펴 주는 사람)이 필요한 때에는, 그 비용도 배상하여야 한다. 그리고 이들의 배

상청구권은 피해자와 부양의무자에게 생긴다고 할 것이다(부진정연대채권).

2) 일실이익 우선 피해자가 치료를 받는 동안 수입을 얻지 못한 것에 대하여 배상하여야 한다. 그리고 피해자가 노동능력을 완전히 또는 부분적으로 상실한 때에는 그로 인하여 얻지 못할 이익(일실이익)을 배상하여야 한다.

3. 정신적 손해의 산정 [404]

위자료액의 산정에 관하여는 명백한 기준이 없다. 판례에 의하면, 사실심 법원이 제반사정을 참작하여 직권으로 위자료액을 결정할 수 있다고 한다.

4. 손익상계 · 과실상계

이들은 채무불이행에 있어서와 같으며, 그에 관하여는 채권법총론 부분에서 이미 설명하였다([259] 참조).

5. 배상액의 경감

불법행위 손해의 배상의무자는, 그 손해가 고의 또는 중대한 과실에 의한 것이 아니고 또 그 배상으로 인하여 배상자의 생계에 중대한 영향을 미치게 될 경우에는, 법원에 그 배상액의 경감을 청구할 수 있다(765조 1항). 그리고 법원은, 그 청구가 있는 때에는, 채권자 및 채무자의 경제상태와 손해의 원인 등을 참작하여 배상액을 경감할 수 있다(765조 2항).

[실화(失火)의 경우]

「실화책임에 관한 법률」(2009. 5. 8. 개정)은 실화(실수로 불을 냄)의 특수성을 고려하여 실화자에게 중대한 과실이 없는 경우 그 손해배상액의 경감에 관한 민법 제765조의 특례를 정하고 있다(동법 1조). 그 법은 실화로 인하여 화재가 발생한 경우 연소(延燒. 불이 이웃으로 번져서 탐)로 인한 부분에 대한 손해배상청구에 한하여 적용되며(동법 2조), 발화점과 불가분의 일체를 이루는 부분(즉 직접 화재)에 대한 손해배상청구에는 적용되지 않는다. 그리고 그 법에 의하면, 실화가 중대한 과실로 인한 것이 아닌 경우 그로 인한 손해의 배상의무자는 법원에 손해배상액의 경감을 청구할 수 있다(동법 3조 1항). 그리고 법원은 배상액 경감의 청구가 있을 경우에는 일정한 사정을 고려하여 그 손해배상액을 경감할 수 있다(동법 3조 2항).

제5장 친족상속법

제 1 절 서 론

Ⅰ. 친족상속법의 의의 [405]

1. 친족상속법의 성격

민법전은 제 4 편 · 제 5 편에서 친족 · 상속에 관하여 규율하고 있다. 그리고 보통 이들을 중심으로 하는 법을 통틀어 친족상속법, 신분법 또는 가족법이라고 한다. 그러나 이러한 명칭은 적절하지 않다. 민법전이 친족편과 상속편을 나누고 있듯이, 그들은 한 가지가 아닌 것이다. 특히 1990년에 민법이 개정되면서 과거의 호주상속이 호주승계로 명칭이 바뀌어 친족편으로 옮겨진 뒤(호주제도는 2005년 개정시에 폐지됨)에는 상속편이 재산관계를 규율하게 되어 더욱 그렇다. 「친족상속법」은 정확하게는 이질적인 친족법과 상속법의 결합인 것이다. 이러한 견지에서 보면 이 책에서도 「친족상속법」 부분을 친족법과 상속법으로 나누어 적는 것이 바람직하다고 할 수 있다. 그러나 이제까지의 우리 문헌이 거의 예외없이 두 법을 동질의 것으로 파악하여 같이 설명해 오고 있어서 여기서도 한꺼번에 기술하기로 한다. 다만, 필요한 때에는 나누어 적을 것이다.

2. 친족법과 상속법의 의의

친족법(이는 가족법이라고도 할 수 있음)과 상속법은 그 성격이 다르기 때문에 의의도 나누어 살펴보아야 한다. 그런데 친족법과 상속법은 모두 민법의 일부이기 때문에, 그것들의 의의도 민법 전체의 의의에서와 마찬가지로([1] 이하 참조) 실질적인 것과 형식적인 것의 두 가지가 있게 된다.

실질적 친족법 내지 실질적 가족법은 「친족관계 내지 가족관계를 규율하는 일반사법」이고, 실질적 상속법은 「상속관계를 규율하는 일반사법」이다. 그리고 형식적 친족법·상속법은 각각 민법 「제 4 편 친족」·「제 5 편 상속」을 가리킨다.

실질적 친족법·상속법과 형식적 친족법·상속법은 일치하지 않는다. 민법 「제 4 편 친족」·「제 5 편 상속」 중에 실질적 친족법·상속법이 아닌 것이 있는가 하면, 민법전 중 제 4 편·제 5 편 이외의 부분이나 특별법·관습법 등에도 실질적 친족법·상속법이 있기 때문이다. 그렇지만 형식적 친족법·상속법은 실질적 친족법·상속법의 중심을 이루고 있어서 두 법은 중요부분에서 겹친다.

친족상속법 강의에서 논의의 대상으로 삼는 것은 실질적 친족법·상속법이다. 그런데 형식적 친족법·상속법이 그것의 중요부분을 이루고 있으므로 형식적 친족법·상속법을 중심으로 설명하려고 한다. 그리고 그럼에 있어서 필요한 때에는 실체법이 아닌 절차법(가사소송법 등)도 같이 언급하게 될 것이다.

Ⅱ. 친족상속법의 특질 [406]

친족상속법의 특질을 친족법을 중심으로 하여 살펴보기로 한다.

친족법은 친족관계 내지 가족관계를 규율한다. 그런데 혼인관계·친자관계 등의 친족관계는 혼인 및 혈연을 기초로 하는 공동사회적인 것으로서 이해타산적인 재산관계(이익사회적인 것)와 다르다. 그 때문에 친족법도 재산법과 비교할 때 몇 가지 특질을 보여준다.

1. 비타산성(非打算性)·비합리성(非合理性)

친족법은 혼인·친자관계와 같이 성적·혈연적 관계를 규율하는 법이어서, 이해타산적이 아니고 또 합리성을 추구하는 것이 아니다. 가령 부모가 자녀를 양육하는 것은 자신의 이익을 위한 것이 아니다. 친족법은 이 점에서 타산적이고 합리적인 재산법과 차이가 있다.

2. 강행법규성

재산법 특히 계약법은 대부분 임의법규인 데 비하여, 친족법(상속법도 유사함)은 대체로 강행법규이다. 가족제도를 유지하게 하기 위하여서는 국가의 관여가 불가피하기 때문이다. 그렇다고 하여 친족법에서는 사적 자치가 원칙이 아닌 것으로 생각해서는 안 된다. 친족법 분야에서도 혼인의 자유·입양의 자유처럼 사적 자치가 허용되어 있다.

3. 보수성

재산법 특히 계약법은 세계적으로 비슷해지는 경향을 보이는 데 비하여, 친족법은 관습·전통에 의하여 지배되는 경향이 강하고 보수적인 성격을 띠고 있다.

Ⅲ. 친족상속법의 법원(法源) [407]

1. 서　설

민법의 법원에 관한 설명([4] 이하 참조)은 친족상속법의 법원에 관하여도 원칙적으로 타당하다. 따라서 친족상속법의 법원은 실질적 친족법·상속법의 존재형식이고, 그 법원에는 성문법과 불문법이 있게 된다. 그런데 중요한 것은 성문법이므로, 친족법·상속법 각각에 대하여 그에 관하여만 적기로 한다.

2. 성문 친족상속법

가장 대표적인 성문 친족상속법은 민법 제 4 편 친족·제 5 편 상속이나, 민법전 다른 편의 일부규정(친족법의 예 : 4조-14조의 3, 27조-29조, 752조. 상속법의 예 : 267조)도 이에 해당한다. 그리고 「가족관계의 등록 등에 관한 법률」·「후견등기에 관한 법률」·혼인신고특례법·「국내입양에 관한 특별법」·「국제입양에 관한 법률」 등도 주요한 법원이다.

3. 가사소송법 등이 법원인지 여부

친족상속법 교과서들은 한결같이 가사소송법·비송사건절차법도 친족상속법의 법원이라고 설명한다. 그러나 이들은 권리의무관계를 규율하는 실체법이 아니고, 확정된 권리의무관계를 실현하는 절차를 규율하는 절차법이다. 따라서 그것들은 결코 실질적인 친족상속법이라고 할 수 없다.

Ⅳ. 「가족관계의 등록 등에 관한 법률」과 가사소송법(家事訴訟法) [408]

친족상속법의 주요법원의 하나인 「가족관계의 등록 등에 관한 법률」(이하 조문인용에서는 「가족」이라 함)과 관련 주요 절차법인 가사소송법에 대하여 좀 더 살펴보기로 한다.

1. 「가족관계의 등록 등에 관한 법률」

(1) 개 관

사람은 출생하면서 사망할 때까지 친족법상의 일정한 지위(이를 가족관계 또는 신분관계라고도 함)를 가지게 된다. 자(子)·부(夫)·처(妻)·부(父)·모(母) 등이 그 예이다. 이 친족법상의 지위는 친족관계의 기초가 되고 타인에게 미치는 영향이 크기 때문에 확실하게 공적으로 기록하고 또 널리 공시하게 할 필요가 있다. 그러한 목적으로 만들어진 제도가 가족관계등록제도(과거의 호적제도에 해당함)이다. 그리고 가족관계등록제도를 규율하는 법이 「가족관계의 등록 등에 관한 법률」이다.

가족관계등록제도는 국민 개인별로 등록기준지에 따라 가족관계등록부를 편제한다. 그리고 사무의 전산화에 맞추어 각종 가족관계의 발생 및 변동사항의 입력과 처리를 전산정보처리조직(컴퓨터)에 의하도록 하였다. 그리하여 가족관계등록부는 과거의 호적부처럼 원부가 존재하는 것이 아니고 등록사항에 관한 전산상의 데이터를 가리키게 된다(가족 9조 참조).

과거 호적제도에서는 호적등본이라는 하나의 증명서만 있었다. 그런데 가족관계등록제도에서는 증명하려는 목적에 따라 다양한 증명서, 즉 가족관계증명서·기본증명서·혼인관계증명서·입양관계증명서·친양자입양관계증명서의 5가지를 두고, 그것들 각각에 대하여 일반증명서와 상세증명서로 발급받을 수 있게 하였으며(가족 15조), 증명서의 발급요건도 강화하였다(가족 14조).

(2) 가족관계등록부의 신고

가족관계등록부에의 기록은 대체로 신고의무자의 신고에 의하여 이루어진다. 출생신고·사망신고·혼인신고가 그 예이다. 그런데 가족관계등록부의 신고에는 성질이 전혀 다른 두 가지가 있다.

그 하나는 창설적 신고로서, 이는 신고의 수리에 의하여 비로소 친족법상의 지위(신분관계)가 창설되는 것이다. 혼인신고, 협의이혼신고, 인지신고, 입양신고, 협의파양신고 등이 그에 해당한다.

다른 하나는 보고적 신고로서, 이는 신고에 의하여 법적 효과가 생기는 것이 아니라, 법적 효과는 사실이 발생했을 때 이미 생기고 신고는 단지 발생한 사실의 보고에 지나지 않는 것이다. 출생신고, 사망신고, 재판 또는 유언에 의한 인지신고, 인지된 태아의 사산신고(死產申告), 재판에 의한 파양·파양취소신고, 재판에 의한 이혼·이혼취소신고, 친권변동신고, 미성년후견개시신고, 실종선고신고, 실종선고취소신고 등이 그 예이다.

2. 가사소송법 [409]

가정에 관한 사건은 공개된 법정에서 다루는 것이 좋지 않고 또 가정의 특수한 사정을 구체적으로 조사하기 위해서는 특별한 절차에 의하는 것이 필요하다. 이러한 목적으로 제정된 법이 가사소송법(이하 조문 인용시에는 「가소」라고 함)이다. 그리고 이 법에 의한 가사사건을 담당하는 기관으로 가정법원이 설치되어 있다(법원조직법 3조 1항 5호).

(1) 재판사항

가사소송법은 가사사건을 크게 가사소송사건과 가사비송사건(家事非訟事件)으로 나누고, 그 아래에서 다시 성질에 따라 가사소송사건을 가류사건·나류사건·다류사건으로, 그리고 가사비송사건을 라류사건·마류사건으로 세분하여, 그 심리와 재판을 가정법원의 전속관할로 하였다(가소 2조 1항). 그리고 이들 가운데 나류·다류의 가사소송사건과 마류의 가사비송사건은 조정전치주의의 적용을 받으므로 재판을 하기 전에 조정절차를 거쳐야 한다(가소 50조).

(2) 조정절차

조정전치주의의 적용을 받는 사건에 대하여 가정법원에 소를 제기하거나 심판을 청구하고자 하는 자는 먼저 조정을 신청하여야 하며(가소 50조 1항), 만약 조정을 신청하지 않고 소를 제기하거나 심판을 청구한 때에는 가정법원은 예외적인 특별한 사정(가소 50조 2항 단서)이 없는 한 그 사건을 조정에 회부하여야 한다(가소 50조 2항 본문).

가사조정사건은 조정장 1인과 2인 이상의 조정위원으로 구성된 조정위원회가 처리한다(가소 52조 1항). 조정은 당사자 사이에 합의된 사항을 조서에 기재함으로써 성립하며(가소 59조 1항), 그것은 재판상 화해와 동일한 효력이 있다(가소 59조 2항 본문).

(3) 재판절차

가사사건에 관하여 조정을 하지 않기로 하는 결정이 있는 때, 조정이 성립되지 않은 것으로 종결된 때, 조정에 갈음하는 결정에 대하여 이의신청이 있는 때에는, 조정신청을 한 때에 소를 제기하거나 심판을 청구한 것으로 본다(가소 49조, 민사조정법 36조 1항).

V. 친족상속법상의 권리와 법률행위 [410]

1. 친족상속법상의 권리

종래 문헌들은 친족법·상속법상의 권리를 통틀어서 신분권이라고 한다. 그러나 이는 적절하지 않으며, 포괄적인 권리도 친족권(가족권)과 상속권으로 나누어야 한다.

그럴 경우 친족권은 친족관계에 있어서 일정한 지위에 따르는 이익을 누리는 것을 내용으로 하는 권리이다. 구체적으로는 친권(913조), 미성년후견인의 권리(945조), 배우자가 가지는 권리(826조 1항), 인지청구권(863조), 부양청구권(974조) 등이 그에 해당한다. 그리고 상속권은 상속이 개시된 후 상속인이 가지는 권리이다.

친족권과 상속권은 일신전속권이다. 따라서 원칙적으로 대리가 허용되지 않으며, 임의로 양도·처분하지 못한다. 그리고 친족권은 일반적으로 배타성이 있기 때문에 그것이 침해된 경우에는 방해배제청구나 손해배상청구가 인정되며, 상속권이 침해된 경우에는 상속회복청구를 할 수 있다(999조).

2. 친족상속법상의 행위

친족법상의 법률행위를 친족행위 또는 가족행위라고 할 수 있고, 상속법상의 법률행위를 상속행위라고 할 수 있다(문헌들은 이 둘을 합하여 신분행위라고 함).

친족행위에는 ① 형성적(기본적) 친족행위, ② 지배적 친족행위, ③ 부수적 친족행위가 있다. ①의 예로는 혼인·협의이혼·입양·협의파양·임의인지가 있고, ②의 예로는 친권이나 후견권의 행사가 있으며, ③의 예로는 부부재산계약이 있다. 친족행위는 요식행위임을 원칙으로 한다. 특히 형성적 친족행위는 법률이 정하는 바에 따라 신고하지 않으면 효력이 생기지 않는 요식행위로 되어 있다. 그 친족행위는 친족법상의 지위(신분관계)의 변동을 가져오므로 신중하고 확실하게 하도록 하여야 하고 또 이를 제 3 자에게 공시하여야 할 필요가 있기 때문이다.

상속행위의 예로는 상속의 한정승인 · 포기 · 유언 등이 있다. 이들 중 앞의 둘은 법원에 신고하는 방식으로 하여야 하며(1030조 · 1041조), 유언도 일정한 방식에 따라서 하여야만 한다(1060조 · 1065조 이하). 그러나 상속의 승인 등은 방식의 제한이 없다.

제 2 절 친족법(親族法)

제 1 관 친족관계

Ⅰ. 친계(親系)와 촌수(寸數) [411]

1. 친 계

(1) 의 의

친계란 세대(世代)간의 혈통의 연결관계를 가리키며, 이것에 의하여 친족(정확하게는 혈족)이 어떻게 혈연적으로 연결되어 있는지를 알 수 있다. 배우자는 친계가 없고, 인척은 직접 혈통이 연결되지 않기 때문에 배우자의 친계를 기준으로 판단한다.

(2) 종 류

1) **직계친(直系親)·방계친(傍系親)** 직계친은 혈통이 직선적으로 올라가거나 내려가는 관계이고, 방계친은 공동시조(共同始祖)부터 갈라져서 바로 아래로 내려가는 다른 친계이다. 부모와 자녀, 조부모와 손자녀는 직계친의 예이고, 형제자매와 백숙부(큰 아버지·작은 아버지)는 방계친의 예이다. 혈족은 모두 직계친과 방계친 가운데 어느 하나에 속하며, 이를 직계혈족·방계혈족이라고 한다. 그리고 배우자의 직계혈족·방계혈족은 다른 배우자에

게는 직계인척 · 방계인척이 된다.

2) **존속친**(尊屬親) · **비속친**(卑屬親) 부모 및 그와 동일한 항렬에 있는 친족(즉 백숙부모)보다 위의 친계에 있는 자를 존속친이라고 하고, 자녀 및 그와 동일한 항렬에 있는 친족(조카 · 생질 등)보다 아래의 친계에 있는 자를 비속친이라고 한다. 자기와 같은 항렬에 있는 자(형제자매 · 종형제자매 등)는 존속친도 비속친도 아니다. 존속친 · 비속친의 구별은 항렬에 의한 것이고 나이와는 관계가 없어서, 자기보다 나이가 적은 존속친이나 자기보다 나이가 많은 비속친이 있을 수도 있다.

직계친 · 방계친은 그 각각에 대하여 존속친 · 비속친으로 나눌 수 있다. 그리하여 직계존속 · 직계비속, 방계존속 · 방계비속이 있게 된다. 그럴 경우 부모 · 조부모 · 증조부모는 직계존속이고, 자녀 · 손자녀는 직계비속이며, 백숙부 · 고모 · 이모 · 종조부는 방계존속이고, 조카 · 생질 · 종손자녀는 방계비속이다.

3) **부계친**(父系親) · **모계친**(母系親) 부(父)와 그의 혈족이 부계친이고, 모(母)와 그의 혈족이 모계친이다.

2. 촌수(寸數) [412]

(1) 의 의

촌(寸. 원래 손마디의 뜻임)은 친족관계의 긴밀도를 측정하는 척도의 단위이다. 민법은 친족 사이에서는 촌수가 작을수록 가까운 것으로 평가하며, 그에 기초하여 여러 가지 법률효과를 부여하고 있다.

(2) 촌수의 계산방법

직계혈족 사이에서는 자기로부터 직계존속에 이르는 세대수, 자기로부터 직계비속에 이르는 세대수를 계산하여 이를 각각 그 촌수로 한다(770조 1항). 그리하여 A와 그의 부모 · 조부모는 각각 1촌 · 2촌이고, A와 그의 증손자녀는 3촌이 된다.

방계혈족 사이에서는 자기로부터 가장 가까운 공동의 직계존속에 이르는 세대수와 그 직계존속으로부터 그 직계비속에 이르는 세대수를 모두 합하여 이를 그 촌수로 한다(770조 2항). 예를 들어 A·B가 방계혈족인 경우에는 A·B 사이에 가장 가까운 공동시조가 C라면, A로부터 C에 이르는 세대수를 세고 또 C로부터 B에 이르는 세대수를 세어 이 두 세대수를 합하면 그것이 A·B 사이의 촌수가 된다. 그리하여 형제자매는 2촌이고, 백숙부는 3촌, 종형제자매는 4촌이다.

인척의 경우를 본다. 배우자의 혈족에 대하여는 배우자의 그 혈족에 대한 촌수에 따른다(771조 전단). 그리하여 처나 남편의 부모는 인척 1촌이고, 처나 남편의 형제자매는 인척 2촌이 된다. 그리고 혈족의 배우자에 대하여는 그 혈족에 대한 촌수에 따른다(771조 후단). 그리하여 형수·제수·매형이나 올케·형부는 인척 2촌이고, 백숙모·이모부는 인척 3촌이 된다.

양자와 양부모 및 그 혈족, 인척 사이의 친계와 촌수는 입양된 때부터 혼인 중의 출생자와 동일한 것으로 본다(772조 1항). 그리고 양자의 배우자, 직계비속과 그 배우자는 양자의 친계를 기준으로 하여 촌수를 정한다(772조 2항).

배우자와는 촌수가 없으며, 민법은 배우자에 대하여 법률효과를 부여할 경우에는 대부분 친족에 포함시키지 않고 배우자라는 용어를 별도로 사용한다(그러나 예외가 있음. 887조·936조 등 참조).

Ⅱ. 친족의 의의 및 종류 [413]

민법은 제767조에서 「배우자, 혈족 및 인척을 친족으로 한다」라고 친족의 정의를 내리고 있다. 이에 의하면, 친족은 배우자·혈족·인척을 통틀어 일컫는 말이다.

1. 혈 족

혈족은 혈연관계가 있는 친족이다. 혈족은 자연혈족·법정혈족, 직계혈족·방계혈족, 부계혈족·모계혈족으로 나누어진다.

(1) 자연혈족 · 법정혈족

자연혈족은 자연적인 혈연관계가 있는 혈족이다. 부모 · 조부모 · 외조부모 · 형제자매가 그 예이다.

법정혈족은 자연적인 혈연관계는 없지만 법률에 의하여 혈족으로 의제된 경우이다. 현행민법상의 법정혈족관계로는 양친자관계(養親子關係)가 있다. 양친자관계는 입양에 의하여 발생한다(878조). 즉 입양한 때부터 양자와 양친 및 양친의 혈족 사이, 양친과 양자의 직계비속(출생시기를 불문함) 사이에 법정혈족관계에 있게 된다(882조의 2 1항).

(2) 직계혈족 · 방계혈족

직계혈족이란 직계친의 관계에 있는 혈족을 말하며, 민법은 「자기의 직계존속과 직계비속」을 직계혈족이라고 규정한다(768조 전단). 방계혈족은 방계친의 관계에 있는 혈족이며, 민법은 「자기의 형제자매와 형제자매의 직계비속, 직계존속의 형제자매 및 그 형제자매의 직계비속」을 방계혈족이라고 규정한다(768조 후단). 여기의 형제자매에는 부계 및 모계의 형제자매를 모두 포함하며, 따라서 이복형제도 이에 속한다.

(3) 부계혈족 · 모계혈족

부계친의 관계에 있는 혈족이 부계혈족이고(예 : 부 · 조부모 · 백숙부 · 고모), 모계친의 관계에 있는 혈족이 모계혈족이다(예 : 모 · 외조부모 · 외숙부 · 이모).

2. 인 척 [414]

인척은 혼인으로 인하여 성립하는 친족이다. 민법은 혈족의 배우자(예 : 계모, 적모, 형제의 처, 자매의 남편, 고모 · 이모의 남편, 백숙부의 처), 배우자의 혈족(예 : 배우자의 부모나 형제자매), 배우자의 혈족의 배우자(예 : 처의 자매의 남편, 남편의 형제자매의 처나 남편)를 인척으로 규정한다(769조).

인척관계는 혼인의 성립으로 발생하며, 혼인의 취소 또는 이혼으로 인하여 종료한다(775조 1항). 그리고 부부의 일방이 사망한 경우에 생존배우자가 재혼한 때에도 인척관계가 종료한다(775조 2항).

3. 배우자

남녀가 혼인을 하면 서로 배우자가 되고, 친족에 속하게 된다.

Ⅲ. 친족의 범위 [415]

위에서 본 친족 모두에 대하여 법률효과를 부여하는 경우는 없다. 민법은 대부분의 경우에는 개별적인 법률관계 각각에 대하여 법률효과가 인정되는 자의 범위를 따로따로 규정한다(예 : 809조 · 974조 · 1000조). 그런데 다른 한편으로 일반적으로 친족의 범위를 정해 놓고서, 특별한 규정이 없으면 그에 의하여 효과를 부여하도록 하고 있는데, 그것이 바로 제777조이다.

제777조에 의하면, 친족의 범위는 ① 8촌 이내의 혈족, ② 4촌 이내의 인척, ③ 배우자이며, 친족관계로 인한 법률상의 효력은 민법 또는 다른 법률에 특별한 규정이 없는 한 이 범위에 미치게 된다.

[가족의 범위 규정]

2005년 민법개정시에 호주제도가 폐지되면서 민법 제 5 편 제 2 장은 제목이 「호주와 가족」에서 「가족의 범위와 자의 성과 본」으로 바뀌고 그 아래 가족의 범위에 관한 제779조와 자녀의 성과 본에 관한 제781조의 두 규정만이 있게 되었다. 그 가운데 뒤의 것에 관하여는 나중에 설명하기로 하고([434] 2 참조), 여기서는 앞의 규정만 옮기기로 한다.

제779조[가족의 범위] ① 다음의 자는 가족으로 한다.
1. 배우자, 직계혈족 및 형제자매
2. 직계혈족의 배우자, 배우자의 직계혈족 및 배우자의 형제자매
② 제 1 항 제 2 호의 경우에는 생계를 같이하는 경우에 한한다.

이 규정이 두어진 이유는 호주제도의 폐지로 말미암아 가족의 해체를 가져올지 모른다는 우려를 불식시키려는 데 있다. 따라서 여기의 가족개념은 호주제 아래에서의 그것과는 전혀 다르다. 그리고 이 규정은 신설 당시에는 그 규정이 정하는 가족에 대하여 법률효과를 부여하는 일이 없어서 상징적인 의미밖에 없었으나, 그 뒤 민법 개정시에 가족에게 법률효과를 부여하는 규정이 생겼고(940조의 5 ·

959조의 5 2항 · 959조의 10 2항 · 959조의 15 5항), 따라서 이제는 의미를 가지게 되었다. 또한 그 규정은 다른 법의 기초로서 역할을 하고 있기도 하다(예 : 형법 151조 2항 등 참조).

제 2 관 혼인(婚姻)

Ⅰ. 약 혼 [416]

1. 약혼의 의의

약혼은 1남(男) 1녀(女)가 장차 혼인하기로 하는 합의이다. 즉 약혼은 혼인예약이다.

2. 약혼의 성립

(1) 약혼은 장차 혼인을 하려는 당사자 사이의 합의가 있으면 성립하며, 혼인에 있어서의 신고와 같은 특별한 방식이 요구되지 않는다.

(2) 성년자는 의사능력이 있으면 자유로이 약혼할 수 있다(800조). 그런데 미성년자와 피성년후견인에 대하여는 제한이 있다. 미성년자가 약혼을 하려면 남녀 모두 18세가 되어야 하고, 부모나 미성년후견인의 동의를 받아야 한다(801조). 피성년후견인은 부모나 성년후견인의 동의를 받아 약혼할 수 있다(802조). 그러나 피한정후견인은 한정후견인의 동의 없이 약혼할 수 있다.

3. 약혼의 효과

약혼이 성립하면 당사자는 성실하게 교제하고 가까운 장래에 혼인을 할 의무를 부담한다. 그러나 혼인의 의사가 없는 자에게 혼인을 강제하는 것은 혼인의 본질에 반하므로, 혼인을 하지 않더라도 혼인의무의 강제이행은 청구하지 못한다(803조). 혼인의무의 이행이 없을 경우 약혼당사자는 손해배상을 청구할 수 있을 뿐이다.

4. 약혼의 해제 [417]

(1) 해제사유

민법은, 당사자 한쪽에 일정한 사유가 있는 경우에는, 상대방이 일방적으로 정당하게 약혼을 해제할 수 있도록 하고 있다(804조).

① 약혼 후 자격정지 이상의 형을 선고받은 경우

② 약혼 후 성년후견개시나 한정후견개시의 심판을 받은 경우

③ 성병, 불치의 정신병, 그 밖의 불치의 병질(病疾)이 있는 경우

④ 약혼 후 다른 사람과 약혼이나 혼인을 한 경우

⑤ 약혼 후 다른 사람과 간음(姦淫)한 경우

⑥ 약혼 후 1년 이상 생사(生死)가 불명한 경우

⑦ 정당한 이유 없이 혼인을 거절하거나 그 시기를 늦추는 경우

⑧ 그 밖에 중대한 사유가 있는 경우

(2) 해제방법

약혼의 해제는 상대방에 대한 의사표시로 한다(805조 본문). 그러나 상대방에 대하여 의사표시를 할 수 없는 때(예 : 위의 ⑥의 경우)에는, 그 해제의 원인 있음을 안 때에 해제된 것으로 본다(805조 단서).

(3) 해제의 효과

1) 약혼의 소급적 무효 약혼의 해제가 있으면, 약혼은 처음부터 없었던 것으로 된다.

2) 손해배상의 청구 약혼을 해제한 때에는, 당사자 일방(이는 해제권자가 될 것임)은 과실있는 상대방에 대하여 이로 인한 손해배상을 청구할 수 있다(806조 1항). 그 손해에는 재산상의 손해(예 : 약혼식 비용, 중매 사례금, 혼인준비 비용) 외에 정신상 고통에 대한 것도 포함한다(806조 2항). 그리고 정신상 고통에 대한 배상청구권 즉 위자료청구권은 양도 또는 승계되지 않는다(806조 3항 본문). 그러나 당사자 사이에 이미 그 배상에 관한 계약이 성립되거나 소를 제기한 후에는 승계된다(806조 3항 단서).

3) **예물(禮物) 등의 반환문제** 약혼을 하는 경우 당사자가 보통 반지와 같은 예물 등을 교환하게 되는데, 약혼이 해제되는 때에 이를 반환하여야 하는지가 문제된다. 판례는 약혼예물의 수수를 혼인의 불성립을 해제조건으로 하는 증여와 유사하다고 보고, 약혼이 해제되면 예물은 부당이득반환의 법리에 따라 반환되어야 하나, 과실이 있는 당사자는 자신이 제공한 예물의 반환청구권이 없다고 한다(대판 1976. 12. 28, 76므41 · 42). 그러나 어떤 경우든 부당이득으로 반환하여야 할 것이다(사견).

Ⅱ. 혼인의 성립 [418]

1. 혼인의 의의

혼인은 1남 1녀가 평생 부부로서의 생활공동체를 형성하기로 하는 친족법(가족법)상의 합의이다.

혼인은 넓은 의미의 계약에 해당한다. 그런데 친족법상의 계약이어서 채권계약과는 다른 특수성이 있다. 그리고 혼인은 「가족관계의 등록 등에 관한 법률」에 의하여 일정한 방식으로 신고하여야 성립하는 요식행위이다(812조 참조).

2. 혼인의 성립요건

혼인은 계약에 해당하므로, 그것이 성립하기 위해서는 당사자의 의사표시의 일치 즉 합의가 필요하다. 그리고 혼인신고도 하여야 한다(812조). 이 두 가지의 성립요건을 좀 더 자세히 설명하기로 한다.

(1) 당사자의 혼인의 합의

혼인이 성립하려면, 당사자 사이에 혼인의 의사표시의 일치 즉 합의가 있어야 한다.

그 합의를 하는 당사자는 1남 1녀이어야 하며, 같은 남자나 같은 여자의 의사표시는 여기의 합의로 인정되지 않는다. 그리고 성(性)전환자는 법적으로 전환된 성(性)으로 인정되는 때에는 다른 성의 사람과 혼인을 할 수 있다.

혼인을 성립시키는 합의는 외형적인 의사표시의 일치로서 충분하다고 하여야 한다. 그리고 그러한 의사표시와 그것들의 일치인 합의는 혼인신고가 있을 때 그것에 포함되어서 행하여지게 된다. 따라서 혼인이 성립하기 위하여 합의가 따로 행하여질 필요는 없다. 그 결과 가령 실제로 혼인을 할 의사가 없어도 혼인신고를 하였으면 혼인이 성립하기 위한 합의가 인정되어 혼인은 성립하게 되며, 단지 그 혼인이 무효로 될 뿐이다(815조 1호). 즉 실질적 의사의 일치는 혼인의 성립의 문제가 아니고, 그 다음 단계인 혼인의 유효·무효의 문제인 것이다.

(2) 혼인신고 [419]

혼인이 성립하려면, 「가족관계의 등록 등에 관한 법률」에 정한 바에 의하여 신고하여야 한다(812조 1항). 즉 민법은 법률혼주의, 그 중에서도 신고혼주의를 채용하고 있다. 이 혼인신고는 혼인의 효력발생요건이 아니고 성립요건이다.

1) 신고의 절차 민법은 혼인신고를 당사자 쌍방과 성년자인 증인 2인의 연서(連署)한 서면으로 하여야 한다고 규정하나(812조 2항), 「가족관계의 등록 등에 관한 법률」은 말로도 할 수 있다고 한다(가족 23조 1항).

2) 신고의 수리 혼인신고는 가족관계 등록사무를 담당하는 공무원이 그 신고서를 수리함으로써 효력이 발생하며, 가족관계등록부에 기록하는 것은 그 효력요건이 아니다. 따라서 수리된 혼인신고가 가족관계등록부에 기록되지 않거나 허위로 기록된 경우에도 혼인은 성립한다.

혼인신고서가 접수되면 담당공무원은 신고된 혼인이 제807조 내지 제810조 및 제812조 제2항 기타 법령에 위반함이 있는지를 심사하여야 하며, 그에 위반함이 없으면 신고를 수리하여야 한다(813조).

3) 신고의 효과 혼인신고가 일단 수리되면 설사 그것이 법령에 위반되는 것이라도 효력이 발생하며(혼인의 성립), 단지 혼인의 무효·취소의 문제가 생길 뿐이다.

3. 혼인의 장애사유 [420]

제807조 내지 제810조에는 혼인의 장애사유가 규정되어 있다. 그러한 사유가 있을 때에는, 가족관계 등록사무 담당공무원은 혼인신고를 수리하지 않는다(813조). 그러나 그러한 사유가 있더라도 신고가 수리되면 혼인은 성립하게 되고, 혼인의 무효 또는 취소의 문제가 생길 뿐이다(815조 · 816조 참조).

(1) 혼인적령의 미달

남녀 모두 18세가 되어야 혼인을 할 수 있다(807조). 이 나이에 미달한 자의 혼인신고는 수리되지 않으나(813조), 신고가 수리되었으면 혼인은 성립하되 그 취소를 청구할 수 있다(816조 1호 · 817조).

(2) 부모 등의 동의의 결여

미성년자와 피성년후견인이 혼인을 할 경우에는 혼인적령에 달하였더라도 부모의 동의를 받아야 하며, 부모 중 한쪽이 동의권을 행사할 수 없을 때에는 다른 한쪽의 동의를 받아야 하고, 부모가 모두 동의권을 행사할 수 없는 때에는 후견인(미성년후견인 · 성년후견인)의 동의를 받아야 한다(808조 1항 · 2항). 그러나 피한정후견인은 단독으로 자유로이 혼인할 수 있다.

부모 등의 동의가 필요한 경우에 동의가 없으면 혼인신고가 수리되지 않을 것이나(813조), 일단 수리되면 혼인은 성립하고 취소할 수 있을 뿐이다(816조 1호 · 817조).

(3) 근친혼(近親婚)

다음과 같은 일정한 범위의 근친자 사이의 혼인은 금지된다.

① 8촌 이내의 혈족 사이의 혼인(809조 1항). 여기의 혈족에는 자연혈족 · 법정혈족(양부모계 혈족), 부계혈족 · 모계혈족, 직계혈족 · 방계혈족이 모두 포함된다.

② 친양자의 입양 전에 8촌 이내의 혈족이었던 자 사이의 혼인(809조 1항).

③ 일정범위의 인척이거나 인척이었던 자 사이의 혼인. 6촌 이내의 혈족의 배우자, 배우자의 6촌 이내의 혈족, 배우자의 4촌 이내의 혈족의 배우자

인 인척이거나 이러한 인척이었던 자 사이에서는 혼인하지 못한다(809조 2항).

④ 6촌 이내의 양부모계(養父母系)의 혈족이었던 자와 4촌 이내의 양부모계의 인척이었던 자 사이의 혼인(809조 3항). 이는 입양관계가 종료된 후에도 일정범위에서 혼인을 금지하는 것이다.

위 ①-④의 혼인신고는 수리되지 않으나(813조), 일단 수리되면 혼인은 성립하게 되고, 경우에 따라 혼인이 무효로 되거나(815조 2호-4호 참조) 취소할 수 있는 것(816조 1호 · 817조 참조)으로 된다.

(4) 중혼(重婚)

배우자가 있는 자는 다시 혼인하지 못한다(810조). 즉 중혼은 금지된다. 그런데 금지되는 혼인은 법률혼만이며 사실혼은 포함되지 않는다.

이미 혼인신고를 한 자가 다시 혼인신고를 하면 그 신고의 수리가 거부될 것이나(813조), 신고가 수리되면 혼인이 성립하고 취소할 수 있는 것으로 된다(816조 1호 · 818조).

Ⅲ. 혼인의 무효와 취소 [421]

1. 서 설

혼인의 무효 · 취소는 혼인에 일정한 흠이 있을 때 그 혼인관계를 종료시키는 제도이다. 그런데 혼인이 무효 또는 취소되는 경우에는 재산상의 법률행위와는 달리 원상회복이 불가능하기 때문에(특히 자녀가 출생한 때), 민법은 혼인에 흠이 있을지라도 극히 제한된 범위에서만 혼인을 무효로 하고 나머지는 취소할 수 있는 것으로 규정하며, 혼인취소에 대하여도 소급효를 인정하지 않는다.

2. 혼인의 무효

(1) 무효원인

① 당사자 사이에 혼인의 합의가 없는 때(815조 1호).

② 당사자 사이에 8촌 이내의 혈족(친양자의 입양 전의 혈족을 포함함)관계가

있는 때(815조 2호 · 809조 1항).

③ 당사자 사이에 직계인척(배우자의 직계혈족과 직계혈족의 배우자)관계가 있거나 있었던 때(815조 3호).

④ 당사자 사이에 양부모계(養父母系)의 직계혈족관계가 있었던 때(815조 4호).

(2) 혼인무효의 소

혼인무효의 소는 당사자 · 법정대리인 또는 4촌 이내의 친족이 언제든지 이를 제기할 수 있다(가소 23조).

(3) 혼인무효의 효과

혼인무효판결이 확정되면, 당사자 사이에 처음부터 혼인이 없었던 것과 같이 된다. 그리하여 혼인에 기한 상속 등 권리변동은 무효로 되고, 출생한 자녀는 혼인 외의 자(子)로 된다(855조 1항 2문). 그리고 혼인이 무효로 된 경우 당사자 일방은 과실있는 상대방에 대하여 이로 인한 손해배상(정신적 손해배상 포함)을 청구할 수 있다(825조 · 806조).

3. 혼인의 취소 [422]

(1) 취소의 원인

1) 혼인적령의 미달　　혼인적령(남녀 모두 18세)에 달하지 않은 자의 혼인은 당사자 또는 그 법정대리인이 그 취소를 청구할 수 있다(816조 1호 · 807조 · 817조 전단).

2) 부모 등의 동의를 결여한 혼인　　미성년자 또는 피성년후견인이 부모 또는 후견인의 동의를 받지 않고 혼인한 경우에는, 당사자 또는 그 법정대리인이 혼인의 취소를 청구할 수 있다(816조 1호 · 808조 · 817조 전단). 그러나 혼인의 당사자가 19세가 된 후 또는 성년후견종료의 심판이 있은 후 3개월이 지나거나 혼인 중에 임신한 경우에는 취소를 청구하지 못한다(819조).

3) 근친혼　　근친혼 가운데 무효로 되지 않는 혼인은 당사자 · 직계존속 또는 4촌 이내의 방계혈족이 그 취소를 청구할 수 있다(816조 1호 · 817조 후단). 그러나 그 당사자 사이에 혼인 중 임신한 때에는 취소를 청구하지 못

한다(820조).

4) **중 혼** 배우자 있는 자가 다시 행한 혼인(중혼)은 당사자 및 그 배우자 · 직계혈족 · 4촌 이내의 방계혈족 또는 검사가 그 취소를 청구할 수 있다(816조 1호 · 810조 · 818조).

5) **악질(惡疾) 기타 중대한 사유가 있는 혼인** 혼인 당시 당사자 일방에 부부생활을 계속할 수 없는 악질 기타 중대한 사유가 있음을 알지 못한 때에는, 그 사유가 있음을 안 날부터 6개월 이내에 그 취소를 청구할 수 있다(816조 2호 · 822조).

6) **사기 또는 강박에 의한 혼인** 사기 또는 강박으로 인하여 혼인의 의사표시를 한 때에는, 사기를 안 날 또는 강박을 면한 날부터 3개월 이내에 혼인의 취소를 청구할 수 있다(816조 3호 · 823조).

(2) 혼인취소의 효과

취소원인이 있는 혼인도 법원의 판결에 의하여 취소될 때까지는 유효한 혼인으로 다루어진다. 혼인취소의 효력은 취소판결이 확정된 때에 발생한다. 그리고 혼인취소의 효력은 소급하지 않는다(824조). 따라서 그 혼인에서 출생한 자녀는 혼인 중의 자(子)로 된다.

혼인이 취소되면 혼인관계 및 인척관계는 종료한다(775조 1항). 그리고 당사자 일방은 과실있는 상대방에 대하여 이로 인한 재산상 · 정신상의 손해배상을 청구할 수 있다(825조 · 806조).

Ⅳ. 혼인의 효과 [423]

1. 일반적 효과

(1) 친족관계의 발생

혼인을 하면, 부부는 서로 배우자로서 친족이 된다(777조 3호). 그리고 서로 상대방의 4촌 이내의 혈족, 상대방의 4촌 이내의 혈족의 배우자와 인척이 된다(777조 2호 · 769조).

(2) 부부의 성(姓)

부부는 혼인 후에도 각자 본래의 성을 그대로 가진다.

(3) 동거 · 부양 · 협조의 의무

부부는 동거하며 서로 부양하고 협조하여야 한다(826조 1항 본문). 그리고 부부는 부정행위(不貞行爲)를 하지 않아야 하는 성적 성실의무(정조의무)가 있다(840조 1호 참조). 부부의 일방이 이 의무를 위반한 경우에는, 상대방은 이혼을 청구할 수 있고(840조 1호), 손해배상도 청구할 수 있다. 그리고 부정행위를 한 제 3 자도 배우자가 있음을 알고 정을 통한 때에는 공동불법행위책임(760조)을 진다(대판(전원) 2014. 11. 20, 2011므2997).

[제3자가 부부의 일방과 한 성적인 행위가 배우자에 대하여 불법행위를 구성하는지에 관한 판례]

부부가 장기간 별거하는 등의 사유로 실질적으로 부부공동생활이 파탄되어 실체가 더 이상 존재하지 아니하게 되고 객관적으로 회복할 수 없는 정도에 이른 경우에는 혼인의 본질에 해당하는 부부공동생활이 유지되고 있다고 볼 수 없다.

따라서 비록 부부가 아직 이혼하지 아니하였지만 이처럼 실질적으로 부부공동생활이 파탄되어 회복할 수 없을 정도의 상태에 이르렀다면, 제 3 자가 부부의 일방과 성적인 행위를 하더라도 이를 두고 부부공동생활을 침해하거나 유지를 방해하는 행위라고 할 수 없고 또한 그로 인하여 배우자의 부부공동생활에 관한 권리가 침해되는 손해가 생긴다고 할 수도 없으므로 불법행위가 성립한다고 보기 어렵다. 그리고 이러한 법률관계는 재판상 이혼청구가 계속 중에 있다거나 재판상 이혼이 청구되지 않은 상태라고 하여 달리 볼 것은 아니다(대판(전원) 2014. 11. 20, 2011므2997).

(4) 성년의제

미성년자가 혼인(법률혼만을 가리킴)을 한 때에는 성년자로 본다(826조의 2).

2. 재산적 효과(부부재산제) [424]

혼인을 한 당사자가 혼인 당시에 재산을 가지고 있거나 혼인 후에 새로이 재산을 취득하는 경우, 그 재산의 귀속과 관리가 문제된다. 여기에 관하여 민법은 우선 그들의 합의에 의하여 재산관계를 정하도록 하고(부부재산계약. 829조), 그러한 합의가 없는 경우에는 민법이 규정하는 부부재산제(별산제)를 일률적으로 적용하도록 하고 있다(830조 이하).

(1) 부부재산계약

부부로 될 자는 혼인이 성립하기 전에 그 재산에 관하여 자유롭게 계약을 체결할 수 있다(829조 1항 참조). 그 계약을 부부재산계약이라고 한다. 이 제도는 실제로는 거의 이용되지 않는다.

(2) 법정재산제

부부재산계약이 체결되지 않거나 그것이 효력을 잃은 때에는, 민법이 정한 바에 의한다.

1) 재산의 귀속과 관리 민법은 부부재산의 귀속에 관하여 별산제(別産制. 별개의 재산으로 하는 제도)를 채용하고 있다. 즉 부부의 일방이 혼인 전부터 가진 고유재산과 혼인 중 자기의 명의로 취득한 재산은 그의 특유재산으로 한다(830조 1항). 예를 들어 처가 상속 또는 증여받은 재산, 그로부터 생긴 수익, 의복이나 장신구는 그 처 자신의 특유재산으로 된다. 이러한 특유재산은 부부가 각자 관리·사용·수익한다(831조). 그리고 부부 중 누구에게 속하는 것인지 분명하지 않은 재산은 부부의 공유로 추정한다(830조 2항).

2) 혼인생활비용의 공동부담 부부의 공동생활에 필요한 비용, 가령 가족의 의식주 비용, 자녀의 출산·양육·교육에 필요한 비용은 당사자 사이에 특별한 약정이 없으면 부부가 공동으로 부담한다(833조).

3) 일상가사대리권과 일상가사채무의 연대책임 부부는 일상의 가사에 관하여 서로 대리권이 있으며(827조 1항), 부부의 일방이 일상의 가사에 관하여 제3자와 법률행위를 한 때에는 다른 일방은 이로 인한 채무에 대하여 연대책임이 있다(832조 본문).

여기서 「일상의 가사」란 부부의 공동생활에서 필요로 하는 통상의 사무를 가리키며, 그 구체적인 범위는 부부공동체의 사회적 지위·직업·재산·수입능력 등 현실적 생활상태뿐만 아니라 그 부부의 생활장소인 지역사회의 관습 등에 의하여 정하여진다. 이와 같이 일상의 가사인지 여부는 개별적인 각각의 부부에 따라 차이가 있으나, 일반적으로 식료품·연료·의복의 구입, 주택의 임차, 집세·방세의 지급과 수령, 가재도구의 구입, 전기·수도·가스의 공급계약 체결 및 비용지급, 자녀의 양육비·교육비 등의 지급 등은 일상가사의 범위에 속한다. 그리고 금전차용행위는 부부의 공동생활에 필수적인 비용으로 사용하기 위한 것이라면 일상가사의 범위에 속하나, 그렇지 않으면 제외된다.

Ⅴ. 이 혼 [425]

1. 혼인의 해소(解消) 일반론

(1) 혼인해소의 의의

혼인의 해소란 완전히 유효하게 성립한 혼인이 그 후의 사유로 말미암아 소멸하는 것을 말한다. 혼인해소의 원인에는 배우자의 사망과 이혼이 있다.

(2) 사망에 의한 해소

부부의 일방이 사망하면 혼인은 당연히 해소된다. 그리하여 혼인의 효과가 소멸하며, 다른 일방은 자유롭게 재혼할 수 있게 된다. 그리고 잔존배우자는 상속을 하게 된다. 한편 부부의 일방이 사망한 경우 생존배우자와의 인척관계는 당연히 소멸하지는 않으며, 생존배우자가 재혼한 때에만 소멸한다(775조 2항).

부부의 일방이 실종선고를 받은 경우(28조)와 인정사망의 경우(가족 87조)에도 사망한 때처럼 혼인이 해소된다.

(3) 이혼에 의한 해소

이혼이란 완전·유효하게 성립한 혼인을 당사자 쌍방 또는 일방의 의사에 의하여 해소하는 제도이다. 우리 법상 이혼에는 협의이혼과 재판상 이혼의 두 가지가 있다.

2. 협의이혼 [426]

(1) 의 의

부부는 협의에 의하여 이혼할 수 있는데(834조), 그 경우의 이혼이 협의이혼이다. 협의이혼은 넓은 의미에서 하나의 계약이며, 일정한 방식으로 신고하여야 하는 요식행위이다(836조 참조).

(2) 성립요건

협의이혼이 성립하려면, 당사자 사이의 이혼의 합의와 이혼신고가 있어야 한다.

1) 당사자의 이혼의 합의 협의이혼을 성립시키기 위한 합의는 외형적인 의사표시의 일치로서 충분하다. 그리고 그러한 의사표시와 그것들의 일치인 합의는 이혼신고가 있을 때 그것에 포함되어서 행하여지게 된다. 따라서 협의이혼이 성립하기 위하여 합의가 따로 행하여질 필요는 없다.

2) 이혼신고 협의상 이혼은 가정법원의 확인을 받아 「가족관계의 등록 등에 관한 법률」이 정한 바에 의하여 신고함으로써 그 효력이 생긴다(836조 1항). 이 협의이혼의 신고는 협의이혼의 성립요건이다. 민법은 이 신고를 당사자의 쌍방과 성년자인 증인 2인이 연서(連署)한 서면으로 하도록 규정하나(836조 2항), 말로도 신고를 할 수 있다(가족 23조 1항).

협의이혼을 하려는 자는 가정법원의 확인을 받아야 한다(836조 1항). 그런데 가정법원의 확인은 협의이혼의사 확인신청서를 제출한 뒤 일정기간이 경과한 후에야 받을 수 있다(836조의 2 2항 · 3항). 그 기간이 이른바 숙려기간이다. 협의이혼의 신고는 확인서 등본을 교부 또는 송달받은 날부터 3개월 이내에 그 등본을 첨부하여 하여야 하며(가족 75조 2항), 신고 없이 3개월이 지나면 그 가정법원의 확인은 효력을 잃는다(가족 75조 3항).

(3) 협의이혼의 장애사유

피성년후견인은 부모 또는 후견인의 동의를 얻어 이혼을 할 수 있다(835조 · 808조 2항).

(4) 협의이혼의 무효와 취소 [427]

1) 협의이혼의 무효

① 무효원인 　　당사자 사이에 이혼의 합의가 없는 때에는 협의이혼이 무효라고 하여야 한다(815조 1호 유추). 이는 본인의 의사를 존중하는 친족법상의 행위의 본질상 당연하다.

② 이혼무효의 소 　　이혼무효의 소는 당사자·법정대리인 또는 4촌 이내의 친족이 언제든지 제기할 수 있다(가소 23조). 이혼무효의 판결이 확정되면, 처음부터 이혼이 없었던 것과 같이 된다. 즉 소급효가 있다. 그리고 제 3 자에게도 효력이 미친다(가소 21조 1항).

2) 협의이혼의 취소

① 취소의 원인 　　사기 또는 강박으로 인하여 이혼의 의사표시를 한 자는 사기를 안 날 또는 강박을 면한 날부터 3개월 이내에 이혼의 취소를 가정법원에 청구할 수 있다(838조·839조·823조).

피성년후견인이 부모 등의 동의를 얻지 않고 협의이혼을 한 경우에 관하여 민법은 명문의 규정을 두고 있지 않으나, 피성년후견인의 보호를 위하여 취소할 수 있다고 하여야 한다(816조 1호·819조 유추).

② 이혼취소의 소 　　이혼취소의 경우에는 혼인의 취소에서와 달리 그 소급효를 제한하는 규정이 없어서(824조 참조), 취소판결이 확정되면 이혼이 처음부터 무효였던 것으로 된다. 따라서 혼인은 계속되었던 것으로 되고, 당사자가 그 사이에 재혼한 때에는 중혼이 된다.

3. 재판상 이혼 [428]

(1) 서 설

재판상 이혼이란 일정한 사유가 있을 때 당사자 일방의 청구로 가정법원의 판결에 의하여 혼인을 해소시키는 것을 말한다. 재판상 이혼은 일정한 사유가 있는 경우에만 허용되며, 그 사유를 재판상 이혼원인이라고 한다.

언제 재판상 이혼을 허용할 것인가, 즉 재판상 이혼원인을 어떻게 정할 것인가에 관하여는 두 가지의 입법주의가 있다. 하나는 부부의 일방에게 책임이 있는 경우에 한하여 다른 일방이 이혼을 청구할 수 있는 유책주의(有責主義)이고, 다른 하나는 책임과 관계없이 혼인이 파탄에 이르게 되면 이혼을 청구할 수 있는 파탄주의(破綻主義)이다. 우리 민법은 이 두 입법주의 가운데 유책주의를 취하고 있는 것으로 이해된다. 판례도 같은 입장이다(대판(전원) 2015. 9. 15, 2013므568).

(2) 이혼원인

1) **배우자의 부정(不貞)한 행위**(840조 1호) 배우자의 부정한 행위란 간통을 포함하는 보다 넓은 개념으로서 간통에까지는 이르지 않지만 부부의 정조의무에 충실하지 않는 일체의 행위를 가리킨다.

부정한 행위를 이유로 한 이혼청구는 다른 일방이 사전 동의나 사후 용서를 한 때 또는 이를 안 날부터 6개월, 그 사유가 있은 날부터 2년이 경과한 때에는 허용되지 않는다(841조).

2) **악의(惡意)의 유기(遺棄)**(840조 2호) 악의의 유기란 정당한 이유 없이 부부로서의 동거·부양·협조의무를 이행하지 않고 다른 일방을 버린 것이다. 상대방을 내쫓거나 나가지 않을 수 없게 한 다음 돌아오지 못하게 한 경우, 상대방을 집에 두고 나가서 돌아오지 않는 경우가 그 예이다.

3) **배우자 또는 그의 직계존속에 의한 심히 부당한 대우**(840조 3호)

4) **자기의 직계존속에 대한 배우자의 심히 부당한 대우**(840조 4호)

5) **3년 이상의 생사불분명**(840조 5호) 이 사유에 의한 이혼은 실종선고에 의한 혼인해소와는 관계가 없으며, 이혼판결이 확정된 후 배우자가 살아서 돌아오더라도 — 실종선고가 취소되는 경우와 달리 — 혼인이 부활하지 않는다.

6) **기타 혼인을 계속하기 어려운 중대한 사유**(840조 6호) 이는 혼인의 본질에 상응하는 부부의 공동생활관계가 회복할 수 없을 정도로 파탄되고 그 혼인생활의 계속을 강제하는 것이 일방 배우자에게 참을 수 없는 고통이 되는 경우를 말한다. 판례는, 유부녀 강간·현금 강취와 같은 파렴

치범죄, 합리적 이유 없이 남편과의 성행위를 거부하고 결혼생활 동안 매일 외간 남자와 전화통화를 한 경우, 성적 불능, 불치의 정신병, 지나친 신앙생활, 상습도박, 남편의 독선과 권위의식·의처증으로 인하여 혼인이 파탄된 경우는 중대한 사유에 해당하나, 가벼운 정신병 증세, 출산 불능은 중대한 사유가 아니라고 한다(강의, E-48 참조).

이 사유에 의한 이혼청구는 다른 일방이 이를 안 날부터 6개월, 그 사유가 있은 날부터 2년이 경과하면 허용되지 않는다(842조).

(3) 재판상 이혼의 절차 [429]

1) 조정에 의한 이혼 재판상 이혼은 조정전치주의의 적용을 받으므로 이혼을 하려는 자는 먼저 가정법원에 조정을 신청하여야 한다(가소 2조 1항 나류사건 4호·50조). 조정절차에서 당사자 사이에 이혼의 합의가 성립하여 그것을 조서에 기재하면 조정이 성립하게 되는데(가소 59조 1항), 조정은 재판상 화해와 동일한 효력이 있어서(가소 59조 2항 본문) 곧바로 혼인이 해소된다.

2) 재판에 의한 이혼 조정이 성립하지 않거나 조정을 하지 않기로 하는 결정이 있거나 조정에 갈음하는 결정에 대하여 이의신청이 있는 때에는, 조정신청을 한 때에 소가 제기된 것으로 본다(가소 49조, 민사조정법 36조 1항). 판결이 확정되면 이혼신고가 없더라도 혼인은 해소되며, 판결은 제3자에게도 효력이 있다(가소 21조 1항).

4. 이혼의 효과 [430]

(1) 일반적 효과

이혼이 성립하면, 혼인이 해소되어 혼인에 의하여 생긴 효과는 모두 소멸한다. 그리고 혼인에 의하여 배우자의 혈족과 사이에 생겼던 인척관계도 소멸한다(775조 1항). 한편 이혼한 부부는 재혼할 수 있다(809조 2항의 제한이 있음).

(2) 자녀에 대한 효과

1) 자녀의 신분 부부 사이에 출생한 자녀는 그 부부가 이혼하더라도 혼인 중의 출생자의 지위를 잃지 않는다.

2) **자녀의 양육문제**　　이혼하는 경우에 그 자녀의 양육에 관한 사항(양육자결정, 양육방법, 양육비의 부담 등)은 부모의 협의에 의하여 정한다(837조 1항). 그런데 그 협의에는 반드시 양육자의 결정, 양육비용의 부담, 면접교섭권의 행사 여부 및 그 방법이 포함되어야 한다(837조 2항). 한편 자녀의 양육에 관한 부모의 협의가 자녀의 복리에 반하는 경우에는, 가정법원은 보정을 명하거나 직권으로 그 자녀의 의사·나이와 부모의 재산상황, 그 밖의 사정을 참작하여 양육에 필요한 사항을 정한다(837조 3항). 그리고 양육에 관한 사항의 협의가 이루어지지 않거나 협의할 수 없는 때에는, 가정법원은 직권으로 또는 당사자의 청구에 따라 이에 관하여 결정한다(837조 4항).

가정법원은 자녀의 복리를 위하여 필요하다고 인정하는 경우에는 부(父)·모(母)·자녀 및 검사의 청구 또는 직권으로 자녀의 양육에 관한 사항을 변경하거나 다른 적당한 처분을 할 수 있다(837조 5항).

양육에 관한 사항이 결정 또는 변경되거나 기타 처분이 있더라도 그 밖의 부모의 권리·의무에는 변경이 생기지 않는다(837조 6항).

이상의 양육에 관한 사항은 협의이혼에 관한 것이나(837조), 그것은 재판상 이혼의 경우에도 준용된다(843조).

3) **친권자의 결정**　　부모가 이혼하면, 공동친권행사가 어렵게 되어 친권자를 정할 것이 필요하다. 민법은 다음과 같이 규정하고 있다.

협의이혼의 경우에는 부모의 협의로 친권자를 정하되, 협의를 할 수 없거나 협의가 이루어지지 않는 때에는 가정법원은 직권으로 또는 당사자의 청구에 따라 친권자를 지정하여야 한다(909조 4항 본문). 다만, 부모의 협의가 자녀의 복리에 반하는 경우에는, 가정법원은 보정을 명하거나 직권으로 친권자를 정한다(909조 4항 단서). 그에 비하여 재판상 이혼의 경우에는, 가정법원이 직권으로 친권자를 정한다(909조 5항). 그리고 일단 친권자가 정하여졌더라도, 가정법원은 자녀의 복리를 위하여 필요하다고 인정되는 경우에는, 자녀의 4촌 이내의 친족의 청구에 의하여 정하여진 친권자를 다른 일방으로 변경할 수 있다(909조 6항).

4) **면접교섭권**　　면접교섭권은 친권자나 양육자가 아니어서 미성년

의 자녀를 보호·양육하지 않는 부 또는 모와 그 자녀가 상호간에 직접 만나거나 전화·편지 등을 통하여 접촉할 수 있는 권리이다(837조의 2 1항). 자녀를 직접 양육하지 않는 부모 일방의 직계존속은 그 부모 일방이 사망하였거나 질병, 외국거주, 그 밖에 불가피한 사정으로 자녀를 면접교섭할 수 없는 경우 가정법원에 자녀와의 면접교섭을 청구할 수 있다(837조의 2 2항 1문). 민법은 면접교섭권을 협의이혼에 관하여 규정하고, 이를 재판상 이혼의 경우에 준용한다(843조).

한편 가정법원은, 자녀의 복리를 위하여 필요한 때에는, 당사자의 청구 또는 직권에 의하여 면접교섭을 제한·배제·변경할 수 있다(837조의 2 3항).

(3) 재산분할청구권 [431]

1) 의 의 재산분할청구권은 이혼을 한 당사자의 일방이 다른 일방에 대하여 재산분할을 청구할 수 있는 권리이다(839조의 2·843조). 재산분할청구권이 인정되는 근거는 ① 부부가 혼인 중에 이룩한 재산은 처가 단순히 가사노동에만 종사하고 있을지라도 부부의 공동노력에 의한 것이라고 보아야 하므로, 그 재산이 남편의 명의로 취득한 그의 특유재산인 경우에도 각각의 기여 정도에 따라 나누는 것이 마땅하고, ② 경제적 능력이 없는 배우자 특히 처의 생계를 보장하여 이혼의 자유를 실질적으로 보장하려는 데 있다.

민법은 재산분할청구권을 협의이혼에 관하여 규정하고(839조의 2), 이를 재판상 이혼의 경우에 준용한다(843조). 그리고 가사소송법은 그 규정을 혼인의 취소의 경우에도 준용하고 있다(가소 2조 1항 마류사건 4호·50조). 그 밖에 그 규정은 사실혼의 경우에도 유추적용되어야 한다.

재산분할청구권은 이혼한 부부의 일방이 가지게 되는데, 이는 혼인관계의 파탄에 책임이 있는 배우자도 같다.

2) 분할방법 이혼한 부부의 일방이 다른 일방에 대하여 재산분할을 청구하는 경우에는, 먼저 당사자의 협의에 의하여 재산분할의 방법과 액수를 정한다. 재산분할에 관하여 협의가 되지 않거나 협의할 수 없는 때에는, 가정법원은 당사자의 청구에 의하여 당사자 쌍방의 협력으로 이룩한 재

산의 액수 기타 사정을 참작하여 분할의 액수와 방법을 정한다(839조의 2 2항).

3) **채권자취소권 행사 문제** 부부의 일방이 다른 일방의 재산분할청구권 행사를 해함을 알면서도 재산권을 목적으로 하는 법률행위를 한 때에는, 다른 일방은 제406조 제1항을 준용하여 그 취소 및 원상회복을 가정법원에 청구할 수 있다(839조의 3 1항). 그리고 그 소는 제406조 제2항의 기간 내에 제기하여야 한다(839조의 3 2항). 가령 A(처)의 남편 B가 이혼을 한 뒤 그들이 공동으로 마련한 — 그들의 유일한 재산인 — 토지를 그의 누나에게 증여한 경우에, A는 그 증여계약을 취소하고 그 토지를 B에게 되돌려놓을 수 있다.

민법은 재산분할청구권 보전을 위한 사해행위취소권의 규정을 협의이혼에 관하여 규정하고(839조의 3), 이를 재판상 이혼의 경우에 준용한다(843조).

4) **재산분할청구권의 소멸** 재산분할청구권은 이혼한 날부터 2년이 지나면 소멸한다(839조의 2 3항).

(4) 손해배상청구권

재판상 이혼의 경우 당사자 일방은 과실있는 상대방에 대하여 재산상의 손해에 대하여뿐만 아니라 정신상의 고통에 대하여도 손해배상을 청구할 수 있다(843조, 806조 1항·2항). 즉 재산상의 손해배상청구권과 위자료청구권이 발생한다.

Ⅵ. 사실혼 [432]

1. 의 의

사실혼이란 실질적으로 부부로서 혼인생활을 하고 있으나 혼인신고를 하지 않아서 법률상의 혼인으로 인정되지 않는 남녀의 결합관계이다. 사실혼은 법률혼과 동일하게 다루어질 수 없다. 그것은 법률혼주의의 취지에 반하기 때문이다. 그러나 당사자를 보호하여야 한다는 점에서는 결코 사실혼이 법률혼에 뒤지지 않는다. 여기서 학설은 사실혼을 준혼관계(準婚關係. 혼인에 준하는 관계)로 이해하여 혼인의 효과 가운데 혼인신고와 불가분적으로 결합되어 있는 것을 제외하고는 모두 인정하려는 경향을 보인다.

2. 성립요건

판례에 의하면, 사실혼이 성립하기 위해서는 당사자 사이에 주관적으로 혼인의사의 합치가 있고, 객관적으로 부부공동생활이라고 인정할 만한 혼인생활의 실체가 존재하여야 한다.

위의 요건 외에 혼인의 장애사유(807조-810조)도 없어야 하는가에 관하여 논란이 있으나, 법률혼의 장애사유는 모두 사실혼에도 장애가 된다고 하여야 한다.

3. 사실혼의 효과 [433]

(1) 일반적 효과

1) **혼인신고를 전제로 하는 효과** 사실혼이 성립하여도 사실혼의 배우자 및 그 혈족과의 사이에 친족관계가 생기지 않는다. 그리고 사실혼의 배우자는 서로 후견인이 될 권리·의무가 없다. 또한 미성년자는 사실혼관계에 있더라도 성년의제(826조의 2)가 되지 않는다. 그 밖에 배우자로서의 상속권도 인정되지 않는다.

2) **동거·부양·협조의무 등** 부부로서의 동거·부양·협조의무는 사실혼의 경우에도 동일하게 인정되어야 한다. 정조의무도 마찬가지이다.

3) **자녀의 법적 지위** 사실혼의 부부 사이의 자녀는 혼인 외의 출생자이다. 따라서 부(父)가 인지하지 않는 한 그 자녀는 모(母)의 성과 본을 따르며(781조 3항), 모(母)가 친권자가 된다(909조 1항).

(2) 재산적 효과

혼인의 재산적 효과는 사실혼의 경우에도 인정된다([424] 참조).

(3) 특별법상의 효과

민법에는 사실혼에 관한 규정이 두어져 있지 않다. 그런데 많은 특별법령에서 사실혼의 배우자를 법률상의 배우자와 동일하게 다루고 있다. 특히 각종 연금법에서 그렇다. 그리고 주택임대차보호법에서는 임차인이 사망한 경우에 그와 사실상 혼인관계에 있는 생존배우자의 주거를 보장해주고 있다(동법 9조 1항 · 2항).

4. 사실상혼인관계 존재 확인청구

사실혼관계가 성립되었다고 할 수 있는 경우에, 당사자 일방이 혼인신고에 협력하지 않을 때에는, 상대방은 사실상혼인관계 존부(存否) 확인을 청구하여 법률혼으로 만들 수 있다(가소 2조 1항 나류사건 1호).

제3관 부모와 자(子)

Ⅰ. 친자관계(親子關係) [434]

1. 친자관계의 의의 및 종류

친자관계란 부모와 자(子. 이는 아들이 아니고 자녀를 의미하므로 아래에서는 「자녀」라고 함)라는 신분관계를 가리키며, 그것은 부부관계와 더불어 친족적 공동생활의 기초를 이룬다.

친자관계에는 친생(親生) 친자관계와 법정(法定) 친자관계가 있다. 앞의 것은 부모와 자녀의 관계가 혈연에 기초한 것이고, 뒤의 것은 법률에 의한 것이다. 현행법상 법정 친자관계로는 양부모와 양자의 관계인 양친자관계가 있다.

친생 친자관계에서의 자녀인 친생자는 부모와 혈연관계가 있는 자녀인데, 친생자에는 「혼인 중의 출생자(出生子)」와 「혼인 외의 출생자」가 있다. 그리고 혼인 외의 출생자에는 부(父)에게 인지된 자녀와 인지되지 않은 자녀가 있다.

2. 친자의 성(姓)

과거에 민법은 자녀는 부의 성과 본을 따르고, 성과 본은 어떠한 경우에도 바꿀 수 없다는 입장이었다. 그러나 2005년에 민법을 개정하여, 자녀는 원칙적으로 부의 성과 본을 따르되, 다만 부모가 혼인신고시 모(母)의 성과 본을 따르기로 협의한 경우에는 모의 성과 본을 따르도록 하였다(781조 1항).

혼인 외의 출생자가 인지된 경우 자녀는 부모의 협의에 따라 종전의 성과 본을 계속 사용할 수 있고, 다만 부모가 협의할 수 없거나 협의가 이루어지지 않은 경우에는 자녀는 법원의 허가를 받아 종전의 성과 본을 계속 사용할 수 있다(781조 5항). 이는 자녀의 복리를 위하여 성이 자동적으로 변경되지 않을 수 있도록 한 것이다.

부가 외국인인 경우에는 자녀는 모의 성과 본을 따를 수 있다(781조 2항).

부를 알 수 없는 자녀는 모의 성과 본을 따른다(781조 3항).

부모를 알 수 없는 자녀는 법원의 허가를 받아 성과 본을 창설한다(781조 4항 본문). 다만, 성과 본을 창설한 후 부 또는 모를 알게 된 때에는, 부 또는 모의 성과 본을 따를 수 있다(781조 4항 단서).

개정된 민법에 의하면, 자녀의 복리를 위하여 자녀의 성과 본을 변경할 필요가 있을 때에는, 부·모 또는 자녀의 청구에 의하여 법원의 허가를 받아 이를 변경할 수 있다(781조 6항 본문). 다만, 자녀가 미성년자이고 법정대리인이 청구할 수 없는 경우에는, 제777조의 규정에 따른 친족 또는 검사가 청구할 수 있다(781조 6항 단서). 이는 주로 재혼 가정에서 자라는 자녀들이 의붓아버지(계부: 繼父)와 성이 달라서 고통받는 경우의 문제를 해결하기 위하여 도입된 규정이다.

Ⅱ. 친생자(親生子) [435]

1. 혼인 중의 출생자

(1) 의 의

혼인 중의 출생자란 혼인관계에 있는 부모 사이에서 태어난 자녀를 말한다. 혼인 중의 출생자에는 ① 출생시부터 혼인 중의 출생자의 지위를 취득하는 생래적(生來的) 혼인 중의 출생자와 ② 출생시에는 혼인 외의 출생자였으나 후에 부모의 혼인에 의하여 혼인 중의 출생자의 지위를 취득하는 준정(準正)에 의한 혼인 중의 출생자가 있다. 그리고 ①의 생래적 혼인 중의 출생자에는 ㉠ 친생자의 추정을 받는 혼인 중의 출생자, ㉡ 친생자의 추정을 받지 않는 혼인 중의 출생자, ㉢ 친생자의 추정이 미치지 않는 자녀가 있다.

(2) 친생자의 추정을 받는 혼인 중의 출생자

친생자의 추정이란 자녀가 모의 남편의 친생자로 추정되는 것을 가리킨다.

1) 친생자 추정의 요건　　아내가 혼인 중에 임신한 자녀는 남편의 자녀로 추정한다(844조 1항). 그리고 혼인이 성립한 날부터 200일(최단 임신기간) 후에 출생한 자녀는 혼인 중에 임신한 것으로 추정한다(844조 2항). 그 결과 혼인성립의 날부터 200일 후에 출생한 자녀는 친생자 추정을 받은 혼인 중의 출생자로 된다. 한편 혼인관계가 종료된 날부터 300일 이내에 출생한 자녀는 혼인 중에 임신한 것으로 추정한다(844조 3항). 그런데 최근(2017. 10. 31)에 민법이 개정되어 이 제3항의 경우의 추정은 엄격한 친생부인의 소에 의하여 뿐만 아니라 일정한 자의 친생부인의 허가청구(854조의 2) 또는 인지 허가청구(855조의 2)에 의하여도 번복할 수 있다([436-1] 참조).

대법원은 최근에, 아내가 혼인 중 남편이 아닌 제3자의 정자를 제공받아 인공수정으로 자녀를 출산한 경우에도 친생추정 규정을 적용하여 인공수정으로 출생한 자녀가 남편의 자녀로 추정된다고 하며, 그 경우 인공수정에 대해 남편의 동의가 명백히 밝혀지지 않았던 사정이 있다고 해서 곧바로 친자관계가 부정된다거나 친생부인의 소를 제기할 수 있다고 볼 것은 아니라고 하였다(대판(전원) 2019. 10. 23, 2016므2510).

2) 친생자 추정의 효과　　친생자의 추정은 반증이 허용되지 않는 강한 추정이어서, 그 추정을 번복하려면 부 또는 모가 친생부인의 소를 제기하여야 하고 친생자관계 부존재 확인의 소에 의할 수는 없다. 그리고 다른 사람의 친생자로 추정되는 자녀에 대하여는, 친생부인의 소의 판결이 확정되기 전에는 아무도 그 자녀가 자신의 자녀라고 인지할 수 없다.

(3) 친생자의 추정을 받지 않는 혼인 중의 출생자

혼인이 성립한 날부터 200일이 되기 전에 출생한 자녀는 친생자의 추정을 받지 못하며, 이때는 친생자관계 부존재 확인의 소에 의하여 부자관계를 부정할 수 있다(865조 참조).

(4) 친생자의 추정이 미치지 않는 자녀

민법에 명문의 규정은 없으나, 판례는 부부의 한쪽이 장기간에 걸쳐 해외에 나가 있거나 사실상의 이혼으로 부부가 별거하고 있는 경우 등과 같이 부부가 같이 살지 않아 처가 남편의 자녀를 임신할 수 없는 것이 외관상 명백한 사정이 있는 경우에는 친생자의 추정이 미치지 않는다고 한다(강의, E-77 참조). 그리고 대법원은 최근에, 혼인 중 아내가 임신하여 출산한 자녀가 남편과 혈연관계가 없다는 점이 밝혀졌더라도 친생추정이 미친다고 하였다(대판(전원) 2019. 10. 23, 2016므2510).

(5) 친생부인(親生否認)의 소(訴) [436]

1) 의 의 친생부인의 소는 부부의 일방이 그 자녀의 친생자 추정을 번복해서 부자관계를 부정하기 위하여 제기하는 소이다(846조 참조). 앞에서 언급한 바와 같이([435] 1 (2) 참조), 친생자 추정은 오직 친생부인의 소에 의하여서만 번복될 수 있다.

2) 부인권자 친생부인의 소는 원칙적으로 남편 또는 처(자녀의 생모만을 가리킴. 대판 2014. 12. 11, 2013므4591)만이 제기할 수 있고(846조), 자녀는 제기하지 못한다.

3) 소의 상대방 친생부인의 소는 남편 또는 처가 다른 일방 또는 자녀를 상대로 하여 제기하여야 한다(847조 1항). 다만, 상대방이 될 자가 모두 사망한 때에는, 그 사망을 안 날부터 2년 내에 검사를 상대로 하여 친생부인의 소를 제기할 수 있다(847조 2항). 친생부인의 소는 자녀가 사망한 후에도 그 직계비속이 있는 때에는 제기할 수 있으며, 그때 자녀의 모가 있으면 그 모가 상대방이 되고, 모가 없으면 검사가 상대방이 된다(849조).

4) 친생부인권의 소멸 친생부인의 소는 그 사유가 있음을 안 날부터 2년 내에 제기하여야 한다(847조 1항).

자녀의 출생 후에 친생자임을 승인한 사람은 다시 친생부인의 소를 제기하지 못한다(852조). 승인은 명시적으로뿐만 아니라 묵시적으로도 할 수 있다. 그러나 출생신고를 한 것만으로는 승인한 것으로 되지 않는다.

5) **친생부인판결의 효력** 친생부인의 판결이 확정되면 자녀는 모의 혼인 외의 출생자가 되고, 모의 남편과는 아무런 관계도 없게 된다. 그리고 판결은 제3자에게도 효력이 생긴다(가소 21조 1항). 그리하여 이제는 생부(生父)가 자녀를 인지할 수도 있다.

(6) 친생부인의 허가청구와 인지 허가청구 [436-1]

헌법재판소는 민법 개정 전 제844조 제2항 중 「혼인관계 종료의 날로부터 300일 내에 출생한 자」에 관한 부분에 대하여 헌법불합치 결정을 하였다(헌재 2015. 4. 30, 2013헌마623). 그 후 헌법재판소의 결정취지를 고려하여 민법이 개정되었고(2017. 10. 31), 그 개정에서 제3항의 경우에 대하여 보다 쉽게 친생추정을 번복할 수 있게 하는 제도로 친생부인의 허가청구제도(854조의 2)와 인지 허가청구제도(855조의 2)를 신설하였다.

제844조 제3항의 경우에 출생한 자녀의 어머니 또는 어머니의 전(前) 남편은 가정법원에 친생부인의 허가를 청구할 수 있다(854조의 2 1항 본문). 그리고 친생부인의 허가를 받은 경우에는 제844조 제1항 및 제3항의 추정이 미치지 않는다(854조의 2 2항).

제844조 제3항의 경우에 출생한 자녀의 생부(生父)는 가정법원에 인지의 허가를 청구할 수 있다(855조의 2 1항 본문). 그리고 인지허가를 받은 생부가 「가족관계의 등록 등에 관한 법률」 제57조 제1항에 따른 신고를 하는 경우에는 제844조 제1항 및 제3항의 추정이 미치지 않는다(855조의 2 2항).

(7) 부(父)를 정하는 소 [437]

여자가 배우자의 사망 또는 이혼으로 혼인이 해소(혼인취소의 경우도 같음)된 뒤 곧바로 재혼을 하여 자녀를 출산하는 경우, 자녀의 출생일이 후혼 성립일부터 200일 이후이고 전혼 종료일부터 300일 내일 수 있다. 그러한 때에는 그 자녀가 제844조에 의하여 전혼의 남편의 자녀로도 추정되고 후혼의 남편의 자녀로도 추정되어 아버지의 추정이 충돌하게 된다. 이와 같은 경우에는 당사자의 청구에 의하여 가정법원이 자녀의 부(父)를 결정하는데(845조), 그 소를 「부를 정하는 소」라고 한다.

부를 정하는 소를 제기할 수 있는 자는 자녀, 모, 모의 배우자 또는 모의 종전 배우자이다(가소 27조 1항).

부를 정하는 소의 확정판결은 제3자에게도 효력이 있으므로(가소 21조 1항), 판결이 확정된 뒤에는 친생부인의 소를 제기할 수 없다.

2. 혼인 외의 출생자 [438]

(1) 의 의

혼인 외의 출생자는 부모가 혼인하지 않은 상태에서 출생한 자녀이다. 그리고 부모의 혼인이 무효인 때의 출생자는 혼인 외의 출생자로 본다(855조 1항 2문). 혼인 외의 출생자는 모와의 사이에서는 출산과 동시에 친자관계가 발생하나, 생부(生父)와의 사이에서는 인지가 있어야 친자관계가 발생한다. 한편 혼인 외의 자녀는 그 부모가 나중에 혼인하게 되면 그때부터 혼인 중의 출생자로 보게 되는데(855조 2항), 이를 준정(準正)이라고 한다.

(2) 인지(認知)

1) 인지의 의의 인지란 혼인 외의 출생자의 생부 또는 생모가 그를 자기의 자녀로 인정하여 법률상의 친자관계를 발생시키는 일방적인 의사표시이다. 인지에는 부 또는 모가 스스로 인지의 의사표시를 하는 경우와 부 또는 모를 상대로 인지의 소를 제기하여 인지의 효과를 발생하게 하는 경우가 있으며, 앞의 것을 임의인지라고 하고, 뒤의 것을 강제인지라고 한다.

2) 임의인지(任意認知) 임의인지는 생부 또는 생모가 스스로 하는 인지이다.

① 인지자 임의인지는 생부 또는 생모가 할 수 있다(855조 1항).

② 피인지자(인지를 받는 자) 인지될 수 있는 자는 혼인 외의 출생자이다. 그러나 타인의 친생자로 추정되고 있는 자녀에 대하여는 친생부인의 소의 확정판결에 의하여 친자관계가 부인되기 전에는 아무도 인지를 할

수 없고, 친생자 추정을 받지 않는 혼인 중의 출생자에 대하여는 친생자관계 부존재 확인의 소에 의하여 가족관계등록부상의 부(父)와 자녀 사이에 친자관계가 존재하지 않는다는 것이 확정된 후에 인지할 수 있다.

자녀가 사망한 후에는 원칙적으로 인지할 수 없으나, 자녀의 직계비속이 있는 때에는 인지할 수 있다(857조). 그리고 부는 임신 중에 있는 자녀에 대하여도 인지할 수 있다(858조).

③ 인지의 방식 생전의 인지는 「가족관계의 등록 등에 관한 법률」이 정한 바에 의하여 신고함으로써 그 효력이 생긴다(859조 1항). 여기의 신고는 창설적 신고이다. 따라서 신고가 없으면 인지의 효과가 생기지 않는다.

인지는 유언으로도 할 수 있고, 그때에는 유언집행자가 이를 신고하여야 한다(859조 2항). 그런데 여기의 신고는 보고적 신고이어서 신고가 없더라도 인지의 효력이 생긴다.

부가 혼인 외의 자녀에 대하여 친생자출생의 신고를 한 때에는, 그 신고는 인지의 효력이 있다(가족 57조 1항 단서). 그리고 모가 특정됨에도 불구하고 부가 신고를 하는 데에 모가 정당한 사유 없이 협조하지 않는 경우 또는 모를 특정할 수 없는 경우에는, 부의 등록기준지 또는 주소지를 관할하는 가정법원의 확인을 받아 제 1 항에 따른 신고를 할 수 있다(가족 57조 1항 단서 · 2항).

3) **강제인지**(强制認知) 부 또는 모가 임의로 인지하지 않는 경우에는 자녀와 그 직계비속 또는 그 법정대리인은 부 또는 모를 상대로 하여 인지청구의 소를 제기할 수 있고(863조), 이 경우 부 또는 모가 사망한 때에는 그 사망을 안 날부터 2년 내에 검사를 상대로 인지청구의 소를 제기할 수 있는데(864조), 이에 의한 인지를 강제인지 또는 재판상 인지라 한다.

4) **인지의 효력** 인지의 효력은 혼인 외의 출생자와 부(또는 모) 사이에 친자관계를 발생시키는 것이다. 이러한 효력은 임의인지나 강제인지나 마찬가지이다.

인지는 그 자녀의 출생시에 소급하여 효력이 생긴다(860조 본문). 그러나 인지의 소급효는 제 3 자가 취득한 권리를 해치지 못한다(860조 단서).

(3) **준정**(準正)

준정이란 혼인 외의 출생자가 그 부모의 혼인에 의하여 혼인 중의 출생자의 지위를 취득하는 제도이다. 민법상 혼인 외의 출생자는 그 부모가 혼인한 때부터 혼인 중의 출생자로 본다(855조 2항).

3. 친생자관계 존부 확인의 소 [439]

친생자관계 존부 확인의 소는 특정인 사이에 친생자관계의 존재 여부가 명확하지 않은 경우에 그에 대한 확인을 구하는 소이다(865조 참조). 이 소의 제소기간에 대하여는 제한이 없으므로 언제라도 소를 제기할 수 있다. 다만, 당사자 일방이 사망한 때에는 그 사망을 안 날부터 2년 내에 검사를 상대로 하여 소를 제기하여야 한다(865조 2항).

4. 인공수정자 · 체외수정자 · 대리모 출산

자녀가 민법이 예정하지 않는 방법으로 태어나는 경우들이 있다. 그에 관하여는 깊은 연구와 입법이 필요하다.

(1) **인공수정자**(人工受精子)

인공수정이란 남녀간의 자연적인 성적 교섭에 의하지 않고 인공적으로 기구를 사용하여 남성의 정액을 여성의 체내에 주입하여 임신하게 하는 것이다. 인공수정에는 남편의 정액에 의한 것(AIH), 제 3 자의 정액에 의한 것(AID), 독신여성이 인공수정을 받는 경우가 있다.

(2) **체외수정자**(體外受精子)

체외수정은 처에게 불임원인이 있는 경우에 난자와 정자를 체외(시험관)에서 수정시켜 처의 자궁에 착상시키는 것을 말한다. 이를 흔히 시험관 아기라고 한다. 체외수정에는 ① 남편의 정자 + 처의 난자, ② 남편의 정자 + 제공자의 난자, ③ 제공자의 정자 + 처의 난자, ④ 제공자의 정자 + 제공자의 난자 등의 경우가 있다.

(3) 대리모 출산(代理母 出産)

처의 자궁의 이상 등의 이유로 체외수정한 수정란을 제3자의 자궁에 착상시키는 경우가 있다. 이 경우의 제3자를 대리모라고 한다. 대리모 출산을 위한 체외수정에는 ① 남편의 정자+처의 난자, ② 제공자의 정자+처의 난자, ③ 남편의 정자+제공자의 난자 등이 있다.

Ⅲ. 양 자 [440]

1. 서 설

(1) 양자제도의 의의

양자제도는 자연혈연적 친자관계가 없는 사람들 사이에 인위적으로 법률상 친자관계를 의제하는 제도이다.

(2) 양자제도의 변천

양자제도는 역사적으로 「가(家)를 위한 양자」로부터 「양친(養親)을 위한 양자」를 거쳐 오늘날에는 「양자(養子)를 위한 양자」의 단계로 발전하였다. 그리고 현대의 양자법은 입양의 성립과정에 있어서 양친자관계의 창설을 단순한 사적 계약으로 보는 「계약형 양자」의 단계에서 국가기관이 자녀의 복리를 위하여 입양의 성립에 적극적으로 관여하는 「복지형 양자」 제도로 변천하고 있으며, 입양의 효과면에서 양자와 친생부모의 친족관계를 존속시키는 「불완전 양자」에서 양자와 친생부모의 친족관계를 단절시키는 「완전양자」 제도로 발전하고 있다.

(3) 친양자제도(親養子制度)의 도입

민법은 2005년 개정시에 기존의 양자제도를 그대로 유지하면서, 양자와 친생부모의 친족관계를 단절시키고 양부(養父)의 성과 본을 따르도록 하는 친양자제도(완전양자제도에 해당)를 도입하였다(908조의 2 이하 참조).

2. 입양의 성립 [441]

(1) 입양의 의의

입양이란 양친자관계를 창설할 것을 목적으로 하는 양자와 양친 사이의 합의이다. 입양은 「가족관계의 등록 등에 관한 법률」에 의하여 일정한 방식으로 신고하여야 성립하는 요식행위이다(878조).

(2) 입양의 성립요건

입양이 성립하려면, 당사자(양친과 양자) 사이에 입양의 합의가 있어야 하고, 또 입양신고가 있어야 한다(878조).

1) 당사자 사이의 합의 입양을 성립시키기 위한 합의는 당사자인 양친과 양자 사이의 외형적인 의사표시의 일치로서 충분하다. 그리고 그러한 의사표시와 그것들의 일치인 합의는 입양신고가 있을 때 그 신고에 포함되어서 행하여지게 된다. 따라서 입양이 성립하기 위하여 합의가 따로 행하여질 필요는 없다.

2) 입양신고 입양은 「가족관계의 등록 등에 관한 법률」에 정한 바에 따라 신고함으로써 그 효력이 생긴다(878조).

[입양신고 대신에 출생신고를 하는 경우]
종래 우리나라에서는 입양을 할 때 입양사실을 외부에 드러내지 않기 위하여 입양신고 대신에 친생자 출생신고를 하는 경우가 많았다. 이러한 경우에 대하여 판례는 당사자 사이에 양친자관계를 창설하려는 명백한 의사가 있고 기타 입양의 실질적 성립요건이 모두 구비된 때에는 입양의 효력이 있다고 한다(대판(전원) 1977. 7. 26, 77다492 등).
그런데 미성년자의 입양에 가정법원의 허가를 요하는 현행법 하에서는 미성년자에 관한 한 이 판례가 유지되기 어려울 것이다.

(3) 입양의 장애사유 [442]

다음과 같은 사유가 있는 때에는 가족관계 등록사무 담당공무원이 입양신고를 수리하지 않는다. 그러나 그러한 사유가 있더라도 신고가 수리되면,

입양은 성립하며, 단지 입양의 무효 또는 취소의 문제가 생길 뿐이다.

1) **양부모는 성년자일 것**　미성년자는 입양을 할 수 없으며, 입양을 하려는 자는 성년자이어야 한다(866조). 부부가 입양하는 경우에는, 부부가 모두 성년자이어야 한다.

2) **미성년자 입양의 경우**

① **가정법원의 허가를 받을 것**　미성년자를 입양하려는 사람은 가정법원의 허가를 받아야 한다(867조 1항). 그런데 가정법원은 양자가 될 미성년자의 복리를 위하여 그 양육상황, 입양의 동기, 양부모의 양육능력, 그 밖의 사정을 고려하여 제1항에 따른 입양의 허가를 하지 않을 수 있다(867조 2항). 이러한 제도는 근래 심각한 사회문제가 되고 있는 부적격자에 의한 입양을 막기 위하여 최근에 신설한 것이다.

[조부모가 미성년의 손자녀를 입양할 수 있는지]
미성년자에게 친생부모가 있는데도 그들이 자녀를 양육하지 않아 조부모가 손자녀에 대한 입양허가를 청구하는 경우 이를 불허할 것인가? 여기에 관하여 대법원은, 조부모가 자녀의 입양허가를 청구하는 경우에 입양의 요건을 갖추고 입양이 자녀의 복리에 부합한다면 이를 허가할 수 있다고 한다(대결(전원) 2021. 12. 23, 2018스5).

② **13세 이상의 미성년자의 경우 법정대리인의 동의를 받을 것**　양자가 될 사람이 13세 이상의 미성년자인 경우에는, 법정대리인의 동의를 받아 입양을 승낙하여야 한다(869조 1항. 여기에는 예외가 있음 : 869조 3항 참조).

③ **13세 미만의 미성년자의 경우**　양자가 될 사람이 13세 미만인 경우에는, 법정대리인(친권자 또는 미성년후견인)이 그를 갈음하여 입양을 승낙하여야 한다(869조 2항). 이러한 승낙을 입양대락(入養代諾)이라고 한다.

④ **부모의 동의를 받을 것**　양자가 될 미성년자는 부모(여기의 부모는 친권자에 한정되지 않음)의 동의를 받아야 한다(870조 1항 본문). 그런데 여기에는 예외가 있고(870조 1항 1호-3호), 또 가정법원은 일정한 사유가 있는 경우에는, 부모가 동의를 거부하더라도 입양허가를 할 수 있다(870조 2항).

3) **양자가 될 성년자도 부모의 동의를 받을 것**　양자가 될 사람이

성년인 경우에는 부모의 동의를 받아야 한다(871조 1항 본문). 다만, 부모의 소재를 알 수 없는 등의 사유로 동의를 받을 수 없는 경우에는, 동의를 받지 않아도 무방하다(871조 1항 단서). 한편 가정법원은, 부모가 정당한 이유 없이 동의를 거부하는 경우에, 양부모가 될 사람이나 양자가 될 사람의 청구에 따라 부모의 동의를 갈음하는 심판을 할 수 있다(871조 2항 1문).

4) 피성년후견인의 경우 피성년후견인은 성년후견인의 동의를 받아 입양을 할 수 있고 양자가 될 수 있다(873조 1항). 그리고 피성년후견인이 입양을 하거나 양자가 되는 경우에는 가정법원의 허가를 받아야 한다(873조 2항 · 867조 1항. 873조 3항도 참조).

5) 배우자가 있는 경우(부부의 공동입양) 배우자가 있는 사람은 배우자와 공동으로 입양하여야 한다(874조 1항). 그리고 배우자가 있는 사람은 그 배우자의 동의를 받아야만 양자가 될 수 있다(874조 2항).

6) 양자는 양친의 존속 또는 연장자가 아닐 것 존속이나 연장자를 입양할 수 없다(877조). 여기의 존속은 직계와 방계를 포함하며, 존속일 경우에는 연장자가 아니라도 양자로 할 수 없다. 그리고 연장자이면 비속일지라도 양자로 할 수 없다.

7) 위 1)-6)에서 설명한 내용에 위반한 신고는 수리되지 않으나(881조 참조), 잘못하여 수리된 경우 2)의 ① · ③, 4) 중 가정법원의 허가를 받는 것, 6)의 위반시에는 입양이 무효로 되고(883조 2호), 나머지의 위반시에는 입양을 취소할 수 있다(884조 1항 1호).

3. 입양의 무효와 취소 [443]

(1) 입양의 무효

1) 무효원인

① 당사자 사이에 입양의 합의가 없는 때(883조 1호).

다른 목적을 위하여 가족관계등록부상으로만 입양한 것처럼 가장한 경우가 그 예이다.

② 앞에서 설명한 입양의 장애사유 중 2)의 ① · ③과 6)을 위반한 때

(883조 2호).

2) 입양무효의 소 입양에 무효사유가 존재하는 경우에 입양은 당연무효가 아니며, 입양무효판결에 의하여 비로소 무효로 된다. 그리고 입양무효판결이 확정되면 당사자 사이에 처음부터 입양이 없었던 것으로 된다. 한편 입양이 무효로 된 경우 당사자 일방은 과실있는 상대방에 대하여 이로 인한 재산적·정신적 손해의 배상을 청구할 수 있다(897조·806조).

(2) 입양의 취소

1) 취소원인

① 앞에서 설명한 입양의 장애사유 중 1), 2)의 ②·④, 3) 내지 5)를 위반한 때(884조 1호).

② 입양 당시 양부모와 양자 중 어느 한쪽에게 악질(惡疾)이나 그 밖에 중대한 사유가 있음을 알지 못한 경우(884조 2호).

③ 사기 또는 강박으로 인하여 입양의 의사표시를 한 경우(884조 3호).

2) 입양취소의 효과 입양취소의 효력은 기왕에 소급하지 않는다(897조·824조). 따라서 취소판결이 확정된 때부터 입양이 무효로 된다. 그리고 입양이 취소된 경우 당사자 일방은 과실있는 상대방에 대하여 이로 인한 재산적·정신적 손해의 배상을 청구할 수 있다(897조·806조).

4. 입양의 효과

(1) 법정혈족관계의 창설

양자는 입양된 때, 즉 입양신고일(878조)부터 양부모의 친생자와 같은 지위를 가지며(882조의 2 1항), 양부모의 혈족·인척과의 사이에도 친족관계가 발생한다(772조).

(2) 양자의 생가 친족과의 관계

양자의 친생부모 및 그 혈족, 인척 사이의 친족관계는 입양에 의하여 영향을 받지 않고 존속한다(882조의 2 2항). 따라서 생가의 친족에 대한 부양관계·상속관계 등 친족적 효과가 그대로 유지된다.

(3) 양자의 성(姓)

입양 후에도 양자의 성은 변경되지 않는다. 그러나 개정된 민법에 의하면 자녀의 복리를 위하여 필요한 때에는 가정법원의 허가를 받아 자녀의 성과 본을 변경할 수 있으므로(781조 6항), 그에 의하여 변경할 수 있을 것이다.

5. 파양(罷養) [444]

(1) 의 의

파양은 유효하게 성립한 양친자관계를 인위적으로 해소하는 것이다. 파양에는 협의상 파양과 재판상 파양이 있다.

(2) 협의상 파양

1) 의 의 양부모와 양자는 협의하여 파양할 수 있는데(898조 본문), 그 경우의 파양이 협의상 파양이다.

2) 성립요건 협의상 파양이 성립하려면, 파양의 합의와 파양신고가 있어야 한다(904조 · 878조).

3) 협의상 파양의 장애사유 민법은 제898조 단서와 제902조에서 협의상 파양의 장애사유를 규정하고 있다.

(3) 재판상 파양

재판상 파양은 일정한 원인이 있는 경우에 파양청구의 소를 제기하여 파양하는 것이다. 파양원인은 다음과 같다(905조 1호-4호).

① 양부모가 양자를 학대 또는 유기하거나 그 밖에 양자의 복리를 현저히 해친 경우.

② 양부모가 양자로부터 심히 부당한 대우를 받은 경우.

③ 양부모나 양자의 생사가 3년 이상 분명하지 않은 경우.

④ 그 밖에 양친자관계를 계속하기 어려운 중대한 사유가 있는 경우.

(4) 파양의 효과

협의상 파양이나 재판상 파양이 성립하면, 양부모와 양자 사이의 양친자관계를 비롯한 친족관계가 모두 소멸한다(776조). 그리고 재판상 파양을 한 때에는, 과실있는 상대방에 대하여 이로 인한 재산적·정신적 손해배상을 청구할 수 있다(908조·806조).

6. 친양자(親養子) [445]

(1) 서 설

친양자제도는 양자를 양친의 친생자와 같이 다루는 것으로서 외국의 완전양자제도에 해당하는 것이다. 그리고 입양이 법원의 재판에 의하여 성립한다는 점에서 종래의 계약형 양자제도와 현저히 다른 특징을 보인다.

친양자제도가 도입됨에 따라 우리 민법상 양자제도는 보통양자와 친양자로 이원화되었다.

(2) 친양자 입양의 요건

친양자 입양이 성립하려면, 친양자를 입양하려는 사람이 일정한 요건을 갖추어 가정법원에 친양자 입양을 청구하여야 하고(908조의 2), 가정법원이 그 청구를 인용하는 재판을 하여야 한다.

1) 일정한 요건을 갖춘 청구

① 3년 이상 혼인 중인 부부로서 공동으로 입양할 것(908조의 2 1항 1호 본문). 다만, 1년 이상 혼인 중인 부부의 일방이 그 배우자의 친생자를 친양자로 하는 경우에는, 단독으로 입양할 수 있다(908조의 2 1항 1호 단서).

② 친양자로 될 사람이 미성년자일 것(908조의 2 1항 2호).

③ 친양자로 될 사람의 친생부모가 친양자 입양에 동의할 것(908조의 2 1항 3호 본문). 다만, 부모가 친권상실의 선고를 받거나 소재를 알 수 없거나 그 밖의 사유로 동의할 수 없는 경우에는 동의를 요하지 않는다(908조의 2 1항 3호 단서).

④ 친양자가 될 사람이 13세 이상인 경우에는 법정대리인의 동의를 받아 입양을 승낙할 것(908조의 2 1항 4호).

⑤ 친양자가 될 사람이 13세 미만인 경우에는 법정대리인이 그를 갈음하여 입양을 승낙할 것(908조의 2 1항 5호).

2) **가정법원의 입양재판** 요건을 갖춘 친양자 입양청구가 있으면, 가정법원은 친양자로 될 사람의 복리를 위하여 그 양육상황, 친양자 입양의 동기, 양부모의 양육능력, 그 밖의 사정을 고려하여 친양자 입양이 적당한지 여부를 결정하며, 적당하지 않다고 인정되는 경우에는 그 청구를 기각할 수 있다(908조의 2 3항). 그리고 일정한 사유(908조의 2 2항 1호-3호 참조)가 있으면 위 1)의 ③·④의「동의」또는 ⑤의「승낙」이 없어도 친양자 입양청구를 인용할 수 있다(908조의 2 2항).

(3) **친양자 입양의 효력**

1) **혼인 중 출생자로 의제됨** 친양자는 부부의 혼인 중의 출생자로 본다(908조의 3 1항). 그리하여 친양자는 양친의 성을 따르게 된다.

2) **입양 전의 친족관계의 종료** 친양자로 되면, 친양자의 입양 전의 친족관계는 친양자 입양의 청구에 의한 친양자 입양이 확정된 때에 종료한다(908조의 3 2항 본문). 다만, 부부의 일방이 그 배우자의 친생자를 단독으로 입양한 경우에 있어서의 배우자 및 그 친족과 친생자 간의 친족관계는 종료하지 않는다(908조의 3 2항 단서).

제4관 친권(親權)

Ⅰ. 서 설 [446]

친권은 부모가 미성년의 자녀를 보호·교양하는 권리임과 동시에 의무이다(913조).

친권에 따르는 사람은 미성년의 자녀이다(909조 1항). 그런데 미성년의 자녀라도 혼인을 한 때에는, 성년자로 의제되어서(826조의 2) 친권에 따르지 않는다.

Ⅱ. 친권자 [447]

1. 혼인 중의 출생자의 경우

미성년자인 자녀가 혼인 중의 출생자인 경우에는, 그 부모가 친권자가 된다(909조 1항 1문).

친권의 행사는 부모가 혼인 중인 때에는, 부모가 공동으로 하여야 한다(909조 2항 본문). 그러나 부모의 의견이 일치하지 않는 경우에는, 당사자의 청구에 의하여 가정법원이 친권의 행사방법을 정한다(909조 2항 단서). 그리고 부모의 일방이 친권을 행사할 수 없을 때에는, 다른 일방이 이를 행사한다(909조 3항).

2. 혼인 외의 출생자의 경우

혼인 외의 출생자가 아직 인지되지 않은 경우에는, 그 모가 친권자가 된다. 그리고 임의인지가 된 경우에는, 부모의 협의로 친권자를 정해야 하고, 협의를 할 수 없거나 협의가 이루어지지 않는 때에는 가정법원은 직권으로 또는 당사자의 청구에 따라 친권자를 지정하여야 한다(909조 4항 본문). 다만, 부모의 협의가 자녀의 복리에 반하는 경우에는, 가정법원은 보정을 명하거나 직권으로 친권자를 정한다(909조 4항 단서). 강제인지의 경우에는 가정법원이 직권으로 친권자를 정한다(909조 5항).

3. 양자의 경우

양자의 경우에는 양부모가 친권자가 된다(909조 1항 2문). 친양자의 경우에도 같다. 이때 친권행사의 방법은 혼인 중의 출생자에서와 같다(909조 2항 · 3항 참조).

4. 부모의 이혼 등의 경우

부모가 협의이혼을 한 경우에는 부모의 협의로 친권자를 정하여야 하고, 협의할 수 없거나 협의가 이루어지지 않는 경우에는 가정법원은 직권으로 또는 당사자의 청구에 따라 친권자를 지정하여야 한다(909조 4항 본문). 다만, 부모의 협의가 자녀의 복리에 반하는 경우에는, 가정법원은 보정을 명하거나 직권으로 친권자를 정한다(909조 4항 단서). 재판상 이혼의 경우(909조 5항), 부모의 혼인이 취소된 경우(909조 5항), 부모의 혼인이 무효인 경우(가소 25조)에는, 가정법원이 직권으로 친권자를 정한다.

5. 친권자의 변경

혼인 외의 자녀의 인지, 부모의 이혼, 혼인의 무효·취소 등으로 부모 중 일방이 친권자로 결정된 경우에도, 가정법원은 자녀의 복리를 위하여 필요하다고 인정되는 때에는 자녀의 4촌 이내의 친족의 청구에 의하여 정하여진 친권자를 다른 일방으로 변경할 수 있다(909조 6항).

6. 정해진 친권자가 없게 된 경우

(1) 과거에는, 가령 이혼 후 단독친권자로 되어 있던 부모 중 일방이 사망한 때에는 다른 일방의 친권이 자동으로 부활되었다(대판 1994. 4. 29, 94다1302). 그런데 이에 의하면 그 다른 일방이 부적격자일지라도 친권을 행사하게 되는 불합리함이 생기게 된다. 그리하여 2011. 5. 19.에 민법을 개정하여(2013. 7. 1.부터 시행됨) 위와 같은 불합리함을 제거할 수 있도록 하였다(이를 세간에서는 최진실법이라고 부름).

(2) 개정된 민법에 따르면, 부모가 이혼한 경우, 혼인 외의 자가 인지된 경우, 혼인이 취소된 경우 등에 있어서 단독 친권자로 정하여진 부모의 일방이 사망한 때에는, 생존하는 부 또는 모, 미성년자, 미성년자의 친족은 그 사실을 안 날부터 1개월, 사망한 날부터 6개월 내에 가정법원에 생존하는 부 또는 모를 친권자로 지정할 것을 청구할 수 있다(909조의 2 1항). 만약 이 기간 내에 친권자 지정의 청구가 없을 때에는, 가정법원은 직권으로 또는 미성년자·미성년자의 친족·이해관계인·검사·지방자치단체의 장의 청구에 의하여 미성년후견인을 선임할 수 있다(909조의 2 3항 1문).

한편 가정법원은, 위의 친권자 지정청구나 후견인 선임청구가 여러 사정을 고려하여 미성년자의 복리를 위하여 적절하지 않다고 인정하면, 청구를 기각할 수 있다(909조의 2 4항 1문). 그리고 이 경우 가정법원은 직권으로 미성년후견인을 선임하거나 생존하는 부 또는 모, 친생부모 일방 또는 쌍방을 친권자로 지정하여야 한다(909조의 2 4항 2문). 가정법원이 미성년후견인을 선임하게 되면 미성년자 후견이 개시될 것이다(928조 참조).

아무튼 민법에 이와 같은 규정이 두어져서 단독 친권자가 사망한 뒤 부적격자인 다른 일방이 당연히 친권자로 되는 것을 막을 수 있게 되었다.

(3) 개정된 민법은 입양이 취소되거나 파양된 경우 또는 양부모가 모두 사망한 경우에도 위와 유사한 내용을 인정한다(909조의 2 2항 · 4항 · 6항 참조).

(4) 민법은 미성년자에게 법정대리인이 없는 기간이 생기지 않도록 하기 위하여 일정한 경우 후견인의 임무를 대행할 사람을 선임할 수 있는 제도를 두고 있다(909조의 2 5항).

Ⅲ. 친권의 내용 [448]

1. 자녀의 신분에 관한 권리 · 의무

(1) 자녀의 보호 · 교양에 관한 권리 · 의무

친권자는 자녀를 보호하고 교양(敎養)할 권리 · 의무가 있다(913조). 자녀를 보호 · 교양한다는 것은 실제로 양육 · 감호 · 교육하는 것이며, 그 비용부담과는 별개의 문제이다. 그 비용은 특약이 없으면 부부가 공동으로 부담한다(833조).

(2) 거소(居所)지정권

친권자는 보호 · 교양을 위하여 필요한 범위 안에서 자녀의 거소를 지정하여 그 장소에 거주시킬 수 있다(914조).

(3) 영업허락권

친권자는 법정대리인으로서 미성년의 자녀에게 특정한 영업을 허락할 수 있고(8조 1항), 그 허락을 취소 또는 제한할 수 있다(8조 2항 본문).

(4) 신분상의 행위에 대한 대리권 및 동의권

1) 대리권 친권자는 미성년의 자녀의 법정대리인으로서 법률에 특별규정이 있는 경우에 한하여 자녀의 신분상의 행위를 대리할 수 있다. 인지청구의 소제기(863조), 상속의 승인(1019조 · 1020조), 인지무효의 소제기(가소 28조 · 23조)가 그 예이다.

2) 동의권 자녀의 친족행위(신분행위)에 대한 동의는 친권자로서보다는 부모의 자격으로 하는 것이 대부분이다.

2. 자녀의 재산에 관한 권리 · 의무 [449]

(1) 재산관리권

자녀가 자기의 명의로 취득한 재산은 그의 특유재산으로 하고, 법정대리인인 친권자가 이를 관리한다(916조). 친권자가 재산관리권을 행사하는 때에는 「자기의 재산에 관한 행위와 동일한 주의」로써 하여야 한다(922조).

(2) 재산상의 행위에 대한 대리권 · 동의권

1) 대리권 법정대리인인 친권자는 자녀의 재산에 관한 법률행위에 대하여 그 자녀를 대리한다(920조 본문). 그러나 그 자녀의 행위를 목적으로 하는 채무를 부담하는 계약을 체결하는 경우에는, 본인인 자녀의 동의를 얻어야 한다(920조 단서).

친권자가 그의 자녀에 대한 법률행위의 대리권을 행사함에 있어서는 「자기의 재산에 관한 행위와 동일한 주의」로써 하여야 한다(922조).

2) 동의권 친권자는 미성년의 자녀가 재산상의 법률행위를 하는데 대하여 동의권을 가진다(5조 1항 본문). 다만, 자녀가 권리만을 얻거나 의무만을 면하는 행위는 그 미성년의 자녀가 단독으로 할 수 있다(5조 1항 단서).

(3) 이해상반행위(利害相反行爲)에 있어서 친권행사의 제한

예를 들어 친권자가 자기의 영업자금을 마련하기 위하여 미성년자인 아들을 대리하여 그 아들 소유의 토지에 저당권을 설정한다고 하자. 이와 같이 친권자와 그의 자녀 사이 또는 친권에 따르는 자녀들 사이에 이해가 충

돌하는 경우에는 친권의 공정한 행사를 기대하기 어렵다. 그리하여 민법은 그러한 이해상반행위에 대하여는 친권자의 친권행사를 제한하고 가정법원이 선임한 특별대리인으로 하여금 대신하도록 하고 있다(921조).

친권자가 미성년인 자녀와 이해상반되는 행위를 특별대리인에 의하지 않고 스스로 대리하여 한 경우에는, 그 행위는 무권대리행위로서 적법한 추인이 없는 한 무효이다. 추인은 본인인 자녀가 성년이 된 후에 하여야 한다.

3. 친권자의 동의를 갈음하는 재판

친권자의 동의가 필요한 행위에 대하여 친권자가 정당한 이유 없이 동의하지 않음으로써 자녀의 생명, 신체 또는 재산에 중대한 손해가 발생할 위험이 있는 경우에는, 가정법원은 자녀, 자녀의 친족, 검사 또는 지방자치단체의 장의 청구에 의하여 친권자의 동의를 갈음하는 재판을 할 수 있다(922조의 2).

Ⅳ. 친권의 소멸·정지·제한과 회복 [450]

친권의 일반적인 소멸에 관하여는 설명을 생략하고(강의, E-128 참조), 아래에서는 친권의 소멸과 회복에 관련된 특수한 문제들에 관하여 살펴보기로 한다.

1. 친권의 상실

부 또는 모가 친권을 남용하여 자녀의 복리를 현저히 해치거나 해칠 우려가 있는 경우에는, 가정법원은 자녀, 자녀의 친족, 검사 또는 지방자치단체의 장의 청구에 의하여 그 친권의 상실을 선고할 수 있다(924조 1항).

친권상실의 선고는 친권의 일시정지선고(924조), 친권의 일부제한선고(924조의 2), 대리권·재산관리권의 상실선고(925조) 또는 그 밖의 다른 조치에 의해서는 자녀의 복리를 충분히 보호할 수 없는 경우에만 할 수 있다(925조의 2 1항).

친권상실선고의 심판이 확정되면 친권자는 친권을 상실한다. 그런데 친권상실이 선고된 경우에도 부모의 자녀에 대한 그 밖의 권리와 의무는 변경되지 않는다(925조의 3).

2. 친권의 일시정지

부 또는 모가 친권을 남용하여 자녀의 복리를 현저히 해치거나 해칠 우려가 있는 경우에는, 가정법원은 자녀, 자녀의 친족, 검사 또는 지방자치단체의 장의 청구에 의하여 그 친권의 일시정지를 선고할 수 있다(924조 1항). 친권의 일시정지선고는 친권자의 동의를 갈음하는 재판(922조의 2) 또는 그 밖의 다른 조치에 의해서는 자녀의 복리를 충분히 보호할 수 없는 경우에만 할 수 있다(925조의 2 2항).

가정법원이 친권의 일시정지를 선고할 때에는, 자녀의 상태, 양육상황, 그 밖의 사정을 고려하여 그 기간을 정하여야 한다(924조 2항 1문). 이 경우 그 기간은 2년을 넘을 수 없다(924조 2항 2문). 그리고 자녀의 복리를 위하여 친권의 일시정지 기간의 연장이 필요하다고 인정하는 경우에는, 가정법원은 자녀, 자녀의 친족, 검사, 지방자치단체의 장, 미성년후견인 또는 미성년후견감독인의 청구에 의하여 2년의 범위에서 그 기간을 한 차례만 연장할 수 있다(924조 3항).

한편 친권의 일시정지가 선고된 경우에도 부모의 자녀에 대한 그 밖의 권리와 의무는 변경되지 않는다(925조의 3).

3. 친권의 일부제한

거소의 지정이나 그 밖의 신상에 관한 결정 등 특정한 사항에 관하여 친권자가 친권을 행사하는 것이 곤란하거나 부적당한 사유가 있어 자녀의 복리를 해치거나 해칠 우려가 있는 경우에는, 가정법원은 자녀, 자녀의 친족, 검사 또는 지방자치단체의 장의 청구에 의하여 구체적인 범위를 정하여 친권의 일부제한을 선고할 수 있다(924조의 2).

친권의 일부제한선고는 친권자의 동의를 갈음하는 재판(922조의 2) 또는 그 밖의 다른 조치에 의해서는 자녀의 복리를 충분히 보호할 수 없는 경우에만 할 수 있다(925조의 2 2항).

친권의 일부제한이 선고된 경우에도 부모의 자녀에 대한 그 밖의 권리와 의무는 변경되지 않는다(925조의 3).

4. 대리권과 재산관리권의 상실

가정법원은, 법정대리인인 친권자가 부적당한 관리로 인하여 자녀의 재산을 위태롭게 한 경우에는, 자녀의 친족, 검사 또는 지방자치단체의 장의 청구에 의하여 그 법률행위의 대리권과 재산관리권의 상실을 선고할 수 있다(925조).

대리권·재산관리권의 상실선고는 친권자의 동의를 갈음하는 재판(922조의 2) 또는 그 밖의 다른 조치에 의해서는 자녀의 복리를 충분히 보호할 수 없는 경우에만 할 수 있다(925조의 2 2항).

대리권과 재산관리권의 상실이 선고된 경우에도 부모의 자녀에 대한 그 밖의 권리와 의무는 변경되지 않는다(925조의 3).

5. 실권회복(失權回復)

친권의 상실·일시정지·일부제한 또는 대리권·재산관리권의 상실선고가 있은 후 그 선고의 원인이 소멸된 경우에는, 가정법원은 본인, 자녀, 자녀의 친족, 검사 또는 지방자치단체의 장의 청구에 의하여 실권(失權)의 회복을 선고할 수 있다(926조).

6. 대리권·재산관리권의 사퇴와 회복

법정대리인인 친권자는, 정당한 사유(예 : 장기간의 해외여행, 중병)가 있는 때에는, 가정법원의 허가를 얻어 그의 법률행위의 대리권과 재산관리권을 사퇴할 수 있다(927조 1항). 그리고 대리권과 재산관리권 사퇴의 사유가 소멸한 때에는, 그 친권자는 가정법원의 허가를 얻어 사퇴한 권리를 회복할 수 있다(927조 2항).

7. 정해진 친권자가 친권을 행사할 수 없게 된 경우

단독 친권자로 정해진 부나 모, 또는 양부모 모두가 친권 상실 등의 사유로 친권을 행사할 수 없게 되는 경우는 이혼 등의 경우에 단독 친권자로 정해진 자가 사망한 때([447] 6 참조)와 유사하다. 그래서 민법은 전자에 대하여 후자에 관한 규정을 준용하고 거기에 일부를 추가하는 규정을 두고 있다(927조의 2 참조).

제 5 관 후견(後見)

Ⅰ. 의 의 [451]

후견이란 제한능력자나 그 밖에 보호가 필요한 사람을 보호하는 것이다. 후견제도는 2011. 3. 7. 민법 개정시(2013. 7. 1.부터 시행됨) 크게 바뀌었다. 개정된 민법에 따르면, 후견에는 법정후견과 임의후견의 두 가지가 인정된다. 그리고 법정후견에는 미성년후견 · 성년후견 · 한정후견 · 특정후견이 있으며, 후견계약에 의한 후견이 임의후견이다. 민법은 이들에 관하여 자세한 규정을 두고 있다. 그런가 하면 친족회를 폐지하고, 그 대신 후견감독인제도를 신설하였다.

Ⅱ. 미성년후견과 성년후견

1. 후견의 개시

(1) 미성년후견의 개시

미성년자 후견은 ① 친권자가 없는 경우와 ② 단독친권자가 친권을 상실하거나(924조 1항) 단독친권자의 친권이 일시정지되거나(924조 1항) 일부제한되거나(924조의 2) 단독친권자가 대리권 · 재산관리권을 상실하였거나(925조) 대리권・재산관리권을 사퇴한 경우(927조 1항)에 개시된다(928조).

그리고 이혼 등으로 인하여 단독친권자로 정해진 자가 사망하거나(909조의 2 3항・4항) 친권상실선고 등을 받은 경우 중 일정한 때(927조의 1항)에도 후견이 개시된다(강의, E-136 참조).

(2) 성년후견의 개시

성년후견은 가정법원의 성년후견개시 심판이 있는 경우에 개시된다(929조).

2. 후견인 [452]

(1) 후견인의 수

1) 미성년후견인의 수 　미성년후견인의 수는 한 명으로 한다(930조 1항). 미성년후견인은 자연인에 한하며, 법인은 미성년후견인이 될 수 없다(930조 3항의 반대해석).

2) 성년후견인의 수 　피성년후견인의 후견인인 성년후견인은 피성년후견인의 신상과 재산에 관한 모든 사정을 고려하여 여러 명을 둘 수 있다(930조 2항). 그리고 법인도 성년후견인이 될 수 있다(930조 3항).

(2) 미성년후견인의 순위

지정 미성년후견인, 선임 미성년후견인의 순으로 미성년자의 후견인이 된다.

1) 지정 미성년후견인 　미성년자에게 친권을 행사하는 부모는 유언으로 미성년자의 후견인을 지정할 수 있는데(931조 1항 본문), 그러한 후견인이 지정 미성년후견인이다. 지정 미성년후견인은 제 1 순위로 미성년자의 후견인이 된다.

그런데 법률행위의 대리권과 재산관리권이 없는 친권자는 후견인을 지정하지 못한다(931조 1항 단서).

2) 선임 미성년후견인 　친권자의 유언으로 지정된 미성년후견인이 없는 경우에는, 가정법원은 직권으로 또는 미성년자・친족・이해관계인・검사・지방자치단체의 장의 청구에 의하여 미성년후견인을 선임한다(932조 1항

1문). 미성년후견인이 사망·결격·그 밖의 사유로 없게 된 경우에도 같다(932조 1항 2문). 그리고 친권의 상실선고, 일시정지선고, 일부제한선고 또는 대리권·재산관리권의 상실선고에 따라 미성년후견인을 선임할 필요가 있는 경우에는 가정법원은 직권으로 미성년후견인을 선임한다(932조 2항). 또한 친권자가 대리권·재산관리권을 사퇴한 경우에는 지체없이 가정법원에 미성년후견인의 선임을 청구하여야 한다(932조 3항). 그 외에 이혼 등으로 인하여 단독친권자로 정해진 자가 사망하거나(909조의 2 3항·4항) 친권상실선고 등을 받은 경우 중 일정한 때(927조의 2 1항)에는 가정법원이 미성년후견인을 선임할 수 있다. 이들 경우에 선임된 후견인이 선임 미성년후견인이다.

(3) 피성년후견인의 후견인

성년후견개시의 심판이 있는 경우에 성년후견인은 가정법원이 직권으로 선임한다(936조 1항). 그리고 선임된 성년후견인이 사망·결격·그 밖의 사유로 없게 된 경우에도, 가정법원은 직권으로 또는 피성년후견인·친족·이해관계인·검사·지방자치단체의 장의 청구에 의하여 성년후견인을 선임한다(936조 2항). 또한 가정법원은 성년후견인이 선임된 경우에도 필요하다고 인정하면 직권으로 또는 제 2 항의 청구권자나 성년후견인의 청구에 의하여 추가로 성년후견인을 선임할 수 있다(936조 3항).

(4) 후견인의 결격·사임·변경

1) 후견인의 결격 민법은 미성년자, 피성년후견인, 피한정후견인, 피특정후견인, 피임의후견인, 회생절차개시결정(개인회생절차개시결정도 포함하여야 함) 또는 파산선고를 받은 자 등 일정한 자는 후견인(미성년후견인·성년후견인)이 될 수 없도록 하고 있다(937조의 사유 참조).

2) 후견인의 사임 후견인은, 정당한 사유(예 : 질병·고령)가 있는 경우에는, 가정법원의 허가를 받아 사임할 수 있다(939조 1문). 이 경우 그 후견인은 사임청구와 동시에 가정법원에 새로운 후견인의 선임을 청구하여야 한다(939조 2문).

3) 후견인의 변경 가정법원은, 피후견인의 복리를 위하여 후견인

을 변경할 필요가 있다고 인정하면, 직권으로 또는 피후견인·친족·후견감독인·검사·지방자치단체의 장의 청구에 의하여 후견인을 변경할 수 있다(940조).

3. 후견감독기관 [452-1]

미성년후견과 성년후견의 경우 후견감독기관으로는 가정법원과 후견감독인(미성년후견감독인·성년후견감독인)이 있다. 앞에서 언급한 바와 같이, 후견감독인제도는 친족회제도가 폐지되면서 새로 신설된 것이다.

(1) 가정법원의 후견감독

가정법원은 여러 가지 사항에 관하여 후견을 감독한다(자세한 내용은 강의, E-141 참조).

(2) 후견감독인의 후견감독

민법은 후견인의 감독기관으로 후견감독인제도를 두고 있다. 그런데 후견감독인은 필수기관이 아니고 임의기관으로 되어 있다. 아래에서 미성년후견감독인과 성년후견감독인에 대하여 살펴본다.

1) 후견감독인으로 되는 자

① 미성년후견감독인의 순위 미성년후견인을 지정할 수 있는 사람은 유언으로 미성년후견감독인을 지정할 수 있다(940조의 2). 이것이 지정 미성년후견감독인이다.

제940조의 2에 따라 지정된 미성년후견감독인이 없는 경우에, 그것이 필요하다고 인정되면, 가정법원은 직권으로 또는 일정한 자의 청구에 의하여 미성년후견감독인을 선임할 수 있다(940조의 3 1항). 그리고 미성년후견감독인이 사망·결격·그 밖의 사유로 없게 된 경우에는, 가정법원은 직권으로 또는 일정한 자의 청구에 의하여 미성년후견감독인을 선임한다(940조의 3 2항).

② 성년후견감독인의 선임 가정법원은 필요하다고 인정하면 직권으로 또는 일정한 자의 청구에 의하여 성년후견감독인을 선임할 수 있다(940조의 4 1항). 그리고 성년후견감독인이 사망·결격·그 밖의 사유로 없게

된 경우에는, 가정법원은 직권으로 또는 일정한 자의 청구에 의하여 성년후견감독인을 선임한다(940조의 4 2항).

2) 후견감독인의 직무

① 후견감독인은 후견인의 사무를 감독하며, 후견인이 없는 경우 지체 없이 가정법원에 후견인의 선임을 청구하여야 한다(940조의 6 1항).

후견감독인의 감독내용으로는, 후견인이 일정한 행위를 대리하거나 동의하는 데 대한 동의와 그 위반행위의 취소(950조), 후견인이 피후견인에 대한 제3자의 권리를 양수하는 데 대한 동의와 그 위반행위의 취소(951조), 피후견인의 신체침해 의료행위에 대한 동의(940조의 7 · 947조의 2 3항) 등 여러 가지가 있다.

② 후견감독인은, 피후견인의 신상이나 재산에 대하여 급박한 사정이 있는 경우, 그의 보호를 위하여 필요한 행위 또는 처분을 할 수 있다(940조의 6 2항).

③ 후견인과 피후견인 사이에 이해가 상반되는 행위에 관하여는 후견감독인이 피후견인을 대리한다(940조의 6 3항).

4. 후견사무 [453]

(1) 신분에 관한 임무

1) 미성년자의 후견인의 권리 · 의무

① 미성년후견인은 친권자와 마찬가지로 보호 · 교양의 권리 · 의무(913조), 거소지정권(914조) 등이 있다(945조 본문). 그러나 친권자가 정한 교육방법 · 양육방법 또는 거소를 변경하는 경우, 미성년자를 감화기관이나 교정기관에 위탁하는 경우, 친권자가 허락한 영업을 취소하거나 제한하는 경우에는, 미성년후견감독인이 있으면 그의 동의를 받아야 한다(945조 단서).

친권자가 친권의 일부제한선고를 받거나(924조의 2) 대리권 · 재산관리권의 상실선고를 받거나(925조) 대리권 · 재산관리권을 사퇴하여(927조 1항) 친권 중 일부에 한정하여 행사할 수 없는 경우에 미성년후견인의 임무는 제한된 친권의 범위에 속하는 행위에 한정된다(946조).

② 미성년후견인은 미성년자의 친족법상의 일정한 행위(약혼·혼인 등)에 대하여 동의권을 가진다. 그리고 법률상 신분과 관련된 일정한 행위에 관하여 대리권을 가진다(자세한 사항은 강의, E-144 참조).

2) 성년후견인의 권리·의무

① 성년후견인은 피성년후견인의 재산관리와 신상보호를 할 때 여러 사정을 고려하여 그의 복리에 부합하는 방법으로 사무를 처리하여야 한다(947조 1문). 이 경우 성년후견인은 피성년후견인의 복리에 반하지 않으면 피성년후견인의 의사를 존중하여야 한다(947조 2문).

② 피성년후견인은 자신의 신상에 관하여 그의 상태가 허락하는 범위에서 단독으로 결정한다(947조의 2 1항). 이는 거주 이전·주거·면접교섭·의학적 치료 등 신상에 대한 결정에서는 피성년후견인의 의사가 가장 우선되어야 한다는 의미이다. 그러나 피성년후견인이 스스로 신상결정을 할 수 없는 상태에 있는 경우에는, 그를 갈음하여 성년후견인이 보충적으로 결정을 할 수 있도록 권한을 부여하는 절차를 두고 있다(938조 3항·2항). 그러한 절차에 의하여 결정권을 부여받은 성년후견인은 그 권한이 있는 범위에서 피성년후견인이 신상결정을 할 수 없는 경우에 그를 갈음하여 결정을 할 수 있다.

③ 성년후견인이 피성년후견인을 치료 등의 목적으로 정신병원이나 그 밖의 다른 장소에 격리하려는 경우에는, 가정법원의 허가를 받아야 한다(947조의 2 2항).

피성년후견인의 신체를 침해하는 의료행위에 대하여는 1차적으로 피성년후견인이 동의하여야 하나, 그가 동의할 수 없는 경우에는 성년후견인이 그를 대신하여 동의할 수 있다(947조의 2 2항). 그리고 이 경우, 피성년후견인이 의료행위의 직접적인 결과로 사망하거나 상당한 장애를 입을 위험이 있을 때에는, 가정법원의 허가를 받아야 한다(947조의 2 4항 본문). 다만, 허가절차로 의료행위가 지체되어 피성년후견인의 생명에 위험을 초래하거나 심신상의 중대한 장애를 초래할 때에는, 사후에 허가를 청구할 수 있다(947조의 2 4항 단서).

④ 성년후견인은 약혼·혼인·협의이혼 등 일정한 행위에 관하여 동의권을 가진다. 그리고 혼인취소, 상속의 승인 등에 관하여 대리권을 가진다.

(2) 재산에 관한 임무 [454]

1) 재산조사 등 　후견인은 취임 후 지체없이 피후견인의 재산을 조사하여 2개월 내에 그 목록을 작성하여야 한다(941조 1항 본문). 다만, 정당한 사유가 있는 때에는, 가정법원의 허가를 얻어 그 기간을 연장할 수 있다(941조 1항 단서). 그리고 후견감독인이 있는 경우 재산조사와 목록작성은 후견감독인의 참여가 없으면 효력이 없다(941조 2항).

2) 재산관리권 · 대리권 · 동의권 　후견인은 피후견인의 재산을 관리하고 그 재산에 관한 법률행위에 대하여 피후견인을 대리한다(949조 1항). 후견인이 피후견인의 재산을 관리함에 있어서는 선량한 관리자의 주의로써 하여야 한다(956조 · 681조).

후견인은 피후견인의 법정대리인으로서(938조 1항) 포괄적으로 재산관리권과 법정대리권을 가진다. 그런데 성년후견인에 대하여는 가정법원이 법정대리권의 범위를 줄여서 정할 수 있고(938조 2항), 그 범위가 적절하지 않게 된 경우에는 가정법원은 일정한 자의 청구에 의하여 그 범위를 변경할 수 있다(938조 4항).

미성년후견인은 법정대리인(938조)으로서 재산행위에 대하여 대리권 외에 동의권도 가진다(5조 1항). 그에 비하여 성년후견인은 동의권이 없다(10조 1항 참조).

3) 후견인의 권한에 대한 제한

① 후견인이 피후견인의 행위를 목적으로 하는 채무를 부담할 경우에는, 피후견인의 동의를 얻어야 한다(949조 2항 · 920조 단서).

② 후견인(미성년후견인 · 성년후견인)과 피후견인 사이에 이해상반되는 행위를 하는 경우에는 후견인은 법원에 피후견인의 특별대리인의 선임을 청구하여야 하고(949조의 3 · 921조 1항), 후견인이 그의 후견을 받는 수인의 피후견인 사이에 이해상반되는 행위를 하는 경우에는 법원에 피후견인 일방의 특별대리인의 선임을 청구하여야 한다(949조의 3 · 921조 2항). 그러나 후견감독인이 있는 경우에는, 그가 피후견인을 대리하게 되므로(940조의 6 3항), 특별대리

인의 선임을 청구할 필요가 없다(949조의 3 단서).

③ 후견인이 피후견인을 대리하여 다음과 같은 행위를 하거나 미성년자의 다음과 같은 행위에 동의를 할 때에는, 후견감독인이 있으면 그의 동의를 받아야 한다(950조 1항). 영업에 관한 행위, 금전을 빌리는 행위, 의무만을 부담하는 행위, 부동산 또는 중요한 재산에 관한 권리의 득실변경을 목적으로 하는 행위, 소송행위, 상속의 승인·한정승인 또는 포기 및 상속재산의 분할에 관한 협의를 할 때에 그렇다(950조 1항 1호-6호).

후견감독인의 동의가 필요한 행위에 대하여 후견감독인이 피후견인의 이익이 침해될 우려가 있음에도 동의를 하지 않는 경우에는, 가정법원은 후견인의 청구에 의하여 후견감독인의 동의를 갈음하는 허가를 할 수 있다(950조 2항). 그리고 후견감독인의 동의가 필요한 법률행위를 후견인이 후견감독인의 동의 없이 하였을 때에는, 피후견인 또는 후견감독인이 그 행위를 취소할 수 있다(950조 3항).

④ 후견인이 피후견인에 대한 제3자의 권리를 양수하는 경우에는, 피후견인은 이를 취소할 수 있다(951조 1항). 그리고 제1항에 따른 권리의 양수의 경우 후견감독인이 있으면 후견인은 후견감독인의 동의를 받아야 하고, 후견감독인의 동의가 없는 경우에는 피후견인 또는 후견감독인이 이를 취소할 수 있다(951조 2항).

⑤ 위 ③·④의 경우에 상대방은 후견감독인에 대하여 제15조에 따라 추인 여부의 확답을 촉구할 수 있다.

4) **후견인의 보수와 비용** 가정법원은 후견인의 청구에 의하여 피후견인의 재산상태 기타 사정을 참작하여 피후견인의 재산 중에서 상당한 보수를 후견인에게 수여할 수 있다(955조). 그리고 후견인이 후견사무를 수행하는 데 필요한 비용은 피후견인의 재산 중에서 지출한다(955조의 2).

Ⅲ. 한정후견과 특정후견 [455]

1. 한정후견

(1) 후견의 개시

한정후견은 가정법원의 한정후견개시의 심판이 있는 경우에 개시된다(959조의 2).

(2) 후견인

한정후견개시의 심판이 있는 경우에 한정후견인은 가정법원이 직권으로 선임한다(959조의 3 1항). 그리고 성년후견인에 관한 많은 규정이 한정후견인에 준용된다.

(3) 후견감독기관

한정후견의 경우 후견감독기관으로는 가정법원과 한정후견감독인이 있다(가정법원의 감독내용은 강의, E-151 참조).

가정법원은 필요하다고 인정하면 직권으로 또는 일정한 자의 청구에 의하여 한정후견감독인을 선임할 수 있다(959조의 5 1항). 그리고 한정후견감독인이 사망·결격·그 밖의 사유로 없게 된 경우에는, 가정법원은 직권으로 또는 일정한 자의 청구에 의하여 한정후견감독인을 선임한다(959조의 5 2항·940조의 3 2항).

(4) 한정후견사무

가정법원은 한정후견인에게 대리권을 수여하는 심판을 할 수 있고(959조의 4 1항), 그 대리권의 범위가 적절하지 않게 된 경우에는 일정한 자의 청구에 의하여 그 범위를 변경할 수 있다(959조의 4 2항·938조 4항). 한정후견인이 대리권을 수여받은 경우에는 그는 그 범위에서 피한정후견인의 법정대리인이 된다.

2. 특정후견 [456]

(1) 특정후견에 따른 보호조치

1) 가정법원의 처분 특정후견심판이 있는 경우([53-1] 참조), 가정법원은 피특정후견인의 후원을 위하여 필요한 처분을 명할 수 있다(959조의 8). 그 처분은 피특정후견인의 재산관리에 관한 것일 수도 있고 신상보호에 관한 것일 수도 있다.

2) 특정후견인의 선임 가정법원은 ― 위에서 설명한 ― 제959조의 8에 따른 처분으로 피특정후견인을 후원하거나 대리하기 위한 특정후견인을 선임할 수 있다(959조의 9 1항). 특정후견인의 선임은 ― 성년후견 · 한정후견의 경우와 달리(929조 · 959조의 2 참조) ― 필수적인 것이 아니다. 그러나 아마도 대부분의 경우에 특정후견인이 선임될 것으로 예상된다.

(2) 후견감독기관

특정후견의 경우 후견감독기관으로는 가정법원과 특정후견감독인이 있다. 가정법원은 필요하다고 인정하면 직권으로 또는 일정한 자의 청구에 의하여 특정후견감독인을 선임할 수 있다(959조의 10 1항).

(3) 특정후견사무

피특정후견인의 후원을 위하여 필요하다고 인정하면, 가정법원은 기간이나 범위를 정하여 특정후견인에게 대리권을 수여하는 심판을 할 수 있다(959조의 11 1항). 이렇게 대리권을 수여하는 심판을 하는 경우, 가정법원은 특정후견인의 대리권 행사에 가정법원이나 특정후견감독인의 동의를 받도록 명할 수 있다(959조의 11 2항).

Ⅳ. 후견계약(임의후견제도) [457]

1. 후견계약의 의의

후견계약은 질병 · 장애 · 노령 · 그 밖의 사유로 인한 정신적 제약으로 사무를 처리할 능력이 부족한 상황에 있거나 부족하게 될 상황에 대비하여 자신의 재산관리 및 신상보호에 관한 사무의 전부 또는 일부를 다른 자에게 위탁하고 그 위탁사무에 관하여 대리권을 수여하는 것을 내용으로 하는 계약이다(959조의 14 1항). 그리고 이러한 후견계약에 의한 후견을 — 미성년후견 · 성년후견 · 한정후견 등의 법정후견과 대비하여 — 임의후견이라고 한다. 우리 민법은 과거에는 법정후견제도만 두고 있었는데, 2011. 3. 7. 개정시에 임의후견제도를 신설하였다.

2. 후견계약의 성립과 내용

(1) 후견계약의 성립

후견계약의 당사자는 임의후견을 받을 본인(이를 피임의후견인이라고 할 수 있을 것이다)과 임의후견인이 될 상대방이다. 상대방은 여럿일 수도 있고, 법인이어도 상관없다. 한편 민법은 후견계약은 공정증서로 체결하도록 하고 있다(959조의 14 2항). 이러한 규정상 공정증서로 체결하지 않은 후견계약은 무효이다.

(2) 후견계약의 효력발생

민법은 가정법원이 임의후견감독인을 선임한 때부터 후견계약의 효력이 발생하는 것으로 규정하고 있다(959조의 14 3항).

임의후견인이 제937조 각 호에 해당하는 자 또는 그 밖에 현저한 비행을 하거나 후견계약에서 정한 임무에 적합하지 않은 사유가 있는 자인 경우에는, 가정법원은 임의후견감독인을 선임하지 않는다(959조의 17 1항). 그러한 경우에는 가정법원은 그 임의후견감독인을 선임하지 않는 방법으로 후견계약의 효력발생을 막게 된다.

(3) 후견계약의 철회

임의후견감독인이 선임되기 전에는 본인 또는 임의후견인은 언제든지 공증인의 인증을 받은 서면으로 후견계약의 의사표시를 철회할 수 있다(959조의 18 1항).

(4) 임의후견의 내용

임의후견의 내용은 후견계약에서 정한 바에 따른다. 그리고 당사자는 본인의 신상보호의 영역을 정하여 자신의 신상에 관하여 중요한 결정을 할 수 없을 때 임의후견인이 자신을 대신하여 결정할 수 있다는 수권도 할 수 있다. 이러한 수권은 오늘날 의료문제에서 중요한 의미를 가지게 될 것이다.

3. 임의후견감독인

(1) 임의후견감독인의 선임

가정법원은, 후견계약이 등기되어 있고 본인이 사무를 처리할 능력이 부족한 상황에 있다고 인정할 때에는, 본인·배우자·4촌 이내의 친족·임의후견인·검사 또는 지방자치단체의 장의 청구에 의하여 임의후견감독인을 선임한다(959조의 15 1항). 이 경우, 본인이 아닌 자의 청구에 의하여 가정법원이 임의후견감독인을 선임할 때에는, 미리 본인의 동의를 받아야 한다(959조의 15 2항 본문). 다만, 본인이 의사를 표시할 수 없는 때에는 그럴 필요가 없다(959조의 15 2항 단서).

가정법원은, 임의후견감독인이 없게 된 경우에는, 직권으로 또는 일정한 자의 청구에 의하여 임의후견감독인을 선임한다(959조의 15 3항).

(2) 임의후견감독인의 임무

임의후견감독인은 임의후견인의 사무를 감독하며, 그 사무에 관하여 가정법원에 정기적으로 보고하여야 한다(959조의 16 1항). 그리고 본인의 신상이나 재산에 대하여 급박한 사정이 있는 경우 필요한 처분을 할 수 있고(959조의 16 3항·940조의 6 2항), 임의후견인과 본인 사이에 이해가 상반되는 행위에 대하여 본인을 대리한다(959조의 16 3항·940조의 6 3항).

4. 후견계약의 해지

(1) 정당한 사유로 인한 해지

민법은 후견계약이 효력을 발생한 후에는 ― 위임계약에서와 달리(689조 참조) — 후견계약의 해지를 극히 제한적으로만 허용한다. 민법에 따르면, 임의후견감독인이 선임된 후에는, 본인 또는 임의후견인은 정당한 사유가 있는 때에만 가정법원의 허가를 받아 후견계약을 종료할 수 있다(959조의 18 2항).

(2) 임의후견인의 비행 등을 이유로 한 해지

임의후견인을 선임한 이후 임의후견인이 현저한 비행을 하거나 그 밖에 그 임무에 적합하지 않은 사유가 있게 된 경우에는, 가정법원은 임의후견감독인·본인·친족·검사 또는 지방자치단체의 장의 청구에 의하여 임의후견인을 해임할 수 있다(959조의 17 2항).

5. 임의후견과 법정후견 사이의 관계(법정후견의 보충성)

후견계약이 등기되어 있는 경우에는, 가정법원은 원칙적으로 성년후견·한정후견 또는 특정후견의 심판을 할 수 없다(959조의 20 1항 1문). 그러나 후견계약이 등기되어 있는 경우에도, 본인의 이익을 위하여 특별히 필요한 때에는, 임의후견인 또는 임의후견감독인의 청구에 의하여 성년후견·한정후견 또는 특정후견의 심판을 할 수 있다(959조의 20 1항 1문). 그리고 본인이 피성년후견인·피한정후견인 또는 피특정후견인인 경우에, 그 본인이 임의후견감독인의 선임을 청구하더라도, 성년후견 또는 한정후견 조치의 계속이 본인의 이익을 위하여 특별히 필요하다고 인정되면, 가정법원은 임의후견감독인을 선임하지 않는다(959조의 20 2항 단서). 그 결과 후견계약은 효력이 발생할 수 없게 된다.

제 6 관 부양(扶養)

Ⅰ. 서 설 [458]

1. 부양제도

부양이란 일정한 범위의 친족이 다른 친족의 생활을 유지해 주거나 부조(扶助)하는 것이다. 민법이 인정하는 부양에는 ① 부모와 자녀(특히 미성년인 자녀) 사이 및 부부 사이의 부양과 ② 그 밖의 친족 사이의 부양의 두 가지가 있으며, 이들은 본질에 있어서 차이가 있다. ①에서의 부양의무는 공동생활 자체에서 당연히 요구되는 것(먹을 것이 모자라도 나누어 먹는 관계)으로서 제1차적 부양의무이며, ②에서의 부양의무는 사회보장의 대체물로서 피부양자가 최저생활을 유지할 수 없고 부양자는 여력이 있는 경우에만 의무가 인정되는 제2차적 부양의무이다.

2. 부양청구권의 발생

부양청구권(친족간의 부양청구권)은 일정한 친족 사이에서 부양을 받을 자가 자기의 재산 또는 근로에 의하여 생활을 유지할 수 없는 경우에 한하여 인정된다(975조).

Ⅱ. 부양당사자 [459]

1. 부양당사자의 범위

「직계혈족 및 그 배우자 사이」, 「기타 생계를 같이하는 친족 사이」에는 서로 부양의무가 있다(974조).

(1) 부모와 자녀(미성년인 자녀의 경우는 제1차적 부양의 문제이므로 제외됨. 913조 참조), 조부모와 손자녀는 직계혈족으로서 부양의무가 있다. 그리고 며느리와 시부모, 사위와 장인·장모는 직계혈족의 배우자 사이로서 부양의무가 있다. 부부는 제1차적 부양의무가 문제되므로 여기에서 제외된다(826조 1항 참조).

(2) 형제자매를 비롯하여 기타 제777조가 정하는 친족 사이에는 생계를 같이하는 경우에 한하여 부양의무가 있다.

2. 부양의무자의 순위

부양의 의무가 있는 자가 여럿인 경우에 부양의무자의 순위는 우선 당사자의 협의로 정하고, 당사자 사이에 협정이 없는 때에는 가정법원이 당사자의 청구에 의하여 이를 정한다(976조 1항 1문). 부양을 받을 권리자가 여럿인 경우에, 부양의무자의 재산이 그 전원을 부양할 수 없는 때에도, 같은 방식으로 부양을 받을 권리자의 순위를 정한다(976조 1항 2문). 이들 경우에 가정법원은 여러 사람의 부양의무자 또는 부양권리자를 선정할 수 있다(976조 2항).

부양을 할 자 또는 부양을 받을 자의 순위에 관하여 당사자의 협정이나 가정법원의 판결이 있은 후 이에 관한 사정변경이 있는 때에는, 가정법원은 당사자의 청구에 의하여 그 협정이나 판결을 취소 또는 변경할 수 있다(978조).

제3절 상속법(相續法)

제1관 서 설

Ⅰ. 상속의 의의 [460]

상속이란 사람이 사망한 경우에 그의 재산상의 지위(또는 권리·의무)가 법률규정에 의하여 타인에게 포괄적으로 승계되는 것을 말한다. 이때 사망하여 그의 재산상의 지위가 승계당하는 자를 피상속인이라 하고, 그 지위를 승계하는 자를 상속인이라고 한다.

Ⅱ. 상속의 유형

1. 제사상속·호주상속·재산상속

제사상속은 조상의 제사를 주재하는 지위를 승계하는 것이고, 호주상속은 호주 내지 가장(家長)의 지위를 승계하는 것이고, 재산상속은 피상속인의 재산을 상속하는 것이다. 이들은 과거 관습법에서는 모두 인정되었으나, 민법에서는 호주상속과 재산상속이 인정되다가, 1990년에 호주상속이 호주승계로 명칭이 바뀌어 친족편으로 옮겨졌으며, 2005년 개정시에 호주제도가 폐지되면서 호주승계제도도 삭제되었다. 그리하여 이제는 명실공히 재산상속만이 상속으로 남게 되었다.

2. 생전상속(生前相續) · 사후상속(死後相續)

피상속인의 생존 중에 상속이 개시되는 경우가 생전상속이고, 피상속인의 사망시에 상속이 개시되는 경우가 사후상속(사망상속)이다. 상속은 사후상속이 원칙이며, 우리 민법도 사후상속만을 인정하고 있다.

3. 법정상속 · 유언상속

상속인이 될 자의 범위와 순위가 법률상 정해져 있는 상속이 법정상속이고, 상속인이 피상속인의 유언에 의하여 지정되는 상속이 유언상속이다. 민법은 법정상속만을 규정하며, 유언에 의한 상속인의 지정을 허용하지 않는다. 다만, 민법상 유언(유증을 포함)의 자유가 인정되므로 포괄적 유증을 하면 상속인을 지정한 것과 같은 효과가 생긴다(1078조). 어쨌든 우리 민법상 유언의 자유가 인정되기 때문에, 법정상속에 관한 규정은 유언이 없거나 유언이 무효인 경우에 보충적으로만 적용된다.

제2관 상 속

Ⅰ. 상속의 개시 [461]

1. 상속개시의 원인

상속의 개시란 상속에 의한 법률효과가 발생하는 것이다. 상속개시의 원인은 피상속인의 사망이다(997조). 여기의 사망에는 자연적 사망과 법원의 실종선고에 의한 의제사망이 있다. 그리고 인정사망은 사망의 확증은 없으나 사망이 추정되어 상속이 개시된다.

2. 상속개시의 시기

(1) 서 설

상속개시의 시기는 ① 상속인의 자격·범위·순위를 결정하는 기준이 되고, ② 상속에 관한 권리의 행사기간의 기산점이 되며, ③ 상속의 효력발생, 상속재산·상속분·유류분의 기준시기가 되는 등 여러 가지 면에서 법적으로 중요하다.

(2) 구체적인 시기

1) **자연사망** 이 경우에는 피상속인이 실제로 사망한 시기, 즉 호흡과 혈액순환이 영구적으로 멈춘 때에 상속이 개시된다.

2) **인정사망** 이 경우에는 관공서가 인정한 시기에 상속이 개시된다(가족 87조 참조).

3) **실종선고** 이 경우에는 실종기간이 만료된 때에 상속이 개시된다(28조 참조).

4) **동시사망의 추정** 동시에 사망한 것으로 추정되는 사람들은 상속하는가? 상속인은 피상속인이 사망한 때에 권리능력을 가지고 있어야만 한다는 동시존재의 원칙상, 그들 상호간에는 상속이 개시되지 않는다. 그러나 대습상속은 받을 수 있다(대판 2001. 3. 9, 99다13157 참조).

3. 상속개시의 장소

상속은 피상속인의 주소지에서 개시된다(998조).

4. 상속에 관한 비용

상속에 관한 비용(상속비용)은 상속에 의하여 생긴 비용이며, 상속재산의 관리비용이나 경매비용, 소송비용, 상속재산에 대한 조세 등이 그에 속한다. 그리고 그러한 상속비용은 상속재산 중에서 지급한다(998조의 2).

Ⅱ. 상속인 [462]

1. 상속인의 자격

(1) 상속능력

상속능력은 상속인이 될 수 있는 능력(지위 · 자격)을 말한다. 상속에 의하여 상속인은 피상속인의 권리 · 의무를 승계하므로, 상속능력이 있으려면 당연히 권리능력이 있어야 한다. 그리고 민법은 상속인을 피상속인의 일정한 친족에 한정하고 있으므로(1000조 · 1003조 참조), 자연인만이 상속인이 될 수 있고 법인은 상속인이 되지 못한다(법인이 포괄유증을 받을 수는 있음. 1078조 참조).

어떤 자가 상속인으로서 상속을 받을 수 있으려면 피상속인이 사망할 당시에 생존하고 있어야 한다. 이를 동시존재의 원칙이라고 한다.

태아는 상속에 관하여는 이미 출생한 것으로 본다(1000조 3항).

(2) 상속결격(相續缺格)

1) 의 의　　어떤 자에게 상속에 적합하지 않은 일정한 사유가 있는 경우에 상속인으로서의 자격을 상실하게 하는 것을 상속결격이라고 한다.

2) 결격사유　　민법은 결격사유로 다음의 5가지를 규정하고 있다(1004조).

① 고의로 직계존속, 피상속인, 그 배우자 또는 상속의 선순위나 동순위에 있는 자를 살해하거나 살해하려 한 경우.

② 고의로 직계존속, 피상속인과 그 배우자에게 상해를 가하여 사망에 이르게 한 경우.

③ 사기 또는 강박으로 피상속인의 상속에 관한 유언 또는 유언의 철회를 방해한 경우.

④ 사기 또는 강박으로 피상속인의 상속에 관한 유언을 하게 한 경우.

⑤ 피상속인의 상속에 관한 유언서를 위조 · 변조 · 파기 또는 은닉한 경우.

3) 결격의 효과　　상속결격사유에 해당하는 행위를 한 자는 상속인

이 되지 못한다(1004조). 즉 그는 상속자격을 상실한다.

그런데 상속결격의 효과는 특정의 피상속인에 대한 관계에만 미치며, 다른 피상속인에 대한 상속자격에는 영향이 없다. 다만, 법문상(法文上) 직계존속을 살해하거나 살해하려 한 자 또는 직계존속에게 상해를 가하여 사망에 이르게 한 자는 구체적인 상속과 관계없이 언제나 상속결격이 되는 것으로 해석된다.

그리고 이 결격의 효과는 결격자 본인에게만 한정되므로 그의 직계비속이나 배우자가 대습상속을 하는 데는 지장이 없다. 그리하여 예를 들어 A(피상속인)에게 아들 B · C가 있고 B는 처 D와 딸 E가 있는 경우에, B가 A를 살해하였다면, B는 상속결격이 되어 상속을 받지 못하나, B가 받았을 몫을 B의 처 D와 딸 E가 대습상속하게 된다.

(3) 상속권 상실 선고

1) 서 설 실제 사회에서 간혹 자녀를 출산한 뒤 버리고 간 부나 모가 그 자녀가 직계비속 없이 사망하자 그 자녀의 재산을 상속받는 일이 생겼다. 그러한 부나 모가 상속받을 수 없도록 하는 상속권 상실 선고제도가 신설되었다(1004조의 2. 세칭 '구하라'법. 2024. 9. 20. 개정, 2026. 1. 1. 시행).

2) 가정법원이 상속권 상실 선고를 할 수 있는 경우 그런 경우에는 다음 두 가지가 있다.

상속인이 될 사람이 피상속인의 직계존속으로서 ① 피상속인에 대한 부양의무(미성년자에 대한 부양의무로 한정함)를 중대하게 위반한 경우나 ② 피상속인 또는 그 배우자나 피상속인의 직계비속에게 중대한 범죄행위(1004조의 경우는 제외함)를 하거나 그 밖에 심히 부당한 대우를 한 경우에는, 피상속인은 제1068조에 따른 공정증서에 의한 유언([483] 참조)으로 상속권 상실의 의사를 표시할 수 있다(1004조의 2 1항 1문). 이 경우 유언집행자(1항의 유언에 따라 상속권 상실의 대상이 될 사람은 유언집행자가 되지 못함. 1004조의 2 2항)는 가정법원에 그 사람의 상속권 상실을 청구하여야 한다(1004조의 2 1항 2문).

동조 제1항에 따른 유언이 없었던 경우에는, 피상속인의 직계존속으로서 ① 피상속인에 대한 부양의무(미성년자에 대한 부양의무로 한정함)를 중대하게 위반하거나 ② 피상속인에게 중대한 범죄행위(제1004조의 경우, 즉 상속결격의 경우는 제외함)를 하거나 그 밖에 심히 부당한 대우를 한 사람이 상속인이 되었음을 안 날부터 6개월 이내에 공동상속인이 가정법원에 그 사람의 상속권 상실을 청구할 수 있다(1004조의 2 3항). 만약 제 3 항의 청구를 할 수 있는 공동상속인이 없거나 모든 공동상속인에게 위 ①·②의 사유가 있는 경우에는 상속권 상실 선고의 확정에 의하여 상속인이 될 사람이 이를 청구할 수 있다(1004조의 2 4항).

3) **상속권 상실 선고의 효과** 상속개시 후에 상속권 상실의 선고가 확정된 경우 그 선고를 받은 사람은 상속이 개시된 때에 소급하여 상속권을 상실한다(1004조의 2 6항 본문). 다만, 이로써 해당 선고가 확정되기 전에 취득한 제 3 자의 권리를 해치지 못한다(1004조의 2 6항 단서).

2. 상속인의 순위 [463]

(1) 서 설

민법은 상속인이 될 수 있는 자가 여럿 있는 경우에 그들 사이의 분쟁을 방지하고 공평하게 하기 위하여 상속인으로 되는 자 및 그들의 순위를 정하고 있다. 그에 의하면 상속인에는 혈족상속인과 배우자상속인이 있으며, 그 가운데 혈족상속인은 피상속인과의 친소관계(親疎關係. 친하고 친하지 않은 관계)에 의하여 그룹별로 1순위부터 4순위까지 순위가 정하여져 있고(1000조), 배우자는 언제나 상속인이 되는 것으로 정하여져 있다(1003조).

상속인으로 될 수 있는 자가 여럿 있는 경우에 그들 사이의 순위가 다른 때에는 최우선 순위자만 상속인이 되고 후순위자는 상속에서 제외되며(1000조 1항·2항 참조), 동순위자가 여럿 있는 때에는 공동으로 상속한다(1000조 2항). 가령 제 1 순위자뿐만 아니라 제 2 내지 4 순위자도 모두 있는 경우에는, 제 1 순위자만이 상속인이 되고, 나머지는 상속인이 되지 못한다. 그리고 상속인이 없고 또 특별연고자로서 상속재산의 분여(分與. 나누어줌)를 청구하는 자도 없는 경우에는, 상속재산은 국고에 귀속한다(1058조). 한편 피상속인이 사망하기 전에 상속인으로 될 직계비속이나 형제자매가 사망하거나 상속결격자가 된 경우에는, 그의 직계비속과 배우자가 그에 갈음하여 상속하게 되는데(1001조 · 1003조 2항), 이를 대습상속이라고 한다.

(2) 혈족상속인 [464]

1) 제1순위 : 피상속인의 직계비속(1000조 1항 1호) 직계비속이면 모두 여기에 해당하므로 피상속인의 자녀 외에 손자녀 · 증손자녀 등도 포함된다. 그리고 부계혈족뿐만 아니라 모계혈족(외손자녀 · 외증손자녀)도, 자연혈족뿐만 아니라 법정혈족(양자녀 및 그의 직계비속)도 포함된다. 직계비속의 성별, 혼인 여부, 혼인 중의 자녀인지 여부, 연령의 많고 적음 등은 묻지 않는다. 입양된 자도 같다.

직계비속이 여럿 있는 경우에 피상속인과 그들 사이의 촌수가 다르면 최근친(最近親. 촌수가 가장 작은 자)이 선순위자로서 상속인이 되고(1000조 2항 전단), 최근친인 직계비속이 여럿 있는 때에는 그들은 공동상속인이 된다(1000조 2항 후단). 따라서 피상속인의 자녀 · 손자녀가 있는 경우에는 자녀만이 상속하고, 자녀가 여럿 있으면 그들이 공동으로 상속한다.

2) 제2순위 : 피상속인의 직계존속(1000조 1항 2호) 직계존속이면 부계인지 모계(외조부모 등)인지, 양가(養家) 쪽인지 생가(生家) 쪽인지(친양자의 생가 쪽은 제외됨), 성별, 이혼했는지 여부 등을 묻지 않는다.

직계존속이 여럿 있는 경우에는 최근친이 선순위가 된다는 점, 최근친인 직계존속이 여럿 있으면 공동상속인이 된다는 점은 직계비속의 경우와 마찬가지이다(1000조 2항).

3) 제3순위 : 피상속인의 형제자매(1000조 1항 3호) 형제자매도 부계 · 모계를 모두 포함한다. 그리하여 부는 다르고 모는 같은 경우(이성동복 : 異姓同腹)와 부가 같고 모는 다른 경우(동성이복 : 同姓異腹)도 포함된다. 형제자매이면 성별, 혼인 여부, 자연혈족인지 법정혈족(양자)인지 등을 묻지 않는다.

형제자매가 여럿 있으면 동순위로 상속인이 된다.

4) 제4순위 : 피상속인의 4촌 이내의 방계혈족(1000조 1항 4호) 4촌

이내의 방계혈족이면 되고 부계인지 모계인지, 성별, 혼인 여부 등은 묻지 않는다.

4촌 이내의 방계혈족이 여럿 있는 경우에는 최근친자(피상속인과 3촌인 자)가 선순위로 되고, 선순위인 자(같은 촌수인 자)가 여럿 있으면 공동상속인이 된다(1000조 2항).

(3) 배우자상속인

피상속인의 배우자는 피상속인의 직계비속이나 피상속인의 직계존속이 있는 때에는 그 상속인과 공동상속인이 되고, 그 상속인이 없는 때에는 단독상속인이 된다(1003조 1항).

여기의 배우자는 혼인신고를 한 법률상의 배우자만을 가리키며, 사실혼의 배우자는 포함되지 않는다.

3. 대습상속(代襲相續) [465]

대습상속이란 상속이 개시되기 전에 상속인이 될 피상속인의 직계비속 또는 형제자매가 사망하거나 결격된 경우에, 그의 직계비속과 배우자가 사망 또는 결격된 자의 순위에 갈음하여 상속하는 것을 말한다(1001조 · 1003조 2항). 예를 들어 A(피상속인)에게 아들 B · C와 B의 처 D, 딸 E가 있었는데, A가 사망하기 전에 B가 먼저 사망하였다고 하자. 이 경우에 A에 대하여 상속이 개시될 당시 B는 존재하지 않아서 상속을 받을 수 없다. 그리고 C와 E는 모두 A의 직계비속으로서 상속의 제 1 순위자이나 C가 최근친자이어서 — 대습상속제도가 없다면 — A의 모든 재산을 C가 단독으로 상속하게 될 것이다. 그런데 민법은 대습상속을 인정하여 B가 상속받았을 몫을 B의 직계비속인 E와 배우자 D가 대신 상속하게 된다.

민법상 대습상속이 인정되는 경우는 세 가지이다. ① 상속인이 될 피상속인의 직계비속이 상속개시 전에 사망하거나 결격된 때에는, 그의 직계비속이 대습상속한다(1001조 · 1000조 1항 1호). ② 상속인이 될 피상속인의 형제자매가 상속개시 전에 사망하거나 결격된 때에는, 그의 직계비속이 대습상속한다

(1001조 · 1000조 1항 3호). ③ 상속인이 될 피상속인의 직계비속 또는 형제자매가 상속개시 전에 사망하거나 결격된 때에는 그의 배우자는 그의 직계비속과 공동으로 대습상속하고, 직계비속이 없으면 단독으로 상속한다(1003조 2항).

Ⅲ. 상속의 효력 [466]

1. 일반적 효과

(1) 상속재산의 포괄승계의 원칙

상속인은 상속이 개시된 때에 피상속인의 재산에 관한 모든 권리 · 의무를 포괄적으로 승계한다(1005조 본문).

1) 승계되는 것은 적극재산(권리)뿐만 아니라 소극재산(채무)도 포함되고, 아직 구체화되지 않은 재산법적인 법률관계(예 : 청약을 받고 있는 지위)도 포함된다. 그러나 재산적인 권리 · 의무에 한하며, 인격권(예 : 생명권 · 신체권)이나 친족법상의 권리(예 : 친권, 배우자의 권리)는 승계되지 않는다. 그리고 재산적인 권리 · 의무일지라도 피상속인의 일신에 전속한 것은 승계되지 않는다(1005조 단서). 자기의 초상을 그리게 하는 채권, 위임계약상의 당사자의 지위(690조) 등이 그 예이다.

2) 상속재산을 구성하는 개별적인 권리 · 의무는 포괄적으로 즉 모두가 한꺼번에 승계된다(예외 : 1008조의 3). 따라서 개별적인 권리에 대한 이전절차나 채무인수는 필요하지 않다. 그리고 그 승계는 특별한 의사표시가 없어도 법률규정에 의하여 당연히 일어난다.

3) 승계되는 시기는 상속이 개시된 당시(피상속인의 사망 당시)이다. 이때 상속인이 상속이 개시되었다는 사실, 자기가 상속인이라는 사실, 피상속인의 적극 · 소극재산의 구체적인 내용을 알았는지는 묻지 않는다.

(2) 제사용 재산(祭祀用 財産)의 특별승계

1) 서 설 민법은 일정한 제사용 재산은 상속인에게 포괄적으로 승계되는 일반 상속재산에서 제외되는 특별재산으로 하고, 법정의 상속인이

아닌 특정의 자가 이를 승계하는 것으로 하고 있다(1008조의 3 참조).

2) **제사용 재산의 내용** 제사용 재산은 ① 분묘에 속하는 1정보 이내의 금양임야(禁養林野. 분묘 또는 그 예정지 주위의 벌목이 금지되는 임야), ② 600평 이내의 묘토(墓土. 이는 위토라고도 하며, 그로부터의 수익으로 제사비용 등 각종 비용에 충당하는 농지)인 농지, ③ 족보, ④ 제구(祭具. 분묘의 부속시설인 비석도 포함됨)로 구성된다.

3) **제사용 재산의 승계자**(상속인) 제사용 재산은 「제사를 주재하는 자」가 이를 승계한다(1008조의 3). 누가 「제사를 주재하는 자」인지에 관하여는 논란이 있다. 그런데 판례는, 공동상속인들 사이에 협의가 이루어지지 않는 경우에는 제사주재자의 지위를 인정할 수 없는 특별한 사정(예 : 장기간의 외국 거주, 평소 부모를 학대하거나 모욕 또는 위해를 가하는 행위)이 있지 않는 한 피상속인의 직계비속 중 남녀 · 적서를 불문하고 최근친(촌수가 가장 적은 자)의 연장자가 제사주재자로 우선한다고 한다(대판(전원) 2023. 5. 11, 2018다248626).

[사망한 사람의 유체(遺體) · 유골(遺骨)의 승계권자에 관한 판례]
판례에 의하면, 사람의 유체 · 유골은 매장 · 관리 · 제사 · 공양의 대상이 될 수 있는 유체물로서, 분묘에 안치되어 있는 선조의 유체 · 유골은 민법 제1008조의 3에 규정되어 있는 제사용 재산인 분묘와 함께 그 제사주재자에게 승계된다(대판(전원) 2008. 11. 20, 2007다27670).

2. 상속분(相續分) [467]

(1) 상속분의 의의

상속분은 여러 가지 의미가 있으나, 보통 상속분이라고 하면 「각 공동상속인이 상속재산에 대하여 가지는 권리 · 의무의 비율」을 가리킨다.

(2) 법정상속분

1) **혈족상속인의 상속분** 같은 순위의 상속인이 여럿인 때에는, 그 상속분은 균분(똑같이 나눔)으로 한다(1009조 1항). 성별, 부계인지 모계인지, 혼인 중의 자녀인지 여부 등은 전혀 묻지 않는다.

2) **배우자상속인의 상속분** 피상속인의 배우자의 상속분은 직계비속과 공동으로 상속하는 때에는 직계비속의 상속분에 5할을 더하고, 직계존

속과 공동으로 상속하는 때에는 직계존속의 상속분에 5할을 더한다(1009조 2항). 예를 들어 A가 그의 처 B와 아들 C·D, 딸 E를 남기고 사망한 경우에는, B·C·D·E는 각각 상속재산을 1.5 : 1 : 1 : 1로 상속한다. 그 결과 B의 상속분은 1.5/4.5이고, C·D·E의 상속분은 모두 똑같이 1.0/4.5씩이다.

피상속인에게 배우자만 있고 직계비속도 직계존속도 없는 때에는, 배우자가 단독으로 상속한다(1003조 1항).

3) **대습상속인의 상속분** 대습상속인의 상속분은 피대습자(즉 사망 또는 결격된 자)의 상속분과 같다(1010조 1항). 그리고 대습상속의 경우에 대습상속하는 직계비속이 여럿인 때, 그리고 대습상속하는 배우자(피대습자의 배우자)가 있는 때에는, 피대습자의 상속분을 상속재산으로 하여 법정상속분의 방법으로 상속분을 정한다(1010조 2항). 따라서 피대습자의 직계비속의 상속분은 균등하고(1009조 1항), 피대습자의 배우자의 상속분은 직계비속의 상속분에 5할을 더한다(1009조 2항). 물론 직계비속이 없으면 배우자가 단독으로 대습상속한다(1003조 2항).

(3) 특별수익자의 상속분 [468]

1) **특별수익의 반환제도** 공동상속인 중 한 사람 또는 여러 사람이 피상속인으로부터 재산의 증여 또는 유증을 받은 경우에 그 특별수익을 고려하지 않고 상속한다면 불공평하게 된다. 그리하여 민법은, 특별수익자는 그 수증재산이 자기의 상속분에 달하지 못한 때에는, 그 부족한 부분의 한도에서 상속분이 있다고 규정한다(1008조).

이 규정의 의미가 분명치는 않으나, 특별수익자가 있는 경우의 구체적인 상속분의 산정방법은 다음과 같다고 하여야 한다. 먼저 피상속인이 상속개시 당시에 가지고 있던 재산(적극재산만을 의미함)의 가액에 생전증여의 가액을 더한 후, 이 가액에 각 공동상속인별로 법정상속분을 곱하여 상속분의 가액을 정한다. 이 가액이 각 공동상속인의 상속분이 되나, 특별수익자의 상속분은 이 가액에서 수증재산인 증여 또는 유증의 가액을 공제한 것이 된다. 이것이 특별수익의 반환제도이다. 이는 실제로 수증재산을 반환하는 것이 아니고,

상속재산에 그 가액을 포함시킬 뿐이다(초과분 반환문제는 뒤에 설명함).

예를 들어본다. A(사망 당시의 재산 가액이 1억원임)가 자녀 B · C를 남기고 사망하였는데, A는 1년 전에 B를 결혼시키면서 생활자금으로 쓰라고 2,000만원을 증여하였다. 이 경우에 특별수익의 반환제도가 없다면, B · C는 각각 5,000만원씩 상속하게 될 것이다. 그러나 특별수익의 반환제도가 있는 현행법 하에서는 상속재산은 1억원에 증여된 2,000만원이 더해져 1억 2,000만원이 되고, 그리하여 B · C의 상속분은 일단 6,000만원씩이 된다. 그런데 B의 상속분은 이 6,000만원에서 이미 증여받은 2,000만원을 뺀 4,000만원이 된다.

2) **특별수익의 가액이 상속분을 초과하는 경우의 처리** 위의 예에서는 특별수익의 가액(2,000만원)이 수익자의 상속분(6,000만원)에 미달하고 있다. 그러한 경우에는 수익자인 B는 상속분의 부족분인 4,000만원을 상속받게 된다. 그런데 특별수익의 가액이 수익자의 상속분을 넘는 경우에는, 수익자는 상속재산으로부터 더 이상 상속받을 수는 없다. 그런데 그 초과부분을 반환하여야 하는지가 문제된다.

예를 들어 위의 예에서 A로부터 B가 5억원을 증여받았다고 하자. 이러한 경우에 상속재산은 1억원에 증여된 5억원이 더해져 6억원이 되고, 그리하여 B · C의 상속분은 각각 3억원이 된다. 그런데 A에게 남아있는 재산은 1억원밖에 되지 않아 B가 반환을 하지 않아도 된다면 C는 1억원 밖에 상속받지 못하게 된다. 물론 B는 이미 증여받은 것이 상속분 3억원을 훨씬 넘어서 더 이상 상속을 받을 수 없다. 이때 B가 5억원 중 3억원을 넘는 가액을 반환하여야 하는지가 문제되는 것이다.

여기에 관하여는 논란이 있으나, 공동상속인의 유류분(1112조 이하 참조)을 침해한 경우에만 반환하여야 한다고 새길 것이다(다수설도 같음). 그렇게 한다면 C의 유류분은 그의 상속분의 1/2(1112조 1호), 즉 1억 5,000만원이므로, B는 5,000만원만 반환하면 된다.

(4) **기여분**(寄與分) [469]

1) **의 의** 기여분제도는 공동상속인 중에 피상속인의 재산의 유

지 또는 증가에 관하여 특별히 기여하거나 피상속인을 특별히 부양한 자가 있는 경우에 상속분을 정함에 있어서 그러한 기여나 부양을 고려하는 제도이다. 구체적으로는, 상속개시 당시의 피상속인의 재산가액에서 특별기여자의 기여분을 공제한 것을 상속재산으로 보고 각 공동상속인의 상속분을 산정한 뒤, 그 산정된 상속분에 기여분을 더한 액을 기여자(기여분 권리자)의 상속분으로 하는 것이다(1008조의 2 1항).

2) 기여의 종류와 정도 　민법은 고려되는 기여로 특별부양과 재산상의 특별기여의 두 가지를 인정하고 있다(1008조의 2 1항). 따라서 이들에 해당하지 않는 정신적인 협력이나 원조는 기여가 아니다. 그리고 여기서 특별부양 또는 특별기여라 함은 부양 또는 기여가 가족관계 내지 친족관계에 있어서 일반적으로 기대되는 공헌의 정도를 넘어서, 이를 무시하고 본래의 상속분에 따라 분할한다면 불공평하게 되는 것을 의미한다.

3) 기여분의 결정 　기여분은 1차적으로 모든 공동상속인의 협의에 의하여 정하고(1008조의 2 1항), 협의가 되지 않거나 협의할 수 없는 때에는 기여자의 청구에 의하여 가정법원이 심판으로 결정한다(1008조의 2 2항). 그리고 기여분은 상속이 개시된 때의 피상속인의 재산가액에서 유증의 가액을 공제한 액을 넘지 못한다(1008조의 2 3항). 이는 기여분보다는 유증을 우선시키기 위한 것이다.

(5) 상속분의 환수(還收)

민법은 공동상속인 중에 그의 상속분을 제3자에게 양도한 자가 있는 경우 다른 공동상속인이 그 가액과 양도비용을 상환하고 그 상속분을 되찾아올 수 있도록 하고 있다(1011조 1항). 이는 상속분의 환수라고 할 수 있다. 이 환수권은 상속분이 양도된 것을 안 날부터 3개월, 양도가 있었던 때부터 1년 내에 행사하여야 한다(1011조 2항).

3. 공동상속재산의 공동소유 [470]

상속이 개시되면 상속재산이 곧바로 상속인에게 이전되나, 상속인이 복수인 때에는 즉시 분할할 수가 없어 일단 공동으로 승계하는 수밖에 없다. 이 경우에 법률관계가 문제된다. 여기에 관하여 민법은 공동상속의 경우에 상속인은 각자의 상속분에 따라 피상속인의 권리의무를 승계하지만(1007조), 상속재산은 그들의 공유로 한다고 규정한다(1006조). 그리하여 거기에는 물권편의 공유에 관한 규정이 적용된다([188] 참조).

4. 상속재산의 분할

(1) 의 의

공동상속의 경우 상속이 개시되면 상속재산은 일단 공동상속인이 공유하는 상태가 된다(1006조). 이와 같은 상속재산의 공유관계를 각 공동상속인의 단독소유로 전환하기 위하여 행하여지는 분배절차를 상속재산의 분할이라고 한다.

(2) 분할절차의 종류

민법이 규정하고 있는 분할절차는 세 가지이다.

① 피상속인이 유언으로 상속재산의 분할방법을 정하거나 이를 정할 것을 제3자에게 위탁한 경우에는 그에 따른다(1012조 전단). 이를 지정분할(유언에 의한 분할)이라고 한다.

② 유언에 의한 지정이 없으면 공동상속인이 협의에 의하여 분할할 수 있다(1013조 1항). 이를 협의분할이라고 한다.

③ 분할에 관하여 협의가 성립되지 않은 때(협의할 수 없는 때도 포함)에는 가정법원의 심판에 의하여 분할한다(1013조 2항 · 269조). 이것이 심판분할이다.

5. 상속회복청구권 [471]

(1) 의 의

상속회복청구권이란 상속권이 진정하지 않은 상속인 즉 참칭상속인에 의하여 침해되었을 때 일정한 기간 내에 그 회복을 청구할 수 있는 권리이다(999조). 예를 들면 가족이 없는 A가 사망한 뒤 A와 전혀 관계없는 B가 나타나 자신이 A의 숨겨놓은 아들이라고 하면서 A의 재산을 모두 차지한 경우에, 진정한 상속인인 A의 동생 C가 상속의 회복을 청구할 수 있는데, 그 권리가 상속회복청구권이다.

(2) 당사자

1) 회복청구권자 상속회복청구권을 가지는 자는 상속재산의 점유를 잃고 있는 진정한 상속인(상속권자) 또는 그의 법정대리인이다(999조 1항).

2) 상대방 상속회복청구에 있어서 전형적인 상대방은 참칭상속인(僭稱相續人)이다. 여기서 참칭상속인이라 하면 재산상속인임을 신뢰하게 하는 외관을 갖추고 있거나 상속인이라고 참칭(분수에 넘치는 칭호를 스스로 사용함)하여 상속재산의 전부 또는 일부를 점유하는 등의 방법에 의하여 진정한 상속인의 상속권을 침해하는 자를 가리킨다. 그리고 참칭상속인의 상속인도 참칭상속인이며, 그가 상속재산을 점유하고 있는 한 상속회복청구의 상대방이 된다. 이들 참칭상속인이 선의인지 악의인지, 과실이 있는지 무과실인지는 묻지 않는다.

통설・판례는 참칭상속인으로부터 상속재산을 전득(양수)한 제 3 자도 회복청구의 상대방이 된다고 한다.

(3) 상속회복청구권의 행사

1) 행사방법 상속회복청구는 재판상으로는 물론이고 재판 외에서도 할 수 있다.

2) 행사의 효과 상속회복청구의 재판에서 원고승소판결이 확정되면 참칭상속인은 진정상속인에게 그가 점유하는 상속재산을 반환하여야 한다.

(4) 상속회복청구권의 소멸

상속회복청구권은 그 침해를 안 날부터 3년, 상속권의 침해행위가 있은 날부터 10년이 경과하면 소멸한다(999조 2항).

Ⅳ. 상속의 승인과 포기 [472]

1. 서 설

(1) 상속의 승인 · 포기의 자유

민법은 한편으로 상속에 의한 권리 · 의무의 당연승계를 인정하면서(1005조 본문), 다른 한편으로 이를 승인하거나 포기할 수 있도록 하고 있다(1019조 이하). 상속인에게 권리취득 또는 불이익 부담(채무가 적극재산보다 많은 경우)을 강요하지 않기 위해서이다. 이것이 상속의 승인 · 포기의 자유이다.

그런데 민법이 규정하는 승인에는 단순승인과 한정승인의 두 가지가 있다. 단순승인은 권리 · 의무의 승계에 대한 전면적인 승인이고, 한정승인은 피상속인의 채무를 상속재산의 한도 내에서 변제하겠다는 조건 하에 상속을 승인하는 것이다.

민법은 단순승인 · 한정승인 · 포기 가운데 단순승인을 원칙으로 한다(1026조 참조).

(2) 승인 · 포기행위의 성질

상속의 승인 · 포기는 모두 하나의 의사표시이면서 동시에 법률행위 즉 상대방 없는 단독행위이다. 그런데 상속의 한정승인과 포기는 법원에 대하여 신고로써 하여야 한다(1030조 · 1041조). 즉 이 둘은 요식행위이다. 그에 비하여 단순승인에 대하여는 제한이 없으므로 그것은 불요식행위라고 할 것이다.

(3) 승인 · 포기의 고려기간

상속인은 상속개시 있음을 안 날부터 3개월 내에 단순승인 · 한정승인 또는 포기를 할 수 있다(1019조 1항 본문). 그리고 상속인은 승인 또는 포기를 하기 전에 상속재산을 조사할 수 있다(1019조 2항). 이 3개월의 기간은 상속인이 상속재산을 조사해 보고 승인이나 포기를 할 수 있도록 부여된 것으로서 고려기간(또는 숙려기간)이라고 한다.

상속인이 이 기간 내에 한정승인이나 포기를 하지 않으면, 단순승인을 한 것으로 의제된다(1026조 2호).

한편 3개월의 고려기간은 이해관계인 또는 검사의 청구에 의하여 가정법원이 이를 연장할 수 있다(1019조 1항 단서).

(4) 승인 · 포기의 철회금지와 취소

1) 승인 · 포기의 철회금지 상속인이 승인이나 포기를 하고 나면, 고려기간 내일지라도 이를 철회하지 못한다. 이는 이해관계인의 신뢰를 보호하기 위한 것이다.

2) 승인 · 포기의 취소 승인 · 포기의 철회는 금지되나, 총칙편의 규정에 의한 승인 · 포기의 취소는 금지되지 않는다(1024조 2항 본문). 가령 미성년자나 피한정후견인이 법정대리인의 동의 없이 승인 · 포기를 한 경우(5조 · 13조), 피성년후견인이 승인 · 포기를 한 경우(10조), 착오 · 사기 · 강박에 의하여 승인 · 포기를 한 경우(109조 · 110조)에 승인 · 포기를 취소할 수 있다.

상속의 승인 · 포기의 취소권은 추인할 수 있는 날부터 3개월 내에, 승인 · 포기한 날부터 1년 내에 행사하여야 한다(1024조 2항 단서).

2. 단순승인(單純承認) [473]

(1) 단순승인의 의의

단순승인은 상속의 승인 가운데 무제한적인 것이다. 즉 피상속인의 권리 · 의무가 제한없이 승계되는 것을 승인하는 상속인의 의사표시이다. 단순승인의 방식에는 제한이 없다(1030조 · 1041조 참조). 따라서 그 의사가 어떤 형식으로든 외부에 표시되면 충분하다. 그런데 실제에 있어서는 단순승인의 의사표시가 행하여지는 일이 거의 없으며, 고려기간 내에 한정승인이나 포기를 하지 않거나 그 밖의 일정한 사유가 있어 단순승인으로 의제되는 경우(1026조 참조)가 대부분이다.

(2) 법정 단순승인

민법은 다음의 사유가 있는 경우에는 상속인에게 단순승인의 의사가 있는지를 묻지 않고 단순승인을 한 것으로 본다(1026조).

① 상속인이 상속재산에 대한 처분행위를 한 때(1026조 1호).

② 상속인이 3개월의 고려기간 내에 한정승인 또는 포기를 하지 않은 때(1026조 2호).

③ 상속인이 한정승인 또는 포기를 한 후에 상속재산을 숨기거나 부정하게 소비하거나 고의로 재산목록에 기입하지 않은 때(1026조 3호).

(3) 단순승인의 효과

단순승인의 경우에는 상속인은 피상속인의 권리·의무를 제한없이 승계한다(1025조). 그 결과 상속인은 피상속인의 소극재산이 그의 적극재산을 넘는 때에도 변제를 거절하지 못한다. 그리고 상속채권자(피상속인의 채권자)는 상속인의 고유재산에 대하여 강제집행을 할 수 있으며, 상속인의 채권자는 상속재산에 대하여 강제집행을 할 수 있다.

3. 한정승인(限定承認) [474]

(1) 의 의

[예 Ⅰ] A가 사망하자 A의 유일한 자녀인 B는 A에게 빚이 더 많은 줄 알고 상속을 포기하였다. 그런데 그 뒤에 보니 A에게 알려지지 않은 토지가 있었고, 그 토지의 가격은 A의 채무액보다 훨씬 높았다. 이러한 경우에 B는 상속포기를 되돌릴 수 없으며(1024조 1항), 그는 아쉬움을 참는 도리밖에 없다. 만약 B가 상속을 한정승인하였으면 그러한 아쉬움은 남지 않았을 것이다.

[예 Ⅱ] C가 사망하자 C의 유일한 자녀인 D는 C에게 빚이 있는 것은 알았지만 적극재산이 빚보다 더 많은 줄 알고 상속을 단순승인하였다. 그런데 그 후에 보니 C에게는 적극재산의 몇 배가 되는 빚이 있었다.

한정승인은 상속으로 취득하게 될 재산의 한도에서 피상속인의 채무와 유증을 변제할 것을 조건으로 상속을 승인하는 의사표시이다(1028조). 상속인이 여럿인 때(공동상속)에는, 각 상속인은 그의 상속분에 응하여 취득할 재산의 한도에서 그의 상속분에 응한 피상속인의 채무와 유증을 변제할 것을 조건으로 상속을 승인(한정승인)할 수 있다(1029조). 이러한 한정승인은 위의 [예 Ⅰ], [예 Ⅱ]에서처럼 상속재산이 채무초과 상태인지 불분명한 경우에 유용하게 이용할 수 있는 제도이다.

(2) 한정승인을 할 수 있는 경우

한정승인은 원칙적으로 상속인이 상속개시 있음을 안 날부터 3개월 내에 할 수 있다(1019조 1항 본문). 그리고 상속채무가 상속재산을 초과하는 사실을 중대한 과실없이 고려기간 내에 알지 못하고 단순승인을 하였거나 또는 제1026조 제 1 호(상속재산에 대한 처분행위를 한 때) · 제 2 호(고려기간 내에 한정승인 · 포기를 하지 않은 때)에 의하여 단순승인으로 의제된 경우에는, 그 사실을 안 날부터 3개월 내에 한정승인을 할 수 있다(1019조 3항). 따라서 위의 [예 Ⅱ]에서 D가 상속채무가 상속재산을 초과하는 사실을 안 지 3개월 내이면, D는 한정승인을 할 수 있다. 그런데 그 기간이 지났으면 되돌릴 수가 없게 된다. 한편 미성년자인 상속인이 상속채무가 상속재산을 초과하는 상속을 성년이 되기 전에 단순승인(1026조 1호 · 2호에 따라 단순승인한 것으로 보는 경우를 포함함)한 경우에는 성년이 된 후 그 상속의 상속채무 초과사실을 안 날부터 3개월 내에 한정승인을 할 수 있고, 이 점은 미성년자인 상속인이 제1019조 제 3 항에 따른 한정승인을 하지 않았거나 할 수 없었던 경우에도 또한 같다(1019조 4항).

(3) 한정승인의 방법 [475]

한정승인을 하려면 상속인이 일정한 기간 내에 상속재산의 목록을 첨부하여 가정법원에 한정승인의 신고를 하여야 한다(1030조 1항). 그리고 제1019조 제 3 항 또는 제 4 항에 따라 한정승인을 한 경우, 상속재산 중 이미 처분한 재산이 있는 때에는, 그 목록과 가액을 함께 제출하여야 한다(1030조 2항). 한정승인신고를 함에 있어서 상속재산을 고의로 재산목록에 기입하지 않으면 단순승인으로 의제된다(1026조 3호).

(4) 한정승인의 효과

1) 물적 유한책임　　한정승인을 한 상속인(공동상속인 포함)은 상속으로 인하여 취득할 적극재산(공동상속인의 경우에는 상속분에 의하여 취득할 적극재산)의

한도에서 피상속인의 채무와 유증을 변제하면 된다(1028조 · 1029조). 이는 상속채무는 전부 승계하지만 책임의 범위가 상속재산에 한정된다는 의미이다(물적 유한책임. [236] (4) 참조). 따라서 상속채권자는 한정승인자에 대하여도 채무 전부에 관하여 이행을 청구할 수 있으며, 한정치산자가 초과부분에 대하여 임의로 변제하면 비채변제가 아니고 유효한 변제로 된다. 그리고 피상속인의 채무와 유증을 변제하고 남은 재산은 한정승인을 한 상속인에게 귀속한다.

2) 상속재산의 청산 한정승인자는 한정승인을 한 날부터 5일 내에 채권을 신고할 것을 공고(1032조 1항)하는 것을 시작으로 상속재산의 청산을 하여야 한다(1032조 이하 참조).

4. 상속의 포기 [476]

(1) 의 의

상속의 포기란 자기를 위하여 개시된 불확정한 상속의 효력을 확정적으로 소멸하게 하는 일방적 의사표시이다. 포기는 단독상속인은 물론 공동상속인도 할 수 있다.

(2) 상속포기의 방법

상속인이 상속을 포기할 때에는, 3개월의 고려기간 내에 가정법원에 포기의 신고를 하여야 한다(1041조).

(3) 상속포기의 효과

1) 포기의 소급효 상속의 포기는 상속이 개시된 때에 소급하여 그 효력이 있다(1042조). 그 결과 포기자는 처음부터 상속인이 아니었던 것으로 된다.

공동상속인 중 일부가 상속을 포기한 경우에, 그 포기자의 직계비속은 포기자를 대습상속하지 않는다(통설). 민법이 피대습자의 사망과 결격만을 대습원인으로 규정하고 있기 때문이다(1001조 참조).

2) 포기자의 상속분의 귀속 상속인이 여럿인 경우에 어느 상속인이 상속을 포기한 때에는, 그의 상속분은 다른 상속인의 상속분의 비율로

그 상속인에게 귀속된다(1043조).

상속인 전원이 상속을 포기하면, 그 전원이 상속개시시부터 상속인이 아니었던 것과 같은 지위에 놓이게 되므로, 다음 순위에 있는 자가 — 대습상속인이 아니고 — 본위 상속인으로서 상속하게 된다(통설 · 판례).

Ⅴ. 재산의 분리 [477]

재산의 분리란 상속이 개시된 후에 상속채권자나 유증받은 자 또는 상속인의 채권자의 청구에 의하여 상속재산과 상속인의 고유재산을 분리하는 제도이다(1045조 이하 참조). 상속에 의하여 상속재산과 상속인의 고유재산이 혼합되는 경우에, 상속인이 채무초과이면 상속채권자 및 유증을 받은 자는 불이익을 입게 되고, 상속재산이 채무초과이면 상속인의 채권자가 불이익을 입게 된다. 이러한 때에 상속재산과 상속인의 고유재산을 분리할 수 있다면 상속채권자 · 유증을 받은 자 또는 상속인의 채권자가 보호될 수 있을 것이다. 그런 이유로 인정된 것이 재산분리제도이다. 그런데 이 제도는 실제에서는 거의 이용되지 않고 있다.

Ⅵ. 상속인의 부존재(不存在) [478]

1. 의 의

「상속인의 부존재」란 상속인이 존재하는지 여부가 분명하지 않은 것이다(1053조 1항 참조). 민법은 상속인의 존재 여부가 분명하지 않은 경우 한편으로는 상속인을 수색하면서, 다른 한편으로는 상속재산을 관리하고 청산하도록 하고 있다.

2. 상속재산의 관리 · 청산과 상속인의 수색

(1) 상속재산의 관리

상속인의 존재 여부가 분명하지 않은 때에는, 가정법원은 제777조의 규정에 의한 피상속인의 친족 기타 이해관계인 또는 검사의 청구에 의하여 상속재산관리인을 선임하고, 지체없이 이를 공고하여야 한다(1053조 1항). 그리고 선임된 재산관리인은 부재자의 재산관리인처럼 상속재산을 관리한다(1053조 2항).

관리인의 임무는 상속인이 나타나 상속의 승인을 한 때에 종료한다(1055조 1항).

(2) 상속재산의 청산

상속재산관리인의 선임공고가 있은 날부터 3개월 내에 상속인의 존재 여부를 알 수 없는 때에는, 관리인은 지체없이 일반 상속채권자와 유증받은 자에 대하여 일정한 기간 내에 그 채권 또는 수증을 신고할 것을 공고하고(1056조 1항), 이어서 상속재산을 청산하여야 한다(1056조 2항).

(3) 상속인의 수색

관리인이 상속채권자와 유증받은 자에 대하여 채권 또는 수증을 신고하도록 2개월 이상으로 정한 기간이 지나도 상속인의 존재 여부를 알 수 없는 때에는, 법원은 관리인의 청구에 의하여 상속인이 있으면 일정한 기간 내에 그 권리를 주장할 것을 공고하여야 한다(1057조 1문). 이때 그 기간은 1년 이상이어야 한다(1057조 2문).

이 공고에서 정한 기간이 지나도 상속인이 나타나지 않으면 「상속인의 부존재」가 확정된다.

3. 특별연고자에 대한 재산분여(財産分與) [479]

(1) 제도의 취지

1990년 민법개정 전에는 상속인 수색공고로 정한 기간 내에 상속권을 주장하는 사람이 없으면 상속재산을 국가에 귀속시켰다. 그 결과 피상속인의 사실상의 배우자와 같이 피상속인과 매우 가까우면서도 상속권이 없는 자는 상속인이 전혀 없는데도 상속재산에서 아무것도 받을 수 없었다. 이것이 부당하다고 여겨져 1990년 민법개정시에 특별연고자에 대하여 재산을 분여(나누어줌)하는 제도를 신설하였다(1057조의 2).

(2) 특별연고자의 범위

민법은 재산분여를 받을 수 있는 자를 「피상속인과 생계를 같이하고 있던 자, 피상속인의 요양 간호를 한 자 기타 피상속인과 특별한 연고가 있던 자」라고 규정한다(1057조의 2 1항). 그런데 여기의 재산분여는 상속이 아니므로 법인이나 권리능력 없는 사단도 받을 수 있다고 해석한다(통설). 요양원이나 양로원이 그 예이다.

(3) 재산분여의 절차

피상속인과 특별한 연고가 있다고 생각하여 피상속인이 남긴 재산으로부터 분여받기를 원하는 자는 상속인의 수색공고로 정해진 기간이 만료된 후 2개월 이내에 가정법원에 재산분여청구를 하여야 한다(1057조의 2 1항·2항).

4. 상속재산의 국가귀속

특별연고자에 대한 분여가 되지 않은 상속재산은 국가에 귀속된다(1058조 1항). 상속재산이 국가에 귀속된 때에는, 상속재산으로 변제를 받지 못한 상속채권자나 유증을 받은 자가 있는 때에도 국가에 대하여 그 변제를 청구하지 못한다(1059조).

제3관 유언(遺言)

Ⅰ. 서 설 [480]

1. 유언의 의의 및 법적 성질

(1) 의 의

유언은 사람(법인은 유언을 할 수 없음)이 그의 사망 후의 법률관계 중 일정 사항에 관하여 정하는 일방적인 의사표시이다.

유언을 할 수 있는 사항은 법으로 정해져 있는데, ① 재단법인의 설립을 위한 재산출연행위(47조 2항), ② 친생부인(850조), ③ 인지(859조), ④ 미성년후견인의 지정(931조 1항), ⑤ 미성년후견감독인의 지정(940조의 2), ⑥ 상속재산의 분할방법의 지정 또는 위탁(1012조 전단), ⑦ 상속재산의 분할금지(1012조 후단), ⑧ 유증(1074조 이하), ⑨ 유언집행자의 지정 또는 위탁(1093조), ⑩ 신탁의 설정(신탁법 2조) 등이 유언사항이다. 일반인은 유증(유언에 의하여 재산상의 이익을 타인에게 무상으로 주는 단독행위)만을 유언이라고 생각하나, 유증은 유언사항 중 한 가지일 뿐이다. 그리고 유언사항이 아닌 것에 대한 유언자의 의사표시는 유언이 아니다. 어떤 자가 사망하기 전에 그 자신이 사망하면 화장을 하라는 등의 장례지시, 유언으로 남긴 말인 유훈(遺訓)이 그 예이다.

(2) 법적 성질

유언은 하나의 의사표시이면서 동시에 법률행위이다. 유언은 법률행위 중에 가장 대표적인 상대방 없는 단독행위이다.

유언은 일정한 방식에 따라서 해야 하는 요식행위이며(1055조 이하 참조), 그 방식에 따르지 않은 유언은 무효이다(1060조). 이와 같이 유언을 요식행위로 규정한 이유는 유언이 유언자의 사망 후에 효력이 생기기 때문에 미리 본인의 진의를 확보해 두기 위해서이다.

유언은 유언자의 독립한 의사에 의하여 행하여져야 하는 행위이다. 따라서 유언의 대리는 허용되지 않으며, 유언자가 제한능력자라도 법정대리인의 동의를 필요로 하지 않는다.

2. 유언과 법정상속과의 관계 [481]

우리 법상 인정되는 사적 자치의 한 내용으로 유언의 자유가 인정된다. 그러므로 유언능력이 있는 사람은 언제든지 자유롭게 유언을 할 수 있고, 그 유언을 변경·철회할 수 있으며, 특히 유산의 처분에 관하여 자유롭게 결정할 수 있다.

민법이 정하는 법정상속은 유증이 없거나 무효인 부분에 관하여만 일어나게 된다.

3. 유언능력

우리 민법에 있어서 유언능력은 「17세가 되고 의사능력이 있는 것」이다.

(1) 우리 법상 17세 미만의 자는 유언을 할 수 없다(1061조). 그리고 17세 이상인 사람이라도 의사능력이 없는 상태에서는 유효하게 유언을 할 수 없다.

(2) 미성년자는 17세가 된 뒤에는 법정대리인의 동의 없이 모든 유언사항에 대하여 유언을 할 수 있으며, 법정대리인의 동의가 없음을 이유로 취소할 수 없다(1062조·5조).

(3) 피성년후견인은 의사능력이 회복된 때에만 유언을 할 수 있다(1063조 1항). 피성년후견인이 유언을 하는 경우에는, 의사가 심신회복(心神回復)의 상태를 유언서에 부기(附記)하고 서명날인하여야 한다(1063조 2항). 그리고 피성년후견인이 적법하게 한 유언은 취소할 수 없다(1062조·10조).

(4) 피한정후견인은 17세에 달하고 있으면 — 한정후견인의 동의가 유보된 경우에도 — 단독으로 유효하게 유언을 할 수 있으며, 그의 유언은 동의가 없음을 이유로 취소할 수 없다(1062조·13조).

Ⅱ. 유언의 방식 [482]

1. 서 설

(1) 유언의 요식성(要式性)

유언은 유언자가 사망한 때에 효력이 발생하므로, 유언의 존재 및 내용에 관하여 다툼이 생기면 본인에게 이를 확인할 수가 없다. 그리하여 민법은 유언자의 진의를 명확하게 하고 분쟁과 혼란을 예방하기 위하여 유언은 일정한 방식에 따라서만 하도록 규정하고 있다(1065조 이하 참조). 그 방식에 따르지 않은 유언은 설사 유언자의 진정한 의사에 합치하더라도 무효이다.

(2) 유언방식의 종류

민법이 정하는 유언의 방식에는 다섯 가지가 있다. 자필증서 · 녹음 · 공정증서 · 비밀증서 · 구수증서(口授證書)가 그것이다(1065조). 이 중에 앞의 넷은 통상의 경우에 사용하는 방식이고, 구수증서는 질병 기타 급박한 사유로 보통의 방식에 의할 수 없는 경우에 사용하는 방식이다(1070조 1항 참조).

(3) 증인의 결격(缺格)

자필증서 유언을 제외한 나머지 유언의 경우에는 증인이 참여하게 된다. 그런데 유언에 참여한 증인의 서명 · 기명날인 · 구술은 유언의 유효 · 무효를 판단하는 자료로 된다. 그리하여 민법은 유언의 정확성을 보장하기에 부적절한 일정한 사람을 증인결격자로 규정하고 있다(1072조).

우선 ① 미성년자, ② 피성년후견인과 피한정후견인, ③ 유언에 의하여 이익을 받을 자, 그 배우자와 직계혈족은 유언에 참여하는 증인이 되지 못한다(1072조 1항). 그리고 공정증서에 의한 유언에는 공증인법에 의한 결격자는 증인이 되지 못한다(1072조 2항, 공증인법 33조 3항).

결격자가 참여한 유언은 그 전체가 무효로 된다.

2. 자필증서(自筆證書)에 의한 유언 [483]

자필증서에 의한 유언은 유언자가 그 전문(全文)과 연월일 · 주소 · 성명을 스스로 쓰고 날인함으로써 성립하는 유언이다(1066조 1항). 이 유언은 간편하나, 문자를 모르는 사람이 이용할 수 없고, 유언자의 사망 후 유언서의 존재 여부가 쉽게 판명되지 않을 수 있으며, 위조 · 변조의 위험성이 있다.

자필증서에 문자의 삽입, 삭제 또는 변경을 할 때에는, 유언자가 이를 스스로 쓰고 날인하여야 한다(1066조 2항).

3. 녹음에 의한 유언

녹음에 의한 유언은 유언자가 유언의 취지, 그의 성명과 연월일을 말하고 이에 참여한 증인이 유언이 정확하다는 것과 그의 성명을 말함으로써 성립하는 유언이다(1067조). 이 유언은 문자를 모르는 사람도 이용할 수 있으나, 위조 · 변조가 쉽다는 단점이 있다.

4. 공정증서에 의한 유언

공정증서에 의한 유언은 유언자가 증인 두 사람이 참여한 공증인의 면전에서 유언의 취지를 말로 진술하고 공증인이 이를 필기낭독하여 유언자와 증인이 그것이 정확하다는 것을 승인한 뒤 각자 서명 또는 기명날인함으로써 성립하는 유언이다(1068조). 이 유언은 가장 확실한 방법이나, 복잡하고 비용이 들며 유언 내용이 누설되기 쉬운 단점이 있다.

5. 비밀증서에 의한 유언 [484]

비밀증서에 의한 유언은 유언자가 유언의 취지와 필자의 성명을 기입한 증서를 단단히 봉하여 날인하고 이를 두 사람 이상의 증인의 면전에 제출하여 자기의 유언서임을 표시한 뒤 그 봉서 표면에 제출연월일을 기재하고 유언자와 증인이 각자 서명 또는 기명날인한 다음 일정기간 내에 확정일자를 받음으로써 성립하는 유언이다(1069조 1항). 이 유언은 유언의 존재는 분명히 하면서 그 내용은 비밀로 하고 싶을 때 유용하게 쓸 수 있는 것인데, 비밀증서의 성립에 다툼이 생기기 쉽고 분실 · 훼손의 위험이 있다.

비밀증서 유언방식에 의한 유언봉서는 그 표면에 기재된 날부터 5일 내에 공증인 또는 법원서기에게 제출하여 그 봉인 위에 확정일자인을 받아야 한다(1069조 2항).

비밀증서에 의한 유언이 그 방식에 흠결이 있는 경우에, 그 증서가 자필증서의 방식에 적합한 때에는, 자필증서에 의한 유언으로 본다(1071조).

6. 구수증서(口授證書)에 의한 유언

구수증서에 의한 유언은 질병 기타 급박한 사유로 인하여 자필증서 · 녹음 · 공정증서 · 비밀증서의 방식에 의한 유언을 할 수 없는 경우에, 유언자가 두 사람 이상의 증인의 참여로 그 한 사람에게 유언의 취지를 말로 진술하고(구수: 口授) 그 진술을 받은 사람이 이를 필기·낭독하여, 유언자와 증인이 그것이 정확하다는 것을 승인한 뒤 각자 서명 또는 기명날인함으로써 성립하는 유언이다(1070조 1항). 이 유언은 보통의 방식에 의한 유언이 가능한 경우에는 허용되지 않는다.

구수증서에 의한 유언은 그 증인 또는 이해관계인이 급박한 사유가 종료한 날부터 7일 내에 법원에 그 검인(檢認)을 신청하여야 한다(1070조 2항). 검인신청기간 내에 검인신청을 하지 않은 구수증서 유언은 무효이다.

Ⅲ. 유언의 철회 [485]

1. 유언철회의 자유

유언은 사람의 최종의사를 존중하는 제도이므로, 유언자가 유효하게 유언을 했더라도 그 유언을 언제든지 철회할 수 있도록 하여야 한다. 그리하여 민법은 유언자의 유언철회의 자유를 인정하고(1108조 1항), 그 자유를 보장하기 위하여 유언자가 유언을 철회할 권리를 포기하지 못한다고 규정한다(1108조 2항).

2. 유언철회의 방식

(1) 임의철회

유언자는 언제든지 유언 또는 생전행위로써 유언의 전부나 일부를 철회할 수 있다(1108조 1항). 유언으로 철회하는 경우 철회유언도 유언의 방식에 의하여야 하나, 철회된 유언과 같은 방식으로 할 필요는 없다.

(2) 법정철회

가령 A에게 X부동산을 준다고 유언한 뒤 B에게 X부동산을 준다고 유언한 경우와 같이 전후의 유언이 저촉되는 경우에는, 그 저촉된 부분의 종전 유언은 철회한 것으로 본다(1109조).

유언 후의 생전행위가 유언과 저촉되는 경우에는, 그 저촉된 부분의 종전 유언은 철회한 것으로 본다(1109조).

유언자가 고의로 유언증서 또는 유증의 목적물을 파괴한 때에는, 그 파괴한 부분에 관한 유언은 철회한 것으로 본다(1110조).

3. 철회의 효과

유언이 철회되면 철회된 유언(또는 유언의 철회된 부분)은 처음부터 없었던 것으로 된다.

Ⅳ. 유언의 효력 [486]

1. 유언의 일반적 효력

유언은 유언자가 사망한 때부터 그 효력이 생긴다(1073조 1항).

2. 유증(遺贈)

(1) 서 설

1) 유증의 의의 유증이란 유언에 의하여 재산상의 이익을 타인에게 무상으로 주는 단독행위이다. 유증은 원칙적으로 자유롭게 행하여질 수 있다. 그러나 여기에는 제한이 있으며, 그 중 가장 중요한 것이 유류분제도(1112조 이하. [490] 이하 참조)에 의한 제한이다.

2) 유증의 종류 유증은 포괄적 유증과 특정유증(특정적 유증)으로 나누어진다. 포괄적 유증은 유증의 목적의 범위를 상속재산의 전부 또는 그에 대한 비율로 표시하는 유증이고, 특정유증은 유증의 목적이 특정되어 있는 유증이다(특정물 외에 금전 또는 종류물을 목적으로 하는 것도 특정유증이다).

유증에는 조건부 유증, 기한부 유증, 부담부 유증도 있다.

3) 수증자(受贈者)와 유증의무자 수증자는 유증을 받는 자로 유언에 지정되어 있는 자이다. 특기할 사항은 다음과 같다. ① 자연인뿐만 아니라 법인, 권리능력 없는 사단·재단, 기타의 단체나 시설도 수증자가 될 수 있다. ② 수증자는 유언이 효력을 발생하는 때, 즉 유언자가 사망하는 때에

권리능력을 갖추고 있어야 한다(동시존재의 원칙). ③ 태아는 유증에 관하여도 이미 출생한 것으로 본다(1064조·1000조 3항). ④ 상속결격사유가 있는 사람은 수증자로 되지 못한다(1064조·1004조).

유증의무자는 유증을 실행할 의무를 지는 자이다. 원칙적으로는 상속인이 유증의무자이나, 포괄적 수증자(1078조), 상속인의 존재 여부가 불분명한 경우의 상속재산관리인(1056조), 유언집행자(1103조·1101조)도 유증의무자로 된다.

(2) 포괄적 유증 [487]

1) 의 의 포괄적 유증은 유언자가 상속재산의 전부 또는 그 일정비율을 유증하는 것이다. 포괄적 수증자는 상속인과 동일한 권리·의무가 있다(1078조).

2) 포괄적 수증자의 권리·의무 유증의 효력이 발생하면 포괄적 수증자는 상속인과 마찬가지로 유증사실을 알든 모르든 수증분에 해당하는 유증자의 권리·의무를 법률상 당연히 포괄적으로 승계한다(1005조).

포괄적 수증자 외에 다른 상속인이나 포괄적 수증자가 있는 경우에는, 공동상속인 사이의 관계와 마찬가지의 상태로 된다(상속재산의 공유(1006조), 분할의 협의(1013조 등)).

포괄적 유증의 승인·포기에 대하여는 상속의 승인·포기에 관한 규정(1019조-1044조)이 적용되고, 유증의 승인·포기에 관한 규정(1074조-1077조)이 적용되지 않는다. 후자는 특정유증에 관한 것이기 때문이다.

(3) 특정유증

1) 의 의 특정유증은 상속재산 가운데 특정재산을 목적으로 하는 유증이다. 특정유증의 목적이 되는 특정재산은 특정물·불특정물 등의 물건일 수도 있고, 채권 등의 권리일 수도 있다.

2) 특정유증의 효력 특정유증의 경우에는 포괄적 유증과 달리 목적재산권이 일단 상속인에게 귀속하고, 수증자는 유증의무자에 대하여 유증을 이행할 것을 청구할 수 있는 채권만을 취득하게 된다(채권적 효력). 그리고 이 이행청구권을 행사하여 이행이 완료되는 때에 수증자에게 귀속하게 된

다. 그리하여 부동산의 경우에는 등기시, 동산의 경우에는 인도시, 채권의 경우에는 양도시(그 밖에 대항요건 필요)에 수증자에게 귀속한다.

민법은 그 밖에도 특정유증의 효력과 관련하여 제1079조 이하의 여러 규정을 두고 있다.

3) **특정유증의 승인 · 포기** 유증을 받을 자는 유언자의 사망 후에 언제든지 유증을 승인 또는 포기할 수 있고(1074조 1항), 그 승인이나 포기는 유언자가 사망한 때에 소급하여 효력이 생긴다(1074조 2항).

수증자가 승인이나 포기를 하지 않고 사망한 때에는, 그의 상속인은 상속분의 한도에서 승인 또는 포기할 수 있다(1076조 본문). 그러나 유언자가 유언으로 다른 의사를 표시한 때에는 그 의사에 의한다(1076조 단서).

(4) 부담부 유증(負擔附 遺贈) [488]

1) **의 의** 부담부 유증이란 유언자가 유언으로 수증자에게 유언자 본인, 상속인 또는 제 3 자를 위하여 일정한 법률상의 의무를 부담시키는 유증이다. A가 유언으로 B에게 그의 재산을 주면서 자신의 고양이가 죽을 때까지 돌보아 주도록 하는 부담을 지우는 것이 그 예이다.

2) **수증자의 책임범위** 부담부 유증을 받은 자는 유증의 목적의 가액을 초과하지 않는 한도에서 부담한 의무를 이행할 책임이 있다(1088조 1항). 그리고 부담부 유증의 목적의 가액이 한정승인 또는 재산분리로 인하여 감소된 때에는, 수증자는 그 감소된 한도에서 부담할 의무를 면한다(1088조 2항).

3) **부담부 유증의 취소** 부담부 유증을 받은 사람이 그의 부담의무를 이행하지 않은 때에는, 상속인 또는 유언집행자는 상당한 기간을 정하여 이행할 것을 최고하고 그 기간 내에 이행하지 않는 때에는, 법원에 유언의 취소를 청구할 수 있다(1111조 본문). 그러나 제 3 자의 이익을 해치지 못한다(1111조 단서).

V. 유언의 집행 [489]

1. 의 의

유언의 집행이란 유언이 효력을 발생한 후 그 내용을 실현하기 위하여 하는 행위 또는 절차이다. 유언 중에는 후견인의 지정(931조) 등과 같이 유언의 효력발생으로 당연히 실현되어 따로 집행할 필요가 없는 것도 있으나, 친생부인(850조)·인지(859조)와 같이 소제기 또는 「가족관계의 등록 등에 관한 법률」상의 신고 등의 행위를 하여야 하는 것도 있다. 후자에 있어서 유언의 실현행위 내지 절차가 유언의 집행인 것이다.

2. 유언집행의 준비절차(개봉과 검인)

민법은 유언을 확실하게 보존하고 그 내용을 이해관계인이 알 수 있도록 유언의 검인·개봉제도를 두고 있다.

(1) 유언의 검인(檢認)

유언의 증서나 녹음을 보관한 사람 또는 이를 발견한 사람은 유언자의 사망 후 지체없이 법원에 제출하여 그 검인을 청구하여야 한다(1091조 1항). 그러나 공정증서의 유언이나 구수증서 유언의 경우에는 그러한 의무가 없다(1091조 2항). 앞의 것은 검인이 필요하지 않고, 뒤의 것은 이미 검인을 받았기 때문이다(1070조 2항 참조).

(2) 유언증서의 개봉

법원이 봉인된 유언증서를 개봉할 때에는, 유언자의 상속인, 그의 대리인 기타 이해관계인의 참여가 있어야 한다(1092조).

3. 유언집행자

유언집행자는 유언의 집행업무를 담당하는 자이다.

(1) 유언집행자의 결정

① 먼저 유언자가 지정하는 사람 또는 유언자로부터 위탁받은 사람이

지정한 사람이 유언집행자로 되며(지정 유언집행자. 1093조 · 1094조), ② 지정 유언집행자가 없으면 상속인이 유언집행자가 되고(법정 유언집행자. 1095조), ③ 유언집행자가 없거나 사망 · 결격 기타 사유로 없게 된 때에는 마지막으로 가정법원이 유언집행자를 선임하게 된다(선임 유언집행자. 1096조).

(2) 유언집행자의 결격

제한능력자와 파산선고를 받은 자는 유언집행자가 되지 못한다(1098조). 결격자를 유언집행자로 지정하는 경우 그 지정은 무효이며, 가정법원도 결격자를 유언집행자로 선임하지 못한다.

(3) 유언집행자의 법적 지위와 권리 · 의무

이들에 관하여는 민법 제1099조 이하에 규정되어 있다.

제4관 유류분(遺留分)

Ⅰ. 서 설 [490]

1. 의 의

예를 들어본다. A는 처 B와 아들 C를 두고 있다. 그런데 A는 미혼녀인 D를 만나 가까워지더니 급기야 D와 내연관계를 맺고 그와의 사이에서 E를 출산하였다. 본가에 관심이 없던 A는 그의 재산 전부를 E에게 준다는 내용의 자필증서 유언서를 작성해 두었다. 그런 상태에서 A가 사망하였다. 이러한 경우에 A의 E에 대한 유증이 없었다면 A의 재산은 B · C · E가 공동으로 상속하였을 것이다. 그런데 이 경우에는 A의 유증이 있어서 상속은 일어나지 않으며, 만약 유증이 모든 범위에서 그대로 관철된다면 법적으로 상속권이 있는 B와 C는 전혀 상속을 받지 못하게 된다. 이것은 매우 부당하며, 이를 보완하기 위한 것이 유류분제도이다.

유류분은 법률상 상속인에게 귀속되는 것이 보장되는 상속재산에 대한 일정비율을 가리키며, 민법은 일정한 범위의 상속인에게 이러한 유류분을 인정하고 있다.

민법은 한편으로 법정상속을 규정하면서, 다른 한편으로 유산처분의 자유도 인정하고 있다. 그 결과 유증이 없으면 법정상속이 일어나게 되어 피상속인의 혈족과 배우자가 상속재산의 전부를 법률상 당연히 승계하게 된다. 그런데 피상속인이 그의 재산을 상속인이 아닌 자에게 생전에 증여하거나 유증한 때에는, 위의 예와 같이 극단적인 경우, 상속인이 되었을 자가 전혀 상속을 받지 못할 수도 있다. 여기서 민법은 한편으로 피상속인의 유산처분의 자유를 빼앗지 않으면서, 일정범위의 상속인에게는 최소한의 생활보장 내지 부양을 위하여 유류분제도를 인정하고 있는 것이다.

2. 유류분권과 그 포기 [491]

(1) 유류분권

상속이 개시되면 일정범위의 상속인은 상속재산에 대한 일정비율을 취득할 수 있는 지위를 가지게 되는데, 이를 유류분권이라고 한다. 그리고 이 유류분권으로부터 유류분을 침해하는 증여 또는 유증의 수증자에 대하여 부족분의 반환을 청구할 수 있는 유류분 반환청구권이 생긴다.

(2) 유류분권의 포기

유류분권이 발생한 후에는 그것은 하나의 재산권이므로 유류분권자(유류분권리자)가 이를 포기할 수 있다. 그러나 상속이 개시되기 전에는 유류분권을 포기할 수 없다고 해석한다(통설). 그렇게 새기지 않으면 피상속인이나 공동상속인이 포기를 강요할 가능성이 있고, 자녀의 균분상속과 배우자의 상속권 보장이라는 민법의 취지가 몰각될 우려가 있기 때문이다.

Ⅱ. 유류분의 범위 [492]

1. 유류분권자와 그의 유류분

(1) 유류분권자

① 유류분을 가지는 자는 피상속인의 직계비속·배우자·직계존속이다(1112조). 과거에 제1112조 제4호가 피상속인의 형제자매도 유류분권자로 규정하고 있었으나, 그 조항은 헌법재판소의 위헌결정으로 효력을 상실하였고(헌재 2024. 4. 25, 2020헌가4 등), 그 후 민법 개정 시에 삭제되었다(2024. 9. 20).

② 유류분권을 행사할 수 있으려면 최우선 순위의 상속인이어서 상속권이 있어야 한다. 따라서 피상속인의 자녀와 부모가 있는 경우 부모는 유류분권을 행사할 수 없다.

③ 대습상속에 관한 규정은 유류분에도 준용되므로(1118조), 피상속인의 직계비속의 대습자(피대습자의 직계비속과 배우자)도 유류분권자에 포함된다.

④ 태아는 상속에 관하여 이미 출생한 것으로 보므로 유류분권을 가진다(통설).

⑤ 상속결격자와 상속포기자는 상속인이 아니므로 유류분권이 없다. 그리고 결격자의 경우에는 대습자가 유류분권을 가지나, 상속포기의 경우에는 대습도 인정되지 않는다.

(2) 유류분권자의 유류분

유류분권자의 유류분은 피상속인의 직계비속과 배우자는 그의 법정상속분의 2분의 1이고(1112조 1호·2호), 피상속인의 직계존속은 그의 법정상속분의 3분의 1이다(1112조 3호·4호). 대습상속인의 유류분은 피대습자의 유류분과 같다. 그리고 대습상속인이 여럿인 경우에는, 피대습자의 유류분을 그들의 법정상속분에 따라 나눈다.

이 관 첫 부분의 예의 경우([490] 참조)에 B와 C는 유류분권을 가지며, 그들의 유류분은 그들의 법정상속분의 2분의 1이다.

2. 유류분액의 산정 [493]

(1) 유류분 산정의 기초가 되는 재산

유류분 산정의 기초가 되는 재산은 피상속인이 상속개시시에 있어서 가지고 있던 재산의 가액에 증여재산의 가액을 더하고 채무의 전액을 공제하여 산정한다(1113조 1항).

1) 상속개시시에 가진 재산 이는 상속재산 중 적극재산만을 의미한다.

2) 증여재산을 더하기 민법은 피상속인이 생전처분에 의하여 유류분제도를 회피할 것을 우려하여 일정한 범위의 생전처분을 유류분 산정의 기초가 되는 재산에 넣는다.

① 상속개시 전의 1년간에 행한 증여의 경우에는, 그 가액을 계산에 넣는다(1114조 1문). 그리고 여기의 1년이라는 기간은 증여계약(내지 무상행위)의 이행시기가 아니고 체결시기를 기준으로 한다.

② 증여계약의 당사자 쌍방이 유류분권자에게 손해를 준다는 것을 알면서 증여를 한 때에는, 1년 전에 한 것도 더한다(1114조 2문).

③ 공동상속인 중에 피상속인으로부터 재산의 증여에 의하여 특별수익을 한 자가 있는 경우에는, 제1114조의 규정은 적용되지 않고, 따라서 그 증여가 상속개시 전의 1년간에 행하여졌는지에 관계없이 그 가액을 계산에 넣어야 한다. 판례도 같다(대판 1995. 6. 30, 93다11715).

(2) 유류분액의 계산

유류분권자의 유류분액은 이와 같이 산정된 「유류분 산정의 기초가 되는 재산」에 유류분권자의 유류분율을 곱한 것이다.

Ⅲ. 유류분의 보전(保全) [494]

1. 유류분 반환청구권

(1) 유류분의 침해와 보전

유류분권자가 피상속인의 증여 또는(및) 유증으로 인하여 그의 유류분에 부족이 생긴 때에는, 그는 부족한 한도에서 증여 또는(및) 유증된 재산의 반환을 청구할 수 있다(1115조 1항). 유류분을 침해하는 유증이나 증여가 당연히 무효로 되는 것이 아니고, 유류분권자에게 유류분 반환청구권이 생기게 될 뿐이다. 그리고 유류분권자는 이 권리를 의무적으로 행사하여야 하는 것이 아니고, 그 행사 여부를 자유롭게 결정할 수 있다.

(2) 유류분 침해액의 산정

유류분의 침해액(부족액)은 유류분액에서 상속인의 특별수익액(수증액 또는 유증액)과 순상속분액을 공제한 액이다. 그리고 순상속분액은 상속받은 적극재산액에서 분담한 상속채무를 뺀 금액이다. 이렇게 계산하여 그 수가 +이면 그만큼 부족한 것이고, 0이나 －이면 부족분이 없는 것이다.

2. 유류분 반환청구권의 행사 [495]

(1) 반환청구의 당사자

반환청구권자는 유류분권자와 그로부터 반환청구권을 승계한 포괄승계인·특정승계인이다. 그리고 반환청구의 상대방은 대상으로 되는 증여 또는 유증의 수증자와 그의 포괄승계인, 유언집행자이다.

(2) 반환청구권의 행사방법

반환청구권은 유류분이 부족한 한도에서 행사하여야 한다(1115조 1항). 그리고 반환청구의 대상이 되는 증여와 유증이 병존하는 경우에는, 먼저 유증에 대하여 반환을 청구하고, 부족한 부분에 한하여 증여에 대하여 반환을 청구하여야 한다(1116조). 한편 증여 또는 유증을 받은 자가 여럿인 때에는 유증·증여의 순서로 각자가 받은 가액의 비례로 반환하여야 한다(1115조 2항).

(3) 반환청구권 행사의 효과

반환청구권이 행사되면, 유류분권자는 재산의 반환청구권 또는 이행거절권(이행되기 전인 경우)을 취득한다. 그리고 재산이 반환되면 일단 상속재산을 구성하며, 공동상속인 사이에 상속재산 분할의 대상이 된다.

(4) 공동상속인들 사이의 유류분 반환청구

공동상속에 있어서 상속인 중의 한 사람 또는 여러 사람이 과다하게 증여 또는 유증을 받음으로써 다른 상속인들의 유류분을 침해하는 경우가 생길 수 있다. 이 경우에도 유류분권이 인정된다(민법은 1008조를 준용한다고만 규정함. 1118조). 그런데 이때에는, 반환청구의 대상으로 되는 것은 증여·유증을 받은 상속인의 유류분액을 초과하는 부분만이며, 그 부분 가운데 다른 공동상속인에 대한 유류분 침해의 한도에서만 반환하면 된다고 하여야 한다([468] 2)도 참조).

3. 반환청구권의 소멸시효

반환청구권은 유류분권자가 상속의 개시와 반환해야 할 증여 또는 유증을 한 사실을 안 때부터 1년 내에 행사하지 않으면 시효에 의하여 소멸한다(1117조 1문). 그리고 다른 한편으로 상속이 개시된 때부터 10년이 경과하여도 소멸한다(1117조 2문). 여기의 1년, 10년의 기간은 모두 소멸시효기간이다.

사 항 색 인

ㅅ

저자약력

서울대학교 법과대학, 동 대학원 졸업
법학박사(서울대)
경찰대학교 전임강사, 조교수
이화여자대학교 법과대학/법학전문대학원 조교수, 부교수, 교수
Santa Clara University, School of Law의 Visiting Scholar
사법시험 · 행정고시 · 외무고시 · 입법고시 · 감정평가사시험 · 변리사시험 위원
현재: 이화여자대학교 법학전문대학원 명예교수

주요 저서

착오론
민법주해[Ⅱ], [Ⅷ], [Ⅸ], [XIII](초판)(각권 공저)
주석민법 채권각칙(7)(제 3 판)(공저)
법학입문(공저)
법률행위와 계약에 관한 기본문제 연구
대상청구권에 관한 이론 및 판례연구
부동산 점유취득시효와 자주점유
법률행위에 있어서의 착오에 관한 판례연구
계약체결에 있어서 타인 명의를 사용한 경우의 법률효과
흠있는 의사표시 연구
민법개정안의견서(공저)
제 3 자를 위한 계약 연구
민법사례연습
민법강의(상)(하)
채권의 목적 연구
불법원인급여에 관한 이론 및 판례 연구
법관의 직무상 잘못에 대한 법적 책임 연구
시민생활과 법(공저)
신민법강의
기본민법
신민법사례연습
신민법입문
민법 핵심판례240선(공저)
민법총칙
물권법
채권법총론
채권법각론
친족상속법
민법전의 용어와 문장구조
나의 민법 이야기

제17판

신민법입문

초판발행 2009년 1월 20일
제17판발행 2026년 1월 5일

지은이 송덕수
펴낸이 안종만 · 안상준

편 집 김선민
기획/마케팅 조성호
표지디자인 권아린
제 작 고철민 · 김원표

펴낸곳 (주) 박영사
서울특별시 금천구 가산디지털2로 53, 210호(가산동, 한라시그마밸리
등록 1959. 3. 11. 제300-1959-1호(倫)
전 화 02)733-6771
f a x 02)736-4818
e-mail pys@pybook.co.kr
homepage www.pybook.co.kr
ISBN 979-11-303-9877-8 93360

copyright©송덕수, 2026, Printed in Korea

* 파본은 구입하신 곳에서 교환해 드립니다. 본서의 무단복제행위를 금합니다.

정 가 36,000원